Blue Book on Brand Value of Chinese Listed Companies

清華大學出版社
北京

内容简介

中国上市公司代表了中国经济的活力，中国上市公司的品牌影响力在较大程度上折射出了中国整体企业的品牌影响力。有鉴于此，清华大学经济管理学院中国企业研究中心与每日经济新闻每经智库合作，对中国上市公司的品牌价值进行了深入研究，开发了清华 CBRC 上市公司品牌价值评估方法，并据此测算了在全球各证券市场上市的中国内地公司的品牌价值。本书收录了其中品牌价值超过 3 亿元人民币的全部公司，并依据品牌价值、行业和地域对其进行了排序和分析。本书的出版旨在推动中国民族品牌的发展壮大，帮助企业更清晰地了解本公司的品牌建设状况，以便持续提升公司的品牌价值；同时，为学术界开展品牌价值的理论研究、为政府制定民族品牌战略提供参考。

图书在版编目(CIP)数据

2020 中国上市公司品牌价值蓝皮书/赵平主编.—北京：清华大学出版社，2020.8
ISBN 978-7-302-55989-4

Ⅰ.①2… Ⅱ.①赵… Ⅲ.①上市公司－品牌战略－研究报告－中国－2020 Ⅳ.①F279.246

中国版本图书馆 CIP 数据核字(2020)第 121789 号

责任编辑：王 青
封面设计：李召霞
责任校对：宋玉莲
责任印制：宋 林
出版发行：清华大学出版社
网 址：http://www.tup.com.cn，http://www.wqbook.com
地 址：北京清华大学学研大厦 A 座 **邮 编：**100084
社 总 机：010-62770175 **邮 购：**010-62786544
投稿与读者服务：010-62776969，c-service@tup.tsinghua.edu.cn
质量反馈：010-62772015，zhiliang@tup.tsinghua.edu.cn
印 装 者：三河市龙大印装有限公司
经 销：全国新华书店
开 本：185mm×260mm **印 张：**27.25 **字 数：**559 千字
版 次：2020 年 9 月第 1 版 **印 次：**2020 年 9 月第1次印刷
定 价：99.00 元

产品编号：087492-01

编 委 会

前　　言

制造兴国，品牌强国。改革开放四十年来，我国经济获得了长期、稳定和高速的发展，经济总量迅速跃居世界第二位，制造业则稳居全球第一。然而近年来，我国经济增速逐渐放缓，以制造为核心的传统经济发展模式面临的挑战越来越大，经济转型势在必行。习近平主席对此明确指出，要推动中国制造向中国创造转变，中国速度向中国质量转变，中国产品向中国品牌转变。国务院政府工作报告也专门提出，要打造更多享誉世界的“中国品牌”，并批准将每年的5月10日设立为“中国品牌日”。国家层面的这种战略思想和举措说明，虽然我国已步入经济大国行列，但要真正屹立于世界经济舞台，成为经济强国，实现中华民族伟大复兴的中国梦，必须打造大批具有世界影响力的民族品牌。

品牌既是国家竞争力和国际地位的核心体现，也是企业长期、稳定和高速发展的引擎与利器。一方面，中国整体经济实力的不断壮大，为中国民族品牌的成长和强化孕育了机会；另一方面，大量中国企业品牌价值的不断攀升，也在助力中国经济向高质量增长模式转变。

中国上市公司代表着中国经济的先锋与活力，中国上市公司的品牌影响力，在较大程度上折射出中国整体企业的品牌影响力。为了支持中国企业品牌更加快速地成长，清华大学经济管理学院中国企业研究中心(CBRC)与每日经济新闻每经智库深度合作，发挥清华大学经济管理学院多年积淀的品牌理论研究优势及每日经济新闻对资本市场敏锐的洞察力，开发了具有中国特色的上市公司品牌价值评估程序、模型和方法，并于2017年起每年发布中国上市公司品牌价值榜TOP100，在社会上引起了积极且巨大的反响。为了让更多的企业关注公司的品牌建设，帮助更多的中国品牌尽快做大做强，我们在前期大量工作的基础上，从今年起开始评估中国内地所有上市公司的品牌价值，并每年编制和出版《中国上市公司品牌价值蓝皮书》。

这本《2020中国上市公司品牌价值蓝皮书》提供了3 000余家中国上市公司的品牌价值评估数据。这些数据不仅可以帮助企业更清晰地了解公司品牌的发展状况，以及动态跟踪品牌投资绩效和管理绩效，而且可以激励公司向具有品牌优势的公司学习，持续提升本公司的品牌价值。同时，这些数据也可以为学术界开展品牌的理论研究，以及为政府制定品牌扶持促进政策提供支持与参考。

今年年初以来在全球爆发的新冠疫情，给世界各国的企业都带来了巨大的冲击，如何在疫情期间和后疫情时期保证企业的生存与发展，是几乎所有国内外企业必须面对的严峻挑战。可以肯定，中国在世界抗击新冠病毒战场上的卓越表现，在全世界人民的心目中将留下深刻的印象，这为中国民族品牌的快速升级提供了难得的机遇。人们都期待着有更多优秀的中国企业能够行动起来，向国人和世界展现责任和担当，为战胜人类的共同敌人——新冠病毒做出积极的贡献，为提升公司的品牌价值打下更加坚实的基础。

2020 年 8 月

目　　录

第1篇

中国上市公司品牌价值评估方法论

1.1 基本概念

中国上市公司品牌价值评估基于如下三个基本概念：

第一个概念是“**品牌**”。本书中的品牌是指上市公司所拥有的与合法使用的所有品牌的集合。这里的品牌既包括产品品牌和服务品牌，也包括公司品牌；既包括主品牌，也包括子品牌，还包括被特许使用的品牌等。

第二个概念是“**品牌价值**”。本书中的品牌价值是指上市公司所拥有的与合法使用的品牌集合现在和未来能够给公司带来的全部收益。这里的全部收益不仅指上市公司所创造的净利润的一部分，还包括公司员工的工资和福利、研发费用、固定资产折旧、应缴纳的税金等，是公司所创造增加值的一部分。

第三个概念是“**品牌资产**”。品牌价值来源于品牌资产，品牌资产是指用户和公众对品牌的全部认知和情感。品牌资产是企业无形资产的重要组成部分，它储存在用户和公众的头脑中，像公司其他有形资产和无形资产一样能够给公司带来收益。所以，品牌价值实际上是指储存在用户和公众头脑中的品牌资产现在和未来能够给公司带来的全部收益。

品牌资产对公司收益的作用体现在公司经营的各个方面。第一，在产品或服务市场上，品牌资产能够给公司带来更多的营业收入和利润。这里是指客户或消费者对品牌的认可会促使他们以更高的价格采购公司更多的产品或服务，他们会持续地购买、系列地购买，并通过口碑等传播方式带动其他客户或消费者购买。第二，在资本市场上，品牌资产给公司带来了更高的市盈率、股价或市值。这里是指广大股民和投资机构对品牌的认可会促使他们购买并持有公司更多的股票，从而导致股价的持续上涨。第三，在人力资源管理上，品牌资产能够更有效地吸引、保留和激励优秀人才为公司努力地工作，从而创造出更高的财务业绩。第四，在对外关系上，品牌资产能够为公司带来更顺畅和高效的合作，从而转化成公司的财务业绩。这里是指银行、供应商、经销商及相关政府部门等对公司品牌的认可会促使其更积极地以更优惠的条件与公司开展合作。

以上三个基本概念从品牌价值评估的范围、内容和机理上对中国上市公司品牌价值评估方法作出了诠释。

1.2 清华 CBRC 数据库

本书将中国上市公司定义为在中国大陆和海外股票交易市场公开上市的中国大陆企业。这里不包括未上市或已退市的企业,也不包括香港、澳门和台湾的企业。

中国上市公司品牌价值评估的最核心资源是各种数据的汇总,也就是数据库。2020 中国上市公司品牌价值评估数据库所定义的中国上市公司是指在 2020 年 1 月 1 日之前在全球各地证券市场公开上市交易的中国大陆企业。数据库既包括在上海证券交易所和深圳证券交易所 A 股上市的所有公司,也包括在香港联合交易所(HKEX)上市的所有中国内地公司,还包括在纽约证券交易所(NYSE)、全美证券交易所(AMEX)、纳斯达克证券市场(NASDAQ)、伦敦证券交易所(LSE),以及新加坡交易所 (SGX)等地公开上市交易的所有中概股公司。

2020 中国上市公司品牌价值评估数据库中的数据主要来自 WIND 数据库。数据分为两大类:第一类是上市公司历年年报中的财务数据及相关资讯,包括营业收入和营业利润数据、公司主营业务占比及变动数据、公司股票增发与分拆的信息,以及公司股票停牌与复牌的信息等;第二类是上市公司历年在资本市场上实时交易的数据,包括公司每一天的股票价格数据、上市地每一天的股市大盘指数数据等。

除此之外,2020 中国上市公司品牌价值评估数据库中还包括在各个行业中品牌对公司收益贡献比率的数据。这类数据来源于清华大学经济管理学院中国企业研究中心的专家系统。

1.3 清华 CBRC 行业分类标准

在不同行业中,品牌对公司收益的贡献是不同的,所以对行业进行合理的分类是能否对品牌价值进行合理评估的重要因素。目前在国内广泛应用的行业分类标准有三个:WIND 行业分类标准;申银万国行业分类标准;中国证监会行业分类标准。这三种行业分类标准适用于投资和管理,但不适于用从品牌资产角度进行品牌价值评估。因此,清华大学经济管理学院中国企业研究中心编制了清华 CBRC 品牌价值评估专用的行业分类标准,该标准有 12 个一级行业类别和 37 个二级行业类别(见表 1-1)。

表 1-1 清华 CBRC 中国上市公司品牌价值评估行业分类标准

一级分类	二级分类	典型企业	一级分类	二级分类	典型企业
01 农业	0101 农业	温氏股份	07 可选消费	0701 汽车	上汽集团
				0702 家居	欧派家居
02 能源	0201 石油	中国石油		0703 家电	美的集团
	0202 煤炭	中国神华		0704 日用	恒安国际
03 材料	0301 化工	鲁西化工		0705 服饰	老凤祥
	0302 钢铁	宝钢股份		0706 纺织	天虹纺织
	0303 有色金属	江西铜业		0707 酒店	锦江资本
	0304 造纸	晨鸣纸业		0708 餐饮	海底捞
	0305 包装	合兴包装		0709 休闲	陌陌
04 工业	0401 装备	中国中车		0710 教育	新东方
	0402 通信	中兴通讯		0711 媒体	分众传媒
	0403 电子	联想集团	08 日常消费	0801 食品	双汇发展
	0404 运输	中国国航		0802 饮料	五粮液
	0405 环保	三聚环保	09 医疗保健	0901 保健	美年健康
05 建筑业	0501 房地产	中国恒大		0902 医药	国药控股
	0502 建筑	中国建筑	10 信息服务	1001 互联网	腾讯控股
06 商业	0601 贸易	中信股份		1002 电信	中国移动
	0602 零售	京东	11 金融	1101 金融	工商银行
	0603 商业服务	中国光大国际	12 公用	1201 公用	华能国际

1.4 清华 CBRC 品牌价值评估模型

本书所采用的清华 CBRC 中国上市公司品牌价值评估模型如下：

$$\mathbf{V=BE\times BR\times BP}$$

其中：V——品牌价值(Brand Value)；

BE——当期均衡财务收益(Business Earning)；

BR——行业品牌贡献比率(Brand Ratio)；

BP——品牌收益强度(Brand Potential)。

清华 CBRC 品牌价值评估模型是基于品牌资产收益理论设计的。由模型可以看出，中国上市公司品牌价值评估包含三个基本模块，它们分别体现了品牌价值的一个重要组成部分，不可或缺。

第一个模块是当期均衡财务收益(BE)。由于品牌资产给公司带来的收益表现为公司在产品或服务市场上所创造的财务收益的一部分,所以本评估模型采用营业收入和营业利润数据来综合评估公司的财务收益。又由于品牌资产形成必须通过长期建设、维护和积累才能实现,所以本评估模型采用公司连续五年的营业收入、营业收入增长率和营业利润的均值来评估公司当期均衡的财务收益。这一模块同时考虑了公司的成长性、盈利性和稳定性。

第二个模块是行业品牌贡献比率(BR)。为了将品牌资产对公司财务收益的贡献从公司所创造的全部财务收益中区分出来,需要区分公司主营业务所在的行业,以及在各个行业中,品牌对财务收益的平均贡献比率。这些数据来自清华 CBRC 数据库,由智库专家集体评估。若公司有几项主营业务,则需要依据主营业务的营业收入比重进行加权,计算出公司所在行业的综合品牌贡献比率。这一模块集中考虑了品牌对客户或消费者采购决策的影响程度。把第一个模块当期均衡财务收益(BE)与第二个模块行业品牌贡献比率(BR)相乘,就得到了品牌当期给公司创造的财务收益。

第三个模块是品牌收益强度(BP)。在同一个行业中,不同公司品牌的强弱是不同的,它们在未来若干年中能够为公司带来的财务收益也是不同的。清华 CBRC 品牌价值评估模型的做法是在资本市场上通过统计上市公司最近连续三年股价的变动数据和上市地点大盘指数的变动数据,来评估同一行业中不同品牌的强弱及未来前景,并在此基础上计算出代表品牌竞争态势的系数——品牌收益强度。将这一模块与前两个模块相乘,即可得到具体某一公司品牌价值的评估结果。

1.5 清华 CBRC 品牌价值评估的质量保证

清华 CBRC 中国上市公司品牌价值评估方法是以清华大学在品牌领域多年的学术研究积累为基础,集理论、数据、智库三位一体开发出来的,但评估结果是否能够获得广泛的认可和应用,关键还是要看是否有完善的质量保证体系。2020 中国上市公司品牌价值评估重点在如下四个方面提供质量保证:

(1) 以多维度科学理论作为支撑。本评估方法的计算原理是基于财务要素的品牌资产收益评估法,即品牌价值是品牌能够为企业带来的当前和未来的全部财务收益。同时,本评估方法也吸取了国际品牌价值研究的最新成果,从多个维度为榜单建设提供了理论支撑,以便保证评估过程和结果的科学性。

(2) 以上市公司的真实数据作为评估基础。评估所采用的基础财务数据主要来自 WIND 数据库,公司产品或服务市场上的财务表现主要采用经过审计的上市公司年报数据,公司在资本市场上的财务表现,主要采用公司实时的前复权股票价格数据和大盘指数数据。由此来保证评估结果的客观性。

（3）通过中立的第三方研究机构实施评估。本蓝皮书的品牌价值评估是由清华大学经济管理学院中国企业研究中心独立完成的。在评估过程中不接受任何相关企业的询问和联系，严格保证评估过程和结果的公正性。

（4）借助行业和专业智库提供保障。在 2020 中国上市公司品牌价值评估过程中，有来自 30 多个行业的 300 余位业界专家和来自 40 余所顶尖高校的知名学者组成的专业品牌智库提供支持，以保证评估结果的专业性。

第2篇

2020中国上市公司品牌价值总榜

2.1 品牌价值总榜分析

2020 中国上市公司品牌价值总榜，全面统计了品牌价值排在前 3 000 位且目前正常运营的中国上市公司，榜单总计品牌价值为 212 998 亿元。

2.1.1 2020 中国上市公司品牌价值总榜的集中度分析

在 2020 中国上市公司品牌价值总榜中，排在前 10 位的公司品牌价值合计 50 981 亿元，占榜单总计品牌价值的 23.9%。排在前 100 位的公司品牌价值合计 125 513 亿元，占榜单总计品牌价值的 58.9%。排在前 1 000 位的公司品牌价值合计 193 455 亿元，占榜单总计品牌价值的 90.8%(参见图 2-1)。

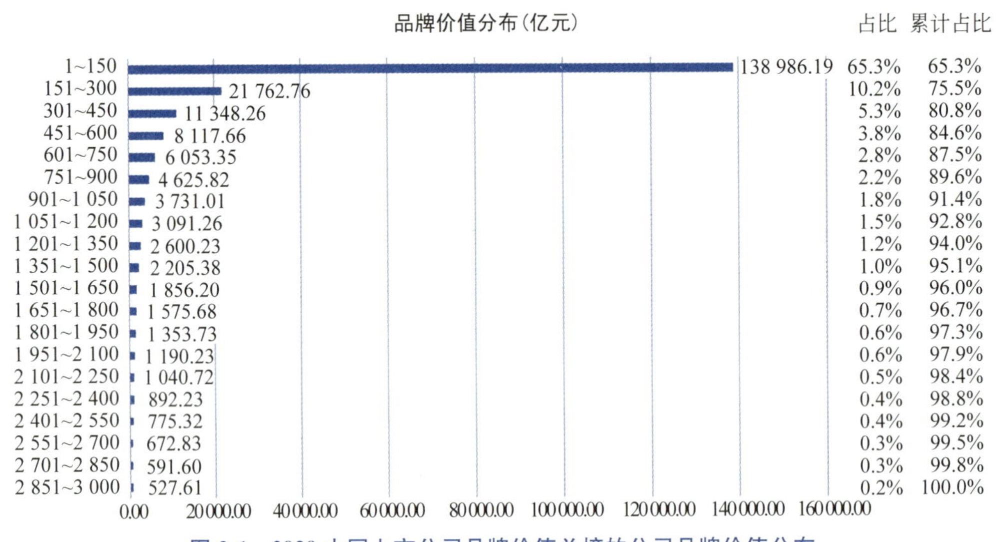

图 2-1 2020 中国上市公司品牌价值总榜的公司品牌价值分布

2.1.2 2020 中国上市公司品牌价值总榜的行业分析

在 2020 中国上市公司品牌价值总榜中，所有 37 个行业都有公司上榜。其中，品牌价值高于 10 000 亿元的行业有 7 个，分别是金融、零售、房地产、互联网、汽车、饮料和装备行业，品牌价值合计 128 071 亿元，占榜单总计品牌价值的 60.1%，处于主导地位。品牌价值在 5 000 亿～9 999 亿元区间的行业有 6 个，分别是电信、家电、建筑、医药、电子和运输行业，品牌价值合计 44 698 亿元，占榜单总计品牌价值的 21.0%。品牌价值在 1 000 亿～4 999 亿元区间的行业有 14 个，分别是通信、休闲、石油、服饰、有色金属、贸易、食品、钢铁、媒体、化工、农业、教育、公用和日用行业，品牌价值合计 35 442 亿元，占榜单总计品牌价值的 16.6%。品牌价值低于 1 000 亿元的行业有 10 个，分别是酒店、煤炭、环保、纺织、餐饮、保健、商业服务、家居、造纸和包装，品牌价值合计 4 787 亿元，占榜单总计品牌价值的 2.2%（参见图 2-2）。

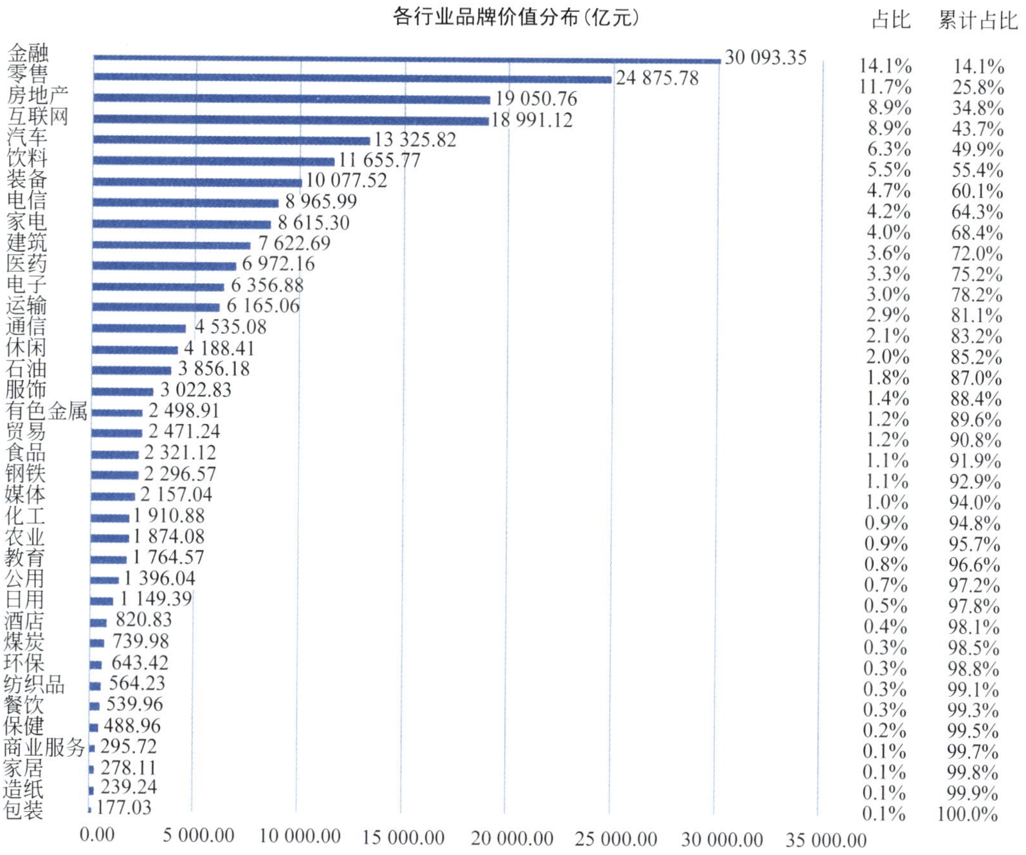

各行业品牌价值分布（亿元）

行业	品牌价值	占比	累计占比
金融	30 093.35	14.1%	14.1%
零售	24 875.78	11.7%	25.8%
房地产	19 050.76	8.9%	34.8%
互联网	18 991.12	8.9%	43.7%
汽车	13 325.82	6.3%	49.9%
饮料	11 655.77	5.5%	55.4%
装备	10 077.52	4.7%	60.1%
电信	8 965.99	4.2%	64.3%
家电	8 615.30	4.0%	68.4%
建筑	7 622.69	3.6%	72.0%
医药	6 972.16	3.3%	75.2%
电子	6 356.88	3.0%	78.2%
运输	6 165.06	2.9%	81.1%
通信	4 535.08	2.1%	83.2%
休闲	4 188.41	2.0%	85.2%
石油	3 856.18	1.8%	87.0%
服饰	3 022.83	1.4%	88.4%
有色金属	2 498.91	1.2%	89.6%
贸易	2 471.24	1.2%	90.8%
食品	2 321.12	1.1%	91.9%
钢铁	2 296.57	1.1%	92.9%
媒体	2 157.04	1.0%	94.0%
化工	1 910.88	0.9%	94.8%
农业	1 874.08	0.9%	95.7%
教育	1 764.57	0.8%	96.6%
公用	1 396.04	0.7%	97.2%
日用	1 149.39	0.5%	97.8%
酒店	820.83	0.4%	98.1%
煤炭	739.98	0.3%	98.5%
环保	643.42	0.3%	98.8%
纺织品	564.23	0.3%	99.1%
餐饮	539.96	0.3%	99.3%
保健	488.96	0.2%	99.5%
商业服务	295.72	0.1%	99.7%
家居	278.11	0.1%	99.8%
造纸	239.24	0.1%	99.9%
包装	177.03	0.1%	100.0%

0.00　5 000.00　10 000.00　15 000.00　20 000.00　25 000.00　30 000.00　35 000.00

图 2-2　2020 中国上市公司品牌价值总榜的各行业品牌价值分布

在 2020 中国上市公司品牌价值总榜中，各行业上榜公司数量是不同的。其中，上榜数量大于 100 家公司的行业有 10 个，分别是装备、医药、电子、房地产、金融、汽车、互联网、建筑、化工和运输，上榜公司数量合计 1 762 家，占榜单总计公司数量的 58.7%。上榜数量为 50～100 家公司的行业有 12 个，分别是休闲、零售、媒体、有色金属、服饰、通信、公用、食品、农业、贸易、日用和教育行业，上榜公司数量合计 837 家，占榜单总计公司数量的 27.9%。上榜数量小于 50 家公司的行业有 15 个，分别是家电、钢铁、环保、饮料、纺织、煤炭、商业服务、石油、家居、保健、包装、电信、酒店、造纸和餐饮，上榜公司数量合计 401 家，占榜单总计公司数量的 13.4%（参见图 2-3）。

2.1.3　2020 中国上市公司品牌价值总榜区域分析

在 2020 中国上市公司品牌价值总榜中，3 000 家公司来自 32 个地区。其中，品牌价值高于 10 000 亿元的地区有 5 个，分别是北京、广东、上海、浙江和香港，品牌价值合计

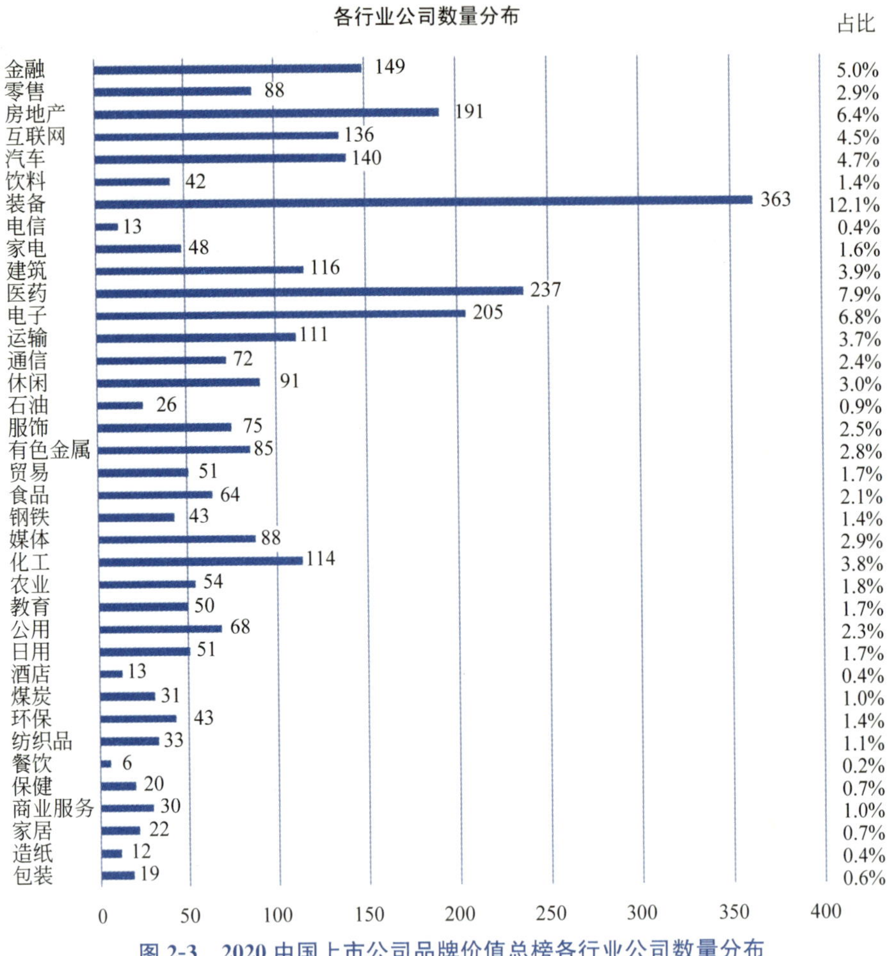

图 2-3　2020 中国上市公司品牌价值总榜各行业公司数量分布

136 126 亿元，占榜单总计品牌价值的 63.9%，处于主导地位。品牌价值为 5 000 亿～9 999 亿元的地区有 2 个，分别是江苏和山东，品牌价值合计 15 355 亿元，占榜单总计品牌价值的 7.2%。品牌价值为 1 000 亿～4 999 亿元的地区有 15 个，分别是福建、四川、贵州、湖北、安徽、内蒙古、河北、辽宁、天津、河南、重庆、湖南、山西、江西和新疆，品牌价值合计 35 796 亿元，占榜单总计品牌价值的 16.8%。品牌价值低于 1 000 亿元的地区有 10 个，分别是陕西、云南、吉林、广西、黑龙江、海南、甘肃、西藏、青海和宁夏，品牌价值合计 4 325 亿元，占榜单总计品牌价值的 2.0%(参见图 2-4)。

在 2020 中国上市公司品牌价值总榜中，各地区上榜公司数量是不同的。其中，上榜数量大于 100 家公司的地区有 8 个，分别是广东、北京、浙江、上海、江苏、山东、香港和福建，上榜公司数量合计 2 141 家，占榜单总计公司数量的 71.4%。上榜数量为 50～100 家公司的地区有 6 个，分别是安徽、四川、湖北、河南、湖南和辽宁，上榜公司数量合计 408 家，占榜单总计公司数量的 13.6%。上榜数量小于 50 家公司的地区有 18 个，分别是河北、重庆、天津、陕西、江西、新疆、广西、吉林、内蒙古、山西、云南、黑龙江、贵州、海南、甘肃、西藏、青海和宁夏，

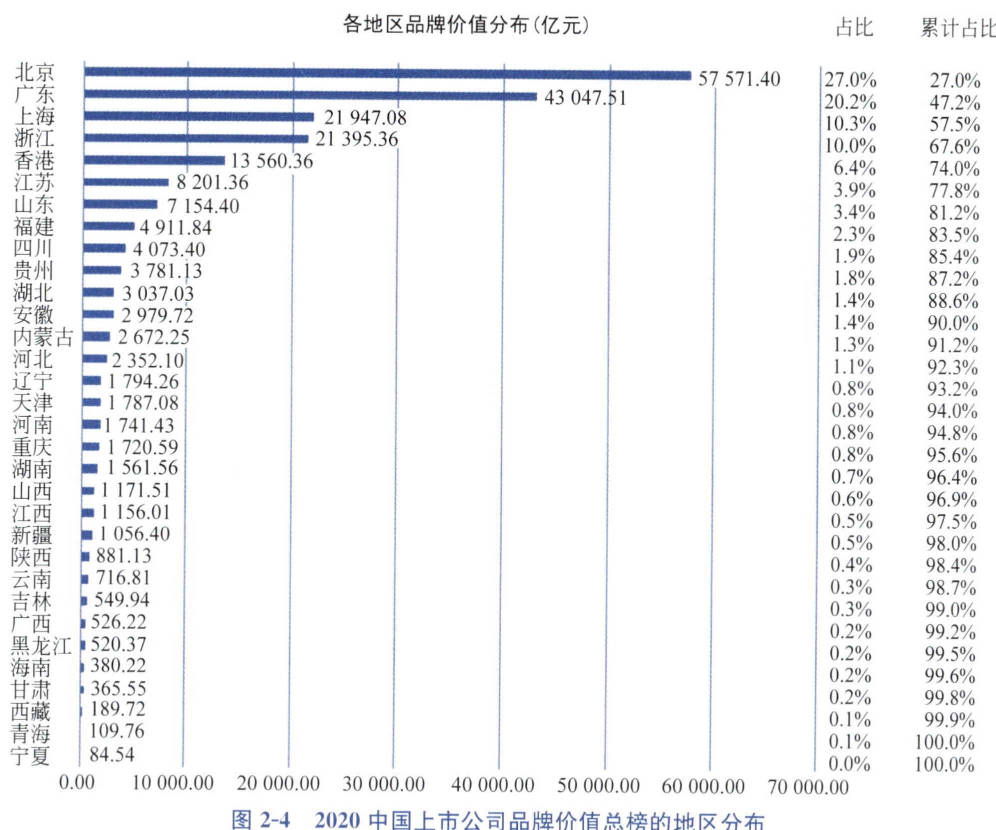

图 2-4 2020 中国上市公司品牌价值总榜的地区分布

上榜公司数量合计 451 家,占榜单总计公司数量的 15%(参见图 2-5)。

2.1.4 2020 中国上市公司品牌价值榜上市板块分析

在 2020 中国上市公司品牌价值总榜中,在沪市主板上市的公司有 1 045 家,品牌价值合计 86 619 亿元,占榜单总计品牌价值的 40.7%,排在第一位;在港股上市的中资公司有 520 家,品牌价值合计 56 887 亿元,占榜单总计品牌价值的 26.7%,排在第二位;国外中概股上市公司有 130 家,品牌价值合计 26 254 亿元,占榜单总计品牌价值的 23.3%,排在第三位。此外,在深市主板上市的公司有 311 家,品牌价值合计 22 029 亿元;在深市中小企业板上市的公司有 610 家,品牌价值合计 16 202 亿元;在深市创业板上市的公司有 362 家,品牌价值合计 4 623 亿元;在沪市科创板上市的公司有 22 家,品牌价值合计 383 亿元。

2.1.5 2020 中国上市公司品牌价值上市时间分析

在 2020 中国上市公司品牌价值总榜中,2006—2010 年上市的公司有 631 家,品牌价值合计 53 282 亿元,占榜单总计品牌价值的 25.0%,排在第一位;2001—2005 年上市的公司有 432 家,品牌价值合计 48 403 亿元,占榜单总计品牌价值的 22.7%,排在第二位;

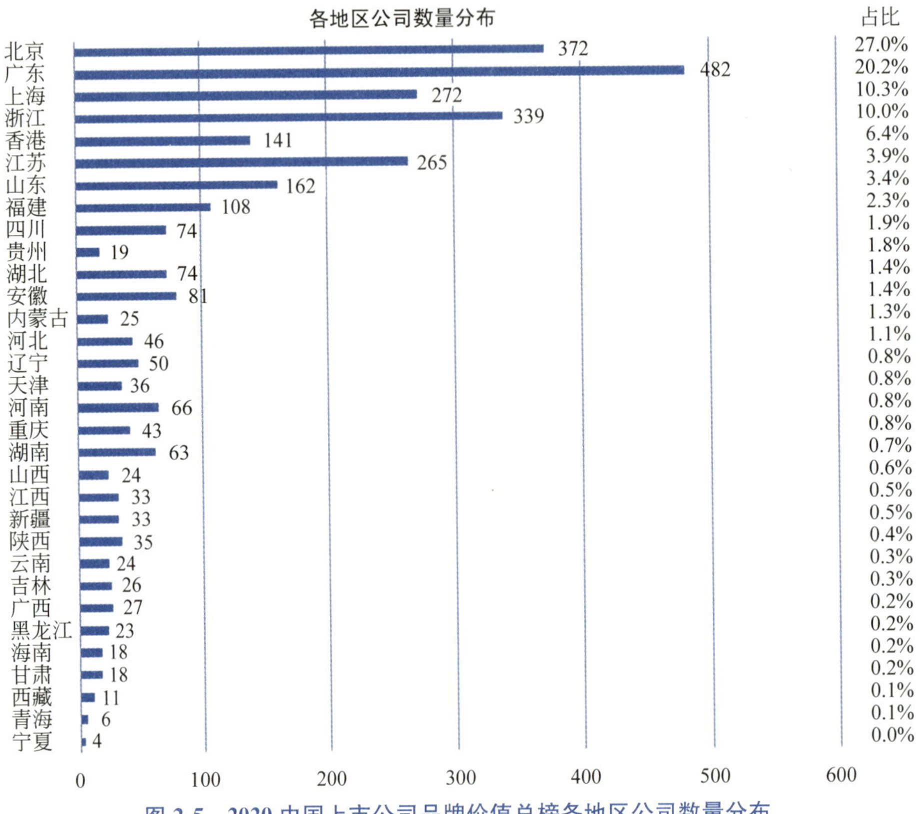

图 2-5 2020 中国上市公司品牌价值总榜各地区公司数量分布

2011—2015 年上市的公司有 615 家，品牌价值合计 37 498 亿元，占榜单总计品牌价值的 17.6%，排在第三位。此外，1996—2000 年上市的公司有 416 家，品牌价值合计 34 592 亿元；2015—2019 年上市的公司有 670 家，品牌价值合计 20 753 亿元；1996 年之前上市的公司有 236 家，品牌价值合计 18 471 亿元。

2.2 品牌价值总榜榜单

2020 中国上市公司品牌价值总榜选取了品牌价值居前的 3 000 家在全球上市的中国内地公司，具体榜单如下：

序号	证券简称	品牌价值(亿元)	行业	地区	上市日期	证券代码
1	阿里巴巴	11 782.28	零售	浙江	2014-09-19	BABA.N
2	腾讯控股	11 323.48	互联网	广东	2004-06-16	0700.HK
3	中国移动	5 379.56	电信	香港	1997-10-23	0941.HK
4	上汽集团	4 753.35	汽车	上海	1997-11-25	600104.SH
5	工商银行	3 515.06	金融	北京	2006-10-27	601398.SH

续表

序号	证券简称	品牌价值(亿元)	行业	地区	上市日期	证券代码
6	贵州茅台	3 449.11	饮料	贵州	2001-08-27	600519.SH
7	中国平安	2 933.63	金融	广东	2007-03-01	601318.SH
8	百度	2 664.49	互联网	北京	2005-08-05	BIDU.O
9	建设银行	2 614.46	金融	北京	2007-09-25	601939.SH
10	京东	2 565.62	零售	北京	2014-05-22	JD.O
11	农业银行	2 430.38	金融	北京	2010-07-15	601288.SH
12	中国银行	2 193.47	金融	北京	2006-07-05	601988.SH
13	美的集团	2 179.67	家电	广东	2013-09-18	000333.SZ
14	中国电信	2 133.46	电信	北京	2002-11-15	0728.HK
15	网易	2 082.47	互联网	浙江	2000-06-30	NTES.O
16	中国恒大	2 028.79	房地产	广东	2009-11-05	3333.HK
17	美团点评-W	1 790.63	零售	北京	2018-09-20	3690.HK
18	格力电器	1 747.74	家电	广东	1996-11-18	000651.SZ
19	中国石化	1 698.77	石油	北京	2001-08-08	600028.SH
20	中国建筑	1 604.72	建筑	北京	2009-07-29	601668.SH
21	联想集团	1 574.22	电子	北京	1994-02-14	0992.HK
22	中国石油	1 405.75	石油	北京	2007-11-05	601857.SH
23	万科 A	1 399.56	房地产	广东	1991-01-29	000002.SZ
24	五粮液	1 369.84	饮料	四川	1998-04-27	000858.SZ
25	苏宁易购	1 351.50	零售	江苏	2004-07-21	002024.SZ
26	中国中车	1 341.15	装备	北京	2008-08-18	601766.SH
27	中国联通	1 326.68	电信	北京	2002-10-09	600050.SH
28	碧桂园	1 315.42	房地产	广东	2007-04-20	2007.HK
29	伊利股份	1 307.59	饮料	内蒙古	1996-03-12	600887.SH
30	海尔智家	1 271.45	家电	山东	1993-11-19	600690.SH
31	中国人寿	1 154.38	金融	北京	2007-01-09	601628.SH
32	招商银行	1 051.07	金融	广东	2002-04-09	600036.SH
33	国药控股	1 000.17	医药	上海	2009-09-23	1099.HK
34	蒙牛乳业	986.98	饮料	内蒙古	2004-06-10	2319.HK
35	中国海外发展	949.43	房地产	香港	1992-08-20	0688.HK
36	小米集团-W	948.03	通信	北京	2018-07-09	1810.HK
37	中国人保	899.74	金融	北京	2018-11-16	601319.SH

续表

序号	证券简称	品牌价值（亿元）	行业	地区	上市日期	证券代码
38	中国铁建	898.73	建筑	北京	2008-03-10	601186.SH
39	中国中铁	871.51	建筑	北京	2007-12-03	601390.SH
40	保利地产	848.24	房地产	广东	2006-07-31	600048.SH
41	交通银行	843.52	金融	上海	2007-05-15	601328.SH
42	洋河股份	814.05	饮料	江苏	2009-11-06	002304.SZ
43	北京汽车	788.75	汽车	北京	2014-12-19	1958.HK
44	绿地控股	784.71	房地产	上海	1992-03-27	600606.SH
45	华润置地	750.53	房地产	香港	1996-11-08	1109.HK
46	兴业银行	742.83	金融	福建	2007-02-05	601166.SH
47	浦发银行	734.27	金融	上海	1999-11-10	600000.SH
48	邮储银行	731.42	金融	北京	2019-12-10	601658.SH
49	高鑫零售	708.04	零售	上海	2011-07-27	6808.HK
50	中国财险	655.07	金融	北京	2003-11-06	2328.HK
51	中国太保	644.07	金融	上海	2007-12-25	601601.SH
52	唯品会	629.98	零售	广东	2012-03-23	VIPS.N
53	民生银行	607.66	金融	北京	2000-12-19	600016.SH
54	中国交建	605.53	建筑	北京	2012-03-09	601800.SH
55	拼多多	604.88	零售	上海	2018-07-26	PDD.O
56	中信银行	600.38	金融	北京	2007-04-27	601998.SH
57	华润啤酒	597.14	饮料	香港	1973-11-15	0291.HK
58	东风集团股份	584.12	汽车	湖北	2005-12-07	0489.HK
59	比亚迪	575.72	汽车	广东	2011-06-30	002594.SZ
60	三六零	575.19	互联网	天津	2012-01-16	601360.SH
61	华润医药	569.24	医药	北京	2016-10-28	3320.HK
62	TCL 科技	559.19	通信	广东	2004-01-30	000100.SZ
63	海尔电器	551.57	家电	山东	1997-12-23	1169.HK
64	中信股份	549.57	金融	北京	1986-02-26	0267.HK
65	龙湖集团	540.47	房地产	北京	2009-11-19	0960.HK
66	中国通信服务	528.78	通信	北京	2006-12-08	0552.HK
67	中兴通讯	510.35	通信	广东	1997-11-18	000063.SZ
68	中国国航	509.94	运输	北京	2006-08-18	601111.SH
69	长城汽车	509.58	汽车	河北	2011-09-28	601633.SH

续表

序号	证 券 简 称	品牌价值(亿元)	行业	地区	上市日期	证券代码
70	宝钢股份	489.30	钢铁	上海	2000-12-12	600019.SH
71	双汇发展	485.60	食品	河南	1998-12-10	000895.SZ
72	吉利汽车	483.20	汽车	香港	1973-02-23	0175.HK
73	上海医药	455.91	医药	上海	1994-03-24	601607.SH
74	招商蛇口	454.52	房地产	广东	2015-12-30	001979.SZ
75	永辉超市	451.45	零售	福建	2010-12-15	601933.SH
76	南方航空	450.01	运输	广东	2003-07-25	600029.SH
77	光大银行	449.66	金融	北京	2010-08-18	601818.SH
78	世茂房地产	447.12	房地产	香港	2006-07-05	0813.HK
79	潍柴动力	446.69	汽车	山东	2007-04-30	000338.SZ
80	顺丰控股	444.26	运输	广东	2010-02-05	002352.SZ
81	四川长虹	441.62	家电	四川	1994-03-11	600839.SH
82	上海电气	441.37	装备	上海	2008-12-05	601727.SH
83	青岛啤酒	435.17	饮料	山东	1993-08-27	600600.SH
84	广汇汽车	428.44	汽车	辽宁	2000-11-16	600297.SH
85	大秦铁路	425.04	运输	山西	2006-08-01	601006.SH
86	华侨城 A	422.69	房地产	广东	1997-09-10	000069.SZ
87	中国外运	413.05	运输	北京	2019-01-18	601598.SH
88	海底捞	400.76	餐饮	北京	2018-09-26	6862.HK
89	华域汽车	398.56	汽车	上海	1996-08-26	600741.SH
90	泸州老窖	395.78	饮料	四川	1994-05-09	000568.SZ
91	平安银行	392.41	金融	广东	1991-04-03	000001.SZ
92	长安汽车	383.13	汽车	重庆	1997-06-10	000625.SZ
93	汽车之家	377.61	互联网	北京	2013-12-11	ATHM.N
94	陌陌	375.69	休闲	北京	2014-12-11	MOMO.O
95	国美零售	372.33	零售	北京	1992-04-15	0493.HK
96	中集集团	369.71	装备	广东	1994-04-08	000039.SZ
97	广汽集团	363.76	汽车	广东	2012-03-29	601238.SH
98	东方航空	359.65	运输	上海	1997-11-05	600115.SH
99	富力地产	357.74	房地产	广东	2005-07-14	2777.HK
100	建发股份	350.71	贸易	福建	1998-06-16	600153.SH
101	中国国旅	350.29	零售	北京	2009-10-15	601888.SH

续表

序号	证 券 简 称	品牌价值(亿元)	行业	地区	上市日期	证券代码
102	新东方	349.62	教育	北京	2006-09-07	EDU.N
103	58 同城	345.66	互联网	北京	2013-10-31	WUBA.N
104	腾讯音乐	337.61	休闲	广东	2018-12-12	TME.N
105	温氏股份	333.27	农业	广东	2015-11-02	300498.SZ
106	华夏幸福	331.50	房地产	河北	2003-12-30	600340.SH
107	雅居乐集团	323.79	房地产	广东	2005-12-15	3383.HK
108	江西铜业	316.45	有色金属	江西	2002-01-11	600362.SH
109	老凤祥	313.70	服饰	上海	1992-08-14	600612.SH
110	中国太平	310.14	金融	香港	2000-06-29	0966.HK
111	中国电建	309.60	建筑	北京	2011-10-18	601669.SH
112	新希望	305.69	农业	四川	1998-03-11	000876.SZ
113	中国重汽	301.15	汽车	山东	2007-11-28	3808.HK
114	中国能源建设	293.94	建筑	北京	2015-12-10	3996.HK
115	好未来	290.05	教育	北京	2010-10-20	TAL.N
116	中国中冶	284.37	建筑	北京	2009-09-21	601618.SH
117	中国建材	284.13	建筑	北京	2006-03-23	3323.HK
118	海康威视	280.91	电子	浙江	2010-05-28	002415.SZ
119	新华保险	280.04	金融	北京	2011-12-16	601336.SH
120	物产中大	279.39	贸易	浙江	1996-06-06	600704.SH
121	中国神华	276.19	煤炭	北京	2007-10-09	601088.SH
122	华夏银行	269.25	金融	北京	2003-09-12	600015.SH
123	金地集团	266.61	房地产	广东	2001-04-12	600383.SH
124	新城发展	265.68	房地产	上海	2012-11-29	1030.HK
125	三一重工	265.46	装备	北京	2003-07-03	600031.SH
126	三七互娱	263.68	休闲	安徽	2011-03-02	002555.SZ
127	中国长城	263.00	电子	广东	1997-06-26	000066.SZ
128	安踏体育	262.29	服饰	福建	2007-07-10	2020.HK
129	百联股份	257.52	零售	上海	1994-02-04	600827.SH
130	中远海控	256.35	运输	天津	2007-06-26	601919.SH
131	中国海洋石油	249.00	石油	北京	2001-02-28	0883.HK
132	海螺水泥	248.77	建筑	安徽	2002-02-07	600585.SH
133	海天味业	246.36	食品	广东	2014-02-11	603288.SH

续表

序号	证券简称	品牌价值(亿元)	行业	地区	上市日期	证券代码
134	中银香港	242.68	金融	香港	2002-07-25	2388.HK
135	新城控股	237.64	房地产	江苏	2015-12-04	601155.SH
136	顺鑫农业	237.38	饮料	北京	1998-11-04	000860.SZ
137	重庆百货	236.48	零售	重庆	1996-07-02	600729.SH
138	欢聚	235.84	休闲	广东	2012-11-21	YY.O
139	申洲国际	234.77	服饰	浙江	2005-11-24	2313.HK
140	养元饮品	226.78	饮料	河北	2018-02-12	603156.SH
141	古井贡酒	224.40	饮料	安徽	1996-09-27	000596.SZ
142	北京银行	224.05	金融	北京	2007-09-19	601169.SH
143	恒安国际	223.11	日用	福建	1998-12-08	1044.HK
144	爱奇艺	222.68	休闲	北京	2018-03-29	IQ.O
145	荣盛发展	222.62	房地产	河北	2007-08-08	002146.SZ
146	海澜之家	221.74	服饰	江苏	2000-12-28	600398.SH
147	九州通	219.03	医药	湖北	2010-11-02	600998.SH
148	深康佳 A	218.95	家电	广东	1992-03-27	000016.SZ
149	中梁控股	218.05	房地产	上海	2019-07-16	2772.HK
150	TCL 电子	216.45	家电	香港	1999-11-26	1070.HK
151	京东方 A	215.86	电子	北京	2001-01-12	000725.SZ
152	龙光地产	214.73	房地产	广东	2013-12-20	3380.HK
153	中信证券	214.52	金融	广东	2003-01-06	600030.SH
154	中国铝业	213.78	有色金属	北京	2007-04-30	601600.SH
155	中铁工业	209.81	装备	北京	2001-05-28	600528.SH
156	中国金茂	209.20	房地产	香港	2007-08-17	0817.HK
157	山西汾酒	204.90	饮料	山西	1994-01-06	600809.SH
158	上海建工	204.75	建筑	上海	1998-06-23	600170.SH
159	海信家电	203.87	家电	广东	1999-07-13	000921.SZ
160	紫光股份	200.96	电子	北京	1999-11-04	000938.SZ
161	厦门象屿	200.36	贸易	福建	1997-06-04	600057.SH
162	浪潮信息	196.72	电子	山东	2000-06-08	000977.SZ
163	创维集团	196.69	家电	香港	2000-04-07	0751.HK
164	海信视像	195.56	家电	山东	1997-04-22	600060.SH
165	美凯龙	195.04	零售	上海	2018-01-17	601828.SH

续表

序号	证券简称	品牌价值(亿元)	行业	地区	上市日期	证券代码
166	中国华融	193.61	金融	北京	2015-10-30	2799.HK
167	金风科技	193.47	装备	新疆	2007-12-26	002202.SZ
168	携程网	191.78	零售	上海	2003-12-09	TCOM.O
169	厦门国贸	191.51	贸易	福建	1996-10-03	600755.SH
170	中国再保险	191.13	金融	北京	2015-10-26	1508.HK
171	宇通客车	189.44	汽车	河南	1997-05-08	600066.SH
172	中公教育	189.29	教育	安徽	2011-08-10	002607.SZ
173	跨境通	187.63	零售	山西	2011-12-08	002640.SZ
174	中国宏桥	186.86	有色金属	山东	2011-03-24	1378.HK
175	比亚迪电子	186.34	通信	广东	2007-12-20	0285.HK
176	锦江资本	184.63	酒店	上海	2006-12-15	2006.HK
177	中国重汽	183.27	汽车	山东	1999-11-25	000951.SZ
178	闻泰科技	182.10	通信	湖北	1996-08-28	600745.SH
179	中国铁塔	182.04	建筑	北京	2018-08-08	0788.HK
180	上海银行	180.40	金融	上海	2016-11-16	601229.SH
181	福田汽车	178.55	汽车	北京	1998-06-02	600166.SH
182	紫金矿业	176.55	有色金属	福建	2008-04-25	601899.SH
183	旭辉控股集团	175.42	房地产	上海	2012-11-23	0884.HK
184	大商股份	173.90	零售	辽宁	1993-11-22	600694.SH
185	万达电影	171.17	休闲	北京	2015-01-22	002739.SZ
186	燕京啤酒	169.34	饮料	北京	1997-07-16	000729.SZ
187	锦江酒店	168.75	酒店	上海	1996-10-11	600754.SH
188	王府井	167.85	零售	北京	1994-05-06	600859.SH
189	时代中国控股	167.00	房地产	广东	2013-12-11	1233.HK
190	阳光城	165.92	房地产	福建	1996-12-18	000671.SZ
191	苏泊尔	165.44	家电	浙江	2004-08-17	002032.SZ
192	云集	165.08	零售	浙江	2019-05-03	YJ.O
193	亨通光电	163.29	通信	江苏	2003-08-22	600487.SH
194	上海钢联	159.28	贸易	上海	2011-06-08	300226.SZ
195	海航科技	158.78	贸易	天津	1996-09-09	600751.SH
196	隆基股份	158.33	装备	陕西	2012-04-11	601012.SH
197	江淮汽车	157.91	汽车	安徽	2001-08-24	600418.SH

续表

序号	证券简称	品牌价值(亿元)	行业	地区	上市日期	证券代码
198	天虹股份	157.33	零售	广东	2010-06-01	002419.SZ
199	海航控股	157.09	运输	海南	1999-11-25	600221.SH
200	海大集团	156.43	农业	广东	2009-11-27	002311.SZ
201	融信中国	156.42	房地产	上海	2016-01-13	3301.HK
202	上港集团	156.14	运输	上海	2006-10-26	600018.SH
203	圆通速递	156.06	运输	辽宁	2000-06-08	600233.SH
204	阿特斯太阳能	155.66	装备	江苏	2006-11-09	CSIQ.O
205	东方电气	155.11	装备	四川	1995-10-10	600875.SH
206	JS 环球生活	154.74	家电	香港	2019-12-18	1691.HK
207	江铃汽车	154.16	汽车	江西	1993-12-01	000550.SZ
208	立讯精密	152.95	电子	广东	2010-09-15	002475.SZ
209	中国电影	152.12	休闲	北京	2016-08-09	600977.SH
210	分众传媒	149.74	媒体	广东	2004-08-04	002027.SZ
211	瑞茂通	149.24	运输	山东	1998-07-03	600180.SH
212	正荣地产	147.45	房地产	上海	2018-01-16	6158.HK
213	国泰君安	146.88	金融	上海	2015-06-26	601211.SH
214	徐工机械	146.36	装备	江苏	1996-08-28	000425.SZ
215	首开股份	146.25	房地产	北京	2001-03-12	600376.SH
216	中天科技	145.94	通信	江苏	2002-10-24	600522.SH
217	光明乳业	144.69	食品	上海	2002-08-28	600597.SH
218	森马服饰	143.18	服饰	浙江	2011-03-11	002563.SZ
219	浙商银行	142.82	金融	浙江	2019-11-26	601916.SH
220	东方海外国际	142.37	运输	香港	1992-07-31	0316.HK
221	口子窖	142.13	饮料	安徽	2015-06-29	603589.SH
222	美的置业	141.86	房地产	广东	2018-10-11	3990.HK
223	中集车辆	141.77	装备	广东	2019-07-11	1839.HK
224	中通快递	140.32	运输	上海	2016-10-27	ZTO.N
225	越秀地产	139.78	房地产	香港	1992-12-15	0123.HK
226	鞍钢股份	139.34	钢铁	辽宁	1997-12-25	000898.SZ
227	国机汽车	138.77	汽车	天津	2001-03-05	600335.SH
228	金科股份	138.43	房地产	重庆	1996-11-28	000656.SZ
229	中国奥园	137.71	房地产	广东	2007-10-09	3883.HK

续表

序号	证券简称	品牌价值(亿元)	行业	地区	上市日期	证券代码
230	扬子江	137.40	装备	江苏	2007-04-18	BS6.SG
231	海通证券	137.08	金融	上海	1994-02-24	600837.SH
232	河钢股份	136.24	钢铁	河北	1997-04-16	000709.SZ
233	仁恒置地	135.40	房地产	上海	2006-06-22	Z25.SG
234	复星国际	134.59	金融	上海	2007-07-16	0656.HK
235	复星旅游文化	134.51	酒店	上海	2018-12-14	1992.HK
236	白云山	131.86	医药	广东	2001-02-06	600332.SH
237	保利协鑫能源	131.71	装备	香港	2007-11-13	3800.HK
238	国药一致	130.78	医药	广东	1993-08-09	000028.SZ
239	搜狗	130.48	互联网	北京	2017-11-09	SOGO.N
240	同方股份	130.39	电子	北京	1997-06-27	600100.SH
241	江苏银行	130.15	金融	江苏	2016-08-02	600919.SH
242	上海机电	130.14	装备	上海	1994-02-24	600835.SH
243	徽商银行	129.97	金融	安徽	2013-11-12	3698.HK
244	葛洲坝	129.36	建筑	湖北	1997-05-26	600068.SH
245	航天信息	129.26	电子	北京	2003-07-11	600271.SH
246	传音控股	128.61	通信	广东	2019-09-30	688036.SH
247	华住	128.55	酒店	上海	2010-03-26	HTHT.O
248	鹏鼎控股	127.74	电子	广东	2018-09-18	002938.SZ
249	宁波银行	127.51	金融	浙江	2007-07-19	002142.SZ
250	中国飞鹤	126.70	食品	北京	2019-11-13	6186.HK
251	哈尔滨电气	126.52	装备	黑龙江	1994-12-16	1133.HK
252	今世缘	125.01	饮料	江苏	2014-07-03	603369.SH
253	南京新百	124.93	零售	江苏	1993-10-18	600682.SH
254	云南白药	123.78	医药	云南	1993-12-15	000538.SZ
255	张裕 A	123.53	饮料	山东	2000-10-26	000869.SZ
256	中联重科	123.44	装备	湖南	2000-10-12	000157.SZ
257	铜陵有色	122.73	有色金属	安徽	1996-11-20	000630.SZ
258	鄂武商 A	122.41	零售	湖北	1992-11-20	000501.SZ
259	中国通号	121.82	装备	北京	2019-07-22	688009.SH
260	华能国际	120.43	公用	北京	2001-12-06	600011.SH
261	南京银行	119.90	金融	江苏	2007-07-19	601009.SH

续表

序号	证券简称	品牌价值(亿元)	行业	地区	上市日期	证券代码
262	华菱钢铁	117.26	钢铁	湖南	1999-08-03	000932.SZ
263	通威股份	116.84	农业	四川	2004-03-02	600438.SH
264	完美世界	116.79	休闲	浙江	2011-10-28	002624.SZ
265	一汽轿车	116.58	汽车	吉林	1997-06-18	000800.SZ
266	禹洲地产	116.31	房地产	福建	2009-11-02	1628.HK
267	烽火通信	115.37	通信	湖北	2001-08-23	600498.SH
268	渝农商行	115.16	金融	重庆	2019-10-29	601077.SH
269	环旭电子	114.29	电子	上海	2012-02-20	601231.SH
270	上海实业控股	114.15	房地产	上海	1996-05-30	0363.HK
271	太钢不锈	112.64	钢铁	山西	1998-10-21	000825.SZ
272	华泰证券	112.05	金融	江苏	2010-02-26	601688.SH
273	雅戈尔	111.35	服饰	浙江	1998-11-19	600177.SH
274	晶澳科技	111.05	装备	河北	2010-08-10	002459.SZ
275	豫园股份	110.59	服饰	上海	1992-09-02	600655.SH
276	蓝光发展	110.17	房地产	四川	2001-02-12	600466.SH
277	世茂股份	109.94	房地产	上海	1994-02-04	600823.SH
278	正通汽车	109.57	汽车	北京	2010-12-10	1728.HK
279	宁德时代	109.25	装备	福建	2018-06-11	300750.SZ
280	华东医药	109.03	医药	浙江	2000-01-27	000963.SZ
281	中南建设	108.39	房地产	江苏	2000-03-01	000961.SZ
282	恒瑞医药	108.20	医药	江苏	2000-10-18	600276.SH
283	申通快递	108.04	运输	浙江	2010-09-08	002468.SZ
284	马钢股份	107.70	钢铁	安徽	1994-01-06	600808.SH
285	振华重工	106.81	装备	上海	2000-12-21	600320.SH
286	苏美达	105.60	贸易	江苏	1996-07-01	600710.SH
287	韵达股份	105.39	运输	浙江	2007-03-06	002120.SZ
288	浙江龙盛	101.26	化工	浙江	2003-08-01	600352.SH
289	广发证券	101.17	金融	广东	1997-06-11	000776.SZ
290	东方明珠	100.64	媒体	上海	1993-03-16	600637.SH
291	中国生物制药	99.76	医药	香港	2000-09-29	1177.HK
292	天地科技	99.30	装备	北京	2002-05-15	600582.SH
293	中国光大国际	99.27	环保	香港	1997-02-28	0257.HK

续表

序号	证券简称	品牌价值(亿元)	行业	地区	上市日期	证券代码
294	金融街	99.15	房地产	北京	1996-06-26	000402.SZ
295	特变电工	98.62	装备	新疆	1997-06-18	600089.SH
296	复星医药	98.56	医药	上海	1998-08-07	600196.SH
297	居然之家	98.56	零售	湖北	1997-07-11	000785.SZ
298	宋城演艺	98.01	休闲	浙江	2010-12-09	300144.SZ
299	泰禾集团	97.87	房地产	福建	1997-07-04	000732.SZ
300	保利置业集团	97.14	房地产	上海	1973-08-30	0119.HK
301	际华集团	96.94	服饰	北京	2010-08-16	601718.SH
302	佳兆业集团	96.46	房地产	广东	2009-12-09	1638.HK
303	步步高	96.43	零售	湖南	2008-06-19	002251.SZ
304	H&H 国际控股	96.24	食品	广东	2010-12-17	1112.HK
305	众信旅游	96.20	休闲	北京	2014-01-23	002707.SZ
306	家家悦	96.14	零售	山东	2016-12-13	603708.SH
307	中国化学	95.74	建筑	北京	2010-01-07	601117.SH
308	山东黄金	94.03	有色金属	山东	2003-08-28	600547.SH
309	梅花生物	93.02	食品	西藏	1995-02-17	600873.SH
310	欧亚集团	92.99	零售	吉林	1993-12-06	600697.SH
311	蓝色光标	92.70	媒体	北京	2010-02-26	300058.SZ
312	360 金融	92.52	金融	上海	2018-12-14	QFIN.O
313	中国医药	92.02	医药	北京	1997-05-15	600056.SH
314	正邦科技	91.83	农业	江西	2007-08-17	002157.SZ
315	中百集团	91.82	零售	湖北	1997-05-19	000759.SZ
316	中国船舶	91.31	装备	上海	1998-05-20	600150.SH
317	歌尔股份	89.02	电子	山东	2008-05-22	002241.SZ
318	万华化学	88.70	化工	山东	2001-01-05	600309.SH
319	深圳控股	88.50	房地产	广东	1997-03-07	0604.HK
320	供销大集	88.36	零售	陕西	1994-01-10	000564.SZ
321	安迪苏	88.13	保健	北京	2000-04-20	600299.SH
322	迎驾贡酒	88.11	饮料	安徽	2015-05-28	603198.SH
323	波司登	88.03	服饰	香港	2007-10-11	3998.HK
324	小康股份	87.97	汽车	重庆	2016-06-15	601127.SH
325	广汇宝信	87.89	汽车	上海	2011-12-14	1293.HK

续表

序号	证券简称	品牌价值(亿元)	行业	地区	上市日期	证券代码
326	中国东方教育	87.85	教育	安徽	2019-06-12	0667.HK
327	德邦股份	85.68	运输	上海	2018-01-16	603056.SH
328	申万宏源	85.59	金融	新疆	2015-01-26	000166.SZ
329	国药股份	85.39	医药	北京	2002-11-27	600511.SH
330	长江电力	85.32	公用	北京	2003-11-18	600900.SH
331	均胜电子	85.19	汽车	浙江	1993-12-06	600699.SH
332	中骏集团控股	84.72	房地产	上海	2010-02-05	1966.HK
333	长电科技	84.67	电子	江苏	2003-06-03	600584.SH
334	大华股份	84.27	电子	浙江	2008-05-20	002236.SZ
335	海王生物	84.02	医药	广东	1998-12-18	000078.SZ
336	金隅集团	83.12	建筑	北京	2011-03-01	601992.SH
337	信义光能	82.72	装备	安徽	2013-12-12	0968.HK
338	国信证券	82.55	金融	广东	2014-12-29	002736.SZ
339	世纪华通	82.19	休闲	浙江	2011-07-28	002602.SZ
340	昆仑能源	82.12	公用	香港	1973-03-13	0135.HK
341	茂业商业	82.03	零售	四川	1994-02-24	600828.SH
342	华发股份	81.96	房地产	广东	2004-02-25	600325.SH
343	迈瑞医疗	81.90	医药	广东	2018-10-16	300760.SZ
344	李宁	81.62	服饰	北京	2004-06-28	2331.HK
345	中国重工	81.56	装备	北京	2009-12-16	601989.SH
346	鲁西化工	80.32	化工	山东	1998-08-07	000830.SZ
347	兖州煤业	79.97	煤炭	山东	1998-07-01	600188.SH
348	中国航油	79.94	石油	陕西	2001-12-06	G92.SG
349	金一文化	79.85	服饰	北京	2014-01-27	002721.SZ
350	广州农商银行	79.71	金融	广东	2017-06-20	1551.HK
351	长虹美菱	78.60	家电	安徽	1993-10-18	000521.SZ
352	新钢股份	78.42	钢铁	江西	1996-12-25	600782.SH
353	光明地产	78.41	房地产	上海	1996-06-06	600708.SH
354	南京医药	78.16	医药	江苏	1996-07-01	600713.SH
355	玉柴国际	78.08	装备	广西	1994-12-16	CYD.N
356	中航科工	77.89	装备	北京	2003-10-30	2357.HK
357	九阳股份	77.75	家电	山东	2008-05-28	002242.SZ

续表

序号	证 券 简 称	品牌价值(亿元)	行业	地区	上市日期	证券代码
358	石药集团	77.45	医药	香港	1994-06-21	1093.HK
359	水井坊	77.43	饮料	四川	1996-12-06	600779.SH
360	金龙汽车	77.00	汽车	福建	1993-11-08	600686.SH
361	云南铜业	76.98	有色金属	云南	1998-06-02	000878.SZ
362	安道麦 A	76.93	化工	湖北	1993-12-03	000553.SZ
363	晨光文具	76.85	日用	上海	2015-01-27	603899.SH
364	中油工程	76.77	石油	新疆	2000-12-25	600339.SH
365	中国海外宏洋集团	76.49	房地产	广东	1984-04-26	0081.HK
366	万达体育	76.13	休闲	北京	2019-07-26	WSG.O
367	陆家嘴	76.05	房地产	上海	1993-06-28	600663.SH
368	老板电器	75.55	家电	浙江	2010-11-23	002508.SZ
369	福耀玻璃	75.42	汽车	福建	1993-06-10	600660.SH
370	凤凰传媒	75.23	媒体	江苏	2011-11-30	601928.SH
371	柳钢股份	74.96	钢铁	广西	2007-02-27	601003.SH
372	华策影视	74.55	休闲	浙江	2010-10-26	300133.SZ
373	正泰电器	74.49	装备	浙江	2010-01-21	601877.SH
374	中南传媒	74.23	媒体	湖南	2010-10-28	601098.SH
375	中青旅	74.07	休闲	北京	1997-12-03	600138.SH
376	怡亚通	74.06	贸易	广东	2007-11-13	002183.SZ
377	西水股份	73.95	金融	内蒙古	2000-07-31	600291.SH
378	瑞康医药	73.76	医药	山东	2011-06-10	002589.SZ
379	大北农	72.95	农业	北京	2010-04-09	002385.SZ
380	百世集团	72.54	运输	浙江	2017-09-20	BEST.N
381	海天国际	72.34	装备	浙江	2006-12-22	1882.HK
382	大参林	72.27	零售	广东	2017-07-31	603233.SH
383	兆驰股份	71.64	日用	广东	2010-06-10	002429.SZ
384	荣盛石化	71.39	化工	浙江	2010-11-02	002493.SZ
385	领益智造	71.34	电子	广东	2011-07-15	002600.SZ
386	东风汽车	71.09	汽车	湖北	1999-07-27	600006.SH
387	国电南瑞	71.08	装备	江苏	2003-10-16	600406.SH
388	微博	70.76	媒体	北京	2014-04-17	WB.O
389	首钢股份	70.54	钢铁	北京	1999-12-16	000959.SZ

续表

序号	证券简称	品牌价值(亿元)	行业	地区	上市日期	证券代码
390	滨江集团	70.46	房地产	浙江	2008-05-29	002244.SZ
391	新乳业	70.27	饮料	四川	2019-01-25	002946.SZ
392	华润电力	70.25	公用	广东	2003-11-12	0836.HK
393	耐世特	70.14	汽车	香港	2013-10-07	1316.HK
394	新特能源	70.00	装备	新疆	2015-12-30	1799.HK
395	包钢股份	69.54	钢铁	内蒙古	2001-03-09	600010.SH
396	中芯国际	69.52	电子	上海	2004-03-18	0981.HK
397	首创置业	69.40	房地产	北京	2003-06-19	2868.HK
398	上海家化	69.15	日用	上海	2001-03-15	600315.SH
399	招商证券	68.71	金融	广东	2009-11-17	600999.SH
400	山东钢铁	68.70	钢铁	山东	2004-06-29	600022.SH
401	首商股份	68.70	零售	北京	1996-07-16	600723.SH
402	欣旺达	68.56	电子	广东	2011-04-21	300207.SZ
403	盛京银行	68.13	金融	辽宁	2014-12-29	2066.HK
404	恒逸石化	67.91	化工	广西	1997-03-28	000703.SZ
405	中国广核	67.81	公用	广东	2019-08-26	003816.SZ
406	天能动力	67.68	装备	香港	2007-06-11	0819.HK
407	上海梅林	67.57	农业	上海	1997-07-04	600073.SH
408	新湖中宝	67.55	房地产	浙江	1999-06-23	600208.SH
409	一心堂	67.46	零售	云南	2014-07-02	002727.SZ
410	建业地产	67.40	房地产	河南	2008-06-06	0832.HK
411	凯撒旅业	67.37	休闲	陕西	1997-07-03	000796.SZ
412	舜宇光学科技	67.37	电子	浙江	2007-06-15	2382.HK
413	牧原股份	67.36	农业	河南	2014-01-28	002714.SZ
414	中国东方集团	67.25	钢铁	北京	2004-03-02	0581.HK
415	中国建筑国际	67.18	建筑	香港	2005-07-08	3311.HK
416	搜于特	67.18	服饰	广东	2010-11-17	002503.SZ
417	华电国际	66.82	公用	山东	2005-02-03	600027.SH
418	中集安瑞科	66.69	装备	广东	2005-10-18	3899.HK
419	长江传媒	66.26	媒体	湖北	1996-10-03	600757.SH
420	中信国际电讯	66.02	电信	香港	2007-04-03	1883.HK
421	老百姓	65.79	零售	湖南	2015-04-23	603883.SH

续表

序号	证券简称	品牌价值（亿元）	行业	地区	上市日期	证券代码
422	银座股份	65.73	零售	山东	1994-05-06	600858.SH
423	同仁堂	65.68	医药	北京	1997-06-25	600085.SH
424	华润水泥控股	65.64	建筑	香港	2009-10-06	1313.HK
425	朗诗地产	65.57	房地产	香港	1986-03-24	0106.HK
426	招商局置地	65.56	房地产	香港	1997-10-16	0978.HK
427	远东宏信	65.52	金融	上海	2011-03-30	3360.HK
428	ST 康美	65.41	医药	广东	2001-03-19	600518.SH
429	凯乐科技	65.33	通信	湖北	2000-07-06	600260.SH
430	白银有色	65.27	有色金属	甘肃	2017-02-15	601212.SH
431	长飞光纤	65.26	通信	湖北	2018-07-20	601869.SH
432	中文传媒	64.99	媒体	江西	2002-03-04	600373.SH
433	爱施德	64.93	贸易	广东	2010-05-28	002416.SZ
434	华联综超	64.66	零售	北京	2001-11-29	600361.SH
435	天士力	64.59	医药	天津	2002-08-23	600535.SH
436	新兴铸管	64.45	钢铁	河北	1997-06-06	000778.SZ
437	三钢闽光	64.18	钢铁	福建	2007-01-26	002110.SZ
438	远大控股	64.16	贸易	江苏	1996-11-28	000626.SZ
439	信达地产	63.95	房地产	北京	1993-05-24	600657.SH
440	中天金融	63.89	房地产	贵州	1994-02-02	000540.SZ
441	唐人神	63.80	农业	湖南	2011-03-25	002567.SZ
442	广深铁路	63.75	运输	广东	2006-12-22	601333.SH
443	迪信通	63.75	零售	北京	2014-07-08	6188.HK
444	中环股份	63.72	装备	天津	2007-04-20	002129.SZ
445	特步国际	63.61	服饰	福建	2008-06-03	1368.HK
446	哈尔滨银行	63.46	金融	黑龙江	2014-03-31	6138.HK
447	东旭光电	63.16	电子	河北	1996-09-25	000413.SZ
448	协鑫集成	63.11	电子	上海	2010-11-18	002506.SZ
449	利群股份	63.03	零售	山东	2017-04-12	601366.SH
450	中石化炼化工程	62.96	建筑	北京	2013-05-23	2386.HK
451	昆仑万维	62.79	休闲	北京	2015-01-21	300418.SZ
452	爱尔眼科	62.78	保健	湖南	2009-10-30	300015.SZ
453	虎牙直播	62.67	休闲	广东	2018-05-11	HUYA.N

续表

序号	证券简称	品牌价值(亿元)	行业	地区	上市日期	证券代码
454	大悦城	62.59	房地产	广东	1993-10-08	000031.SZ
455	金凰珠宝	62.56	服饰	湖北	2010-08-18	KGJI.O
456	香港中旅	62.36	休闲	香港	1992-11-11	0308.HK
457	新宝股份	62.36	家电	广东	2014-01-21	002705.SZ
458	石化油服	62.20	石油	北京	1995-04-11	600871.SH
459	合生创展集团	62.12	房地产	香港	1998-05-27	0754.HK
460	哔哩哔哩	61.95	休闲	上海	2018-03-28	BILI.O
461	鲁泰 A	61.94	纺织品	山东	2000-12-25	000726.SZ
462	重庆啤酒	61.93	饮料	重庆	1997-10-30	600132.SH
463	中国忠旺	61.88	有色金属	辽宁	2009-05-08	1333.HK
464	广州浪奇	61.78	日用	广东	1993-11-08	000523.SZ
465	国银租赁	61.66	金融	广东	2016-07-11	1606.HK
466	欧普照明	61.53	家电	上海	2016-08-19	603515.SH
467	中国银河	61.50	金融	北京	2017-01-23	601881.SH
468	华谊兄弟	61.43	休闲	浙江	2009-10-30	300027.SZ
469	南钢股份	61.43	钢铁	江苏	2000-09-19	600282.SH
470	上海机场	61.24	运输	上海	1998-02-18	600009.SH
471	中信建投	61.08	金融	北京	2018-06-20	601066.SH
472	上海石化	60.93	石油	上海	1993-11-08	600688.SH
473	欧菲光	60.89	电子	广东	2010-08-03	002456.SZ
474	健康元	60.78	医药	广东	2001-06-08	600380.SH
475	晨鸣纸业	60.74	造纸	山东	2000-11-20	000488.SZ
476	河北建设	60.68	建筑	河北	2017-12-15	1727.HK
477	柳工	60.67	装备	广西	1993-11-18	000528.SZ
478	广宇发展	60.58	房地产	天津	1993-12-10	000537.SZ
479	游族网络	60.46	休闲	福建	2007-09-25	002174.SZ
480	新濠影汇	60.23	休闲	香港	2018-10-18	MSC.N
481	南极电商	60.14	零售	江苏	2007-04-18	002127.SZ
482	步长制药	59.85	医药	山东	2016-11-18	603858.SH
483	合肥百货	59.59	零售	安徽	1996-08-12	000417.SZ
484	绿地香港	59.55	房地产	上海	2006-10-10	0337.HK
485	酒钢宏兴	59.38	钢铁	甘肃	2000-12-20	600307.SH

续表

序号	证 券 简 称	品牌价值（亿元）	行业	地区	上市日期	证券代码
486	雅迪控股	59.34	日用	江苏	2016-05-19	1585.HK
487	宁波港	59.28	运输	浙江	2010-09-28	601018.SH
488	珠江啤酒	59.03	饮料	广东	2010-08-18	002461.SZ
489	新浪	58.47	媒体	北京	2000-04-13	SINA.O
490	天津银行	58.29	金融	天津	2016-03-30	1578.HK
491	科伦药业	57.99	医药	四川	2010-06-03	002422.SZ
492	紫光学大	57.77	教育	福建	1993-11-01	000526.SZ
493	中银航空租赁	57.65	运输	香港	2016-06-01	2588.HK
494	中国高速传动	57.58	装备	香港	2007-07-04	0658.HK
495	光线传媒	57.32	休闲	北京	2011-08-03	300251.SZ
496	锡业股份	57.10	有色金属	云南	2000-02-21	000960.SZ
497	晶科能源	57.02	装备	江西	2010-05-14	JKS.N
498	安琪酵母	56.85	食品	湖北	2000-08-18	600298.SH
499	中航飞机	56.76	装备	陕西	1997-06-26	000768.SZ
500	中车时代电气	56.69	装备	湖南	2006-12-20	3898.HK
501	大悦城地产	56.67	房地产	香港	1973-03-06	0207.HK
502	云天化	56.59	贸易	云南	1997-07-09	600096.SH
503	神州数码	56.43	贸易	广东	1994-05-09	000034.SZ
504	花样年控股	56.40	房地产	广东	2009-11-25	1777.HK
505	渤海租赁	56.37	金融	新疆	1996-07-16	000415.SZ
506	国电科环	56.01	装备	北京	2011-12-30	1296.HK
507	纳思达	55.86	电子	广东	2007-11-13	002180.SZ
508	太平鸟	55.83	服饰	浙江	2017-01-09	603877.SH
509	巨人网络	55.52	休闲	重庆	2011-03-02	002558.SZ
510	科达股份	55.25	媒体	山东	2004-04-26	600986.SH
511	中远海发	55.25	运输	上海	2007-12-12	601866.SH
512	承德露露	55.21	饮料	河北	1997-11-13	000848.SZ
513	吉比特	55.21	休闲	福建	2017-01-04	603444.SH
514	中煤能源	55.19	煤炭	北京	2008-02-01	601898.SH
515	药明康德	55.11	医药	江苏	2018-05-08	603259.SH
516	陕西煤业	55.09	煤炭	陕西	2014-01-28	601225.SH
517	中金黄金	54.96	有色金属	北京	2003-08-14	600489.SH

续表

序号	证券简称	品牌价值(亿元)	行业	地区	上市日期	证券代码
518	华润三九	54.89	医药	广东	2000-03-09	000999.SZ
519	北辰实业	54.89	房地产	北京	2006-10-16	601588.SH
520	山东出版	54.87	媒体	山东	2017-11-22	601019.SH
521	禾丰牧业	54.85	农业	辽宁	2014-08-08	603609.SH
522	杭州银行	54.85	金融	浙江	2016-10-27	600926.SH
523	隆鑫通用	54.29	汽车	重庆	2012-08-10	603766.SH
524	蓝思科技	54.25	电子	湖南	2015-03-18	300433.SZ
525	中化化肥	54.24	化工	北京	1996-09-30	0297.HK
526	浙商中拓	54.19	贸易	浙江	1999-07-07	000906.SZ
527	宁沪高速	54.19	运输	江苏	2001-01-16	600377.SH
528	三只松鼠	54.01	食品	安徽	2019-07-12	300783.SZ
529	吉祥航空	53.96	运输	上海	2015-05-27	603885.SH
530	弘阳地产	53.69	房地产	江苏	2018-07-12	1996.HK
531	首旅酒店	53.53	酒店	北京	2000-06-01	600258.SH
532	本钢板材	53.52	钢铁	辽宁	1998-01-15	000761.SZ
533	海亮股份	53.48	有色金属	浙江	2008-01-16	002203.SZ
534	东方日升	53.32	装备	浙江	2010-09-02	300118.SZ
535	金正大	53.07	化工	山东	2010-09-08	002470.SZ
536	超威动力	53.05	装备	浙江	2010-07-07	0951.HK
537	传化智联	52.17	运输	浙江	2004-06-29	002010.SZ
538	益丰药房	52.16	零售	湖南	2015-02-17	603939.SH
539	浙江沪杭甬	52.06	运输	浙江	1997-05-15	0576.HK
540	创维数字	51.98	家电	四川	1998-06-02	000810.SZ
541	春秋航空	51.88	运输	上海	2015-01-21	601021.SH
542	长沙银行	51.56	金融	湖南	2018-09-26	601577.SH
543	人福医药	51.43	医药	湖北	1997-06-06	600079.SH
544	味千(中国)	51.39	餐饮	上海	2007-03-30	0538.HK
545	五矿发展	51.33	贸易	北京	1997-05-28	600058.SH
546	香飘飘	51.28	饮料	浙江	2017-11-30	603711.SH
547	北大资源	51.17	房地产	香港	1991-10-07	0618.HK
548	中远海能	50.76	运输	上海	2002-05-23	600026.SH
549	贵阳银行	50.67	金融	贵州	2016-08-16	601997.SH

续表

序号	证券简称	品牌价值（亿元）	行业	地区	上市日期	证券代码
550	大唐发电	50.53	公用	北京	2006-12-20	601991.SH
551	龙净环保	50.44	装备	福建	2000-12-29	600388.SH
552	青岛港	50.35	运输	山东	2019-01-21	601298.SH
553	博华太平洋	50.24	休闲	香港	2002-02-11	1076.HK
554	华新水泥	50.21	建筑	湖北	1994-01-03	600801.SH
555	新奥能源	50.13	公用	河北	2001-05-10	2688.HK
556	锦州银行	50.11	金融	辽宁	2015-12-07	0416.HK
557	星网锐捷	50.09	通信	福建	2010-06-23	002396.SZ
558	三安光电	50.08	电子	湖北	1996-05-28	600703.SH
559	合景泰富集团	49.87	房地产	香港	2007-07-03	1813.HK
560	省广集团	49.84	媒体	广东	2010-05-06	002400.SZ
561	中国龙工	49.81	装备	上海	2005-11-17	3339.HK
562	国电电力	49.79	公用	辽宁	1997-03-18	600795.SH
563	信义玻璃	49.60	汽车	香港	2005-02-03	0868.HK
564	圣农发展	49.57	农业	福建	2009-10-21	002299.SZ
565	国投电力	49.54	公用	北京	1996-01-18	600886.SH
566	中国中药	49.46	医药	广东	1993-04-07	0570.HK
567	五矿地产	49.38	房地产	香港	1991-12-20	0230.HK
568	文峰股份	49.36	零售	江苏	2011-06-03	601010.SH
569	太阳纸业	49.02	造纸	山东	2006-11-16	002078.SZ
570	万和电气	48.97	家电	广东	2011-01-28	002543.SZ
571	桃李面包	48.84	食品	辽宁	2015-12-22	603866.SH
572	志高控股	48.82	家电	广东	2009-07-13	0449.HK
573	安徽合力	48.69	装备	安徽	1996-10-09	600761.SH
574	海立股份	48.18	装备	上海	1992-11-16	600619.SH
575	鑫苑置业	48.14	房地产	北京	2007-12-12	XIN.N
576	厦门信达	48.07	贸易	福建	1997-02-26	000701.SZ
577	中国核建	47.90	建筑	上海	2016-06-06	601611.SH
578	卓尔智联	47.75	商业服务	湖北	2011-07-13	2098.HK
579	斗鱼	47.72	休闲	湖北	2019-07-17	DOYU.O
580	红旗连锁	47.61	零售	四川	2012-09-05	002697.SZ
581	新和成	47.59	医药	浙江	2004-06-25	002001.SZ

续表

序号	证券简称	品牌价值(亿元)	行业	地区	上市日期	证券代码
582	中油资本	47.41	金融	新疆	1996-10-22	000617.SZ
583	天虹纺织	47.35	纺织品	上海	2004-12-09	2678.HK
584	大族激光	47.22	电子	广东	2004-06-25	002008.SZ
585	伊力特	46.98	饮料	新疆	1999-09-16	600197.SH
586	顺风清洁能源	46.95	装备	江苏	2011-07-13	1165.HK
587	郑州银行	46.93	金融	河南	2018-09-19	002936.SZ
588	美年健康	46.87	保健	江苏	2005-05-18	002044.SZ
589	四川路桥	46.82	建筑	四川	2003-03-25	600039.SH
590	江西银行	46.65	金融	江西	2018-06-26	1916.HK
591	嘉事堂	46.60	医药	北京	2010-08-18	002462.SZ
592	中国动力	46.46	装备	河北	2004-07-14	600482.SH
593	宝胜股份	46.43	装备	江苏	2004-08-02	600973.SH
594	五矿资源	46.36	有色金属	香港	1994-12-15	1208.HK
595	城建发展	46.23	房地产	北京	1999-02-03	600266.SH
596	卓郎智能	46.22	装备	新疆	2003-12-03	600545.SH
597	中科曙光	45.91	电子	天津	2014-11-06	603019.SH
598	新奥股份	45.82	化工	河北	1994-01-03	600803.SH
599	欧派家居	45.72	家居	广东	2017-03-28	603833.SH
600	东方嘉盛	45.65	运输	广东	2017-07-31	002889.SZ
601	招商公路	45.64	运输	天津	2017-12-25	001965.SZ
602	中化国际	45.59	化工	上海	2000-03-01	600500.SH
603	广电运通	45.52	电子	广东	2007-08-13	002152.SZ
604	中炬高新	45.50	食品	广东	1995-01-24	600872.SH
605	航发动力	45.49	装备	陕西	1996-04-08	600893.SH
606	电广传媒	45.47	媒体	湖南	1999-03-25	000917.SZ
607	浙能电力	45.41	公用	浙江	2013-12-19	600023.SH
608	中铝国际	45.39	建筑	北京	2018-08-31	601068.SH
609	德赛电池	45.39	电子	广东	1995-03-20	000049.SZ
610	建发国际集团	45.31	房地产	香港	2012-12-14	1908.HK
611	经纬纺机	45.30	装备	北京	1996-12-10	000666.SZ
612	绝味食品	45.20	食品	湖南	2017-03-17	603517.SH
613	江苏国泰	45.08	贸易	江苏	2006-12-08	002091.SZ

续表

序号	证券简称	品牌价值(亿元)	行业	地区	上市日期	证券代码
614	视源股份	44.94	电子	广东	2017-01-19	002841.SZ
615	重庆银行	44.92	金融	重庆	2013-11-06	1963.HK
616	中国民航信息网络	44.91	互联网	北京	2001-02-07	0696.HK
617	中航资本	44.81	金融	黑龙江	1996-05-16	600705.SH
618	山鹰纸业	44.71	造纸	安徽	2001-12-18	600567.SH
619	环球医疗	44.56	保健	北京	2015-07-08	2666.HK
620	威高股份	44.39	医药	山东	2004-02-27	1066.HK
621	猫眼娱乐	44.38	休闲	北京	2019-02-04	1896.HK
622	华贸物流	44.34	运输	上海	2012-05-29	603128.SH
623	广百股份	44.19	零售	广东	2007-11-22	002187.SZ
624	周大生	44.13	服饰	广东	2017-04-27	002867.SZ
625	中原传媒	44.13	媒体	河南	1997-03-31	000719.SZ
626	都市丽人	44.04	服饰	广东	2014-06-26	2298.HK
627	丽珠集团	44.02	医药	广东	1993-10-28	000513.SZ
628	中海石油化学	43.86	化工	海南	2006-09-29	3983.HK
629	新华百货	43.86	零售	宁夏	1997-01-08	600785.SH
630	金茂酒店-SS	43.67	酒店	香港	2014-07-02	6139.HK
631	共进股份	43.65	通信	广东	2015-02-25	603118.SH
632	海丰国际	43.63	运输	香港	2010-10-06	1308.HK
633	精锐教育	43.56	教育	上海	2018-03-28	ONE.N
634	城投控股	43.52	房地产	上海	1993-05-18	600649.SH
635	大名城	43.52	房地产	上海	1997-07-03	600094.SH
636	趣店	43.45	金融	福建	2017-10-18	QD.N
637	哈药股份	43.43	医药	黑龙江	1993-06-29	600664.SH
638	华帝股份	43.41	家电	广东	2004-09-01	002035.SZ
639	网龙	43.30	教育	香港	2007-11-02	0777.HK
640	中顺洁柔	43.22	日用	广东	2010-11-25	002511.SZ
641	洛阳钼业	43.15	有色金属	河南	2012-10-09	603993.SH
642	老白干酒	43.06	饮料	河北	2002-10-29	600559.SH
643	东阿阿胶	43.01	医药	山东	1996-07-29	000423.SZ
644	中泰化学	42.79	化工	新疆	2006-12-08	002092.SZ
645	洽洽食品	42.75	食品	安徽	2011-03-02	002557.SZ

续表

序号	证券简称	品牌价值(亿元)	行业	地区	上市日期	证券代码
646	海油发展	42.60	石油	北京	2019-06-26	600968.SH
647	东山精密	42.59	电子	江苏	2010-04-09	002384.SZ
648	隧道股份	42.54	建筑	上海	1994-01-28	600820.SH
649	新华文轩	42.47	媒体	四川	2016-08-08	601811.SH
650	福斯特	42.44	装备	浙江	2014-09-05	603806.SH
651	华扬联众	42.37	媒体	北京	2017-08-02	603825.SH
652	德信中国	42.25	房地产	浙江	2019-02-26	2019.HK
653	恒力石化	42.23	化工	辽宁	2001-08-20	600346.SH
654	中国联塑	42.07	建筑	广东	2010-06-23	2128.HK
655	皖新传媒	41.95	媒体	安徽	2010-01-18	601801.SH
656	雨润食品	41.74	农业	江苏	2005-10-03	1068.HK
657	山东高速	41.71	运输	山东	2002-03-18	600350.SH
658	合力泰	41.66	电子	福建	2008-02-20	002217.SZ
659	友阿股份	41.65	零售	湖南	2009-07-17	002277.SZ
660	华宝股份	41.59	食品	西藏	2018-03-01	300741.SZ
661	拉夏贝尔	41.54	服饰	上海	2017-09-25	603157.SH
662	甘肃银行	41.51	金融	甘肃	2018-01-18	2139.HK
663	飞科电器	41.50	家电	上海	2016-04-18	603868.SH
664	力帆股份	41.46	汽车	重庆	2010-11-25	601777.SH
665	深科技	41.42	电子	广东	1994-02-02	000021.SZ
666	安阳钢铁	41.13	钢铁	河南	2001-08-20	600569.SH
667	云南旅游	41.07	休闲	云南	2006-08-10	002059.SZ
668	景瑞控股	40.98	房地产	上海	2013-10-31	1862.HK
669	上实发展	40.98	房地产	上海	1996-09-25	600748.SH
670	中国信达	40.93	金融	北京	2013-12-12	1359.HK
671	新洋丰	40.86	化工	湖北	1999-04-08	000902.SZ
672	生益科技	40.79	电子	广东	1998-10-28	600183.SH
673	成都银行	40.78	金融	四川	2018-01-31	601838.SH
674	泛海控股	40.57	房地产	北京	1994-09-12	000046.SZ
675	三聚环保	40.46	环保	北京	2010-04-27	300072.SZ
676	天音控股	40.46	贸易	江西	1997-12-02	000829.SZ
677	罗莱生活	40.39	纺织品	江苏	2009-09-10	002293.SZ

续表

序号	证券简称	品牌价值(亿元)	行业	地区	上市日期	证券代码
678	丘钛科技	40.38	日用	江苏	2014-12-02	1478.HK
679	孚日股份	40.31	纺织品	山东	2006-11-24	002083.SZ
680	迪马股份	40.29	房地产	重庆	2002-07-23	600565.SH
681	绿景中国地产	40.20	房地产	江苏	2005-12-02	0095.HK
682	华润燃气	40.18	公用	香港	1994-11-07	1193.HK
683	美东汽车	40.16	汽车	广东	2013-12-05	1268.HK
684	北京控股	39.97	公用	北京	1997-05-29	0392.HK
685	中金公司	39.87	金融	北京	2015-11-09	3908.HK
686	海航基础	39.72	房地产	海南	2002-08-06	600515.SH
687	重庆建工	39.70	建筑	重庆	2017-02-21	600939.SH
688	横店影视	39.64	休闲	浙江	2017-10-12	603103.SH
689	亨得利	39.60	零售	香港	2005-09-26	3389.HK
690	当代置业	39.59	房地产	北京	2013-07-12	1107.HK
691	中利集团	39.56	装备	江苏	2009-11-27	002309.SZ
692	利欧股份	39.31	媒体	浙江	2007-04-27	002131.SZ
693	联络互动	39.15	互联网	浙江	2009-08-21	002280.SZ
694	华鲁恒升	38.83	化工	山东	2002-06-20	600426.SH
695	现代制药	38.60	医药	上海	2004-06-16	600420.SH
696	汤臣倍健	38.55	保健	广东	2010-12-15	300146.SZ
697	深天马 A	38.43	电子	广东	1995-03-15	000050.SZ
698	江苏有线	38.42	媒体	江苏	2015-04-28	600959.SH
699	新华联	38.38	房地产	北京	1996-10-29	000620.SZ
700	三元股份	38.34	食品	北京	2003-09-15	600429.SH
701	361 度	38.27	服饰	福建	2009-06-30	1361.HK
702	九江银行	38.26	金融	江西	2018-07-10	6190.HK
703	汇鸿集团	38.23	贸易	江苏	2004-06-30	600981.SH
704	荣威国际	38.04	日用	上海	2017-11-16	3358.HK
705	铁龙物流	38.03	运输	辽宁	1998-05-11	600125.SH
706	中国核电	38.02	公用	北京	2015-06-10	601985.SH
707	西部矿业	37.96	有色金属	青海	2007-07-12	601168.SH
708	太极实业	37.89	电子	江苏	1993-07-28	600667.SH
709	深圳国际	37.85	运输	香港	1972-09-25	0152.HK

续表

序号	证券简称	品牌价值(亿元)	行业	地区	上市日期	证券代码
710	福日电子	37.77	通信	福建	1999-05-14	600203.SH
711	金螳螂	37.65	建筑	江苏	2006-11-20	002081.SZ
712	北京首都机场股份	37.61	运输	北京	2000-02-01	0694.HK
713	东方证券	37.58	金融	上海	2015-03-23	600958.SH
714	星辉娱乐	37.56	休闲	广东	2010-01-20	300043.SZ
715	碧水源	37.46	环保	北京	2010-04-21	300070.SZ
716	木林森	37.40	电子	广东	2015-02-17	002745.SZ
717	恒邦股份	37.24	有色金属	山东	2008-05-20	002237.SZ
718	惠而浦	37.15	家电	安徽	2004-07-27	600983.SH
719	中教控股	36.93	教育	香港	2017-12-15	0839.HK
720	阳光照明	36.71	家电	浙江	2000-07-20	600261.SH
721	魏桥纺织	36.43	纺织品	山东	2003-09-24	2698.HK
722	中国利郎	36.39	服饰	福建	2009-09-25	1234.HK
723	特发信息	36.31	通信	广东	2000-05-11	000070.SZ
724	保利文化	36.30	休闲	北京	2014-03-06	3636.HK
725	外高桥	36.23	房地产	上海	1993-05-04	600648.SH
726	新华都	36.15	零售	福建	2008-07-31	002264.SZ
727	腾邦国际	36.11	休闲	广东	2011-02-15	300178.SZ
728	朴新教育	36.08	教育	北京	2018-06-15	NEW.N
729	敏实集团	36.08	汽车	浙江	2005-12-01	0425.HK
730	中国机械工程	35.98	建筑	北京	2012-12-21	1829.HK
731	柳药股份	35.90	医药	广西	2014-12-04	603368.SH
732	中国大冶有色金属	35.87	有色金属	香港	1990-11-21	0661.HK
733	中华企业	35.83	房地产	上海	1993-09-24	600675.SH
734	光大证券	35.74	金融	上海	2009-08-18	601788.SH
735	威孚高科	35.72	汽车	江苏	1998-09-24	000581.SZ
736	宇华教育	35.67	教育	河南	2017-02-28	6169.HK
737	安井食品	35.52	食品	福建	2017-02-22	603345.SH
738	常山北明	35.46	互联网	河北	2000-07-24	000158.SZ
739	桐昆股份	35.43	化工	浙江	2011-05-18	601233.SH
740	福星股份	35.36	房地产	湖北	1999-06-18	000926.SZ
741	金逸影视	35.34	休闲	广东	2017-10-16	002905.SZ

续表

序号	证 券 简 称	品牌价值(亿元)	行业	地区	上市日期	证券代码
742	长春高新	35.29	医药	吉林	1996-12-18	000661.SZ
743	东华软件	35.26	互联网	北京	2006-08-23	002065.SZ
744	华谊集团	35.22	化工	上海	1992-12-04	600623.SH
745	玲珑轮胎	35.18	汽车	山东	2016-07-06	601966.SH
746	国瑞置业	35.16	房地产	北京	2014-07-07	2329.HK
747	明阳智能	35.15	装备	广东	2019-01-23	601615.SH
748	中国软件国际	35.09	互联网	北京	2003-06-20	0354.HK
749	三全食品	35.02	食品	河南	2008-02-20	002216.SZ
750	京投发展	35.02	房地产	浙江	1993-10-25	600683.SH
751	中烟香港	34.86	食品	香港	2019-06-12	6055.HK
752	兴业证券	34.71	金融	福建	2010-10-13	601377.SH
753	乐普医疗	34.55	医药	北京	2009-10-30	300003.SZ
754	华东重机	34.48	装备	江苏	2012-06-12	002685.SZ
755	济川药业	34.47	医药	湖北	2001-08-22	600566.SH
756	中国心连心化肥	34.38	化工	河南	2009-12-08	1866.HK
757	号百控股	34.28	休闲	上海	1993-04-07	600640.SH
758	佛山照明	34.14	家电	广东	1993-11-23	000541.SZ
759	海格通信	34.07	通信	广东	2010-08-31	002465.SZ
760	宁波华翔	34.05	汽车	浙江	2005-06-03	002048.SZ
761	新安股份	34.05	化工	浙江	2001-09-06	600596.SH
762	华邦健康	34.05	化工	重庆	2004-06-25	002004.SZ
763	招商轮船	33.90	运输	上海	2006-12-01	601872.SH
764	北京京客隆	33.87	贸易	北京	2006-09-25	0814.HK
765	奥马电器	33.86	家电	广东	2012-04-16	002668.SZ
766	天津港发展	33.83	运输	香港	2006-05-24	3382.HK
767	立华股份	33.82	农业	江苏	2019-02-18	300761.SZ
768	莱克电气	33.77	家电	江苏	2015-05-13	603355.SH
769	联泰控股	33.62	服饰	香港	2004-07-15	0311.HK
770	黄山旅游	33.55	酒店	安徽	1997-05-06	600054.SH
771	雷士国际	33.54	家电	广东	2010-05-20	2222.HK
772	东方时尚	33.39	教育	北京	2016-02-05	603377.SH
773	方大特钢	33.36	钢铁	江西	2003-09-30	600507.SH

续表

序号	证 券 简 称	品牌价值(亿元)	行业	地区	上市日期	证券代码
774	五矿资本	33.35	金融	湖南	2001-01-15	600390.SH
775	周黑鸭	33.34	食品	湖北	2016-11-11	1458.HK
776	巨星科技	33.33	装备	浙江	2010-07-13	002444.SZ
777	时代出版	33.25	媒体	安徽	2002-09-05	600551.SH
778	顾家家居	33.20	家居	浙江	2016-10-14	603816.SH
779	长虹华意	33.20	装备	江西	1996-06-19	000404.SZ
780	盛屯矿业	33.09	贸易	福建	1996-05-31	600711.SH
781	重药控股	33.03	医药	重庆	1999-09-16	000950.SZ
782	美邦服饰	32.80	服饰	上海	2008-08-28	002269.SZ
783	信立泰	32.74	医药	广东	2009-09-10	002294.SZ
784	光环新网	32.73	通信	北京	2014-01-29	300383.SZ
785	青岛银行	32.72	金融	山东	2019-01-16	002948.SZ
786	网宿科技	32.61	互联网	上海	2009-10-30	300017.SZ
787	庆铃汽车股份	32.58	汽车	重庆	1994-08-17	1122.HK
788	舍得酒业	32.54	饮料	四川	1996-05-24	600702.SH
789	东方园林	32.42	环保	北京	2009-11-27	002310.SZ
790	宗申动力	32.27	汽车	重庆	1997-03-06	001696.SZ
791	易见股份	32.27	运输	四川	1997-06-26	600093.SH
792	天津港	32.19	运输	天津	1996-06-14	600717.SH
793	南山铝业	32.12	有色金属	山东	1999-12-23	600219.SH
794	鄂尔多斯	32.08	钢铁	内蒙古	2001-04-26	600295.SH
795	同济堂	32.04	医药	新疆	1997-06-16	600090.SH
796	新大陆	32.01	电子	福建	2000-08-07	000997.SZ
797	大明国际	31.99	钢铁	江苏	2010-12-01	1090.HK
798	中国西电	31.99	装备	陕西	2010-01-28	601179.SH
799	翠微股份	31.94	零售	北京	2012-05-03	603123.SH
800	通力电子	31.86	日用	香港	2013-08-15	1249.HK
801	卧龙电驱	31.85	装备	浙江	2002-06-06	600580.SH
802	睿见教育	31.82	教育	广东	2017-01-26	6068.HK
803	启迪环境	31.72	环保	湖北	1998-02-25	000826.SZ
804	希望教育	31.72	教育	四川	2018-08-03	1765.HK
805	德龙控股	31.70	钢铁	北京	1999-04-08	BQO.SG

续表

序号	证券简称	品牌价值（亿元）	行业	地区	上市日期	证券代码
806	中储股份	31.61	贸易	天津	1997-01-21	600787.SH
807	全聚德	31.53	餐饮	北京	2007-11-20	002186.SZ
808	延安必康	31.52	医药	陕西	2010-05-25	002411.SZ
809	迪安诊断	31.51	保健	浙江	2011-07-19	300244.SZ
810	恺英网络	31.45	休闲	福建	2010-12-07	002517.SZ
811	韶钢松山	31.40	钢铁	广东	1997-05-08	000717.SZ
812	颐海国际	31.33	食品	北京	2016-07-13	1579.HK
813	嘉银金科	31.32	金融	上海	2019-05-10	JFIN.O
814	康哲药业	31.31	医药	广东	2010-09-28	0867.HK
815	华北制药	31.30	医药	河北	1994-01-14	600812.SH
816	中船防务	31.30	装备	广东	1993-10-28	600685.SH
817	杭州解百	31.27	零售	浙江	1994-01-14	600814.SH
818	华远地产	31.16	房地产	北京	1996-09-09	600743.SH
819	伊泰煤炭	31.15	煤炭	内蒙古	2012-07-12	3948.HK
820	云南城投	31.13	房地产	云南	1999-12-02	600239.SH
821	搜狐	31.11	媒体	北京	2000-07-12	SOHU.O
822	富安娜	31.09	纺织品	广东	2009-12-30	002327.SZ
823	贵州银行	30.97	金融	贵州	2019-12-30	6199.HK
824	华南城	30.95	房地产	香港	2009-09-30	1668.HK
825	龙源电力	30.91	公用	北京	2009-12-10	0916.HK
826	三花智控	30.78	家电	浙江	2005-06-07	002050.SZ
827	智慧能源	30.78	装备	青海	1995-02-06	600869.SH
828	新华医疗	30.74	医药	山东	2002-09-27	600587.SH
829	招商积余	30.72	房地产	广东	1994-09-28	001914.SZ
830	一汽富维	30.64	汽车	吉林	1996-08-26	600742.SH
831	云米科技	30.62	零售	广东	2018-09-25	VIOT.O
832	先导智能	30.61	装备	江苏	2015-05-18	300450.SZ
833	现代投资	30.55	运输	湖南	1999-01-28	000900.SZ
834	康恩贝	30.54	医药	浙江	2004-04-12	600572.SH
835	华虹半导体	30.40	电子	上海	2014-10-15	1347.HK
836	方大炭素	30.38	有色金属	甘肃	2002-08-30	600516.SH
837	金徽酒	30.31	饮料	甘肃	2016-03-10	603919.SH

续表

序号	证券简称	品牌价值(亿元)	行业	地区	上市日期	证券代码
838	赛轮轮胎	30.11	汽车	山东	2011-06-30	601058.SH
839	易车	29.99	媒体	北京	2010-11-17	BITA.N
840	中通客车	29.95	汽车	山东	2000-01-13	000957.SZ
841	鲁商发展	29.93	房地产	山东	2000-01-13	600223.SH
842	中海油服	29.90	石油	天津	2007-09-28	601808.SH
843	海正药业	29.82	医药	浙江	2000-07-25	600267.SH
844	科沃斯	29.82	家电	江苏	2018-05-28	603486.SH
845	白云机场	29.78	运输	广东	2003-04-28	600004.SH
846	深高速	29.71	运输	广东	2001-12-25	600548.SH
847	中国出版	29.69	媒体	北京	2017-08-21	601949.SH
848	青农商行	29.68	金融	山东	2019-03-26	002958.SZ
849	中金岭南	29.67	有色金属	广东	1997-01-23	000060.SZ
850	唐宫中国	29.67	餐饮	香港	2011-04-19	1181.HK
851	吉林敖东	29.66	医药	吉林	1996-10-28	000623.SZ
852	国际医学	29.65	保健	陕西	1993-08-09	000516.SZ
853	信利国际	29.65	电子	香港	1991-07-29	0732.HK
854	利亚德	29.61	电子	北京	2012-03-15	300296.SZ
855	用友网络	29.59	互联网	北京	2001-05-18	600588.SH
856	杭钢股份	29.49	钢铁	浙江	1998-03-11	600126.SH
857	南方传媒	29.44	媒体	广东	2016-02-15	601900.SH
858	广日股份	29.32	装备	广东	1996-03-28	600894.SH
859	海昌海洋公园	29.31	休闲	上海	2014-03-13	2255.HK
860	京信通信	29.29	通信	香港	2003-07-15	2342.HK
861	芒果超媒	29.26	媒体	湖南	2015-01-21	300413.SZ
862	西王食品	29.20	食品	山东	1996-11-26	000639.SZ
863	光迅科技	29.09	通信	湖北	2009-08-21	002281.SZ
864	友好集团	29.07	零售	新疆	1996-12-03	600778.SH
865	联邦制药	29.02	医药	香港	2007-06-15	3933.HK
866	大唐环境	28.97	环保	北京	2016-11-15	1272.HK
867	上实城市开发	28.88	房地产	香港	1993-09-10	0563.HK
868	百润股份	28.87	饮料	上海	2011-03-25	002568.SZ
869	古越龙山	28.87	饮料	浙江	1997-05-16	600059.SH

续表

序号	证券简称	品牌价值(亿元)	行业	地区	上市日期	证券代码
870	寺库	28.83	零售	北京	2017-09-22	SECO.O
871	杭叉集团	28.73	装备	浙江	2016-12-27	603298.SH
872	宝丰能源	28.63	化工	宁夏	2019-05-16	600989.SH
873	大连重工	28.54	装备	辽宁	2008-01-16	002204.SZ
874	安徽建工	28.53	建筑	安徽	2003-04-15	600502.SH
875	佳源国际控股	28.42	房地产	江苏	2016-03-08	2768.HK
876	中洲控股	28.35	房地产	广东	1994-09-21	000042.SZ
877	FRIENDTIMES	28.34	休闲	江苏	2019-10-08	6820.HK
878	申能股份	28.31	公用	上海	1993-04-16	600642.SH
879	世联行	28.24	房地产	广东	2009-08-28	002285.SZ
880	甬金股份	28.21	钢铁	浙江	2019-12-24	603995.SH
881	汇顶科技	28.12	电子	广东	2016-10-17	603160.SH
882	苏州高新	28.01	房地产	江苏	1996-08-15	600736.SH
883	宝尊电商	27.96	互联网	上海	2015-05-21	BZUN.O
884	神州信息	27.93	互联网	广东	1994-04-08	000555.SZ
885	中国卫通	27.83	装备	北京	2019-06-28	601698.SH
886	中材国际	27.83	建筑	江苏	2005-04-12	600970.SH
887	中直股份	27.83	装备	黑龙江	2000-12-18	600038.SH
888	西安银行	27.79	金融	陕西	2019-03-01	600928.SH
889	凌钢股份	27.77	钢铁	辽宁	2000-05-11	600231.SH
890	金山软件	27.76	互联网	北京	2007-10-09	3888.HK
891	苏州银行	27.76	金融	江苏	2019-08-02	002966.SZ
892	高鸿股份	27.74	互联网	贵州	1998-06-09	000851.SZ
893	京粮控股	27.73	食品	海南	1992-12-21	000505.SZ
894	趣头条	27.67	媒体	上海	2018-09-14	QTT.O
895	摩贝	27.66	互联网	上海	2019-12-30	MKD.O
896	华孚时尚	27.59	纺织品	安徽	2005-04-27	002042.SZ
897	岭南控股	27.58	休闲	广东	1993-11-18	000524.SZ
898	片仔癀	27.57	医药	福建	2003-06-16	600436.SH
899	华东电脑	27.55	互联网	上海	1994-03-24	600850.SH
900	酒鬼酒	27.54	饮料	湖南	1997-07-18	000799.SZ
901	中航光电	27.50	电子	河南	2007-11-01	002179.SZ

续表

序号	证券简称	品牌价值(亿元)	行业	地区	上市日期	证券代码
902	途牛	27.48	零售	江苏	2014-05-09	TOUR.O
903	银城国际控股	27.42	房地产	江苏	2019-03-06	1902.HK
904	昂立教育	27.34	教育	上海	1993-06-14	600661.SH
905	小商品城	27.30	房地产	浙江	2002-05-09	600415.SH
906	方正证券	27.28	金融	湖南	2011-08-10	601901.SH
907	九牧王	27.27	服饰	福建	2011-05-30	601566.SH
908	招商局港口	27.25	运输	香港	1992-07-15	0144.HK
909	宝业集团	27.21	建筑	浙江	2003-06-30	2355.HK
910	科大讯飞	27.15	互联网	安徽	2008-05-12	002230.SZ
911	北新建材	26.98	建筑	北京	1997-06-06	000786.SZ
912	山煤国际	26.90	煤炭	山西	2003-07-31	600546.SH
913	通鼎互联	26.88	通信	江苏	2010-10-21	002491.SZ
914	航民股份	26.84	纺织品	浙江	2004-08-09	600987.SH
915	阳光电源	26.81	装备	安徽	2011-11-02	300274.SZ
916	云铝股份	26.74	有色金属	云南	1998-04-08	000807.SZ
917	东软集团	26.73	互联网	辽宁	1996-06-18	600718.SH
918	广州酒家	26.68	食品	广东	2017-06-27	603043.SH
919	大东方	26.67	汽车	江苏	2002-06-25	600327.SH
920	金域医学	26.60	保健	广东	2017-09-08	603882.SH
921	中鼎股份	26.55	汽车	安徽	1998-12-03	000887.SZ
922	太极集团	26.54	医药	重庆	1997-11-18	600129.SH
923	唐山港	26.53	运输	河北	2010-07-05	601000.SH
924	索菲亚	26.48	家居	广东	2011-04-12	002572.SZ
925	昆药集团	26.41	医药	云南	2000-12-06	600422.SH
926	华联控股	26.36	房地产	广东	1994-06-17	000036.SZ
927	得邦照明	26.34	家电	浙江	2017-03-30	603303.SH
928	万丰奥威	26.34	汽车	浙江	2006-11-28	002085.SZ
929	天茂集团	26.28	金融	湖北	1996-11-12	000627.SZ
930	同花顺	26.28	互联网	浙江	2009-12-25	300033.SZ
931	江南布衣	26.14	服饰	浙江	2016-10-31	3306.HK
932	绿叶制药	26.06	医药	山东	2014-07-09	2186.HK
933	长江证券	26.05	金融	湖北	1997-07-31	000783.SZ

续表

序号	证 券 简 称	品牌价值（亿元）	行业	地区	上市日期	证券代码
934	华润双鹤	26.05	医药	北京	1997-05-22	600062.SH
935	海亮教育	26.04	教育	浙江	2015-07-07	HLG.O
936	天龙集团	26.03	媒体	广东	2010-03-26	300063.SZ
937	中创物流	26.03	运输	山东	2019-04-29	603967.SH
938	顺钠股份	26.01	装备	广东	1994-01-03	000533.SZ
939	中国有色矿业	25.94	有色金属	香港	2012-06-29	1258.HK
940	陕鼓动力	25.82	装备	陕西	2010-04-28	601369.SH
941	实达集团	25.82	通信	福建	1996-08-08	600734.SH
942	绿城服务	25.72	房地产	浙江	2016-07-12	2869.HK
943	长寿花食品	25.71	食品	山东	2009-12-18	1006.HK
944	郑煤机	25.66	装备	河南	2010-08-03	601717.SH
945	同仁堂科技	25.63	医药	北京	2000-10-31	1666.HK
946	中原银行	25.61	金融	河南	2017-07-19	1216.HK
947	宝信软件	25.57	互联网	上海	1994-03-11	600845.SH
948	万向钱潮	25.57	汽车	浙江	1994-01-10	000559.SZ
949	中国科培	25.56	教育	广东	2019-01-25	1890.HK
950	地素时尚	25.54	服饰	上海	2018-06-22	603587.SH
951	鹭燕医药	25.52	医药	福建	2016-02-18	002788.SZ
952	驰宏锌锗	25.49	有色金属	云南	2004-04-20	600497.SH
953	海南橡胶	25.46	农业	海南	2011-01-07	601118.SH
954	太原重工	25.44	装备	山西	1998-09-04	600169.SH
955	普洛药业	25.36	医药	浙江	1997-05-09	000739.SZ
956	恒立液压	25.36	装备	江苏	2011-10-28	601100.SH
957	澳柯玛	25.33	家电	山东	2000-12-29	600336.SH
958	东华能源	25.29	石油	江苏	2008-03-06	002221.SZ
959	星美控股	25.28	休闲	香港	1973-02-07	0198.HK
960	奥飞娱乐	25.23	休闲	广东	2009-09-10	002292.SZ
961	华天科技	25.20	电子	甘肃	2007-11-20	002185.SZ
962	润达医疗	25.17	保健	上海	2015-05-27	603108.SH
963	涪陵榨菜	25.13	食品	重庆	2010-11-23	002507.SZ
964	辽宁成大	25.09	贸易	辽宁	1996-08-19	600739.SH
965	南京高科	25.07	房地产	江苏	1997-05-06	600064.SH

续表

序号	证券简称	品牌价值(亿元)	行业	地区	上市日期	证券代码
966	嘉友国际	25.06	运输	北京	2018-02-06	603871.SH
967	天顺风能	25.05	装备	江苏	2010-12-31	002531.SZ
968	北京文化	24.99	休闲	北京	1998-01-08	000802.SZ
969	捷成股份	24.98	媒体	北京	2011-02-22	300182.SZ
970	南京熊猫	24.96	通信	江苏	1996-11-18	600775.SH
971	映客	24.90	媒体	北京	2018-07-12	3700.HK
972	龙大肉食	24.87	农业	山东	2014-06-26	002726.SZ
973	中国一重	24.86	装备	黑龙江	2010-02-09	601106.SH
974	华数传媒	24.81	媒体	浙江	2000-09-06	000156.SZ
975	七匹狼	24.81	服饰	福建	2004-08-06	002029.SZ
976	智度股份	24.81	媒体	河南	1996-12-24	000676.SZ
977	中交地产	24.77	房地产	重庆	1997-04-25	000736.SZ
978	亿联网络	24.64	通信	福建	2017-03-17	300628.SZ
979	润东汽车	24.62	汽车	上海	2014-08-12	1365.HK
980	长信科技	24.62	电子	安徽	2010-05-26	300088.SZ
981	爱旭股份	24.61	装备	上海	1996-08-16	600732.SH
982	一拖股份	24.60	装备	河南	2012-08-08	601038.SH
983	华泰股份	24.53	造纸	山东	2000-09-28	600308.SH
984	华兰生物	24.52	医药	河南	2004-06-25	002007.SZ
985	海能达	24.46	通信	广东	2011-05-27	002583.SZ
986	扬农化工	24.46	化工	江苏	2002-04-25	600486.SH
987	尚品宅配	24.42	家居	广东	2017-03-07	300616.SZ
988	信维通信	24.41	电子	广东	2010-11-05	300136.SZ
989	和利时自动化	24.39	装备	北京	2008-08-01	HOLI.O
990	康力电梯	24.38	装备	江苏	2010-03-12	002367.SZ
991	黑牡丹	24.34	房地产	江苏	2002-06-18	600510.SH
992	时计宝	24.31	服饰	香港	2013-02-05	2033.HK
993	新凤鸣	24.29	化工	浙江	2017-04-18	603225.SH
994	中国食品	24.26	贸易	香港	1988-10-07	0506.HK
995	上海实业环境	24.25	环保	上海	2018-03-23	0807.HK
996	俊知集团	24.23	通信	江苏	2012-03-19	1300.HK
997	浙江永强	24.23	日用	浙江	2010-10-21	002489.SZ

续表

序号	证券简称	品牌价值(亿元)	行业	地区	上市日期	证券代码
998	厦门港务	24.23	运输	福建	2005-12-19	3378.HK
999	维维股份	24.21	食品	江苏	2000-06-30	600300.SH
1000	贵研铂业	24.21	有色金属	云南	2003-05-16	600459.SH
1001	华米科技	24.17	日用	安徽	2018-02-08	HMI.N
1002	天康生物	24.13	农业	新疆	2006-12-26	002100.SZ
1003	金发科技	24.10	化工	广东	2004-06-23	600143.SH
1004	鹏博士	24.08	互联网	四川	1994-01-03	600804.SH
1005	克劳斯	24.00	装备	山东	2002-08-09	600579.SH
1006	玖富	23.99	金融	北京	2019-08-15	JFU.O
1007	视觉中国	23.91	休闲	江苏	1997-01-21	000681.SZ
1008	珀莱雅	23.90	日用	浙江	2017-11-15	603605.SH
1009	中航机电	23.88	装备	湖北	2004-07-05	002013.SZ
1010	九台农商银行	23.86	金融	吉林	2017-01-12	6122.HK
1011	德展健康	23.77	医药	新疆	1998-05-19	000813.SZ
1012	平高电气	23.77	装备	河南	2001-02-21	600312.SH
1013	沙钢股份	23.76	钢铁	江苏	2006-10-25	002075.SZ
1014	龙头股份	23.74	纺织品	上海	1993-02-09	600630.SH
1015	神马股份	23.64	纺织品	河南	1994-01-06	600810.SH
1016	人民同泰	23.62	医药	黑龙江	1994-02-24	600829.SH
1017	力源信息	23.61	电子	湖北	2011-02-22	300184.SZ
1018	冀东水泥	23.58	建筑	河北	1996-06-14	000401.SZ
1019	华菱星马	23.56	装备	安徽	2003-04-01	600375.SH
1020	四川成渝	23.54	运输	四川	2009-07-27	601107.SH
1021	中国电力	23.54	公用	北京	2004-10-15	2380.HK
1022	中新药业	23.50	医药	天津	2001-06-06	600329.SH
1023	五菱汽车	23.42	汽车	香港	1992-11-23	0305.HK
1024	中国光大水务	23.41	环保	广东	2019-05-08	1857.HK
1025	大亚圣象	23.41	家居	江苏	1999-06-30	000910.SZ
1026	亿帆医药	23.38	医药	浙江	2004-07-13	002019.SZ
1027	今创集团	23.38	装备	江苏	2018-02-27	603680.SH
1028	珠光控股	23.32	房地产	香港	1996-12-09	1176.HK
1029	粤运交通	23.31	运输	广东	2005-10-26	3399.HK

续表

序号	证券简称	品牌价值(亿元)	行业	地区	上市日期	证券代码
1030	中金环境	23.26	装备	浙江	2010-12-09	300145.SZ
1031	通程控股	23.25	零售	湖南	1996-08-16	000419.SZ
1032	云内动力	23.21	装备	云南	1999-04-15	000903.SZ
1033	兰花科创	23.20	煤炭	山西	1998-12-17	600123.SH
1034	申达股份	23.17	汽车	上海	1993-01-07	600626.SH
1035	中信重工	23.12	装备	河南	2012-07-06	601608.SH
1036	广博股份	23.11	互联网	浙江	2007-01-10	002103.SZ
1037	美图公司	23.01	通信	福建	2016-12-15	1357.HK
1038	新氧	22.98	互联网	北京	2019-05-02	SY.O
1039	天誉置业	22.95	房地产	广东	1993-11-16	0059.HK
1040	海油工程	22.95	石油	天津	2002-02-05	600583.SH
1041	红豆股份	22.92	服饰	江苏	2001-01-08	600400.SH
1042	太极股份	22.88	互联网	北京	2010-03-12	002368.SZ
1043	华立大学集团	22.88	教育	广东	2019-11-25	1756.HK
1044	龙元建设	22.87	建筑	浙江	2004-05-24	600491.SH
1045	仁和药业	22.86	医药	江西	1996-12-10	000650.SZ
1046	齐翔腾达	22.82	化工	山东	2010-05-18	002408.SZ
1047	天齐锂业	22.79	有色金属	四川	2010-08-31	002466.SZ
1048	浙江医药	22.75	医药	浙江	1999-10-21	600216.SH
1049	明牌珠宝	22.75	服饰	浙江	2011-04-22	002574.SZ
1050	通富微电	22.74	电子	江苏	2007-08-16	002156.SZ
1051	厦门钨业	22.71	有色金属	福建	2002-11-07	600549.SH
1052	奥康国际	22.66	服饰	浙江	2012-04-26	603001.SH
1053	奥赛康	22.65	医药	北京	2015-05-15	002755.SZ
1054	盈峰环境	22.55	环保	浙江	2000-03-30	000967.SZ
1055	杰克股份	22.54	装备	浙江	2017-01-19	603337.SH
1056	会稽山	22.54	饮料	浙江	2014-08-25	601579.SH
1057	开元酒店	22.50	酒店	浙江	2019-03-11	1158.HK
1058	中国巨石	22.50	建筑	浙江	1999-04-22	600176.SH
1059	苏交科	22.47	商业服务	江苏	2012-01-10	300284.SZ
1060	金杯汽车	22.42	汽车	辽宁	1992-07-24	600609.SH
1061	东方雨虹	22.37	建筑	北京	2008-09-10	002271.SZ

续表

序号	证券简称	品牌价值（亿元）	行业	地区	上市日期	证券代码
1062	深南电路	22.35	电子	广东	2017-12-13	002916.SZ
1063	拉卡拉	22.35	金融	北京	2019-04-25	300773.SZ
1064	青青稞酒	22.31	饮料	青海	2011-12-22	002646.SZ
1065	华致酒行	22.30	零售	云南	2019-01-29	300755.SZ
1066	中色股份	22.30	有色金属	北京	1997-04-16	000758.SZ
1067	华电福新	22.27	公用	福建	2012-06-28	0816.HK
1068	许继电气	22.24	装备	河南	1997-04-18	000400.SZ
1069	道道全	22.22	食品	湖南	2017-03-10	002852.SZ
1070	宏发股份	22.12	装备	湖北	1996-02-05	600885.SH
1071	劲嘉股份	22.09	商业服务	广东	2007-12-05	002191.SZ
1072	苏宁环球	22.07	房地产	吉林	1997-04-08	000718.SZ
1073	粤电力 A	22.07	公用	广东	1993-11-26	000539.SZ
1074	中国金属利用	22.06	有色金属	四川	2014-02-21	1636.HK
1075	当代明诚	22.01	休闲	湖北	1998-03-03	600136.SH
1076	红蜻蜓	21.99	服饰	浙江	2015-06-29	603116.SH
1077	北控水务集团	21.90	公用	北京	1993-04-19	0371.HK
1078	千方科技	21.89	互联网	北京	2010-03-18	002373.SZ
1079	英特集团	21.84	贸易	浙江	1996-07-16	000411.SZ
1080	东北证券	21.79	金融	吉林	1997-02-27	000686.SZ
1081	浙数文化	21.76	媒体	浙江	1993-03-04	600633.SH
1082	香江控股	21.74	房地产	广东	1998-06-09	600162.SH
1083	东方盛虹	21.74	化工	江苏	2000-05-29	000301.SZ
1084	八一钢铁	21.72	钢铁	新疆	2002-08-16	600581.SH
1085	瀚蓝环境	21.69	环保	广东	2000-12-25	600323.SH
1086	中原高速	21.59	运输	河南	2003-08-08	600020.SH
1087	科达洁能	21.58	装备	广东	2002-10-10	600499.SH
1088	汇川技术	21.55	装备	广东	2010-09-28	300124.SZ
1089	仙坛股份	21.49	食品	山东	2015-02-16	002746.SZ
1090	普路通	21.49	运输	广东	2015-06-29	002769.SZ
1091	内蒙一机	21.46	装备	内蒙古	2004-05-18	600967.SH
1092	中牧股份	21.45	农业	北京	1999-01-07	600195.SH
1093	中粮糖业	21.44	贸易	新疆	1996-07-31	600737.SH

续表

序号	证券简称	品牌价值（亿元）	行业	地区	上市日期	证券代码
1094	航天电子	21.43	装备	湖北	1995-11-15	600879.SH
1095	百宏实业	21.42	纺织品	福建	2011-05-18	2299.HK
1096	飞亚达	21.40	服饰	广东	1993-06-03	000026.SZ
1097	骆驼股份	21.36	汽车	湖北	2011-06-02	601311.SH
1098	长久物流	21.29	运输	北京	2016-08-10	603569.SH
1099	优信	21.25	零售	北京	2018-06-27	UXIN.O
1100	黑芝麻	21.23	食品	广西	1997-04-18	000716.SZ
1101	神火股份	21.22	有色金属	河南	1999-08-31	000933.SZ
1102	好想你	21.17	食品	河南	2011-05-20	002582.SZ
1103	精达股份	21.15	装备	安徽	2002-09-11	600577.SH
1104	西王特钢	21.12	钢铁	山东	2012-02-23	1266.HK
1105	东吴证券	21.11	金融	江苏	2011-12-12	601555.SH
1106	山水水泥	21.08	建筑	山东	2008-07-04	0691.HK
1107	万业企业	21.07	房地产	上海	1993-04-07	600641.SH
1108	奥瑞金	21.06	包装	北京	2012-10-11	002701.SZ
1109	国投资本	21.05	金融	上海	1997-05-19	600061.SH
1110	达芙妮国际	20.91	服饰	上海	1995-11-03	0210.HK
1111	东方创业	20.88	贸易	上海	2000-07-12	600278.SH
1112	宜人金科	20.84	金融	北京	2015-12-18	YRD.N
1113	航天电器	20.75	装备	贵州	2004-07-26	002025.SZ
1114	江南集团	20.74	装备	江苏	2012-04-20	1366.HK
1115	中信国安	20.72	媒体	北京	1997-10-31	000839.SZ
1116	华光股份	20.67	装备	江苏	2003-07-21	600475.SH
1117	格林美	20.64	有色金属	广东	2010-01-22	002340.SZ
1118	山推股份	20.61	装备	山东	1997-01-22	000680.SZ
1119	欢瑞世纪	20.60	休闲	重庆	1999-01-15	000892.SZ
1120	华海药业	20.59	医药	浙江	2003-03-04	600521.SH
1121	爱康科技	20.56	装备	江苏	2011-08-15	002610.SZ
1122	远大医药	20.55	医药	香港	1995-12-19	0512.HK
1123	新世界	20.47	零售	上海	1993-01-19	600628.SH
1124	粤海投资	20.45	公用	香港	1993-01-08	0270.HK
1125	思美传媒	20.44	媒体	浙江	2014-01-23	002712.SZ

续表

序号	证券简称	品牌价值(亿元)	行业	地区	上市日期	证券代码
1126	华瑞服装	20.43	服饰	江苏	2008-07-16	EVK.O
1127	ST 辅仁	20.33	医药	河南	1996-12-18	600781.SH
1128	国际天食	20.28	餐饮	上海	2012-07-04	3666.HK
1129	格林酒店	20.25	酒店	上海	2018-03-27	GHG.N
1130	景津环保	20.24	环保	山东	2019-07-29	603279.SH
1131	华显光电	20.20	电子	香港	1997-06-18	0334.HK
1132	东风股份	20.19	商业服务	广东	2012-02-16	601515.SH
1133	财通证券	20.17	金融	浙江	2017-10-24	601108.SH
1134	东百集团	20.17	零售	福建	1993-11-22	600693.SH
1135	大唐电信	20.10	通信	北京	1998-10-21	600198.SH
1136	攀钢钒钛	20.06	有色金属	四川	1996-11-15	000629.SZ
1137	众泰汽车	20.05	汽车	浙江	2000-06-16	000980.SZ
1138	移远通信	20.01	通信	上海	2019-07-16	603236.SH
1139	华友钴业	19.97	有色金属	浙江	2015-01-29	603799.SH
1140	兰州民百	19.94	零售	甘肃	1996-08-02	600738.SH
1141	中新集团	19.90	房地产	江苏	2019-12-20	601512.SH
1142	裕同科技	19.89	包装	广东	2016-12-16	002831.SZ
1143	克明面业	19.89	食品	湖南	2012-03-16	002661.SZ
1144	永鼎股份	19.88	通信	江苏	1997-09-29	600105.SH
1145	豫光金铅	19.85	有色金属	河南	2002-07-30	600531.SH
1146	江河集团	19.85	建筑	北京	2011-08-18	601886.SH
1147	鱼跃医疗	19.84	医药	江苏	2008-04-18	002223.SZ
1148	全柴动力	19.82	装备	安徽	1998-12-03	600218.SH
1149	双塔食品	19.81	食品	山东	2010-09-21	002481.SZ
1150	华侨城(亚洲)	19.81	房地产	香港	2005-11-02	3366.HK
1151	阿里影业	19.81	休闲	北京	1994-05-12	1060.HK
1152	以岭药业	19.80	医药	河北	2011-07-28	002603.SZ
1153	智飞生物	19.79	医药	重庆	2010-09-28	300122.SZ
1154	冠城大通	19.79	房地产	福建	1997-05-08	600067.SH
1155	风语筑	19.76	休闲	上海	2017-10-20	603466.SH
1156	青岛金王	19.73	日用	山东	2006-12-15	002094.SZ
1157	交运股份	19.71	汽车	上海	1993-09-28	600676.SH

续表

序号	证券简称	品牌价值(亿元)	行业	地区	上市日期	证券代码
1158	杰赛科技	19.71	通信	广东	2011-01-28	002544.SZ
1159	上海物贸	19.71	贸易	上海	1994-02-04	600822.SH
1160	新高教集团	19.68	教育	北京	2017-04-19	2001.HK
1161	顺发恒业	19.68	房地产	吉林	1996-11-22	000631.SZ
1162	史丹利	19.66	化工	山东	2011-06-10	002588.SZ
1163	石基信息	19.64	互联网	北京	2007-08-13	002153.SZ
1164	冰轮环境	19.63	装备	山东	1998-05-28	000811.SZ
1165	四川九洲	19.63	日用	四川	1998-05-06	000801.SZ
1166	雅生活服务	19.62	房地产	广东	2018-02-09	3319.HK
1167	恒顺醋业	19.61	食品	江苏	2001-02-06	600305.SH
1168	来伊份	19.61	零售	上海	2016-10-12	603777.SH
1169	丸美股份	19.59	日用	广东	2019-07-25	603983.SH
1170	重庆钢铁	19.59	钢铁	重庆	2007-02-28	601005.SH
1171	富奥股份	19.58	汽车	吉林	1993-09-29	000030.SZ
1172	晶盛机电	19.57	装备	浙江	2012-05-11	300316.SZ
1173	歌华有线	19.54	媒体	北京	2001-02-08	600037.SH
1174	机器人	19.53	装备	辽宁	2009-10-30	300024.SZ
1175	泰邦生物	19.53	医药	北京	2009-12-02	CBPO.O
1176	正保远程教育	19.53	教育	北京	2008-07-30	DL.N
1177	歌力思	19.45	服饰	广东	2015-04-22	603808.SH
1178	傲农生物	19.44	农业	福建	2017-09-26	603363.SH
1179	天健集团	19.41	建筑	广东	1999-07-21	000090.SZ
1180	中国国贸	19.40	房地产	北京	1999-03-12	600007.SH
1181	中信特钢	19.38	钢铁	湖北	1997-03-26	000708.SZ
1182	亿纬锂能	19.37	电子	广东	2009-10-30	300014.SZ
1183	爱仕达	19.36	家电	浙江	2010-05-11	002403.SZ
1184	中国飞机租赁	19.26	运输	天津	2014-07-11	1848.HK
1185	三友化工	19.24	化工	河北	2003-06-18	600409.SH
1186	小熊电器	19.23	家电	广东	2019-08-23	002959.SZ
1187	小赢科技	19.20	金融	广东	2018-09-19	XYF.N
1188	葵花药业	19.18	医药	黑龙江	2014-12-30	002737.SZ
1189	ST宜化	19.17	化工	湖北	1996-08-15	000422.SZ

续表

序号	证券简称	品牌价值(亿元)	行业	地区	上市日期	证券代码
1190	永安行	19.16	日用	江苏	2017-08-17	603776.SH
1191	三峡新材	19.16	通信	湖北	2000-09-19	600293.SH
1192	嘉欣丝绸	19.14	服饰	浙江	2010-05-11	002404.SZ
1193	中国汽车新零售	19.13	零售	香港	1995-10-11	0526.HK
1194	流利说	19.11	教育	上海	2018-09-27	LAIX.N
1195	指尖悦动	19.08	休闲	广东	2018-07-12	6860.HK
1196	上海集优	19.04	装备	上海	2006-04-27	2345.HK
1197	信也科技	19.04	金融	上海	2017-11-10	FINV.N
1198	三江购物	18.96	零售	浙江	2011-03-02	601116.SH
1199	汇嘉时代	18.92	零售	新疆	2016-05-06	603101.SH
1200	红太阳	18.90	化工	江苏	1993-10-28	000525.SZ
1201	方正科技	18.90	电子	上海	1990-12-19	600601.SH
1202	新日股份	18.86	日用	江苏	2017-04-27	603787.SH
1203	ST 银亿	18.85	汽车	甘肃	2000-06-22	000981.SZ
1204	浙江交科	18.83	建筑	浙江	2006-08-16	002061.SZ
1205	海普瑞	18.80	医药	广东	2010-05-06	002399.SZ
1206	千百度	18.76	服饰	江苏	2011-09-23	1028.HK
1207	泰达股份	18.73	贸易	天津	1996-11-28	000652.SZ
1208	恒生电子	18.68	互联网	浙江	2003-12-16	600570.SH
1209	中国春来	18.68	教育	河南	2018-09-13	1969.HK
1210	前程无忧	18.67	商业服务	上海	2004-09-29	JOBS.O
1211	梦百合	18.61	日用	江苏	2016-10-13	603313.SH
1212	株冶集团	18.58	有色金属	湖南	2004-08-30	600961.SH
1213	嘉楠科技	18.55	电子	浙江	2019-11-21	CAN.O
1214	台海核电	18.54	装备	四川	2010-03-12	002366.SZ
1215	金证股份	18.54	互联网	广东	2003-12-24	600446.SH
1216	大康农业	18.54	贸易	湖南	2010-11-18	002505.SZ
1217	冠城钟表珠宝	18.50	服饰	香港	1991-12-10	0256.HK
1218	三环集团	18.48	电子	广东	2014-12-03	300408.SZ
1219	天立教育	18.45	教育	四川	2018-07-12	1773.HK
1220	华锦股份	18.44	石油	辽宁	1997-01-30	000059.SZ
1221	东方通信	18.43	通信	浙江	1996-11-26	600776.SH

续表

序号	证 券 简 称	品牌价值（亿元）	行业	地区	上市日期	证券代码
1222	景旺电子	18.38	电子	广东	2017-01-06	603228.SH
1223	民生教育	18.33	教育	北京	2017-03-22	1569.HK
1224	中国天瑞水泥	18.33	建筑	河南	2011-12-23	1252.HK
1225	阅文集团	18.33	媒体	上海	2017-11-08	0772.HK
1226	中国软件	18.29	互联网	北京	2002-05-17	600536.SH
1227	厦门港务	18.28	运输	福建	1999-04-29	000905.SZ
1228	振华科技	18.27	电子	贵州	1997-07-03	000733.SZ
1229	水星家纺	18.24	纺织品	上海	2017-11-20	603365.SH
1230	阳泉煤业	18.12	煤炭	山西	2003-08-21	600348.SH
1231	山西证券	18.12	金融	山西	2010-11-15	002500.SZ
1232	合兴包装	18.12	包装	福建	2008-05-08	002228.SZ
1233	凌云股份	18.11	汽车	河北	2003-08-15	600480.SH
1234	广弘控股	18.10	媒体	广东	1993-11-18	000529.SZ
1235	誉衡药业	18.04	医药	黑龙江	2010-06-23	002437.SZ
1236	海翔药业	18.02	医药	浙江	2006-12-26	002099.SZ
1237	红日药业	18.01	医药	天津	2009-10-30	300026.SZ
1238	华工科技	18.00	电子	湖北	2000-06-08	000988.SZ
1239	东北制药	17.95	医药	辽宁	1996-05-23	000597.SZ
1240	峨眉山 A	17.94	休闲	四川	1997-10-21	000888.SZ
1241	中科软	17.94	互联网	北京	2019-09-09	603927.SH
1242	人民网	17.92	媒体	北京	2012-04-27	603000.SH
1243	澳洋健康	17.92	保健	江苏	2007-09-21	002172.SZ
1244	东方金钰	17.92	服饰	湖北	1997-06-06	600086.SH
1245	宁波建工	17.91	建筑	浙江	2011-08-16	601789.SH
1246	苏垦农发	17.91	农业	江苏	2017-05-15	601952.SH
1247	大连港	17.91	运输	辽宁	2010-12-06	601880.SH
1248	博实乐	17.85	教育	广东	2017-05-18	BEDU.N
1249	亿晶光电	17.84	装备	浙江	2003-01-23	600537.SH
1250	申华控股	17.79	汽车	上海	1990-12-19	600653.SH
1251	奥佳华	17.77	医药	福建	2011-09-09	002614.SZ
1252	华能水电	17.76	公用	云南	2017-12-15	600025.SH
1253	东兴证券	17.70	金融	北京	2015-02-26	601198.SH

续表

序号	证券简称	品牌价值(亿元)	行业	地区	上市日期	证券代码
1254	探路者	17.68	服饰	北京	2009-10-30	300005.SZ
1255	招金矿业	17.68	有色金属	山东	2006-12-08	1818.HK
1256	日海智能	17.66	通信	广东	2009-12-03	002313.SZ
1257	越秀交通基建	17.62	运输	香港	1997-01-30	1052.HK
1258	保利物业	17.58	房地产	广东	2019-12-19	6049.HK
1259	鑫达集团	17.58	汽车	黑龙江	2009-11-27	CXDC.O
1260	国光电器	17.56	日用	广东	2005-05-23	002045.SZ
1261	石四药集团	17.56	医药	香港	2005-12-20	2005.HK
1262	华晨中国	17.55	汽车	香港	1999-10-22	1114.HK
1263	西部建设	17.55	建筑	新疆	2009-11-03	002302.SZ
1264	万年青	17.51	建筑	江西	1997-09-23	000789.SZ
1265	秦港股份	17.46	运输	河北	2017-08-16	601326.SH
1266	九芝堂	17.44	医药	湖南	2000-06-28	000989.SZ
1267	美克家居	17.42	家居	新疆	2000-11-27	600337.SH
1268	中国同辐	17.42	医药	北京	2018-07-06	1763.HK
1269	潮宏基	17.39	服饰	广东	2010-01-28	002345.SZ
1270	中航电子	17.38	装备	北京	2001-07-06	600372.SH
1271	中远海特	17.36	运输	广东	2002-04-18	600428.SH
1272	合富辉煌	17.34	房地产	广东	2004-07-15	0733.HK
1273	明泰铝业	17.31	有色金属	河南	2011-09-19	601677.SH
1274	中国淀粉	17.31	农业	香港	2007-09-27	3838.HK
1275	纽威股份	17.30	装备	江苏	2014-01-17	603699.SH
1276	电声股份	17.25	媒体	广东	2019-11-21	300805.SZ
1277	山河智能	17.20	装备	湖南	2006-12-22	002097.SZ
1278	紫江企业	17.17	包装	上海	1999-08-24	600210.SH
1279	上海电影	17.16	休闲	上海	2016-08-17	601595.SH
1280	东风科技	17.16	汽车	上海	1997-07-03	600081.SH
1281	鸿合科技	17.14	电子	北京	2019-05-23	002955.SZ
1282	南都电源	17.14	装备	浙江	2010-04-21	300068.SZ
1283	国网英大	17.14	装备	上海	2003-10-10	600517.SH
1284	常熟银行	17.13	金融	江苏	2016-09-30	601128.SH
1285	中远海运港口	17.10	运输	香港	1994-12-19	1199.HK

续表

序号	证 券 简 称	品牌价值(亿元)	行业	地区	上市日期	证券代码
1286	汇洁股份	17.07	服饰	广东	2015-06-10	002763.SZ
1287	浦东金桥	17.07	房地产	上海	1993-03-26	600639.SH
1288	北大荒	17.05	农业	黑龙江	2002-03-29	600598.SH
1289	润建股份	17.05	通信	广西	2018-03-01	002929.SZ
1290	长盈精密	17.04	电子	广东	2010-09-02	300115.SZ
1291	中国旭阳集团	17.03	煤炭	北京	2019-03-15	1907.HK
1292	松霖科技	17.03	日用	福建	2019-08-26	603992.SH
1293	四环医药	17.01	医药	北京	2010-10-28	0460.HK
1294	湖南黄金	16.99	有色金属	湖南	2007-08-16	002155.SZ
1295	楚江新材	16.98	有色金属	安徽	2007-09-21	002171.SZ
1296	星宇股份	16.94	汽车	江苏	2011-02-01	601799.SH
1297	广州港	16.91	运输	广东	2017-03-29	601228.SH
1298	通化东宝	16.91	医药	吉林	1994-08-24	600867.SH
1299	云赛智联	16.91	互联网	上海	1990-12-19	600602.SH
1300	信邦制药	16.89	医药	贵州	2010-04-16	002390.SZ
1301	宝德科技集团	16.87	电子	广东	2002-12-12	8236.HK
1302	英唐智控	16.86	电子	广东	2010-10-19	300131.SZ
1303	运达股份	16.85	装备	浙江	2019-04-26	300772.SZ
1304	大众交通	16.85	房地产	上海	1992-08-07	600611.SH
1305	广电网络	16.85	媒体	陕西	1994-02-24	600831.SH
1306	丽江股份	16.84	休闲	云南	2004-08-25	002033.SZ
1307	东岳集团	16.84	化工	山东	2007-12-10	0189.HK
1308	东阳光药	16.82	医药	湖北	2015-12-29	1558.HK
1309	生物股份	16.81	医药	内蒙古	1999-01-15	600201.SH
1310	萃华珠宝	16.78	服饰	辽宁	2014-11-04	002731.SZ
1311	华西能源	16.75	装备	四川	2011-11-11	002630.SZ
1312	华胜天成	16.73	互联网	北京	2004-04-27	600410.SH
1313	新北洋	16.71	电子	山东	2010-03-23	002376.SZ
1314	凤凰卫视	16.70	媒体	香港	2000-06-30	2008.HK
1315	剑桥科技	16.69	通信	上海	2017-11-10	603083.SH
1316	西山煤电	16.68	煤炭	山西	2000-07-26	000983.SZ
1317	国芳集团	16.66	零售	甘肃	2017-09-29	601086.SH

续表

序号	证券简称	品牌价值(亿元)	行业	地区	上市日期	证券代码
1318	中材科技	16.58	建筑	江苏	2006-11-20	002080.SZ
1319	尚德机构	16.57	教育	北京	2018-03-23	STG.N
1320	格力地产	16.56	房地产	广东	1999-06-11	600185.SH
1321	康弘药业	16.54	医药	四川	2015-06-26	002773.SZ
1322	山东路桥	16.51	建筑	山东	1997-06-09	000498.SZ
1323	兴发集团	16.47	化工	湖北	1999-06-16	600141.SH
1324	天鸽互动	16.47	休闲	浙江	2014-07-09	1980.HK
1325	南山控股	16.46	房地产	广东	2009-12-03	002314.SZ
1326	贵广网络	16.41	媒体	贵州	2016-12-26	600996.SH
1327	万邦德	16.32	有色金属	浙江	2006-11-20	002082.SZ
1328	金种子酒	16.30	饮料	安徽	1998-08-12	600199.SH
1329	泰格医药	16.30	医药	浙江	2012-08-17	300347.SZ
1330	中恒集团	16.29	医药	广西	2000-11-30	600252.SH
1331	潞安环能	16.28	煤炭	山西	2006-09-22	601699.SH
1332	天坛生物	16.28	医药	北京	1998-06-16	600161.SH
1333	科瑞技术	16.23	装备	广东	2019-07-26	002957.SZ
1334	慧聪集团	16.23	互联网	北京	2003-12-17	2280.HK
1335	国金证券	16.21	金融	四川	1997-08-07	600109.SH
1336	国元证券	16.15	金融	安徽	1997-06-16	000728.SZ
1337	澳洋顺昌	16.13	运输	江苏	2008-06-05	002245.SZ
1338	亚普股份	16.08	汽车	江苏	2018-05-09	603013.SH
1339	易华录	16.04	互联网	北京	2011-05-05	300212.SZ
1340	东阳光	16.03	有色金属	广东	1993-09-17	600673.SH
1341	隆平高科	16.02	农业	湖南	2000-12-11	000998.SZ
1342	中国宝安	16.02	金融	广东	1991-06-25	000009.SZ
1343	徐家汇	16.01	零售	上海	2011-03-03	002561.SZ
1344	平治信息	16.01	休闲	浙江	2016-12-13	300571.SZ
1345	赣粤高速	16.00	运输	江西	2000-05-18	600269.SH
1346	博汇纸业	15.99	造纸	山东	2004-06-08	600966.SH
1347	锦泓集团	15.98	服饰	江苏	2014-12-03	603518.SH
1348	广田集团	15.96	建筑	广东	2010-09-29	002482.SZ
1349	三一国际	15.92	装备	辽宁	2009-11-25	0631.HK

续表

序号	证 券 简 称	品牌价值(亿元)	行业	地区	上市日期	证券代码
1350	特锐德	15.90	装备	山东	2009-10-30	300001.SZ
1351	康缘药业	15.89	医药	江苏	2002-09-18	600557.SH
1352	报喜鸟	15.88	服饰	浙江	2007-08-16	002154.SZ
1353	海通恒信	15.87	金融	上海	2019-06-03	1905.HK
1354	科大智能	15.87	装备	上海	2011-05-25	300222.SZ
1355	三星医疗	15.86	装备	浙江	2011-06-15	601567.SH
1356	百隆东方	15.83	纺织品	浙江	2012-06-12	601339.SH
1357	百富环球	15.82	电子	香港	2010-12-20	0327.HK
1358	宝通科技	15.80	休闲	江苏	2009-12-25	300031.SZ
1359	深圳华强	15.79	贸易	广东	1997-01-30	000062.SZ
1360	天邦股份	15.72	农业	浙江	2007-04-03	002124.SZ
1361	广州发展	15.72	公用	广东	1997-07-18	600098.SH
1362	粤高速 A	15.72	运输	广东	1998-02-20	000429.SZ
1363	中兴商业	15.71	零售	辽宁	1997-05-08	000715.SZ
1364	中海物业	15.70	房地产	香港	2015-10-23	2669.HK
1365	兴达国际	15.65	汽车	上海	2006-12-21	1899.HK
1366	宁波东力	15.65	装备	浙江	2007-08-23	002164.SZ
1367	光大嘉宝	15.64	房地产	上海	1992-12-03	600622.SH
1368	华统股份	15.62	农业	浙江	2017-01-10	002840.SZ
1369	福田实业	15.61	纺织品	香港	1988-04-20	0420.HK
1370	海螺创业	15.60	环保	安徽	2013-12-19	0586.HK
1371	比音勒芬	15.58	服饰	广东	2016-12-23	002832.SZ
1372	沪电股份	15.58	电子	江苏	2010-08-18	002463.SZ
1373	美亚光电	15.58	装备	安徽	2012-07-31	002690.SZ
1374	安洁科技	15.57	通信	江苏	2011-11-25	002635.SZ
1375	日出东方	15.57	家电	江苏	2012-05-21	603366.SH
1376	猎豹移动	15.54	互联网	北京	2014-05-08	CMCM.N
1377	豪迈科技	15.52	装备	山东	2011-06-28	002595.SZ
1378	力劲科技	15.47	装备	香港	2006-10-16	0558.HK
1379	安莉芳控股	15.43	服饰	香港	2006-12-18	1388.HK
1380	湖北广电	15.43	媒体	湖北	1996-12-10	000665.SZ
1381	彩生活	15.42	房地产	广东	2014-06-30	1778.HK

续表

序号	证券简称	品牌价值(亿元)	行业	地区	上市日期	证券代码
1382	紫金银行	15.40	金融	江苏	2019-01-03	601860.SH
1383	吉峰科技	15.37	零售	四川	2009-10-30	300022.SZ
1384	江苏阳光	15.36	纺织品	江苏	1999-09-27	600220.SH
1385	北方稀土	15.36	有色金属	内蒙古	1997-09-24	600111.SH
1386	三角轮胎	15.35	汽车	山东	2016-09-09	601163.SH
1387	西南证券	15.34	金融	重庆	2001-01-09	600369.SH
1388	江山股份	15.33	化工	江苏	2001-01-10	600389.SH
1389	利尔化学	15.32	化工	四川	2008-07-08	002258.SZ
1390	浙江美大	15.32	家电	浙江	2012-05-25	002677.SZ
1391	海思科	15.32	医药	西藏	2012-01-17	002653.SZ
1392	尔康制药	15.31	医药	湖南	2011-09-27	300267.SZ
1393	中国卫星	15.30	装备	北京	1997-09-08	600118.SH
1394	通策医疗	15.30	保健	浙江	1996-10-30	600763.SH
1395	天地源	15.28	房地产	陕西	1993-07-09	600665.SH
1396	恩华药业	15.27	医药	江苏	2008-07-23	002262.SZ
1397	国联股份	15.27	互联网	北京	2019-07-30	603613.SH
1398	招商港口	15.26	运输	广东	1993-05-05	001872.SZ
1399	广联达	15.24	互联网	北京	2010-05-25	002410.SZ
1400	深信服	15.24	互联网	广东	2018-05-16	300454.SZ
1401	艾格拉斯	15.23	休闲	浙江	2011-09-29	002619.SZ
1402	齐合环保	15.22	环保	浙江	2010-07-12	0976.HK
1403	巨化股份	15.21	化工	浙江	1998-06-26	600160.SH
1404	亿和控股	15.20	装备	香港	2005-05-11	0838.HK
1405	美好置业	15.19	房地产	云南	1996-12-05	000667.SZ
1406	中国科传	15.16	媒体	北京	2017-01-18	601858.SH
1407	金圆股份	15.15	环保	吉林	1993-12-15	000546.SZ
1408	天山发展控股	15.14	房地产	河北	2010-07-15	2118.HK
1409	洲明科技	15.11	电子	广东	2011-06-22	300232.SZ
1410	天味食品	15.06	食品	四川	2019-04-16	603317.SH
1411	上海电力	14.99	公用	上海	2003-10-29	600021.SH
1412	朗姿股份	14.97	服饰	北京	2011-08-30	002612.SZ
1413	卡宾	14.95	服饰	广东	2013-10-28	2030.HK

续表

序号	证券简称	品牌价值(亿元)	行业	地区	上市日期	证券代码
1414	浙江鼎力	14.91	装备	浙江	2015-03-25	603338.SH
1415	中远投资	14.88	装备	北京	1979-08-07	F83.SG
1416	清新环境	14.87	环保	北京	2011-04-22	002573.SZ
1417	国星光电	14.87	电子	广东	2010-07-16	002449.SZ
1418	浦林成山	14.86	汽车	香港	2018-10-09	1809.HK
1419	SOHO 中国	14.85	房地产	北京	2007-10-08	0410.HK
1420	铁建装备	14.83	装备	云南	2015-12-16	1786.HK
1421	世纪阳光	14.82	化工	香港	2004-02-17	0509.HK
1422	三雄极光	14.82	家电	广东	2017-03-17	300625.SZ
1423	金钼股份	14.81	有色金属	陕西	2008-04-17	601958.SH
1424	德赛西威	14.78	汽车	广东	2017-12-26	002920.SZ
1425	神州高铁	14.78	装备	北京	1992-05-07	000008.SZ
1426	吉视传媒	14.77	媒体	吉林	2012-02-23	601929.SH
1427	金信诺	14.73	通信	广东	2011-08-18	300252.SZ
1428	首创环境	14.71	环保	香港	2006-07-13	3989.HK
1429	韦尔股份	14.68	电子	上海	2017-05-04	603501.SH
1430	龙蟒佰利	14.65	化工	河南	2011-07-15	002601.SZ
1431	强生控股	14.64	运输	上海	1993-06-14	600662.SH
1432	亚泰集团	14.60	建筑	吉林	1995-11-15	600881.SH
1433	宋都股份	14.60	房地产	浙江	1997-05-20	600077.SH
1434	阜丰集团	14.56	化工	山东	2007-02-08	0546.HK
1435	中工国际	14.56	建筑	北京	2006-06-19	002051.SZ
1436	珍宝岛	14.55	医药	黑龙江	2015-04-24	603567.SH
1437	聚光科技	14.54	电子	浙江	2011-04-15	300203.SZ
1438	云图控股	14.51	汽车	四川	2011-01-18	002539.SZ
1439	佳都科技	14.47	互联网	广东	1996-07-16	600728.SH
1440	新华制药	14.47	医药	山东	1997-08-06	000756.SZ
1441	开润股份	14.46	服饰	安徽	2016-12-21	300577.SZ
1442	贝因美	14.43	食品	浙江	2011-04-12	002570.SZ
1443	中航沈飞	14.39	装备	山东	1996-10-11	600760.SH
1444	拓普集团	14.36	汽车	浙江	2015-03-19	601689.SH
1445	国轩高科	14.35	装备	江苏	2006-10-18	002074.SZ

续表

序号	证券简称	品牌价值(亿元)	行业	地区	上市日期	证券代码
1446	莱绅通灵	14.32	服饰	江苏	2016-11-23	603900.SH
1447	飞毛腿	14.32	电子	福建	2006-12-21	1399.HK
1448	浙商证券	14.32	金融	浙江	2017-06-26	601878.SH
1449	东方集团	14.31	贸易	黑龙江	1994-01-06	600811.SH
1450	江苏国信	14.29	公用	江苏	2011-08-10	002608.SZ
1451	万马股份	14.27	装备	浙江	2009-07-10	002276.SZ
1452	辉隆股份	14.26	贸易	安徽	2011-03-02	002556.SZ
1453	金达威	14.26	医药	福建	2011-10-28	002626.SZ
1454	佳云科技	14.23	媒体	广东	2011-07-12	300242.SZ
1455	城市传媒	14.20	媒体	山东	2000-03-09	600229.SH
1456	益民集团	14.19	零售	上海	1994-02-04	600824.SH
1457	长园集团	14.18	装备	广东	2002-12-02	600525.SH
1458	掌趣科技	14.16	休闲	北京	2012-05-11	300315.SZ
1459	珠江实业	14.13	房地产	广东	1993-10-28	600684.SH
1460	拓维信息	14.09	教育	湖南	2008-07-23	002261.SZ
1461	元祖股份	14.08	食品	上海	2016-12-28	603886.SH
1462	安正时尚	14.02	服饰	浙江	2017-02-14	603839.SH
1463	深振业 A	13.97	房地产	广东	1992-04-27	000006.SZ
1464	三盛教育	13.95	教育	北京	2011-12-29	300282.SZ
1465	慈文传媒	13.93	休闲	浙江	2010-01-26	002343.SZ
1466	上柴股份	13.93	装备	上海	1994-03-11	600841.SH
1467	招商南油	13.89	运输	江苏	2019-01-08	601975.SH
1468	浙江东方	13.89	金融	浙江	1997-12-01	600120.SH
1469	理士国际	13.89	装备	广东	2010-11-16	0842.HK
1470	鼎胜新材	13.88	有色金属	江苏	2018-04-18	603876.SH
1471	山东药玻	13.87	医药	山东	2002-06-03	600529.SH
1472	天创时尚	13.86	服饰	广东	2016-02-18	603608.SH
1473	华润医疗	13.86	保健	北京	2013-11-29	1515.HK
1474	中超控股	13.84	装备	江苏	2010-09-10	002471.SZ
1475	雅士利国际	13.84	食品	广东	2010-11-01	1230.HK
1476	旗滨集团	13.84	建筑	湖南	2011-08-12	601636.SH
1477	中国新华教育	13.80	教育	安徽	2018-03-26	2779.HK

续表

序号	证券简称	品牌价值(亿元)	行业	地区	上市日期	证券代码
1478	幸福蓝海	13.80	休闲	江苏	2016-08-08	300528.SZ
1479	粤泰股份	13.79	房地产	广东	2001-03-19	600393.SH
1480	深圳能源	13.77	公用	广东	1993-09-03	000027.SZ
1481	瑞贝卡	13.76	日用	河南	2003-07-10	600439.SH
1482	飞力达	13.75	运输	江苏	2011-07-06	300240.SZ
1483	华夏航空	13.74	运输	贵州	2018-03-02	002928.SZ
1484	重庆机电	13.71	装备	重庆	2008-06-13	2722.HK
1485	康龙化成	13.71	医药	北京	2019-01-28	300759.SZ
1486	二三四五	13.69	金融	上海	2007-12-12	002195.SZ
1487	航天科技	13.66	电子	黑龙江	1999-04-01	000901.SZ
1488	贵州百灵	13.64	医药	贵州	2010-06-03	002424.SZ
1489	威胜控股	13.64	电子	香港	2005-12-19	3393.HK
1490	跟谁学	13.60	教育	北京	2019-06-06	GSX.N
1491	双良节能	13.59	装备	江苏	2003-04-22	600481.SH
1492	天奇股份	13.57	装备	江苏	2004-06-29	002009.SZ
1493	安图生物	13.54	医药	河南	2016-09-01	603658.SH
1494	联创电子	13.53	电子	江西	2004-09-03	002036.SZ
1495	东富龙	13.49	装备	上海	2011-02-01	300171.SZ
1496	盈趣科技	13.48	电子	福建	2018-01-15	002925.SZ
1497	数知科技	13.48	互联网	北京	2010-01-08	300038.SZ
1498	加加食品	13.45	食品	湖南	2012-01-06	002650.SZ
1499	南宁百货	13.45	零售	广西	1996-06-26	600712.SH
1500	梦洁股份	13.43	纺织品	湖南	2010-04-29	002397.SZ
1501	东方财富	13.42	金融	上海	2010-03-19	300059.SZ
1502	华昌达	13.40	装备	湖北	2011-12-16	300278.SZ
1503	北京城乡	13.39	零售	北京	1994-05-20	600861.SH
1504	珠江钢琴	13.38	日用	广东	2012-05-30	002678.SZ
1505	赣锋锂业	13.36	有色金属	江西	2010-08-10	002460.SZ
1506	京能清洁能源	13.36	公用	北京	2011-12-22	0579.HK
1507	风华高科	13.34	电子	广东	1996-11-29	000636.SZ
1508	顺网科技	13.33	互联网	浙江	2010-08-27	300113.SZ
1509	北巴传媒	13.33	汽车	北京	2001-02-16	600386.SH

续表

序号	证券简称	品牌价值(亿元)	行业	地区	上市日期	证券代码
1510	天邑股份	13.32	通信	四川	2018-03-30	300504.SZ
1511	杭锅股份	13.29	装备	浙江	2011-01-10	002534.SZ
1512	晋商银行	13.29	金融	山西	2019-07-18	2558.HK
1513	桂冠电力	13.27	公用	广西	2000-03-23	600236.SH
1514	南玻 A	13.24	建筑	广东	1992-02-28	000012.SZ
1515	海升果汁	13.20	饮料	陕西	2005-11-04	0359.HK
1516	瑞斯康达	13.20	通信	北京	2017-04-20	603803.SH
1517	惠程科技	13.20	休闲	广东	2007-09-19	002168.SZ
1518	迈克生物	13.18	医药	四川	2015-05-28	300463.SZ
1519	京威股份	13.16	汽车	北京	2012-03-09	002662.SZ
1520	创美药业	13.15	医药	广东	2015-12-14	2289.HK
1521	上海临港	13.15	房地产	上海	1994-03-24	600848.SH
1522	仙琚制药	13.13	医药	浙江	2010-01-12	002332.SZ
1523	大洋电机	13.13	装备	广东	2008-06-19	002249.SZ
1524	双鹭药业	13.13	医药	北京	2004-09-09	002038.SZ
1525	华宇软件	13.10	互联网	北京	2011-10-26	300271.SZ
1526	丰盛控股	13.06	环保	香港	2002-12-18	0607.HK
1527	东江环保	13.06	环保	广东	2012-04-26	002672.SZ
1528	神威药业	13.03	医药	河北	2004-12-02	2877.HK
1529	达内科技	13.03	教育	北京	2014-04-03	TEDU.O
1530	深圳机场	13.02	运输	广东	1998-04-20	000089.SZ
1531	华西证券	13.02	金融	四川	2018-02-05	002926.SZ
1532	汉缆股份	13.02	装备	山东	2010-11-09	002498.SZ
1533	成实外教育	13.01	教育	四川	2016-01-15	1565.HK
1534	上工申贝	12.96	装备	上海	1994-03-11	600843.SH
1535	大全新能源	12.93	电子	上海	2010-10-07	DQ.N
1536	鼎信通讯	12.91	通信	山东	2016-10-11	603421.SH
1537	阳光 100 中国	12.90	房地产	北京	2014-03-13	2608.HK
1538	天津发展	12.89	医药	香港	1997-12-10	0882.HK
1539	易事特	12.87	装备	广东	2014-01-27	300376.SZ
1540	华建集团	12.87	商业服务	上海	1993-02-09	600629.SH
1541	有道	12.87	教育	浙江	2019-10-25	DAO.N

续表

序号	证券简称	品牌价值(亿元)	行业	地区	上市日期	证券代码
1542	张江高科	12.86	房地产	上海	1996-04-22	600895.SH
1543	中嘉博创	12.83	电信	河北	1997-12-18	000889.SZ
1544	浩泽净水	12.79	家电	上海	2014-06-17	2014.HK
1545	思考乐教育	12.79	教育	广东	2019-06-21	1769.HK
1546	海蓝控股	12.78	房地产	海南	2016-07-15	2278.HK
1547	乐居	12.76	媒体	北京	2014-04-17	LEJU.N
1548	凯撒文化	12.75	休闲	广东	2010-06-08	002425.SZ
1549	风神股份	12.75	汽车	河南	2003-10-21	600469.SH
1550	亿利洁能	12.74	化工	内蒙古	2000-07-25	600277.SH
1551	我爱我家	12.72	房地产	云南	1994-02-02	000560.SZ
1552	湖南盐业	12.70	食品	湖南	2018-03-26	600929.SH
1553	营口港	12.70	运输	辽宁	2002-01-31	600317.SH
1554	辰欣药业	12.69	医药	山东	2017-09-29	603367.SH
1555	爱婴室	12.68	零售	上海	2018-03-30	603214.SH
1556	福建高速	12.67	运输	福建	2001-02-09	600033.SH
1557	澜起科技	12.65	电子	上海	2019-07-22	688008.SH
1558	通宇通讯	12.63	通信	广东	2016-03-28	002792.SZ
1559	仙乐健康	12.62	医药	广东	2019-09-25	300791.SZ
1560	中国高科	12.58	教育	北京	1996-07-26	600730.SH
1561	思源电气	12.57	装备	上海	2004-08-05	002028.SZ
1562	龙洲股份	12.57	汽车	福建	2012-06-12	002682.SZ
1563	卫士通	12.55	电子	四川	2008-08-11	002268.SZ
1564	南洋股份	12.51	装备	广东	2008-02-01	002212.SZ
1565	房天下	12.49	媒体	北京	2010-09-17	SFUN.N
1566	长城影视	12.47	媒体	江苏	2006-10-12	002071.SZ
1567	贵州轮胎	12.46	汽车	贵州	1996-03-08	000589.SZ
1568	君正集团	12.45	化工	内蒙古	2011-02-22	601216.SH
1569	东旭蓝天	12.43	公用	广东	1994-08-08	000040.SZ
1570	博雅生物	12.40	医药	江西	2012-03-08	300294.SZ
1571	启明星辰	12.39	互联网	北京	2010-06-23	002439.SZ
1572	中圣集团	12.39	装备	湖南	2005-03-16	5GD.SG
1573	中粮包装	12.38	包装	浙江	2009-11-16	0906.HK

续表

序号	证券简称	品牌价值(亿元)	行业	地区	上市日期	证券代码
1574	亚厦股份	12.35	建筑	浙江	2010-03-23	002375.SZ
1575	电子城	12.33	房地产	北京	1993-05-24	600658.SH
1576	依顿电子	12.33	电子	广东	2014-07-01	603328.SH
1577	开元股份	12.31	教育	湖南	2012-07-26	300338.SZ
1578	广宇集团	12.30	房地产	浙江	2007-04-27	002133.SZ
1579	浙大网新	12.28	互联网	浙江	1997-04-18	600797.SH
1580	中设集团	12.27	商业服务	江苏	2014-10-13	603018.SH
1581	同济科技	12.25	商业服务	上海	1994-03-11	600846.SH
1582	天威视讯	12.23	媒体	广东	2008-05-26	002238.SZ
1583	吉翔股份	12.23	有色金属	辽宁	2012-08-24	603399.SH
1584	瑞思学科英语	12.22	教育	北京	2017-10-20	REDU.O
1585	皖通高速	12.20	运输	安徽	2003-01-07	600012.SH
1586	广汇物流	12.18	房地产	四川	1992-01-13	600603.SH
1587	金陵药业	12.18	医药	江苏	1999-11-18	000919.SZ
1588	现代牧业	12.14	农业	安徽	2010-11-26	1117.HK
1589	众生药业	12.14	医药	广东	2009-12-11	002317.SZ
1590	兑吧	12.12	商业服务	浙江	2019-05-07	1753.HK
1591	御家汇	12.10	日用	湖南	2018-02-08	300740.SZ
1592	通达集团	12.06	电子	香港	2000-12-22	0698.HK
1593	软控股份	12.03	装备	山东	2006-10-18	002073.SZ
1594	中远海运国际	12.03	运输	香港	1992-02-11	0517.HK
1595	塔牌集团	12.01	建筑	广东	2008-05-16	002233.SZ
1596	天原集团	12.00	化工	四川	2010-04-09	002386.SZ
1597	银轮股份	11.99	汽车	浙江	2007-04-18	002126.SZ
1598	崇达技术	11.99	电子	广东	2016-10-12	002815.SZ
1599	上海环境	11.98	环保	上海	2017-03-31	601200.SH
1600	天源迪科	11.98	互联网	广东	2010-01-20	300047.SZ
1601	天房发展	11.96	房地产	天津	2001-09-10	600322.SH
1602	诺普信	11.95	化工	广东	2008-02-18	002215.SZ
1603	南华期货	11.94	金融	浙江	2019-08-30	603093.SH
1604	阳光能源	11.94	装备	香港	2008-03-31	0757.HK
1605	开山股份	11.94	装备	浙江	2011-08-19	300257.SZ

续表

序号	证 券 简 称	品牌价值（亿元）	行业	地区	上市日期	证券代码
1606	华闻集团	11.91	媒体	海南	1997-07-29	000793.SZ
1607	有友食品	11.90	食品	重庆	2019-05-08	603697.SH
1608	恒通股份	11.89	运输	山东	2015-06-30	603223.SH
1609	亚星客车	11.88	汽车	江苏	1999-08-31	600213.SH
1610	华测检测	11.88	商业服务	广东	2009-10-30	300012.SZ
1611	天润乳业	11.86	食品	新疆	2001-06-28	600419.SH
1612	平安好医生	11.86	医药	上海	2018-05-04	1833.HK
1613	国茂股份	11.85	装备	江苏	2019-06-14	603915.SH
1614	威海广泰	11.84	装备	山东	2007-01-26	002111.SZ
1615	赢合科技	11.83	装备	广东	2015-05-14	300457.SZ
1616	日照港	11.83	运输	山东	2006-10-17	600017.SH
1617	国电南自	11.82	装备	江苏	1999-11-18	600268.SH
1618	锐科激光	11.81	装备	湖北	2018-06-25	300747.SZ
1619	众安集团	11.80	房地产	浙江	2007-11-13	0672.HK
1620	航天机电	11.80	汽车	上海	1998-06-05	600151.SH
1621	杭可科技	11.79	装备	浙江	2019-07-22	688006.SH
1622	高新兴	11.77	互联网	广东	2010-07-28	300098.SZ
1623	京运通	11.76	装备	北京	2011-09-08	601908.SH
1624	新华网	11.75	媒体	北京	2016-10-28	603888.SH
1625	创兴银行	11.75	金融	香港	1994-07-11	1111.HK
1626	春风动力	11.74	汽车	浙江	2017-08-18	603129.SH
1627	旗天科技	11.74	零售	上海	2010-03-19	300061.SZ
1628	阳光纸业	11.73	包装	山东	2007-12-12	2002.HK
1629	西藏水资源	11.70	饮料	香港	2011-06-30	1115.HK
1630	千金药业	11.68	医药	湖南	2004-03-12	600479.SH
1631	曲江文旅	11.63	休闲	陕西	1996-05-16	600706.SH
1632	长江健康	11.62	医药	江苏	2010-06-18	002435.SZ
1633	得润电子	11.61	电子	广东	2006-07-25	002055.SZ
1634	振鹏达	11.61	农业	广东	2009-11-23	T4B.SG
1635	美锦能源	11.58	煤炭	山西	1997-05-15	000723.SZ
1636	通葡股份	11.58	饮料	吉林	2001-01-15	600365.SH
1637	中来股份	11.57	装备	江苏	2014-09-12	300393.SZ

续表

序号	证券简称	品牌价值(亿元)	行业	地区	上市日期	证券代码
1638	联发股份	11.57	纺织品	江苏	2010-04-23	002394.SZ
1639	横店东磁	11.56	有色金属	浙江	2006-08-02	002056.SZ
1640	汉得信息	11.56	互联网	上海	2011-02-01	300170.SZ
1641	中国船舶租赁	11.51	金融	上海	2019-06-17	3877.HK
1642	广西广电	11.51	媒体	广西	2016-08-15	600936.SH
1643	泰豪科技	11.50	装备	江西	2002-07-03	600590.SH
1644	美盛文化	11.49	休闲	浙江	2012-09-11	002699.SZ
1645	华鼎控股	11.47	服饰	香港	2005-12-15	3398.HK
1646	中国动向	11.45	服饰	北京	2007-10-10	3818.HK
1647	引力传媒	11.44	媒体	北京	2015-05-27	603598.SH
1648	中信出版	11.43	媒体	北京	2019-07-05	300788.SZ
1649	昊海生科	11.40	医药	上海	2019-10-30	688366.SH
1650	旋极信息	11.40	互联网	北京	2012-06-08	300324.SZ
1651	林洋能源	11.39	装备	江苏	2011-08-08	601222.SH
1652	楚天高速	11.35	运输	湖北	2004-03-10	600035.SH
1653	中船科技	11.31	装备	上海	1997-06-03	600072.SH
1654	诺力股份	11.29	装备	浙江	2015-01-28	603611.SH
1655	京能电力	11.29	公用	北京	2002-05-10	600578.SH
1656	世纪互联	11.29	互联网	北京	2011-04-21	VNET.O
1657	广信股份	11.28	化工	安徽	2015-05-13	603599.SH
1658	新朋股份	11.25	汽车	上海	2009-12-30	002328.SZ
1659	荣安地产	11.25	房地产	浙江	1993-08-06	000517.SZ
1660	煌上煌	11.23	食品	江西	2012-09-05	002695.SZ
1661	优库资源	11.21	贸易	香港	2013-07-03	2112.HK
1662	盾安环境	11.20	装备	浙江	2004-07-05	002011.SZ
1663	江苏租赁	11.19	金融	江苏	2018-03-01	600901.SH
1664	宏润建设	11.18	建筑	浙江	2006-08-16	002062.SZ
1665	中电光谷	11.18	房地产	湖北	2014-03-28	0798.HK
1666	卓翼科技	11.17	电子	广东	2010-03-16	002369.SZ
1667	凯莱英	11.14	医药	天津	2016-11-18	002821.SZ
1668	卡森国际	11.12	房地产	浙江	2005-10-20	0496.HK
1669	上海莱士	11.11	医药	上海	2008-06-23	002252.SZ

续表

序号	证券简称	品牌价值(亿元)	行业	地区	上市日期	证券代码
1670	好太太	11.10	日用	广东	2017-12-01	603848.SH
1671	越秀金控	11.10	金融	广东	2000-07-18	000987.SZ
1672	紫光国微	11.10	电子	河北	2005-06-06	002049.SZ
1673	合盛硅业	11.09	化工	浙江	2017-10-30	603260.SH
1674	中钢国际	11.08	建筑	吉林	1999-03-12	000928.SZ
1675	华英农业	11.06	农业	河南	2009-12-16	002321.SZ
1676	兆易创新	11.06	电子	北京	2016-08-18	603986.SH
1677	优点互动	11.05	媒体	北京	2012-05-30	IDEX.O
1678	华录百纳	11.04	休闲	北京	2012-02-09	300291.SZ
1679	晨讯科技	11.03	通信	香港	2005-06-30	2000.HK
1680	嘉宏教育	11.02	教育	浙江	2019-06-18	1935.HK
1681	时代新材	11.01	化工	湖南	2002-12-19	600458.SH
1682	京新药业	11.00	医药	浙江	2004-07-15	002020.SZ
1683	新能泰山	10.99	房地产	山东	1997-05-09	000720.SZ
1684	千禾味业	10.98	食品	四川	2016-03-07	603027.SH
1685	长青股份	10.98	化工	江苏	2010-04-16	002391.SZ
1686	大丰实业	10.95	装备	浙江	2017-04-20	603081.SH
1687	湖北能源	10.94	公用	湖北	1998-05-19	000883.SZ
1688	岱美股份	10.92	汽车	上海	2017-07-28	603730.SH
1689	迅雷	10.89	休闲	广东	2014-06-24	XNET.O
1690	超声电子	10.87	电子	广东	1997-10-08	000823.SZ
1691	内蒙华电	10.86	公用	内蒙古	1994-05-20	600863.SH
1692	金陵饭店	10.86	酒店	江苏	2007-04-06	601007.SH
1693	伟星新材	10.85	建筑	浙江	2010-03-18	002372.SZ
1694	起步股份	10.85	服饰	浙江	2017-08-18	603557.SH
1695	硕贝德	10.85	通信	广东	2012-06-08	300322.SZ
1696	兔宝宝	10.83	家居	浙江	2005-05-10	002043.SZ
1697	长城证券	10.82	金融	广东	2018-10-26	002939.SZ
1698	佳禾智能	10.82	日用	广东	2019-10-18	300793.SZ
1699	国祯环保	10.81	环保	安徽	2014-08-01	300388.SZ
1700	太安堂	10.76	医药	广东	2010-06-18	002433.SZ
1701	丰原药业	10.75	医药	安徽	2000-09-20	000153.SZ

续表

序号	证券简称	品牌价值(亿元)	行业	地区	上市日期	证券代码
1702	永泰能源	10.74	煤炭	山西	1998-05-13	600157.SH
1703	闰土股份	10.74	化工	浙江	2010-07-06	002440.SZ
1704	曙光股份	10.73	汽车	辽宁	2000-12-26	600303.SH
1705	国海证券	10.73	金融	广西	1997-07-09	000750.SZ
1706	南国置业	10.72	房地产	湖北	2009-11-06	002305.SZ
1707	中粮肉食	10.69	贸易	北京	2016-11-01	1610.HK
1708	康臣药业	10.69	医药	广东	2013-12-19	1681.HK
1709	文化长城	10.67	教育	广东	2010-06-25	300089.SZ
1710	齐心集团	10.64	商业服务	广东	2009-10-21	002301.SZ
1711	昂纳科技集团	10.60	通信	广东	2010-04-29	0877.HK
1712	金枫酒业	10.59	饮料	上海	1992-09-29	600616.SH
1713	司尔特	10.56	化工	安徽	2011-01-18	002538.SZ
1714	无忧英语(51TALK)	10.54	教育	北京	2016-06-10	COE.N
1715	中国恒天立信国际	10.52	装备	香港	1990-10-12	0641.HK
1716	文投控股	10.51	休闲	辽宁	1996-07-01	600715.SH
1717	春兴精工	10.51	电子	江苏	2011-02-18	002547.SZ
1718	天工国际	10.49	钢铁	江苏	2007-07-26	0826.HK
1719	CEC INT'L HOLD	10.48	零售	香港	1999-11-15	0759.HK
1720	桂林三金	10.47	医药	广西	2009-07-10	002275.SZ
1721	北部湾港	10.47	运输	广西	1995-11-02	000582.SZ
1722	汇量科技	10.47	互联网	广东	2018-12-12	1860.HK
1723	密尔克卫	10.45	运输	上海	2018-07-13	603713.SH
1724	勤上股份	10.44	教育	广东	2011-11-25	002638.SZ
1725	青鸟消防	10.44	电子	河北	2019-08-09	002960.SZ
1726	世荣兆业	10.43	房地产	广东	2004-07-08	002016.SZ
1727	科博达	10.43	汽车	上海	2019-10-15	603786.SH
1728	皖能电力	10.41	公用	安徽	1993-12-20	000543.SZ
1729	万达信息	10.41	互联网	上海	2011-01-25	300168.SZ
1730	重庆港九	10.40	运输	重庆	2000-07-31	600279.SH
1731	华联股份	10.37	零售	北京	1998-06-16	000882.SZ
1732	富森美	10.37	房地产	四川	2016-11-09	002818.SZ
1733	乐信	10.36	金融	广东	2017-12-21	LX.O

续表

序号	证券简称	品牌价值(亿元)	行业	地区	上市日期	证券代码
1734	冀中能源	10.36	煤炭	河北	1999-09-09	000937.SZ
1735	航天晨光	10.34	装备	江苏	2001-06-15	600501.SH
1736	易成新能	10.34	装备	河南	2010-06-25	300080.SZ
1737	大唐新能源	10.33	公用	北京	2010-12-17	1798.HK
1738	振东制药	10.33	医药	山西	2011-01-07	300158.SZ
1739	深物业 A	10.33	房地产	广东	1992-03-30	000011.SZ
1740	西部证券	10.32	金融	陕西	2012-05-03	002673.SZ
1741	东方国信	10.32	互联网	北京	2011-01-25	300166.SZ
1742	卧龙地产	10.29	房地产	浙江	1999-04-15	600173.SH
1743	新野纺织	10.29	纺织品	河南	2006-11-30	002087.SZ
1744	钱江摩托	10.28	汽车	浙江	1999-05-14	000913.SZ
1745	爱迪尔	10.27	服饰	福建	2015-01-22	002740.SZ
1746	哈尔斯	10.26	日用	浙江	2011-09-09	002615.SZ
1747	中国新电信	10.24	通信	香港	2002-08-06	8167.HK
1748	同仁堂国药	10.22	医药	香港	2013-05-07	3613.HK
1749	航天控股	10.22	电子	香港	1981-08-25	0031.HK
1750	北汽蓝谷	10.21	汽车	北京	1996-08-16	600733.SH
1751	创力集团	10.20	装备	上海	2015-03-20	603012.SH
1752	喜临门	10.19	家居	浙江	2012-07-17	603008.SH
1753	毅德国际	10.18	房地产	广东	2013-10-31	1396.HK
1754	联建光电	10.17	媒体	广东	2011-10-12	300269.SZ
1755	航天工程	10.17	装备	北京	2015-01-28	603698.SH
1756	兰亭集势	10.15	零售	北京	2013-06-06	LITB.N
1757	双林股份	10.15	汽车	浙江	2010-08-06	300100.SZ
1758	大富科技	10.14	通信	安徽	2010-10-26	300134.SZ
1759	士兰微	10.14	电子	浙江	2003-03-11	600460.SH
1760	麒盛科技	10.14	家居	浙江	2019-10-29	603610.SH
1761	中国全通	10.13	通信	香港	2009-09-16	0633.HK
1762	伟明环保	10.13	环保	浙江	2015-05-28	603568.SH
1763	万里扬	10.13	汽车	浙江	2010-06-18	002434.SZ
1764	华谊嘉信	10.11	媒体	北京	2010-04-21	300071.SZ
1765	兴森科技	10.11	电子	广东	2010-06-18	002436.SZ

续表

序号	证券简称	品牌价值(亿元)	行业	地区	上市日期	证券代码
1766	景峰医药	10.09	医药	湖南	1999-02-03	000908.SZ
1767	暴风集团	10.08	休闲	北京	2015-03-24	300431.SZ
1768	西安旅游	10.07	休闲	陕西	1996-09-26	000610.SZ
1769	美康生物	10.05	医药	浙江	2015-04-22	300439.SZ
1770	远兴能源	10.05	化工	内蒙古	1997-01-31	000683.SZ
1771	亚宝药业	10.03	医药	山西	2002-09-26	600351.SH
1772	电魂网络	10.02	休闲	浙江	2016-10-26	603258.SH
1773	金新农	10.02	农业	广东	2011-02-18	002548.SZ
1774	平煤股份	10.02	煤炭	河南	2006-11-23	601666.SH
1775	东莞控股	10.01	运输	广东	1997-06-17	000828.SZ
1776	开滦股份	10.00	煤炭	河北	2004-06-02	600997.SH
1777	万达酒店发展	10.00	酒店	香港	2002-06-04	0169.HK
1778	江中药业	9.98	医药	江西	1996-09-23	600750.SH
1779	大成生化科技	9.98	农业	香港	2001-03-16	0809.HK
1780	龙建股份	9.96	建筑	黑龙江	1994-04-04	600853.SH
1781	1 药网	9.96	零售	上海	2018-09-12	YI.O
1782	上峰水泥	9.95	建筑	甘肃	1996-12-18	000672.SZ
1783	岭南股份	9.95	建筑	广东	2014-02-19	002717.SZ
1784	博雅互动	9.94	休闲	广东	2013-11-12	0434.HK
1785	优源控股	9.94	包装	福建	2010-05-27	2268.HK
1786	海宁皮城	9.91	房地产	浙江	2010-01-26	002344.SZ
1787	奥美医疗	9.90	医药	湖北	2019-03-11	002950.SZ
1788	柏堡龙	9.89	服饰	广东	2015-06-26	002776.SZ
1789	金城医药	9.89	医药	山东	2011-06-22	300233.SZ
1790	亨鑫科技	9.88	通信	江苏	2010-12-23	1085.HK
1791	新经典	9.88	媒体	天津	2017-04-25	603096.SH
1792	三维通信	9.86	媒体	浙江	2007-02-15	002115.SZ
1793	中国电研	9.83	装备	广东	2019-11-05	688128.SH
1794	京基智农	9.82	农业	广东	1994-11-01	000048.SZ
1795	深圳燃气	9.82	公用	广东	2009-12-25	601139.SH
1796	东湖高新	9.82	建筑	湖北	1998-02-12	600133.SH
1797	宝鹰股份	9.81	建筑	广东	2005-05-31	002047.SZ

续表

序号	证券简称	品牌价值(亿元)	行业	地区	上市日期	证券代码
1798	益佰制药	9.78	医药	贵州	2004-03-23	600594.SH
1799	华媒控股	9.78	媒体	浙江	1996-08-30	000607.SZ
1800	泛华金融	9.77	金融	广东	2018-11-07	CNF.N
1801	北方国际	9.75	建筑	北京	1998-06-05	000065.SZ
1802	新文化	9.73	媒体	上海	2012-07-10	300336.SZ
1803	海兴电力	9.71	电子	浙江	2016-11-10	603556.SH
1804	中国艺术金融	9.69	日用	江苏	2016-11-08	1572.HK
1805	博彦科技	9.68	互联网	北京	2012-01-06	002649.SZ
1806	嘉化能源	9.67	化工	浙江	2003-06-27	600273.SH
1807	长城科技	9.66	装备	浙江	2018-04-10	603897.SH
1808	华熙生物	9.62	医药	山东	2019-11-06	688363.SH
1809	嘉士利集团	9.61	食品	广东	2014-09-25	1285.HK
1810	冰山冷热	9.60	装备	辽宁	1993-12-08	000530.SZ
1811	汇付天下	9.58	互联网	上海	2018-06-15	1806.HK
1812	聚飞光电	9.57	电子	广东	2012-03-19	300303.SZ
1813	景兴纸业	9.56	造纸	浙江	2006-09-15	002067.SZ
1814	众业达	9.55	贸易	广东	2010-07-06	002441.SZ
1815	东方精工	9.49	汽车	广东	2011-08-30	002611.SZ
1816	广东鸿图	9.48	汽车	广东	2006-12-29	002101.SZ
1817	鸿达兴业	9.48	化工	江苏	2004-06-25	002002.SZ
1818	姚记科技	9.48	日用	上海	2011-08-05	002605.SZ
1819	长安民生物流	9.47	运输	重庆	2006-02-23	1292.HK
1820	万润科技	9.45	媒体	广东	2012-02-17	002654.SZ
1821	辰林教育	9.45	教育	江西	2019-12-13	1593.HK
1822	松芝股份	9.45	汽车	上海	2010-07-20	002454.SZ
1823	苏常柴 A	9.44	装备	江苏	1994-07-01	000570.SZ
1824	大同机械	9.42	装备	香港	1988-12-12	0118.HK
1825	杉杉股份	9.39	化工	浙江	1996-01-30	600884.SH
1826	安奈儿	9.37	服饰	广东	2017-06-01	002875.SZ
1827	粤水电	9.36	建筑	广东	2006-08-10	002060.SZ
1828	伊之密	9.35	装备	广东	2015-01-23	300415.SZ
1829	皇氏集团	9.35	食品	广西	2010-01-06	002329.SZ

续表

序号	证券简称	品牌价值(亿元)	行业	地区	上市日期	证券代码
1830	远达环保	9.33	环保	重庆	2000-11-01	600292.SH
1831	达实智能	9.32	互联网	广东	2010-06-03	002421.SZ
1832	武汉凡谷	9.31	通信	湖北	2007-12-07	002194.SZ
1833	数码科技	9.29	互联网	北京	2010-04-30	300079.SZ
1834	卫宁健康	9.29	互联网	上海	2011-08-18	300253.SZ
1835	得利斯	9.27	食品	山东	2010-01-06	002330.SZ
1836	诺亚财富	9.26	金融	上海	2010-11-10	NOAH.N
1837	龙马环卫	9.25	环保	福建	2015-01-26	603686.SH
1838	安德利	9.25	零售	安徽	2016-08-22	603031.SH
1839	海印股份	9.22	房地产	广东	1998-10-28	000861.SZ
1840	万通地产	9.21	房地产	北京	2000-09-22	600246.SH
1841	西部水泥	9.20	建筑	陕西	2010-08-23	2233.HK
1842	大恒科技	9.20	电子	北京	2000-11-29	600288.SH
1843	中宠股份	9.19	食品	山东	2017-08-21	002891.SZ
1844	四创电子	9.19	装备	安徽	2004-05-10	600990.SH
1845	北新路桥	9.19	建筑	新疆	2009-11-11	002307.SZ
1846	高能环境	9.19	环保	北京	2014-12-29	603588.SH
1847	爱建集团	9.18	金融	上海	1993-04-26	600643.SH
1848	国泰君安国际	9.16	金融	香港	2010-07-08	1788.HK
1849	四维图新	9.15	互联网	北京	2010-05-18	002405.SZ
1850	东诚药业	9.15	医药	山东	2012-05-25	002675.SZ
1851	华灿光电	9.14	电子	湖北	2012-06-01	300323.SZ
1852	中渝置地	9.13	房地产	香港	1999-04-30	1224.HK
1853	中国水务	9.13	公用	香港	1999-10-11	0855.HK
1854	新界泵业	9.12	装备	浙江	2010-12-31	002532.SZ
1855	三美股份	9.12	化工	浙江	2019-04-02	603379.SH
1856	全通教育	9.11	教育	广东	2014-01-21	300359.SZ
1857	卫星石化	9.09	化工	浙江	2011-12-28	002648.SZ
1858	云南能投	9.09	食品	云南	2006-06-27	002053.SZ
1859	合肥城建	9.08	房地产	安徽	2008-01-28	002208.SZ
1860	祁连山	9.08	建筑	甘肃	1996-07-16	600720.SH
1861	中国圣牧	9.07	农业	内蒙古	2014-07-15	1432.HK

续表

序号	证券简称	品牌价值(亿元)	行业	地区	上市日期	证券代码
1862	研祥智能	9.07	电子	广东	2003-10-10	2308.HK
1863	华宏科技	9.06	装备	江苏	2011-12-20	002645.SZ
1864	金蝶国际	9.05	互联网	广东	2001-02-15	0268.HK
1865	万咖壹联	9.05	媒体	北京	2018-12-21	1762.HK
1866	汉钟精机	9.02	装备	上海	2007-08-17	002158.SZ
1867	中贝通信	9.02	电信	湖北	2018-11-15	603220.SH
1868	华夏文化科技	9.01	休闲	广东	2015-03-12	1566.HK
1869	天风证券	9.01	金融	湖北	2018-10-19	601162.SH
1870	新华锦	9.01	服饰	山东	1996-07-26	600735.SH
1871	如涵	9.01	零售	浙江	2019-04-03	RUHN.O
1872	中国三江化工	9.01	化工	浙江	2010-09-16	2198.HK
1873	漫步者	9.00	日用	广东	2010-02-05	002351.SZ
1874	顺络电子	9.00	电子	广东	2007-06-13	002138.SZ
1875	润和软件	8.99	互联网	江苏	2012-07-18	300339.SZ
1876	滨化股份	8.99	化工	山东	2010-02-23	601678.SH
1877	淮北矿业	8.98	煤炭	安徽	2004-04-28	600985.SH
1878	漳州发展	8.98	汽车	福建	1997-06-26	000753.SZ
1879	鲁抗医药	8.97	医药	山东	1997-02-26	600789.SH
1880	华安证券	8.97	金融	安徽	2016-12-06	600909.SH
1881	灿谷	8.97	互联网	上海	2018-07-26	CANG.N
1882	川投能源	8.97	公用	四川	1993-09-24	600674.SH
1883	天目湖	8.97	休闲	江苏	2017-09-27	603136.SH
1884	京山轻机	8.97	装备	湖北	1998-06-26	000821.SZ
1885	雄韬股份	8.95	装备	广东	2014-12-03	002733.SZ
1886	金卡智能	8.92	电子	浙江	2012-08-17	300349.SZ
1887	岳阳林纸	8.91	造纸	湖南	2004-05-25	600963.SH
1888	恒盛地产	8.88	房地产	上海	2009-10-02	0845.HK
1889	锦江投资	8.88	运输	上海	1993-06-07	600650.SH
1890	梦网集团	8.87	互联网	辽宁	2007-03-28	002123.SZ
1891	联创股份	8.87	媒体	山东	2012-08-01	300343.SZ
1892	康泰生物	8.86	医药	广东	2017-02-07	300601.SZ
1893	中钨高新	8.86	有色金属	海南	1996-12-05	000657.SZ

续表

序号	证 券 简 称	品牌价值(亿元)	行业	地区	上市日期	证券代码
1894	富通鑫茂	8.86	通信	天津	1997-09-29	000836.SZ
1895	神州泰岳	8.85	互联网	北京	2009-10-30	300002.SZ
1896	康华医疗	8.85	保健	广东	2016-11-08	3689.HK
1897	泰胜风能	8.84	装备	上海	2010-10-19	300129.SZ
1898	朗迪集团	8.84	家电	浙江	2016-04-21	603726.SH
1899	内蒙古能建	8.83	公用	内蒙古	2017-07-18	1649.HK
1900	北方华创	8.83	电子	北京	2010-03-16	002371.SZ
1901	惠达卫浴	8.83	家居	河北	2017-04-05	603385.SH
1902	S 佳通	8.81	汽车	黑龙江	1999-05-07	600182.SH
1903	福能股份	8.81	公用	福建	2004-05-31	600483.SH
1904	建滔集团	8.81	电子	香港	1997-05-01	0638.HK
1905	马应龙	8.80	医药	湖北	2004-05-17	600993.SH
1906	世纪金花	8.79	零售	香港	2000-10-23	0162.HK
1907	健帆生物	8.79	医药	广东	2016-08-02	300529.SZ
1908	出版传媒	8.78	媒体	辽宁	2007-12-21	601999.SH
1909	璞泰来	8.78	有色金属	上海	2017-11-03	603659.SH
1910	安妮股份	8.77	互联网	福建	2008-05-16	002235.SZ
1911	捷佳伟创	8.77	电子	广东	2018-08-10	300724.SZ
1912	兰石重装	8.77	装备	甘肃	2014-10-09	603169.SH
1913	星期六	8.77	服饰	广东	2009-09-03	002291.SZ
1914	叶氏化工集团	8.77	化工	香港	1991-08-22	0408.HK
1915	七一二	8.76	通信	天津	2018-02-26	603712.SH
1916	轻纺城	8.76	房地产	浙江	1997-02-28	600790.SH
1917	中航重机	8.75	装备	贵州	1996-11-06	600765.SH
1918	酷派集团	8.73	通信	广东	2004-12-09	2369.HK
1919	伟星股份	8.72	服饰	浙江	2004-06-25	002003.SZ
1920	日发精机	8.72	装备	浙江	2010-12-10	002520.SZ
1921	红黄蓝	8.71	教育	北京	2017-09-27	RYB.N
1922	安德利果汁	8.71	食品	山东	2003-04-22	2218.HK
1923	佳讯飞鸿	8.70	通信	北京	2011-05-05	300213.SZ
1924	蓝盾股份	8.69	互联网	广东	2012-03-15	300297.SZ
1925	东方网力	8.69	电子	北京	2014-01-29	300367.SZ

续表

序号	证券简称	品牌价值（亿元）	行业	地区	上市日期	证券代码
1926	新天绿色能源	8.68	公用	河北	2010-10-13	0956.HK
1927	银泰黄金	8.68	有色金属	内蒙古	2000-06-08	000975.SZ
1928	模塑科技	8.68	汽车	江苏	1997-02-28	000700.SZ
1929	盛路通信	8.67	通信	广东	2010-07-13	002446.SZ
1930	金杯电工	8.67	装备	湖南	2010-12-31	002533.SZ
1931	方大集团	8.67	建筑	广东	1996-04-15	000055.SZ
1932	无锡银行	8.67	金融	江苏	2016-09-23	600908.SH
1933	健友股份	8.66	医药	江苏	2017-07-19	603707.SH
1934	海联金汇	8.65	汽车	山东	2011-01-10	002537.SZ
1935	英飞拓	8.64	电子	广东	2010-12-24	002528.SZ
1936	燕塘乳业	8.64	食品	广东	2014-12-05	002732.SZ
1937	新国都	8.62	电子	广东	2010-10-19	300130.SZ
1938	潍柴重机	8.62	装备	山东	1998-04-02	000880.SZ
1939	泛华金控	8.61	金融	广东	2007-10-31	FANH.O
1940	蓝帆医疗	8.61	医药	山东	2010-04-02	002382.SZ
1941	众应互联	8.61	互联网	江苏	2010-08-31	002464.SZ
1942	海越能源	8.59	石油	浙江	2004-02-18	600387.SH
1943	新智认知	8.59	互联网	广西	2015-03-26	603869.SH
1944	渤海轮渡	8.58	运输	山东	2012-09-06	603167.SH
1945	西麦食品	8.58	食品	广西	2019-06-19	002956.SZ
1946	羚锐制药	8.57	医药	河南	2000-10-18	600285.SH
1947	美亚柏科	8.56	互联网	福建	2011-03-16	300188.SZ
1948	ST 威龙	8.52	饮料	山东	2016-05-16	603779.SH
1949	广汇能源	8.51	石油	新疆	2000 05-26	600256.SH
1950	山大华特	8.50	医药	山东	1999-06-09	000915.SZ
1951	航天发展	8.50	装备	福建	1993-11-30	000547.SZ
1952	壹网壹创	8.49	媒体	浙江	2019-09-27	300792.SZ
1953	胜宏科技	8.48	电子	广东	2015-06-11	300476.SZ
1954	吴通控股	8.48	互联网	江苏	2012-02-29	300292.SZ
1955	锦州港	8.48	运输	辽宁	1999-06-09	600190.SH
1956	锌业股份	8.48	有色金属	辽宁	1997-06-26	000751.SZ
1957	彩虹新能源	8.46	装备	陕西	2004-12-20	0438.HK

续表

序号	证 券 简 称	品牌价值(亿元)	行业	地区	上市日期	证券代码
1958	万国数据	8.46	互联网	上海	2016-11-02	GDS.O
1959	恒达集团控股	8.45	房地产	河南	2018-11-12	3616.HK
1960	中视金桥	8.44	媒体	上海	2008-07-08	0623.HK
1961	南天信息	8.44	互联网	云南	1999-10-14	000948.SZ
1962	蓝光嘉宝服务	8.43	房地产	四川	2019-10-18	2606.HK
1963	宜通世纪	8.41	电信	广东	2012-04-25	300310.SZ
1964	开能健康	8.41	家电	上海	2011-11-02	300272.SZ
1965	岁宝百货	8.41	零售	广东	2010-11-17	0312.HK
1966	中再资环	8.41	环保	陕西	1999-12-16	600217.SH
1967	诚志股份	8.39	化工	江西	2000-07-06	000990.SZ
1968	国联水产	8.39	农业	广东	2010-07-08	300094.SZ
1969	新疆众和	8.37	有色金属	新疆	1996-02-15	600888.SH
1970	银都股份	8.37	装备	浙江	2017-09-11	603277.SH
1971	大连圣亚	8.36	休闲	辽宁	2002-07-11	600593.SH
1972	中国鸿星	8.35	服饰	福建	2005-11-14	BR9.SG
1973	滨海泰达物流	8.35	运输	天津	2008-04-30	8348.HK
1974	三宝科技	8.34	互联网	江苏	2004-06-09	1708.HK
1975	建投能源	8.34	公用	河北	1996-06-06	000600.SZ
1976	天通股份	8.32	装备	浙江	2001-01-18	600330.SH
1977	贵航股份	8.31	汽车	贵州	2001-12-27	600523.SH
1978	杭电股份	8.30	装备	浙江	2015-02-17	603618.SH
1979	弘亚数控	8.30	装备	广东	2016-12-28	002833.SZ
1980	东南网架	8.30	建筑	浙江	2007-05-30	002135.SZ
1981	长白山	8.28	休闲	吉林	2014-08-22	603099.SH
1982	通裕重工	8.28	装备	山东	2011-03-08	300185.SZ
1983	拉芳家化	8.27	日用	广东	2017-03-13	603630.SH
1984	西宁特钢	8.27	钢铁	青海	1997-10-15	600117.SH
1985	中广核新能源	8.24	公用	香港	2014-10-03	1811.HK
1986	海利尔	8.23	化工	山东	2017-01-12	603639.SH
1987	栖霞建设	8.23	房地产	江苏	2002-03-28	600533.SH
1988	金科文化	8.22	媒体	浙江	2015-05-15	300459.SZ
1989	三特索道	8.22	休闲	湖北	2007-08-17	002159.SZ

续表

序号	证券简称	品牌价值(亿元)	行业	地区	上市日期	证券代码
1990	博威合金	8.22	有色金属	浙江	2011-01-27	601137.SH
1991	中山金马	8.20	休闲	广东	2018-12-28	300756.SZ
1992	东光化工	8.20	化工	河北	2017-07-11	1702.HK
1993	华宝国际	8.20	化工	香港	1992-01-22	0336.HK
1994	光弘科技	8.19	电子	广东	2017-12-29	300735.SZ
1995	爱柯迪	8.18	汽车	浙江	2017-11-17	600933.SH
1996	水晶光电	8.18	电子	浙江	2008-09-19	002273.SZ
1997	科迪乳业	8.16	食品	河南	2015-06-30	002770.SZ
1998	晨光生物	8.16	农业	河北	2010-11-05	300138.SZ
1999	好莱客	8.16	家居	广东	2015-02-17	603898.SH
2000	华兴源创	8.14	电子	江苏	2019-07-22	688001.SH
2001	泸天化	8.11	化工	四川	1999-06-03	000912.SZ
2002	亚联发展	8.11	互联网	广东	2009-12-09	002316.SZ
2003	东方电子	8.09	装备	山东	1997-01-21	000682.SZ
2004	华大基因	8.09	医药	广东	2017-07-14	300676.SZ
2005	中兵红箭	8.09	装备	湖南	1993-10-08	000519.SZ
2006	豪尔赛	8.09	装备	北京	2019-10-28	002963.SZ
2007	科华生物	8.08	医药	上海	2004-07-21	002022.SZ
2008	珠江船务	8.06	运输	香港	1997-05-23	0560.HK
2009	仙鹤股份	8.06	造纸	浙江	2018-04-20	603733.SH
2010	日播时尚	8.02	服饰	上海	2017-05-31	603196.SH
2011	城建设计	8.02	建筑	北京	2014-07-08	1599.HK
2012	金川国际	8.01	有色金属	香港	2001-07-09	2362.HK
2013	川仪股份	8.00	装备	重庆	2014-08-05	603100.SH
2014	劲胜智能	8.00	电子	广东	2010-05-20	300083.SZ
2015	亚威股份	7.98	装备	江苏	2011-03-03	002559.SZ
2016	苏农银行	7.97	金融	江苏	2016-11-29	603323.SH
2017	恒林股份	7.97	家居	浙江	2017-11-21	603661.SH
2018	香雪制药	7.96	医药	广东	2010-12-15	300147.SZ
2019	九华旅游	7.94	休闲	安徽	2015-03-26	603199.SH
2020	ST 椰岛	7.93	饮料	海南	2000-01-20	600238.SH
2021	维尔利	7.93	环保	江苏	2011-03-16	300190.SZ

续表

序号	证 券 简 称	品牌价值(亿元)	行业	地区	上市日期	证券代码
2022	小牛电动	7.93	汽车	北京	2018-10-19	NIU.O
2023	杰瑞股份	7.92	石油	山东	2010-02-05	002353.SZ
2024	中滔环保	7.92	环保	广东	2013-09-25	1363.HK
2025	星星科技	7.92	电子	浙江	2011-08-19	300256.SZ
2026	九洲药业	7.92	医药	浙江	2014-10-10	603456.SH
2027	海南海药	7.92	医药	海南	1994-05-25	000566.SZ
2028	瀚叶股份	7.91	化工	浙江	1999-11-16	600226.SH
2029	上海凯宝	7.91	医药	上海	2010-01-08	300039.SZ
2030	浙富控股	7.88	装备	浙江	2008-08-06	002266.SZ
2031	鹿港文化	7.88	纺织品	江苏	2011-05-27	601599.SH
2032	成都高速	7.88	运输	四川	2019-01-15	1785.HK
2033	凌霄泵业	7.87	装备	广东	2017-07-11	002884.SZ
2034	贝瑞基因	7.87	医药	四川	1997-04-22	000710.SZ
2035	厦门空港	7.86	运输	福建	1996-05-31	600897.SH
2036	万孚生物	7.86	医药	广东	2015-06-30	300482.SZ
2037	美兰空港	7.86	运输	海南	2002-11-18	0357.HK
2038	微贷网	7.85	金融	浙江	2018-11-15	WEI.N
2039	乔治白	7.83	服饰	浙江	2012-07-13	002687.SZ
2040	乐游科技控股	7.82	互联网	福建	2011-01-11	1089.HK
2041	风范股份	7.82	装备	江苏	2011-01-18	601700.SH
2042	百邦科技	7.81	日用	北京	2018-01-09	300736.SZ
2043	楚天科技	7.77	装备	湖南	2014-01-21	300358.SZ
2044	沃尔核材	7.77	装备	广东	2007-04-20	002130.SZ
2045	金通灵	7.76	装备	江苏	2010-06-25	300091.SZ
2046	莱宝高科	7.76	电子	广东	2007-01-12	002106.SZ
2047	第一医药	7.76	零售	上海	1994-02-24	600833.SH
2048	联创光电	7.75	电子	江西	2001-03-29	600363.SH
2049	华阳集团	7.74	汽车	广东	2017-10-13	002906.SZ
2050	天宜上佳	7.73	装备	北京	2019-07-22	688033.SH
2051	每日互动	7.73	媒体	浙江	2019-03-25	300766.SZ
2052	浙江广厦	7.73	房地产	浙江	1997-04-15	600052.SH
2053	杭齿前进	7.72	装备	浙江	2010-10-11	601177.SH

续表

序号	证券简称	品牌价值(亿元)	行业	地区	上市日期	证券代码
2054	海容冷链	7.71	装备	山东	2018-11-29	603187.SH
2055	太阳电缆	7.69	装备	福建	2009-10-21	002300.SZ
2056	志邦家居	7.68	家居	安徽	2017-06-30	603801.SH
2057	森源电气	7.68	装备	河南	2010-02-10	002358.SZ
2058	隆华科技	7.68	装备	河南	2011-09-16	300263.SZ
2059	法拉电子	7.67	电子	福建	2002-12-10	600563.SH
2060	健盛集团	7.67	服饰	浙江	2015-01-27	603558.SH
2061	福安药业	7.66	医药	重庆	2011-03-22	300194.SZ
2062	金健米业	7.66	农业	湖南	1998-05-06	600127.SH
2063	光峰科技	7.63	电子	广东	2019-07-22	688007.SH
2064	元力股份	7.61	休闲	福建	2011-02-01	300174.SZ
2065	永兴材料	7.61	钢铁	浙江	2015-05-15	002756.SZ
2066	宇信科技	7.60	互联网	北京	2018-11-07	300674.SZ
2067	海欣股份	7.60	纺织品	上海	1994-04-04	600851.SH
2068	鹏辉能源	7.60	电子	广东	2015-04-24	300438.SZ
2069	华达科技	7.60	汽车	江苏	2017-01-25	603358.SH
2070	新五丰	7.59	农业	湖南	2004-06-09	600975.SH
2071	中国汽研	7.59	汽车	重庆	2012-06-11	601965.SH
2072	沈阳化工	7.58	化工	辽宁	1997-02-20	000698.SZ
2073	辰兴发展	7.58	房地产	山西	2015-07-03	2286.HK
2074	长荣股份	7.57	装备	天津	2011-03-29	300195.SZ
2075	贝达药业	7.54	医药	浙江	2016-11-07	300558.SZ
2076	京汉股份	7.54	房地产	湖北	1996-10-16	000615.SZ
2077	恒信东方	7.53	休闲	北京	2010-05-20	300081.SZ
2078	香山股份	7.53	家电	广东	2017-05-15	002870.SZ
2079	天桥起重	7.53	装备	湖南	2010-12-10	002523.SZ
2080	艾迪精密	7.53	装备	山东	2017-01-20	603638.SH
2081	鸿利智汇	7.52	电子	广东	2011-05-18	300219.SZ
2082	神冠控股	7.51	保健	广西	2009-10-13	0829.HK
2083	淮河能源	7.51	贸易	安徽	2003-03-28	600575.SH
2084	国脉科技	7.51	电信	福建	2006-12-15	002093.SZ
2085	浦东建设	7.50	建筑	上海	2004-03-16	600284.SH

续表

序号	证券简称	品牌价值(亿元)	行业	地区	上市日期	证券代码
2086	张家界	7.49	休闲	湖南	1996-08-29	000430.SZ
2087	威创股份	7.49	日用	广东	2009-11-27	002308.SZ
2088	艾比森	7.48	电子	广东	2014-08-01	300389.SZ
2089	苏州科达	7.47	电子	江苏	2016-12-01	603660.SH
2090	苏利股份	7.46	化工	江苏	2016-12-14	603585.SH
2091	永创智能	7.45	装备	浙江	2015-05-29	603901.SH
2092	安科生物	7.45	医药	安徽	2009-10-30	300009.SZ
2093	泸州银行	7.45	金融	四川	2018-12-17	1983.HK
2094	荣泰健康	7.45	医药	上海	2017-01-11	603579.SH
2095	家乡互动	7.44	互联网	福建	2019-07-04	3798.HK
2096	康辰药业	7.44	医药	北京	2018-08-27	603590.SH
2097	露天煤业	7.44	煤炭	内蒙古	2007-04-18	002128.SZ
2098	百洋股份	7.44	农业	广西	2012-09-05	002696.SZ
2099	新华传媒	7.42	媒体	上海	1994-02-04	600825.SH
2100	浙江震元	7.42	医药	浙江	1997-04-10	000705.SZ
2101	北控清洁能源集团	7.42	公用	广东	2013-07-05	1250.HK
2102	国际脐带血库	7.41	保健	北京	2009-11-19	CO.N
2103	惠泉啤酒	7.40	饮料	福建	2003-02-26	600573.SH
2104	青岛双星	7.40	汽车	山东	1996-04-30	000599.SZ
2105	中际旭创	7.39	装备	山东	2012-04-10	300308.SZ
2106	华星创业	7.38	通信	浙江	2009-10-30	300025.SZ
2107	海伦哲	7.38	装备	江苏	2011-04-07	300201.SZ
2108	龙宇燃油	7.38	石油	上海	2012-08-17	603003.SH
2109	杭氧股份	7.38	化工	浙江	2010-06-10	002430.SZ
2110	中闽百汇	7.37	零售	福建	2011-01-20	5SR.SG
2111	四川美丰	7.37	化工	四川	1997-06-17	000731.SZ
2112	润邦股份	7.36	装备	江苏	2010-09-29	002483.SZ
2113	天能重工	7.36	装备	山东	2016-11-25	300569.SZ
2114	美盈森	7.35	包装	广东	2009-11-03	002303.SZ
2115	新诺威	7.34	医药	河北	2019-03-22	300765.SZ
2116	高乐股份	7.33	日用	广东	2010-02-03	002348.SZ
2117	天喻信息	7.31	电子	湖北	2011-04-21	300205.SZ

续表

序号	证券简称	品牌价值（亿元）	行业	地区	上市日期	证券代码
2118	易恒健康	7.31	医药	上海	2019-11-08	MOHO.O
2119	达力普控股	7.31	石油	河北	2019-11-08	1921.HK
2120	铁汉生态	7.30	建筑	广东	2011-03-29	300197.SZ
2121	东港股份	7.30	商业服务	山东	2007-03-02	002117.SZ
2122	金安国纪	7.30	电子	上海	2011-11-25	002636.SZ
2123	亚盛集团	7.29	农业	甘肃	1997-08-18	600108.SH
2124	嘉凯城	7.27	房地产	浙江	1999-07-20	000918.SZ
2125	金融壹账通	7.27	互联网	广东	2019-12-13	OCFT.N
2126	上海三毛	7.27	纺织品	上海	1993-11-08	600689.SH
2127	美格智能	7.27	通信	广东	2017-06-22	002881.SZ
2128	欢悦互娱	7.27	有色金属	浙江	2007-12-27	0505.HK
2129	金龙羽	7.27	装备	广东	2017-07-17	002882.SZ
2130	永利股份	7.26	汽车	上海	2011-06-15	300230.SZ
2131	山东国信	7.26	金融	山东	2017-12-08	1697.HK
2132	迈为股份	7.26	装备	江苏	2018-11-09	300751.SZ
2133	景业名邦集团	7.25	房地产	广东	2019-12-05	2231.HK
2134	天保基建	7.24	房地产	天津	2000-04-06	000965.SZ
2135	国联证券	7.24	金融	江苏	2015-07-06	1456.HK
2136	盐津铺子	7.24	食品	湖南	2017-02-08	002847.SZ
2137	常宝股份	7.23	钢铁	江苏	2010-09-21	002478.SZ
2138	长青集团	7.22	家电	广东	2011-09-20	002616.SZ
2139	拓邦股份	7.22	电子	广东	2007-06-29	002139.SZ
2140	中航高科	7.21	装备	江苏	1994-05-20	600862.SH
2141	金山办公	7.20	互联网	北京	2019-11-18	688111.SH
2142	恒宝股份	7.19	电子	江苏	2007-01-10	002104.SZ
2143	四方股份	7.17	装备	北京	2010-12-31	601126.SH
2144	中科三环	7.17	有色金属	北京	2000-04-20	000970.SZ
2145	科士达	7.17	装备	广东	2010-12-07	002518.SZ
2146	四通新材	7.16	汽车	河北	2015-03-19	300428.SZ
2147	晶晨股份	7.15	电子	上海	2019-08-08	688099.SH
2148	天山股份	7.15	建筑	新疆	1999-01-07	000877.SZ
2149	大博医疗	7.14	医药	福建	2017-09-22	002901.SZ

续表

序号	证券简称	品牌价值(亿元)	行业	地区	上市日期	证券代码
2150	广和通	7.14	通信	广东	2017-04-13	300638.SZ
2151	精测电子	7.13	电子	湖北	2016-11-22	300567.SZ
2152	精工钢构	7.13	建筑	安徽	2002-06-05	600496.SH
2153	中原证券	7.12	金融	河南	2017-01-03	601375.SH
2154	中国天楹	7.11	环保	江苏	1994-04-08	000035.SZ
2155	西藏珠峰	7.10	有色金属	西藏	2000-12-27	600338.SH
2156	财信发展	7.10	房地产	重庆	1997-06-26	000838.SZ
2157	创元科技	7.09	环保	江苏	1994-01-06	000551.SZ
2158	宜华健康	7.09	保健	广东	2000-08-07	000150.SZ
2159	第一创业	7.08	金融	广东	2016-05-11	002797.SZ
2160	新黄浦	7.08	房地产	上海	1993-03-26	600638.SH
2161	冰川网络	7.08	休闲	广东	2016-08-18	300533.SZ
2162	扬杰科技	7.07	电子	江苏	2014-01-23	300373.SZ
2163	博实股份	7.07	装备	黑龙江	2012-09-11	002698.SZ
2164	希努尔	7.06	休闲	山东	2010-10-15	002485.SZ
2165	电连技术	7.06	电子	广东	2017-07-31	300679.SZ
2166	獐子岛	7.04	农业	辽宁	2006-09-28	002069.SZ
2167	远大智能	7.03	装备	辽宁	2012-07-17	002689.SZ
2168	凤凰新媒体	7.02	媒体	北京	2011-05-12	FENG.N
2169	曲美家居	7.02	家居	北京	2015-04-22	603818.SH
2170	惠发食品	7.02	食品	山东	2017-06-13	603536.SH
2171	和而泰	7.01	电子	广东	2010-05-11	002402.SZ
2172	鸿路钢构	7.00	建筑	安徽	2011-01-18	002541.SZ
2173	伯特利	7.00	汽车	安徽	2018-04-27	603596.SH
2174	灵宝黄金	6.99	有色金属	河南	2006-01-12	3330.HK
2175	杭萧钢构	6.99	建筑	浙江	2003-11-10	600477.SH
2176	东方电缆	6.98	装备	浙江	2014-10-15	603606.SH
2177	尚荣医疗	6.97	医药	广东	2011-02-25	002551.SZ
2178	同兴达	6.97	电子	广东	2017-01-25	002845.SZ
2179	奥士康	6.94	电子	湖南	2017-12-01	002913.SZ
2180	航天动力	6.94	装备	陕西	2003-04-08	600343.SH
2181	科华恒盛	6.93	装备	福建	2010-01-13	002335.SZ

续表

序号	证券简称	品牌价值(亿元)	行业	地区	上市日期	证券代码
2182	房多多	6.91	房地产	广东	2019-11-01	DUO.O
2183	三木集团	6.90	贸易	福建	1996-11-21	000632.SZ
2184	神奇制药	6.90	医药	上海	1992-08-20	600613.SH
2185	盛达资源	6.89	有色金属	北京	1996-08-23	000603.SZ
2186	宝钢包装	6.89	包装	上海	2015-06-11	601968.SH
2187	赛腾股份	6.88	装备	江苏	2017-12-25	603283.SH
2188	凯利泰	6.87	医药	上海	2012-06-13	300326.SZ
2189	嘉美包装	6.87	包装	安徽	2019-12-02	002969.SZ
2190	兰州黄河	6.87	饮料	甘肃	1999-06-23	000929.SZ
2191	佩蒂股份	6.85	食品	浙江	2017-07-11	300673.SZ
2192	福莱特	6.85	建筑	浙江	2019-02-15	601865.SH
2193	中国应急	6.84	装备	湖北	2016-08-05	300527.SZ
2194	紫鑫药业	6.84	医药	吉林	2007-03-02	002118.SZ
2195	科斯伍德	6.83	教育	江苏	2011-03-22	300192.SZ
2196	恒兴黄金	6.82	有色金属	新疆	2014-05-29	2303.HK
2197	双环传动	6.81	装备	浙江	2010-09-10	002472.SZ
2198	陕天然气	6.81	石油	陕西	2008-08-13	002267.SZ
2199	桂林旅游	6.81	休闲	广西	2000-05-18	000978.SZ
2200	有研新材	6.80	有色金属	北京	1999-03-19	600206.SH
2201	首创股份	6.79	公用	北京	2000-04-27	600008.SH
2202	永高股份	6.78	建筑	浙江	2011-12-08	002641.SZ
2203	张家港行	6.75	金融	江苏	2017-01-24	002839.SZ
2204	协鑫能科	6.74	公用	江苏	2004-07-08	002015.SZ
2205	健民集团	6.74	医药	湖北	2004-04-19	600976.SH
2206	天润工业	6.73	汽车	山东	2009-08-21	002283.SZ
2207	商赢环球	6.73	服饰	宁夏	1999-07-07	600146.SH
2208	恒投证券	6.69	金融	内蒙古	2015-10-15	1476.HK
2209	设计总院	6.69	商业服务	安徽	2017-08-01	603357.SH
2210	江苏舜天	6.67	贸易	江苏	2000-09-01	600287.SH
2211	云海金属	6.67	有色金属	江苏	2007-11-13	002182.SZ
2212	赛升药业	6.67	医药	北京	2015-06-26	300485.SZ
2213	好当家	6.67	食品	山东	2004-04-05	600467.SH

续表

序号	证 券 简 称	品牌价值(亿元)	行业	地区	上市日期	证券代码
2214	奥特佳	6.66	汽车	江苏	2008-05-22	002239.SZ
2215	百奥家庭互动	6.66	休闲	广东	2014-04-10	2100.HK
2216	北大青鸟环宇	6.66	电子	北京	2000-07-27	8095.HK
2217	兰生股份	6.65	贸易	上海	1994-02-04	600826.SH
2218	晋亿实业	6.63	装备	浙江	2007-01-26	601002.SH
2219	华天酒店	6.63	酒店	湖南	1996-08-08	000428.SZ
2220	芭田股份	6.61	化工	广东	2007-09-19	002170.SZ
2221	亿利达	6.60	装备	浙江	2012-07-03	002686.SZ
2222	易鑫集团	6.58	金融	上海	2017-11-16	2858.HK
2223	久立特材	6.57	钢铁	浙江	2009-12-11	002318.SZ
2224	联美控股	6.54	公用	辽宁	1999-01-28	600167.SH
2225	银宝山新	6.54	装备	广东	2015-12-23	002786.SZ
2226	晨丰科技	6.53	家电	浙江	2017-11-27	603685.SH
2227	绿盟科技	6.52	互联网	北京	2014-01-29	300369.SZ
2228	银江股份	6.52	互联网	浙江	2009-10-30	300020.SZ
2229	通化金马	6.52	医药	吉林	1997-04-30	000766.SZ
2230	苏州固锝	6.51	电子	江苏	2006-11-16	002079.SZ
2231	哈三联	6.51	医药	黑龙江	2017-09-22	002900.SZ
2232	第一视频	6.50	媒体	北京	1991-10-25	0082.HK
2233	江西长运	6.50	运输	江西	2002-07-16	600561.SH
2234	中恒电气	6.50	装备	浙江	2010-03-05	002364.SZ
2235	博世科	6.49	环保	广西	2015-02-17	300422.SZ
2236	先达股份	6.49	化工	山东	2017-05-11	603086.SH
2237	如意集团	6.47	纺织品	山东	2007-12-07	002193.SZ
2238	三诺生物	6.47	医药	湖南	2012-03-19	300298.SZ
2239	巨匠建设	6.47	建筑	浙江	2016-01-12	1459.HK
2240	和邦生物	6.47	化工	四川	2012-07-31	603077.SH
2241	中电兴发	6.44	互联网	安徽	2009-09-29	002298.SZ
2242	新疆交建	6.44	建筑	新疆	2018-11-28	002941.SZ
2243	腾信股份	6.43	媒体	北京	2014-09-10	300392.SZ
2244	东凌国际	6.42	化工	广东	1998-12-24	000893.SZ
2245	英派斯	6.41	日用	山东	2017-09-15	002899.SZ

续表

序号	证券简称	品牌价值（亿元）	行业	地区	上市日期	证券代码
2246	凯盛科技	6.41	电子	安徽	2002-11-08	600552.SH
2247	宁波联合	6.41	贸易	浙江	1997-04-10	600051.SH
2248	深赛格	6.41	房地产	广东	1996-12-26	000058.SZ
2249	宜昌交运	6.41	运输	湖北	2011-11-03	002627.SZ
2250	倍加洁	6.39	日用	江苏	2018-03-02	603059.SH
2251	长鹰信质	6.39	汽车	浙江	2012-03-16	002664.SZ
2252	亚太科技	6.39	有色金属	江苏	2011-01-18	002540.SZ
2253	齐峰新材	6.38	造纸	山东	2010-12-10	002521.SZ
2254	浪潮软件	6.37	互联网	山东	1996-09-23	600756.SH
2255	九强生物	6.36	医药	北京	2014-10-30	300406.SZ
2256	江阴银行	6.36	金融	江苏	2016-09-02	002807.SZ
2257	世运电路	6.35	电子	广东	2017-04-26	603920.SH
2258	众安在线	6.35	金融	上海	2017-09-28	6060.HK
2259	千红制药	6.34	医药	江苏	2011-02-18	002550.SZ
2260	西安饮食	6.34	餐饮	陕西	1997-04-30	000721.SZ
2261	金禾实业	6.34	化工	安徽	2011-07-07	002597.SZ
2262	天宇股份	6.33	医药	浙江	2017-09-19	300702.SZ
2263	华电重工	6.30	建筑	北京	2014-12-11	601226.SH
2264	中信大锰	6.30	有色金属	广西	2010-11-18	1091.HK
2265	冠农股份	6.30	农业	新疆	2003-06-09	600251.SH
2266	登海种业	6.29	农业	山东	2005-04-18	002041.SZ
2267	新媒股份	6.29	媒体	广东	2019-04-19	300770.SZ
2268	华纺股份	6.29	纺织品	山东	2001-09-03	600448.SH
2269	齐鲁高速	6.29	运输	山东	2018-07-19	1576.HK
2270	一品红	6.29	医药	广东	2017-11-16	300723.SZ
2271	常山药业	6.28	医药	河北	2011-08-19	300255.SZ
2272	重庆水务	6.28	公用	重庆	2010-03-29	601158.SH
2273	吉林森工	6.28	饮料	吉林	1998-10-07	600189.SH
2274	德尔股份	6.27	汽车	辽宁	2015-06-12	300473.SZ
2275	舒泰神	6.26	医药	北京	2011-04-15	300204.SZ
2276	西藏天路	6.25	建筑	西藏	2001-01-16	600326.SH
2277	拓斯达	6.25	装备	广东	2017-02-09	300607.SZ

续表

序号	证券简称	品牌价值(亿元)	行业	地区	上市日期	证券代码
2278	科锐国际	6.24	商业服务	北京	2017-06-08	300662.SZ
2279	华茂股份	6.24	纺织品	安徽	1998-10-07	000850.SZ
2280	安泰科技	6.22	有色金属	北京	2000-05-29	000969.SZ
2281	艾华集团	6.22	电子	湖南	2015-05-15	603989.SH
2282	伟业控股	6.21	房地产	广东	2016-04-06	1570.HK
2283	丰乐种业	6.21	农业	安徽	1997-04-22	000713.SZ
2284	畅联股份	6.20	运输	上海	2017-09-13	603648.SH
2285	百大集团	6.20	零售	浙江	1994-08-09	600865.SH
2286	佳士科技	6.19	装备	广东	2011-03-22	300193.SZ
2287	四方科技	6.18	装备	江苏	2016-05-19	603339.SH
2288	中国黄金国际	6.18	有色金属	香港	2010-12-01	2099.HK
2289	金固股份	6.18	汽车	浙江	2010-10-21	002488.SZ
2290	天药股份	6.16	医药	天津	2001-06-18	600488.SH
2291	顺灏股份	6.15	包装	上海	2011-03-18	002565.SZ
2292	远光软件	6.14	互联网	广东	2006-08-23	002063.SZ
2293	新明中国	6.13	房地产	浙江	2015-07-06	2699.HK
2294	全筑股份	6.13	建筑	上海	2015-03-20	603030.SH
2295	通用股份	6.12	汽车	江苏	2016-09-19	601500.SH
2296	恒华科技	6.12	互联网	北京	2014-01-23	300365.SZ
2297	太辰光	6.11	通信	广东	2016-12-06	300570.SZ
2298	氯碱化工	6.10	化工	上海	1992-11-13	600618.SH
2299	乐凯胶片	6.08	日用	河北	1998-01-22	600135.SH
2300	北大医药	6.08	医药	重庆	1997-06-16	000788.SZ
2301	新易盛	6.08	通信	四川	2016-03-03	300502.SZ
2302	华昌化工	6.04	化工	江苏	2008-09-25	002274.SZ
2303	上海复旦	6.04	电子	上海	2000-08-04	1385.HK
2304	中国海诚	6.02	建筑	上海	2007-02-15	002116.SZ
2305	中亚股份	6.02	装备	浙江	2016-05-26	300512.SZ
2306	东信和平	6.02	电子	广东	2004-07-13	002017.SZ
2307	中旗股份	6.01	化工	江苏	2016-12-20	300575.SZ
2308	旷达科技	6.01	纺织品	江苏	2010-12-07	002516.SZ
2309	金斯瑞生物科技	6.01	医药	江苏	2015-12-30	1548.HK

续表

序号	证 券 简 称	品牌价值(亿元)	行业	地区	上市日期	证券代码
2310	百川能源	6.00	公用	湖北	1993-10-18	600681.SH
2311	万顺新材	5.99	包装	广东	2010-02-26	300057.SZ
2312	飞龙股份	5.99	汽车	河南	2011-01-11	002536.SZ
2313	金河生物	5.99	医药	内蒙古	2012-07-13	002688.SZ
2314	上机数控	5.99	装备	江苏	2018-12-28	603185.SH
2315	亚太股份	5.98	汽车	浙江	2009-08-28	002284.SZ
2316	京东方精电	5.97	电子	香港	1991-07-01	0710.HK
2317	南京证券	5.97	金融	江苏	2018-06-13	601990.SH
2318	保隆科技	5.96	汽车	上海	2017-05-19	603197.SH
2319	信隆健康	5.96	日用	广东	2007-01-12	002105.SZ
2320	茶花股份	5.94	日用	福建	2017-02-13	603615.SH
2321	火炬电子	5.94	电子	福建	2015-01-26	603678.SH
2322	ST 慧业	5.94	装备	江苏	1997-08-18	000816.SZ
2323	波导股份	5.94	通信	浙江	2000-07-06	600130.SH
2324	帝尔激光	5.94	装备	湖北	2019-05-17	300776.SZ
2325	东音股份	5.93	装备	浙江	2016-04-15	002793.SZ
2326	中体产业	5.93	房地产	天津	1998-03-27	600158.SH
2327	正业国际	5.92	包装	广东	2011-06-03	3363.HK
2328	永艺股份	5.92	家居	浙江	2015-01-23	603600.SH
2329	福成股份	5.92	农业	河北	2004-07-13	600965.SH
2330	亲亲食品	5.90	食品	福建	2016-07-08	1583.HK
2331	今飞凯达	5.90	汽车	浙江	2017-04-18	002863.SZ
2332	勘设股份	5.90	商业服务	贵州	2017-08-09	603458.SH
2333	亚玛顿	5.90	装备	江苏	2011-10-13	002623.SZ
2334	迪普科技	5.89	通信	浙江	2019-04-12	300768.SZ
2335	东软载波	5.89	电子	山东	2011-02-22	300183.SZ
2336	派生科技	5.89	汽车	广东	2011-02-15	300176.SZ
2337	华众车载	5.87	汽车	浙江	2012-01-12	6830.HK
2338	宁波海运	5.87	运输	浙江	1997-04-23	600798.SH
2339	航发控制	5.86	装备	江苏	1997-06-26	000738.SZ
2340	德尔未来	5.86	家居	江苏	2011-11-11	002631.SZ
2341	新泉股份	5.86	汽车	江苏	2017-03-17	603179.SH

续表

序号	证券简称	品牌价值(亿元)	行业	地区	上市日期	证券代码
2342	嘉诚国际	5.86	运输	广东	2017-08-08	603535.SH
2343	博腾股份	5.84	医药	重庆	2014-01-29	300363.SZ
2344	国创高新	5.84	房地产	湖北	2010-03-23	002377.SZ
2345	利民股份	5.84	化工	江苏	2015-01-27	002734.SZ
2346	继峰股份	5.83	汽车	浙江	2015-03-02	603997.SH
2347	银之杰	5.83	互联网	广东	2010-05-26	300085.SZ
2348	金洲管道	5.82	钢铁	浙江	2010-07-06	002443.SZ
2349	ST 远程	5.82	装备	江苏	2012-08-08	002692.SZ
2350	新天科技	5.82	装备	河南	2011-08-31	300259.SZ
2351	东瑞制药	5.82	医药	江苏	2003-07-11	2348.HK
2352	宁波中百	5.81	零售	浙江	1994-04-25	600857.SH
2353	大元泵业	5.80	装备	浙江	2017-07-11	603757.SH
2354	日月股份	5.80	装备	浙江	2016-12-28	603218.SH
2355	掌阅科技	5.80	媒体	北京	2017-09-21	603533.SH
2356	哈森股份	5.79	服饰	江苏	2016-06-29	603958.SH
2357	青岛中程	5.76	装备	山东	2011-04-26	300208.SZ
2358	思创医惠	5.76	电子	浙江	2010-04-30	300078.SZ
2359	美晨生态	5.76	建筑	山东	2011-06-29	300237.SZ
2360	博天环境	5.76	环保	北京	2017-02-17	603603.SH
2361	民和股份	5.76	农业	山东	2008-05-16	002234.SZ
2362	怡球资源	5.75	有色金属	江苏	2012-04-23	601388.SH
2363	太平洋网络	5.74	汽车	广东	2007-12-18	0543.HK
2364	大同煤业	5.72	煤炭	山西	2006-06-23	601001.SH
2365	海欣食品	5.72	食品	福建	2012-10-11	002702.SZ
2366	中科创达	5.72	互联网	北京	2015-12-10	300496.SZ
2367	金龙机电	5.71	电子	浙江	2009-12-25	300032.SZ
2368	惠生工程	5.71	石油	上海	2012-12-28	2236.HK
2369	银河电子	5.70	通信	江苏	2010-12-07	002519.SZ
2370	广誉远	5.70	医药	青海	1996-11-05	600771.SH
2371	兴业科技	5.69	服饰	福建	2012-05-07	002674.SZ
2372	炬华科技	5.68	电子	浙江	2014-01-21	300360.SZ
2373	恒银金融	5.67	电子	天津	2017-09-20	603106.SH

续表

序号	证券简称	品牌价值(亿元)	行业	地区	上市日期	证券代码
2374	永新股份	5.67	包装	安徽	2004-07-08	002014.SZ
2375	云南建投混凝土	5.67	建筑	云南	2019-10-31	1847.HK
2376	麦格米特	5.66	装备	广东	2017-03-06	002851.SZ
2377	ST 冠福	5.66	贸易	福建	2006-12-29	002102.SZ
2378	奇正藏药	5.66	医药	西藏	2009-08-28	002287.SZ
2379	中汽系统	5.66	汽车	湖北	2004-08-24	CAAS.O
2380	锐明技术	5.65	电子	广东	2019-12-17	002970.SZ
2381	奥克股份	5.65	化工	辽宁	2010-05-20	300082.SZ
2382	英科医疗	5.65	医药	山东	2017-07-21	300677.SZ
2383	元隆雅图	5.63	媒体	北京	2017-06-06	002878.SZ
2384	润欣科技	5.62	电子	上海	2015-12-10	300493.SZ
2385	汉威科技	5.61	电子	河南	2009-10-30	300007.SZ
2386	中新赛克	5.61	通信	广东	2017-11-21	002912.SZ
2387	高斯贝尔	5.60	家电	湖南	2017-02-13	002848.SZ
2388	浙江富润	5.60	贸易	浙江	1997-06-04	600070.SH
2389	妙可蓝多	5.60	食品	上海	1995-12-06	600882.SH
2390	智光电气	5.59	装备	广东	2007-09-19	002169.SZ
2391	海峡股份	5.59	运输	海南	2009-12-16	002320.SZ
2392	盛和资源	5.59	有色金属	四川	2003-05-29	600392.SH
2393	汉商集团	5.57	零售	湖北	1996-11-08	600774.SH
2394	凯文教育	5.56	教育	北京	2012-03-09	002659.SZ
2395	达安基因	5.55	医药	广东	2004-08-09	002030.SZ
2396	证通电子	5.55	电子	广东	2007-12-18	002197.SZ
2397	智莱科技	5.55	电子	广东	2019-04-22	300771.SZ
2398	珠海控股投资	5.54	公用	香港	1998-05-26	0908.HK
2399	威派格	5.52	装备	上海	2019-02-22	603956.SH
2400	雪榕生物	5.52	农业	上海	2016-05-04	300511.SZ
2401	久其软件	5.52	互联网	北京	2009-08-11	002279.SZ
2402	富瑞特装	5.52	装备	江苏	2011-06-08	300228.SZ
2403	中国光大绿色环保	5.51	公用	香港	2017-05-08	1257.HK
2404	锦龙股份	5.51	金融	广东	1997-04-15	000712.SZ
2405	光宇国际集团科技	5.51	装备	香港	1999-11-17	1043.HK

续表

序号	证券简称	品牌价值(亿元)	行业	地区	上市日期	证券代码
2406	罗博特科	5.51	装备	江苏	2019-01-08	300757.SZ
2407	圣济堂	5.50	化工	贵州	2000-02-21	600227.SH
2408	浪潮国际	5.50	互联网	香港	2004-04-29	0596.HK
2409	中国白银集团	5.49	有色金属	广东	2012-12-28	0815.HK
2410	中集天达	5.49	装备	四川	2002-09-30	0445.HK
2411	开立医疗	5.48	医药	广东	2017-04-06	300633.SZ
2412	新时达	5.47	装备	上海	2010-12-24	002527.SZ
2413	冀东装备	5.47	装备	河北	1998-08-13	000856.SZ
2414	瑞诚中国传媒	5.47	媒体	北京	2019-11-12	1640.HK
2415	万邦达	5.47	环保	北京	2010-02-26	300055.SZ
2416	联众	5.47	休闲	北京	2014-06-30	6899.HK
2417	中国绿色农业	5.46	化工	陕西	2009-03-09	CGA.N
2418	创源文化	5.46	日用	浙江	2017-09-19	300703.SZ
2419	瑞丰光电	5.46	电子	广东	2011-07-12	300241.SZ
2420	亚太卫星	5.46	装备	香港	1996-12-18	1045.HK
2421	CAPITALAND RETAIL CHINA TRUST	5.45	金融	上海	2006-12-08	AU8U.SG
2422	杉杉品牌	5.45	服饰	浙江	2018-06-27	1749.HK
2423	依利安达	5.44	电子	香港	1994-11-03	E16.SG
2424	英维克	5.44	装备	广东	2016-12-29	002837.SZ
2425	东易日盛	5.43	建筑	北京	2014-02-19	002713.SZ
2426	新城悦服务	5.43	房地产	上海	2018-11-06	1755.HK
2427	漳泽电力	5.43	公用	山西	1997-06-09	000767.SZ
2428	东土科技	5.42	通信	北京	2012-09-27	300353.SZ
2429	富岭环球	5.42	日用	浙江	2015-11-04	FORK.O
2430	山东矿机	5.42	装备	山东	2010-12-17	002526.SZ
2431	国新能源	5.41	公用	山西	1992-10-13	600617.SH
2432	延长化建	5.41	建筑	陕西	2000-06-22	600248.SH
2433	海峡石油化工	5.41	石油	香港	2009-01-12	0852.HK
2434	深桑达 A	5.41	贸易	广东	1993-10-28	000032.SZ
2435	中关村	5.41	医药	北京	1999-07-12	000931.SZ
2436	寒锐钴业	5.41	有色金属	江苏	2017-03-06	300618.SZ

续表

序号	证券简称	品牌价值(亿元)	行业	地区	上市日期	证券代码
2437	中衡设计	5.40	商业服务	江苏	2014-12-31	603017.SH
2438	金马能源	5.38	煤炭	河南	2017-10-10	6885.HK
2439	渤海汽车	5.37	汽车	山东	2004-04-07	600960.SH
2440	绿色动力	5.37	环保	广东	2018-06-11	601330.SH
2441	华营建筑	5.37	建筑	香港	2019-10-16	1582.HK
2442	柯力传感	5.36	装备	浙江	2019-08-06	603662.SH
2443	国城矿业	5.36	有色金属	重庆	1997-01-20	000688.SZ
2444	超图软件	5.36	互联网	北京	2009-12-25	300036.SZ
2445	新澳股份	5.35	纺织品	浙江	2014-12-31	603889.SH
2446	烽火电子	5.34	通信	陕西	1994-05-09	000561.SZ
2447	赞宇科技	5.34	化工	浙江	2011-11-25	002637.SZ
2448	中信海直	5.33	运输	广东	2000-07-31	000099.SZ
2449	华微电子	5.32	电子	吉林	2001-03-16	600360.SH
2450	宁夏建材	5.32	建筑	宁夏	2003-08-29	600449.SH
2451	超盈国际控股	5.32	纺织品	广东	2014-05-23	2111.HK
2452	三川智慧	5.31	装备	江西	2010-03-26	300066.SZ
2453	瑞立集团	5.31	汽车	浙江	2006-04-18	SORL.O
2454	洪都航空	5.31	装备	江西	2000-12-15	600316.SH
2455	南兴股份	5.31	装备	广东	2015-05-27	002757.SZ
2456	明辉国际	5.29	商业服务	广东	2007-11-02	3828.HK
2457	金牌厨柜	5.29	家居	福建	2017-05-12	603180.SH
2458	苍南仪表	5.29	电子	浙江	2019-01-04	1743.HK
2459	桂东电力	5.29	公用	广西	2001-02-28	600310.SH
2460	ST 安泰	5.29	煤炭	山西	2003-02-12	600408.SH
2461	宏大爆破	5.28	化工	广东	2012-06-12	002683.SZ
2462	奇信股份	5.28	建筑	广东	2015-12-22	002781.SZ
2463	灵康药业	5.27	医药	西藏	2015-05-28	603669.SH
2464	瑞普生物	5.26	医药	天津	2010-09-17	300119.SZ
2465	锦富技术	5.25	电子	江苏	2010-10-13	300128.SZ
2466	人瑞人才	5.24	商业服务	四川	2019-12-13	6919.HK
2467	金诚信	5.24	有色金属	北京	2015-06-30	603979.SH
2468	黑猫股份	5.22	化工	江西	2006-09-15	002068.SZ

续表

序号	证券简称	品牌价值(亿元)	行业	地区	上市日期	证券代码
2469	鲍斯股份	5.22	装备	浙江	2015-04-23	300441.SZ
2470	长源电力	5.22	公用	湖北	2000-03-16	000966.SZ
2471	仁东控股	5.21	商业服务	浙江	2011-12-28	002647.SZ
2472	雅本化学	5.21	化工	江苏	2011-09-06	300261.SZ
2473	蒙草生态	5.20	建筑	内蒙古	2012-09-27	300355.SZ
2474	中广天择	5.20	休闲	湖南	2017-08-11	603721.SH
2475	翰宇药业	5.20	医药	广东	2011-04-07	300199.SZ
2476	超讯通信	5.19	电信	广东	2016-07-28	603322.SH
2477	天伦燃气	5.18	公用	河南	2010-11-10	1600.HK
2478	哈工智能	5.16	装备	江苏	1995-11-28	000584.SZ
2479	宁波富达	5.16	贸易	浙江	1996-07-16	600724.SH
2480	大豪科技	5.13	电子	北京	2015-04-22	603025.SH
2481	富祥药业	5.13	医药	江西	2015-12-22	300497.SZ
2482	斯莱克	5.11	装备	江苏	2014-01-29	300382.SZ
2483	延长石油国际	5.11	石油	香港	2001-04-19	0346.HK
2484	江苏雷利	5.11	装备	江苏	2017-06-02	300660.SZ
2485	拓日新能	5.10	装备	广东	2008-02-28	002218.SZ
2486	盐田港	5.10	运输	广东	1997-07-28	000088.SZ
2487	思维列控	5.10	互联网	河南	2015-12-24	603508.SH
2488	我武生物	5.09	医药	浙江	2014-01-21	300357.SZ
2489	中国武夷	5.09	建筑	福建	1997-07-15	000797.SZ
2490	石大胜华	5.09	化工	山东	2015-05-29	603026.SH
2491	科森科技	5.08	电子	江苏	2017-02-09	603626.SH
2492	唐德影视	5.06	休闲	浙江	2015-02-17	300426.SZ
2493	海天精工	5.06	装备	浙江	2016-11-07	601882.SH
2494	联化科技	5.06	化工	浙江	2008-06-19	002250.SZ
2495	同方泰德	5.05	商业服务	香港	2011-10-27	1206.HK
2496	两面针	5.04	日用	广西	2004-01-30	600249.SH
2497	谭木匠	5.04	服饰	江苏	2009-12-29	0837.HK
2498	广电计量	5.04	商业服务	广东	2019-11-08	002967.SZ
2499	康欣新材	5.04	包装	山东	1997-05-26	600076.SH
2500	天汽模	5.03	汽车	天津	2010-11-25	002510.SZ

续表

序号	证券简称	品牌价值(亿元)	行业	地区	上市日期	证券代码
2501	多喜爱	5.03	纺织品	湖南	2015-06-10	002761.SZ
2502	露笑科技	5.02	装备	浙江	2011-09-20	002617.SZ
2503	世纪鼎利	5.02	电信	广东	2010-01-20	300050.SZ
2504	和黄中国医药科技	5.02	医药	香港	2016-03-17	HCM.O
2505	珠海港	5.01	运输	广东	1993-03-26	000507.SZ
2506	快意电梯	5.00	装备	广东	2017-03-24	002774.SZ
2507	信邦控股	5.00	汽车	广东	2017-06-28	1571.HK
2508	南微医学	5.00	医药	江苏	2019-07-22	688029.SH
2509	盛讯达	4.98	休闲	广东	2016-06-24	300518.SZ
2510	红塔证券	4.97	金融	云南	2019-07-05	601236.SH
2511	亿胜生物科技	4.97	医药	广东	2001-06-27	1061.HK
2512	坚朗五金	4.97	建筑	广东	2016-03-29	002791.SZ
2513	中油燃气	4.95	公用	香港	1993-05-28	0603.HK
2514	英威腾	4.94	装备	广东	2010-01-13	002334.SZ
2515	赤峰黄金	4.94	有色金属	内蒙古	2004-04-14	600988.SH
2516	保变电气	4.94	装备	河北	2001-02-28	600550.SH
2517	富临运业	4.93	运输	四川	2010-02-10	002357.SZ
2518	汉森制药	4.93	医药	湖南	2010-05-25	002412.SZ
2519	京西国际	4.92	汽车	香港	2003-10-10	2339.HK
2520	精艺股份	4.92	贸易	广东	2009-09-29	002295.SZ
2521	值得买	4.91	媒体	北京	2019-07-15	300785.SZ
2522	普天通信集团	4.90	通信	江西	2017-11-09	1720.HK
2523	永贵电器	4.89	装备	浙江	2012-09-20	300351.SZ
2524	华峰氨纶	4.89	化工	浙江	2006-08-23	002064.SZ
2525	良信电器	4.89	装备	上海	2014-01-21	002706.SZ
2526	星宏传媒	4.89	纺织品	山东	2012-07-12	1616.HK
2527	高德红外	4.88	电子	湖北	2010-07-16	002414.SZ
2528	赛托生物	4.88	医药	山东	2017-01-06	300583.SZ
2529	天夏智慧	4.88	互联网	广西	1996-12-16	000662.SZ
2530	宁水集团	4.87	电子	浙江	2019-01-22	603700.SH
2531	飞荣达	4.87	电子	广东	2017-01-26	300602.SZ
2532	人人网	4.87	汽车	北京	2011-05-04	RENN.N

续表

序号	证券简称	品牌价值(亿元)	行业	地区	上市日期	证券代码
2533	雪迪龙	4.86	电子	北京	2012-03-09	002658.SZ
2534	东方电热	4.86	家电	江苏	2011-05-18	300217.SZ
2535	雪人股份	4.85	装备	福建	2011-12-05	002639.SZ
2536	江海股份	4.85	电子	江苏	2010-09-29	002484.SZ
2537	江山欧派	4.85	家居	浙江	2017-02-10	603208.SH
2538	尖峰集团	4.85	建筑	浙江	1993-07-28	600668.SH
2539	移为通信	4.85	通信	上海	2017-01-11	300590.SZ
2540	中国擎天软件	4.84	互联网	江苏	2013-07-09	1297.HK
2541	迪瑞医疗	4.84	医药	吉林	2014-09-10	300396.SZ
2542	康德莱	4.83	医药	上海	2016-11-21	603987.SH
2543	乐惠国际	4.82	装备	浙江	2017-11-13	603076.SH
2544	创业慧康	4.82	互联网	浙江	2015-05-14	300451.SZ
2545	蒙娜丽莎	4.81	建筑	广东	2017-12-19	002918.SZ
2546	凤凰股份	4.80	房地产	江苏	1996-07-02	600716.SH
2547	庄园牧场	4.80	食品	甘肃	2017-10-31	002910.SZ
2548	丰山集团	4.79	化工	江苏	2018-09-17	603810.SH
2549	火岩控股	4.78	休闲	广东	2016-02-18	1909.HK
2550	航天彩虹	4.76	装备	浙江	2010-04-13	002389.SZ
2551	飞天诚信	4.76	电子	北京	2014-06-26	300386.SZ
2552	益生股份	4.76	农业	山东	2010-08-10	002458.SZ
2553	青海春天	4.75	媒体	青海	2001-05-08	600381.SH
2554	航天长峰	4.75	电子	北京	1994-04-25	600855.SH
2555	山东海化	4.75	化工	山东	1998-07-03	000822.SZ
2556	宁波韵升	4.75	有色金属	浙江	2000-10-30	600366.SH
2557	达华智能	4.75	电子	福建	2010-12-03	002512.SZ
2558	振德医疗	4.74	医药	浙江	2018-04-12	603301.SH
2559	吉华集团	4.74	化工	浙江	2017-06-15	603980.SH
2560	龙韵股份	4.74	媒体	上海	2015-03-24	603729.SH
2561	华通医药	4.72	医药	浙江	2015-05-27	002758.SZ
2562	济丰包装	4.72	包装	上海	2018-12-21	1820.HK
2563	大生农业金融	4.71	化工	上海	2005-07-13	1103.HK
2564	金陵体育	4.71	日用	江苏	2017-05-09	300651.SZ

续表

序号	证 券 简 称	品牌价值(亿元)	行业	地区	上市日期	证券代码
2565	国投中鲁	4.71	食品	北京	2004-06-22	600962.SH
2566	朗科科技	4.71	电子	广东	2010-01-08	300042.SZ
2567	原生态牧业	4.71	农业	黑龙江	2013-11-26	1431.HK
2568	金智科技	4.69	装备	江苏	2006-12-08	002090.SZ
2569	银信科技	4.68	互联网	北京	2011-06-15	300231.SZ
2570	焦作万方	4.68	有色金属	河南	1996-09-26	000612.SZ
2571	融捷健康	4.68	家电	安徽	2011-07-29	300247.SZ
2572	欧普康视	4.68	医药	安徽	2017-01-17	300595.SZ
2573	吉宏股份	4.68	包装	福建	2016-07-12	002803.SZ
2574	金晶科技	4.67	建筑	山东	2002-08-15	600586.SH
2575	启明信息	4.67	互联网	吉林	2008-05-09	002232.SZ
2576	先进数通	4.66	互联网	北京	2016-09-13	300541.SZ
2577	祥鑫科技	4.65	汽车	广东	2019-10-25	002965.SZ
2578	21 世纪教育	4.65	教育	河北	2018-05-29	1598.HK
2579	元亨燃气	4.64	石油	香港	1992-09-25	0332.HK
2580	江苏吴中	4.64	医药	江苏	1999-04-01	600200.SH
2581	春光科技	4.64	家电	浙江	2018-07-30	603657.SH
2582	海隆控股	4.64	石油	上海	2011-04-21	1623.HK
2583	鹏欣资源	4.64	贸易	上海	2003-06-26	600490.SH
2584	远大中国	4.64	建筑	辽宁	2011-05-17	2789.HK
2585	宝钛股份	4.63	有色金属	陕西	2002-04-12	600456.SH
2586	立思辰	4.63	互联网	北京	2009-10-30	300010.SZ
2587	陕国投 A	4.63	金融	陕西	1994-01-10	000563.SZ
2588	全志科技	4.63	电子	广东	2015-05-15	300458.SZ
2589	ST 抚钢	4.62	钢铁	辽宁	2000-12-29	600399.SH
2590	中海达	4.62	电子	广东	2011-02-15	300177.SZ
2591	向日葵	4.61	装备	浙江	2010-08-27	300111.SZ
2592	翼辰实业	4.61	装备	河北	2016-12-21	1596.HK
2593	博敏电子	4.61	电子	广东	2015-12-09	603936.SH
2594	亚太药业	4.61	医药	浙江	2010-03-16	002370.SZ
2595	宝新金融	4.61	房地产	香港	2010-12-15	1282.HK
2596	兴蓉环境	4.61	公用	四川	1996-05-29	000598.SZ

续表

序号	证券简称	品牌价值(亿元)	行业	地区	上市日期	证券代码
2597	西藏药业	4.59	医药	西藏	1999-07-21	600211.SH
2598	桂发祥	4.59	食品	天津	2016-11-18	002820.SZ
2599	瑞慈医疗	4.59	保健	上海	2016-10-06	1526.HK
2600	鼎捷软件	4.58	互联网	上海	2014-01-27	300378.SZ
2601	东正金融	4.57	金融	上海	2019-04-03	2718.HK
2602	弘业股份	4.57	贸易	江苏	1997-09-01	600128.SH
2603	力生制药	4.57	医药	天津	2010-04-23	002393.SZ
2604	广晟有色	4.56	有色金属	海南	2000-05-25	600259.SH
2605	精功科技	4.56	装备	浙江	2004-06-25	002006.SZ
2606	莱美药业	4.56	医药	重庆	2009-10-30	300006.SZ
2607	中装建设	4.55	建筑	广东	2016-11-29	002822.SZ
2608	比优集团	4.54	贸易	北京	2004-08-06	8053.HK
2609	科达利	4.54	装备	广东	2017-03-02	002850.SZ
2610	国光股份	4.54	化工	四川	2015-03-20	002749.SZ
2611	云南水务	4.54	公用	云南	2015-05-27	6839.HK
2612	沧州大化	4.54	化工	河北	2000-04-06	600230.SH
2613	安博教育	4.53	教育	北京	2010-08-05	AMBO.A
2614	科兴生物	4.52	医药	北京	2004-12-08	SVA.O
2615	星湖科技	4.52	食品	广东	1994-08-18	600866.SH
2616	捷荣技术	4.52	电子	广东	2017-03-21	002855.SZ
2617	辰安科技	4.51	互联网	北京	2016-07-26	300523.SZ
2618	海利得	4.51	化工	浙江	2008-01-23	002206.SZ
2619	三丰智能	4.50	装备	湖北	2011-11-15	300276.SZ
2620	二六三	4.50	电信	北京	2010-09-08	002467.SZ
2621	世纪联合控股	4.50	汽车	广东	2019-10-18	1959.HK
2622	铭普光磁	4.50	电子	广东	2017-09-29	002902.SZ
2623	五洋停车	4.50	装备	江苏	2015-02-17	300420.SZ
2624	中航三鑫	4.49	建筑	广东	2007-08-23	002163.SZ
2625	鸣志电器	4.49	装备	上海	2017-05-09	603728.SH
2626	瀚华金控	4.49	金融	重庆	2014-06-19	3903.HK
2627	五洲交通	4.49	运输	广西	2000-12-21	600368.SH
2628	城发环境	4.49	运输	河南	1999-03-19	000885.SZ

续表

序号	证券简称	品牌价值(亿元)	行业	地区	上市日期	证券代码
2629	捷昌驱动	4.48	装备	浙江	2018-09-21	603583.SH
2630	华明装备	4.48	装备	山东	2008-09-05	002270.SZ
2631	日丰股份	4.48	装备	广东	2019-05-09	002953.SZ
2632	海尔生物	4.48	医药	山东	2019-10-25	688139.SH
2633	粤传媒	4.48	媒体	广东	2007-11-16	002181.SZ
2634	先河环保	4.46	电子	河北	2010-11-05	300137.SZ
2635	大众公用	4.46	公用	上海	1993-03-04	600635.SH
2636	赛为智能	4.45	互联网	广东	2010-01-20	300044.SZ
2637	慈星股份	4.45	装备	浙江	2012-03-29	300307.SZ
2638	永升生活服务	4.44	房地产	上海	2018-12-17	1995.HK
2639	医美国际	4.44	保健	广东	2019-10-25	AIH.O
2640	常铝股份	4.44	有色金属	江苏	2007-08-21	002160.SZ
2641	泰瑞机器	4.44	装备	浙江	2017-10-31	603289.SH
2642	皖维高新	4.43	化工	安徽	1997-05-28	600063.SH
2643	弘信电子	4.43	电子	福建	2017-05-23	300657.SZ
2644	普邦股份	4.43	建筑	广东	2012-03-16	002663.SZ
2645	上海沪工	4.43	装备	上海	2016-06-07	603131.SH
2646	常熟汽饰	4.42	汽车	江苏	2017-01-05	603035.SH
2647	捷顺科技	4.42	电子	广东	2011-08-15	002609.SZ
2648	中农立华	4.41	贸易	北京	2017-11-16	603970.SH
2649	农发种业	4.40	贸易	北京	2001-01-19	600313.SH
2650	华阳国际	4.40	商业服务	广东	2019-02-26	002949.SZ
2651	科顺股份	4.39	建筑	广东	2018-01-25	300737.SZ
2652	ST 摩登	4.39	服饰	广东	2012-02-28	002656.SZ
2653	海洋王	4.38	电子	广东	2014-11-04	002724.SZ
2654	亿嘉和	4.38	装备	江苏	2018-06-12	603666.SH
2655	华津国际控股	4.37	钢铁	广东	2016-04-15	2738.HK
2656	迪森股份	4.37	环保	广东	2012-07-10	300335.SZ
2657	康尼机电	4.37	装备	江苏	2014-08-01	603111.SH
2658	梅轮电梯	4.37	装备	浙江	2017-09-15	603321.SH
2659	高伟达	4.36	互联网	北京	2015-05-28	300465.SZ
2660	东方铁塔	4.36	建筑	山东	2011-02-11	002545.SZ

续表

序号	证券简称	品牌价值(亿元)	行业	地区	上市日期	证券代码
2661	龙江交通	4.36	运输	黑龙江	2010-03-19	601188.SH
2662	交银国际	4.35	金融	香港	2017-05-19	3329.HK
2663	合纵科技	4.35	装备	北京	2015-06-10	300477.SZ
2664	中源协和	4.35	医药	天津	1993-05-04	600645.SH
2665	亚世光电	4.34	电子	辽宁	2019-03-28	002952.SZ
2666	塞力斯	4.34	医药	湖北	2016-10-31	603716.SH
2667	飞扬集团	4.33	商业服务	浙江	2019-06-28	1901.HK
2668	博士眼镜	4.33	零售	广东	2017-03-15	300622.SZ
2669	禾望电气	4.33	装备	广东	2017-07-28	603063.SH
2670	康宁医院	4.32	保健	浙江	2015-11-20	2120.HK
2671	青山纸业	4.32	造纸	福建	1997-07-03	600103.SH
2672	拓尔思	4.32	互联网	北京	2011-06-15	300229.SZ
2673	精锻科技	4.31	汽车	江苏	2011-08-26	300258.SZ
2674	绿新亲水胶体	4.30	农业	福建	2019-10-17	1084.HK
2675	中光学	4.30	电子	河南	2007-12-03	002189.SZ
2676	金财互联	4.30	互联网	江苏	2010-12-31	002530.SZ
2677	金能科技	4.29	煤炭	山东	2017-05-11	603113.SH
2678	数字政通	4.29	互联网	北京	2010-04-27	300075.SZ
2679	保利联合	4.28	化工	贵州	2004-09-08	002037.SZ
2680	华仁药业	4.28	医药	山东	2010-08-25	300110.SZ
2681	和佳医疗	4.28	医药	广东	2011-10-26	300273.SZ
2682	润都股份	4.28	医药	广东	2018-01-05	002923.SZ
2683	远大住工	4.28	建筑	湖南	2019-11-06	2163.HK
2684	沃森生物	4.27	医药	云南	2010-11-12	300142.SZ
2685	三棵树	4.27	化工	福建	2016-06-03	603737.SH
2686	腾达建设	4.26	建筑	浙江	2002-12-26	600512.SH
2687	天准科技	4.25	装备	江苏	2019-07-22	688003.SH
2688	长方集团	4.25	电子	广东	2012-03-21	300301.SZ
2689	三湘印象	4.24	房地产	上海	1997-09-25	000863.SZ
2690	双杰电气	4.24	装备	北京	2015-04-23	300444.SZ
2691	名臣健康	4.24	日用	广东	2017-12-18	002919.SZ
2692	赛晶电力电子	4.22	电子	北京	2010-10-13	0580.HK

续表

序号	证券简称	品牌价值(亿元)	行业	地区	上市日期	证券代码
2693	金莱特	4.22	家电	广东	2014-01-29	002723.SZ
2694	长亮科技	4.22	互联网	广东	2012-08-17	300348.SZ
2695	昊华能源	4.21	煤炭	北京	2010-03-31	601101.SH
2696	精研科技	4.21	电子	江苏	2017-10-19	300709.SZ
2697	康迪车业	4.21	汽车	浙江	2008-03-18	KNDI.O
2698	瑞凌股份	4.21	装备	广东	2010-12-29	300154.SZ
2699	中原内配	4.21	汽车	河南	2010-07-16	002448.SZ
2700	重庆燃气	4.20	公用	重庆	2014-09-30	600917.SH
2701	北斗星通	4.20	装备	北京	2007-08-13	002151.SZ
2702	宏华集团	4.20	石油	四川	2008-03-07	0196.HK
2703	洁美科技	4.19	电子	浙江	2017-04-07	002859.SZ
2704	中科金财	4.19	互联网	北京	2012-02-28	002657.SZ
2705	基蛋生物	4.18	医药	江苏	2017-07-17	603387.SH
2706	奥拓电子	4.18	电子	广东	2011-06-10	002587.SZ
2707	尚舜化工	4.18	化工	山东	2007-07-05	CH8.SG
2708	春秋电子	4.17	电子	江苏	2017-12-12	603890.SH
2709	东华科技	4.17	建筑	安徽	2007-07-12	002140.SZ
2710	金辰股份	4.17	装备	辽宁	2017-10-18	603396.SH
2711	华软科技	4.17	互联网	江苏	2010-07-20	002453.SZ
2712	睿能科技	4.16	电子	福建	2017-07-06	603933.SH
2713	神驰机电	4.16	汽车	重庆	2019-12-31	603109.SH
2714	司太立	4.16	医药	浙江	2016-03-09	603520.SH
2715	三六五网	4.15	媒体	江苏	2012-03-15	300295.SZ
2716	坚瑞沃能	4.15	装备	陕西	2010-09-02	300116.SZ
2717	郑州煤电	4.15	煤炭	河南	1998-01-07	600121.SH
2718	北京科锐	4.14	装备	北京	2010-02-03	002350.SZ
2719	普利特	4.13	化工	上海	2009-12-18	002324.SZ
2720	金时科技	4.13	商业服务	四川	2019-03-15	002951.SZ
2721	美吉姆	4.12	装备	辽宁	2011-09-29	002621.SZ
2722	精华制药	4.12	医药	江苏	2010-02-03	002349.SZ
2723	航锦科技	4.11	化工	辽宁	1997-10-17	000818.SZ
2724	昇兴股份	4.10	包装	福建	2015-04-22	002752.SZ

续表

序号	证券简称	品牌价值（亿元）	行业	地区	上市日期	证券代码
2725	智云股份	4.10	装备	辽宁	2010-07-28	300097.SZ
2726	华辰装备	4.09	装备	江苏	2019-12-04	300809.SZ
2727	中航电测	4.09	电子	陕西	2010-08-27	300114.SZ
2728	卓胜微	4.09	电子	江苏	2019-06-18	300782.SZ
2729	多伦科技	4.09	互联网	江苏	2016-05-03	603528.SH
2730	吉药控股	4.09	医药	吉林	2010-08-25	300108.SZ
2731	华林证券	4.08	金融	西藏	2019-01-17	002945.SZ
2732	成都燃气	4.08	公用	四川	2019-12-17	603053.SH
2733	银杏教育	4.07	教育	四川	2019-01-18	1851.HK
2734	金溢科技	4.07	电子	广东	2017-05-15	002869.SZ
2735	中视传媒	4.07	媒体	上海	1997-06-16	600088.SH
2736	上海能源	4.06	煤炭	上海	2001-08-29	600508.SH
2737	盘江股份	4.06	煤炭	贵州	2001-05-31	600395.SH
2738	八方股份	4.06	装备	江苏	2019-11-11	603489.SH
2739	泰盈科技	4.06	电信	山东	2015-12-21	CCRC.O
2740	中山公用	4.05	公用	广东	1997-01-23	000685.SZ
2741	山西路桥	4.05	运输	山西	1997-06-27	000755.SZ
2742	蜡笔小新食品	4.04	食品	福建	2011-12-09	1262.HK
2743	交建股份	4.04	建筑	安徽	2019-10-21	603815.SH
2744	菲林格尔	4.04	家居	上海	2017-06-15	603226.SH
2745	朗新科技	4.03	互联网	江苏	2017-08-01	300682.SZ
2746	富春股份	4.03	互联网	福建	2012-03-19	300299.SZ
2747	久远银海	4.03	互联网	四川	2015-12-31	002777.SZ
2748	远东传动	4.02	汽车	河南	2010-05-18	002406.SZ
2749	德力股份	4.02	日用	安徽	2011-04-12	002571.SZ
2750	华脉科技	4.02	通信	江苏	2017-06-02	603042.SH
2751	新晨动力	4.02	汽车	四川	2013-03-13	1148.HK
2752	濮耐股份	4.01	建筑	河南	2008-04-25	002225.SZ
2753	四季教育	4.01	教育	上海	2017-11-08	FEDU.N
2754	设研院	4.00	商业服务	河南	2017-12-12	300732.SZ
2755	新研股份	3.99	装备	新疆	2011-01-07	300159.SZ
2756	复旦复华	3.99	医药	上海	1993-01-05	600624.SH

续表

序号	证券简称	品牌价值(亿元)	行业	地区	上市日期	证券代码
2757	保龄宝	3.98	农业	山东	2009-08-28	002286.SZ
2758	航发科技	3.98	装备	四川	2001-12-12	600391.SH
2759	金达控股	3.98	纺织品	浙江	2006-12-12	0528.HK
2760	太阳能	3.98	公用	重庆	1996-02-08	000591.SZ
2761	国检集团	3.97	商业服务	北京	2016-11-09	603060.SH
2762	多维科技	3.97	商业服务	上海	2007-08-02	CZ4.SG
2763	南都物业	3.97	房地产	浙江	2018-02-01	603506.SH
2764	东睦股份	3.97	有色金属	浙江	2004-05-11	600114.SH
2765	华正新材	3.97	电子	浙江	2017-01-03	603186.SH
2766	华西股份	3.97	化工	江苏	1999-08-10	000936.SZ
2767	黄河旋风	3.97	有色金属	河南	1998-11-26	600172.SH
2768	罗牛山	3.97	农业	海南	1997-06-11	000735.SZ
2769	利通电子	3.96	电子	江苏	2018-12-24	603629.SH
2770	皖通科技	3.96	互联网	安徽	2010-01-06	002331.SZ
2771	索通发展	3.94	有色金属	山东	2017-07-18	603612.SH
2772	力合科技	3.94	电子	湖南	2019-11-06	300800.SZ
2773	中泰股份	3.94	装备	浙江	2015-03-26	300435.SZ
2774	宏达股份	3.94	有色金属	四川	2001-12-20	600331.SH
2775	中材节能	3.94	环保	天津	2014-07-31	603126.SH
2776	浩云科技	3.93	互联网	广东	2015-04-24	300448.SZ
2777	康强电子	3.93	电子	浙江	2007-03-02	002119.SZ
2778	蓝英装备	3.93	装备	辽宁	2012-03-08	300293.SZ
2779	卫光生物	3.92	医药	广东	2017-06-16	002880.SZ
2780	溢多利	3.92	医药	广东	2014-01-28	300381.SZ
2781	中智药业	3.91	医药	广东	2015-07-13	3737.HK
2782	北玻股份	3.91	装备	河南	2011-08-30	002613.SZ
2783	北方导航	3.91	装备	北京	2003-07-04	600435.SH
2784	万安科技	3.91	汽车	浙江	2011-06-10	002590.SZ
2785	爱康医疗	3.90	医药	北京	2017-12-20	1789.HK
2786	读者传媒	3.90	媒体	甘肃	2015-12-10	603999.SH
2787	数源科技	3.89	房地产	浙江	1999-05-07	000909.SZ
2788	山东章鼓	3.89	装备	山东	2011-07-07	002598.SZ

续表

序号	证 券 简 称	品牌价值(亿元)	行业	地区	上市日期	证券代码
2789	华懋科技	3.88	汽车	福建	2014-09-26	603306.SH
2790	天马科技	3.88	农业	福建	2017-01-17	603668.SH
2791	未名医药	3.88	医药	山东	2011-05-20	002581.SZ
2792	百济神州	3.88	医药	北京	2016-02-03	BGNE.O
2793	鹏翎股份	3.88	汽车	天津	2014-01-27	300375.SZ
2794	容百科技	3.87	化工	浙江	2019-07-22	688005.SH
2795	旭升股份	3.87	汽车	浙江	2017-07-10	603305.SH
2796	信雅达	3.87	互联网	浙江	2002-11-01	600571.SH
2797	积成电子	3.86	装备	山东	2010-01-22	002339.SZ
2798	白云电器	3.86	装备	广东	2016-03-22	603861.SH
2799	和美医疗	3.86	保健	北京	2015-07-07	1509.HK
2800	科信技术	3.86	通信	广东	2016-11-22	300565.SZ
2801	厚普股份	3.86	装备	四川	2015-06-11	300471.SZ
2802	昂利康	3.86	医药	浙江	2018-10-23	002940.SZ
2803	赛意信息	3.86	互联网	广东	2017-08-03	300687.SZ
2804	普利制药	3.85	医药	海南	2017-03-28	300630.SZ
2805	九鼎投资	3.85	金融	江西	1997-04-18	600053.SH
2806	杰普特	3.84	电子	广东	2019-10-31	688025.SH
2807	华荣股份	3.84	装备	上海	2017-05-24	603855.SH
2808	实丰文化	3.83	日用	广东	2017-04-11	002862.SZ
2809	中奥到家	3.83	房地产	广东	2015-11-25	1538.HK
2810	圣邦股份	3.83	电子	北京	2017-06-06	300661.SZ
2811	华鹏飞	3.83	运输	广东	2012-08-21	300350.SZ
2812	快克股份	3.82	装备	江苏	2016-11-08	603203.SH
2813	福瑞股份	3.82	医药	内蒙古	2010-01-20	300049.SZ
2814	金麒麟	3.82	汽车	山东	2017-04-06	603586.SH
2815	御银股份	3.82	电子	广东	2007-11-01	002177.SZ
2816	指南针	3.82	互联网	北京	2019-11-18	300803.SZ
2817	南威软件	3.82	互联网	福建	2014-12-30	603636.SH
2818	陕西黑猫	3.81	煤炭	陕西	2014-11-05	601015.SH
2819	宝新能源	3.81	公用	广东	1997-01-28	000690.SZ
2820	希尔威金属矿业	3.81	有色金属	北京	2009-02-17	SVM.A

续表

序号	证券简称	品牌价值(亿元)	行业	地区	上市日期	证券代码
2821	海得控制	3.81	装备	上海	2007-11-16	002184.SZ
2822	牧高笛	3.81	服饰	浙江	2017-03-07	603908.SH
2823	意华股份	3.80	电子	浙江	2017-09-07	002897.SZ
2824	通达股份	3.80	装备	河南	2011-03-03	002560.SZ
2825	泛微网络	3.80	互联网	上海	2017-01-13	603039.SH
2826	新大正	3.79	房地产	重庆	2019-12-03	002968.SZ
2827	巴安水务	3.79	环保	上海	2011-09-16	300262.SZ
2828	莱茵体育	3.79	房地产	浙江	1994-05-09	000558.SZ
2829	中源家居	3.79	家居	浙江	2018-02-08	603709.SH
2830	SHOUGANG INT'L	3.78	贸易	香港	1991-04-30	0697.HK
2831	安东油田服务	3.77	石油	北京	2007-12-14	3337.HK
2832	湖南海利	3.77	化工	湖南	1996-08-02	600731.SH
2833	非凡中国	3.76	休闲	香港	2000-04-06	8032.HK
2834	日照港裕廊	3.76	运输	山东	2019-06-19	6117.HK
2835	瑞特股份	3.76	装备	江苏	2017-01-25	300600.SZ
2836	恒泰艾普	3.76	互联网	北京	2011-01-07	300157.SZ
2837	通达电气	3.76	汽车	广东	2019-11-25	603390.SH
2838	文灿股份	3.76	汽车	广东	2018-04-26	603348.SH
2839	中电华大科技	3.75	电子	北京	1997-07-25	0085.HK
2840	锦浪科技	3.75	装备	浙江	2019-03-19	300763.SZ
2841	朗进科技	3.75	装备	山东	2019-06-21	300594.SZ
2842	海汽集团	3.75	运输	海南	2016-07-12	603069.SH
2843	君禾股份	3.75	装备	浙江	2017-07-03	603617.SH
2844	蔚蓝生物	3.75	农业	山东	2019-01-16	603739.SH
2845	苏试试验	3.74	装备	江苏	2015-01-22	300416.SZ
2846	棕榈股份	3.74	建筑	河南	2010-06-10	002431.SZ
2847	美诺华	3.74	医药	浙江	2017-04-07	603538.SH
2848	光电股份	3.74	装备	湖北	2003-11-06	600184.SH
2849	长城电工	3.73	装备	甘肃	1998-12-24	600192.SH
2850	通光线缆	3.73	装备	江苏	2011-09-16	300265.SZ
2851	科蓝软件	3.73	互联网	北京	2017-06-08	300663.SZ
2852	悦达投资	3.73	金融	江苏	1994-01-03	600805.SH

续表

序号	证券简称	品牌价值(亿元)	行业	地区	上市日期	证券代码
2853	纵横通信	3.73	电信	浙江	2017-08-10	603602.SH
2854	依米康	3.72	环保	四川	2011-08-03	300249.SZ
2855	欣龙控股	3.72	纺织品	海南	1999-12-09	000955.SZ
2856	光明沃得	3.72	装备	江苏	2006-04-27	B49.SG
2857	中国地利	3.71	房地产	北京	2008-10-22	1387.HK
2858	益华控股	3.71	零售	广东	2013-12-11	2213.HK
2859	北方股份	3.71	装备	内蒙古	2000-06-30	600262.SH
2860	中国绿宝	3.71	农业	福建	2015-06-18	6183.HK
2861	英利国际置业	3.71	房地产	重庆	2003-07-28	5DM.SG
2862	鸿远电子	3.71	电子	北京	2019-05-15	603267.SH
2863	德艺文创	3.70	日用	福建	2017-04-17	300640.SZ
2864	合众思壮	3.70	装备	北京	2010-04-02	002383.SZ
2865	中微公司	3.70	电子	上海	2019-07-22	688012.SH
2866	中国织材控股	3.69	纺织品	江西	2011-12-22	3778.HK
2867	冠豪高新	3.69	造纸	广东	2003-06-19	600433.SH
2868	众源新材	3.69	有色金属	安徽	2017-09-07	603527.SH
2869	四川双马	3.68	建筑	四川	1999-08-24	000935.SZ
2870	博骏教育	3.68	教育	四川	2018-07-31	1758.HK
2871	创意信息	3.68	互联网	四川	2014-01-27	300366.SZ
2872	新疆天业	3.68	化工	新疆	1997-06-17	600075.SH
2873	海能实业	3.67	电子	江西	2019-08-15	300787.SZ
2874	华伍股份	3.66	装备	江西	2010-07-28	300095.SZ
2875	三达膜	3.66	环保	陕西	2019-11-15	688101.SH
2876	蓝帽子	3.66	休闲	福建	2019-07-26	BHAT.O
2877	任子行	3.66	互联网	广东	2012-04-25	300311.SZ
2878	赢时胜	3.66	互联网	广东	2014-01-27	300377.SZ
2879	新集能源	3.66	煤炭	安徽	2007-12-19	601918.SH
2880	海南瑞泽	3.65	建筑	海南	2011-07-07	002596.SZ
2881	众兴菌业	3.65	农业	甘肃	2015-06-26	002772.SZ
2882	祈福生活服务	3.65	零售	广东	2016-11-08	3686.HK
2883	石化机械	3.65	石油	湖北	1998-11-26	000852.SZ
2884	飞利信	3.65	互联网	北京	2012-02-01	300287.SZ

续表

序号	证券简称	品牌价值(亿元)	行业	地区	上市日期	证券代码
2885	金活医药集团	3.64	医药	广东	2010-11-25	1110.HK
2886	恒为科技	3.63	通信	上海	2017-06-07	603496.SH
2887	上海凤凰	3.62	日用	上海	1993-10-08	600679.SH
2888	威星智能	3.62	装备	浙江	2017-02-17	002849.SZ
2889	隆利科技	3.61	电子	广东	2018-11-30	300752.SZ
2890	乾照光电	3.61	电子	福建	2010-08-12	300102.SZ
2891	鹏鹞环保	3.61	环保	江苏	2018-01-05	300664.SZ
2892	36 氪	3.61	媒体	北京	2019-11-08	KRKR.O
2893	青客	3.61	房地产	上海	2019-11-05	QK.O
2894	团车	3.61	零售	北京	2018-11-20	TC.O
2895	劲拓股份	3.60	装备	广东	2014-10-10	300400.SZ
2896	明阳电路	3.60	电子	广东	2018-02-01	300739.SZ
2897	中国建筑兴业	3.60	建筑	香港	2010-03-30	0830.HK
2898	我乐家居	3.59	家居	江苏	2017-06-16	603326.SH
2899	雷科防务	3.59	装备	江苏	2010-05-28	002413.SZ
2900	天广中茂	3.59	建筑	福建	2010-11-23	002509.SZ
2901	水发兴业能源	3.58	建筑	香港	2009-01-13	0750.HK
2902	通宝能源	3.58	公用	山西	1996-12-05	600780.SH
2903	兴源环境	3.57	环保	浙江	2011-09-27	300266.SZ
2904	新农股份	3.57	化工	浙江	2018-12-05	002942.SZ
2905	日上集团	3.57	钢铁	福建	2011-06-28	002593.SZ
2906	焦点科技	3.57	互联网	江苏	2009-12-09	002315.SZ
2907	上置集团	3.57	房地产	香港	1999-12-10	1207.HK
2908	佛燃能源	3.57	公用	广东	2017-11-22	002911.SZ
2909	山西焦化	3.57	煤炭	山西	1996-08-08	600740.SH
2910	中指控股	3.56	互联网	北京	2019-06-12	CIH.O
2911	万里马	3.56	服饰	广东	2017-01-10	300591.SZ
2912	多氟多	3.56	化工	河南	2010-05-18	002407.SZ
2913	兰太实业	3.55	化工	内蒙古	2000-12-22	600328.SH
2914	鲁信创投	3.55	装备	山东	1996-12-25	600783.SH
2915	诚益通	3.55	装备	北京	2015-03-19	300430.SZ
2916	天顺股份	3.55	运输	新疆	2016-05-30	002800.SZ

续表

序号	证券简称	品牌价值(亿元)	行业	地区	上市日期	证券代码
2917	茂化实华	3.55	化工	广东	1996-11-14	000637.SZ
2918	大业股份	3.55	钢铁	山东	2017-11-13	603278.SH
2919	长海股份	3.54	建筑	江苏	2011-03-29	300196.SZ
2920	尚乘国际	3.54	金融	香港	2019-08-05	HKIB.N
2921	德联集团	3.54	化工	广东	2012-03-27	002666.SZ
2922	洪涛股份	3.53	建筑	广东	2009-12-22	002325.SZ
2923	美尚生态	3.53	建筑	江苏	2015-12-22	300495.SZ
2924	圣阳股份	3.52	装备	山东	2011-05-06	002580.SZ
2925	触宝	3.52	互联网	上海	2018-09-28	CTK.N
2926	隆基泰和智慧能源	3.52	装备	北京	2012-01-12	1281.HK
2927	易德龙	3.52	电子	江苏	2017-06-22	603380.SH
2928	麦克奥迪	3.52	装备	福建	2012-07-26	300341.SZ
2929	南风股份	3.51	装备	广东	2009-10-30	300004.SZ
2930	广南(集团)	3.51	钢铁	香港	1994-12-09	1203.HK
2931	华银电力	3.51	公用	湖南	1996-09-05	600744.SH
2932	星光农机	3.51	装备	浙江	2015-04-27	603789.SH
2933	筑博设计	3.51	商业服务	西藏	2019-11-08	300564.SZ
2934	中环装备	3.50	环保	陕西	2010-11-12	300140.SZ
2935	中京电子	3.50	电子	广东	2011-05-06	002579.SZ
2936	吉林高速	3.50	运输	吉林	2010-03-19	601518.SH
2937	睿创微纳	3.50	电子	山东	2019-07-22	688002.SH
2938	法兰泰克	3.50	装备	江苏	2017-01-25	603966.SH
2939	福蓉科技	3.49	电子	四川	2019-05-23	603327.SH
2940	佳力图	3.49	装备	江苏	2017-11-01	603912.SH
2941	国新文化	3.49	化工	上海	1993-03-16	600636.SH
2942	莱茵生物	3.48	医药	广西	2007-09-13	002166.SZ
2943	泉峰汽车	3.48	汽车	江苏	2019-05-22	603982.SH
2944	北京控股环境集团	3.47	环保	北京	1980-04-29	0154.HK
2945	万润股份	3.47	化工	山东	2011-12-20	002643.SZ
2946	西部牧业	3.47	食品	新疆	2010-08-20	300106.SZ
2947	海伦钢琴	3.47	日用	浙江	2012-06-19	300329.SZ
2948	大有能源	3.47	煤炭	河南	2003-10-09	600403.SH

续表

序号	证券简称	品牌价值(亿元)	行业	地区	上市日期	证券代码
2949	宁波高发	3.46	汽车	浙江	2015-01-20	603788.SH
2950	聚龙股份	3.46	电子	辽宁	2011-04-15	300202.SZ
2951	盛通股份	3.45	商业服务	北京	2011-07-15	002599.SZ
2952	天舟文化	3.45	媒体	湖南	2010-12-15	300148.SZ
2953	新乡化纤	3.43	化工	河南	1999-10-21	000949.SZ
2954	立昂技术	3.43	通信	新疆	2017-01-26	300603.SZ
2955	银科控股	3.43	金融	上海	2016-04-27	YIN.O
2956	ST 锐电	3.42	装备	北京	2011-01-13	601558.SH
2957	中颖电子	3.42	电子	上海	2012-06-13	300327.SZ
2958	ST 亚邦	3.41	化工	江苏	2014-09-09	603188.SH
2959	正虹科技	3.41	农业	湖南	1997-03-18	000702.SZ
2960	金鹰股份	3.41	纺织品	浙江	2000-06-02	600232.SH
2961	古兜控股	3.41	酒店	广东	2016-12-09	8308.HK
2962	恒星科技	3.41	钢铁	河南	2007-04-27	002132.SZ
2963	瀚川智能	3.40	装备	江苏	2019-07-22	688022.SH
2964	京蓝科技	3.40	商业服务	黑龙江	1997-04-11	000711.SZ
2965	恒源煤电	3.40	煤炭	安徽	2004-08-17	600971.SH
2966	中建环能	3.40	环保	四川	2015-02-16	300425.SZ
2967	中远海科	3.40	互联网	上海	2010-05-06	002401.SZ
2968	山东威达	3.39	装备	山东	2004-07-27	002026.SZ
2969	鲁亿通	3.39	装备	山东	2015-02-17	300423.SZ
2970	新疆新鑫矿业	3.38	有色金属	新疆	2007-10-12	3833.HK
2971	邦宝益智	3.38	日用	广东	2015-12-09	603398.SH
2972	益盛药业	3.38	医药	吉林	2011-03-18	002566.SZ
2973	ST 华鼎	3.38	化工	浙江	2011-05-09	601113.SH
2974	大胜达	3.37	包装	浙江	2019-07-26	603687.SH
2975	应流股份	3.37	装备	安徽	2014-01-22	603308.SH
2976	浔兴股份	3.37	服饰	福建	2006-12-22	002098.SZ
2977	国机通用	3.37	装备	安徽	2004-02-19	600444.SH
2978	中国物流资产	3.37	房地产	上海	2016-07-15	1589.HK
2979	数字认证	3.37	互联网	北京	2016-12-23	300579.SZ
2980	中昌数据	3.37	互联网	广东	2000-12-07	600242.SH

续表

序号	证券简称	品牌价值（亿元）	行业	地区	上市日期	证券代码
2981	捷捷微电	3.36	电子	江苏	2017-03-14	300623.SZ
2982	天沃科技	3.36	公用	江苏	2011-03-10	002564.SZ
2983	克来机电	3.35	装备	上海	2017-03-14	603960.SH
2984	万东医疗	3.34	医药	北京	1997-05-19	600055.SH
2985	西藏城投	3.34	房地产	西藏	1996-11-08	600773.SH
2986	佳电股份	3.34	装备	黑龙江	1999-06-18	000922.SZ
2987	恒丰纸业	3.33	造纸	黑龙江	2001-04-19	600356.SH
2988	特一药业	3.33	医药	广东	2014-07-31	002728.SZ
2989	虹软科技	3.32	互联网	浙江	2019-07-22	688088.SH
2990	慕容控股	3.31	家居	浙江	2017-01-12	1575.HK
2991	莎普爱思	3.31	医药	浙江	2014-07-02	603168.SH
2992	中潜股份	3.31	日用	广东	2016-08-02	300526.SZ
2993	兴业矿业	3.31	有色金属	内蒙古	1996-08-28	000426.SZ
2994	中国赛特	3.31	建筑	江苏	2013-11-01	0153.HK
2995	长城军工	3.30	装备	安徽	2018-08-06	601606.SH
2996	双星新材	3.29	化工	江苏	2011-06-02	002585.SZ
2997	市北高新	3.29	房地产	上海	1992-03-27	600604.SH
2998	中青宝	3.29	休闲	广东	2010-02-11	300052.SZ
2999	达意隆	3.29	装备	广东	2008-01-30	002209.SZ
3000	数据港	3.28	互联网	上海	2017-02-08	603881.SH

第3篇

2020中国上市公司品牌价值行业榜

3.1 金融行业品牌价值榜

2020 中国金融行业上市公司品牌价值榜全面统计了品牌价值不低于 3 亿元的公司，共 153 家，品牌价值总计 30 105.86 亿元。

3.1.1 2020 中国金融行业上市公司品牌价值榜分析

【行业集中度】 在 2020 中国金融行业上市公司品牌价值榜中，排在前 5 位的公司品牌价值合计 13 687 亿元，占行业榜单总计品牌价值的 45.5%；排在前 10 位的公司品牌价值合计 18 378.54 亿元，占行业榜单总计品牌价值的 61.0%；排在前 20 位的公司品牌价值合计 24 053.19 亿元，占行业榜单总计品牌价值的 79.9%。

【所在区域】 在 2020 中国金融行业上市公司品牌价值榜中，153 家公司来自 28 个地区。其中，来自北京、广东和上海的公司共计 69 家，品牌价值合计 26 157.67 亿元，占行业榜单总计品牌价值的 86.9%，处于主导地位。其他地区企业的构成情况见图 3-1 和图 3-2。

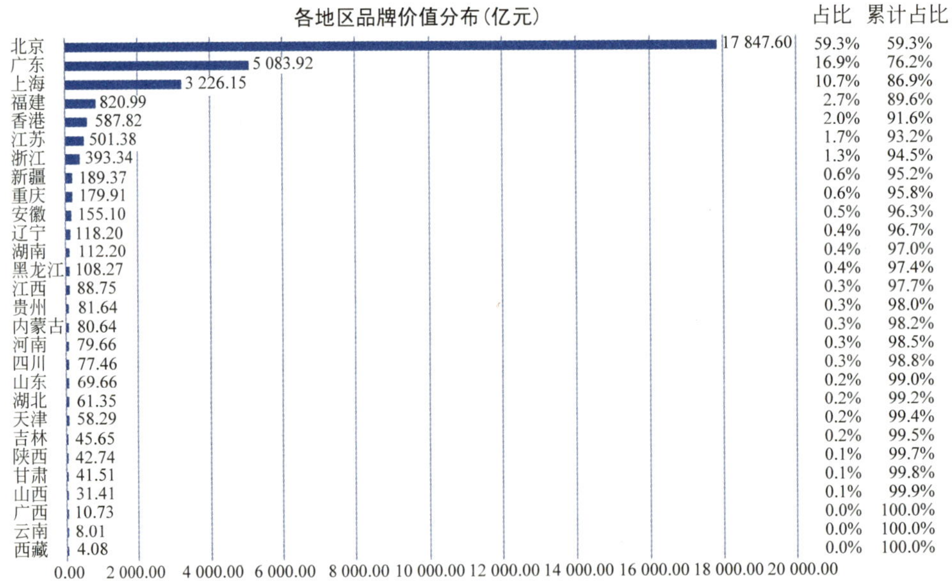

图 3-1 2020 中国金融行业上市公司品牌价值榜所在区域品牌价值分布

【上市板块】 在 2020 中国金融行业上市公司品牌价值榜中，在沪市主板上市的公司有 66 家，品牌价值合计 25 190.58 亿元，占行业榜单总计品牌价值的 83.7%，排在第一位；在港股上市的中资股公司有 41 家，品牌价值合计 3 312.25 亿元，占行业榜单总计品牌价值的 11%，排在第二位；在深市主板上市的公司有 14 家，品牌价值合计 821.21 亿元，占行业总计品牌价值的 2.7%，排在第三位。此外，在深市中小企业板上市的公司有 15 家，品牌价值合计 437.39 亿元；国外中概股上市公司有 15 家，品牌价值合计 308.64 亿元；在深

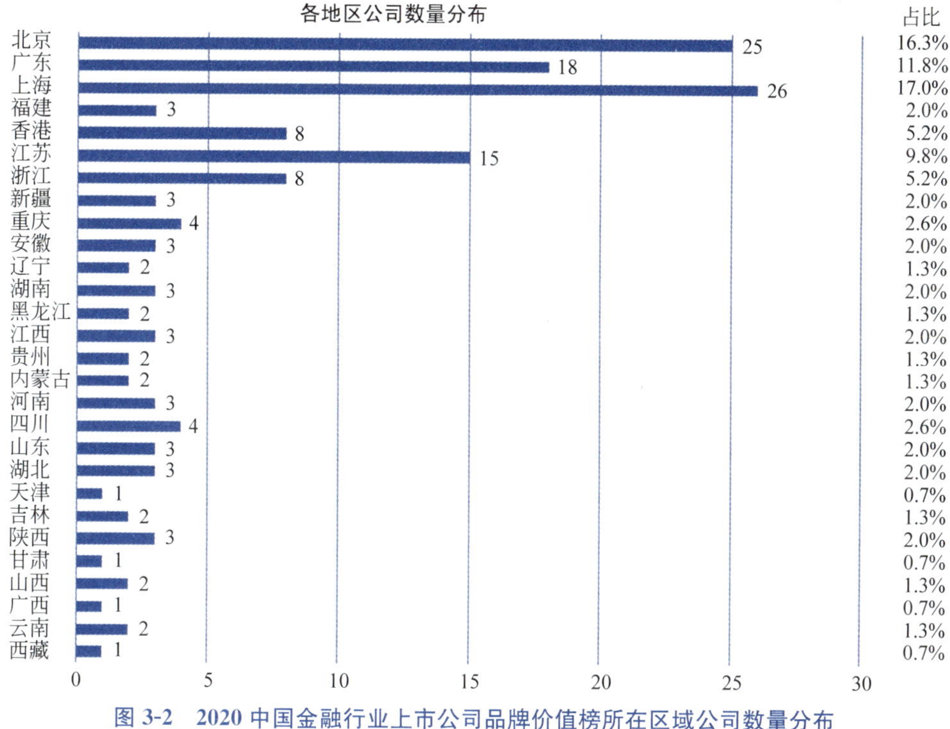

图 3-2 2020 中国金融行业上市公司品牌价值榜所在区域公司数量分布

市创业板上市的公司有 2 家，品牌价值合计 35.77 亿元。

【上市时间】 在 2020 中国金融行业上市公司品牌价值榜中，2006—2010 年上市的公司有 28 家，品牌价值合计 19 063.11 亿元，占行业榜单总计品牌价值的 63.3%，排在第一位；2016—2019 年上市的公司有 66 家，品牌价值合计 3 646.54 亿元，占行业榜单总计品牌价值的 12.1%，排在第二位；2001—2005 年上市的公司有 7 家，品牌价值合计 2 481.28 亿元，占行业榜单总计品牌价值的 8.2%，排在第三位。此外，1996—2000 年上市的公司有 19 家，品牌价值合计 2 148.4 亿元；2011—2015 年上市的公司有 24 家，品牌价值合计 1 639.04 亿元；1996 年以前上市的公司有 9 家，品牌价值合计 1 127.49 亿元。

3.1.2 2020 中国金融行业上市公司品牌价值榜单

排序	证 券 简 称	品牌价值(亿元)	所在地	上市日期	证券代码
1	工商银行	3 515.06	北京	2006-10-27	601398.SH
2	中国平安	2 933.63	广东	2007-03-01	601318.SH
3	建设银行	2 614.46	北京	2007-09-25	601939.SH
4	农业银行	2 430.38	北京	2010-07-15	601288.SH
5	中国银行	2 193.47	北京	2006-07-05	601988.SH
6	中国人寿	1 154.38	北京	2007-01-09	601628.SH

金融行业榜单

续表

排序	证券简称	品牌价值（亿元）	所在地	上市日期	证券代码
7	招商银行	1 051.07	广东	2002-04-09	600036.SH
8	中国人保	899.74	北京	2018-11-16	601319.SH
9	交通银行	843.52	上海	2007-05-15	601328.SH
10	兴业银行	742.83	福建	2007-02-05	601166.SH
11	浦发银行	734.27	上海	1999-11-10	600000.SH
12	邮储银行	731.42	北京	2019-12-10	601658.SH
13	中国财险	655.07	北京	2003-11-06	2328.HK
14	中国太保	644.07	上海	2007-12-25	601601.SH
15	民生银行	607.66	北京	2000-12-19	600016.SH
16	中信银行	600.38	北京	2007-04-27	601998.SH
17	中信股份	549.57	北京	1986-02-26	0267.HK
18	光大银行	449.66	北京	2010-08-18	601818.SH
19	平安银行	392.41	广东	1991-04-03	000001.SZ
20	中国太平	310.14	香港	2000-06-29	0966.HK
21	新华保险	280.04	北京	2011-12-16	601336.SH
22	华夏银行	269.25	北京	2003-09-12	600015.SH
23	中银香港	242.68	香港	2002-07-25	2388.HK
24	北京银行	224.05	北京	2007-09-19	601169.SH
25	中信证券	214.52	广东	2003-01-06	600030.SH
26	中国华融	193.61	北京	2015-10-30	2799.HK
27	中国再保险	191.13	北京	2015-10-26	1508.HK
28	上海银行	180.40	上海	2016-11-16	601229.SH
29	国泰君安	146.88	上海	2015-06-26	601211.SH
30	浙商银行	142.82	浙江	2019-11-26	601916.SH
31	海通证券	137.08	上海	1994-02-24	600837.SH
32	复星国际	134.59	上海	2007-07-16	0656.HK
33	江苏银行	130.15	江苏	2016-08-02	600919.SH
34	徽商银行	129.97	安徽	2013-11-12	3698.HK
35	宁波银行	127.51	浙江	2007-07-19	002142.SZ
36	南京银行	119.90	江苏	2007-07-19	601009.SH
37	渝农商行	115.16	重庆	2019-10-29	601077.SH
38	华泰证券	112.05	江苏	2010-02-26	601688.SH

续表

排序	证券简称	品牌价值（亿元）	所在地	上市日期	证券代码
39	广发证券	101.17	广东	1997-06-11	000776.SZ
40	360 金融	92.52	上海	2018-12-14	QFIN.O
41	申万宏源	85.59	新疆	2015-01-26	000166.SZ
42	国信证券	82.55	广东	2014-12-29	002736.SZ
43	广州农商银行	79.71	广东	2017-06-20	1551.HK
44	西水股份	73.95	内蒙古	2000-07-31	600291.SH
45	招商证券	68.71	广东	2009-11-17	600999.SH
46	盛京银行	68.13	辽宁	2014-12-29	2066.HK
47	远东宏信	65.52	上海	2011-03-30	3360.HK
48	哈尔滨银行	63.46	黑龙江	2014-03-31	6138.HK
49	国银租赁	61.66	广东	2016-07-11	1606.HK
50	中国银河	61.50	北京	2017-01-23	601881.SH
51	中信建投	61.08	北京	2018-06-20	601066.SH
52	天津银行	58.29	天津	2016-03-30	1578.HK
53	渤海租赁	56.37	新疆	1996-07-16	000415.SZ
54	杭州银行	54.85	浙江	2016-10-27	600926.SH
55	长沙银行	51.56	湖南	2018-09-26	601577.SH
56	贵阳银行	50.67	贵州	2016-08-16	601997.SH
57	锦州银行	50.11	辽宁	2015-12-07	0416.HK
58	中油资本	47.41	新疆	1996-10-22	000617.SZ
59	郑州银行	46.93	河南	2018-09-19	002936.SZ
60	江西银行	46.65	江西	2018-06-26	1916.HK
61	重庆银行	44.92	重庆	2013-11-06	1963.HK
62	中航资本	44.81	黑龙江	1996-05-16	600705.SH
63	趣店	43.45	福建	2017-10-18	QD.N
64	甘肃银行	41.51	甘肃	2018-01-18	2139.HK
65	中国信达	40.93	北京	2013-12-12	1359.HK
66	成都银行	40.78	四川	2018-01-31	601838.SH
67	中金公司	39.87	北京	2015-11-09	3908.HK
68	九江银行	38.26	江西	2018-07-10	6190.HK
69	东方证券	37.58	上海	2015-03-23	600958.SH
70	光大证券	35.74	上海	2009-08-18	601788.SH

续表

排序	证券简称	品牌价值（亿元）	所在地	上市日期	证券代码
71	兴业证券	34.71	福建	2010-10-13	601377.SH
72	五矿资本	33.35	湖南	2001-01-15	600390.SH
73	青岛银行	32.72	山东	2019-01-16	002948.SZ
74	嘉银金科	31.32	上海	2019-05-10	JFIN.O
75	贵州银行	30.97	贵州	2019-12-30	6199.HK
76	青农商行	29.68	山东	2019-03-26	002958.SZ
77	西安银行	27.79	陕西	2019-03-01	600928.SH
78	苏州银行	27.76	江苏	2019-08-02	002966.SZ
79	方正证券	27.28	湖南	2011-08-10	601901.SH
80	天茂集团	26.28	湖北	1996-11-12	000627.SZ
81	长江证券	26.05	湖北	1997-07-31	000783.SZ
82	中原银行	25.61	河南	2017-07-19	1216.HK
83	玖富	23.99	北京	2019-08-15	JFU.O
84	九台农商银行	23.86	吉林	2017-01-12	6122.HK
85	拉卡拉	22.35	北京	2019-04-25	300773.SZ
86	东北证券	21.79	吉林	1997-02-27	000686.SZ
87	东吴证券	21.11	江苏	2011-12-12	601555.SH
88	国投资本	21.05	上海	1997-05-19	600061.SH
89	宜人金科	20.84	北京	2015-12-18	YRD.N
90	财通证券	20.17	浙江	2017-10-24	601108.SH
91	小赢科技	19.20	广东	2018-09-19	XYF.N
92	信也科技	19.04	上海	2017-11-10	FINV.N
93	山西证券	18.12	山西	2010-11-15	002500.SZ
94	东兴证券	17.70	北京	2015-02-26	601198.SH
95	常熟银行	17.13	江苏	2016-09-30	601128.SH
96	国金证券	16.21	四川	1997-08-07	600109.SH
97	国元证券	16.15	安徽	1997-06-16	000728.SZ
98	中国宝安	16.02	广东	1991-06-25	000009.SZ
99	海通恒信	15.87	上海	2019-06-03	1905.HK
100	紫金银行	15.40	江苏	2019-01-03	601860.SH
101	西南证券	15.34	重庆	2001-01-09	600369.SH
102	浙商证券	14.32	浙江	2017-06-26	601878.SH

续表

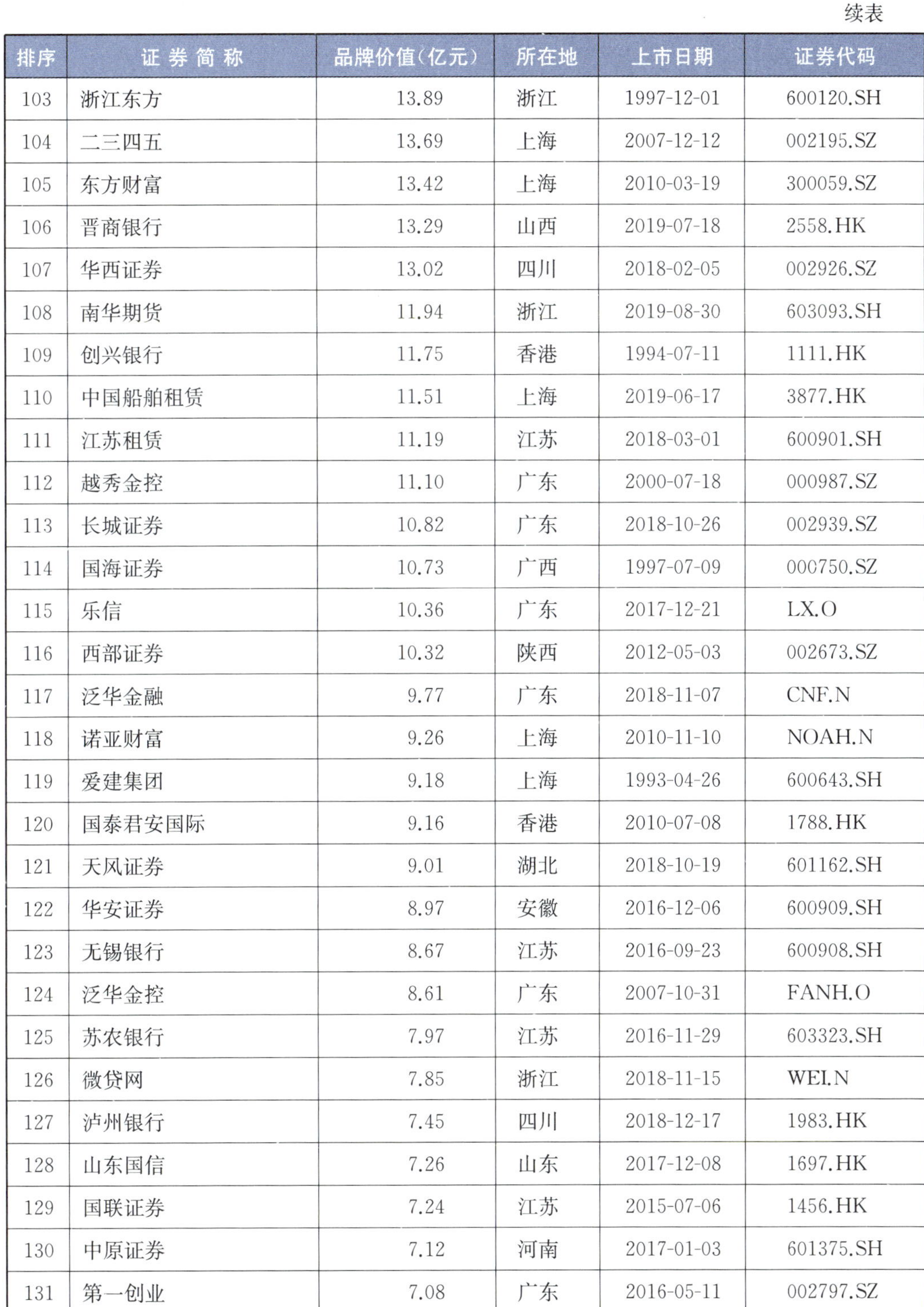

排序	证券简称	品牌价值(亿元)	所在地	上市日期	证券代码
103	浙江东方	13.89	浙江	1997-12-01	600120.SH
104	二三四五	13.69	上海	2007-12-12	002195.SZ
105	东方财富	13.42	上海	2010-03-19	300059.SZ
106	晋商银行	13.29	山西	2019-07-18	2558.HK
107	华西证券	13.02	四川	2018-02-05	002926.SZ
108	南华期货	11.94	浙江	2019-08-30	603093.SH
109	创兴银行	11.75	香港	1994-07-11	1111.HK
110	中国船舶租赁	11.51	上海	2019-06-17	3877.HK
111	江苏租赁	11.19	江苏	2018-03-01	600901.SH
112	越秀金控	11.10	广东	2000-07-18	000987.SZ
113	长城证券	10.82	广东	2018-10-26	002939.SZ
114	国海证券	10.73	广西	1997-07-09	000750.SZ
115	乐信	10.36	广东	2017-12-21	LX.O
116	西部证券	10.32	陕西	2012-05-03	002673.SZ
117	泛华金融	9.77	广东	2018-11-07	CNF.N
118	诺亚财富	9.26	上海	2010-11-10	NOAH.N
119	爱建集团	9.18	上海	1993-04-26	600643.SH
120	国泰君安国际	9.16	香港	2010-07-08	1788.HK
121	天风证券	9.01	湖北	2018-10-19	601162.SH
122	华安证券	8.97	安徽	2016-12-06	600909.SH
123	无锡银行	8.67	江苏	2016-09-23	600908.SH
124	泛华金控	8.61	广东	2007-10-31	FANH.O
125	苏农银行	7.97	江苏	2016-11-29	603323.SH
126	微贷网	7.85	浙江	2018-11-15	WEI.N
127	泸州银行	7.45	四川	2018-12-17	1983.HK
128	山东国信	7.26	山东	2017-12-08	1697.HK
129	国联证券	7.24	江苏	2015-07-06	1456.HK
130	中原证券	7.12	河南	2017-01-03	601375.SH
131	第一创业	7.08	广东	2016-05-11	002797.SZ
132	张家港行	6.75	江苏	2017-01-24	002839.SZ
133	恒投证券	6.69	内蒙古	2015-10-15	1476.HK
134	易鑫集团	6.58	上海	2017-11-16	2858.HK

续表

排序	证 券 简 称	品牌价值(亿元)	所在地	上市日期	证券代码
135	江阴银行	6.36	江苏	2016-09-02	002807.SZ
136	众安在线	6.35	上海	2017-09-28	6060.HK
137	南京证券	5.97	江苏	2018-06-13	601990.SH
138	锦龙股份	5.51	广东	1997-04-15	000712.SZ
139	CAPITALAND RETAIL CHINA TRUST	5.45	上海	2006-12-08	AU8U.SG
140	红塔证券	4.97	云南	2019-07-05	601236.SH
141	陕国投 A	4.63	陕西	1994-01-10	000563.SZ
142	东正金融	4.57	上海	2019-04-03	2718.HK
143	瀚华金控	4.49	重庆	2014-06-19	3903.HK
144	交银国际	4.35	香港	2017-05-19	3329.HK
145	华林证券	4.08	西藏	2019-01-17	002945.SZ
146	九鼎投资	3.85	江西	1997-04-18	600053.SH
147	悦达投资	3.73	江苏	1994-01-03	600805.SH
148	尚乘国际	3.54	香港	2019-08-05	HKIB.N
149	银科控股	3.43	上海	2016-04-27	YIN.O
150	中新控股	3.27	上海	2010-11-19	8207.HK
151	中国金融投资管理	3.13	香港	1993-04-07	0605.HK
152	华融投资股份	3.07	香港	2014-12-29	2277.HK
153	太平洋	3.04	云南	2007-12-28	601099.SH

3.2 零售行业品牌价值榜

2020 中国零售行业上市公司品牌价值榜全面统计了品牌价值不低于 3 亿元的公司，共 89 家，品牌价值总计 24 878.94 亿元。

3.2.1 2020 中国零售行业上市公司品牌价值榜分析

【行业集中度】 在 2020 中国零售行业上市公司品牌价值榜中，排在第 1 位的公司为阿里巴巴，品牌价值 11 782.28 亿元，占行业榜单总计品牌价值的 47.4%；排在前 3 位的公司品牌价值合计 16 138.53 亿元，占行业榜单总计品牌价值的 64.9%；排在前 10 位的公司品牌价值合计 20 607 亿元，占行业榜单总计品牌价值的 82.8%。

【所在区域】 在 2020 中国零售行业上市公司品牌价值榜中，89 家公司来自 22 个地区。其中，来自浙江和北京的公司共计22家，品牌价值合计17 581.98亿元，占行业榜单总计品牌价值的70.7%，处于主导地位。其他地区企业的构成情况见图3-3和图3-4。

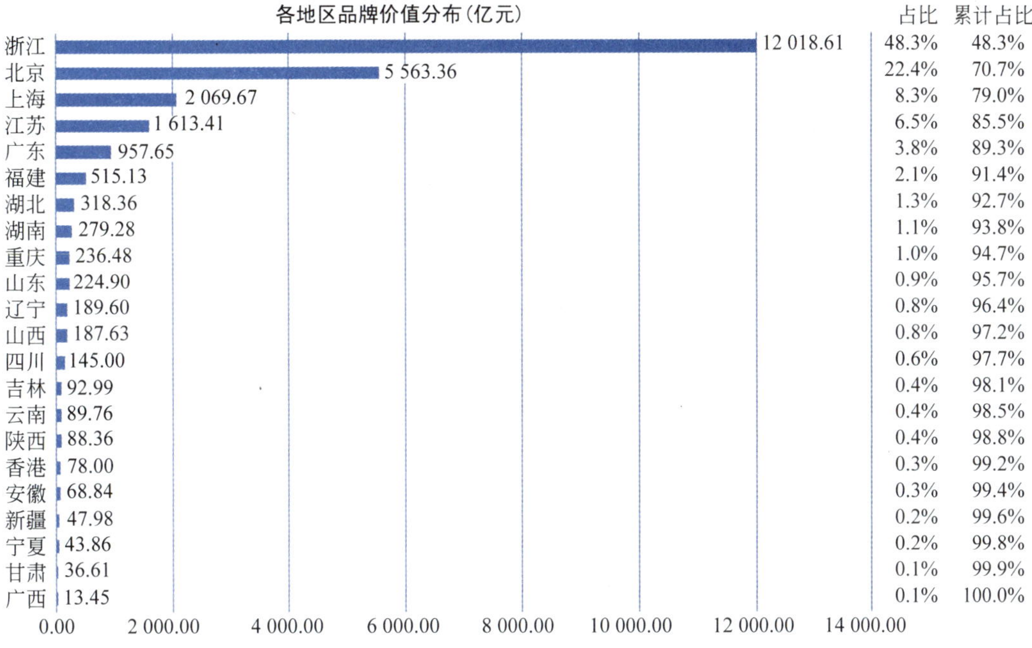

图3-3 2020中国零售行业上市公司品牌价值榜所在区域品牌价值分布

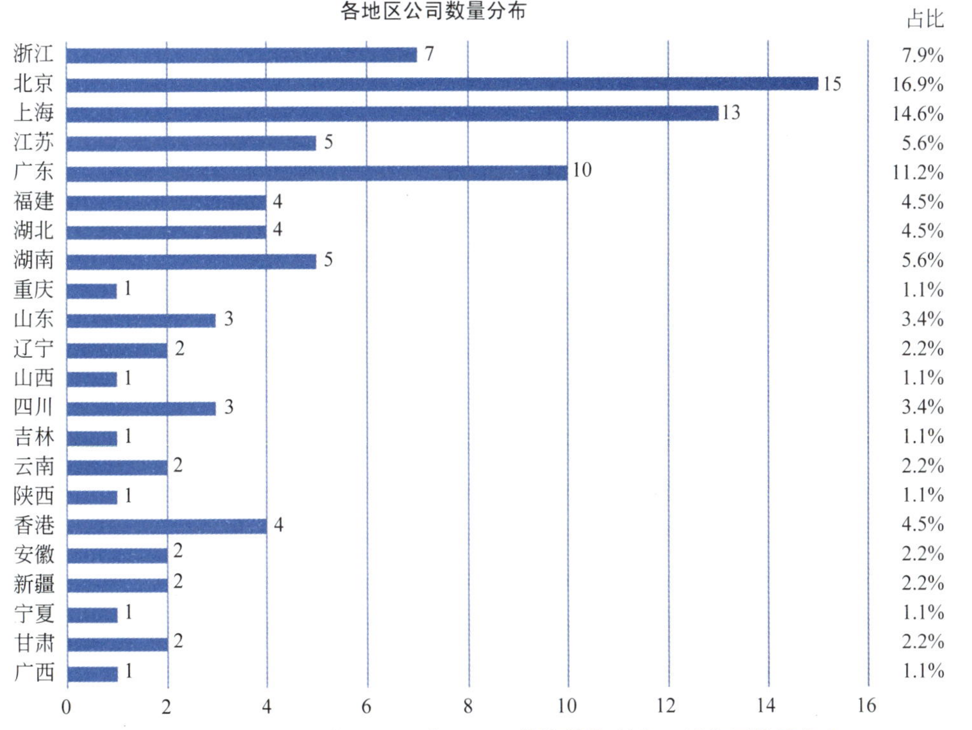

图3-4 2020中国零售行业上市公司品牌价值榜所在区域公司数量分布

【上市板块】 在2020中国零售行业上市公司品牌价值榜中，国外中概股上市公司有15家，品牌价值合计16 087.89亿元，占行业榜单总计品牌价值的64.7%，排在第一位；在沪市主板上市的公司有39家，品牌价值合计3 089.48亿元，占行业榜单总计品牌价值的12.4%，排在第二位；在港股上市的中资股公司有12家，品牌价值合计3 031.66亿元，占行业总计品牌价值的12.2%，排在第三位。此外，在深市中小企业板上市的公司有11家，品牌价值合计2 106.1亿元；在深市主板上市的公司有8家，品牌价值合计510.07亿元；在深市创业板上市的公司有4家，品牌价值合计53.74亿元。

【上市时间】 在2020中国零售行业上市公司品牌价值榜中，2011—2015年上市的公司有19家，品牌价值合计16 338.46亿元，占行业榜单总计品牌价值的65.7%，排在第一位；2016—2019年上市的公司有21家，品牌价值合计3 197.73亿元，占行业榜单总计品牌价值的12.9%，排在第二位；1996年以前上市的公司有19家，品牌价值合计1 686.44亿元，占行业榜单总计品牌价值的6.8%，排在第三位。此外，2001—2005年上市的公司有4家，品牌价值合计1 647.54亿元；2006—2010年上市的公司有11家，品牌价值合计1 273.15亿元；1996—2000年上市的公司有15家，品牌价值合计735.62亿元。

3.2.2 2020中国零售行业上市公司品牌价值榜单

排序	证券简称	品牌价值(亿元)	所在地	上市日期	证券代码
1	阿里巴巴	11 782.28	浙江	2014-09-19	BABA.N
2	京东	2 565.62	北京	2014-05-22	JD.O
3	美团点评-W	1 790.63	北京	2018-09-20	3690.HK
4	苏宁易购	1 351.50	江苏	2004-07-21	002024.SZ
5	高鑫零售	708.04	上海	2011-07-27	6808.HK
6	唯品会	629.98	广东	2012-03-23	VIPS.N
7	拼多多	604.88	上海	2018-07-26	PDD.O
8	永辉超市	451.45	福建	2010-12-15	601933.SH
9	国美零售	372.33	北京	1992-04-15	0493.HK
10	中国国旅	350.29	北京	2009-10-15	601888.SH
11	百联股份	257.52	上海	1994-02-04	600827.SH
12	重庆百货	236.48	重庆	1996-07-02	600729.SH
13	美凯龙	195.04	上海	2018-01-17	601828.SH
14	携程网	191.78	上海	2003-12-09	TCOM.O
15	跨境通	187.63	山西	2011-12-08	002640.SZ
16	大商股份	173.90	辽宁	1993-11-22	600694.SH

续表

排序	证券简称	品牌价值(亿元)	所在地	上市日期	证券代码
17	王府井	167.85	北京	1994-05-06	600859.SH
18	云集	165.08	浙江	2019-05-03	YJ.O
19	天虹股份	157.33	广东	2010-06-01	002419.SZ
20	南京新百	124.93	江苏	1993-10-18	600682.SH
21	鄂武商 A	122.41	湖北	1992-11-20	000501.SZ
22	居然之家	98.56	湖北	1997-07-11	000785.SZ
23	步步高	96.43	湖南	2008-06-19	002251.SZ
24	家家悦	96.14	山东	2016-12-13	603708.SH
25	欧亚集团	92.99	吉林	1993-12-06	600697.SH
26	中百集团	91.82	湖北	1997-05-19	000759.SZ
27	供销大集	88.36	陕西	1994-01-10	000564.SZ
28	茂业商业	82.03	四川	1994-02-24	600828.SH
29	大参林	72.27	广东	2017-07-31	603233.SH
30	首商股份	68.70	北京	1996-07-16	600723.SH
31	一心堂	67.46	云南	2014-07-02	002727.SZ
32	老百姓	65.79	湖南	2015-04-23	603883.SH
33	银座股份	65.73	山东	1994-05-06	600858.SH
34	华联综超	64.66	北京	2001-11-29	600361.SH
35	迪信通	63.75	北京	2014-07-08	6188.HK
36	利群股份	63.03	山东	2017-04-12	601366.SH
37	南极电商	60.14	江苏	2007-04-18	002127.SZ
38	合肥百货	59.59	安徽	1996-08-12	000417.SZ
39	益丰药房	52.16	湖南	2015-02-17	603939.SH
40	文峰股份	49.36	江苏	2011-06-03	601010.SH
41	红旗连锁	47.61	四川	2012-09-05	002697.SZ
42	广百股份	44.19	广东	2007-11-22	002187.SZ
43	新华百货	43.86	宁夏	1997-01-08	600785.SH
44	友阿股份	41.65	湖南	2009-07-17	002277.SZ
45	亨得利	39.60	香港	2005-09-26	3389.HK
46	新华都	36.15	福建	2008-07-31	002264.SZ
47	翠微股份	31.94	北京	2012-05-03	603123.SH
48	杭州解百	31.27	浙江	1994-01-14	600814.SH

续表

排序	证券简称	品牌价值(亿元)	所在地	上市日期	证券代码
49	云米科技	30.62	广东	2018-09-25	VIOT.O
50	友好集团	29.07	新疆	1996-12-03	600778.SH
51	寺库	28.83	北京	2017-09-22	SECO.O
52	途牛	27.48	江苏	2014-05-09	TOUR.O
53	通程控股	23.25	湖南	1996-08-16	000419.SZ
54	华致酒行	22.30	云南	2019-01-29	300755.SZ
55	优信	21.25	北京	2018-06-27	UXIN.O
56	新世界	20.47	上海	1993-01-19	600628.SH
57	东百集团	20.17	福建	1993-11-22	600693.SH
58	兰州民百	19.94	甘肃	1996-08-02	600738.SH
59	来伊份	19.61	上海	2016-10-12	603777.SH
60	中国汽车新零售	19.13	香港	1995-10-11	0526.HK
61	三江购物	18.96	浙江	2011-03-02	601116.SH
62	汇嘉时代	18.92	新疆	2016-05-06	603101.SH
63	国芳集团	16.66	甘肃	2017-09-29	601086.SH
64	徐家汇	16.01	上海	2011-03-03	002561.SZ
65	中兴商业	15.71	辽宁	1997-05-08	000715.SZ
66	吉峰科技	15.37	四川	2009-10-30	300022.SZ
67	益民集团	14.19	上海	1994-02-04	600824.SH
68	南宁百货	13.45	广西	1996-06-26	600712.SH
69	北京城乡	13.39	北京	1994-05-20	600861.SH
70	爱婴室	12.68	上海	2018-03-30	603214.SH
71	旗天科技	11.74	上海	2010-03-19	300061.SZ
72	CEC INT'L HOLD	10.48	香港	1999-11-15	0759.HK
73	华联股份	10.37	北京	1998-06-16	000882.SZ
74	兰亭集势	10.15	北京	2013-06-06	LITB.N
75	1 药网	9.96	上海	2018-09-12	YI.O
76	安德利	9.25	安徽	2016-08-22	603031.SH
77	如涵	9.01	浙江	2019-04-03	RUHN.O
78	世纪金花	8.79	香港	2000-10-23	0162.HK
79	岁宝百货	8.41	广东	2010-11-17	0312.HK
80	第一医药	7.76	上海	1994-02-24	600833.SH

续表

排序	证券简称	品牌价值(亿元)	所在地	上市日期	证券代码
81	中闽百汇	7.37	福建	2011-01-20	5SR.SG
82	百大集团	6.20	浙江	1994-08-09	600865.SH
83	宁波中百	5.81	浙江	1994-04-25	600857.SH
84	汉商集团	5.57	湖北	1996-11-08	600774.SH
85	博士眼镜	4.33	广东	2017-03-15	300622.SZ
86	益华控股	3.71	广东	2013-12-11	2213.HK
87	祈福生活服务	3.65	广东	2016-11-08	3686.HK
88	团车	3.61	北京	2018-11-20	TC.O
89	中国顺客隆	3.16	广东	2015-09-10	0974.HK

3.3 房地产行业品牌价值榜

2020 中国房地产行业上市公司品牌价值榜全面统计了品牌价值不低于 3 亿元的公司,共 194 家,品牌价值总计 19 060.1 亿元。

3.3.1 2020 中国房地产行业上市公司品牌价值榜分析

【行业集中度】 在 2020 中国房地产行业上市公司品牌价值榜中,排在前 5 位的公司品牌价值合计 6 541.44 亿元,占行业榜单总计品牌价值的 34.3%;排在前 10 位的公司品牌价值合计 9 518.79 亿元,占行业榜单总计品牌价值的 49.9%;排在前 30 位的公司品牌价值合计 13 967.57 亿元,占行业榜单总计品牌价值的 73.3%。

【所在区域】 在 2020 中国房地产行业上市公司品牌价值榜中,194 家公司来自 22 个地区。其中,来自广东、香港和上海的公司共计 101 家,品牌价值合计 14 883.2 亿元,占行业榜单总计品牌价值的 78.1%,处于主导地位。其他地区企业的构成情况见图 3-5 和图 3-6。

【上市板块】 在 2020 中国房地产行业上市公司品牌价值榜中,在港股上市的中资股公司有 82 家,品牌价值合计 10 800.88 亿元,占行业榜单总计品牌价值的 56.7%,排在第一位;在沪市主板上市的公司有 59 家,品牌价值合计 4 177.09 亿元,占行业榜单总计品牌价值的 21.9%,排在第二位;在深市主板上市的公司有 35 家,品牌价值合计 3 470.99 亿元,占行业总计品牌价值的 18.2%,排在第三位。此外,在深市中小企业板上市的公司有 12 家,品牌价值合计 410.22 亿元;国外中概股上市公司有 6 家,品牌价值合计 200.93 亿元。

【上市时间】 在 2020 中国房地产行业上市公司品牌价值榜中,2006—2010 年上市的公司有 34 家,品牌价值合计 6 774.81 亿元,占行业榜单总计品牌价值的 35.5%,排在

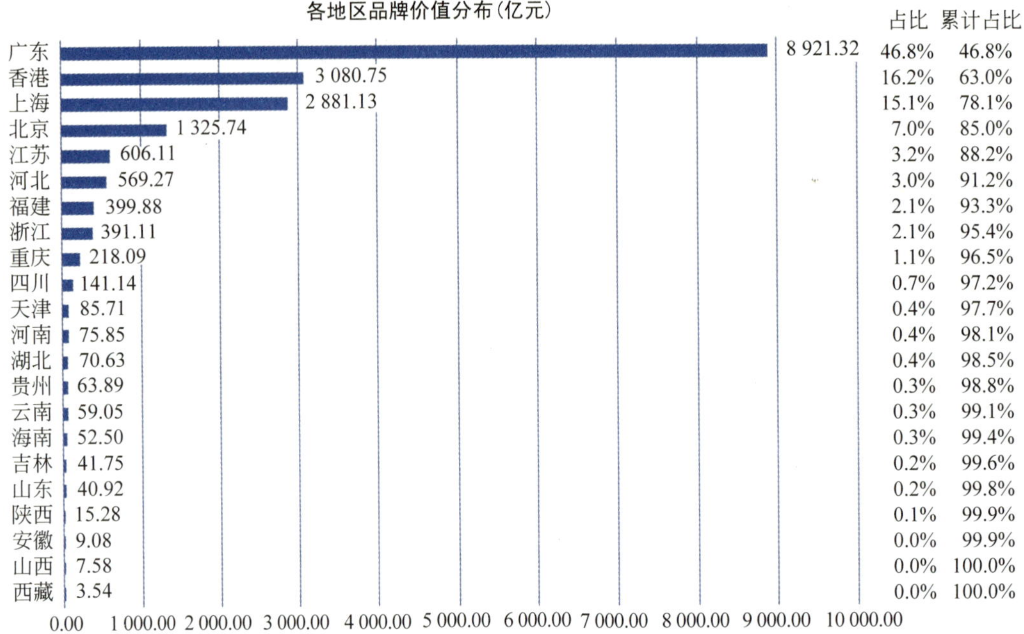

图 3-5 2020 中国房地产行业上市公司品牌价值榜所在区域品牌价值分布

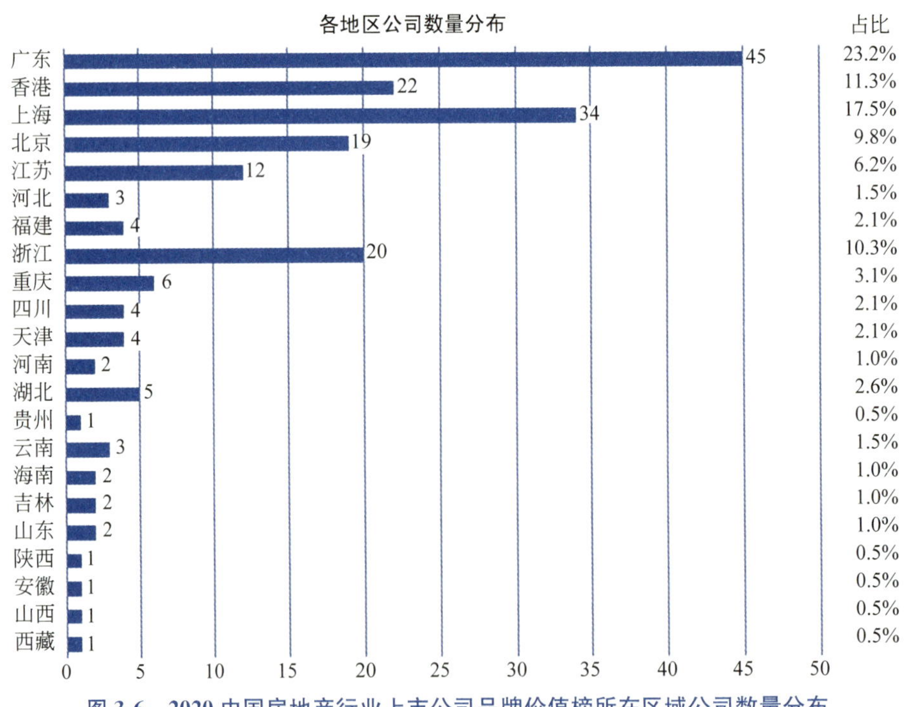

图 3-6 2020 中国房地产行业上市公司品牌价值榜所在区域公司数量分布

第一位；1996 年以前上市的公司有 42 家，品牌价值合计 4 635.48 亿元，占行业榜单总计品牌价值的 24.3%，排在第二位；1996—2000 年上市的公司有 53 家，品牌价值合计 2 948.74 亿元，占行业榜单总计品牌价值的 15.5%，排在第三位。此外，2001—

2005 年上市的公司有 21 家，品牌价值合计 1 955.66 亿元；2011—2016 年上市的公司有 18 家，品牌价值合计 1 758.95 亿元；2016—2019 年上市的公司有 26 家，品牌价值合计 986.47 亿元。

3.3.2 2020 中国房地产行业上市公司品牌价值榜单

排序	证券简称	品牌价值(亿元)	所在地	上市日期	证券代码
1	中国恒大	2 028.79	广东	2009-11-05	3333.HK
2	万科 A	1 399.56	广东	1991-01-29	000002.SZ
3	碧桂园	1 315.42	广东	2007-04-20	2007.HK
4	中国海外发展	949.43	香港	1992-08-20	0688.HK
5	保利地产	848.24	广东	2006-07-31	600048.SH
6	绿地控股	784.71	上海	1992-03-27	600606.SH
7	华润置地	750.53	香港	1996-11-08	1109.HK
8	龙湖集团	540.47	北京	2009-11-19	0960.HK
9	招商蛇口	454.52	广东	2015-12-30	001979.SZ
10	世茂房地产	447.12	香港	2006-07-05	0813.HK
11	华侨城 A	422.69	广东	1997-09-10	000069.SZ
12	富力地产	357.74	广东	2005-07-14	2777.HK
13	华夏幸福	331.50	河北	2003-12-30	600340.SH
14	雅居乐集团	323.79	广东	2005-12-15	3383.HK
15	金地集团	266.61	广东	2001-04-12	600383.SH
16	新城发展	265.68	上海	2012-11-29	1030.HK
17	新城控股	237.64	江苏	2015-12-04	601155.SH
18	荣盛发展	222.62	河北	2007-08-08	002146.SZ
19	中梁控股	218.05	上海	2019-07-16	2772.HK
20	龙光地产	214.73	广东	2013-12-20	3380.HK
21	中国金茂	209.20	香港	2007-08-17	0817.HK
22	旭辉控股集团	175.42	上海	2012-11-23	0884.HK
23	时代中国控股	167.00	广东	2013-12-11	1233.HK
24	阳光城	165.92	福建	1996-12-18	000671.SZ
25	融信中国	156.42	上海	2016-01-13	3301.HK
26	正荣地产	147.45	上海	2018-01-16	6158.HK
27	首开股份	146.25	北京	2001-03-12	600376.SH

续表

排序	证券简称	品牌价值(亿元)	所在地	上市日期	证券代码
28	美的置业	141.86	广东	2018-10-11	3990.HK
29	越秀地产	139.78	香港	1992-12-15	0123.HK
30	金科股份	138.43	重庆	1996-11-28	000656.SZ
31	中国奥园	137.71	广东	2007-10-09	3883.HK
32	仁恒置地	135.40	上海	2006-06-22	Z25.SG
33	禹洲地产	116.31	福建	2009-11-02	1628.HK
34	上海实业控股	114.15	上海	1996-05-30	0363.HK
35	蓝光发展	110.17	四川	2001-02-12	600466.SH
36	世茂股份	109.94	上海	1994-02-04	600823.SH
37	中南建设	108.39	江苏	2000-03-01	000961.SZ
38	金融街	99.15	北京	1996-06-26	000402.SZ
39	泰禾集团	97.87	福建	1997-07-04	000732.SZ
40	保利置业集团	97.14	上海	1973-08-30	0119.HK
41	佳兆业集团	96.46	广东	2009-12-09	1638.HK
42	深圳控股	88.50	广东	1997-03-07	0604.HK
43	中骏集团控股	84.72	上海	2010-02-05	1966.HK
44	华发股份	81.96	广东	2004-02-25	600325.SH
45	光明地产	78.41	上海	1996-06-06	600708.SH
46	中国海外宏洋集团	76.49	广东	1984-04-26	0081.HK
47	陆家嘴	76.05	上海	1993-06-28	600663.SH
48	滨江集团	70.46	浙江	2008-05-29	002244.SZ
49	首创置业	69.40	北京	2003-06-19	2868.HK
50	新湖中宝	67.55	浙江	1999-06-23	600208.SH
51	建业地产	67.40	河南	2008-06-06	0832.HK
52	朗诗地产	65.57	香港	1986-03-24	0106.HK
53	招商局置地	65.56	香港	1997-10-16	0978.HK
54	信达地产	63.95	北京	1993-05-24	600657.SH
55	中天金融	63.89	贵州	1994-02-02	000540.SZ
56	大悦城	62.59	广东	1993-10-08	000031.SZ
57	合生创展集团	62.12	香港	1998-05-27	0754.HK
58	广宇发展	60.58	天津	1993-12-10	000537.SZ
59	绿地香港	59.55	上海	2006-10-10	0337.HK

续表

排序	证券简称	品牌价值(亿元)	所在地	上市日期	证券代码
60	大悦城地产	56.67	香港	1973-03-06	0207.HK
61	花样年控股	56.40	广东	2009-11-25	1777.HK
62	北辰实业	54.89	北京	2006-10-16	601588.SH
63	弘阳地产	53.69	江苏	2018-07-12	1996.HK
64	北大资源	51.17	香港	1991-10-07	0618.HK
65	合景泰富集团	49.87	香港	2007-07-03	1813.HK
66	五矿地产	49.38	香港	1991-12-20	0230.HK
67	鑫苑置业	48.14	北京	2007-12-12	XIN.N
68	城建发展	46.23	北京	1999-02-03	600266.SH
69	建发国际集团	45.31	香港	2012-12-14	1908.HK
70	城投控股	43.52	上海	1993-05-18	600649.SH
71	大名城	43.52	上海	1997-07-03	600094.SH
72	德信中国	42.25	浙江	2019-02-26	2019.HK
73	景瑞控股	40.98	上海	2013-10-31	1862.HK
74	上实发展	40.98	上海	1996-09-25	600748.SH
75	泛海控股	40.57	北京	1994-09-12	000046.SZ
76	迪马股份	40.29	重庆	2002-07-23	600565.SH
77	绿景中国地产	40.20	江苏	2005-12-02	0095.HK
78	海航基础	39.72	海南	2002-08-06	600515.SH
79	当代置业	39.59	北京	2013-07-12	1107.HK
80	新华联	38.38	北京	1996-10-29	000620.SZ
81	外高桥	36.23	上海	1993-05-04	600648.SH
82	中华企业	35.83	上海	1993-09-24	600675.SH
83	福星股份	35.36	湖北	1999-06-18	000926.SZ
84	国瑞置业	35.16	北京	2014-07-07	2329.HK
85	京投发展	35.02	浙江	1993-10-25	600683.SH
86	华远地产	31.16	北京	1996-09-09	600743.SH
87	云南城投	31.13	云南	1999-12-02	600239.SH
88	华南城	30.95	香港	2009-09-30	1668.HK
89	招商积余	30.72	广东	1994-09-28	001914.SZ
90	鲁商发展	29.93	山东	2000-01-13	600223.SH
91	上实城市开发	28.88	香港	1993-09-10	0563.HK

续表

排序	证 券 简 称	品牌价值(亿元)	所在地	上市日期	证券代码
92	佳源国际控股	28.42	江苏	2016-03-08	2768.HK
93	中洲控股	28.35	广东	1994-09-21	000042.SZ
94	世联行	28.24	广东	2009-08-28	002285.SZ
95	苏州高新	28.01	江苏	1996-08-15	600736.SH
96	银城国际控股	27.42	江苏	2019-03-06	1902.HK
97	小商品城	27.30	浙江	2002-05-09	600415.SH
98	华联控股	26.36	广东	1994-06-17	000036.SZ
99	绿城服务	25.72	浙江	2016-07-12	2869.HK
100	南京高科	25.07	江苏	1997-05-06	600064.SH
101	中交地产	24.77	重庆	1997-04-25	000736.SZ
102	黑牡丹	24.34	江苏	2002-06-18	600510.SH
103	珠光控股	23.32	香港	1996-12-09	1176.HK
104	天誉置业	22.95	广东	1993-11-16	0059.HK
105	苏宁环球	22.07	吉林	1997-04-08	000718.SZ
106	香江控股	21.74	广东	1998-06-09	600162.SH
107	万业企业	21.07	上海	1993-04-07	600641.SH
108	中新集团	19.90	江苏	2019-12-20	601512.SH
109	华侨城(亚洲)	19.81	香港	2005-11-02	3366.HK
110	冠城大通	19.79	福建	1997-05-08	600067.SH
111	顺发恒业	19.68	吉林	1996-11-22	000631.SZ
112	雅生活服务	19.62	广东	2018-02-09	3319.HK
113	中国国贸	19.40	北京	1999-03-12	600007.SH
114	保利物业	17.58	广东	2019-12-19	6049.HK
115	合富辉煌	17.34	广东	2004-07-15	0733.HK
116	浦东金桥	17.07	上海	1993-03-26	600639.SH
117	大众交通	16.85	上海	1992-08-07	600611.SH
118	格力地产	16.56	广东	1999-06-11	600185.SH
119	南山控股	16.46	广东	2009-12-03	002314.SZ
120	中海物业	15.70	香港	2015-10-23	2669.HK
121	光大嘉宝	15.64	上海	1992-12-03	600622.SH
122	彩生活	15.42	广东	2014-06-30	1778.HK
123	天地源	15.28	陕西	1993-07-09	600665.SH

续表

排序	证券简称	品牌价值(亿元)	所在地	上市日期	证券代码
124	美好置业	15.19	云南	1996-12-05	000667.SZ
125	天山发展控股	15.14	河北	2010-07-15	2118.HK
126	SOHO 中国	14.85	北京	2007-10-08	0410.HK
127	宋都股份	14.60	浙江	1997-05-20	600077.SH
128	珠江实业	14.13	广东	1993-10-28	600684.SH
129	深振业 A	13.97	广东	1992-04-27	000006.SZ
130	粤泰股份	13.79	广东	2001-03-19	600393.SH
131	上海临港	13.15	上海	1994-03-24	600848.SH
132	阳光 100 中国	12.90	北京	2014-03-13	2608.HK
133	张江高科	12.86	上海	1996-04-22	600895.SH
134	海蓝控股	12.78	海南	2016-07-15	2278.HK
135	我爱我家	12.72	云南	1994-02-02	000560.SZ
136	电子城	12.33	北京	1993-05-24	600658.SH
137	广宇集团	12.30	浙江	2007-04-27	002133.SZ
138	广汇物流	12.18	四川	1992-01-13	600603.SH
139	天房发展	11.96	天津	2001-09-10	600322.SH
140	众安集团	11.80	浙江	2007-11-13	0672.HK
141	荣安地产	11.25	浙江	1993-08-06	000517.SZ
142	中电光谷	11.18	湖北	2014-03-28	0798.HK
143	卡森国际	11.12	浙江	2005-10-20	0496.HK
144	新能泰山	10.99	山东	1997-05-09	000720.SZ
145	南国置业	10.72	湖北	2009-11-06	002305.SZ
146	世荣兆业	10.43	广东	2004-07-08	002016.SZ
147	富森美	10.37	四川	2016-11-09	002818.SZ
148	深物业 A	10.33	广东	1992-03-30	000011.SZ
149	卧龙地产	10.29	浙江	1999-04-15	600173.SH
150	毅德国际	10.18	广东	2013-10-31	1396.HK
151	海宁皮城	9.91	浙江	2010-01-26	002344.SZ
152	海印股份	9.22	广东	1998-10-28	000861.SZ
153	万通地产	9.21	北京	2000-09-22	600246.SH
154	中渝置地	9.13	香港	1999-04-30	1224.HK
155	合肥城建	9.08	安徽	2008-01-28	002208.SZ

续表

排序	证 券 简 称	品牌价值(亿元)	所在地	上市日期	证券代码
156	恒盛地产	8.88	上海	2009-10-02	0845.HK
157	轻纺城	8.76	浙江	1997-02-28	600790.SH
158	恒达集团控股	8.45	河南	2018-11-12	3616.HK
159	蓝光嘉宝服务	8.43	四川	2019-10-18	2606.HK
160	栖霞建设	8.23	江苏	2002-03-28	600533.SH
161	浙江广厦	7.73	浙江	1997-04-15	600052.SH
162	辰兴发展	7.58	山西	2015-07-03	2286.HK
163	京汉股份	7.54	湖北	1996-10-16	000615.SZ
164	嘉凯城	7.27	浙江	1999-07-20	000918.SZ
165	景业名邦集团	7.25	广东	2019-12-05	2231.HK
166	天保基建	7.24	天津	2000-04-06	000965.SZ
167	财信发展	7.10	重庆	1997-06-26	000838.SZ
168	新黄浦	7.08	上海	1993-03-26	600638.SH
169	房多多	6.91	广东	2019-11-01	DUO.O
170	深赛格	6.41	广东	1996-12-26	000058.SZ
171	伟业控股	6.21	广东	2016-04-06	1570.HK
172	新明中国	6.13	浙江	2015-07-06	2699.HK
173	中体产业	5.93	天津	1998-03-27	600158.SH
174	国创高新	5.84	湖北	2010-03-23	002377.SZ
175	新城悦服务	5.43	上海	2018-11-06	1755.HK
176	凤凰股份	4.80	江苏	1996-07-02	600716.SH
177	宝新金融	4.61	香港	2010-12-15	1282.HK
178	永升生活服务	4.44	上海	2018-12-17	1995.HK
179	三湘印象	4.24	上海	1997-09-25	000863.SZ
180	南都物业	3.97	浙江	2018-02-01	603506.SH
181	数源科技	3.89	浙江	1999-05-07	000909.SZ
182	中奥到家	3.83	广东	2015-11-25	1538.HK
183	新大正	3.79	重庆	2019-12-03	002968.SZ
184	莱茵体育	3.79	浙江	1994-05-09	000558.SZ
185	中国地利	3.71	北京	2008-10-22	1387.HK
186	英利国际置业	3.71	重庆	2003-07-28	5DM.SG
187	青客	3.61	上海	2019-11-05	QK.O

续表

排序	证券简称	品牌价值(亿元)	所在地	上市日期	证券代码
188	上置集团	3.57	香港	1999-12-10	1207.HK
189	中国物流资产	3.37	上海	2016-07-15	1589.HK
190	西藏城投	3.34	西藏	1996-11-08	600773.SH
191	市北高新	3.29	上海	1992-03-27	600604.SH
192	元邦地产	3.16	广东	2007-05-09	BCD.SG
193	时代邻里	3.10	广东	2019-12-19	9928.HK
194	粤海置地	3.08	香港	1997-08-08	0124.HK

3.4 互联网行业品牌价值榜

2020中国互联网行业上市公司品牌价值榜全面统计了品牌价值不低于3亿元的公司,共140家,品牌价值总计19 003.6亿元。

3.4.1 2020中国互联网行业上市公司品牌价值榜分析

【行业集中度】 在2020中国互联网行业上市公司品牌价值榜中,排在第1位的公司为腾讯控股,品牌价值11 323.48亿元,占行业榜单总计品牌价值的59.6%;排在前3位的公司品牌价值合计16 070.89亿元,占行业榜单总计品牌价值的84.6%;排在前10位的公司品牌价值合计17 618.89亿元,占行业榜单总计品牌价值的92.7%。

【所在区域】 在2020中国互联网行业上市公司品牌价值榜中,140家公司来自18个地区。其中,来自广东、北京和浙江的公司共计88家,品牌价值合计17 878.64亿元,占行业榜单总计品牌价值的94.1%,处于主导地位。其他地区企业的构成情况见图3-7和图3-8。

【上市板块】 在2020中国互联网行业上市公司品牌价值榜中,在港股上市的中资股公司有14家,品牌价值合计11 513.73亿元,占行业榜单总计品牌价值的60.6%,排在第一位;国外中概股上市公司有15家,品牌价值合计5 737.92亿元,占行业榜单总计品牌价值的30.2%,排在第二位;在沪市主板上市的公司有24家,品牌价值合计900.09亿元,占行业总计品牌价值的4.7%,排在第三位。此外,在深市创业板上市的公司有53家,品牌价值合计407.27亿元;在深市中小企业板上市的公司有27家,品牌价值合计329.62亿元;在深市主板上市的公司有5家,品牌价值合计104.46亿元;在沪市科创板上市的公司有2家,品牌价值合计10.52亿元。

【上市时间】 在2020中国互联网行业上市公司品牌价值榜中,2001—2005年上市的公司有15家,品牌价值合计14 216亿元,占行业榜单总计品牌价值的74.8%,排在第一位;1996—2000年上市的公司有10家,品牌价值合计2 222.22亿元,占行业榜单总计

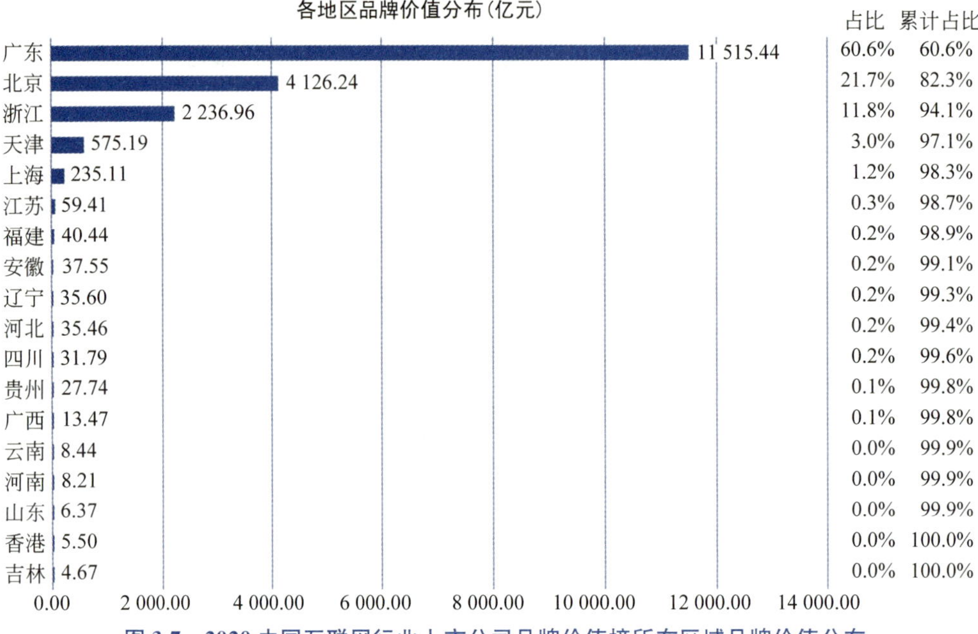

图 3-7 2020 中国互联网行业上市公司品牌价值榜所在区域品牌价值分布

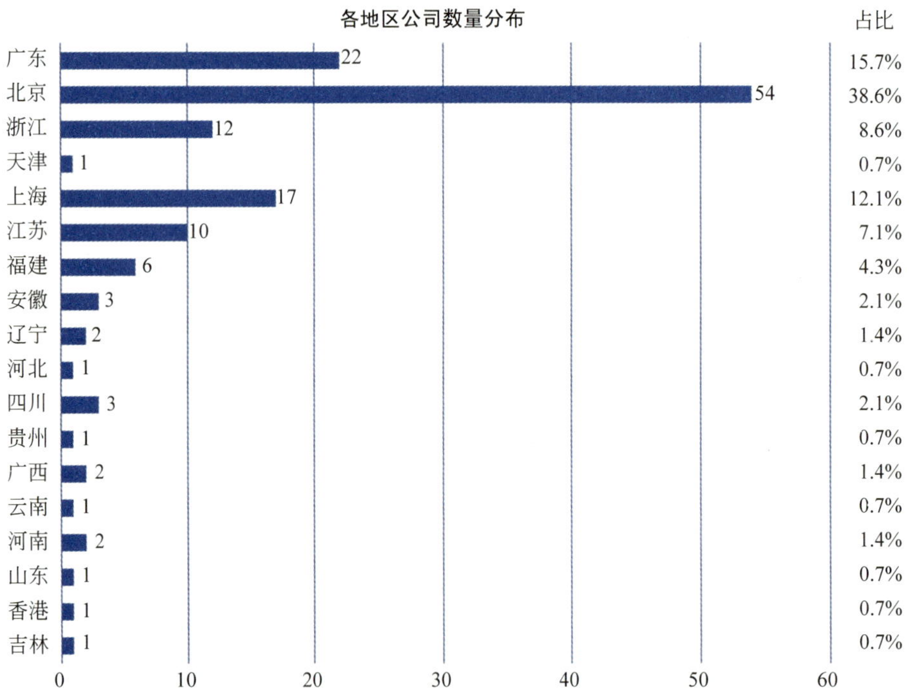

图 3-8 2020 中国互联网行业上市公司品牌价值榜所在区域公司数量分布

品牌价值的 11.7%，排在第二位；2011—2015 年上市的公司有 44 家，品牌价值合计 1 599.08 亿元，占行业榜单总计品牌价值的 8.4%，排在第三位。此外，2006—2010 年上市的公司有 39 家，品牌价值合计 498.14 亿元；2016—2019 年上市的公司有 27 家，品牌价值合计

346.11 亿元;1996 年以前上市的公司有 5 家,品牌价值合计 122.04 亿元。

3.4.2 2020 中国互联网行业上市公司品牌价值榜单

排序	证券简称	品牌价值(亿元)	所在地	上市日期	证券代码
1	腾讯控股	11 323.48	广东	2004-06-16	0700.HK
2	百度	2 664.49	北京	2005-08-05	BIDU.O
3	网易	2 082.47	浙江	2000-06-30	NTES.O
4	三六零	575.19	天津	2012-01-16	601360.SH
5	汽车之家	377.61	北京	2013-12-11	ATHM.N
6	58 同城	345.66	北京	2013-10-31	WUBA.N
7	搜狗	130.48	北京	2017-11-09	SOGO.N
8	中国民航信息网络	44.91	北京	2001-02-07	0696.HK
9	联络互动	39.15	浙江	2009-08-21	002280.SZ
10	常山北明	35.46	河北	2000-07-24	000158.SZ
11	东华软件	35.26	北京	2006-08-23	002065.SZ
12	中国软件国际	35.09	北京	2003-06-20	0354.HK
13	网宿科技	32.61	上海	2009-10-30	300017.SZ
14	用友网络	29.59	北京	2001-05-18	600588.SH
15	宝尊电商	27.96	上海	2015-05-21	BZUN.O
16	神州信息	27.93	广东	1994-04-08	000555.SZ
17	金山软件	27.76	北京	2007-10-09	3888.HK
18	高鸿股份	27.74	贵州	1998-06-09	000851.SZ
19	摩贝	27.66	上海	2019-12-30	MKD.O
20	华东电脑	27.55	上海	1994-03-24	600850.SH
21	科大讯飞	27.15	安徽	2008-05-12	002230.SZ
22	东软集团	26.73	辽宁	1996-06-18	600718.SH
23	同花顺	26.28	浙江	2009-12-25	300033.SZ
24	宝信软件	25.57	上海	1994-03-11	600845.SH
25	鹏博士	24.08	四川	1994-01-03	600804.SH
26	广博股份	23.11	浙江	2007-01-10	002103.SZ
27	新氧	22.98	北京	2019-05-02	SY.O
28	太极股份	22.88	北京	2010-03-12	002368.SZ
29	千方科技	21.89	北京	2010-03-18	002373.SZ

续表

排序	证 券 简 称	品牌价值(亿元)	所在地	上市日期	证券代码
30	石基信息	19.64	北京	2007-08-13	002153.SZ
31	恒生电子	18.68	浙江	2003-12-16	600570.SH
32	金证股份	18.54	广东	2003-12-24	600446.SH
33	中国软件	18.29	北京	2002-05-17	600536.SH
34	中科软	17.94	北京	2019-09-09	603927.SH
35	云赛智联	16.91	上海	1990-12-19	600602.SH
36	华胜天成	16.73	北京	2004-04-27	600410.SH
37	慧聪集团	16.23	北京	2003-12-17	2280.HK
38	易华录	16.04	北京	2011-05-05	300212.SZ
39	猎豹移动	15.54	北京	2014-05-08	CMCM.N
40	国联股份	15.27	北京	2019-07-30	603613.SH
41	广联达	15.24	北京	2010-05-25	002410.SZ
42	深信服	15.24	广东	2018-05-16	300454.SZ
43	佳都科技	14.47	广东	1996-07-16	600728.SH
44	数知科技	13.48	北京	2010-01-08	300038.SZ
45	顺网科技	13.33	浙江	2010-08-27	300113.SZ
46	华宇软件	13.10	北京	2011-10-26	300271.SZ
47	启明星辰	12.39	北京	2010-06-23	002439.SZ
48	浙大网新	12.28	浙江	1997-04-18	600797.SH
49	天源迪科	11.98	广东	2010-01-20	300047.SZ
50	高新兴	11.77	广东	2010-07-28	300098.SZ
51	汉得信息	11.56	上海	2011-02-01	300170.SZ
52	旋极信息	11.40	北京	2012-06-08	300324.SZ
53	世纪互联	11.29	北京	2011-04-21	VNET.O
54	汇量科技	10.47	广东	2018-12-12	1860.HK
55	万达信息	10.41	上海	2011-01-25	300168.SZ
56	东方国信	10.32	北京	2011-01-25	300166.SZ
57	博彦科技	9.68	北京	2012-01-06	002649.SZ
58	汇付天下	9.58	上海	2018-06-15	1806.HK
59	达实智能	9.32	广东	2010-06-03	002421.SZ
60	数码科技	9.29	北京	2010-04-30	300079.SZ
61	卫宁健康	9.29	上海	2011-08-18	300253.SZ

续表

排序	证券简称	品牌价值(亿元)	所在地	上市日期	证券代码
62	四维图新	9.15	北京	2010-05-18	002405.SZ
63	金蝶国际	9.05	广东	2001-02-15	0268.HK
64	润和软件	8.99	江苏	2012-07-18	300339.SZ
65	灿谷	8.97	上海	2018-07-26	CANG.N
66	梦网集团	8.87	辽宁	2007-03-28	002123.SZ
67	神州泰岳	8.85	北京	2009-10-30	300002.SZ
68	安妮股份	8.77	福建	2008-05-16	002235.SZ
69	蓝盾股份	8.69	广东	2012-03-15	300297.SZ
70	众应互联	8.61	江苏	2010-08-31	002464.SZ
71	新智认知	8.59	广西	2015-03-26	603869.SH
72	美亚柏科	8.56	福建	2011-03-16	300188.SZ
73	吴通控股	8.48	江苏	2012-02-29	300292.SZ
74	万国数据	8.46	上海	2016-11-02	GDS.O
75	南天信息	8.44	云南	1999-10-14	000948.SZ
76	三宝科技	8.34	江苏	2004-06-09	1708.HK
77	亚联发展	8.11	广东	2009-12-09	002316.SZ
78	乐游科技控股	7.82	福建	2011-01-11	1089.HK
79	宇信科技	7.60	北京	2018-11-07	300674.SZ
80	家乡互动	7.44	福建	2019-07-04	3798.HK
81	金融壹账通	7.27	广东	2019-12-13	OCFT.N
82	金山办公	7.20	北京	2019-11-18	688111.SH
83	绿盟科技	6.52	北京	2014-01-29	300369.SZ
84	银江股份	6.52	浙江	2009-10-30	300020.SZ
85	中电兴发	6.44	安徽	2009-09-29	002298.SZ
86	浪潮软件	6.37	山东	1996-09-23	600756.SH
87	远光软件	6.14	广东	2006-08-23	002063.SZ
88	恒华科技	6.12	北京	2014-01-23	300365.SZ
89	银之杰	5.83	广东	2010-05-26	300085.SZ
90	中科创达	5.72	北京	2015-12-10	300496.SZ
91	久其软件	5.52	北京	2009-08-11	002279.SZ
92	浪潮国际	5.50	香港	2004-04-29	0596.HK
93	超图软件	5.36	北京	2009-12-25	300036.SZ

续表

排序	证 券 简 称	品牌价值(亿元)	所在地	上市日期	证券代码
94	思维列控	5.10	河南	2015-12-24	603508.SH
95	天夏智慧	4.88	广西	1996-12-16	000662.SZ
96	中国擎天软件	4.84	江苏	2013-07-09	1297.HK
97	创业慧康	4.82	浙江	2015-05-14	300451.SZ
98	银信科技	4.68	北京	2011-06-15	300231.SZ
99	启明信息	4.67	吉林	2008-05-09	002232.SZ
100	先进数通	4.66	北京	2016-09-13	300541.SZ
101	立思辰	4.63	北京	2009-10-30	300010.SZ
102	鼎捷软件	4.58	上海	2014-01-27	300378.SZ
103	辰安科技	4.51	北京	2016-07-26	300523.SZ
104	赛为智能	4.45	广东	2010-01-20	300044.SZ
105	高伟达	4.36	北京	2015-05-28	300465.SZ
106	拓尔思	4.32	北京	2011-06-15	300229.SZ
107	金财互联	4.30	江苏	2010-12-31	002530.SZ
108	数字政通	4.29	北京	2010-04-27	300075.SZ
109	长亮科技	4.22	广东	2012-08-17	300348.SZ
110	中科金财	4.19	北京	2012-02-28	002657.SZ
111	华软科技	4.17	江苏	2010-07-20	002453.SZ
112	多伦科技	4.09	江苏	2016-05-03	603528.SH
113	朗新科技	4.03	江苏	2017-08-01	300682.SZ
114	富春股份	4.03	福建	2012-03-19	300299.SZ
115	久远银海	4.03	四川	2015-12-31	002777.SZ
116	皖通科技	3.96	安徽	2010-01-06	002331.SZ
117	浩云科技	3.93	广东	2015-04-24	300448.SZ
118	信雅达	3.87	浙江	2002-11-01	600571.SH
119	赛意信息	3.86	广东	2017-08-03	300687.SZ
120	指南针	3.82	北京	2019-11-18	300803.SZ
121	南威软件	3.82	福建	2014-12-30	603636.SH
122	泛微网络	3.80	上海	2017-01-13	603039.SH
123	恒泰艾普	3.76	北京	2011-01-07	300157.SZ
124	科蓝软件	3.73	北京	2017-06-08	300663.SZ
125	创意信息	3.68	四川	2014-01-27	300366.SZ

续表

排序	证券简称	品牌价值(亿元)	所在地	上市日期	证券代码
126	任子行	3.66	广东	2012-04-25	300311.SZ
127	赢时胜	3.66	广东	2014-01-27	300377.SZ
128	飞利信	3.65	北京	2012-02-01	300287.SZ
129	焦点科技	3.57	江苏	2009-12-09	002315.SZ
130	中指控股	3.56	北京	2019-06-12	CIH.O
131	触宝	3.52	上海	2018-09-28	CTK.N
132	中远海科	3.40	上海	2010-05-06	002401.SZ
133	数字认证	3.37	北京	2016-12-23	300579.SZ
134	中昌数据	3.37	广东	2000-12-07	600242.SH
135	虹软科技	3.32	浙江	2019-07-22	688088.SH
136	数据港	3.28	上海	2017-02-08	603881.SH
137	首都信息	3.22	北京	2001-12-21	1075.HK
138	汉鼎宇佑	3.12	浙江	2012-03-19	300300.SZ
139	新开普	3.12	河南	2011-07-29	300248.SZ
140	北信源	3.02	北京	2012-09-12	300352.SZ

3.5 汽车行业品牌价值榜

2020 中国汽车行业上市公司品牌价值榜全面统计了品牌价值不低于 3 亿元的公司，共 145 家，品牌价值总计 13 341.7 亿元。

3.5.1 2020 中国汽车行业上市公司品牌价值榜分析

【行业集中度】 在 2020 中国汽车行业上市公司品牌价值榜中，排在第 1 位的公司为上汽集团，品牌价值 4 753.35 亿元，占行业榜单总计品牌价值的 35.6%；排在前 5 位的公司品牌价值合计 7 211.52 亿元，占行业榜单总计品牌价值的 54.1%；排在前 20 位的公司品牌价值合计 11 244.69 亿元，占行业榜单总计品牌价值的 84.3%。

【所在区域】 在 2020 中国汽车行业上市公司品牌价值榜中，145 家公司来自 21 个地区。其中，来自上海、北京、山东和广东的公司共计 53 家，品牌价值合计 8 689.06 亿元，占行业榜单总计品牌价值的 65.1%，处于主导地位。其他地区企业的构成情况见图 3-9 和图 3-10。

【上市板块】 在 2020 中国汽车行业上市公司品牌价值榜中，在沪市主板上市的公司有 61 家，品牌价值合计 8 154 亿元，占行业榜单总计品牌价值的 61.1%，排在第一位；在

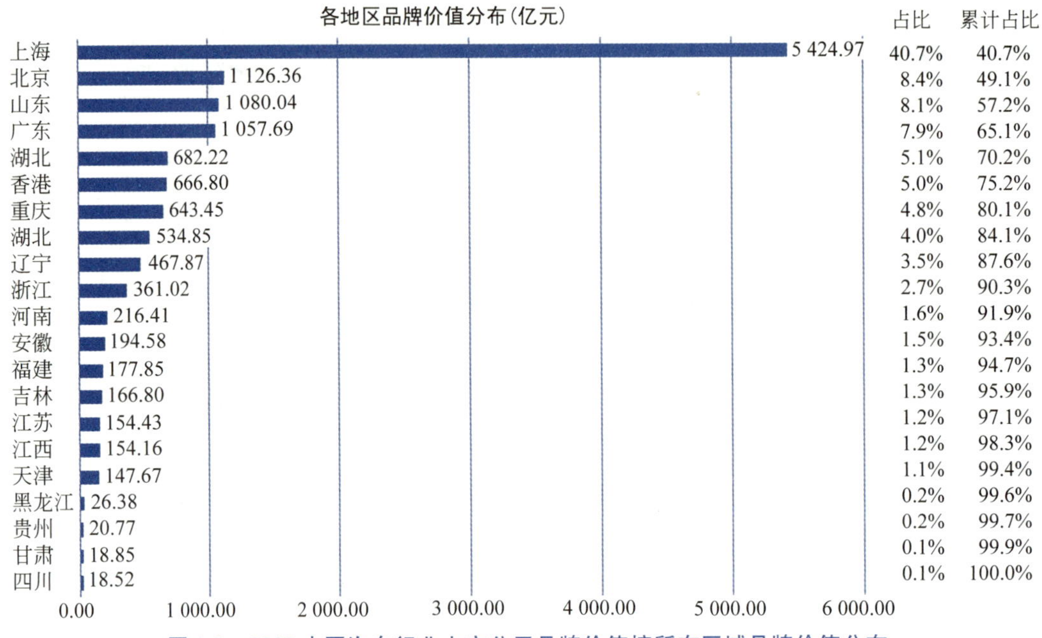

图 3-9　2020 中国汽车行业上市公司品牌价值榜所在区域品牌价值分布

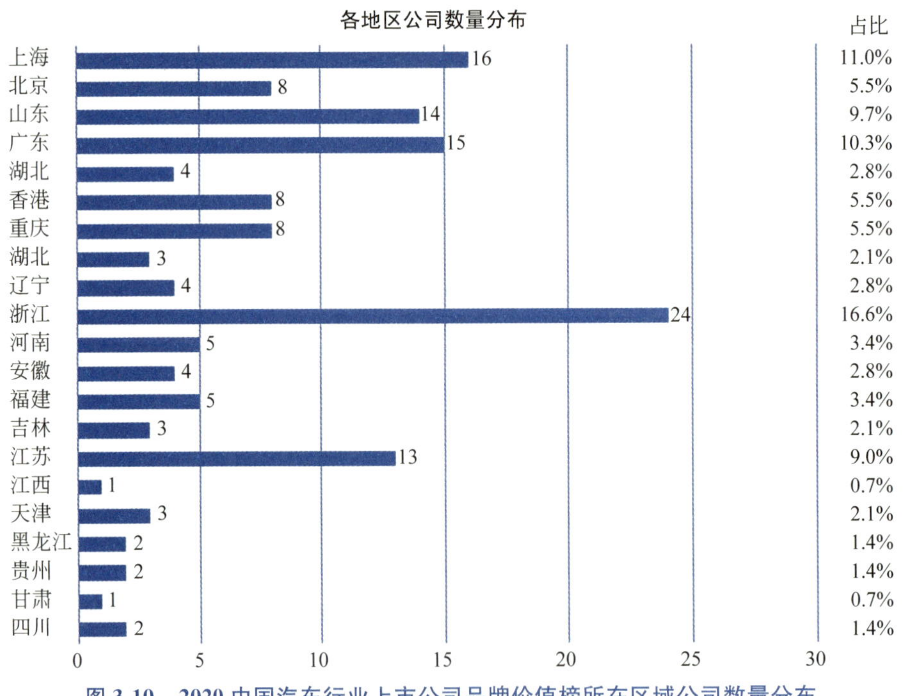

图 3-10　2020 中国汽车行业上市公司品牌价值榜所在区域公司数量分布

港股上市的中资股公司有 23 家，品牌价值合计 2 712.5 亿元，占行业榜单总计品牌价值的 20.3%，排在第二位；在深市主板上市的公司有 18 家，品牌价值合计 1 540.15 亿元，占行业总计品牌价值的 11.5%，排在第三位。此外，在深市中小企业板上市的公司有 30 家，品牌价值合计 844.59 亿元；国外中概股上市公司有 6 家，品牌价值合计 45.55 亿元；在深市创业板上市的公司有 7 家，品牌价值合计 44.92 亿元。

【上市时间】 在 2020 中国汽车行业上市公司品牌价值榜中，1996—2000 年上市的公司有 28 家，品牌价值合计 7 032.36 亿元，占行业榜单总计品牌价值的 52.7%，排在第一位；2011—2015 年上市的公司有 34 家，品牌价值合计 2 742.6 亿元，占行业榜单总计品牌价值的 20.6%，排在第二位；2001—2005 年上市的公司有 16 家，品牌价值合计 1 102.03 亿元，占行业榜单总计品牌价值的 8.3%，排在第三位。此外，2006—2010 年上市的公司有 25 家，品牌价值合计 1 081.35 亿元；1996 年以前上市的公司有 13 家，品牌价值合计 1 059.22 亿元；2016—2019 年上市的公司有 29 家，品牌价值合计 324.14 亿元。

3.5.2 2020 中国汽车行业上市公司品牌价值榜单

排序	证券简称	品牌价值(亿元)	所在地	上市日期	证券代码
1	上汽集团	4 753.35	上海	1997-11-25	600104.SH
2	北京汽车	788.75	北京	2014-12-19	1958.HK
3	东风集团股份	584.12	湖北	2005-12-07	0489.HK
4	比亚迪	575.72	广东	2011-06-30	002594.SZ
5	长城汽车	509.58	河北	2011-09-28	601633.SH
6	吉利汽车	483.20	香港	1973-02-23	0175.HK
7	潍柴动力	446.69	山东	2007-04-30	000338.SZ
8	广汇汽车	428.44	辽宁	2000-11-16	600297.SH
9	华域汽车	398.56	上海	1996-08-26	600741.SH
10	长安汽车	383.13	重庆	1997-06-10	000625.SZ
11	广汽集团	363.76	广东	2012-03-29	601238.SH
12	中国重汽	301.15	山东	2007-11-28	3808.HK
13	宇通客车	189.44	河南	1997-05-08	600066.SH
14	中国重汽	183.27	山东	1999-11-25	000951.SZ
15	福田汽车	178.55	北京	1998-06-02	600166.SH
16	江淮汽车	157.91	安徽	2001-08-24	600418.SH
17	江铃汽车	154.16	江西	1993-12-01	000550.SZ
18	国机汽车	138.77	天津	2001-03-05	600335.SH
19	一汽轿车	116.58	吉林	1997-06-18	000800.SZ
20	正通汽车	109.57	北京	2010-12-10	1728.HK
21	小康股份	87.97	重庆	2016-06-15	601127.SH

续表

排序	证 券 简 称	品牌价值(亿元)	所在地	上市日期	证券代码
22	广汇宝信	87.89	上海	2011-12-14	1293.HK
23	均胜电子	85.19	浙江	1993-12-06	600699.SH
24	金龙汽车	77.00	福建	1993-11-08	600686.SH
25	福耀玻璃	75.42	福建	1993-06-10	600660.SH
26	东风汽车	71.09	湖北	1999-07-27	600006.SH
27	耐世特	70.14	香港	2013-10-07	1316.HK
28	隆鑫通用	54.29	重庆	2012-08-10	603766.SH
29	信义玻璃	49.60	香港	2005-02-03	0868.HK
30	力帆股份	41.46	重庆	2010-11-25	601777.SH
31	美东汽车	40.16	广东	2013-12-05	1268.HK
32	敏实集团	36.08	浙江	2005-12-01	0425.HK
33	威孚高科	35.72	江苏	1998-09-24	000581.SZ
34	玲珑轮胎	35.18	山东	2016-07-06	601966.SH
35	宁波华翔	34.05	浙江	2005-06-03	002048.SZ
36	庆铃汽车股份	32.58	重庆	1994-08-17	1122.HK
37	宗申动力	32.27	重庆	1997-03-06	001696.SZ
38	一汽富维	30.64	吉林	1996-08-26	600742.SH
39	赛轮轮胎	30.11	山东	2011-06-30	601058.SH
40	中通客车	29.95	山东	2000-01-13	000957.SZ
41	大东方	26.67	江苏	2002-06-25	600327.SH
42	中鼎股份	26.55	安徽	1998-12-03	000887.SZ
43	万丰奥威	26.34	浙江	2006-11-28	002085.SZ
44	万向钱潮	25.57	浙江	1994-01-10	000559.SZ
45	润东汽车	24.62	上海	2014-08-12	1365.HK
46	五菱汽车	23.42	香港	1992-11-23	0305.HK
47	申达股份	23.17	上海	1993-01-07	600626.SH
48	金杯汽车	22.42	辽宁	1992-07-24	600609.SH
49	骆驼股份	21.36	湖北	2011-06-02	601311.SH
50	众泰汽车	20.05	浙江	2000-06-16	000980.SZ
51	交运股份	19.71	上海	1993-09-28	600676.SH
52	富奥股份	19.58	吉林	1993-09-29	000030.SZ
53	ST 银亿	18.85	甘肃	2000-06-22	000981.SZ

续表

排序	证券简称	品牌价值(亿元)	所在地	上市日期	证券代码
54	凌云股份	18.11	河北	2003-08-15	600480.SH
55	申华控股	17.79	上海	1990-12-19	600653.SH
56	鑫达集团	17.58	黑龙江	2009-11-27	CXDC.O
57	华晨中国	17.55	香港	1999-10-22	1114.HK
58	东风科技	17.16	上海	1997-07-03	600081.SH
59	星宇股份	16.94	江苏	2011-02-01	601799.SH
60	亚普股份	16.08	江苏	2018-05-09	603013.SH
61	兴达国际	15.65	上海	2006-12-21	1899.HK
62	三角轮胎	15.35	山东	2016-09-09	601163.SH
63	浦林成山	14.86	香港	2018-10-09	1809.HK
64	德赛西威	14.78	广东	2017-12-26	002920.SZ
65	云图控股	14.51	四川	2011-01-18	002539.SZ
66	拓普集团	14.36	浙江	2015-03-19	601689.SH
67	北巴传媒	13.33	北京	2001-02-16	600386.SH
68	京威股份	13.16	北京	2012-03-09	002662.SZ
69	风神股份	12.75	河南	2003-10-21	600469.SH
70	龙洲股份	12.57	福建	2012-06-12	002682.SZ
71	贵州轮胎	12.46	贵州	1996-03-08	000589.SZ
72	银轮股份	11.99	浙江	2007-04-18	002126.SZ
73	亚星客车	11.88	江苏	1999-08-31	600213.SH
74	航天机电	11.80	上海	1998-06-05	600151.SH
75	春风动力	11.74	浙江	2017-08-18	603129.SH
76	新朋股份	11.25	上海	2009-12-30	002328.SZ
77	岱美股份	10.92	上海	2017-07-28	603730.SH
78	曙光股份	10.73	辽宁	2000-12-26	600303.SH
79	科博达	10.43	上海	2019-10-15	603786.SH
80	钱江摩托	10.28	浙江	1999-05-14	000913.SZ
81	北汽蓝谷	10.21	北京	1996-08-16	600733.SH
82	双林股份	10.15	浙江	2010-08-06	300100.SZ
83	万里扬	10.13	浙江	2010-06-18	002434.SZ
84	东方精工	9.49	广东	2011-08-30	002611.SZ
85	广东鸿图	9.48	广东	2006-12-29	002101.SZ

续表

排序	证 券 简 称	品牌价值(亿元)	所在地	上市日期	证券代码
86	松芝股份	9.45	上海	2010-07-20	002454.SZ
87	漳州发展	8.98	福建	1997-06-26	000753.SZ
88	S佳通	8.81	黑龙江	1999-05-07	600182.SH
89	模塑科技	8.68	江苏	1997-02-28	000700.SZ
90	海联金汇	8.65	山东	2011-01-10	002537.SZ
91	贵航股份	8.31	贵州	2001-12-27	600523.SH
92	爱柯迪	8.18	浙江	2017-11-17	600933.SH
93	小牛电动	7.93	北京	2018-10-19	NIU.O
94	华阳集团	7.74	广东	2017-10-13	002906.SZ
95	华达科技	7.60	江苏	2017-01-25	603358.SH
96	中国汽研	7.59	重庆	2012-06-11	601965.SH
97	青岛双星	7.40	山东	1996-04-30	000599.SZ
98	永利股份	7.26	上海	2011-06-15	300230.SZ
99	四通新材	7.16	河北	2015-03-19	300428.SZ
100	伯特利	7.00	安徽	2018-04-27	603596.SH
101	天润工业	6.73	山东	2009-08-21	002283.SZ
102	奥特佳	6.66	江苏	2008-05-22	002239.SZ
103	长鹰信质	6.39	浙江	2012-03-16	002664.SZ
104	德尔股份	6.27	辽宁	2015-06-12	300473.SZ
105	金固股份	6.18	浙江	2010-10-21	002488.SZ
106	通用股份	6.12	江苏	2016-09-19	601500.SH
107	飞龙股份	5.99	河南	2011-01-11	002536.SZ
108	亚太股份	5.98	浙江	2009-08-28	002284.SZ
109	保隆科技	5.96	上海	2017-05-19	603197.SH
110	今飞凯达	5.90	浙江	2017-04-18	002863.SZ
111	派生科技	5.89	广东	2011-02-15	300176.SZ
112	华众车载	5.87	浙江	2012-01-12	6830.HK
113	新泉股份	5.86	江苏	2017-03-17	603179.SH
114	继峰股份	5.83	浙江	2015-03-02	603997.SH
115	太平洋网络	5.74	广东	2007-12-18	0543.HK

续表

排序	证券简称	品牌价值(亿元)	所在地	上市日期	证券代码
116	中汽系统	5.66	湖北	2004-08-24	CAAS.O
117	渤海汽车	5.37	山东	2004-04-07	600960.SH
118	瑞立集团	5.31	浙江	2006-04-18	SORL.O
119	天汽模	5.03	天津	2010-11-25	002510.SZ
120	信邦控股	5.00	广东	2017-06-28	1571.HK
121	京西国际	4.92	香港	2003-10-10	2339.HK
122	人人网	4.87	北京	2011-05-04	RENN.N
123	祥鑫科技	4.65	广东	2019-10-25	002965.SZ
124	世纪联合控股	4.50	广东	2019-10-18	1959.HK
125	常熟汽饰	4.42	江苏	2017-01-05	603035.SH
126	精锻科技	4.31	江苏	2011-08-26	300258.SZ
127	康迪车业	4.21	浙江	2008-03-18	KNDI.O
128	中原内配	4.21	河南	2010-07-16	002448.SZ
129	神驰机电	4.16	重庆	2019-12-31	603109.SH
130	远东传动	4.02	河南	2010-05-18	002406.SZ
131	新晨动力	4.02	四川	2013-03-13	1148.HK
132	万安科技	3.91	浙江	2011-06-10	002590.SZ
133	华懋科技	3.88	福建	2014-09-26	603306.SH
134	鹏翎股份	3.88	天津	2014-01-27	300375.SZ
135	旭升股份	3.87	浙江	2017-07-10	603305.SH
136	金麒麟	3.82	山东	2017-04-06	603586.SH
137	通达电气	3.76	广东	2019-11-25	603390.SH
138	文灿股份	3.76	广东	2018-04-26	603348.SH
139	泉峰汽车	3.48	江苏	2019-05-22	603982.SH
140	宁波高发	3.46	浙江	2015-01-20	603788.SH
141	巨轮智能	3.26	广东	2004-08-16	002031.SZ
142	隆基机械	3.21	山东	2010-03-05	002363.SZ
143	兴民智通	3.16	山东	2010-02-09	002355.SZ
144	G.A.控股	3.13	香港	2002-06-17	8126.HK
145	常青股份	3.12	安徽	2017-03-24	603768.SH

3.6 饮料行业品牌价值榜

2020 中国饮料行业上市公司品牌价值榜全面统计了品牌价值不低于 3 亿元的公司，共 42 家，品牌价值总计 11 655.77 亿元。

3.6.1 2020 中国饮料行业上市公司品牌价值榜分析

【行业集中度】 在 2020 中国饮料行业上市公司品牌价值榜中，排在第 1 位的公司为贵州茅台，品牌价值 3 449.11 亿元，占行业榜单总计品牌价值的 29.6%。排在前 3 位的公司品牌价值合计 6 126.54 亿元，占行业榜单总计品牌价值的 52.6%。排在前 10 位的公司品牌价值合计 9 819.81 亿元，占行业榜单总计品牌价值的 84.2%。

【所在区域】 在 2020 中国饮料行业上市公司品牌价值榜中，42 家公司来自 22 个地区。其中，来自贵州、内蒙古和四川的公司共计 8 家，品牌价值合计 7 689.54 亿元，占行业榜单总计品牌价值的 66%，处于主导地位。其他地区企业的构成情况见图 3-11 和图 3-12。

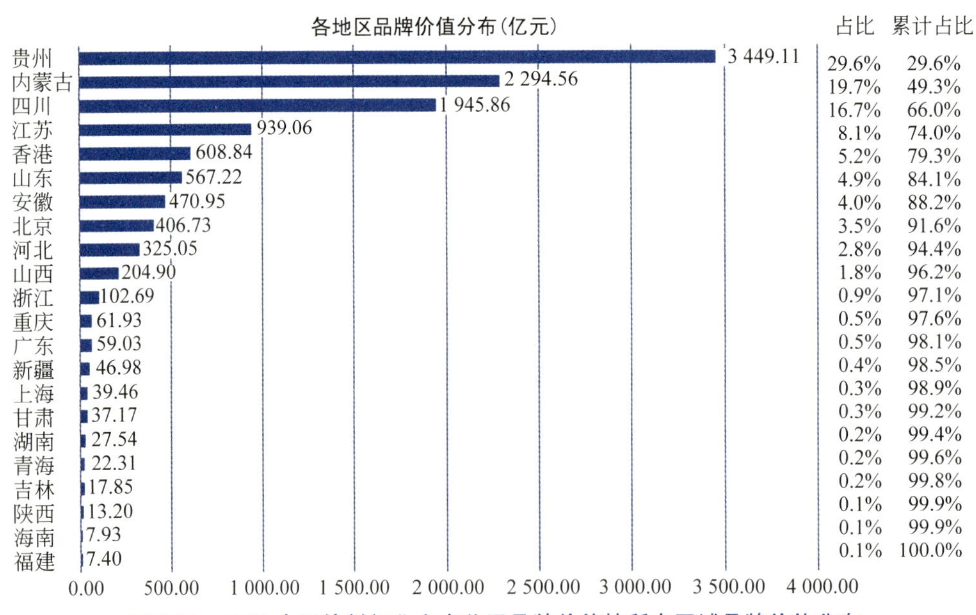

图 3-11 2020 中国饮料行业上市公司品牌价值榜所在区域品牌价值分布

【上市板块】 在 2020 中国饮料行业上市公司品牌价值榜中，在沪市主板上市的公司有 24 家，品牌价值合计 6 442.33 亿元，占行业榜单总计品牌价值的 55.3%，排在第一位；在深市主板上市的公司有 9 家，品牌价值合计 2 609.91 亿元，占行业榜单总计品牌价值的 22.4%，排在第二位；在港股上市的中资股公司有 4 家，品牌价值合计 1 609.01 亿元，占行业总计品牌价值的 13.8%，排在第三位。此外，在深市中小企业板上市的公司有 5 家，品牌价值合计 994.52 亿元。

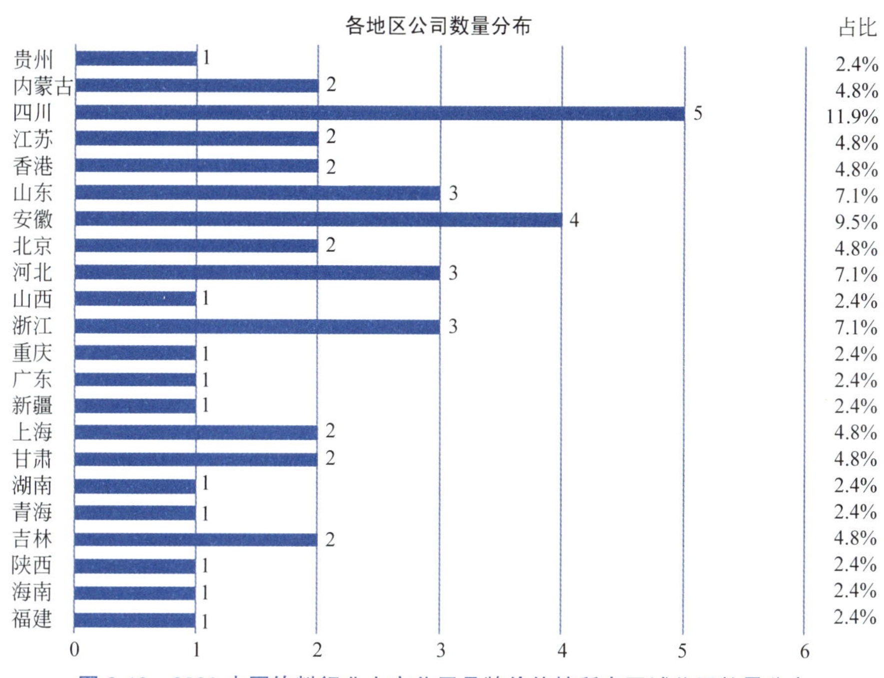

图 3-12 2020 中国饮料行业上市公司品牌价值榜所在区域公司数量分布

【上市时间】 在 2020 中国饮料行业上市公司品牌价值榜中，2001—2005 年上市的公司有 6 家，品牌价值合计 4 511.32 亿元，占行业榜单总计品牌价值的 38.7%，排在第一位；1996—2000 年上市的公司有 17 家，品牌价值合计 3 799.98 亿元，占行业榜单总计品牌价值的 32.6%，排在第二位；1996 年以前上市的公司有 5 家，品牌价值合计 1 643.57 亿元，占行业榜单总计品牌价值的 14.1%，排在第三位。此外，2006—2010 年上市的公司有 2 家，品牌价值合计 873.08 亿元；2011—2015 年上市的公司有 7 家，品牌价值合计 440.67 亿元；2016—2019 年上市的公司有 5 家，品牌价值合计 387.15 亿元。

3.6.2 2020 中国饮料行业上市公司品牌价值榜单

排序	证 券 简 称	品牌价值(亿元)	所在地	上市日期	证券代码
1	贵州茅台	3 449.11	贵州	2001-08-27	600519.SH
2	五粮液	1 369.84	四川	1998-04-27	000858.SZ
3	伊利股份	1 307.59	内蒙古	1996-03-12	600887.SH
4	蒙牛乳业	986.98	内蒙古	2004-06-10	2319.HK
5	洋河股份	814.05	江苏	2009-11-06	002304.SZ
6	华润啤酒	597.14	香港	1973-11-15	0291.HK
7	青岛啤酒	435.17	山东	1993-08-27	600600.SH
8	泸州老窖	395.78	四川	1994-05-09	000568.SZ

续表

排序	证 券 简 称	品牌价值(亿元)	所在地	上市日期	证券代码
9	顺鑫农业	237.38	北京	1998-11-04	000860.SZ
10	养元饮品	226.78	河北	2018-02-12	603156.SH
11	古井贡酒	224.40	安徽	1996-09-27	000596.SZ
12	山西汾酒	204.90	山西	1994-01-06	600809.SH
13	燕京啤酒	169.34	北京	1997-07-16	000729.SZ
14	口子窖	142.13	安徽	2015-06-29	603589.SH
15	今世缘	125.01	江苏	2014-07-03	603369.SH
16	张裕 A	123.53	山东	2000-10-26	000869.SZ
17	迎驾贡酒	88.11	安徽	2015-05-28	603198.SH
18	水井坊	77.43	四川	1996-12-06	600779.SH
19	新乳业	70.27	四川	2019-01-25	002946.SZ
20	重庆啤酒	61.93	重庆	1997-10-30	600132.SH
21	珠江啤酒	59.03	广东	2010-08-18	002461.SZ
22	承德露露	55.21	河北	1997-11-13	000848.SZ
23	香飘飘	51.28	浙江	2017-11-30	603711.SH
24	伊力特	46.98	新疆	1999-09-16	600197.SH
25	老白干酒	43.06	河北	2002-10-29	600559.SH
26	舍得酒业	32.54	四川	1996-05-24	600702.SH
27	金徽酒	30.31	甘肃	2016-03-10	603919.SH
28	百润股份	28.87	上海	2011-03-25	002568.SZ
29	古越龙山	28.87	浙江	1997-05-16	600059.SH
30	酒鬼酒	27.54	湖南	1997-07-18	000799.SZ
31	会稽山	22.54	浙江	2014-08-25	601579.SH
32	青青稞酒	22.31	青海	2011-12-22	002646.SZ
33	金种子酒	16.30	安徽	1998-08-12	600199.SH
34	海升果汁	13.20	陕西	2005-11-04	0359.HK
35	西藏水资源	11.70	香港	2011-06-30	1115.HK
36	通葡股份	11.58	吉林	2001-01-15	600365.SH
37	金枫酒业	10.59	上海	1992-09-29	600616.SH
38	ST 威龙	8.52	山东	2016-05-16	603779.SH
39	ST 椰岛	7.93	海南	2000-01-20	600238.SH
40	惠泉啤酒	7.40	福建	2003-02-26	600573.SH
41	兰州黄河	6.87	甘肃	1999-06-23	000929.SZ
42	吉林森工	6.28	吉林	1998-10-07	600189.SH

3.7 装备行业品牌价值榜

2020 中国装备行业上市公司品牌价值榜全面统计了品牌价值不低于 3 亿元的公司，共 377 家，品牌价值总计 10 121.11 亿元。

3.7.1 2020 中国装备行业上市公司品牌价值榜分析

【行业集中度】 在 2020 中国装备行业上市公司品牌价值榜中，排在前 10 位的公司品牌价值合计 3 436.43 亿元，占行业榜单总计品牌价值的 34%；排在前 30 位的公司品牌价值合计 5 503.7 亿元，占行业榜单总计品牌价值的 54.4%；排在前 100 位的公司品牌价值合计 7 961.82 亿元，占行业榜单总计品牌价值的 78.7%。

【所在区域】 在 2020 中国装备行业上市公司品牌价值榜中，377 家公司来自 28 个地区。其中，来自北京、江苏、上海和广东的公司共计 168 家，品牌价值合计 5 783.98 亿元，占行业榜单总计品牌价值的 57.16%，处于主导地位。其他地区企业的构成情况见图 3-13 和图 3-14。

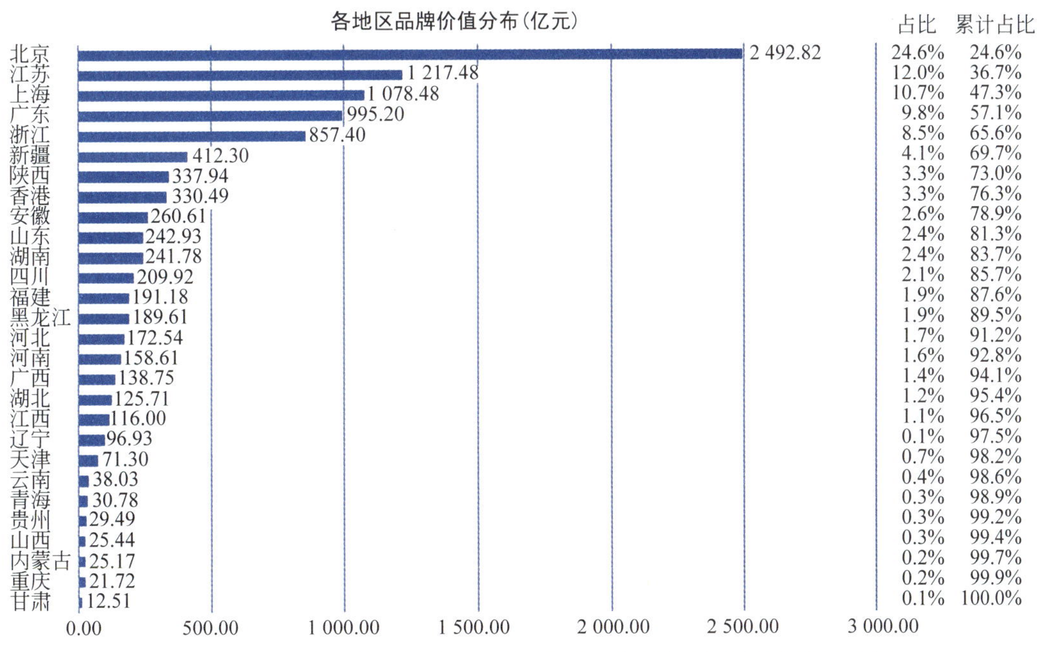

图 3-13 2020 中国装备行业上市公司品牌价值榜所在区域品牌价值分布

【上市板块】 在 2020 中国装备行业上市公司品牌价值榜中，在沪市主板上市的公司有 137 家，品牌价值合计 5 077.47 亿元，占行业榜单总计品牌价值的 50.2%，排在第一位；在港股上市的中资股公司有 33 家，品牌价值合计 1 354.31 亿元，占行业榜单总计品牌价值的 13.4%，排在第二位；在深市中小企业板上市的公司有 95 家，品牌价值合计 1 256.62

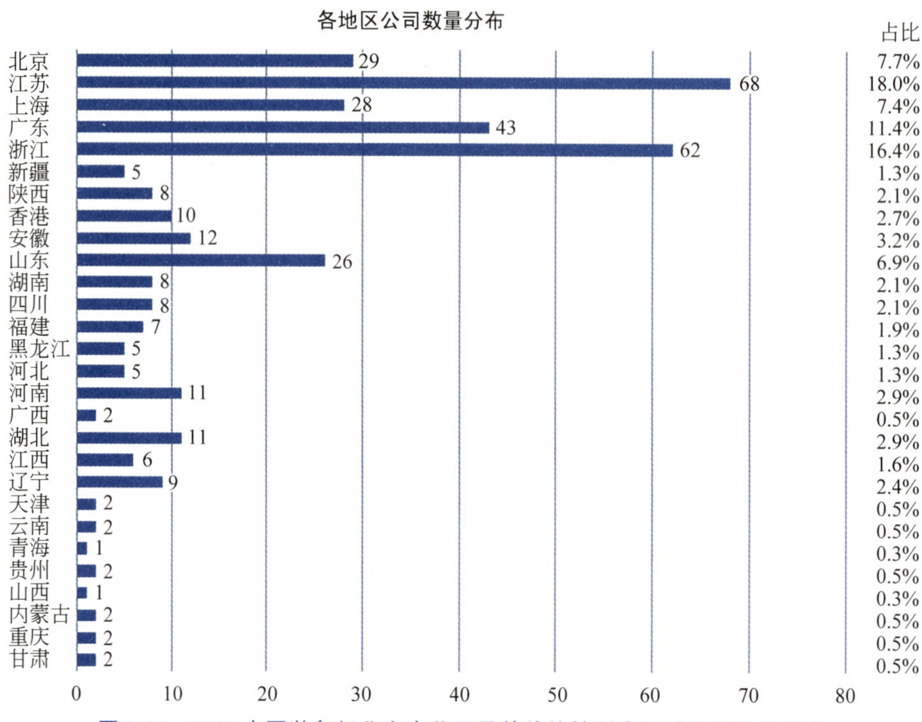

图 3-14　2020 中国装备行业上市公司品牌价值榜所在区域公司数量分布

亿元，占行业总计品牌价值的 12.4%，排在第三位。此外，在深市主板上市的公司有 26 家，品牌价值合计 1 052.11 亿元；在深市创业板上市的公司有 72 家，品牌价值合计 738.22 亿元；在沪市科创板上市的公司有 6 家，品牌价值合计 158.83 亿元；国外中概股公司有 8 家，品牌价值合计 483.54 亿元。

【上市时间】 在 2020 中国装备行业上市公司品牌价值榜中，2006—2010 年上市的公司有 94 家，品牌价值合计 4 040.41 亿元，占行业榜单总计品牌价值的 39.9%，排在第一位；2001—2005 年上市的公司有 45 家，品牌价值合计 1 448.06 亿元，占行业榜单总计品牌价值的 14.3%，排在第二位；2011—2015 年上市的公司有 99 家，品牌价值合计 1 293.99 亿元，占行业榜单总计品牌价值的 12.8%，排在第三位。此外，1996—2000 年上市的公司有 40 家，品牌价值合计 1 219.47 亿元；2016—2019 年上市的公司有 76 家，品牌价值合计 916.75 亿元；1996 年以前上市的公司有 23 家，品牌价值合计 1 202.43 亿元。

3.7.2　2020 中国装备行业上市公司品牌价值榜单

排序	证券简称	品牌价值(亿元)	所在地	上市日期	证券代码
1	中国中车	1 341.15	北京	2008-08-18	601766.SH
2	上海电气	441.37	上海	2008-12-05	601727.SH
3	中集集团	369.71	广东	1994-04-08	000039.SZ

续表

排序	证 券 简 称	品牌价值(亿元)	所在地	上市日期	证券代码
4	三一重工	265.46	北京	2003-07-03	600031.SH
5	中铁工业	209.81	北京	2001-05-28	600528.SH
6	金风科技	193.47	新疆	2007-12-26	002202.SZ
7	隆基股份	158.33	陕西	2012-04-11	601012.SH
8	阿特斯太阳能	155.66	江苏	2006-11-09	CSIQ.O
9	东方电气	155.11	四川	1995-10-10	600875.SH
10	徐工机械	146.36	江苏	1996-08-28	000425.SZ
11	中集车辆	141.77	广东	2019-07-11	1839.HK
12	扬子江	137.40	江苏	2007-04-18	BS6.SG
13	保利协鑫能源	131.71	香港	2007-11-13	3800.HK
14	上海机电	130.14	上海	1994-02-24	600835.SH
15	哈尔滨电气	126.52	黑龙江	1994-12-16	1133.HK
16	中联重科	123.44	湖南	2000-10-12	000157.SZ
17	中国通号	121.82	北京	2019-07-22	688009.SH
18	晶澳科技	111.05	河北	2010-08-10	002459.SZ
19	宁德时代	109.25	福建	2018-06-11	300750.SZ
20	振华重工	106.81	上海	2000-12-21	600320.SH
21	天地科技	99.30	北京	2002-05-15	600582.SH
22	特变电工	98.62	新疆	1997-06-18	600089.SH
23	中国船舶	91.31	上海	1998-05-20	600150.SH
24	信义光能	82.72	安徽	2013-12-12	0968.HK
25	中国重工	81.56	北京	2009-12-16	601989.SH
26	玉柴国际	78.08	广西	1994-12-16	CYD.N
27	中航科工	77.89	北京	2003-10-30	2357.HK
28	正泰电器	74.49	浙江	2010-01-21	601877.SH
29	海天国际	72.34	浙江	2006-12-22	1882.HK
30	国电南瑞	71.08	江苏	2003-10-16	600406.SH
31	新特能源	70.00	新疆	2015-12-30	1799.HK
32	天能动力	67.68	香港	2007-06-11	0819.HK
33	中集安瑞科	66.69	广东	2005-10-18	3899.HK
34	中环股份	63.72	天津	2007-04-20	002129.SZ
35	柳工	60.67	广西	1993-11-18	000528.SZ

续表

排序	证 券 简 称	品牌价值(亿元)	所在地	上市日期	证券代码
36	中国高速传动	57.58	香港	2007-07-04	0658.HK
37	晶科能源	57.02	江西	2010-05-14	JKS.N
38	中航飞机	56.76	陕西	1997-06-26	000768.SZ
39	中车时代电气	56.69	湖南	2006-12-20	3898.HK
40	国电科环	56.01	北京	2011-12-30	1296.HK
41	东方日升	53.32	浙江	2010-09-02	300118.SZ
42	超威动力	53.05	浙江	2010-07-07	0951.HK
43	龙净环保	50.44	福建	2000-12-29	600388.SH
44	中国龙工	49.81	上海	2005-11-17	3339.HK
45	安徽合力	48.69	安徽	1996-10-09	600761.SH
46	海立股份	48.18	上海	1992-11-16	600619.SH
47	顺风清洁能源	46.95	江苏	2011-07-13	1165.HK
48	中国动力	46.46	河北	2004-07-14	600482.SH
49	宝胜股份	46.43	江苏	2004-08-02	600973.SH
50	卓郎智能	46.22	新疆	2003-12-03	600545.SH
51	航发动力	45.49	陕西	1996-04-08	600893.SH
52	经纬纺机	45.30	北京	1996-12-10	000666.SZ
53	福斯特	42.44	浙江	2014-09-05	603806.SH
54	中利集团	39.56	江苏	2009-11-27	002309.SZ
55	明阳智能	35.15	广东	2019-01-23	601615.SH
56	华东重机	34.48	江苏	2012-06-12	002685.SZ
57	巨星科技	33.33	浙江	2010-07-13	002444.SZ
58	长虹华意	33.20	江西	1996-06-19	000404.SZ
59	中国西电	31.99	陕西	2010-01-28	601179.SH
60	卧龙电驱	31.85	浙江	2002-06-06	600580.SH
61	中船防务	31.30	广东	1993-10-28	600685.SH
62	智慧能源	30.78	青海	1995-02-06	600869.SH
63	先导智能	30.61	江苏	2015-05-18	300450.SZ
64	广日股份	29.32	广东	1996-03-28	600894.SH
65	杭叉集团	28.73	浙江	2016-12-27	603298.SH
66	大连重工	28.54	辽宁	2008-01-16	002204.SZ
67	中国卫通	27.83	北京	2019-06-28	601698.SH

续表

排序	证 券 简 称	品牌价值（亿元）	所在地	上市日期	证券代码
68	中直股份	27.83	黑龙江	2000-12-18	600038.SH
69	阳光电源	26.81	安徽	2011-11-02	300274.SZ
70	顺钠股份	26.01	广东	1994-01-03	000533.SZ
71	陕鼓动力	25.82	陕西	2010-04-28	601369.SH
72	郑煤机	25.66	河南	2010-08-03	601717.SH
73	太原重工	25.44	山西	1998-09-04	600169.SH
74	恒立液压	25.36	江苏	2011-10-28	601100.SH
75	天顺风能	25.05	江苏	2010-12-31	002531.SZ
76	中国一重	24.86	黑龙江	2010-02-09	601106.SH
77	爱旭股份	24.61	上海	1996-08-16	600732.SH
78	一拖股份	24.60	河南	2012-08-08	601038.SH
79	和利时自动化	24.39	北京	2008-08-01	HOLI.O
80	康力电梯	24.38	江苏	2010-03-12	002367.SZ
81	克劳斯	24.00	山东	2002-08-09	600579.SH
82	中航机电	23.88	湖北	2004-07-05	002013.SZ
83	平高电气	23.77	河南	2001-02-21	600312.SH
84	华菱星马	23.56	安徽	2003-04-01	600375.SH
85	今创集团	23.38	江苏	2018-02-27	603680.SH
86	中金环境	23.26	浙江	2010-12-09	300145.SZ
87	云内动力	23.21	云南	1999-04-15	000903.SZ
88	中信重工	23.12	河南	2012-07-06	601608.SH
89	杰克股份	22.54	浙江	2017-01-19	603337.SH
90	许继电气	22.24	河南	1997-04-18	000400.SZ
91	宏发股份	22.12	湖北	1996-02-05	600885.SH
92	科达洁能	21.58	广东	2002-10-10	600499.SH
93	汇川技术	21.55	广东	2010-09-28	300124.SZ
94	内蒙一机	21.46	内蒙古	2004-05-18	600967.SH
95	航天电子	21.43	湖北	1995-11-15	600879.SH
96	精达股份	21.15	安徽	2002-09-11	600577.SH
97	航天电器	20.75	贵州	2004-07-26	002025.SZ
98	江南集团	20.74	江苏	2012-04-20	1366.HK
99	华光股份	20.67	江苏	2003-07-21	600475.SH

续表

排序	证 券 简 称	品牌价值(亿元)	所在地	上市日期	证券代码
100	山推股份	20.61	山东	1997-01-22	000680.SZ
101	爱康科技	20.56	江苏	2011-08-15	002610.SZ
102	全柴动力	19.82	安徽	1998-12-03	600218.SH
103	冰轮环境	19.63	山东	1998-05-28	000811.SZ
104	晶盛机电	19.57	浙江	2012-05-11	300316.SZ
105	机器人	19.53	辽宁	2009-10-30	300024.SZ
106	上海集优	19.04	上海	2006-04-27	2345.HK
107	台海核电	18.54	四川	2010-03-12	002366.SZ
108	亿晶光电	17.84	浙江	2003-01-23	600537.SH
109	中航电子	17.38	北京	2001-07-06	600372.SH
110	纽威股份	17.30	江苏	2014-01-17	603699.SH
111	山河智能	17.20	湖南	2006-12-22	002097.SZ
112	南都电源	17.14	浙江	2010-04-21	300068.SZ
113	国网英大	17.14	上海	2003-10-10	600517.SH
114	运达股份	16.85	浙江	2019-04-26	300772.SZ
115	华西能源	16.75	四川	2011-11-11	002630.SZ
116	科瑞技术	16.23	广东	2019-07-26	002957.SZ
117	三一国际	15.92	辽宁	2009-11-25	0631.HK
118	特锐德	15.90	山东	2009-10-30	300001.SZ
119	科大智能	15.87	上海	2011-05-25	300222.SZ
120	三星医疗	15.86	浙江	2011-06-15	601567.SH
121	宁波东力	15.65	浙江	2007-08-23	002164.SZ
122	美亚光电	15.58	安徽	2012-07-31	002690.SZ
123	豪迈科技	15.52	山东	2011-06-28	002595.SZ
124	力劲科技	15.47	香港	2006-10-16	0558.HK
125	中国卫星	15.30	北京	1997-09-08	600118.SH
126	亿和控股	15.20	香港	2005-05-11	0838.HK
127	浙江鼎力	14.91	浙江	2015-03-25	603338.SH
128	中远投资	14.88	北京	1979-08-07	F83.SG
129	铁建装备	14.83	云南	2015-12-16	1786.HK
130	神州高铁	14.78	北京	1992-05-07	000008.SZ
131	中航沈飞	14.39	山东	1996-10-11	600760.SH

续表

排序	证券简称	品牌价值(亿元)	所在地	上市日期	证券代码
132	国轩高科	14.35	江苏	2006-10-18	002074.SZ
133	万马股份	14.27	浙江	2009-07-10	002276.SZ
134	长园集团	14.18	广东	2002-12-02	600525.SH
135	上柴股份	13.93	上海	1994-03-11	600841.SH
136	理士国际	13.89	广东	2010-11-16	0842.HK
137	中超控股	13.84	江苏	2010-09-10	002471.SZ
138	重庆机电	13.71	重庆	2008-06-13	2722.HK
139	双良节能	13.59	江苏	2003-04-22	600481.SH
140	天奇股份	13.57	江苏	2004-06-29	002009.SZ
141	东富龙	13.49	上海	2011-02-01	300171.SZ
142	华昌达	13.40	湖北	2011-12-16	300278.SZ
143	杭锅股份	13.29	浙江	2011-01-10	002534.SZ
144	大洋电机	13.13	广东	2008-06-19	002249.SZ
145	汉缆股份	13.02	山东	2010-11-09	002498.SZ
146	上工申贝	12.96	上海	1994-03-11	600843.SH
147	易事特	12.87	广东	2014-01-27	300376.SZ
148	思源电气	12.57	上海	2004-08-05	002028.SZ
149	南洋股份	12.51	广东	2008-02-01	002212.SZ
150	中圣集团	12.39	湖南	2005-03-16	5GD.SG
151	软控股份	12.03	山东	2006-10-18	002073.SZ
152	阳光能源	11.94	香港	2008-03-31	0757.HK
153	开山股份	11.94	浙江	2011-08-19	300257.SZ
154	国茂股份	11.85	江苏	2019-06-14	603915.SH
155	威海广泰	11.84	山东	2007-01-26	002111.SZ
156	赢合科技	11.83	广东	2015-05-14	300457.SZ
157	国电南自	11.82	江苏	1999-11-18	600268.SH
158	锐科激光	11.81	湖北	2018-06-25	300747.SZ
159	杭可科技	11.79	浙江	2019-07-22	688006.SH
160	京运通	11.76	北京	2011-09-08	601908.SH
161	中来股份	11.57	江苏	2014-09-12	300393.SZ
162	泰豪科技	11.50	江西	2002-07-03	600590.SH
163	林洋能源	11.39	江苏	2011-08-08	601222.SH

续表

排序	证券简称	品牌价值(亿元)	所在地	上市日期	证券代码
164	中船科技	11.31	上海	1997-06-03	600072.SH
165	诺力股份	11.29	浙江	2015-01-28	603611.SH
166	盾安环境	11.20	浙江	2004-07-05	002011.SZ
167	大丰实业	10.95	浙江	2017-04-20	603081.SH
168	中国恒天立信国际	10.52	香港	1990-10-12	0641.HK
169	航天晨光	10.34	江苏	2001-06-15	600501.SH
170	易成新能	10.34	河南	2010-06-25	300080.SZ
171	创力集团	10.20	上海	2015-03-20	603012.SH
172	航天工程	10.17	北京	2015-01-28	603698.SH
173	中国电研	9.83	广东	2019-11-05	688128.SH
174	长城科技	9.66	浙江	2018-04-10	603897.SH
175	冰山冷热	9.60	辽宁	1993-12-08	000530.SZ
176	苏常柴 A	9.44	江苏	1994-07-01	000570.SZ
177	大同机械	9.42	香港	1988-12-12	0118.HK
178	伊之密	9.35	广东	2015-01-23	300415.SZ
179	四创电子	9.19	安徽	2004-05-10	600990.SH
180	新界泵业	9.12	浙江	2010-12-31	002532.SZ
181	华宏科技	9.06	江苏	2011-12-20	002645.SZ
182	汉钟精机	9.02	上海	2007-08-17	002158.SZ
183	京山轻机	8.97	湖北	1998-06-26	000821.SZ
184	雄韬股份	8.95	广东	2014-12-03	002733.SZ
185	泰胜风能	8.84	上海	2010-10-19	300129.SZ
186	兰石重装	8.77	甘肃	2014-10-09	603169.SH
187	中航重机	8.75	贵州	1996-11-06	600765.SH
188	日发精机	8.72	浙江	2010-12-10	002520.SZ
189	金杯电工	8.67	湖南	2010-12-31	002533.SZ
190	潍柴重机	8.62	山东	1998-04-02	000880.SZ
191	航天发展	8.50	福建	1993-11-30	000547.SZ
192	彩虹新能源	8.46	陕西	2004-12-20	0438.HK
193	银都股份	8.37	浙江	2017-09-11	603277.SH
194	天通股份	8.32	浙江	2001-01-18	600330.SH
195	杭电股份	8.30	浙江	2015-02-17	603618.SH

续表

排序	证券简称	品牌价值(亿元)	所在地	上市日期	证券代码
196	弘亚数控	8.30	广东	2016-12-28	002833.SZ
197	通裕重工	8.28	山东	2011-03-08	300185.SZ
198	东方电子	8.09	山东	1997-01-21	000682.SZ
199	中兵红箭	8.09	湖南	1993-10-08	000519.SZ
200	豪尔赛	8.09	北京	2019-10-28	002963.SZ
201	川仪股份	8.00	重庆	2014-08-05	603100.SH
202	亚威股份	7.98	江苏	2011-03-03	002559.SZ
203	浙富控股	7.88	浙江	2008-08-06	002266.SZ
204	凌霄泵业	7.87	广东	2017-07-11	002884.SZ
205	风范股份	7.82	江苏	2011-01-18	601700.SH
206	楚天科技	7.77	湖南	2014-01-21	300358.SZ
207	沃尔核材	7.77	广东	2007-04-20	002130.SZ
208	金通灵	7.76	江苏	2010-06-25	300091.SZ
209	天宜上佳	7.73	北京	2019-07-22	688033.SH
210	杭齿前进	7.72	浙江	2010-10-11	601177.SH
211	海容冷链	7.71	山东	2018-11-29	603187.SH
212	太阳电缆	7.69	福建	2009-10-21	002300.SZ
213	森源电气	7.68	河南	2010-02-10	002358.SZ
214	隆华科技	7.68	河南	2011-09-16	300263.SZ
215	长荣股份	7.57	天津	2011-03-29	300195.SZ
216	天桥起重	7.53	湖南	2010-12-10	002523.SZ
217	艾迪精密	7.53	山东	2017-01-20	603638.SH
218	永创智能	7.45	浙江	2015-05-29	603901.SH
219	中际旭创	7.39	山东	2012-04-10	300308.SZ
220	海伦哲	7.38	江苏	2011-04-07	300201.SZ
221	润邦股份	7.36	江苏	2010-09-29	002483.SZ
222	天能重工	7.36	山东	2016-11-25	300569.SZ
223	金龙羽	7.27	广东	2017-07-17	002882.SZ
224	迈为股份	7.26	江苏	2018-11-09	300751.SZ
225	中航高科	7.21	江苏	1994-05-20	600862.SH
226	四方股份	7.17	北京	2010-12-31	601126.SH
227	科士达	7.17	广东	2010-12-07	002518.SZ

续表

排序	证 券 简 称	品牌价值(亿元)	所在地	上市日期	证券代码
228	博实股份	7.07	黑龙江	2012-09-11	002698.SZ
229	远大智能	7.03	辽宁	2012-07-17	002689.SZ
230	东方电缆	6.98	浙江	2014-10-15	603606.SH
231	航天动力	6.94	陕西	2003-04-08	600343.SH
232	科华恒盛	6.93	福建	2010-01-13	002335.SZ
233	赛腾股份	6.88	江苏	2017-12-25	603283.SH
234	中国应急	6.84	湖北	2016-08-05	300527.SZ
235	双环传动	6.81	浙江	2010-09-10	002472.SZ
236	晋亿实业	6.63	浙江	2007-01-26	601002.SH
237	亿利达	6.60	浙江	2012-07-03	002686.SZ
238	银宝山新	6.54	广东	2015-12-23	002786.SZ
239	中恒电气	6.50	浙江	2010-03-05	002364.SZ
240	拓斯达	6.25	广东	2017-02-09	300607.SZ
241	佳士科技	6.19	广东	2011-03-22	300193.SZ
242	四方科技	6.18	江苏	2016-05-19	603339.SH
243	中亚股份	6.02	浙江	2016-05-26	300512.SZ
244	上机数控	5.99	江苏	2018-12-28	603185.SH
245	ST 慧业	5.94	江苏	1997-08-18	000816.SZ
246	帝尔激光	5.94	湖北	2019-05-17	300776.SZ
247	东音股份	5.93	浙江	2016-04-15	002793.SZ
248	亚玛顿	5.90	江苏	2011-10-13	002623.SZ
249	航发控制	5.86	江苏	1997-06-26	000738.SZ
250	ST 远程	5.82	江苏	2012-08-08	002692.SZ
251	新天科技	5.82	河南	2011-08-31	300259.SZ
252	大元泵业	5.80	浙江	2017-07-11	603757.SH
253	日月股份	5.80	浙江	2016-12-28	603218.SH
254	青岛中程	5.76	山东	2011-04-26	300208.SZ
255	麦格米特	5.66	广东	2017-03-06	002851.SZ
256	智光电气	5.59	广东	2007-09-19	002169.SZ
257	威派格	5.52	上海	2019-02-22	603956.SH
258	富瑞特装	5.52	江苏	2011-06-08	300228.SZ
259	光宇国际集团科技	5.51	香港	1999-11-17	1043.HK

续表

排序	证券简称	品牌价值(亿元)	所在地	上市日期	证券代码
260	罗博特科	5.51	江苏	2019-01-08	300757.SZ
261	中集天达	5.49	四川	2002-09-30	0445.HK
262	新时达	5.47	上海	2010-12-24	002527.SZ
263	冀东装备	5.47	河北	1998-08-13	000856.SZ
264	亚太卫星	5.46	香港	1996-12-18	1045.HK
265	英维克	5.44	广东	2016-12-29	002837.SZ
266	山东矿机	5.42	山东	2010-12-17	002526.SZ
267	柯力传感	5.36	浙江	2019-08-06	603662.SH
268	三川智慧	5.31	江西	2010-03-26	300066.SZ
269	洪都航空	5.31	江西	2000-12-15	600316.SH
270	南兴股份	5.31	广东	2015-05-27	002757.SZ
271	鲍斯股份	5.22	浙江	2015-04-23	300441.SZ
272	哈工智能	5.16	江苏	1995-11-28	000584.SZ
273	斯莱克	5.11	江苏	2014-01-29	300382.SZ
274	江苏雷利	5.11	江苏	2017-06-02	300660.SZ
275	拓日新能	5.10	广东	2008-02-28	002218.SZ
276	海天精工	5.06	浙江	2016-11-07	601882.SH
277	露笑科技	5.02	浙江	2011-09-20	002617.SZ
278	快意电梯	5.00	广东	2017-03-24	002774.SZ
279	英威腾	4.94	广东	2010-01-13	002334.SZ
280	保变电气	4.94	河北	2001-02-28	600550.SH
281	永贵电器	4.89	浙江	2012-09-20	300351.SZ
282	良信电器	4.89	上海	2014-01-21	002706.SZ
283	雪人股份	4.85	福建	2011-12-05	002639.SZ
284	乐惠国际	4.82	浙江	2017-11-13	603076.SH
285	航天彩虹	4.76	浙江	2010-04-13	002389.SZ
286	金智科技	4.69	江苏	2006-12-08	002090.SZ
287	向日葵	4.61	浙江	2010-08-27	300111.SZ
288	翼辰实业	4.61	河北	2016-12-21	1596.HK
289	精功科技	4.56	浙江	2004-06-25	002006.SZ
290	科达利	4.54	广东	2017-03-02	002850.SZ
291	三丰智能	4.50	湖北	2011-11-15	300276.SZ

续表

排序	证券简称	品牌价值(亿元)	所在地	上市日期	证券代码
292	五洋停车	4.50	江苏	2015-02-17	300420.SZ
293	鸣志电器	4.49	上海	2017-05-09	603728.SH
294	捷昌驱动	4.48	浙江	2018-09-21	603583.SH
295	华明装备	4.48	山东	2008-09-05	002270.SZ
296	日丰股份	4.48	广东	2019-05-09	002953.SZ
297	慈星股份	4.45	浙江	2012-03-29	300307.SZ
298	泰瑞机器	4.44	浙江	2017-10-31	603289.SH
299	上海沪工	4.43	上海	2016-06-07	603131.SH
300	亿嘉和	4.38	江苏	2018-06-12	603666.SH
301	康尼机电	4.37	江苏	2014-08-01	603111.SH
302	梅轮电梯	4.37	浙江	2017-09-15	603321.SH
303	合纵科技	4.35	北京	2015-06-10	300477.SZ
304	禾望电气	4.33	广东	2017-07-28	603063.SH
305	天准科技	4.25	江苏	2019-07-22	688003.SH
306	双杰电气	4.24	北京	2015-04-23	300444.SZ
307	瑞凌股份	4.21	广东	2010-12-29	300154.SZ
308	北斗星通	4.20	北京	2007-08-13	002151.SZ
309	金辰股份	4.17	辽宁	2017-10-18	603396.SH
310	坚瑞沃能	4.15	陕西	2010-09-02	300116.SZ
311	北京科锐	4.14	北京	2010-02-03	002350.SZ
312	美吉姆	4.12	辽宁	2011-09-29	002621.SZ
313	智云股份	4.10	辽宁	2010-07-28	300097.SZ
314	华辰装备	4.09	江苏	2019-12-04	300809.SZ
315	八方股份	4.06	江苏	2019-11-11	603489.SH
316	新研股份	3.99	新疆	2011-01-07	300159.SZ
317	航发科技	3.98	四川	2001-12-12	600391.SH
318	中泰股份	3.94	浙江	2015-03-26	300435.SZ
319	蓝英装备	3.93	辽宁	2012-03-08	300293.SZ
320	北玻股份	3.91	河南	2011-08-30	002613.SZ
321	北方导航	3.91	北京	2003-07-04	600435.SH
322	山东章鼓	3.89	山东	2011-07-07	002598.SZ
323	积成电子	3.86	山东	2010-01-22	002339.SZ

续表

排序	证券简称	品牌价值(亿元)	所在地	上市日期	证券代码
324	白云电器	3.86	广东	2016-03-22	603861.SH
325	厚普股份	3.86	四川	2015-06-11	300471.SZ
326	华荣股份	3.84	上海	2017-05-24	603855.SH
327	快克股份	3.82	江苏	2016-11-08	603203.SH
328	海得控制	3.81	上海	2007-11-16	002184.SZ
329	通达股份	3.80	河南	2011-03-03	002560.SZ
330	瑞特股份	3.76	江苏	2017-01-25	300600.SZ
331	锦浪科技	3.75	浙江	2019-03-19	300763.SZ
332	朗进科技	3.75	山东	2019-06-21	300594.SZ
333	君禾股份	3.75	浙江	2017-07-03	603617.SH
334	苏试试验	3.74	江苏	2015-01-22	300416.SZ
335	光电股份	3.74	湖北	2003-11-06	600184.SH
336	长城电工	3.73	甘肃	1998-12-24	600192.SH
337	通光线缆	3.73	江苏	2011-09-16	300265.SZ
338	光明沃得	3.72	江苏	2006-04-27	B49.SG
339	北方股份	3.71	内蒙古	2000-06-30	600262.SH
340	合众思壮	3.70	北京	2010-04-02	002383.SZ
341	华伍股份	3.66	江西	2010-07-28	300095.SZ
342	威星智能	3.62	浙江	2017-02-17	002849.SZ
343	劲拓股份	3.60	广东	2014-10-10	300400.SZ
344	雷科防务	3.59	江苏	2010-05-28	002413.SZ
345	鲁信创投	3.55	山东	1996-12-25	600783.SH
346	诚益通	3.55	北京	2015-03-19	300430.SZ
347	圣阳股份	3.52	山东	2011-05-06	002580.SZ
348	隆基泰和智慧能源	3.52	北京	2012-01-12	1281.HK
349	麦克奥迪	3.52	福建	2012-07-26	300341.SZ
350	南风股份	3.51	广东	2009-10-30	300004.SZ
351	星光农机	3.51	浙江	2015-04-27	603789.SH
352	法兰泰克	3.50	江苏	2017-01-25	603966.SH
353	佳力图	3.49	江苏	2017-11-01	603912.SH
354	ST 锐电	3.42	北京	2011-01-13	601558.SH
355	瀚川智能	3.40	江苏	2019-07-22	688022.SH

续表

排序	证券简称	品牌价值(亿元)	所在地	上市日期	证券代码
356	山东威达	3.39	山东	2004-07-27	002026.SZ
357	鲁亿通	3.39	山东	2015-02-17	300423.SZ
358	应流股份	3.37	安徽	2014-01-22	603308.SH
359	国机通用	3.37	安徽	2004-02-19	600444.SH
360	克来机电	3.35	上海	2017-03-14	603960.SH
361	佳电股份	3.34	黑龙江	1999-06-18	000922.SZ
362	长城军工	3.30	安徽	2018-08-06	601606.SH
363	达意隆	3.29	广东	2008-01-30	002209.SZ
364	吉鑫科技	3.23	江苏	2011-05-06	601218.SH
365	新美星	3.21	江苏	2016-04-25	300509.SZ
366	音飞储存	3.19	江苏	2015-06-11	603066.SH
367	华章科技	3.18	浙江	2013-05-16	1673.HK
368	通润装备	3.14	江苏	2007-08-10	002150.SZ
369	利君股份	3.13	四川	2012-01-06	002651.SZ
370	凯中精密	3.11	广东	2016-11-24	002823.SZ
371	众合科技	3.10	浙江	1999-06-11	000925.SZ
372	华中数控	3.08	湖北	2011-01-13	300161.SZ
373	国睿科技	3.06	江苏	2003-01-28	600562.SH
374	至纯科技	3.05	上海	2017-01-13	603690.SH
375	合锻智能	3.05	安徽	2014-11-07	603011.SH
376	新筑股份	3.04	四川	2010-09-21	002480.SZ
377	天永智能	3.01	上海	2018-01-22	603895.SH

3.8 电信行业品牌价值榜

2020 中国电信行业上市公司品牌价值榜全面统计了品牌价值不低于 3 亿元的公司，共 13 家，品牌价值总计 8 965.99 亿元。

3.8.1 2020 中国电信行业上市公司品牌价值榜分析

【行业集中度】 在 2020 中国电信行业上市公司品牌价值榜中，排在第 1 位的为中国移动，品牌价值 5 379.56 亿元，占行业榜单总计品牌价值的 60%；排在前 3 位的公司品牌价值合计 8 839.7 亿元，占行业榜单总计品牌价值的 98.6%。

【所在区域】 在 2020 中国电信行业上市公司品牌价值榜中，13 家公司来自 8 个地区。其中，来自香港和北京的公司共计 5 家，品牌价值合计 8 910.23 亿元，占行业榜单总计品牌价值的 99.4%，处于主导地位。其他地区企业的构成情况见图 3-15 和图 3-16。

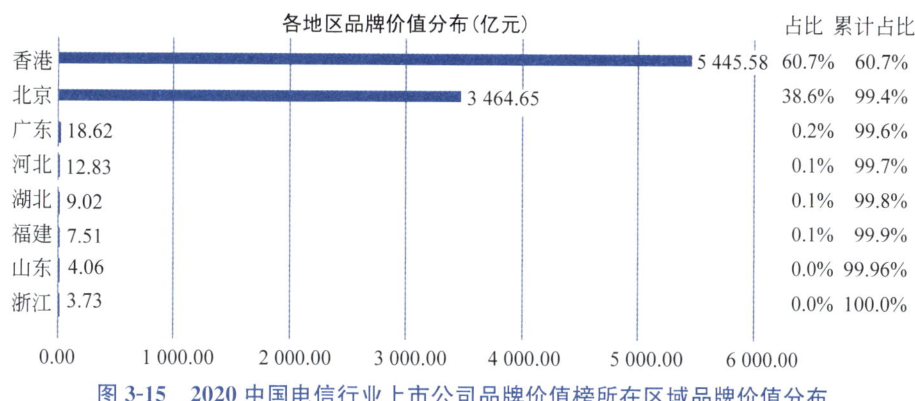

图 3-15 2020 中国电信行业上市公司品牌价值榜所在区域品牌价值分布

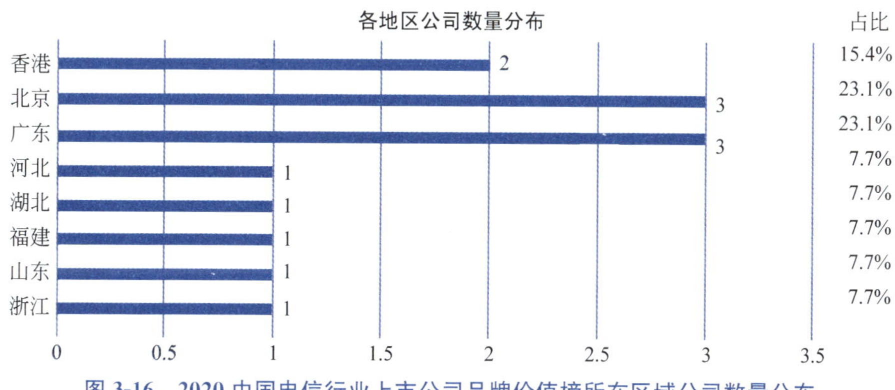

图 3-16 2020 中国电信行业上市公司品牌价值榜所在区域公司数量分布

【上市板块】 在 2020 中国电信行业上市公司品牌价值榜中，在港股上市的中资股公司有 3 家，品牌价值合计 7 579.04 亿元，占行业榜单总计品牌价值的 84.5%，排在第一位；在沪市主板上市的公司有 4 家，品牌价值合计 1 344.63 亿元，占行业榜单总计品牌价值的 15.0%，排在第二位；此外，在深市创业板上市的公司有 2 家，品牌价值合计 13.43 亿元；在深市主板上市的公司有 1 家，品牌价值 12.83 亿元；在深市中小企业板上市的公司有 2 家，品牌价值合计 12.01 亿元；国外中概股上市公司有 1 家，品牌价值 4.06 亿元。

【上市时间】 在 2020 中国电信行业上市公司品牌价值榜中，1996—2000 年上市的公司有 2 家，品牌价值合计 5 392.4 亿元，占行业榜单总计品牌价值的 60.1%，排在第一位；2001—2005 年上市的公司有 2 家，品牌价值合计 3 460.14 亿元，占行业榜单总计品牌价值的 38.6%，排在第二位；此外，2006—2010 年上市的公司有 4 家，品牌价值合计 83.04 亿元；2016—2019 年上市的公司有 3 家，品牌价值合计 17.94 亿元；2011—2015 年上市的公司有 2 家，品牌价值合计 12.47 亿元。

3.8.2 2020 中国电信行业上市公司品牌价值榜单

排序	证 券 简 称	品牌价值(亿元)	所在地	上市日期	证券代码
1	中国移动	5 379.56	香港	1997-10-23	0941.HK
2	中国电信	2 133.46	北京	2002-11-15	0728.HK
3	中国联通	1 326.68	北京	2002-10-09	600050.SH
4	中信国际电讯	66.02	香港	2007-04-03	1883.HK
5	中嘉博创	12.83	河北	1997-12-18	000889.SZ
6	中贝通信	9.02	湖北	2018-11-15	603220.SH
7	宜通世纪	8.41	广东	2012-04-25	300310.SZ
8	国脉科技	7.51	福建	2006-12-15	002093.SZ
9	超讯通信	5.19	广东	2016-07-28	603322.SH
10	世纪鼎利	5.02	广东	2010-01-20	300050.SZ
11	二六三	4.50	北京	2010-09-08	002467.SZ
12	泰盈科技	4.06	山东	2015-12-21	CCRC.O
13	纵横通信	3.73	浙江	2017-08-10	603602.SH

3.9 家电行业品牌价值榜

2020 中国家电行业上市公司品牌价值榜全面统计了品牌价值不低于 3 亿元的公司，共 51 家，品牌价值总计 8 624.94 亿元。

3.9.1 2020 中国家电行业上市公司品牌价值榜分析

【行业集中度】 在 2020 中国家电行业上市公司品牌价值榜中，排在第 1 位的公司为美的集团，品牌价值 2 179.67 亿元，占行业榜单总计品牌价值的 25.3%；排在前 3 位的公司品牌价值合计 5 198.86 亿元，占行业榜单总计品牌价值的 60.3%；排在前 10 位的公司品牌价值合计 7 223.57 亿元，占行业榜单总计品牌价值的 83.8%。

【所在区域】 在 2020 中国家电行业上市公司品牌价值榜中，51 家公司来自 10 个地区。其中，来自广东和山东的公司共计 21 家，品牌价值合计 6 830.03 亿元，占行业榜单总计品牌价值的 79.2%，处于主导地位。其他地区企业的构成情况见图 3-17 和图 3-18。

【上市板块】 在 2020 中国家电行业上市公司品牌价值榜中，在深市主板上市的公司有 7 家，品牌价值合计 4 514.96 亿元，占行业榜单总计品牌价值的 52.3%，排在第一位；在沪市主板上市的公司有 17 家，品牌价值合计 2 242.74 亿元，占行业榜单总计品牌价值的

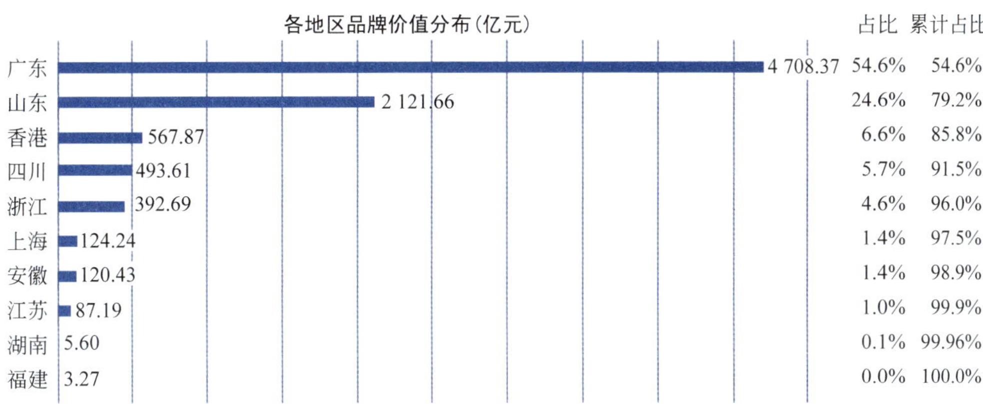

图 3-17 2020 中国家电行业上市公司品牌价值榜所在区域品牌价值分布

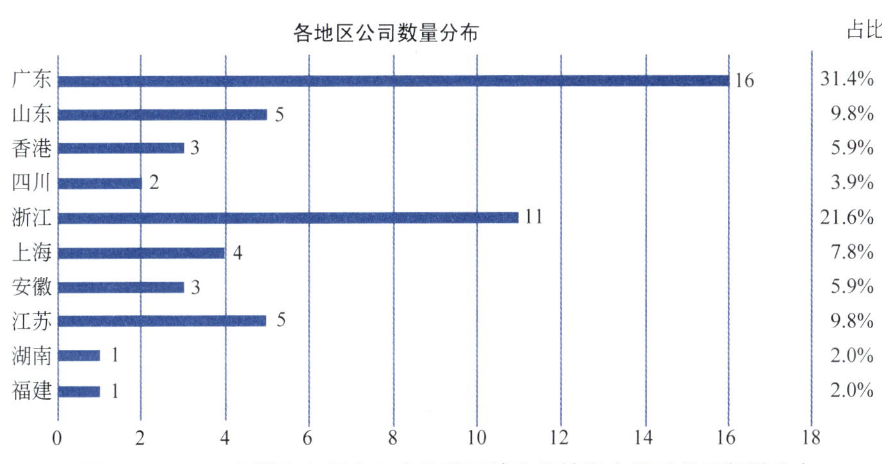

图 3-18 2020 中国家电行业上市公司品牌价值榜所在区域公司数量分布

26%,排在第二位;在港股上市的中资股公司有 7 家,品牌价值合计 1 214.6 亿元,占行业总计品牌价值的 14.1%,排在第三位。此外,在深市中小企业板上市的公司有 15 家,品牌价值合计 616.61 亿元;在深市创业板上市的公司有 5 家,品牌价值合计 36.04 亿元。

【上市时间】 在 2020 中国家电行业上市公司品牌价值榜中,1996—2000 年上市的公司有 9 家,品牌价值合计 3 225.89 亿元,占行业榜单总计品牌价值的 37.4%,排在第一位;2011—2015 年上市的公司有 14 家,品牌价值合计 2 434.89 亿元,占行业榜单总计品牌价值的 28.2%,排在第二位;1996 年以前上市的公司有 5 家,品牌价值合计 2 044.77 亿元,占行业榜单总计品牌价值的 23.7%,排在第三位。此外,2016—2019 年上市的公司有 14 家,品牌价值合计 387.59 亿元;2001—2005 年上市的公司有 4 家,品牌价值合计 276.77 亿元;2006—2010 年上市的公司有 5 家,品牌价值合计 255.02 亿元。

3.9.2 2020 中国家电行业上市公司品牌价值榜单

排序	证 券 简 称	品牌价值(亿元)	所在地	上市日期	证券代码
1	美的集团	2 179.67	广东	2013-09-18	000333.SZ
2	格力电器	1 747.74	广东	1996-11-18	000651.SZ
3	海尔智家	1 271.45	山东	1993-11-19	600690.SH
4	海尔电器	551.57	山东	1997-12-23	1169.HK
5	四川长虹	441.62	四川	1994-03-11	600839.SH
6	深康佳 A	218.95	广东	1992-03-27	000016.SZ
7	TCL 电子	216.45	香港	1999-11-26	1070.HK
8	海信家电	203.87	广东	1999-07-13	000921.SZ
9	创维集团	196.69	香港	2000-04-07	0751.HK
10	海信视像	195.56	山东	1997-04-22	600060.SH
11	苏泊尔	165.44	浙江	2004-08-17	002032.SZ
12	JS 环球生活	154.74	香港	2019-12-18	1691.HK
13	长虹美菱	78.60	安徽	1993-10-18	000521.SZ
14	九阳股份	77.75	山东	2008-05-28	002242.SZ
15	老板电器	75.55	浙江	2010-11-23	002508.SZ
16	新宝股份	62.36	广东	2014-01-21	002705.SZ
17	欧普照明	61.53	上海	2016-08-19	603515.SH
18	创维数字	51.98	四川	1998-06-02	000810.SZ
19	万和电气	48.97	广东	2011-01-28	002543.SZ
20	志高控股	48.82	广东	2009-07-13	0449.HK
21	华帝股份	43.41	广东	2004-09-01	002035.SZ
22	飞科电器	41.50	上海	2016-04-18	603868.SH
23	惠而浦	37.15	安徽	2004-07-27	600983.SH
24	阳光照明	36.71	浙江	2000-07-20	600261.SH
25	佛山照明	34.14	广东	1993-11-23	000541.SZ
26	奥马电器	33.86	广东	2012-04-16	002668.SZ
27	莱克电气	33.77	江苏	2015-05-13	603355.SH
28	雷士国际	33.54	广东	2010-05-20	2222.HK
29	三花智控	30.78	浙江	2005-06-07	002050.SZ
30	科沃斯	29.82	江苏	2018-05-28	603486.SH

续表

排序	证券简称	品牌价值(亿元)	所在地	上市日期	证券代码
31	得邦照明	26.34	浙江	2017-03-30	603303.SH
32	澳柯玛	25.33	山东	2000-12-29	600336.SH
33	爱仕达	19.36	浙江	2010-05-11	002403.SZ
34	小熊电器	19.23	广东	2019-08-23	002959.SZ
35	日出东方	15.57	江苏	2012-05-21	603366.SH
36	浙江美大	15.32	浙江	2012-05-25	002677.SZ
37	三雄极光	14.82	广东	2017-03-17	300625.SZ
38	浩泽净水	12.79	上海	2014-06-17	2014.HK
39	朗迪集团	8.84	浙江	2016-04-21	603726.SH
40	开能健康	8.41	上海	2011-11-02	300272.SZ
41	香山股份	7.53	广东	2017-05-15	002870.SZ
42	长青集团	7.22	广东	2011-09-20	002616.SZ
43	晨丰科技	6.53	浙江	2017-11-27	603685.SH
44	高斯贝尔	5.60	湖南	2017-02-13	002848.SZ
45	东方电热	4.86	江苏	2011-05-18	300217.SZ
46	融捷健康	4.68	安徽	2011-07-29	300247.SZ
47	春光科技	4.64	浙江	2018-07-30	603657.SH
48	金莱特	4.22	广东	2014-01-29	002723.SZ
49	太龙照明	3.27	福建	2017-05-03	300650.SZ
50	奇精机械	3.19	浙江	2017-02-06	603677.SH
51	立霸股份	3.18	江苏	2015-03-19	603519.SH

3.10 建筑行业品牌价值榜

2020 中国建筑行业上市公司品牌价值榜全面统计了品牌价值不低于 3 亿元的公司，共 125 家，品牌价值总计 7 651.15 亿元。

3.10.1 2020 中国建筑行业上市公司品牌价值榜分析

【行业集中度】 在 2020 中国建筑行业上市公司品牌价值榜中，排在第 1 位的公司为中国建筑，品牌价值 1 604.72 亿元，占行业榜单总计品牌价值的 21%；排在前 5 位的公司品牌价值合计 4 290.09 亿元，占行业榜单总计品牌价值的 56.1%；排在前 20 位的公司品牌价值合计 6 450.88 亿元，占行业榜单总计品牌价值的 84.3%。

【所在区域】 在2020中国建筑行业上市公司品牌价值榜中，125家公司来自27个地区。其中，来自北京的公司共计25家，品牌价值合计5 780.66亿元，占行业榜单总计品牌价值的75.6%，处于主导地位。其他地区企业的构成情况见图3-19和图3-20。

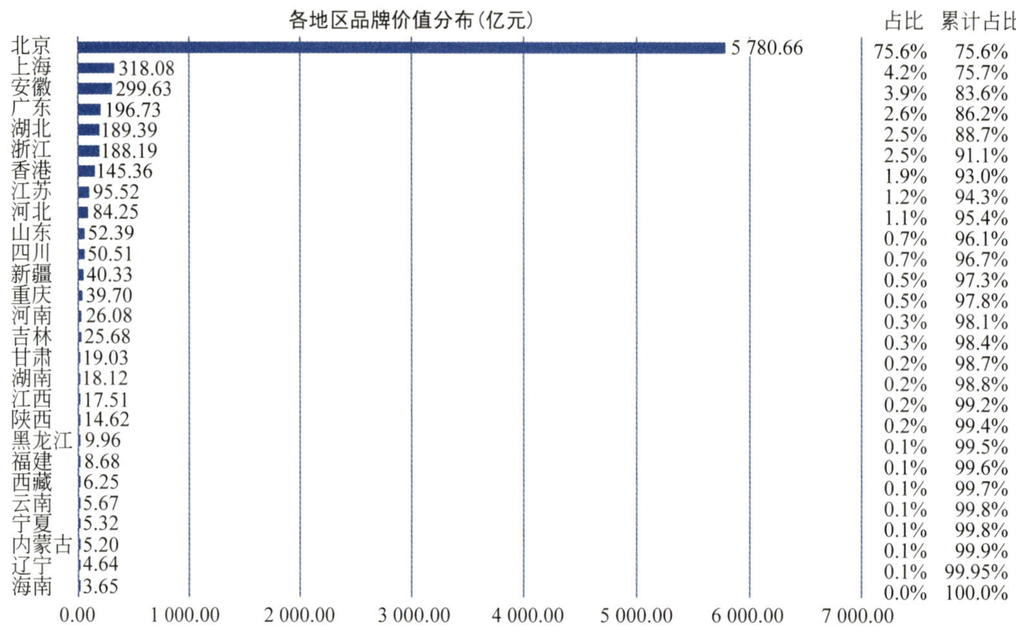

图3-19 2020中国建筑行业上市公司品牌价值榜所在区域品牌价值分布

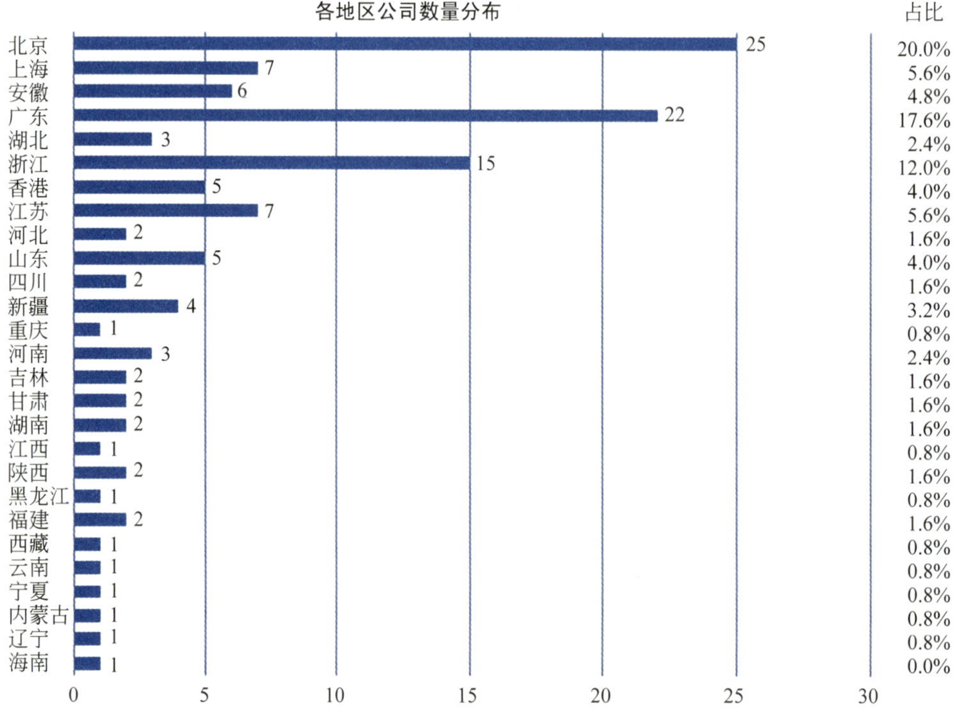

图3-20 2020中国建筑行业上市公司品牌价值榜所在区域公司数量分布

【上市板块】 在 2020 中国建筑行业上市公司品牌价值榜中，在沪市主板上市的公司有 44 家，品牌价值合计 5 890.83 亿元，占行业榜单总计品牌价值的 77%，排在第一位；在港股上市的中资股公司有 23 家，品牌价值合计 1 218.48 亿元，占行业榜单总计品牌价值的 15.9%，排在第二位；在深市中小企业板上市的公司有 39 家，品牌价值合计 339.49 亿元，占行业总计品牌价值的 4.4%，排在第三位。此外，在深市主板上市的公司有 13 家，品牌价值合计 172.62 亿元；在深市创业板上市的公司有 6 家，品牌价值合计 29.73 亿元。

【上市时间】 在 2020 中国建筑行业上市公司品牌价值榜中，2006—2010 年上市的公司有 34 家，品牌价值合计 4 433.94 亿元，占行业榜单总计品牌价值的 58%，排在第一位；2011—2015 年上市的公司有 32 家，品牌价值合计 1 574.17 亿元，占行业榜单总计品牌价值的 20.6%，排在第二位；1996—2000 年上市的公司有 18 家，品牌价值合计 540.29 亿元，占行业榜单总计品牌价值的 7.1%，排在第三位。此外，2001—2005 年上市的公司有 15 家，品牌价值合计 521.15 亿元；2016—2019 年上市的公司有 19 家，品牌价值合计 442.95 亿元；1996 年以前上市的公司有 7 家，品牌价值合计 138.64 亿元。

3.10.2 2020 中国建筑行业上市公司品牌价值榜单

排序	证券简称	品牌价值(亿元)	所在地	上市日期	证券代码
1	中国建筑	1 604.72	北京	2009-07-29	601668.SH
2	中国铁建	898.73	北京	2008-03-10	601186.SH
3	中国中铁	871.51	北京	2007-12-03	601390.SH
4	中国交建	605.53	北京	2012-03-09	601800.SH
5	中国电建	309.60	北京	2011-10-18	601669.SH
6	中国能源建设	293.94	北京	2015-12-10	3996.HK
7	中国中冶	284.37	北京	2009-09-21	601618.SH
8	中国建材	284.13	北京	2006-03-23	3323.HK
9	海螺水泥	248.77	安徽	2002-02-07	600585.SH
10	上海建工	204.75	上海	1998-06-23	600170.SH
11	中国铁塔	182.04	北京	2018-08-08	0788.HK
12	葛洲坝	129.36	湖北	1997-05-26	600068.SH
13	中国化学	95.74	北京	2010-01-07	601117.SH
14	金隅集团	83.12	北京	2011-03-01	601992.SH
15	中国建筑国际	67.18	香港	2005-07-08	3311.HK
16	华润水泥控股	65.64	香港	2009-10-06	1313.HK
17	中石化炼化工程	62.96	北京	2013-05-23	2386.HK

建筑行业榜单

续表

排序	证 券 简 称	品牌价值（亿元）	所在地	上市日期	证券代码
18	河北建设	60.68	河北	2017-12-15	1727.HK
19	华新水泥	50.21	湖北	1994-01-03	600801.SH
20	中国核建	47.90	上海	2016-06-06	601611.SH
21	四川路桥	46.82	四川	2003-03-25	600039.SH
22	中铝国际	45.39	北京	2018-08-31	601068.SH
23	隧道股份	42.54	上海	1994-01-28	600820.SH
24	中国联塑	42.07	广东	2010-06-23	2128.HK
25	重庆建工	39.70	重庆	2017-02-21	600939.SH
26	金螳螂	37.65	江苏	2006-11-20	002081.SZ
27	中国机械工程	35.98	北京	2012-12-21	1829.HK
28	安徽建工	28.53	安徽	2003-04-15	600502.SH
29	中材国际	27.83	江苏	2005-04-12	600970.SH
30	宝业集团	27.21	浙江	2003-06-30	2355.HK
31	北新建材	26.98	北京	1997-06-06	000786.SZ
32	冀东水泥	23.58	河北	1996-06-14	000401.SZ
33	龙元建设	22.87	浙江	2004-05-24	600491.SH
34	中国巨石	22.50	浙江	1999-04-22	600176.SH
35	东方雨虹	22.37	北京	2008-09-10	002271.SZ
36	山水水泥	21.08	山东	2008-07-04	0691.HK
37	江河集团	19.85	北京	2011-08-18	601886.SH
38	天健集团	19.41	广东	1999-07-21	000090.SZ
39	浙江交科	18.83	浙江	2006-08-16	002061.SZ
40	中国天瑞水泥	18.33	河南	2011-12-23	1252.HK
41	宁波建工	17.91	浙江	2011-08-16	601789.SH
42	西部建设	17.55	新疆	2009-11-03	002302.SZ
43	万年青	17.51	江西	1997-09-23	000789.SZ
44	中材科技	16.58	江苏	2006-11-20	002080.SZ
45	山东路桥	16.51	山东	1997-06-09	000498.SZ
46	广田集团	15.96	广东	2010-09-29	002482.SZ
47	亚泰集团	14.60	吉林	1995-11-15	600881.SH
48	中工国际	14.56	北京	2006-06-19	002051.SZ
49	旗滨集团	13.84	湖南	2011-08-12	601636.SH

续表

排序	证券简称	品牌价值（亿元）	所在地	上市日期	证券代码
50	南玻 A	13.24	广东	1992-02-28	000012.SZ
51	亚厦股份	12.35	浙江	2010-03-23	002375.SZ
52	塔牌集团	12.01	广东	2008-05-16	002233.SZ
53	宏润建设	11.18	浙江	2006-08-16	002062.SZ
54	中钢国际	11.08	吉林	1999-03-12	000928.SZ
55	伟星新材	10.85	浙江	2010-03-18	002372.SZ
56	龙建股份	9.96	黑龙江	1994-04-04	600853.SH
57	上峰水泥	9.95	甘肃	1996-12-18	000672.SZ
58	岭南股份	9.95	广东	2014-02-19	002717.SZ
59	东湖高新	9.82	湖北	1998-02-12	600133.SH
60	宝鹰股份	9.81	广东	2005-05-31	002047.SZ
61	北方国际	9.75	北京	1998-06-05	000065.SZ
62	粤水电	9.36	广东	2006-08-10	002060.SZ
63	西部水泥	9.20	陕西	2010-08-23	2233.HK
64	北新路桥	9.19	新疆	2009-11-11	002307.SZ
65	祁连山	9.08	甘肃	1996-07-16	600720.SH
66	方大集团	8.67	广东	1996-04-15	000055.SZ
67	东南网架	8.30	浙江	2007-05-30	002135.SZ
68	城建设计	8.02	北京	2014-07-08	1599.HK
69	浦东建设	7.50	上海	2004-03-16	600284.SH
70	铁汉生态	7.30	广东	2011-03-29	300197.SZ
71	天山股份	7.15	新疆	1999-01-07	000877.SZ
72	精工钢构	7.13	安徽	2002-06-05	600496.SH
73	鸿路钢构	7.00	安徽	2011-01-18	002541.SZ
74	杭萧钢构	6.99	浙江	2003-11-10	600477.SH
75	福莱特	6.85	浙江	2019-02-15	601865.SH
76	永高股份	6.78	浙江	2011-12-08	002641.SZ
77	巨匠建设	6.47	浙江	2016-01-12	1459.HK
78	新疆交建	6.44	新疆	2018-11-28	002941.SZ
79	华电重工	6.30	北京	2014-12-11	601226.SH
80	西藏天路	6.25	西藏	2001-01-16	600326.SH
81	全筑股份	6.13	上海	2015-03-20	603030.SH

续表

排序	证券简称	品牌价值(亿元)	所在地	上市日期	证券代码
82	中国海诚	6.02	上海	2007-02-15	002116.SZ
83	美晨生态	5.76	山东	2011-06-29	300237.SZ
84	云南建投混凝土	5.67	云南	2019-10-31	1847.HK
85	东易日盛	5.43	北京	2014-02-19	002713.SZ
86	延长化建	5.41	陕西	2000-06-22	600248.SH
87	华营建筑	5.37	香港	2019-10-16	1582.HK
88	宁夏建材	5.32	宁夏	2003-08-29	600449.SH
89	奇信股份	5.28	广东	2015-12-22	002781.SZ
90	蒙草生态	5.20	内蒙古	2012-09-27	300355.SZ
91	中国武夷	5.09	福建	1997-07-15	000797.SZ
92	坚朗五金	4.97	广东	2016-03-29	002791.SZ
93	尖峰集团	4.85	浙江	1993-07-28	600668.SH
94	蒙娜丽莎	4.81	广东	2017-12-19	002918.SZ
95	金晶科技	4.67	山东	2002-08-15	600586.SH
96	远大中国	4.64	辽宁	2011-05-17	2789.HK
97	中装建设	4.55	广东	2016-11-29	002822.SZ
98	中航三鑫	4.49	广东	2007-08-23	002163.SZ
99	普邦股份	4.43	广东	2012-03-16	002663.SZ
100	科顺股份	4.39	广东	2018-01-25	300737.SZ
101	东方铁塔	4.36	山东	2011-02-11	002545.SZ
102	远大住工	4.28	湖南	2019-11-06	2163.HK
103	腾达建设	4.26	浙江	2002-12-26	600512.SH
104	东华科技	4.17	安徽	2007-07-12	002140.SZ
105	交建股份	4.04	安徽	2019-10-21	603815.SH
106	濮耐股份	4.01	河南	2008-04-25	002225.SZ
107	棕榈股份	3.74	河南	2010-06-10	002431.SZ
108	四川双马	3.68	四川	1999-08-24	000935.SZ
109	海南瑞泽	3.65	海南	2011-07-07	002596.SZ
110	中国建筑兴业	3.60	香港	2010-03-30	0830.HK
111	天广中茂	3.59	福建	2010-11-23	002509.SZ
112	水发兴业能源	3.58	香港	2009-01-13	0750.HK
113	长海股份	3.54	江苏	2011-03-29	300196.SZ

续表

排序	证券简称	品牌价值(亿元)	所在地	上市日期	证券代码
114	洪涛股份	3.53	广东	2009-12-22	002325.SZ
115	美尚生态	3.53	江苏	2015-12-22	300495.SZ
116	中国赛特	3.31	江苏	2013-11-01	0153.HK
117	文科园林	3.28	广东	2015-06-29	002775.SZ
118	北京利尔	3.27	北京	2010-04-23	002392.SZ
119	森特股份	3.26	北京	2016-12-16	603098.SH
120	耀皮玻璃	3.24	上海	1994-01-28	600819.SH
121	爱得威建设集团	3.13	广东	2016-11-25	6189.HK
122	中化岩土	3.10	北京	2011-01-28	002542.SZ
123	柯利达	3.09	江苏	2015-02-26	603828.SH
124	建艺集团	3.04	广东	2016-03-11	002789.SZ
125	瑞和股份	3.04	广东	2011-09-29	002620.SZ

3.11 医药行业品牌价值榜

2020中国医药行业上市公司品牌价值榜全面统计了品牌价值不低于3亿元的公司，共251家，品牌价值总计7 016.8亿元。

3.11.1 2020中国医药行业上市公司品牌价值榜分析

【行业集中度】 在2020中国医药行业上市公司品牌价值榜中，排在前3位的公司品牌价值合计2 025.33亿元，占行业榜单总计品牌价值的28.9%；排在前20位的公司品牌价值合计3 750.11亿元，占行业榜单总计品牌价值的53.4%；排在前50位的公司品牌价值合计4 993.78亿元，占行业榜单总计品牌价值的71.2%。

【所在区域】 在2020中国医药行业上市公司品牌价值榜中，251家公司来自30个地区。其中，来自上海、北京和广东的公司共计77家，品牌价值合计3 751.79亿元，占行业榜单总计品牌价值的53.5%，处于主导地位。其他地区企业的构成情况见图3-21和图3-22。

【上市板块】 在2020中国医药行业上市公司品牌价值榜中，在沪市主板上市的公司有75家，品牌价值合计2 549.39亿元，占行业榜单总计品牌价值的36.3%，排在第一位；在港股上市的中资股公司有29家，品牌价值合计2 148.27亿元，占行业榜单总计品牌价值的30.6%，排在第二位；在深市主板上市的公司有27家，品牌价值合计895.32亿元，占行业总计品牌价值的12.8%，排在第三位。此外，在深市中小企业板上市的公司有57家，品牌价值合计853.22亿元；在深市创业板上市的公司有54家，品牌价值合计499.83亿

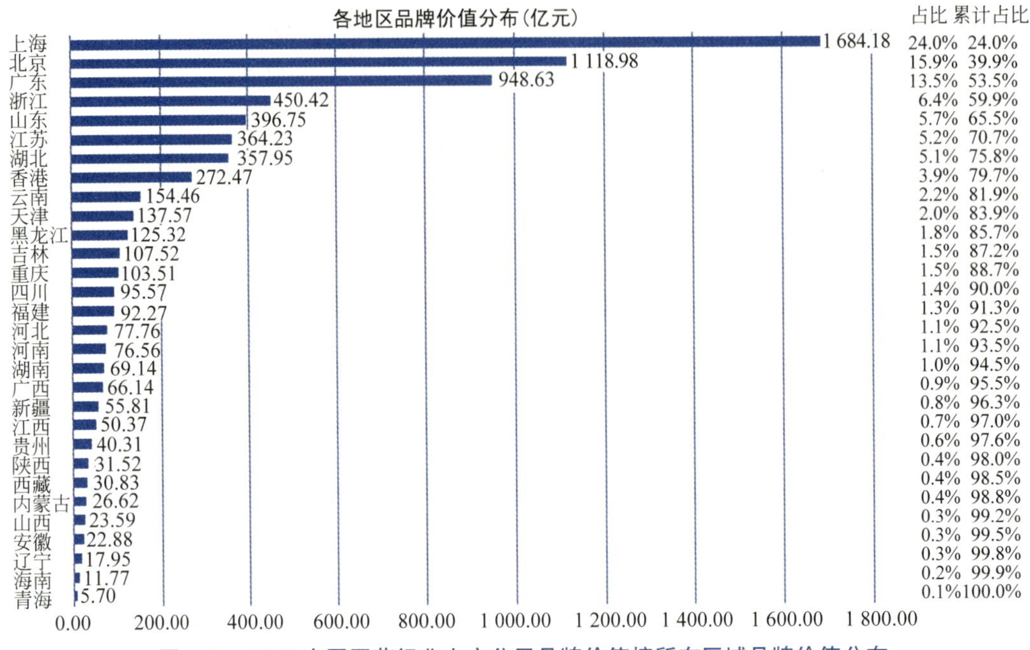

图 3-21 2020 中国医药行业上市公司品牌价值榜所在区域品牌价值分布

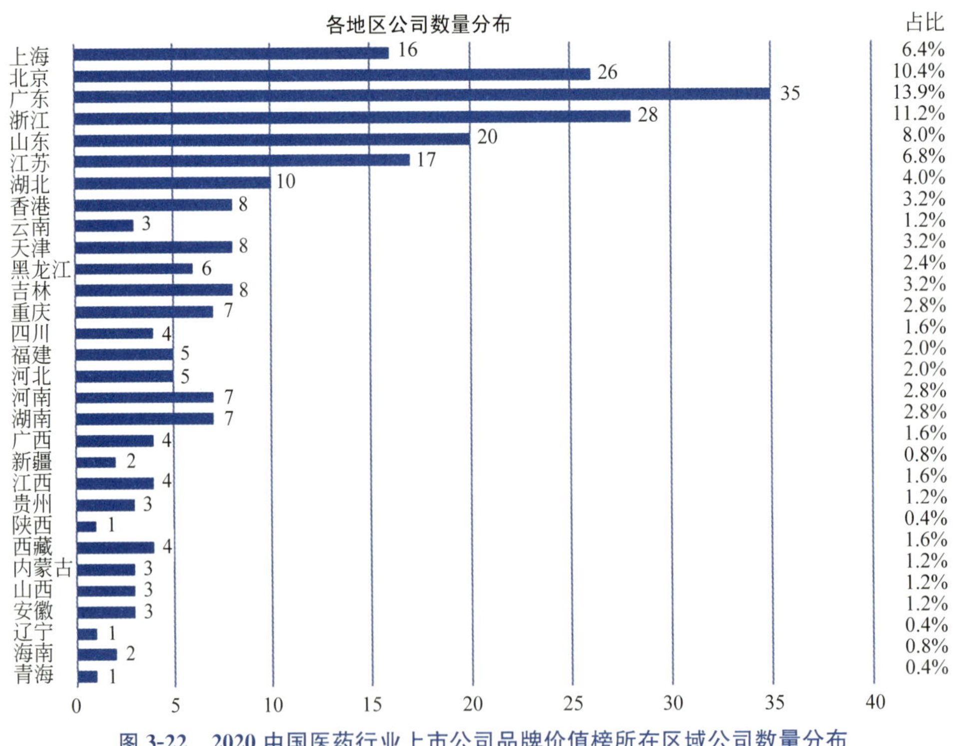

图 3-22 2020 中国医药行业上市公司品牌价值榜所在区域公司数量分布

元；国外中概股上市公司有 5 家，品牌价值合计 40.26 亿元；在沪市科创板上市的公司有 4 家，品牌价值合计 30.5 亿元。

【上市时间】 在 2020 中国医药行业上市公司品牌价值榜中，2006—2010 年上市的公司有 46 家，品牌价值合计 1 849.56 亿元，占行业榜单总计品牌价值的 26.4%，排在第一位；1996—2000 年上市的公司有 50 家，品牌价值合计 1 503.53 亿元，占行业榜单总计品牌价值的 21.4%，排在第二位；2016—2019 年上市的公司有 49 家，品牌价值合计 1 104.39 亿元，占行业榜单总计品牌价值的 15.7%，排在第三位。此外，1996 年以前上市的公司有 15 家，品牌价值合计 1 040.35 亿元；2001—2005 年上市的公司有 35 家，品牌价值合计 926.99 亿元；2011—2015 年上市的公司有 56 家，品牌价值合计 591.98 亿元。

3.11.2 2020 中国医药行业上市公司品牌价值榜单

排序	证券简称	品牌价值(亿元)	所在地	上市日期	证券代码
1	国药控股	1 000.17	上海	2009-09-23	1099.HK
2	华润医药	569.24	北京	2016-10-28	3320.HK
3	上海医药	455.91	上海	1994-03-24	601607.SH
4	九州通	219.03	湖北	2010-11-02	600998.SH
5	白云山	131.86	广东	2001-02-06	600332.SH
6	国药一致	130.78	广东	1993-08-09	000028.SZ
7	云南白药	123.78	云南	1993-12-15	000538.SZ
8	华东医药	109.03	浙江	2000-01-27	000963.SZ
9	恒瑞医药	108.20	江苏	2000-10-18	600276.SH
10	中国生物制药	99.76	香港	2000-09-29	1177.HK
11	复星医药	98.56	上海	1998-08-07	600196.SH
12	中国医药	92.02	北京	1997-05-15	600056.SH
13	国药股份	85.39	北京	2002-11-27	600511.SH
14	海王生物	84.02	广东	1998-12-18	000078.SZ
15	迈瑞医疗	81.90	广东	2018-10-16	300760.SZ
16	南京医药	78.16	江苏	1996-07-01	600713.SH
17	石药集团	77.45	香港	1994-06-21	1093.HK
18	瑞康医药	73.76	山东	2011-06-10	002589.SZ
19	同仁堂	65.68	北京	1997-06-25	600085.SH
20	ST 康美	65.41	广东	2001-03-19	600518.SH
21	天士力	64.59	天津	2002-08-23	600535.SH
22	健康元	60.78	广东	2001-06-08	600380.SH

续表

排序	证券简称	品牌价值(亿元)	所在地	上市日期	证券代码
23	步长制药	59.85	山东	2016-11-18	603858.SH
24	科伦药业	57.99	四川	2010-06-03	002422.SZ
25	药明康德	55.11	江苏	2018-05-08	603259.SH
26	华润三九	54.89	广东	2000-03-09	000999.SZ
27	人福医药	51.43	湖北	1997-06-06	600079.SH
28	中国中药	49.46	广东	1993-04-07	0570.HK
29	新和成	47.59	浙江	2004-06-25	002001.SZ
30	嘉事堂	46.60	北京	2010-08-18	002462.SZ
31	威高股份	44.39	山东	2004-02-27	1066.HK
32	丽珠集团	44.02	广东	1993-10-28	000513.SZ
33	哈药股份	43.43	黑龙江	1993-06-29	600664.SH
34	东阿阿胶	43.01	山东	1996-07-29	000423.SZ
35	现代制药	38.60	上海	2004-06-16	600420.SH
36	柳药股份	35.90	广西	2014-12-04	603368.SH
37	长春高新	35.29	吉林	1996-12-18	000661.SZ
38	乐普医疗	34.55	北京	2009-10-30	300003.SZ
39	济川药业	34.47	湖北	2001-08-22	600566.SH
40	重药控股	33.03	重庆	1999-09-16	000950.SZ
41	信立泰	32.74	广东	2009-09-10	002294.SZ
42	同济堂	32.04	新疆	1997-06-16	600090.SH
43	延安必康	31.52	陕西	2010-05-25	002411.SZ
44	康哲药业	31.31	广东	2010-09-28	0867.HK
45	华北制药	31.30	河北	1994-01-14	600812.SH
46	新华医疗	30.74	山东	2002-09-27	600587.SH
47	康恩贝	30.54	浙江	2004-04-12	600572.SH
48	海正药业	29.82	浙江	2000-07-25	600267.SH
49	吉林敖东	29.66	吉林	1996-10-28	000623.SZ
50	联邦制药	29.02	香港	2007-06-15	3933.HK
51	片仔癀	27.57	福建	2003-06-16	600436.SH
52	太极集团	26.54	重庆	1997-11-18	600129.SH
53	昆药集团	26.41	云南	2000-12-06	600422.SH
54	绿叶制药	26.06	山东	2014-07-09	2186.HK

续表

排序	证券简称	品牌价值（亿元）	所在地	上市日期	证券代码
55	华润双鹤	26.05	北京	1997-05-22	600062.SH
56	同仁堂科技	25.63	北京	2000-10-31	1666.HK
57	鹭燕医药	25.52	福建	2016-02-18	002788.SZ
58	普洛药业	25.36	浙江	1997-05-09	000739.SZ
59	华兰生物	24.52	河南	2004-06-25	002007.SZ
60	德展健康	23.77	新疆	1998-05-19	000813.SZ
61	人民同泰	23.62	黑龙江	1994-02-24	600829.SH
62	中新药业	23.50	天津	2001-06-06	600329.SH
63	亿帆医药	23.38	浙江	2004-07-13	002019.SZ
64	仁和药业	22.86	江西	1996-12-10	000650.SZ
65	浙江医药	22.75	浙江	1999-10-21	600216.SH
66	奥赛康	22.65	北京	2015-05-15	002755.SZ
67	华海药业	20.59	浙江	2003-03-04	600521.SH
68	远大医药	20.55	香港	1995-12-19	0512.HK
69	ST 辅仁	20.33	河南	1996-12-18	600781.SH
70	鱼跃医疗	19.84	江苏	2008-04-18	002223.SZ
71	以岭药业	19.80	河北	2011-07-28	002603.SZ
72	智飞生物	19.79	重庆	2010-09-28	300122.SZ
73	泰邦生物	19.53	北京	2009-12-02	CBPO.O
74	葵花药业	19.18	黑龙江	2014-12-30	002737.SZ
75	海普瑞	18.80	广东	2010-05-06	002399.SZ
76	誉衡药业	18.04	黑龙江	2010-06-23	002437.SZ
77	海翔药业	18.02	浙江	2006-12-26	002099.SZ
78	红日药业	18.01	天津	2009-10-30	300026.SZ
79	东北制药	17.95	辽宁	1996-05-23	000597.SZ
80	奥佳华	17.77	福建	2011-09-09	002614.SZ
81	石四药集团	17.56	香港	2005-12-20	2005.HK
82	九芝堂	17.44	湖南	2000-06-28	000989.SZ
83	中国同辐	17.42	北京	2018-07-06	1763.HK
84	四环医药	17.01	北京	2010-10-28	0460.HK
85	通化东宝	16.91	吉林	1994-08-24	600867.SH
86	信邦制药	16.89	贵州	2010-04-16	002390.SZ

续表

排序	证券简称	品牌价值(亿元)	所在地	上市日期	证券代码
87	东阳光药	16.82	湖北	2015-12-29	1558.HK
88	生物股份	16.81	内蒙古	1999-01-15	600201.SH
89	康弘药业	16.54	四川	2015-06-26	002773.SZ
90	泰格医药	16.30	浙江	2012-08-17	300347.SZ
91	中恒集团	16.29	广西	2000-11-30	600252.SH
92	天坛生物	16.28	北京	1998-06-16	600161.SH
93	康缘药业	15.89	江苏	2002-09-18	600557.SH
94	海思科	15.32	西藏	2012-01-17	002653.SZ
95	尔康制药	15.31	湖南	2011-09-27	300267.SZ
96	恩华药业	15.27	江苏	2008-07-23	002262.SZ
97	珍宝岛	14.55	黑龙江	2015-04-24	603567.SH
98	新华制药	14.47	山东	1997-08-06	000756.SZ
99	金达威	14.26	福建	2011-10-28	002626.SZ
100	山东药玻	13.87	山东	2002-06-03	600529.SH
101	康龙化成	13.71	北京	2019-01-28	300759.SZ
102	贵州百灵	13.64	贵州	2010-06-03	002424.SZ
103	安图生物	13.54	河南	2016-09-01	603658.SH
104	迈克生物	13.18	四川	2015-05-28	300463.SZ
105	创美药业	13.15	广东	2015-12-14	2289.HK
106	仙琚制药	13.13	浙江	2010-01-12	002332.SZ
107	双鹭药业	13.13	北京	2004-09-09	002038.SZ
108	神威药业	13.03	河北	2004-12-02	2877.HK
109	天津发展	12.89	香港	1997-12-10	0882.HK
110	辰欣药业	12.69	山东	2017-09-29	603367.SH
111	仙乐健康	12.62	广东	2019-09-25	300791.SZ
112	博雅生物	12.40	江西	2012-03-08	300294.SZ
113	金陵药业	12.18	江苏	1999-11-18	000919.SZ
114	众生药业	12.14	广东	2009-12-11	002317.SZ
115	平安好医生	11.86	上海	2018-05-04	1833.HK
116	千金药业	11.68	湖南	2004-03-12	600479.SH
117	长江健康	11.62	江苏	2010-06-18	002435.SZ
118	昊海生科	11.40	上海	2019-10-30	688366.SH

续表

排序	证券简称	品牌价值(亿元)	所在地	上市日期	证券代码
119	凯莱英	11.14	天津	2016-11-18	002821.SZ
120	上海莱士	11.11	上海	2008-06-23	002252.SZ
121	京新药业	11.00	浙江	2004-07-15	002020.SZ
122	太安堂	10.76	广东	2010-06-18	002433.SZ
123	丰原药业	10.75	安徽	2000-09-20	000153.SZ
124	康臣药业	10.69	广东	2013-12-19	1681.HK
125	桂林三金	10.47	广西	2009-07-10	002275.SZ
126	振东制药	10.33	山西	2011-01-07	300158.SZ
127	同仁堂国药	10.22	香港	2013-05-07	3613.HK
128	景峰医药	10.09	湖南	1999-02-03	000908.SZ
129	美康生物	10.05	浙江	2015-04-22	300439.SZ
130	亚宝药业	10.03	山西	2002-09-26	600351.SH
131	江中药业	9.98	江西	1996-09-23	600750.SH
132	奥美医疗	9.90	湖北	2019-03-11	002950.SZ
133	金城医药	9.89	山东	2011-06-22	300233.SZ
134	益佰制药	9.78	贵州	2004-03-23	600594.SH
135	华熙生物	9.62	山东	2019-11-06	688363.SH
136	东诚药业	9.15	山东	2012-05-25	002675.SZ
137	鲁抗医药	8.97	山东	1997-02-26	600789.SH
138	康泰生物	8.86	广东	2017-02-07	300601.SZ
139	马应龙	8.80	湖北	2004-05-17	600993.SH
140	健帆生物	8.79	广东	2016-08-02	300529.SZ
141	健友股份	8.66	江苏	2017-07-19	603707.SH
142	蓝帆医疗	8.61	山东	2010-04-02	002382.SZ
143	羚锐制药	8.57	河南	2000-10-18	600285.SH
144	山大华特	8.50	山东	1999-06-09	000915.SZ
145	华大基因	8.09	广东	2017-07-14	300676.SZ
146	科华生物	8.08	上海	2004-07-21	002022.SZ
147	香雪制药	7.96	广东	2010-12-15	300147.SZ
148	九洲药业	7.92	浙江	2014-10-10	603456.SH
149	海南海药	7.92	海南	1994-05-25	000566.SZ
150	上海凯宝	7.91	上海	2010-01-08	300039.SZ

续表

排序	证 券 简 称	品牌价值(亿元)	所在地	上市日期	证券代码
151	贝瑞基因	7.87	四川	1997-04-22	000710.SZ
152	万孚生物	7.86	广东	2015-06-30	300482.SZ
153	福安药业	7.66	重庆	2011-03-22	300194.SZ
154	贝达药业	7.54	浙江	2016-11-07	300558.SZ
155	安科生物	7.45	安徽	2009-10-30	300009.SZ
156	荣泰健康	7.45	上海	2017-01-11	603579.SH
157	康辰药业	7.44	北京	2018-08-27	603590.SH
158	浙江震元	7.42	浙江	1997-04-10	000705.SZ
159	新诺威	7.34	河北	2019-03-22	300765.SZ
160	易恒健康	7.31	上海	2019-11-08	MOHO.O
161	大博医疗	7.14	福建	2017-09-22	002901.SZ
162	尚荣医疗	6.97	广东	2011-02-25	002551.SZ
163	神奇制药	6.90	上海	1992-08-20	600613.SH
164	凯利泰	6.87	上海	2012-06-13	300326.SZ
165	紫鑫药业	6.84	吉林	2007-03-02	002118.SZ
166	健民集团	6.74	湖北	2004-04-19	600976.SH
167	赛升药业	6.67	北京	2015-06-26	300485.SZ
168	通化金马	6.52	吉林	1997-04-30	000766.SZ
169	哈三联	6.51	黑龙江	2017-09-22	002900.SZ
170	三诺生物	6.47	湖南	2012-03-19	300298.SZ
171	九强生物	6.36	北京	2014-10-30	300406.SZ
172	千红制药	6.34	江苏	2011-02-18	002550.SZ
173	天宇股份	6.33	浙江	2017-09-19	300702.SZ
174	一品红	6.29	广东	2017-11-16	300723.SZ
175	常山药业	6.28	河北	2011-08-19	300255.SZ
176	舒泰神	6.26	北京	2011-04-15	300204.SZ
177	天药股份	6.16	天津	2001-06-18	600488.SH
178	北大医药	6.08	重庆	1997-06-16	000788.SZ
179	金斯瑞生物科技	6.01	江苏	2015-12-30	1548.HK
180	金河生物	5.99	内蒙古	2012-07-13	002688.SZ
181	博腾股份	5.84	重庆	2014-01-29	300363.SZ
182	东瑞制药	5.82	江苏	2003-07-11	2348.HK

续表

排序	证 券 简 称	品牌价值(亿元)	所在地	上市日期	证券代码
183	广誉远	5.70	青海	1996-11-05	600771.SH
184	奇正藏药	5.66	西藏	2009-08-28	002287.SZ
185	英科医疗	5.65	山东	2017-07-21	300677.SZ
186	达安基因	5.55	广东	2004-08-09	002030.SZ
187	开立医疗	5.48	广东	2017-04-06	300633.SZ
188	中关村	5.41	北京	1999-07-12	000931.SZ
189	灵康药业	5.27	西藏	2015-05-28	603669.SH
190	瑞普生物	5.26	天津	2010-09-17	300119.SZ
191	翰宇药业	5.20	广东	2011-04-07	300199.SZ
192	富祥药业	5.13	江西	2015-12-22	300497.SZ
193	我武生物	5.09	浙江	2014-01-21	300357.SZ
194	和黄中国医药科技	5.02	香港	2016-03-17	HCM.O
195	南微医学	5.00	江苏	2019-07-22	688029.SH
196	亿胜生物科技	4.97	广东	2001-06-27	1061.HK
197	汉森制药	4.93	湖南	2010-05-25	002412.SZ
198	赛托生物	4.88	山东	2017-01-06	300583.SZ
199	迪瑞医疗	4.84	吉林	2014-09-10	300396.SZ
200	康德莱	4.83	上海	2016-11-21	603987.SH
201	振德医疗	4.74	浙江	2018-04-12	603301.SH
202	华通医药	4.72	浙江	2015-05-27	002758.SZ
203	欧普康视	4.68	安徽	2017-01-17	300595.SZ
204	江苏吴中	4.64	江苏	1999-04-01	600200.SH
205	亚太药业	4.61	浙江	2010-03-16	002370.SZ
206	西藏药业	4.59	西藏	1999-07-21	600211.SH
207	力生制药	4.57	天津	2010-04-23	002393.SZ
208	莱美药业	4.56	重庆	2009-10-30	300006.SZ
209	科兴生物	4.52	北京	2004-12-08	SVA.O
210	海尔生物	4.48	山东	2019-10-25	688139.SH
211	中源协和	4.35	天津	1993-05-04	600645.SH
212	塞力斯	4.34	湖北	2016-10-31	603716.SH
213	华仁药业	4.28	山东	2010-08-25	300110.SZ
214	和佳医疗	4.28	广东	2011-10-26	300273.SZ

续表

排序	证券简称	品牌价值(亿元)	所在地	上市日期	证券代码
215	润都股份	4.28	广东	2018-01-05	002923.SZ
216	沃森生物	4.27	云南	2010-11-12	300142.SZ
217	基蛋生物	4.18	江苏	2017-07-17	603387.SH
218	司太立	4.16	浙江	2016-03-09	603520.SH
219	精华制药	4.12	江苏	2010-02-03	002349.SZ
220	吉药控股	4.09	吉林	2010-08-25	300108.SZ
221	复旦复华	3.99	上海	1993-01-05	600624.SH
222	卫光生物	3.92	广东	2017-06-16	002880.SZ
223	溢多利	3.92	广东	2014-01-28	300381.SZ
224	中智药业	3.91	广东	2015-07-13	3737.HK
225	爱康医疗	3.90	北京	2017-12-20	1789.HK
226	未名医药	3.88	山东	2011-05-20	002581.SZ
227	百济神州	3.88	北京	2016-02-03	BGNE.O
228	昂利康	3.86	浙江	2018-10-23	002940.SZ
229	普利制药	3.85	海南	2017-03-28	300630.SZ
230	福瑞股份	3.82	内蒙古	2010-01-20	300049.SZ
231	美诺华	3.74	浙江	2017-04-07	603538.SH
232	金活医药集团	3.64	广东	2010-11-25	1110.HK
233	莱茵生物	3.48	广西	2007-09-13	002166.SZ
234	益盛药业	3.38	吉林	2011-03-18	002566.SZ
235	万东医疗	3.34	北京	1997-05-19	600055.SH
236	特一药业	3.33	广东	2014-07-31	002728.SZ
237	莎普爱思	3.31	浙江	2014-07-02	603168.SH
238	永安药业	3.27	湖北	2010-03-05	002365.SZ
239	太龙药业	3.26	河南	1999-11-05	600222.SH
240	复旦张江	3.24	上海	2002-08-13	1349.HK
241	双林生物	3.23	山西	1996-06-28	000403.SZ
242	方盛制药	3.23	湖南	2014-12-05	603998.SH
243	普莱柯	3.22	河南	2015-05-18	603566.SH
244	北陆药业	3.22	北京	2009-10-30	300016.SZ
245	济民制药	3.21	浙江	2015-02-17	603222.SH
246	联环药业	3.20	江苏	2003-03-19	600513.SH

续表

排序	证券简称	品牌价值(亿元)	所在地	上市日期	证券代码
247	佐力药业	3.16	浙江	2011-02-22	300181.SZ
248	海特生物	3.16	湖北	2017-08-08	300683.SZ
249	福森药业	3.11	河南	2018-07-11	1652.HK
250	利德曼	3.10	北京	2012-02-16	300289.SZ
251	花园生物	3.04	浙江	2014-10-09	300401.SZ

3.12 电子行业品牌价值榜

2020中国电子行业上市公司品牌价值榜全面统计了品牌价值不低于3亿元的公司，共214家，品牌价值总计6 384.83亿元。

3.12.1 2020中国电子行业上市公司品牌价值榜分析

【行业集中度】 在2020中国电子行业上市公司品牌价值榜中，排在第1位的公司为联想集团，品牌价值1 574.22亿元，占行业榜单总计品牌价值的24.7%；排在前10位的公司品牌价值合计3 272.01亿元，占行业榜单总计品牌价值的51.2%；排在前50位的公司品牌价值合计5 137.33亿元，占行业榜单总计品牌价值的80.5%。

【所在区域】 在2020中国电子行业上市公司品牌价值榜中，377家公司来自28个地区。其中，来自北京和广东的公司共计99家，品牌价值合计4 078.4亿元，占行业榜单总计品牌价值的63.9%，处于主导地位。其他地区企业的构成情况见图3-23和图3-24。

【上市板块】 在2020中国电子行业上市公司品牌价值榜中，在港股上市的中资股公司有20家，品牌价值合计1 924.1亿元，占行业榜单总计品牌价值的30.1%，排在第一位；在深市中小企业板上市的公司有66家，品牌价值合计1 709.16亿元，占行业榜单总计品牌价值的26.8%，排在第二位；在深市主板上市的公司有14家，品牌价值合计1 171.09亿元，占行业总计品牌价值的18.3%，排在第三位。此外，在沪市主板上市的公司有40家，品牌价值合计882.18亿元；在深市创业板上市的公司有63家，品牌价值合计611.51亿元；在沪市科创板上市的公司有8家，品牌价值合计49.86亿元；国外中概股上市公司有3家，品牌价值合计36.92亿元。

【上市时间】 在2020中国电子行业上市公司品牌价值榜中，1996年以前上市的公司有11家，品牌价值合计1 812.28亿元，占行业榜单总计品牌价值的28.4%，排在第一位；2006—2010年上市的公司有57家，品牌价值合计1 463.18亿元，占行业榜单总计品牌价值的22.9%，排在第二位；1996—2000年上市的公司有20家，品牌价值合计1 117.96亿元，占行业榜单总计品牌价值的17.5%，排在第三位。此外，2011—2015年上市的公司

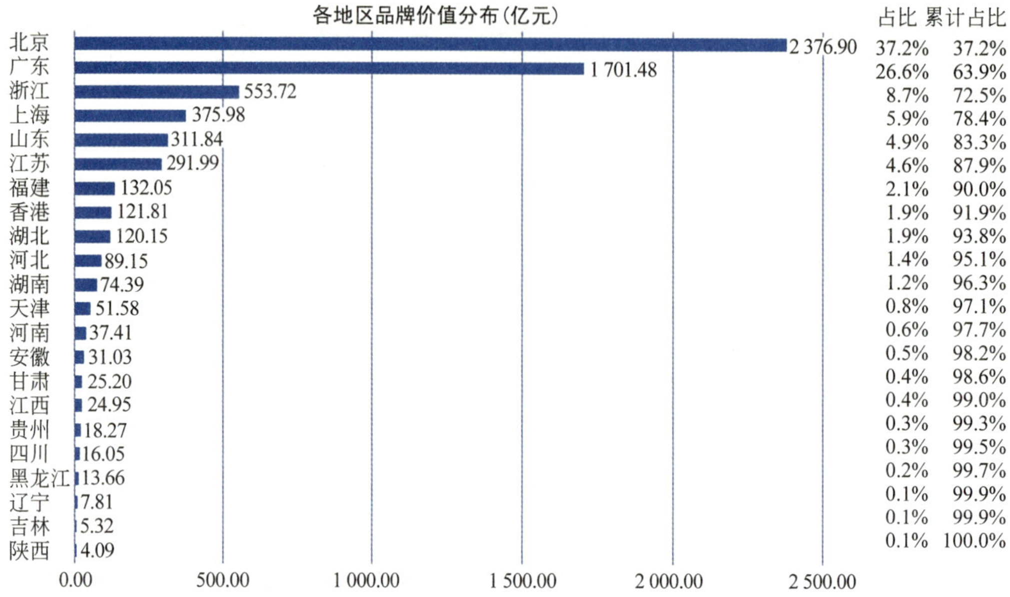

图 3-23　2020 中国电子行业上市公司品牌价值榜所在区域品牌价值分布

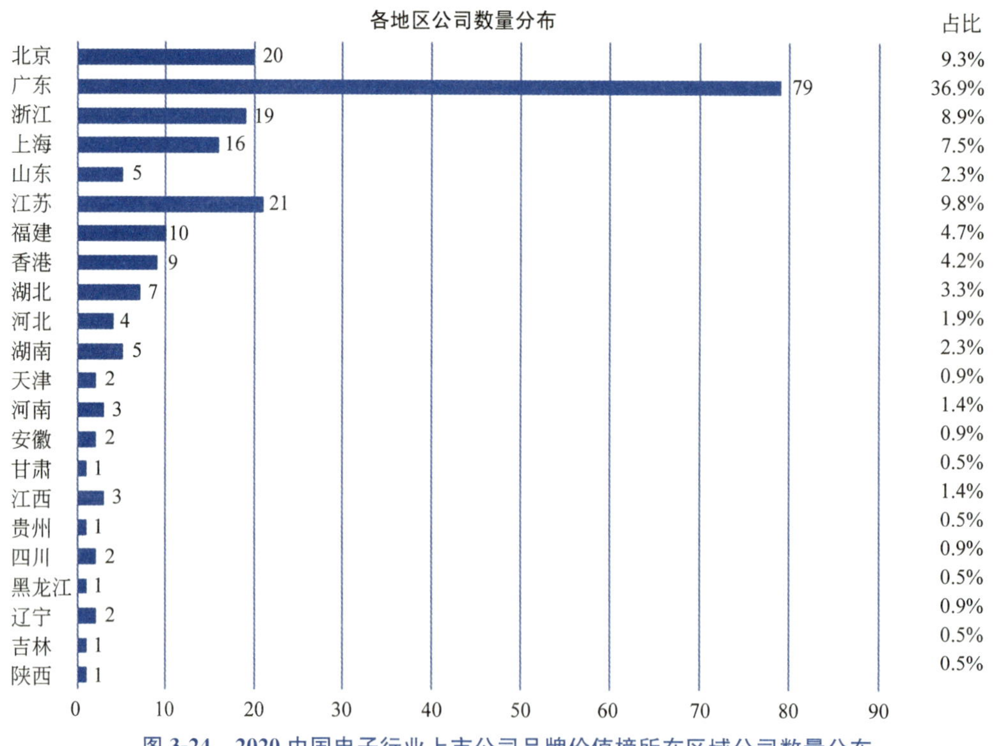

图 3-24　2020 中国电子行业上市公司品牌价值榜所在区域公司数量分布

有 47 家，品牌价值合计 740.69 亿元；2001—2005 年上市的公司有 16 家，品牌价值合计 654.04 亿元；2016—2019 年上市的公司有 63 家，品牌价值合计 596.67 亿元。

3.12.2 2020 中国电子行业上市公司品牌价值榜单

排序	证券简称	品牌价值（亿元）	所在地	上市日期	证券代码
1	联想集团	1 574.22	北京	1994-02-14	0992.HK
2	海康威视	280.91	浙江	2010-05-28	002415.SZ
3	中国长城	263.00	广东	1997-06-26	000066.SZ
4	京东方 A	215.86	北京	2001-01-12	000725.SZ
5	紫光股份	200.96	北京	1999-11-04	000938.SZ
6	浪潮信息	196.72	山东	2000-06-08	000977.SZ
7	立讯精密	152.95	广东	2010-09-15	002475.SZ
8	同方股份	130.39	北京	1997-06-27	600100.SH
9	航天信息	129.26	北京	2003-07-11	600271.SH
10	鹏鼎控股	127.74	广东	2018-09-18	002938.SZ
11	环旭电子	114.29	上海	2012-02-20	601231.SH
12	歌尔股份	89.02	山东	2008-05-22	002241.SZ
13	长电科技	84.67	江苏	2003-06-03	600584.SH
14	大华股份	84.27	浙江	2008-05-20	002236.SZ
15	领益智造	71.34	广东	2011-07-15	002600.SZ
16	中芯国际	69.52	上海	2004-03-18	0981.HK
17	欣旺达	68.56	广东	2011-04-21	300207.SZ
18	舜宇光学科技	67.37	浙江	2007-06-15	2382.HK
19	东旭光电	63.16	河北	1996-09-25	000413.SZ
20	协鑫集成	63.11	上海	2010-11-18	002506.SZ
21	欧菲光	60.89	广东	2010-08-03	002456.SZ
22	纳思达	55.86	广东	2007-11-13	002180.SZ
23	蓝思科技	54.25	湖南	2015-03-18	300433.SZ
24	三安光电	50.08	湖北	1996-05-28	600703.SH
25	大族激光	47.22	广东	2004-06-25	002008.SZ
26	中科曙光	45.91	天津	2014-11-06	603019.SH
27	广电运通	45.52	广东	2007-08-13	002152.SZ
28	德赛电池	45.39	广东	1995-03-20	000049.SZ
29	视源股份	44.94	广东	2017-01-19	002841.SZ
30	东山精密	42.59	江苏	2010-04-09	002384.SZ

续表

排序	证券简称	品牌价值（亿元）	所在地	上市日期	证券代码
31	合力泰	41.66	福建	2008-02-20	002217.SZ
32	深科技	41.42	广东	1994-02-02	000021.SZ
33	生益科技	40.79	广东	1998-10-28	600183.SH
34	深天马 A	38.43	广东	1995-03-15	000050.SZ
35	太极实业	37.89	江苏	1993-07-28	600667.SH
36	木林森	37.40	广东	2015-02-17	002745.SZ
37	新大陆	32.01	福建	2000-08-07	000997.SZ
38	华虹半导体	30.40	上海	2014-10-15	1347.HK
39	信利国际	29.65	香港	1991-07-29	0732.HK
40	利亚德	29.61	北京	2012-03-15	300296.SZ
41	汇顶科技	28.12	广东	2016-10-17	603160.SH
42	中航光电	27.50	河南	2007-11-01	002179.SZ
43	华天科技	25.20	甘肃	2007-11-20	002185.SZ
44	长信科技	24.62	安徽	2010-05-26	300088.SZ
45	信维通信	24.41	广东	2010-11-05	300136.SZ
46	力源信息	23.61	湖北	2011-02-22	300184.SZ
47	通富微电	22.74	江苏	2007-08-16	002156.SZ
48	深南电路	22.35	广东	2017-12-13	002916.SZ
49	华显光电	20.20	香港	1997-06-18	0334.HK
50	亿纬锂能	19.37	广东	2009-10-30	300014.SZ
51	方正科技	18.90	上海	1990-12-19	600601.SH
52	嘉楠科技	18.55	浙江	2019-11-21	CAN.O
53	三环集团	18.48	广东	2014-12-03	300408.SZ
54	景旺电子	18.38	广东	2017-01-06	603228.SH
55	振华科技	18.27	贵州	1997-07-03	000733.SZ
56	华工科技	18.00	湖北	2000-06-08	000988.SZ
57	鸿合科技	17.14	北京	2019-05-23	002955.SZ
58	长盈精密	17.04	广东	2010-09-02	300115.SZ
59	宝德科技集团	16.87	广东	2002-12-12	8236.HK
60	英唐智控	16.86	广东	2010-10-19	300131.SZ
61	新北洋	16.71	山东	2010-03-23	002376.SZ
62	百富环球	15.82	香港	2010-12-20	0327.HK

续表

排序	证券简称	品牌价值（亿元）	所在地	上市日期	证券代码
63	沪电股份	15.58	江苏	2010-08-18	002463.SZ
64	洲明科技	15.11	广东	2011-06-22	300232.SZ
65	国星光电	14.87	广东	2010-07-16	002449.SZ
66	韦尔股份	14.68	上海	2017-05-04	603501.SH
67	聚光科技	14.54	浙江	2011-04-15	300203.SZ
68	飞毛腿	14.32	福建	2006-12-21	1399.HK
69	航天科技	13.66	黑龙江	1999-04-01	000901.SZ
70	威胜控股	13.64	香港	2005-12-19	3393.HK
71	联创电子	13.53	江西	2004-09-03	002036.SZ
72	盈趣科技	13.48	福建	2018-01-15	002925.SZ
73	风华高科	13.34	广东	1996-11-29	000636.SZ
74	大全新能源	12.93	上海	2010-10-07	DQ.N
75	澜起科技	12.65	上海	2019-07-22	688008.SH
76	卫士通	12.55	四川	2008-08-11	002268.SZ
77	依顿电子	12.33	广东	2014-07-01	603328.SH
78	通达集团	12.06	香港	2000-12-22	0698.HK
79	崇达技术	11.99	广东	2016-10-12	002815.SZ
80	得润电子	11.61	广东	2006-07-25	002055.SZ
81	卓翼科技	11.17	广东	2010-03-16	002369.SZ
82	紫光国微	11.10	河北	2005-06-06	002049.SZ
83	兆易创新	11.06	北京	2016-08-18	603986.SH
84	超声电子	10.87	广东	1997-10-08	000823.SZ
85	春兴精工	10.51	江苏	2011-02-18	002547.SZ
86	青鸟消防	10.44	河北	2019-08-09	002960.SZ
87	航天控股	10.22	香港	1981-08-25	0031.HK
88	士兰微	10.14	浙江	2003-03-11	600460.SH
89	兴森科技	10.11	广东	2010-06-18	002436.SZ
90	海兴电力	9.71	浙江	2016-11-10	603556.SH
91	聚飞光电	9.57	广东	2012-03-19	300303.SZ
92	大恒科技	9.20	北京	2000-11-29	600288.SH
93	华灿光电	9.14	湖北	2012-06-01	300323.SZ
94	研祥智能	9.07	广东	2003-10-10	2308.HK

续表

排序	证券简称	品牌价值(亿元)	所在地	上市日期	证券代码
95	顺络电子	9.00	广东	2007-06-13	002138.SZ
96	金卡智能	8.92	浙江	2012-08-17	300349.SZ
97	北方华创	8.83	北京	2010-03-16	002371.SZ
98	建滔集团	8.81	香港	1997-05-01	0638.HK
99	捷佳伟创	8.77	广东	2018-08-10	300724.SZ
100	东方网力	8.69	北京	2014-01-29	300367.SZ
101	英飞拓	8.64	广东	2010-12-24	002528.SZ
102	新国都	8.62	广东	2010-10-19	300130.SZ
103	胜宏科技	8.48	广东	2015-06-11	300476.SZ
104	光弘科技	8.19	广东	2017-12-29	300735.SZ
105	水晶光电	8.18	浙江	2008-09-19	002273.SZ
106	华兴源创	8.14	江苏	2019-07-22	688001.SH
107	劲胜智能	8.00	广东	2010-05-20	300083.SZ
108	星星科技	7.92	浙江	2011-08-19	300256.SZ
109	莱宝高科	7.76	广东	2007-01-12	002106.SZ
110	联创光电	7.75	江西	2001-03-29	600363.SH
111	法拉电子	7.67	福建	2002-12-10	600563.SH
112	光峰科技	7.63	广东	2019-07-22	688007.SH
113	鹏辉能源	7.60	广东	2015-04-24	300438.SZ
114	鸿利智汇	7.52	广东	2011-05-18	300219.SZ
115	艾比森	7.48	广东	2014-08-01	300389.SZ
116	苏州科达	7.47	江苏	2016-12-01	603660.SH
117	天喻信息	7.31	湖北	2011-04-21	300205.SZ
118	金安国纪	7.30	上海	2011-11-25	002636.SZ
119	拓邦股份	7.22	广东	2007-06-29	002139.SZ
120	恒宝股份	7.19	江苏	2007-01-10	002104.SZ
121	晶晨股份	7.15	上海	2019-08-08	688099.SH
122	精测电子	7.13	湖北	2016-11-22	300567.SZ
123	扬杰科技	7.07	江苏	2014-01-23	300373.SZ
124	电连技术	7.06	广东	2017-07-31	300679.SZ
125	和而泰	7.01	广东	2010-05-11	002402.SZ
126	同兴达	6.97	广东	2017-01-25	002845.SZ

续表

排序	证券简称	品牌价值(亿元)	所在地	上市日期	证券代码
127	奥士康	6.94	湖南	2017-12-01	002913.SZ
128	北大青鸟环宇	6.66	北京	2000-07-27	8095.HK
129	苏州固锝	6.51	江苏	2006-11-16	002079.SZ
130	凯盛科技	6.41	安徽	2002-11-08	600552.SH
131	世运电路	6.35	广东	2017-04-26	603920.SH
132	艾华集团	6.22	湖南	2015-05-15	603989.SH
133	上海复旦	6.04	上海	2000-08-04	1385.HK
134	东信和平	6.02	广东	2004-07-13	002017.SZ
135	京东方精电	5.97	香港	1991-07-01	0710.HK
136	火炬电子	5.94	福建	2015-01-26	603678.SH
137	东软载波	5.89	山东	2011-02-22	300183.SZ
138	思创医惠	5.76	浙江	2010-04-30	300078.SZ
139	金龙机电	5.71	浙江	2009-12-25	300032.SZ
140	炬华科技	5.68	浙江	2014-01-21	300360.SZ
141	恒银金融	5.67	天津	2017-09-20	603106.SH
142	锐明技术	5.65	广东	2019-12-17	002970.SZ
143	润欣科技	5.62	上海	2015-12-10	300493.SZ
144	汉威科技	5.61	河南	2009-10-30	300007.SZ
145	证通电子	5.55	广东	2007-12-18	002197.SZ
146	智莱科技	5.55	广东	2019-04-22	300771.SZ
147	瑞丰光电	5.46	广东	2011-07-12	300241.SZ
148	依利安达	5.44	香港	1994-11-03	E16.SG
149	华微电子	5.32	吉林	2001-03-16	600360.SH
150	苍南仪表	5.29	浙江	2019-01-04	1743.HK
151	锦富技术	5.25	江苏	2010-10-13	300128.SZ
152	大豪科技	5.13	北京	2015-04-22	603025.SH
153	科森科技	5.08	江苏	2017-02-09	603626.SH
154	高德红外	4.88	湖北	2010-07-16	002414.SZ
155	宁水集团	4.87	浙江	2019-01-22	603700.SH
156	飞荣达	4.87	广东	2017-01-26	300602.SZ
157	雪迪龙	4.86	北京	2012-03-09	002658.SZ
158	江海股份	4.85	江苏	2010-09-29	002484.SZ

续表

排序	证 券 简 称	品牌价值(亿元)	所在地	上市日期	证券代码
159	飞天诚信	4.76	北京	2014-06-26	300386.SZ
160	航天长峰	4.75	北京	1994-04-25	600855.SH
161	达华智能	4.75	福建	2010-12-03	002512.SZ
162	朗科科技	4.71	广东	2010-01-08	300042.SZ
163	全志科技	4.63	广东	2015-05-15	300458.SZ
164	中海达	4.62	广东	2011-02-15	300177.SZ
165	博敏电子	4.61	广东	2015-12-09	603936.SH
166	捷荣技术	4.52	广东	2017-03-21	002855.SZ
167	铭普光磁	4.50	广东	2017-09-29	002902.SZ
168	先河环保	4.46	河北	2010-11-05	300137.SZ
169	弘信电子	4.43	福建	2017-05-23	300657.SZ
170	捷顺科技	4.42	广东	2011-08-15	002609.SZ
171	海洋王	4.38	广东	2014-11-04	002724.SZ
172	亚世光电	4.34	辽宁	2019-03-28	002952.SZ
173	中光学	4.30	河南	2007-12-03	002189.SZ
174	长方集团	4.25	广东	2012-03-21	300301.SZ
175	赛晶电力电子	4.22	北京	2010-10-13	0580.HK
176	精研科技	4.21	江苏	2017-10-19	300709.SZ
177	洁美科技	4.19	浙江	2017-04-07	002859.SZ
178	奥拓电子	4.18	广东	2011-06-10	002587.SZ
179	春秋电子	4.17	江苏	2017-12-12	603890.SH
180	睿能科技	4.16	福建	2017-07-06	603933.SH
181	中航电测	4.09	陕西	2010-08-27	300114.SZ
182	卓胜微	4.09	江苏	2019-06-18	300782.SZ
183	金溢科技	4.07	广东	2017-05-15	002869.SZ
184	华正新材	3.97	浙江	2017-01-03	603186.SH
185	利通电子	3.96	江苏	2018-12-24	603629.SH
186	力合科技	3.94	湖南	2019-11-06	300800.SZ
187	康强电子	3.93	浙江	2007-03-02	002119.SZ
188	杰普特	3.84	广东	2019-10-31	688025.SH
189	圣邦股份	3.83	北京	2017-06-06	300661.SZ
190	御银股份	3.82	广东	2007-11-01	002177.SZ

续表

排序	证券简称	品牌价值(亿元)	所在地	上市日期	证券代码
191	意华股份	3.80	浙江	2017-09-07	002897.SZ
192	中电华大科技	3.75	北京	1997-07-25	0085.HK
193	鸿远电子	3.71	北京	2019-05-15	603267.SH
194	中微公司	3.70	上海	2019-07-22	688012.SH
195	海能实业	3.67	江西	2019-08-15	300787.SZ
196	隆利科技	3.61	广东	2018-11-30	300752.SZ
197	乾照光电	3.61	福建	2010-08-12	300102.SZ
198	明阳电路	3.60	广东	2018-02-01	300739.SZ
199	易德龙	3.52	江苏	2017-06-22	603380.SH
200	中京电子	3.50	广东	2011-05-06	002579.SZ
201	睿创微纳	3.50	山东	2019-07-22	688002.SH
202	福蓉科技	3.49	四川	2019-05-23	603327.SH
203	聚龙股份	3.46	辽宁	2011-04-15	300202.SZ
204	中颖电子	3.42	上海	2012-06-13	300327.SZ
205	捷捷微电	3.36	江苏	2017-03-14	300623.SZ
206	晶丰明源	3.25	上海	2019-10-14	688368.SH
207	麦捷科技	3.19	广东	2012-05-23	300319.SZ
208	晶方科技	3.14	江苏	2014-02-10	603005.SH
209	欧比特	3.14	广东	2010-02-11	300053.SZ
210	京泉华	3.08	广东	2017-06-27	002885.SZ
211	宇瞳光学	3.06	广东	2019-09-20	300790.SZ
212	宏达电子	3.03	湖南	2017-11-21	300726.SZ
213	安车检测	3.03	广东	2016-12-06	300572.SZ
214	博通集成	3.02	上海	2019-04-15	603068.SH

3.13 运输行业品牌价值榜

2020 中国运输行业上市公司品牌价值榜全面统计了品牌价值不低于 3 亿元的公司，共 112 家，品牌价值总计 6 168.07 亿元。

3.13.1 2020 中国运输行业上市公司品牌价值榜分析

【行业集中度】 在 2020 中国运输行业上市公司品牌价值榜中，排在前 5 位的公司品牌价值合计 2 242.3 亿元，占行业榜单总计品牌价值的 36.4%；排在前 10 位的公司品牌价值合计 3 327.58 亿元，占行业榜单总计品牌价值的 53.9%；排在前 30 位的公司品牌价值合计 4 839.37 亿元，占行业榜单总计品牌价值的 78.5%。

【所在区域】 在 2020 中国运输行业上市公司品牌价值榜中，112 家公司来自 26 个地区。其中，来自广东、上海和北京的公司共计 39 家，品牌价值合计 3 361.63 亿元，占行业榜单总计品牌价值的 54.5%，处于主导地位。其他地区企业的构成情况见图 3-25 和图 3-26。

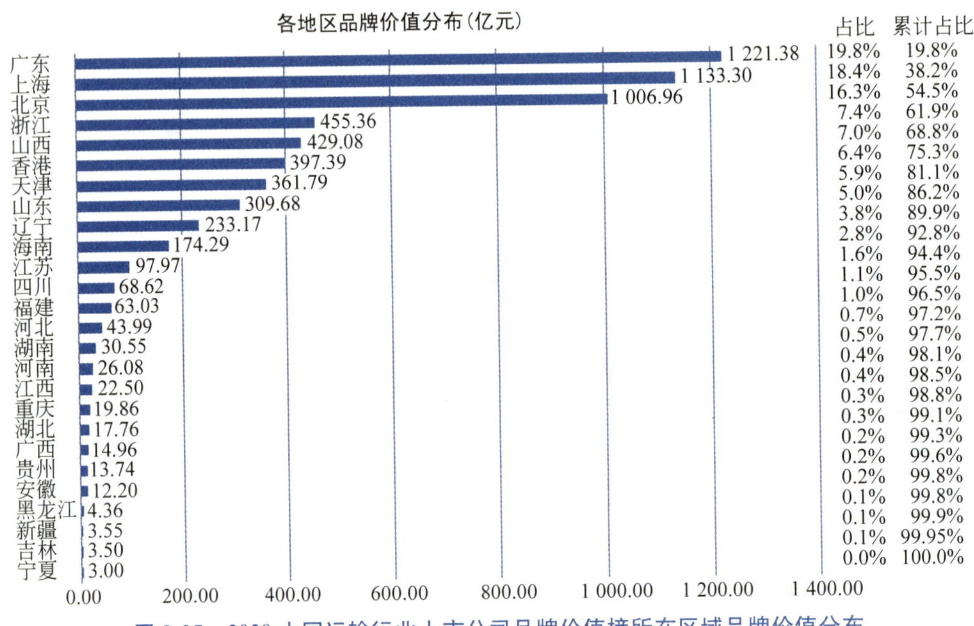

图 3-25 2020 中国运输行业上市公司品牌价值榜所在区域品牌价值分布

【上市板块】 在 2020 中国运输行业上市公司品牌价值榜中，在沪市主板上市的公司有 61 家，品牌价值合计 4 326.87 亿元，占行业榜单总计品牌价值的 70.1%，排在第一位；在深市中小企业板上市的公司有 12 家，品牌价值合计 827.37 亿元，占行业总计品牌价值的 13.4%，排在第二位；在港股上市的中资股公司有 21 家，品牌价值合计 597.46 亿元，占行业榜单总计品牌价值的 9.7%，排在第三位。此外，国外中概股上市公司有 2 家，品牌价值合计 212.86 亿元；在深市主板上市的公司有 14 家，品牌价值合计 185.94 亿元；在深市创业板上市的公司有 2 家，品牌价值合计 17.58 亿元。

【上市时间】 在 2020 中国运输行业上市公司品牌价值榜中，2006—2010 年上市的公司有 24 家，品牌价值合计 2 426.95 亿元，占行业榜单总计品牌价值的 39.3%，排在第一位；1996—2000 年上市的公司有 27 家，品牌价值合计 1 260.75 亿元，占行业榜单总计品牌价值的 20.4%，排在第二位；2016—2019 年上市的有公司 23 家，品牌价值合计 1 093.03 亿元，占行业榜单总计品牌价值的 17.7%，排在第三位。此外，2001—2005 年上市的公司有 17 家，品牌价值合计 858.1 亿元；1996 年以前上市的公司有 11 家，品牌价值合计

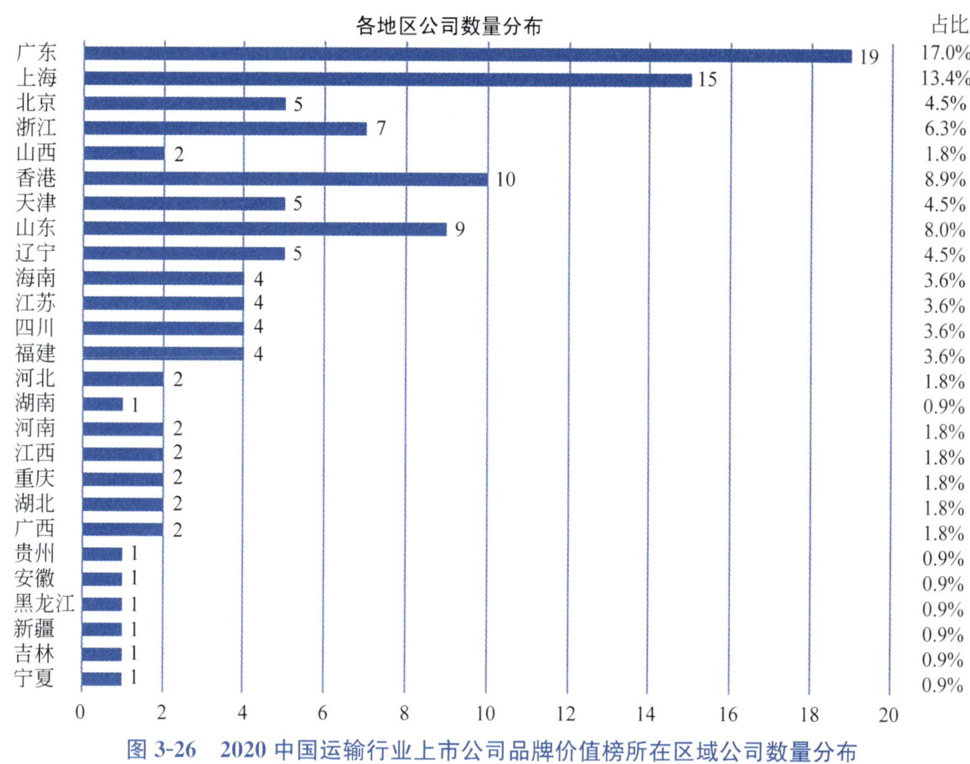

图 3-26 2020 中国运输行业上市公司品牌价值榜所在区域公司数量分布

293.87 亿元；2011—2015 年上市的公司有 10 家，品牌价值合计 235.38 亿元。

3.13.2 2020 中国运输行业上市公司品牌价值榜单

排序	证券简称	品牌价值(亿元)	所在地	上市日期	证券代码
1	中国国航	509.94	北京	2006-08-18	601111.SH
2	南方航空	450.01	广东	2003-07-25	600029.SH
3	顺丰控股	444.26	广东	2010-02-05	002352.SZ
4	大秦铁路	425.04	山西	2006-08-01	601006.SH
5	中国外运	413.05	北京	2019-01-18	601598.SH
6	东方航空	359.65	上海	1997-11-05	600115.SH
7	中远海控	256.35	天津	2007-06-26	601919.SH
8	海航控股	157.09	海南	1999-11-25	600221.SH
9	上港集团	156.14	上海	2006-10-26	600018.SH
10	圆通速递	156.06	辽宁	2000-06-08	600233.SH
11	瑞茂通	149.24	山东	1998-07-03	600180.SH
12	东方海外国际	142.37	香港	1992-07-31	0316.HK

续表

排序	证券简称	品牌价值（亿元）	所在地	上市日期	证券代码
13	中通快递	140.32	上海	2016-10-27	ZTO.N
14	申通快递	108.04	浙江	2010-09-08	002468.SZ
15	韵达股份	105.39	浙江	2007-03-06	002120.SZ
16	德邦股份	85.68	上海	2018-01-16	603056.SH
17	百世集团	72.54	浙江	2017-09-20	BEST.N
18	广深铁路	63.75	广东	2006-12-22	601333.SH
19	上海机场	61.24	上海	1998-02-18	600009.SH
20	宁波港	59.28	浙江	2010-09-28	601018.SH
21	中银航空租赁	57.65	香港	2016-06-01	2588.HK
22	中远海发	55.25	上海	2007-12-12	601866.SH
23	宁沪高速	54.19	江苏	2001-01-16	600377.SH
24	吉祥航空	53.96	上海	2015-05-27	603885.SH
25	传化智联	52.17	浙江	2004-06-29	002010.SZ
26	浙江沪杭甬	52.06	浙江	1997-05-15	0576.HK
27	春秋航空	51.88	上海	2015-01-21	601021.SH
28	中远海能	50.76	上海	2002-05-23	600026.SH
29	青岛港	50.35	山东	2019-01-21	601298.SH
30	东方嘉盛	45.65	广东	2017-07-31	002889.SZ
31	招商公路	45.64	天津	2017-12-25	001965.SZ
32	华贸物流	44.34	上海	2012-05-29	603128.SH
33	海丰国际	43.63	香港	2010-10-06	1308.HK
34	山东高速	41.71	山东	2002-03-18	600350.SH
35	铁龙物流	38.03	辽宁	1998-05-11	600125.SH
36	深圳国际	37.85	香港	1972-09-25	0152.HK
37	北京首都机场股份	37.61	北京	2000-02-01	0694.HK
38	招商轮船	33.90	上海	2006-12-01	601872.SH
39	天津港发展	33.83	香港	2006-05-24	3382.HK
40	易见股份	32.27	四川	1997-06-26	600093.SH
41	天津港	32.19	天津	1996-06-14	600717.SH
42	现代投资	30.55	湖南	1999-01-28	000900.SZ
43	白云机场	29.78	广东	2003-04-28	600004.SH
44	深高速	29.71	广东	2001-12-25	600548.SH

续表

排序	证券简称	品牌价值(亿元)	所在地	上市日期	证券代码
45	招商局港口	27.25	香港	1992-07-15	0144.HK
46	唐山港	26.53	河北	2010-07-05	601000.SH
47	中创物流	26.03	山东	2019-04-29	603967.SH
48	嘉友国际	25.06	北京	2018-02-06	603871.SH
49	厦门港务	24.23	福建	2005-12-19	3378.HK
50	四川成渝	23.54	四川	2009-07-27	601107.SH
51	粤运交通	23.31	广东	2005-10-26	3399.HK
52	中原高速	21.59	河南	2003-08-08	600020.SH
53	普路通	21.49	广东	2015-06-29	002769.SZ
54	长久物流	21.29	北京	2016-08-10	603569.SH
55	中国飞机租赁	19.26	天津	2014-07-11	1848.HK
56	厦门港务	18.28	福建	1999-04-29	000905.SZ
57	大连港	17.91	辽宁	2010-12-06	601880.SH
58	越秀交通基建	17.62	香港	1997-01-30	1052.HK
59	秦港股份	17.46	河北	2017-08-16	601326.SH
60	中远海特	17.36	广东	2002-04-18	600428.SH
61	中远海运港口	17.10	香港	1994-12-19	1199.HK
62	广州港	16.91	广东	2017-03-29	601228.SH
63	澳洋顺昌	16.13	江苏	2008-06-05	002245.SZ
64	赣粤高速	16.00	江西	2000-05-18	600269.SH
65	粤高速 A	15.72	广东	1998-02-20	000429.SZ
66	招商港口	15.26	广东	1993-05-05	001872.SZ
67	强生控股	14.64	上海	1993-06-14	600662.SH
68	招商南油	13.89	江苏	2019-01-08	601975.SH
69	飞力达	13.75	江苏	2011-07-06	300240.SZ
70	华夏航空	13.74	贵州	2018-03-02	002928.SZ
71	深圳机场	13.02	广东	1998-04-20	000089.SZ
72	营口港	12.70	辽宁	2002-01-31	600317.SH
73	福建高速	12.67	福建	2001-02-09	600033.SH
74	皖通高速	12.20	安徽	2003-01-07	600012.SH
75	中远海运国际	12.03	香港	1992-02-11	0517.HK
76	恒通股份	11.89	山东	2015-06-30	603223.SH

续表

排序	证券简称	品牌价值（亿元）	所在地	上市日期	证券代码
77	日照港	11.83	山东	2006-10-17	600017.SH
78	楚天高速	11.35	湖北	2004-03-10	600035.SH
79	北部湾港	10.47	广西	1995-11-02	000582.SZ
80	密尔克卫	10.45	上海	2018-07-13	603713.SH
81	重庆港九	10.40	重庆	2000-07-31	600279.SH
82	东莞控股	10.01	广东	1997-06-17	000828.SZ
83	长安民生物流	9.47	重庆	2006-02-23	1292.HK
84	锦江投资	8.88	上海	1993-06-07	600650.SH
85	渤海轮渡	8.58	山东	2012-09-06	603167.SH
86	锦州港	8.48	辽宁	1999-06-09	600190.SH
87	滨海泰达物流	8.35	天津	2008-04-30	8348.HK
88	珠江船务	8.06	香港	1997-05-23	0560.HK
89	成都高速	7.88	四川	2019-01-15	1785.HK
90	厦门空港	7.86	福建	1996-05-31	600897.SH
91	美兰空港	7.86	海南	2002-11-18	0357.HK
92	江西长运	6.50	江西	2002-07-16	600561.SH
93	宜昌交运	6.41	湖北	2011-11-03	002627.SZ
94	齐鲁高速	6.29	山东	2018-07-19	1576.HK
95	畅联股份	6.20	上海	2017-09-13	603648.SH
96	宁波海运	5.87	浙江	1997-04-23	600798.SH
97	嘉诚国际	5.86	广东	2017-08-08	603535.SH
98	海峡股份	5.59	海南	2009-12-16	002320.SZ
99	中信海直	5.33	广东	2000-07-31	000099.SZ
100	盐田港	5.10	广东	1997-07-28	000088.SZ
101	珠海港	5.01	广东	1993-03-26	000507.SZ
102	富临运业	4.93	四川	2010-02-10	002357.SZ
103	五洲交通	4.49	广西	2000-12-21	600368.SH
104	城发环境	4.49	河南	1999-03-19	000885.SZ
105	龙江交通	4.36	黑龙江	2010-03-19	601188.SH
106	山西路桥	4.05	山西	1997-06-27	000755.SZ
107	华鹏飞	3.83	广东	2012-08-21	300350.SZ
108	日照港裕廊	3.76	山东	2019-06-19	6117.HK

续表

排序	证 券 简 称	品牌价值(亿元)	所在地	上市日期	证券代码
109	海汽集团	3.75	海南	2016-07-12	603069.SH
110	天顺股份	3.55	新疆	2016-05-30	002800.SZ
111	吉林高速	3.50	吉林	2010-03-19	601518.SH
112	西部创业	3.00	宁夏	1994-06-17	000557.SZ

3.14 通信行业品牌价值榜

2020 中国通信行业上市公司品牌价值榜全面统计了品牌价值不低于 3 亿元的公司，共 76 家，品牌价值总计 4 547.73 亿元。

3.14.1 2020 中国通信行业上市公司品牌价值榜分析

【行业集中度】 在 2020 中国通信行业上市公司品牌价值榜中，排在第 1 位的公司为小米集团-W，品牌价值 948.03 亿元，占行业榜单总计品牌价值的 20.8%；排在前 5 位的公司品牌价值合计 2 732.69 亿元，占行业榜单总计品牌价值的 60.1%；排在前 20 位的公司品牌价值合计 3 891.58 亿元，占行业榜单总计品牌价值的 85.6%。

【所在区域】 在 2020 中国通信行业上市公司品牌价值榜中，76 家公司来自 17 个地区。其中，来自广东、北京和湖北的公司共计 28 家，品牌价值合计 3 213.47 亿元，占行业榜单总计品牌价值的 70.7%，处于主导地位。其他地区企业的构成情况见图 3-27 和图 3-28。

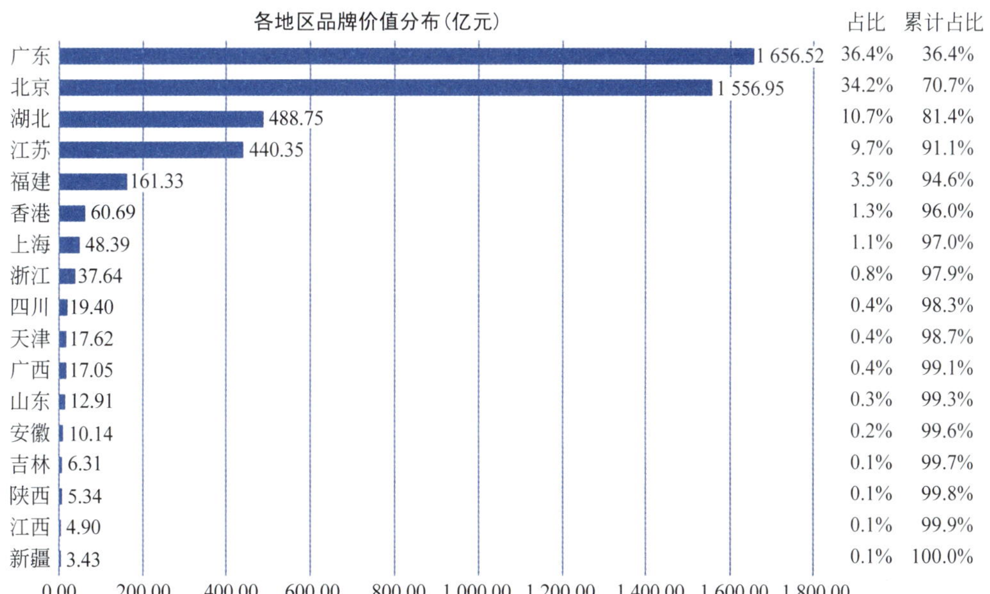

图 3-27 2020 中国通信行业上市公司品牌价值榜所在区域品牌价值分布

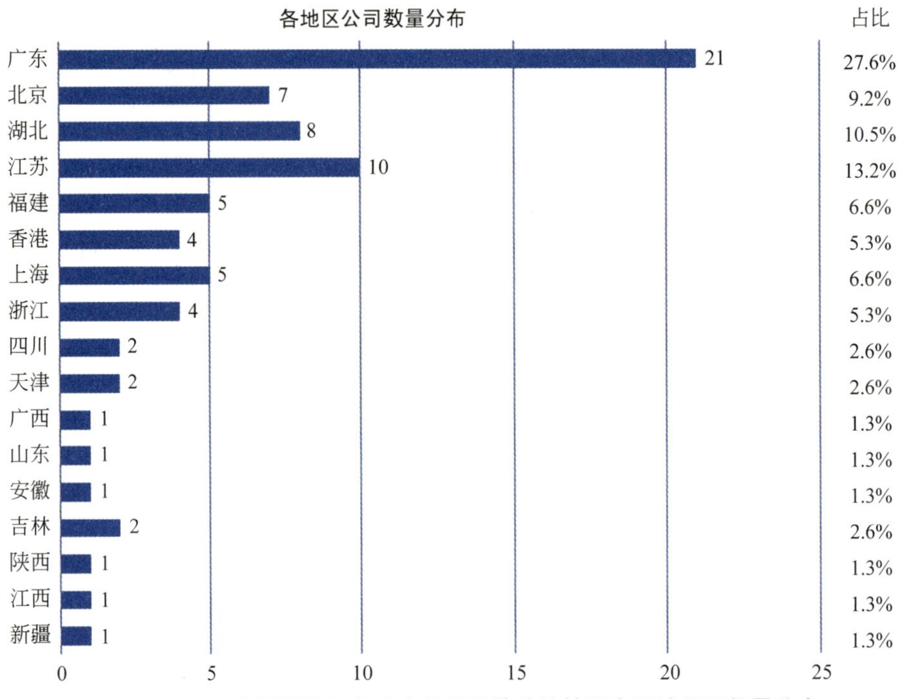

图 3-28 2020 中国通信行业上市公司品牌价值榜所在区域公司数量分布

【上市板块】 在 2020 中国通信行业上市公司品牌价值榜中，在港股上市的中资股公司有 13 家，品牌价值合计 805.19 亿元，占行业榜单总计品牌价值的 39.7%，排在第一位；在深市主板上市的公司有 5 家，品牌价值合计 1 120.05 亿元，占行业总计品牌价值的 24.6%，排在第二位；在沪市主板上市的公司有 24 家，品牌价值合计 1 038.59 亿元，占行业榜单总计品牌价值的 22.8%，排在第三位。此外，在深市中小企业板上市的公司有 15 家，品牌价值合计 283.75 亿元；在深市创业板上市的公司有 18 家，品牌价值合计 171.55 亿元；在沪市科创板上市的公司有 1 家，品牌价值 128.61 亿元。

【上市时间】 在 2020 中国通信行业上市公司品牌价值榜中，2016—2019 年上市的公司有 28 家，品牌价值合计 1 376.41 亿元，占行业榜单总计品牌价值的 30.3%，排在第一位；2001—2005 年上市的公司有 8 家，品牌价值合计 1 043.07 亿元，占行业榜单总计品牌价值的 22.9%，排在第二位；1996—2000 年上市的公司有 14 家，品牌价值合计 978.13 亿元，占行业榜单总计品牌价值的 21.5%，排在第三位。此外，2006—2010 年上市的公司有 15 家，品牌价值合计 944.73 亿元；2011—2015 年上市的公司有 10 家，品牌价值合计 200.05 亿元；1996 年以前上市的公司有 1 家，品牌价值 5.34 亿元。

3.14.2 2020 中国通信行业上市公司品牌价值榜单

排序	证券简称	品牌价值(亿元)	所在地	上市日期	证券代码
1	小米集团-W	948.03	北京	2018-07-09	1810.HK
2	TCL 科技	559.19	广东	2004-01-30	000100.SZ
3	中国通信服务	528.78	北京	2006-12-08	0552.HK
4	中兴通讯	510.35	广东	1997-11-18	000063.SZ
5	比亚迪电子	186.34	广东	2007-12-20	0285.HK
6	闻泰科技	182.10	湖北	1996-08-28	600745.SH
7	亨通光电	163.29	江苏	2003-08-22	600487.SH
8	中天科技	145.94	江苏	2002-10-24	600522.SH
9	传音控股	128.61	广东	2019-09-30	688036.SH
10	烽火通信	115.37	湖北	2001-08-23	600498.SH
11	凯乐科技	65.33	湖北	2000-07-06	600260.SH
12	长飞光纤	65.26	湖北	2018-07-20	601869.SH
13	星网锐捷	50.09	福建	2010-06-23	002396.SZ
14	共进股份	43.65	广东	2015-02-25	603118.SH
15	福日电子	37.77	福建	1999-05-14	600203.SH
16	特发信息	36.31	广东	2000-05-11	000070.SZ
17	海格通信	34.07	广东	2010-08-31	002465.SZ
18	光环新网	32.73	北京	2014-01-29	300383.SZ
19	京信通信	29.29	香港	2003-07-15	2342.HK
20	光迅科技	29.09	湖北	2009-08-21	002281.SZ
21	通鼎互联	26.88	江苏	2010-10-21	002491.SZ
22	实达集团	25.82	福建	1996-08-08	600734.SH
23	南京熊猫	24.96	江苏	1996-11-18	600775.SH
24	亿联网络	24.64	福建	2017-03-17	300628.SZ
25	海能达	24.46	广东	2011-05-27	002583.SZ
26	俊知集团	24.23	江苏	2012-03-19	1300.HK
27	美图公司	23.01	福建	2016-12-15	1357.HK
28	大唐电信	20.10	北京	1998-10-21	600198.SH
29	移远通信	20.01	上海	2019-07-16	603236.SH
30	永鼎股份	19.88	江苏	1997-09-29	600105.SH

续表

排序	证 券 简 称	品牌价值(亿元)	所在地	上市日期	证券代码
31	杰赛科技	19.71	广东	2011-01-28	002544.SZ
32	三峡新材	19.16	湖北	2000-09-19	600293.SH
33	东方通信	18.43	浙江	1996-11-26	600776.SH
34	日海智能	17.66	广东	2009-12-03	002313.SZ
35	润建股份	17.05	广西	2018-03-01	002929.SZ
36	剑桥科技	16.69	上海	2017-11-10	603083.SH
37	安洁科技	15.57	江苏	2011-11-25	002635.SZ
38	金信诺	14.73	广东	2011-08-18	300252.SZ
39	天邑股份	13.32	四川	2018-03-30	300504.SZ
40	瑞斯康达	13.20	北京	2017-04-20	603803.SH
41	鼎信通讯	12.91	山东	2016-10-11	603421.SH
42	通宇通讯	12.63	广东	2016-03-28	002792.SZ
43	晨讯科技	11.03	香港	2005-06-30	2000.HK
44	硕贝德	10.85	广东	2012-06-08	300322.SZ
45	昂纳科技集团	10.60	广东	2010-04-29	0877.HK
46	中国新电信	10.24	香港	2002-08-06	8167.HK
47	大富科技	10.14	安徽	2010-10-26	300134.SZ
48	中国全通	10.13	香港	2009-09-16	0633.HK
49	亨鑫科技	9.88	江苏	2010-12-23	1085.HK
50	武汉凡谷	9.31	湖北	2007-12-07	002194.SZ
51	富通鑫茂	8.86	天津	1997-09-29	000836.SZ
52	七一二	8.76	天津	2018-02-26	603712.SH
53	酷派集团	8.73	广东	2004-12-09	2369.HK
54	佳讯飞鸿	8.70	北京	2011-05-05	300213.SZ
55	盛路通信	8.67	广东	2010-07-13	002446.SZ
56	华星创业	7.38	浙江	2009-10-30	300025.SZ
57	美格智能	7.27	广东	2017-06-22	002881.SZ
58	广和通	7.14	广东	2017-04-13	300638.SZ
59	太辰光	6.11	广东	2016-12-06	300570.SZ
60	新易盛	6.08	四川	2016-03-03	300502.SZ
61	波导股份	5.94	浙江	2000-07-06	600130.SH
62	迪普科技	5.89	浙江	2019-04-12	300768.SZ

续表

排序	证 券 简 称	品牌价值(亿元)	所在地	上市日期	证券代码
63	银河电子	5.70	江苏	2010-12-07	002519.SZ
64	中新赛克	5.61	广东	2017-11-21	002912.SZ
65	东土科技	5.42	北京	2012-09-27	300353.SZ
66	烽火电子	5.34	陕西	1994-05-09	000561.SZ
67	普天通信集团	4.90	江西	2017-11-09	1720.HK
68	移为通信	4.85	上海	2017-01-11	300590.SZ
69	华脉科技	4.02	江苏	2017-06-02	603042.SH
70	科信技术	3.86	广东	2016-11-22	300565.SZ
71	恒为科技	3.63	上海	2017-06-07	603496.SH
72	立昂技术	3.43	新疆	2017-01-26	300603.SZ
73	中通国脉	3.24	吉林	2016-12-02	603559.SH
74	上海瀚讯	3.21	上海	2019-03-14	300762.SZ
75	长江通信	3.14	湖北	2000-12-22	600345.SH
76	吉大通信	3.07	吉林	2017-01-23	300597.SZ

3.15 休闲行业品牌价值榜

2020 中国休闲行业上市公司品牌价值榜全面统计了品牌价值不低于 3 亿元的公司，共 91 家，品牌价值总计 4 188.41 亿元。

3.15.1 2020 中国休闲行业上市公司品牌价值榜分析

【行业集中度】 在 2020 中国休闲行业上市公司品牌价值榜中，排在前 5 位的公司品牌价值合计 1 435.51 亿元，占行业榜单总计品牌价值的 34.3%；排在前 10 位的公司品牌价值合计 2 069.79 亿元，占行业榜单总计品牌价值的 49.4%；排在前 30 位的公司品牌价值合计 3 267.11 亿元，占行业榜单总计品牌价值的 78%。

【所在区域】 在 2020 中国休闲行业上市公司品牌价值榜中，91 家公司来自 18 个地区。其中，来自北京、广东和浙江的公司共计 51 家，品牌价值合计 2 930.54 亿元，占行业榜单总计品牌价值的 70%，处于主导地位。其他地区企业的构成情况见图 3-29 和图 3-30。

【上市板块】 在 2020 中国休闲行业上市公司品牌价值榜中，国外中概股上市公司有 11 家，品牌价值合计 1 495.07 亿元，占行业榜单总计品牌价值的 35.7%，排在第一位；在深市中小企业板上市的公司有 19 家，品牌价值合计 1 077.82 亿元，占行业榜单总计品牌

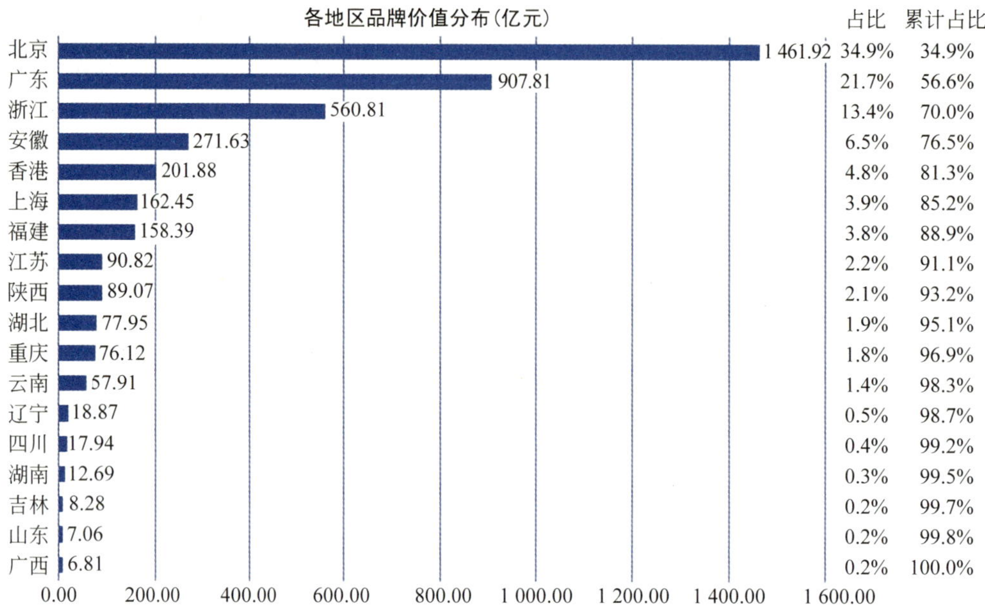

图 3-29　2020 中国休闲行业上市公司品牌价值榜所在区域品牌价值分布

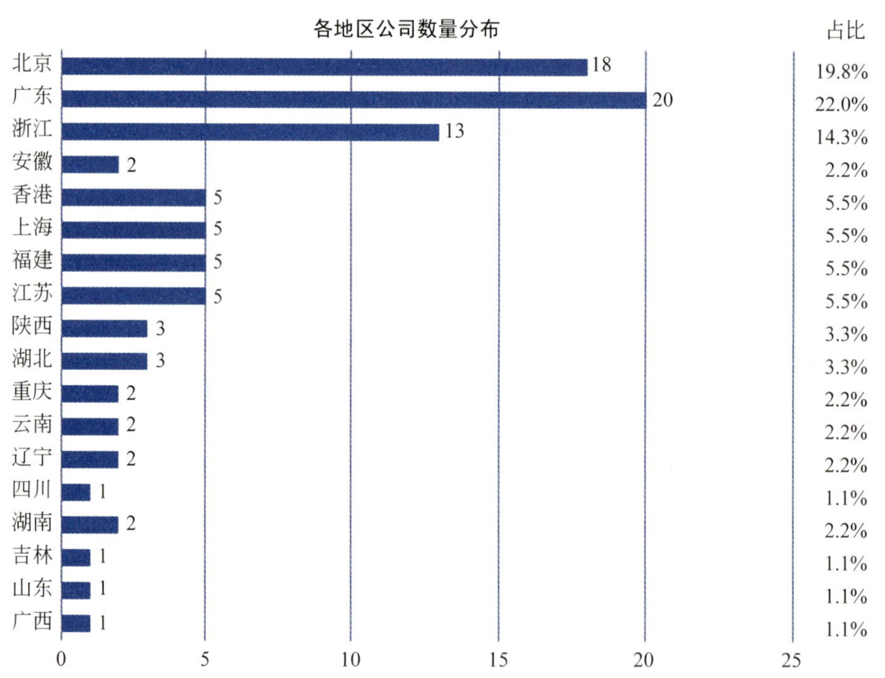

图 3-30　2020 中国休闲行业上市公司品牌价值榜所在区域公司数量分布

价值的 25.7%，排在第二位；在深市创业板上市的公司有 20 家，品牌价值合计 552.4 亿元，占行业总计品牌价值的 13.2%，排在第三位。此外，在沪市主板上市的公司有 16 家，品牌价值合计 485.16 亿元；在港股上市的中资股公司有 16 家，品牌价值合计 371.2 亿元；

在深市主板上市的公司有 9 家，品牌价值合计 206.76 亿元。

【上市时间】 在 2020 中国休闲行业上市公司品牌价值榜中，2011—2015 年上市的公司有 28 家，品牌价值合计 1 768.22 亿元，占行业榜单总计品牌价值的 42.2%，排在第一位；2016—2019 年上市的公司有 26 家，品牌价值合计 1 362.73 亿元，占行业榜单总计品牌价值的 32.5%，排在第二位；2006—2010 年上市的公司有 16 家，品牌价值合计 511.54 亿元，占行业榜单总计品牌价值的 12.2%，排在第三位。此外，1996—2000 年上市的公司有 13 家，品牌价值合计 301.16 亿元；1996 年以前上市的公司有 5 家，品牌价值合计 169.32 亿元；2001—2005 年上市的公司有 3 家，品牌价值合计 75.44 亿元。

3.15.2 2020 中国休闲行业上市公司品牌价值榜单

排序	证券简称	品牌价值(亿元)	地区	上市日期	证券代码
1	陌陌	375.69	北京	2014-12-11	MOMO.O
2	腾讯音乐	337.61	广东	2018-12-12	TME.N
3	三七互娱	263.68	安徽	2011-03-02	002555.SZ
4	欢聚	235.84	广东	2012-11-21	YY.O
5	爱奇艺	222.68	北京	2018-03-29	IQ.O
6	万达电影	171.17	北京	2015-01-22	002739.SZ
7	中国电影	152.12	北京	2016-08-09	600977.SH
8	完美世界	116.79	浙江	2011-10-28	002624.SZ
9	宋城演艺	98.01	浙江	2010-12-09	300144.SZ
10	众信旅游	96.20	北京	2014-01-23	002707.SZ
11	世纪华通	82.19	浙江	2011-07-28	002602.SZ
12	万达体育	76.13	北京	2019-07-26	WSG.O
13	华策影视	74.55	浙江	2010-10-26	300133.SZ
14	中青旅	74.07	北京	1997-12-03	600138.SH
15	凯撒旅业	67.37	陕西	1997-07-03	000796.SZ
16	昆仑万维	62.79	北京	2015-01-21	300418.SZ
17	虎牙直播	62.67	广东	2018-05-11	HUYA.N
18	香港中旅	62.36	香港	1992-11-11	0308.HK
19	哔哩哔哩	61.95	上海	2018-03-28	BILI.O
20	华谊兄弟	61.43	浙江	2009-10-30	300027.SZ
21	游族网络	60.46	福建	2007-09-25	002174.SZ
22	新濠影汇	60.23	香港	2018-10-18	MSC.N

续表

排序	证券简称	品牌价值（亿元）	地区	上市日期	证券代码
23	光线传媒	57.32	北京	2011-08-03	300251.SZ
24	巨人网络	55.52	重庆	2011-03-02	002558.SZ
25	吉比特	55.21	福建	2017-01-04	603444.SH
26	博华太平洋	50.24	香港	2002-02-11	1076.HK
27	斗鱼	47.72	湖北	2019-07-17	DOYU.O
28	猫眼娱乐	44.38	北京	2019-02-04	1896.HK
29	云南旅游	41.07	云南	2006-08-10	002059.SZ
30	横店影视	39.64	浙江	2017-10-12	603103.SH
31	星辉娱乐	37.56	广东	2010-01-20	300043.SZ
32	保利文化	36.30	北京	2014-03-06	3636.HK
33	腾邦国际	36.11	广东	2011-02-15	300178.SZ
34	金逸影视	35.34	广东	2017-10-16	002905.SZ
35	号百控股	34.28	上海	1993-04-07	600640.SH
36	恺英网络	31.45	福建	2010-12-07	002517.SZ
37	海昌海洋公园	29.31	上海	2014-03-13	2255.HK
38	FRIENDTIMES	28.34	江苏	2019-10-08	6820.HK
39	岭南控股	27.58	广东	1993-11-18	000524.SZ
40	星美控股	25.28	香港	1973-02-07	0198.HK
41	奥飞娱乐	25.23	广东	2009-09-10	002292.SZ
42	北京文化	24.99	北京	1998-01-08	000802.SZ
43	视觉中国	23.91	江苏	1997-01-21	000681.SZ
44	当代明诚	22.01	湖北	1998-03-03	600136.SH
45	欢瑞世纪	20.60	重庆	1999-01-15	000892.SZ
46	阿里影业	19.81	北京	1994-05-12	1060.HK
47	风语筑	19.76	上海	2017-10-20	603466.SH
48	指尖悦动	19.08	广东	2018-07-12	6860.HK
49	峨眉山 A	17.94	四川	1997-10-21	000888.SZ
50	上海电影	17.16	上海	2016-08-17	601595.SH
51	丽江股份	16.84	云南	2004-08-25	002033.SZ
52	天鸽互动	16.47	浙江	2014-07-09	1980.HK
53	平治信息	16.01	浙江	2016-12-13	300571.SZ
54	宝通科技	15.80	江苏	2009-12-25	300031.SZ

续表

排序	证券简称	品牌价值(亿元)	地区	上市日期	证券代码
55	艾格拉斯	15.23	浙江	2011-09-29	002619.SZ
56	掌趣科技	14.16	北京	2012-05-11	300315.SZ
57	慈文传媒	13.93	浙江	2010-01-26	002343.SZ
58	幸福蓝海	13.80	江苏	2016-08-08	300528.SZ
59	惠程科技	13.20	广东	2007-09-19	002168.SZ
60	凯撒文化	12.75	广东	2010-06-08	002425.SZ
61	曲江文旅	11.63	陕西	1996-05-16	600706.SH
62	美盛文化	11.49	浙江	2012-09-11	002699.SZ
63	华录百纳	11.04	北京	2012-02-09	300291.SZ
64	迅雷	10.89	广东	2014-06-24	XNET.O
65	文投控股	10.51	辽宁	1996-07-01	600715.SH
66	暴风集团	10.08	北京	2015-03-24	300431.SZ
67	西安旅游	10.07	陕西	1996-09-26	000610.SZ
68	电魂网络	10.02	浙江	2016-10-26	603258.SH
69	博雅互动	9.94	广东	2013-11-12	0434.HK
70	华夏文化科技	9.01	广东	2015-03-12	1566.HK
71	天目湖	8.97	江苏	2017-09-27	603136.SH
72	大连圣亚	8.36	辽宁	2002-07-11	600593.SH
73	长白山	8.28	吉林	2014-08-22	603099.SH
74	三特索道	8.22	湖北	2007-08-17	002159.SZ
75	中山金马	8.20	广东	2018-12-28	300756.SZ
76	九华旅游	7.94	安徽	2015-03-26	603199.SH
77	元力股份	7.61	福建	2011-02-01	300174.SZ
78	恒信东方	7.53	北京	2010-05-20	300081.SZ
79	张家界	7.49	湖南	1996-08-29	000430.SZ
80	冰川网络	7.08	广东	2016-08-18	300533.SZ
81	希努尔	7.06	山东	2010-10-15	002485.SZ
82	桂林旅游	6.81	广西	2000-05-18	000978.SZ
83	百奥家庭互动	6.66	广东	2014-04-10	2100.HK
84	联众	5.47	北京	2014-06-30	6899.HK
85	中广天择	5.20	湖南	2017-08-11	603721.SH
86	唐德影视	5.06	浙江	2015-02-17	300426.SZ

续表

排序	证券简称	品牌价值(亿元)	地区	上市日期	证券代码
87	盛讯达	4.98	广东	2016-06-24	300518.SZ
88	火岩控股	4.78	广东	2016-02-18	1909.HK
89	非凡中国	3.76	香港	2000-04-06	8032.HK
90	蓝帽子	3.66	福建	2019-07-26	BHAT.O
91	中青宝	3.29	广东	2010-02-11	300052.SZ

3.16 石油行业品牌价值榜

2020 中国石油行业上市公司品牌价值榜全面统计了品牌价值不低于 3 亿元的公司，共 27 家，品牌价值总计 3 859.44 亿元。

3.16.1 2020 中国石油行业上市公司品牌价值榜分析

【行业集中度】 在 2020 中国石油行业上市公司品牌价值榜中，排在第 1 位的公司为中国石化，品牌价值 1 698.77 亿元，占行业榜单总计品牌价值的 44%；排在前 2 位的公司品牌价值合计 3 104.52 亿元，占行业榜单总计品牌价值的 80.4%。

【所在区域】 在 2020 中国石油行业上市公司品牌价值榜中，27 家公司来自 13 个地区。其中，来自北京的公司共计 6 家，品牌价值合计 3 462.09 亿元，占行业榜单总计品牌价值的 89.7%，处于主导地位。其他地区企业的构成情况见图 3-31 和图 3-32。

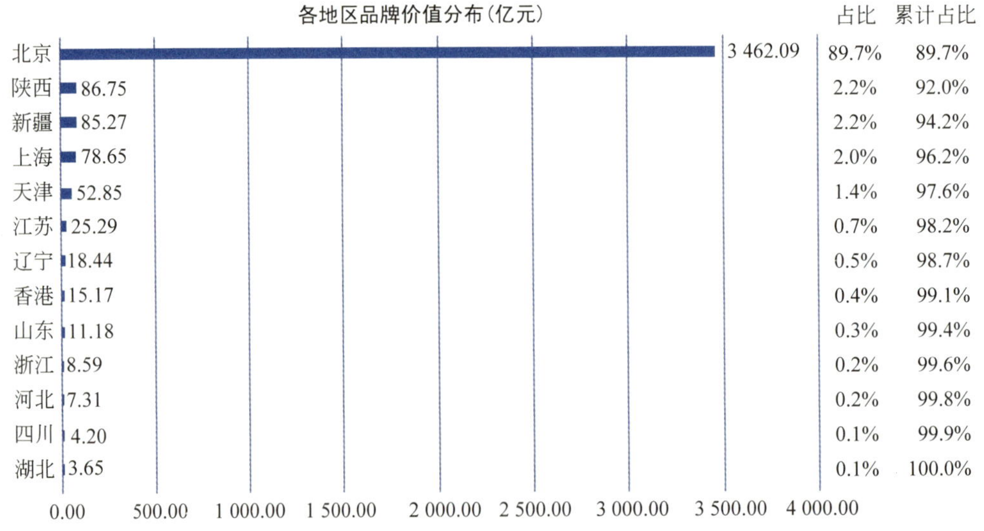

图 3-31　2020 中国石油行业上市公司品牌价值榜所在区域品牌价值分布

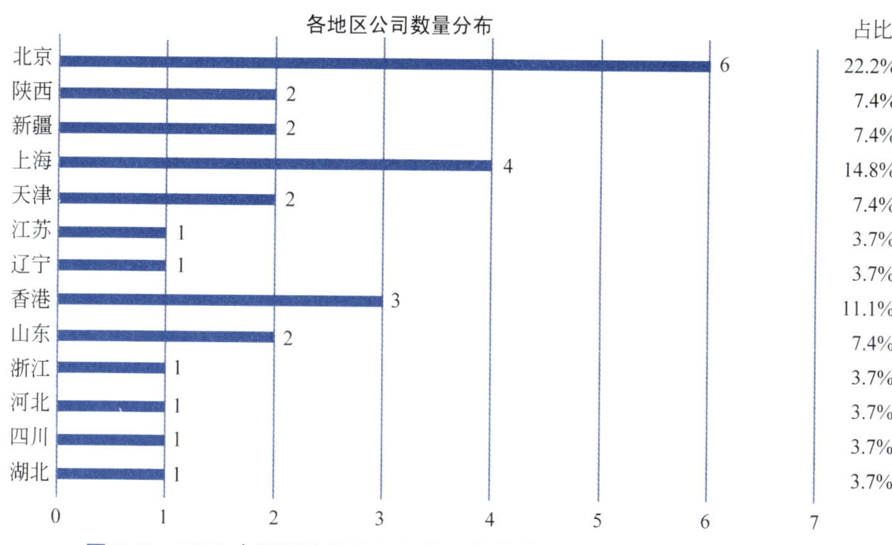

图 3-32　2020 中国石油行业上市公司品牌价值榜所在区域公司数量分布

【上市板块】 在2020中国石油行业上市公司品牌价值榜中，在沪市主板上市的公司有11家，品牌价值合计3 424.34亿元，占行业榜单总计品牌价值的88.7%，排在第一位；在港股上市的中资股公司有9家，品牌价值合计289.79亿元，占行业榜单总计品牌价值的7.5%，排在第二位；国外中概股上市公司有1家，品牌价值79.94亿元，占行业总计品牌价值的2.1%，排在第三位。此外，在深市中小企业板上市的公司有4家，品牌价值合计43.29亿元；在深市主板上市的公司有2家，品牌价值合计22.09亿元。

【上市时间】 在2020中国石油行业上市公司品牌价值榜中，2001—2005年上市的公司有6家，品牌价值合计2 064.36亿元，占行业榜单总计品牌价值的53.5%，排在第一位；2006—2010年上市的公司有9家，品牌价值合计1 492.32亿元，占行业榜单总计品牌价值的38.7%，排在第二位；1996年以前上市的公司有3家，品牌价值合计127.77亿元，占行业榜单总计品牌价值的3.3%，排在第三位。此外，1996—2000年上市的公司有4家，品牌价值合计107.37亿元；2016—2019年上市的公司有2家，品牌价值合计49.9亿元；2011—2015年上市的公司有3家，品牌价值合计17.72亿元。

3.16.2　2020中国石油行业上市公司品牌价值榜单

排序	证券简称	品牌价值(亿元)	所在地	上市日期	证券代码
1	中国石化	1 698.77	北京	2001-08-08	600028.SH
2	中国石油	1 405.75	北京	2007-11-05	601857.SH
3	中国海洋石油	249.00	北京	2001-02-28	0883.HK
4	中国航油	79.94	陕西	2001-12-06	G92.SG

续表

排序	证券简称	品牌价值(亿元)	所在地	上市日期	证券代码
5	中油工程	76.77	新疆	2000-12-25	600339.SH
6	石化油服	62.20	北京	1995-04-11	600871.SH
7	上海石化	60.93	上海	1993-11-08	600688.SH
8	海油发展	42.60	北京	2019-06-26	600968.SH
9	中海油服	29.90	天津	2007-09-28	601808.SH
10	东华能源	25.29	江苏	2008-03-06	002221.SZ
11	海油工程	22.95	天津	2002-02-05	600583.SH
12	华锦股份	18.44	辽宁	1997-01-30	000059.SZ
13	海越能源	8.59	浙江	2004-02-18	600387.SH
14	广汇能源	8.51	新疆	2000-05-26	600256.SH
15	杰瑞股份	7.92	山东	2010-02-05	002353.SZ
16	龙宇燃油	7.38	上海	2012-08-17	603003.SH
17	达力普控股	7.31	河北	2019-11-08	1921.HK
18	陕天然气	6.81	陕西	2008-08-13	002267.SZ
19	惠生工程	5.71	上海	2012-12-28	2236.HK
20	海峡石油化工	5.41	香港	2009-01-12	0852.HK
21	延长石油国际	5.11	香港	2001-04-19	0346.HK
22	元亨燃气	4.64	香港	1992-09-25	0332.HK
23	海隆控股	4.64	上海	2011-04-21	1623.HK
24	宏华集团	4.20	四川	2008-03-07	0196.HK
25	安东油田服务	3.77	北京	2007-12-14	3337.HK
26	石化机械	3.65	湖北	1998-11-26	000852.SZ
27	山东墨龙	3.26	山东	2010-10-21	002490.SZ

3.17 服饰行业品牌价值榜

2020 中国服饰行业上市公司品牌价值榜全面统计了品牌价值不低于 3 亿元的公司，共 75 家，品牌价值总计 3 022.83 亿元。

3.17.1 2020 中国服饰行业上市公司品牌价值榜分析

【行业集中度】 在 2020 中国服饰行业上市公司品牌价值榜中，排在前 5 位的公司品牌价值合计1 175.68亿元，占行业榜单总计品牌价值的38.9%；排在前10位的公司品牌价值合计1 664.21亿元，占行业榜单总计品牌价值的55.1%；排在前30位的公司品牌价值合计2 460.44亿元，占行业榜单总计品牌价值的81.4%。

【所在区域】 在2020中国服饰行业上市公司品牌价值榜中，75家公司来自12个地区。其中，来自浙江、上海和福建的公司共计34家，品牌价值合计1 765.45亿元，占行业榜单总计品牌价值的58.4%，处于主导地位。其他地区企业的构成情况见图3-33和图3-34。

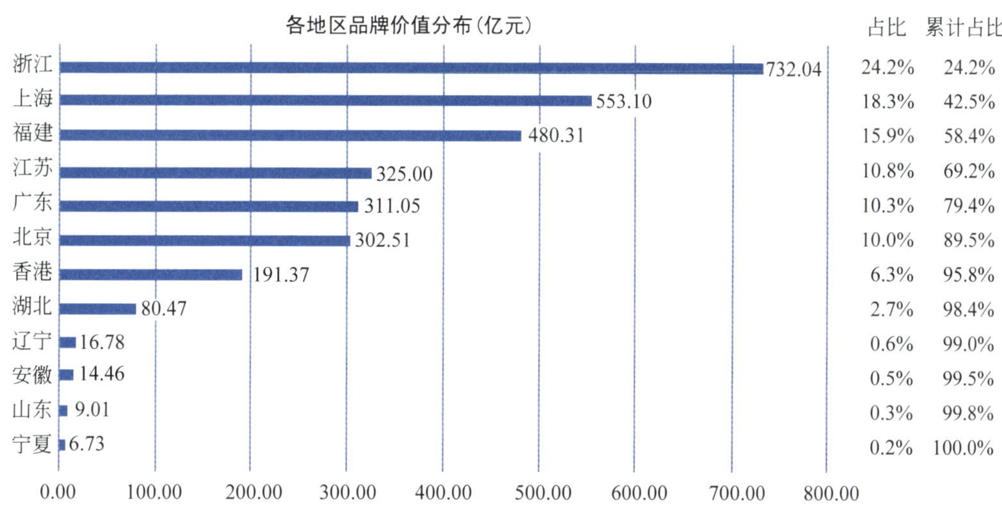

图3-33 2020中国服饰行业上市公司品牌价值榜所在区域品牌价值分布

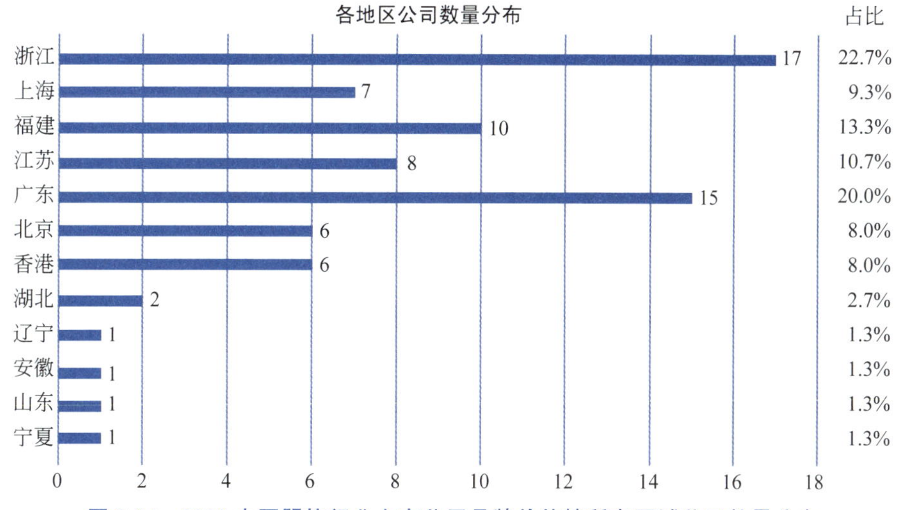

图3-34 2020中国服饰行业上市公司品牌价值榜所在区域公司数量分布

【上市板块】 在2020中国服饰行业上市公司品牌价值榜中，在沪市主板上市的公司有25家，品牌价值合计1 219.5亿元，占行业榜单总计品牌价值的40.3%，排在第一位；在港股上市的中资股公司有20家，品牌价值合计1 055.06亿元，占行业榜单总计品牌价值的 34.9%，排在第二位；在深市中小企业板上市的公司有 23 家，品牌价值合计 599.82 亿元，占行业总计品牌价值的 19.8%，排在第三位。此外，国外中概股上市公司有 3 家，品牌价值合计 91.34 亿元；在深市创业板上市的公司有 3 家，品牌价值合计 35.71 亿元；在深市主板上市的公司有 1 家，品牌价值 21.4 亿元。

【上市时间】 在 2020 中国服饰行业上市公司品牌价值榜中，2006—2010 年上市的公司有 19 家，品牌价值合计 882.64 亿元，占行业榜单总计品牌价值的 29.2%，排在第一位；2011—2015 年上市的公司有 21 家，品牌价值合计 549.76 亿元，占行业榜单总计品牌价值的 18.2%，排在第二位；1996 年以前上市的公司有 5 家，品牌价值合计 485.1 亿元，占行业榜单总计品牌价值的 16%，排在第三位。此外，2001—2005 年上市的公司有 8 家，品牌价值合计 426.29 亿元；1996—2000 年上市的公司有 5 家，品牌价值合计 366.75 亿元；2016—2019 年以前上市的公司有 17 家，品牌价值合计 312.29 亿元。

3.17.2 2020 中国服饰行业上市公司品牌价值榜单

排序	证券简称	品牌价值(亿元)	所在地	上市日期	证券代码
1	老凤祥	313.70	上海	1992-08-14	600612.SH
2	安踏体育	262.29	福建	2007-07-10	2020.HK
3	申洲国际	234.77	浙江	2005-11-24	2313.HK
4	海澜之家	221.74	江苏	2000-12-28	600398.SH
5	森马服饰	143.18	浙江	2011-03-11	002563.SZ
6	雅戈尔	111.35	浙江	1998-11-19	600177.SH
7	豫园股份	110.59	上海	1992-09-02	600655.SH
8	际华集团	96.94	北京	2010-08-16	601718.SH
9	波司登	88.03	香港	2007-10-11	3998.HK
10	李宁	81.62	北京	2004-06-28	2331.HK
11	金一文化	79.85	北京	2014-01-27	002721.SZ
12	搜于特	67.18	广东	2010-11-17	002503.SZ
13	特步国际	63.61	福建	2008-06-03	1368.HK
14	金凰珠宝	62.56	湖北	2010-08-18	KGJI.O
15	太平鸟	55.83	浙江	2017-01-09	603877.SH
16	周大生	44.13	广东	2017-04-27	002867.SZ
17	都市丽人	44.04	广东	2014-06-26	2298.HK
18	拉夏贝尔	41.54	上海	2017-09-25	603157.SH
19	361 度	38.27	福建	2009-06-30	1361.HK

续表

排序	证券简称	品牌价值(亿元)	所在地	上市日期	证券代码
20	中国利郎	36.39	福建	2009-09-25	1234.HK
21	联泰控股	33.62	香港	2004-07-15	0311.HK
22	美邦服饰	32.80	上海	2008-08-28	002269.SZ
23	九牧王	27.27	福建	2011-05-30	601566.SH
24	江南布衣	26.14	浙江	2016-10-31	3306.HK
25	地素时尚	25.54	上海	2018-06-22	603587.SH
26	七匹狼	24.81	福建	2004-08-06	002029.SZ
27	时计宝	24.31	香港	2013-02-05	2033.HK
28	红豆股份	22.92	江苏	2001-01-08	600400.SH
29	明牌珠宝	22.75	浙江	2011-04-22	002574.SZ
30	奥康国际	22.66	浙江	2012-04-26	603001.SH
31	红蜻蜓	21.99	浙江	2015-06-29	603116.SH
32	飞亚达	21.40	广东	1993-06-03	000026.SZ
33	达芙妮国际	20.91	上海	1995-11-03	0210.HK
34	华瑞服装	20.43	江苏	2008-07-16	EVK.O
35	歌力思	19.45	广东	2015-04-22	603808.SH
36	嘉欣丝绸	19.14	浙江	2010-05-11	002404.SZ
37	千百度	18.76	江苏	2011-09-23	1028.HK
38	冠城钟表珠宝	18.50	香港	1991-12-10	0256.HK
39	东方金钰	17.92	湖北	1997-06-06	600086.SH
40	探路者	17.68	北京	2009-10-30	300005.SZ
41	潮宏基	17.39	广东	2010-01-28	002345.SZ
42	汇洁股份	17.07	广东	2015-06-10	002763.SZ
43	萃华珠宝	16.78	辽宁	2014-11-04	002731.SZ
44	锦泓集团	15.98	江苏	2014-12-03	603518.SH
45	报喜鸟	15.88	浙江	2007-08-16	002154.SZ
46	比音勒芬	15.58	广东	2016-12-23	002832.SZ
47	安莉芳控股	15.43	香港	2006-12-18	1388.HK
48	朗姿股份	14.97	北京	2011-08-30	002612.SZ
49	卡宾	14.95	广东	2013-10-28	2030.HK
50	开润股份	14.46	安徽	2016-12-21	300577.SZ
51	莱绅通灵	14.32	江苏	2016-11-23	603900.SH

续表

排序	证券简称	品牌价值(亿元)	所在地	上市日期	证券代码
52	安正时尚	14.02	浙江	2017-02-14	603839.SH
53	天创时尚	13.86	广东	2016-02-18	603608.SH
54	华鼎控股	11.47	香港	2005-12-15	3398.HK
55	中国动向	11.45	北京	2007-10-10	3818.HK
56	起步股份	10.85	浙江	2017-08-18	603557.SH
57	爱迪尔	10.27	福建	2015-01-22	002740.SZ
58	柏堡龙	9.89	广东	2015-06-26	002776.SZ
59	安奈儿	9.37	广东	2017-06-01	002875.SZ
60	新华锦	9.01	山东	1996-07-26	600735.SH
61	星期六	8.77	广东	2009-09-03	002291.SZ
62	伟星股份	8.72	浙江	2004-06-25	002003.SZ
63	中国鸿星	8.35	福建	2005-11-14	BR9.SG
64	日播时尚	8.02	上海	2017-05-31	603196.SH
65	乔治白	7.83	浙江	2012-07-13	002687.SZ
66	健盛集团	7.67	浙江	2015-01-27	603558.SH
67	商赢环球	6.73	宁夏	1999-07-07	600146.SH
68	哈森股份	5.79	江苏	2016-06-29	603958.SH
69	兴业科技	5.69	福建	2012-05-07	002674.SZ
70	杉杉品牌	5.45	浙江	2018-06-27	1749.HK
71	谭木匠	5.04	江苏	2009-12-29	0837.HK
72	ST 摩登	4.39	广东	2012-02-28	002656.SZ
73	牧高笛	3.81	浙江	2017-03-07	603908.SH
74	万里马	3.56	广东	2017-01-10	300591.SZ
75	浔兴股份	3.37	福建	2006-12-22	002098.SZ

3.18 有色金属行业品牌价值榜

2020 中国有色金属行业上市公司品牌价值榜全面统计了品牌价值不低于 3 亿元的公司,共 87 家,品牌价值总计 2 505.06 亿元。

3.18.1 2020 中国有色金属行业上市公司品牌价值榜分析

【行业集中度】 在 2020 中国有色金属行业上市公司品牌价值榜中,排在前 3 位的公司品牌价值合计 717.09 亿元，占行业榜单总计品牌价值的 28.6%；排在前 10 位的公司品牌价值合计 1 371.65 亿元，占行业榜单总计品牌价值的 54.8%；排在前 40 位的公司品牌价值合计 2 186.69 亿元，占行业榜单总计品牌价值的 87.3%。

【所在区域】 在 2020 中国有色金属行业上市公司品牌价值榜中，87 家公司来自 25 个地区。其中，来自山东、江西和北京的公司共计 17 家，品牌价值合计 1 028.86 亿元，占行业榜单总计品牌价值的 41.1%，处于主导地位。其他地区企业的构成情况见图 3-35 和图 3-36。

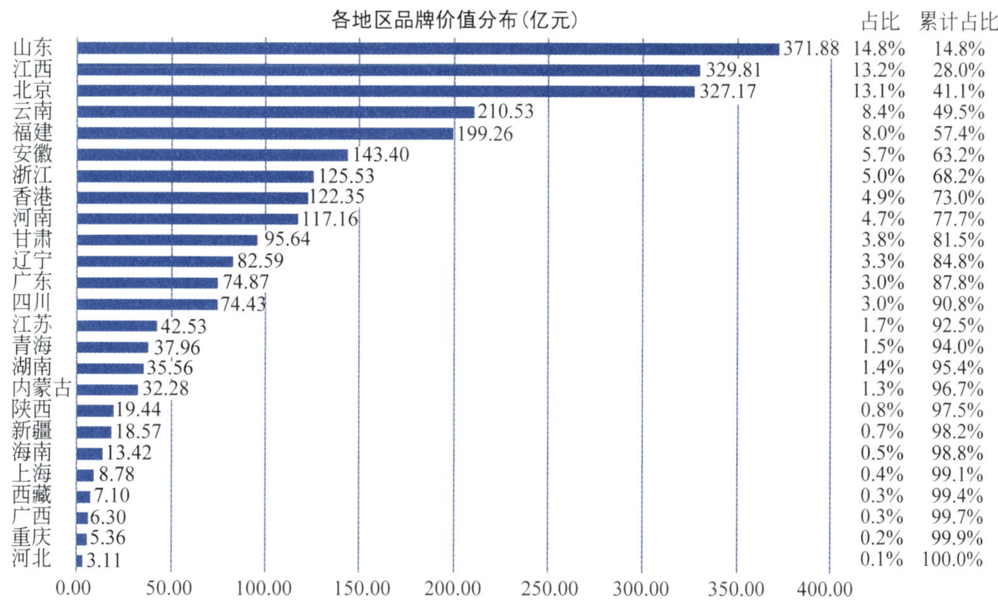

图 3-35 2020 中国有色金属行业上市公司品牌价值榜所在区域品牌价值分布

【上市板块】 在 2020 中国有色金属行业上市公司品牌价值榜中，在沪市主板上市的公司有 39 家，品牌价值合计 1 379.31 亿元，占行业榜单总计品牌价值的 55.1%，排在第一位；在港股上市的中资股公司有 15 家，品牌价值合计 447.08 亿元，占行业榜单总计品牌价值的 17.8%，排在第二位；在深市主板上市的公司有 18 家，品牌价值合计 439.57 亿元，占行业总计品牌价值的 17.5%，排在第三位。此外，在深市中小企业板上市的公司有 12 家，品牌价值合计 226.85 亿元；在深市创业板上市的公司有 1 家，品牌价值 5.41 亿元；国外中概股上市公司有 1 家，品牌价值 3.81 亿元；在沪市科创板上市的公司有 1 家，品牌价值 3.03 亿元。

【上市时间】 在 2020 中国有色金属行业上市公司品牌价值榜中，2006—2010 年上市的公司有 23 家，品牌价值合计 777.05 亿元，占行业榜单总计品牌价值的 31%，排在第一位；2001—2005 年上市的公司有 15 家，品牌价值合计 637.73 亿元，占行业榜单总计品牌价值的 25.5%，排在第二位；1996—2000 年上市的公司有 26 家，品牌价值合计 522.6 亿元，占行业榜单总计品牌价值的 20.9%，排在第三位。此外，2011—2015 年上市的公司有 13 家，品牌价值合计 365.42 亿元；2016—2019 年上市的公司有 7 家，品牌价值合计 103.99

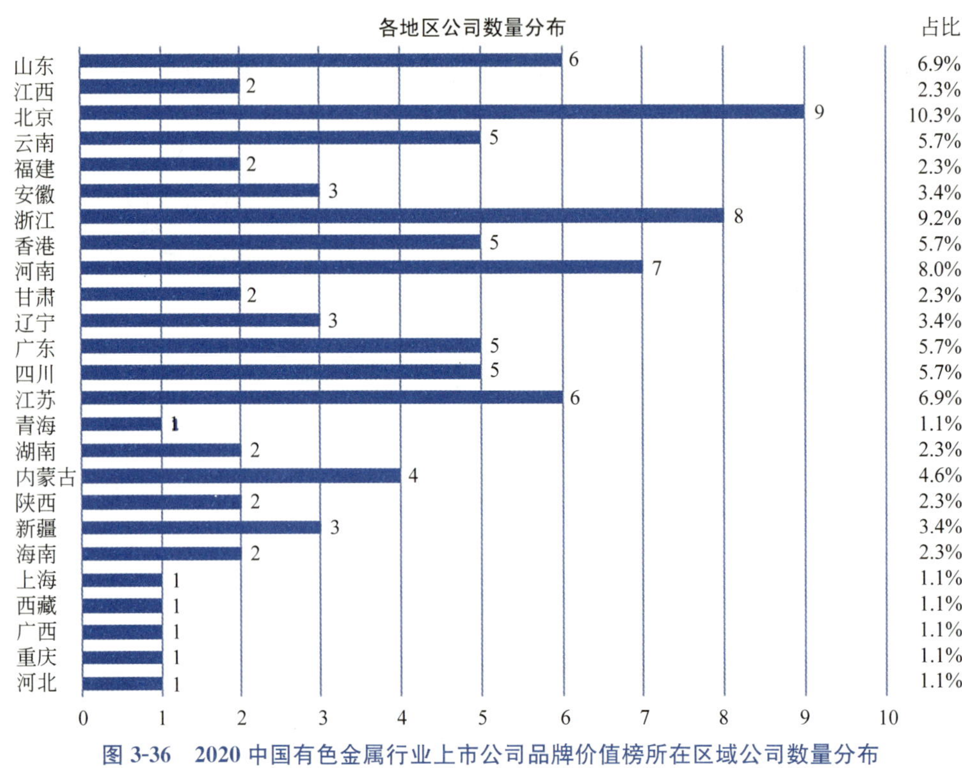

图 3-36 2020 中国有色金属行业上市公司品牌价值榜所在区域公司数量分布

亿元；1996 年以前上市的公司有 3 家，品牌价值合计 98.26 亿元。

3.18.2 2020 中国有色金属行业上市公司品牌价值榜单

排序	证券简称	品牌价值(亿元)	所在地	上市日期	证券代码
1	江西铜业	316.45	江西	2002-01-11	600362.SH
2	中国铝业	213.78	北京	2007-04-30	601600.SH
3	中国宏桥	186.86	山东	2011-03-24	1378.HK
4	紫金矿业	176.55	福建	2008-04-25	601899.SH
5	铜陵有色	122.73	安徽	1996-11-20	000630.SZ
6	山东黄金	94.03	山东	2003-08-28	600547.SH
7	云南铜业	76.98	云南	1998-06-02	000878.SZ
8	白银有色	65.27	甘肃	2017-02-15	601212.SH
9	中国忠旺	61.88	辽宁	2009-05-08	1333.HK
10	锡业股份	57.10	云南	2000-02-21	000960.SZ
11	中金黄金	54.96	北京	2003-08-14	600489.SH
12	海亮股份	53.48	浙江	2008-01-16	002203.SZ

续表

排序	证券简称	品牌价值(亿元)	所在地	上市日期	证券代码
13	五矿资源	46.36	香港	1994-12-15	1208.HK
14	洛阳钼业	43.15	河南	2012-10-09	603993.SH
15	西部矿业	37.96	青海	2007-07-12	601168.SH
16	恒邦股份	37.24	山东	2008-05-20	002237.SZ
17	中国大冶有色金属	35.87	香港	1990-11-21	0661.HK
18	南山铝业	32.12	山东	1999-12-23	600219.SH
19	方大炭素	30.38	甘肃	2002-08-30	600516.SH
20	中金岭南	29.67	广东	1997-01-23	000060.SZ
21	云铝股份	26.74	云南	1998-04-08	000807.SZ
22	中国有色矿业	25.94	香港	2012-06-29	1258.HK
23	驰宏锌锗	25.49	云南	2004-04-20	600497.SH
24	贵研铂业	24.21	云南	2003-05-16	600459.SH
25	天齐锂业	22.79	四川	2010-08-31	002466.SZ
26	厦门钨业	22.71	福建	2002-11-07	600549.SH
27	中色股份	22.30	北京	1997-04-16	000758.SZ
28	中国金属利用	22.06	四川	2014-02-21	1636.HK
29	神火股份	21.22	河南	1999-08-31	000933.SZ
30	格林美	20.64	广东	2010-01-22	002340.SZ
31	攀钢钒钛	20.06	四川	1996-11-15	000629.SZ
32	华友钴业	19.97	浙江	2015-01-29	603799.SH
33	豫光金铅	19.85	河南	2002-07-30	600531.SH
34	株冶集团	18.58	湖南	2004-08-30	600961.SH
35	招金矿业	17.68	山东	2006-12-08	1818.HK
36	明泰铝业	17.31	河南	2011-09-19	601677.SH
37	湖南黄金	16.99	湖南	2007-08-16	002155.SZ
38	楚江新材	16.98	安徽	2007-09-21	002171.SZ
39	万邦德	16.32	浙江	2006-11-20	002082.SZ
40	东阳光	16.03	广东	1993-09-17	600673.SH
41	北方稀土	15.36	内蒙古	1997-09-24	600111.SH
42	金钼股份	14.81	陕西	2008-04-17	601958.SH
43	鼎胜新材	13.88	江苏	2018-04-18	603876.SH
44	赣锋锂业	13.36	江西	2010-08-10	002460.SZ

续表

排序	证券简称	品牌价值(亿元)	所在地	上市日期	证券代码
45	吉翔股份	12.23	辽宁	2012-08-24	603399.SH
46	横店东磁	11.56	浙江	2006-08-02	002056.SZ
47	中钨高新	8.86	海南	1996-12-05	000657.SZ
48	璞泰来	8.78	上海	2017-11-03	603659.SH
49	银泰黄金	8.68	内蒙古	2000-06-08	000975.SZ
50	锌业股份	8.48	辽宁	1997-06-26	000751.SZ
51	新疆众和	8.37	新疆	1996-02-15	600888.SH
52	博威合金	8.22	浙江	2011-01-27	601137.SH
53	金川国际	8.01	香港	2001-07-09	2362.HK
54	欢悦互娱	7.27	浙江	2007-12-27	0505.HK
55	中科三环	7.17	北京	2000-04-20	000970.SZ
56	西藏珠峰	7.10	西藏	2000-12-27	600338.SH
57	灵宝黄金	6.99	河南	2006-01-12	3330.HK
58	盛达资源	6.89	北京	1996-08-23	000603.SZ
59	恒兴黄金	6.82	新疆	2014-05-29	2303.HK
60	有研新材	6.80	北京	1999-03-19	600206.SH
61	云海金属	6.67	江苏	2007-11-13	002182.SZ
62	亚太科技	6.39	江苏	2011-01-18	002540.SZ
63	中信大锰	6.30	广西	2010-11-18	1091.HK
64	安泰科技	6.22	北京	2000-05-29	000969.SZ
65	中国黄金国际	6.18	香港	2010-12-01	2099.HK
66	怡球资源	5.75	江苏	2012-04-23	601388.SH
67	盛和资源	5.59	四川	2003-05-29	600392.SH
68	中国白银集团	5.49	广东	2012-12-28	0815.HK
69	寒锐钴业	5.41	江苏	2017-03-06	300618.SZ
70	国城矿业	5.36	重庆	1997-01-20	000688.SZ
71	金诚信	5.24	北京	2015-06-30	603979.SH
72	赤峰黄金	4.94	内蒙古	2004-04-14	600988.SH
73	宁波韵升	4.75	浙江	2000-10-30	600366.SH
74	焦作万方	4.68	河南	1996-09-26	000612.SZ
75	宝钛股份	4.63	陕西	2002-04-12	600456.SH
76	广晟有色	4.56	海南	2000-05-25	600259.SH

续表

排序	证券简称	品牌价值(亿元)	所在地	上市日期	证券代码
77	常铝股份	4.44	江苏	2007-08-21	002160.SZ
78	东睦股份	3.97	浙江	2004-05-11	600114.SH
79	黄河旋风	3.97	河南	1998-11-26	600172.SH
80	索通发展	3.94	山东	2017-07-18	603612.SH
81	宏达股份	3.94	四川	2001-12-20	600331.SH
82	希尔威金属矿业	3.81	北京	2009-02-17	SVM.A
83	众源新材	3.69	安徽	2017-09-07	603527.SH
84	新疆新鑫矿业	3.38	新疆	2007-10-12	3833.HK
85	兴业矿业	3.31	内蒙古	1996-08-28	000426.SZ
86	河钢资源	3.11	河北	1999-07-14	000923.SZ
87	嘉元科技	3.03	广东	2019-07-22	688388.SH

3.19 贸易行业品牌价值榜

2020 中国贸易行业上市公司品牌价值榜全面统计了品牌价值不低于 3 亿元的公司，共 54 家，品牌价值总计 2 480.53 亿元。

3.19.1 2020 中国贸易行业上市公司品牌价值榜分析

【行业集中度】 在 2020 中国贸易行业上市公司品牌价值榜中，排在前 3 位的公司品牌价值合计 830.45 亿元，占行业榜单总计品牌价值的 33.5%；排在前 10 位的公司品牌价值合计 1 648.77 亿元，占行业榜单总计品牌价值的 66.5%；排在前 20 位的公司品牌价值合计 2 106.11 亿元，占行业榜单总计品牌价值的 84.9%。

【所在区域】 在 2020 中国贸易行业上市公司品牌价值榜中，54 家公司来自 16 个地区。其中，来自福建、浙江和江苏的公司共计 19 家，品牌价值合计 1 473.19 亿元，占行业榜单总计品牌价值的 59.4%，处于主导地位。其他地区企业的构成情况见图 3-37 和图 3-38。

【上市板块】 在 2020 中国贸易行业上市公司品牌价值榜中，在沪市主板上市的公司有 28 家，品牌价值合计 1 660.89 亿元，占行业榜单总计品牌价值的 67%，排在第一位；在深市主板上市的公司有 11 家，品牌价值合计 335 亿元，占行业榜单总计品牌价值的 13.5%，排在第二位；在深市中小企业板上市的公司有 8 家，品牌价值合计 237 亿元，占行业总计品牌价值的 9.6%，排在第三位。此外，在深市创业板上市的公司有 1 家，品牌价值 159.28 亿元；在港股上市的中资股公司有 6 家，品牌价值合计 88.35 亿元。

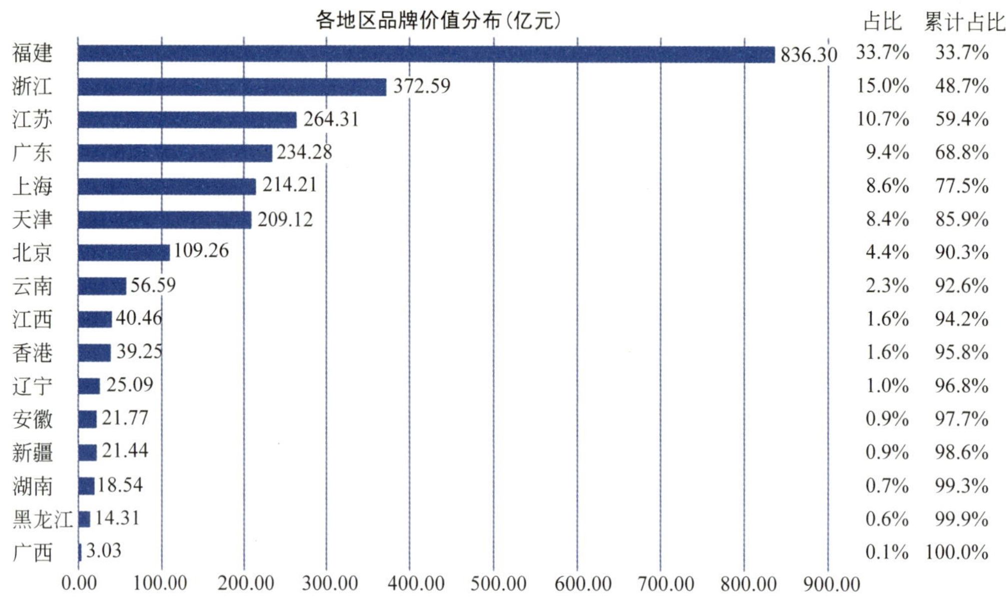

图 3-37 2020 中国贸易行业上市公司品牌价值榜所在区域品牌价值分布

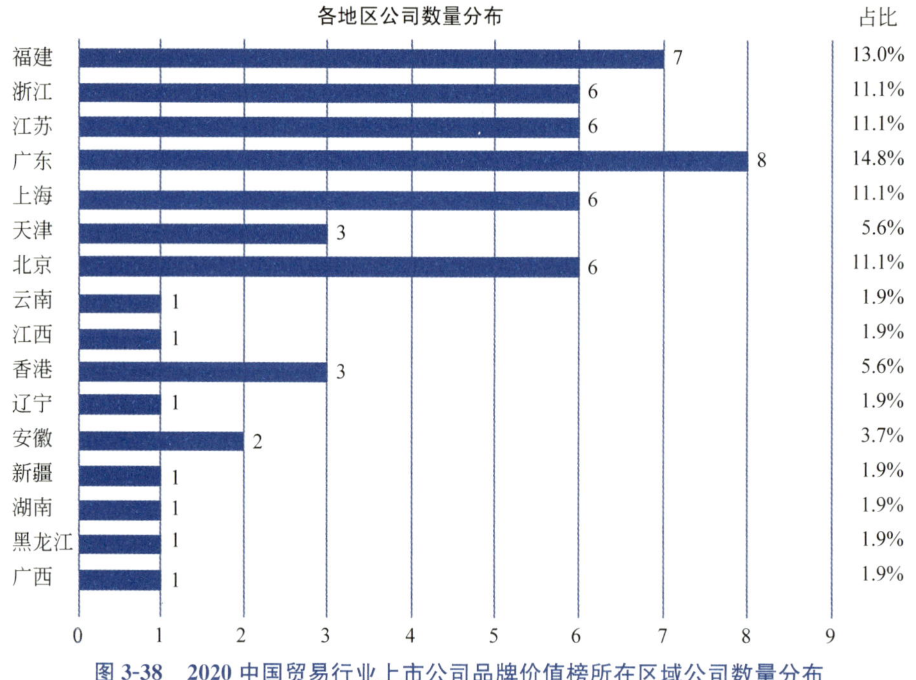

图 3-38 2020 中国贸易行业上市公司品牌价值榜所在区域公司数量分布

【上市时间】 在 2020 中国贸易行业上市公司品牌价值榜中，1996—2000 年上市的公司有 27 家，品牌价值合计 1 827.94 亿元，占行业榜单总计品牌价值的 73.7%，排在第一位；2006—2010 年上市的公司有 8 家，品牌价值合计 256.61 亿元，占行业榜单总计品牌价值的 10.3%，排在第二位；2011—2015 年上市的有公司 4 家，品牌价值合计 187.81 亿元，占行业榜单总计品牌价值的 7.6%，排在第三位。此外，1996 年以前上市的公司有 7 家，品牌价值合计 130.55 亿元；2001—2005 年上市的公司有 6 家，品牌价值合计 62.51 亿元；2016—2019 年上市的公司有 2 家，品牌价值合计 15.11 亿元。

3.19.2 2020 中国贸易行业上市公司品牌价值榜单

排序	证券简称	品牌价值(亿元)	所在地	上市日期	证券代码
1	建发股份	350.71	福建	1998-06-16	600153.SH
2	物产中大	279.39	浙江	1996-06-06	600704.SH
3	厦门象屿	200.36	福建	1997-06-04	600057.SH
4	厦门国贸	191.51	福建	1996-10-03	600755.SH
5	上海钢联	159.28	上海	2011-06-08	300226.SZ
6	海航科技	158.78	天津	1996-09-09	600751.SH
7	苏美达	105.60	江苏	1996-07-01	600710.SH
8	怡亚通	74.06	广东	2007-11-13	002183.SZ
9	爱施德	64.93	广东	2010-05-28	002416.SZ
10	远大控股	64.16	江苏	1996-11-28	000626.SZ
11	云天化	56.59	云南	1997-07-09	600096.SH
12	神州数码	56.43	广东	1994-05-09	000034.SZ
13	浙商中拓	54.19	浙江	1999-07-07	000906.SZ
14	五矿发展	51.33	北京	1997-05-28	600058.SH
15	厦门信达	48.07	福建	1997-02-26	000701.SZ
16	江苏国泰	45.08	江苏	2006-12-08	002091.SZ
17	天音控股	40.46	江西	1997-12-02	000829.SZ
18	汇鸿集团	38.23	江苏	2004-06-30	600981.SH
19	北京京客隆	33.87	北京	2006-09-25	0814.HK
20	盛屯矿业	33.09	福建	1996-05-31	600711.SH
21	中储股份	31.61	天津	1997-01-21	600787.SH
22	辽宁成大	25.09	辽宁	1996-08-19	600739.SH
23	中国食品	24.26	香港	1988-10-07	0506.HK
24	英特集团	21.84	浙江	1996-07-16	000411.SZ
25	中粮糖业	21.44	新疆	1996-07-31	600737.SH

续表

排序	证券简称	品牌价值(亿元)	所在地	上市日期	证券代码
26	东方创业	20.88	上海	2000-07-12	600278.SH
27	上海物贸	19.71	上海	1994-02-04	600822.SH
28	泰达股份	18.73	天津	1996-11-28	000652.SZ
29	大康农业	18.54	湖南	2010-11-18	002505.SZ
30	深圳华强	15.79	广东	1997-01-30	000062.SZ
31	东方集团	14.31	黑龙江	1994-01-06	600811.SH
32	辉隆股份	14.26	安徽	2011-03-02	002556.SZ
33	优库资源	11.21	香港	2013-07-03	2112.HK
34	中粮肉食	10.69	北京	2016-11-01	1610.HK
35	众业达	9.55	广东	2010-07-06	002441.SZ
36	淮河能源	7.51	安徽	2003-03-28	600575.SH
37	三木集团	6.90	福建	1996-11-21	000632.SZ
38	江苏舜天	6.67	江苏	2000-09-01	600287.SH
39	兰生股份	6.65	上海	1994-02-04	600826.SH
40	宁波联合	6.41	浙江	1997-04-10	600051.SH
41	ST 冠福	5.66	福建	2006-12-29	002102.SZ
42	浙江富润	5.60	浙江	1997-06-04	600070.SH
43	深桑达 A	5.41	广东	1993-10-28	000032.SZ
44	宁波富达	5.16	浙江	1996-07-16	600724.SH
45	精艺股份	4.92	广东	2009-09-29	002295.SZ
46	鹏欣资源	4.64	上海	2003-06-26	600490.SH
47	弘业股份	4.57	江苏	1997-09-01	600128.SH
48	比优集团	4.54	北京	2004-08-06	8053.HK
49	中农立华	4.41	北京	2017-11-16	603970.SH
50	农发种业	4.40	北京	2001-01-19	600313.SH
51	SHOUGANG INT'L	3.78	香港	1991-04-30	0697.HK
52	广东明珠	3.19	广东	2001-01-18	600382.SH
53	爱普股份	3.06	上海	2015-03-25	603020.SH
54	粤桂股份	3.03	广西	1998-11-11	000833.SZ

3.20 食品行业品牌价值榜

2020 中国食品行业上市公司品牌价值榜全面统计了品牌价值不低于 3 亿元的公司，共 65 家，品牌价值总计 2 324.39 亿元。

3.20.1 2020 中国食品行业上市公司品牌价值榜分析

【行业集中度】 在 2020 中国食品行业上市公司品牌价值榜中，排在前 3 位的公司品牌价值合计 876.64 亿元，占行业榜单总计品牌价值的 37.7%；排在前 10 位的公司品牌价值合计 1 397.81 亿元，占行业榜单总计品牌价值的 60.1%；排在前 20 位的公司品牌价值合计 1 764.95 亿元，占行业榜单总计品牌价值的 75.9%。

【所在区域】 在 2020 中国食品行业上市公司品牌价值榜中，65 家公司来自 23 个地区。其中，来自河南、广东和北京的公司共计 16 家，品牌价值合计 1 202.43 亿元，占行业榜单总计品牌价值的 51.7%，处于主导地位。其他地区企业的构成情况见图 3-39 和图 3-40。

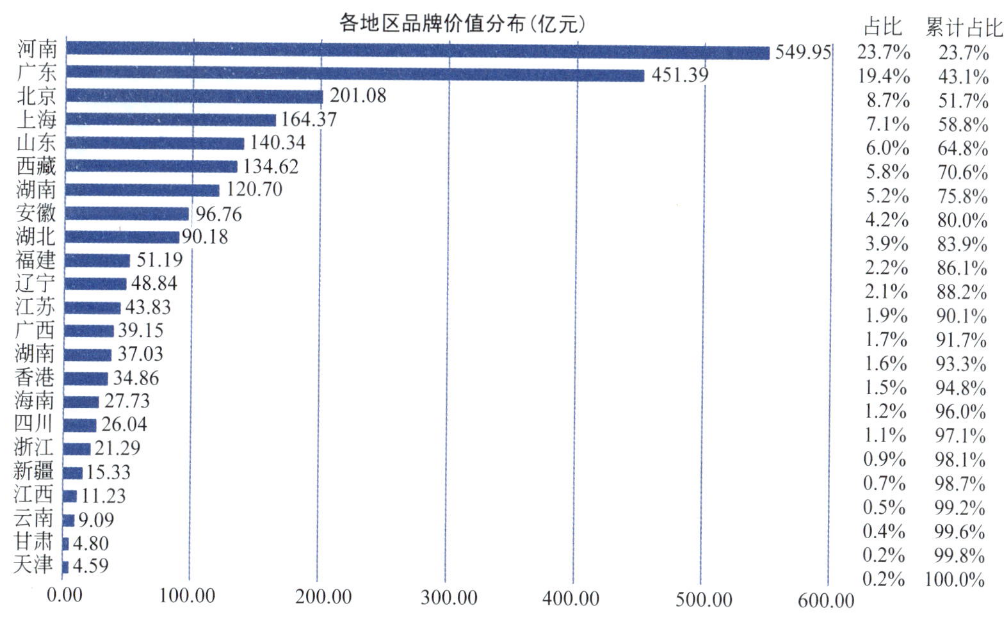

图 3-39 2020 中国食品行业上市公司品牌价值榜所在区域品牌价值分布

【上市板块】 在 2020 中国食品行业上市公司品牌价值榜中，在沪市主板上市的公司有 24 家，品牌价值合计 933.19 亿元，占行业榜单总计品牌价值的 40.1%，排在第一位；在深市主板上市的公司有 4 家，品牌价值合计 563.76 亿元，占行业榜单总计品牌价值的 24.3%，排在第二位；在港股上市的中资股公司有 11 家，品牌价值合计 390.29 亿元，占行业总计品牌价值的 16.8%，排在第三位。此外，在深市中小企业板上市的公司有 22 家，品牌价值合计 331.24 亿元；在深市创业板上市的公司有 4 家，品牌价值合计 105.92 亿元。

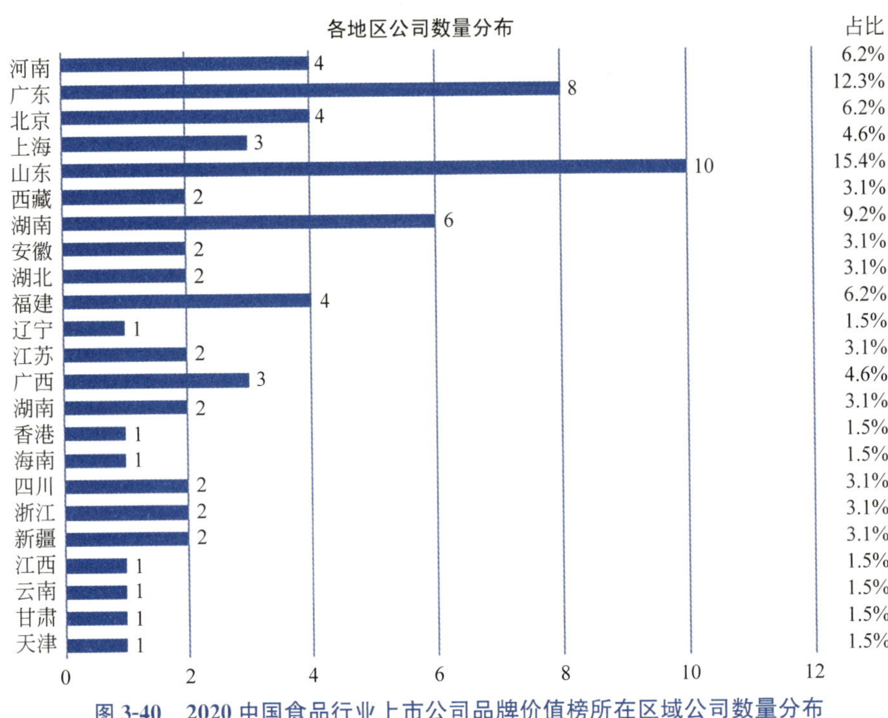

图 3-40 2020 中国食品行业上市公司品牌价值榜所在区域公司数量分布

【上市时间】 在 2020 中国食品行业上市公司品牌价值榜中，1996—2000 年上市的公司有 5 家，品牌价值合计 617.08 亿元，占行业榜单总计品牌价值的 26.5%，排在第一位；2016—2019 年上市的公司有 24 家，品牌价值合计 573.62 亿元，占行业榜单总计品牌价值的 24.7%，排在第二位；2011—2015 年上市的公司有 14 家，品牌价值合计 475.8 亿元，占行业榜单总计品牌价值的 20.5%，排在第三位。此外，2006—2010 年上市的公司有 10 家，品牌价值合计 246.93 亿元；2001—2005 年上市的公司有 7 家，品牌价值合计 234.59 亿元；1996 年以前上市的公司有 5 家，品牌价值合计 176.38 亿元。

3.20.2 2020 中国食品行业上市公司品牌价值榜单

排序	证券简称	品牌价值(亿元)	所在地	上市日期	证券代码
1	双汇发展	485.60	河南	1998-12-10	000895.SZ
2	海天味业	246.36	广东	2014-02-11	603288.SH
3	光明乳业	144.69	上海	2002-08-28	600597.SH
4	中国飞鹤	126.70	北京	2019-11-13	6186.HK
5	H&H 国际控股	96.24	广东	2010-12-17	1112.HK
6	梅花生物	93.02	西藏	1995-02-17	600873.SH
7	安琪酵母	56.85	湖北	2000-08-18	600298.SH

续表

排序	证券简称	品牌价值(亿元)	所在地	上市日期	证券代码
8	三只松鼠	54.01	安徽	2019-07-12	300783.SZ
9	桃李面包	48.84	辽宁	2015-12-22	603866.SH
10	中炬高新	45.50	广东	1995-01-24	600872.SH
11	绝味食品	45.20	湖南	2017-03-17	603517.SH
12	洽洽食品	42.75	安徽	2011-03-02	002557.SZ
13	华宝股份	41.59	西藏	2018-03-01	300741.SZ
14	三元股份	38.34	北京	2003-09-15	600429.SH
15	安井食品	35.52	福建	2017-02-22	603345.SH
16	三全食品	35.02	河南	2008-02-20	002216.SZ
17	中烟香港	34.86	香港	2019-06-12	6055.HK
18	周黑鸭	33.34	湖北	2016-11-11	1458.HK
19	颐海国际	31.33	北京	2016-07-13	1579.HK
20	西王食品	29.20	山东	1996-11-26	000639.SZ
21	京粮控股	27.73	海南	1992-12-21	000505.SZ
22	广州酒家	26.68	广东	2017-06-27	603043.SH
23	长寿花食品	25.71	山东	2009-12-18	1006.HK
24	涪陵榨菜	25.13	重庆	2010-11-23	002507.SZ
25	维维股份	24.21	江苏	2000-06-30	600300.SH
26	道道全	22.22	湖南	2017-03-10	002852.SZ
27	仙坛股份	21.49	山东	2015-02-16	002746.SZ
28	黑芝麻	21.23	广西	1997-04-18	000716.SZ
29	好想你	21.17	河南	2011-05-20	002582.SZ
30	克明面业	19.89	湖南	2012-03-16	002661.SZ
31	双塔食品	19.81	山东	2010-09-21	002481.SZ
32	恒顺醋业	19.61	江苏	2001-02-06	600305.SH
33	天味食品	15.06	四川	2019-04-16	603317.SH
34	贝因美	14.43	浙江	2011-04-12	002570.SZ
35	元祖股份	14.08	上海	2016-12-28	603886.SH
36	雅士利国际	13.84	广东	2010-11-01	1230.HK
37	加加食品	13.45	湖南	2012-01-06	002650.SZ
38	湖南盐业	12.70	湖南	2018-03-26	600929.SH
39	有友食品	11.90	重庆	2019-05-08	603697.SH

续表

排序	证券简称	品牌价值(亿元)	所在地	上市日期	证券代码
40	天润乳业	11.86	新疆	2001-06-28	600419.SH
41	煌上煌	11.23	江西	2012-09-05	002695.SZ
42	千禾味业	10.98	四川	2016-03-07	603027.SH
43	嘉士利集团	9.61	广东	2014-09-25	1285.HK
44	皇氏集团	9.35	广西	2010-01-06	002329.SZ
45	得利斯	9.27	山东	2010-01-06	002330.SZ
46	中宠股份	9.19	山东	2017-08-21	002891.SZ
47	云南能投	9.09	云南	2006-06-27	002053.SZ
48	安德利果汁	8.71	山东	2003-04-22	2218.HK
49	燕塘乳业	8.64	广东	2014-12-05	002732.SZ
50	西麦食品	8.58	广西	2019-06-19	002956.SZ
51	科迪乳业	8.16	河南	2015-06-30	002770.SZ
52	盐津铺子	7.24	湖南	2017-02-08	002847.SZ
53	惠发食品	7.02	山东	2017-06-13	603536.SH
54	佩蒂股份	6.85	浙江	2017-07-11	300673.SZ
55	好当家	6.67	山东	2004-04-05	600467.SH
56	亲亲食品	5.90	福建	2016-07-08	1583.HK
57	海欣食品	5.72	福建	2012-10-11	002702.SZ
58	妙可蓝多	5.60	上海	1995-12-06	600882.SH
59	庄园牧场	4.80	甘肃	2017-10-31	002910.SZ
60	国投中鲁	4.71	北京	2004-06-22	600962.SH
61	桂发祥	4.59	天津	2016-11-18	002820.SZ
62	星湖科技	4.52	广东	1994-08-18	600866.SH
63	蜡笔小新食品	4.04	福建	2011-12-09	1262.HK
64	西部牧业	3.47	新疆	2010-08-20	300106.SZ
65	日辰股份	3.27	山东	2019-08-28	603755.SH

3.21 钢铁行业品牌价值榜

2020 中国钢铁行业上市公司品牌价值榜全面统计了品牌价值不低于 3 亿元的公司，共 45 家，品牌价值总计 2 302.88 亿元。

3.21.1 2020 中国钢铁行业上市公司品牌价值榜分析

【行业集中度】 在 2020 中国钢铁行业上市公司品牌价值榜中，排在前 3 位的公司品牌价值合计 764.89 亿元，占行业榜单总计品牌价值的 33.2%；排在前 5 位的公司品牌价值合计 994.78 亿元，占行业榜单总计品牌价值的 43.2%；排在前 10 位的公司品牌价值合计 1 395.93 亿元，占行业榜单总计品牌价值的 60.6%。

【所在区域】 在 2020 中国钢铁行业上市公司品牌价值榜中，45 家公司来自 22 个地区。其中，来自上海、辽宁、河北和北京的公司共计 11 家，品牌价值合计 918.47 亿元，占行业榜单总计品牌价值的 47.2%，处于主导地位。其他地区企业的构成情况见图 3-41 和图 3-42。

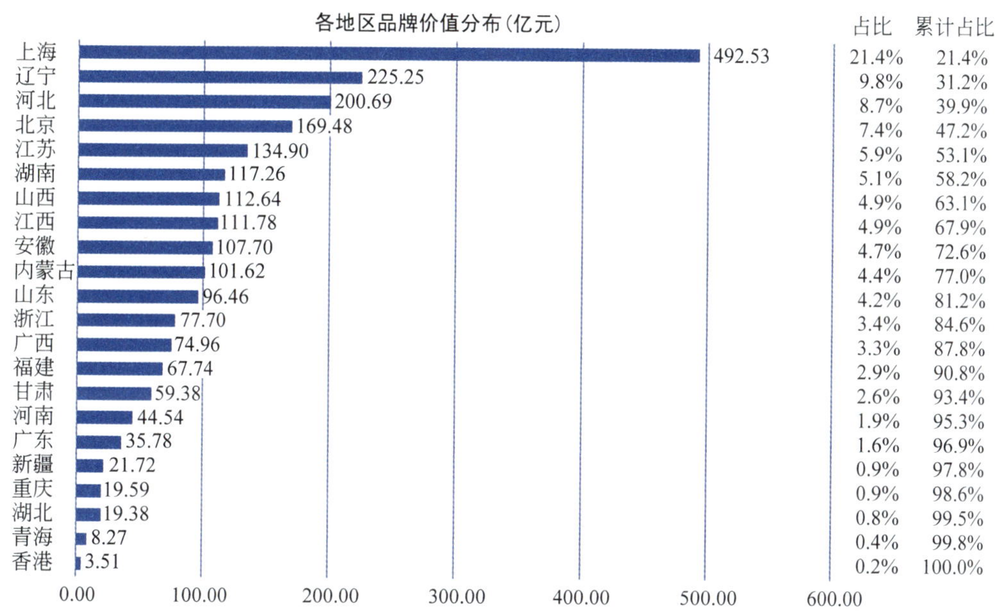

图 3-41 2020 中国钢铁行业上市公司品牌价值榜所在区域品牌价值分布

【上市板块】 在 2020 中国钢铁行业上市公司品牌价值榜中，在沪市主板上市的公司有 19 家，品牌价值合计 1 259.22 亿元，占行业榜单总计品牌价值的 54.7%，排在第一位；在深市主板上市的公司有 9 家，品牌价值合计 744.77 亿元，占行业榜单总计品牌价值的 32.3%，排在第二位；在港股上市的中资股公司有 8 家，品牌价值合计 145.06 亿元，占行业总计品牌价值的 6.3%，排在第三位。此外，在深市中小企业板上市的公司有 8 家，品牌价值合计 122.15 亿元；国外中概股上市公司有 1 家，品牌价值 31.7 亿元。

【上市时间】 在 2020 中国钢铁行业上市公司品牌价值榜中，1996—2000 年上市的公司有 18 家，品牌价值合计 1 535.13 亿元，占行业榜单总计品牌价值的 66.7%，排在第一位；2001—2005 年上市的公司有 7 家，品牌价值合计 333.79 亿元，占行业榜单总计品牌价值的 14.5%，排在第二位；2006—2010 年上市的公司有 10 家，品牌价值合计 248 亿元，占

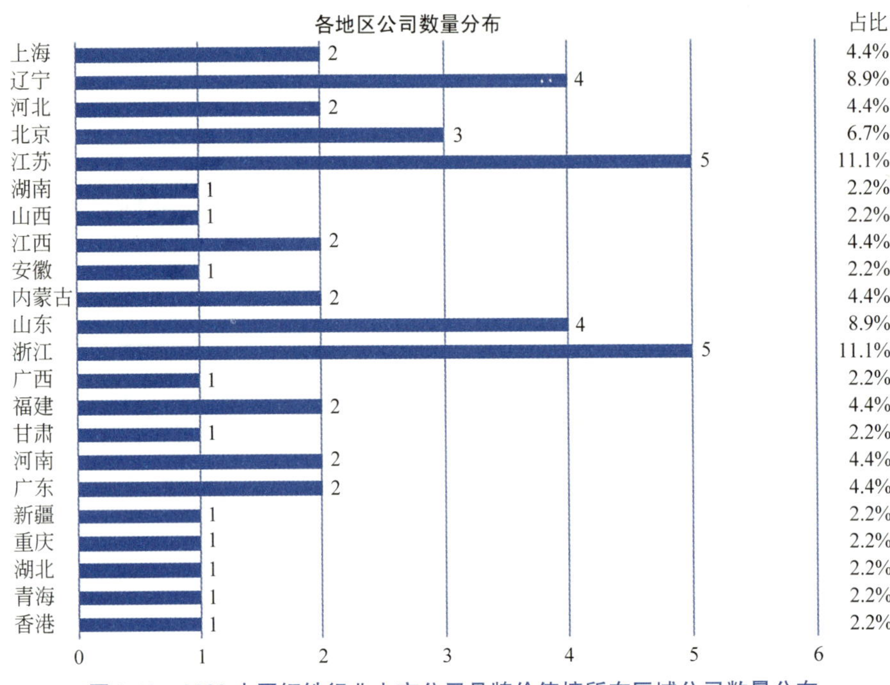

图 3-42　2020 中国钢铁行业上市公司品牌价值榜所在区域公司数量分布

行业榜单总计品牌价值的 10.8%，排在第三位。此外，1996 年以前上市的公司有 2 家，品牌价值合计 111.21 亿元；2016—2019 年上市的公司有 5 家，品牌价值合计 42.44 亿元；2011—2015 年上市的公司有 3 家，品牌价值合计 32.3 亿元。

3.21.2　2020 中国钢铁行业上市公司品牌价值榜单

排序	证 券 简 称	品牌价值（亿元）	所在地	上市日期	证券代码
1	宝钢股份	489.30	上海	2000-12-12	600019.SH
2	鞍钢股份	139.34	辽宁	1997-12-25	000898.SZ
3	河钢股份	136.24	河北	1997-04-16	000709.SZ
4	华菱钢铁	117.26	湖南	1999-08-03	000932.SZ
5	太钢不锈	112.64	山西	1998-10-21	000825.SZ
6	马钢股份	107.70	安徽	1994-01-06	600808.SH
7	新钢股份	78.42	江西	1996-12-25	600782.SH
8	柳钢股份	74.96	广西	2007-02-27	601003.SH
9	首钢股份	70.54	北京	1999-12-16	000959.SZ
10	包钢股份	69.54	内蒙古	2001-03-09	600010.SH
11	山东钢铁	68.70	山东	2004-06-29	600022.SH
12	中国东方集团	67.25	北京	2004-03-02	0581.HK

续表

排序	证 券 简 称	品牌价值(亿元)	所在地	上市日期	证券代码
13	新兴铸管	64.45	河北	1997-06-06	000778.SZ
14	三钢闽光	64.18	福建	2007-01-26	002110.SZ
15	南钢股份	61.43	江苏	2000-09-19	600282.SH
16	酒钢宏兴	59.38	甘肃	2000-12-20	600307.SH
17	本钢板材	53.52	辽宁	1998-01-15	000761.SZ
18	安阳钢铁	41.13	河南	2001-08-20	600569.SH
19	方大特钢	33.36	江西	2003-09-30	600507.SH
20	鄂尔多斯	32.08	内蒙古	2001-04-26	600295.SH
21	大明国际	31.99	江苏	2010-12-01	1090.HK
22	德龙控股	31.70	北京	1999-04-08	BQO.SG
23	韶钢松山	31.40	广东	1997-05-08	000717.SZ
24	杭钢股份	29.49	浙江	1998-03-11	600126.SH
25	甬金股份	28.21	浙江	2019-12-24	603995.SH
26	凌钢股份	27.77	辽宁	2000-05-11	600231.SH
27	沙钢股份	23.76	江苏	2006-10-25	002075.SZ
28	八一钢铁	21.72	新疆	2002-08-16	600581.SH
29	西王特钢	21.12	山东	2012-02-23	1266.HK
30	重庆钢铁	19.59	重庆	2007-02-28	601005.SH
31	中信特钢	19.38	湖北	1997-03-26	000708.SZ
32	天工国际	10.49	江苏	2007-07-26	0826.HK
33	西宁特钢	8.27	青海	1997-10-15	600117.SH
34	永兴材料	7.61	浙江	2015-05-15	002756.SZ
35	常宝股份	7.23	江苏	2010-09-21	002478.SZ
36	久立特材	6.57	浙江	2009-12-11	002318.SZ
37	金洲管道	5.82	浙江	2010-07-06	002443.SZ
38	ST 抚钢	4.62	辽宁	2000-12-29	600399.SH
39	华津国际控股	4.37	广东	2016-04-15	2738.HK
40	日上集团	3.57	福建	2011-06-28	002593.SZ
41	大业股份	3.55	山东	2017-11-13	603278.SH
42	广南(集团)	3.51	香港	1994-12-09	1203.HK
43	恒星科技	3.41	河南	2007-04-27	002132.SZ
44	浦江国际	3.23	上海	2019-05-28	2060.HK
45	迈科管业	3.09	山东	2019-12-18	1553.HK

3.22 媒体行业品牌价值榜

2020 中国媒体行业上市公司品牌价值榜全面统计了品牌价值不低于 3 亿元的公司，共 90 家，品牌价值总计 2 163.51 亿元。

3.22.1 2020 中国媒体行业上市公司品牌价值榜分析

【行业集中度】 在 2020 中国媒体行业上市公司品牌价值榜中，排在前 10 位的公司品牌价值合计 753.02 亿元，占行业榜单总计品牌价值的 34.8%；排在前 20 位的公司品牌价值合计 1 240.36 亿元，占行业榜单总计品牌价值的 57.3%；排在前 30 位的公司品牌价值合计 1 518.25 亿元，占行业榜单总计品牌价值的 70.2%。

【所在区域】 在 2020 中国媒体行业上市公司品牌价值榜中，90 家公司来自 22 个地区。其中，来自北京、广东和上海的公司共计 50 家，品牌价值合计 1 145.25 亿元，占行业榜单总计品牌价值的 52.9%，处于主导地位。其他地区企业的构成情况见图 3-43 和图 3-44。

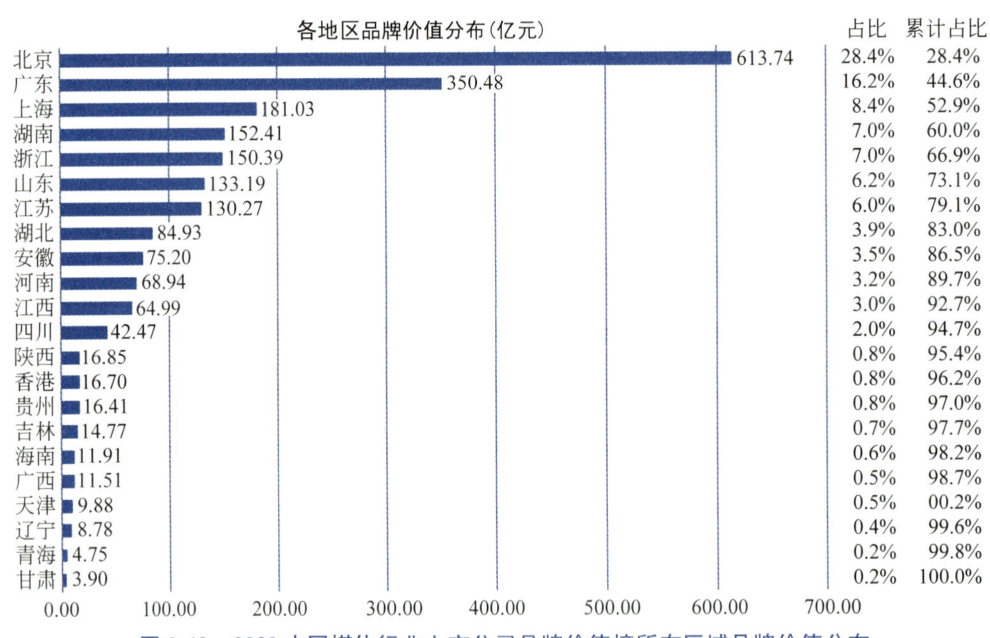

图 3-43 2020 中国媒体行业上市公司品牌价值榜所在区域品牌价值分布

【上市板块】 在 2020 中国媒体行业上市公司品牌价值榜中，在沪市主板上市的公司有 33 家，品牌价值合计 969.71 亿元，占行业榜单总计品牌价值的 44.8%，排在第一位；在深市中小企业板上市的公司有 10 家，品牌价值合计 313.45 亿元，占行业总计品牌价值的 14.5%，排在第二位；在深市创业板上市的公司有 21 家，品牌价值合计 310.89 亿元，占行业榜单总计品牌价值的 14.4%，排在第三位。此外，国外中概股上市公司有 10 家，品牌价

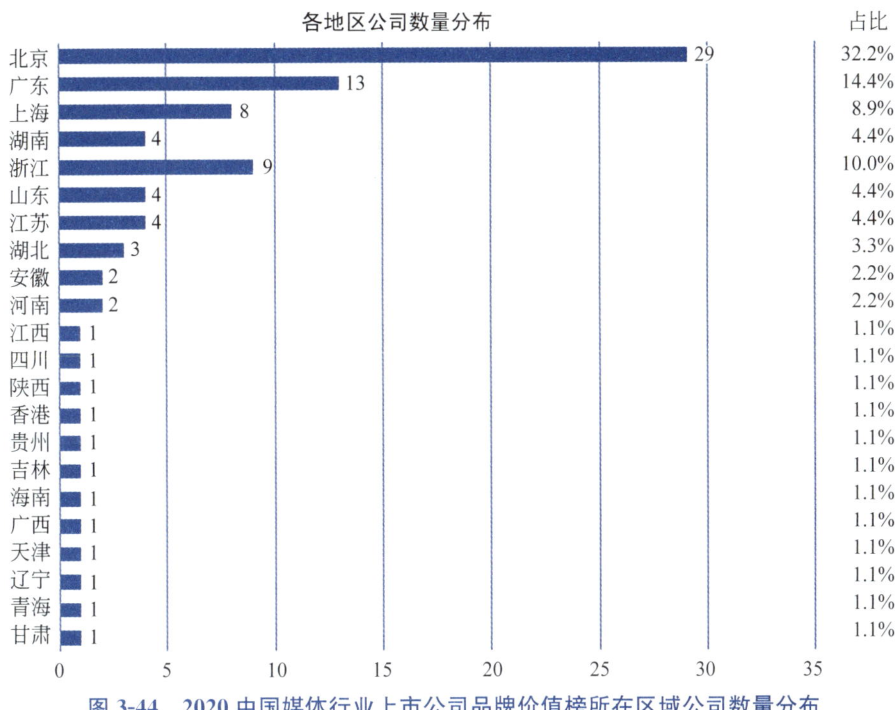

图 3-44　2020 中国媒体行业上市公司品牌价值榜所在区域公司数量分布

值合计 264.91 亿元；在深市主板上市的公司有 9 家，品牌价值合计 215.16 亿元；在港股上市的中资股公司有 7 家，品牌价值合计 89.39 亿元。

【上市时间】 在 2020 中国媒体行业上市公司品牌价值榜中，2006—2010 年上市的公司有 16 家，品牌价值合计 436.35 亿元，占行业榜单总计品牌价值的 20.2%，排在第一位；2016—2019 年上市的公司有 25 家，品牌价值合计 423.31 亿元，占行业榜单总计品牌价值的 19.6%，排在第二位；2011—2015 年上市的公司有 23 家，品牌价值合计 417.18 亿元，占行业榜单总计品牌价值的 19.3%，排在第三位。此外，1996—2000 年上市的公司有 14 家，品牌价值合计 387.87 亿元；2001—2005 年上市的公司有 6 家，品牌价值合计 327.54 亿元；1996 年以前上市的公司有 6 家，品牌价值合计 171.27 亿元。

3.22.2　2020 中国媒体行业上市公司品牌价值榜单

排序	证 券 简 称	品牌价值(亿元)	所在地	上市日期	证券代码
1	分众传媒	149.74	广东	2004-08-04	002027.SZ
2	东方明珠	100.64	上海	1993-03-16	600637.SH
3	蓝色光标	92.70	北京	2010-02-26	300058.SZ
4	凤凰传媒	75.23	江苏	2011-11-30	601928.SH
5	中南传媒	74.23	湖南	2010-10-28	601098.SH

续表

排序	证券简称	品牌价值(亿元)	所在地	上市日期	证券代码
6	微博	70.76	北京	2014-04-17	WB.O
7	长江传媒	66.26	湖北	1996-10-03	600757.SH
8	中文传媒	64.99	江西	2002-03-04	600373.SH
9	新浪	58.47	北京	2000-04-13	SINA.O
10	科达股份	55.25	山东	2004-04-26	600986.SH
11	山东出版	54.87	山东	2017-11-22	601019.SH
12	省广集团	49.84	广东	2010-05-06	002400.SZ
13	电广传媒	45.47	湖南	1999-03-25	000917.SZ
14	中原传媒	44.13	河南	1997-03-31	000719.SZ
15	新华文轩	42.47	四川	2016-08-08	601811.SH
16	华扬联众	42.37	北京	2017-08-02	603825.SH
17	皖新传媒	41.95	安徽	2010-01-18	601801.SH
18	利欧股份	39.31	浙江	2007-04-27	002131.SZ
19	江苏有线	38.42	江苏	2015-04-28	600959.SH
20	时代出版	33.25	安徽	2002-09-05	600551.SH
21	搜狐	31.11	北京	2000-07-12	SOHU.O
22	易车	29.99	北京	2010-11-17	BITA.N
23	中国出版	29.69	北京	2017-08-21	601949.SH
24	南方传媒	29.44	广东	2016-02-15	601900.SH
25	芒果超媒	29.26	湖南	2015-01-21	300413.SZ
26	趣头条	27.67	上海	2018-09-14	QTT.O
27	天龙集团	26.03	广东	2010-03-26	300063.SZ
28	捷成股份	24.98	北京	2011-02-22	300182.SZ
29	映客	24.90	北京	2018-07-12	3700.HK
30	华数传媒	24.81	浙江	2000-09-06	000156.SZ
31	智度股份	24.81	河南	1996-12-24	000676.SZ
32	浙数文化	21.76	浙江	1993-03-04	600633.SH
33	中信国安	20.72	北京	1997-10-31	000839.SZ
34	思美传媒	20.44	浙江	2014-01-23	002712.SZ
35	歌华有线	19.54	北京	2001-02-08	600037.SH
36	阅文集团	18.33	上海	2017-11-08	0772.HK
37	广弘控股	18.10	广东	1993-11-18	000529.SZ

续表

排序	证券简称	品牌价值(亿元)	所在地	上市日期	证券代码
38	人民网	17.92	北京	2012-04-27	603000.SH
39	电声股份	17.25	广东	2019-11-21	300805.SZ
40	广电网络	16.85	陕西	1994-02-24	600831.SH
41	凤凰卫视	16.70	香港	2000-06-30	2008.HK
42	贵广网络	16.41	贵州	2016-12-26	600996.SH
43	湖北广电	15.43	湖北	1996-12-10	000665.SZ
44	中国科传	15.16	北京	2017-01-18	601858.SH
45	吉视传媒	14.77	吉林	2012-02-23	601929.SH
46	佳云科技	14.23	广东	2011-07-12	300242.SZ
47	城市传媒	14.20	山东	2000-03-09	600229.SH
48	乐居	12.76	北京	2014-04-17	LEJU.N
49	房天下	12.49	北京	2010-09-17	SFUN.N
50	长城影视	12.47	江苏	2006-10-12	002071.SZ
51	天威视讯	12.23	广东	2008-05-26	002238.SZ
52	华闻集团	11.91	海南	1997-07-29	000793.SZ
53	新华网	11.75	北京	2016-10-28	603888.SH
54	广西广电	11.51	广西	2016-08-15	600936.SH
55	引力传媒	11.44	北京	2015-05-27	603598.SH
56	中信出版	11.43	北京	2019-07-05	300788.SZ
57	优点互动	11.05	北京	2012-05-30	IDEX.O
58	联建光电	10.17	广东	2011-10-12	300269.SZ
59	华谊嘉信	10.11	北京	2010-04-21	300071.SZ
60	新经典	9.88	天津	2017-04-25	603096.SH
61	三维通信	9.86	浙江	2007-02-15	002115.SZ
62	华媒控股	9.78	浙江	1996-08-30	000607.SZ
63	新文化	9.73	上海	2012-07-10	300336.SZ
64	万润科技	9.45	广东	2012-02-17	002654.SZ
65	万咖壹联	9.05	北京	2018-12-21	1762.HK
66	联创股份	8.87	山东	2012-08-01	300343.SZ
67	出版传媒	8.78	辽宁	2007-12-21	601999.SH
68	壹网壹创	8.49	浙江	2019-09-27	300792.SZ
69	中视金桥	8.44	上海	2008-07-08	0623.HK

续表

排序	证 券 简 称	品牌价值(亿元)	所在地	上市日期	证券代码
70	金科文化	8.22	浙江	2015-05-15	300459.SZ
71	每日互动	7.73	浙江	2019-03-25	300766.SZ
72	新华传媒	7.42	上海	1994-02-04	600825.SH
73	凤凰新媒体	7.02	北京	2011-05-12	FENG.N
74	第一视频	6.50	北京	1991-10-25	0082.HK
75	腾信股份	6.43	北京	2014-09-10	300392.SZ
76	新媒股份	6.29	广东	2019-04-19	300770.SZ
77	掌阅科技	5.80	北京	2017-09-21	603533.SH
78	元隆雅图	5.63	北京	2017-06-06	002878.SZ
79	瑞诚中国传媒	5.47	北京	2019-11-12	1640.HK
80	值得买	4.91	北京	2019-07-15	300785.SZ
81	青海春天	4.75	青海	2001-05-08	600381.SH
82	龙韵股份	4.74	上海	2015-03-24	603729.SH
83	粤传媒	4.48	广东	2007-11-16	002181.SZ
84	三六五网	4.15	江苏	2012-03-15	300295.SZ
85	中视传媒	4.07	上海	1997-06-16	600088.SH
86	读者传媒	3.90	甘肃	2015-12-10	603999.SH
87	36 氪	3.61	北京	2019-11-08	KRKR.O
88	天舟文化	3.45	湖南	2010-12-15	300148.SZ
89	盛天网络	3.24	湖北	2015-12-31	300494.SZ
90	因赛集团	3.23	广东	2019-06-06	300781.SZ

3.23 化工行业品牌价值榜

2020 中国化工行业上市公司品牌价值榜全面统计了品牌价值不低于 3 亿元的公司，共 120 家，品牌价值总计 1 929.66 亿元。

3.23.1 2020 中国化工行业上市公司品牌价值榜分析

【行业集中度】 在 2020 中国化工行业上市公司品牌价值榜中，排在前 10 位的公司品牌价值合计 685.25 亿元，占行业榜单总计品牌价值的 35.5%；排在前 20 位的公司品牌价值合计 1 066.94 亿元，占行业榜单总计品牌价值的 55.3%；排在前 30 位的公司品牌价值合计 1 289.94 亿元，占行业榜单总计品牌价值的 66.8%。

【所在区域】 在 2020 中国化工行业上市公司品牌价值榜中，120 家公司来自 25 个地区。其中，来自浙江、山东、湖北和江苏的公司共计 60 家，品牌价值合计 1 086.24 亿元，占行业榜单总计品牌价值的 56.3%，处于主导地位。其他地区企业的构成情况见图 3-45 和图 3-46。

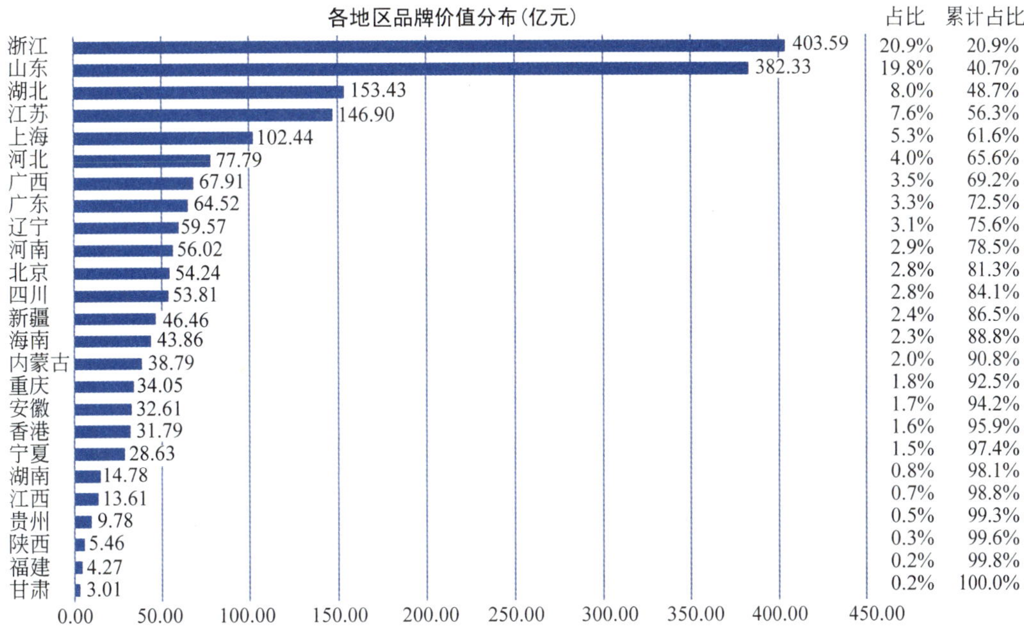

图 3-45 2020 中国化工行业上市公司品牌价值榜所在区域品牌价值分布

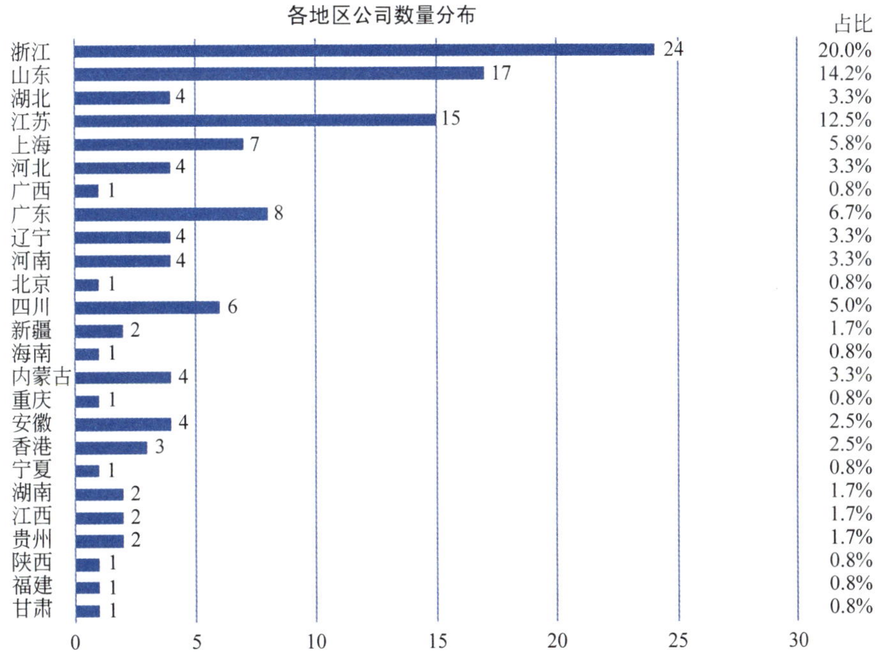

图 3-46 2020 中国化工行业上市公司品牌价值榜所在区域公司数量分布

【上市板块】 在 2020 中国化工行业上市公司品牌价值榜中，在沪市主板上市的公司有 45 家，品牌价值合计 827.9 亿元，占行业榜单总计品牌价值的 42.9%，排在第一位；在深市中小企业板上市的公司有 37 家，品牌价值合计 450.83 亿元，占行业总计品牌价值的 23.4%，排在第二位；在深市主板上市的公司有 18 家，品牌价值合计 393.55 亿元，占行业榜单总计品牌价值的 20.4%，排在第三位。此外，在港股上市的中资股公司有 11 家，品牌价值合计 217.6 亿元；在深市创业板上市的公司有 6 家，品牌价值合计 26.26 亿元；国外中概股上市公司有 2 家，品牌价值合计 9.64 亿元；在沪市科创板上市的公司有 1 家，品牌价值 3.87 亿元。

【上市时间】 在 2020 中国化工行业上市公司品牌价值榜中，1996—2000 年上市的公司有 29 家，品牌价值合计 484.76 亿元，占行业榜单总计品牌价值的 25.1%，排在第一位；2001—2005 年上市的公司有 16 家，品牌价值合计 476.23 亿元，占行业榜单总计品牌价值的 24.7%，排在第二位；2006—2010 年上市的公司有 30 家，品牌价值合计 450.64 亿元，占行业榜单总计品牌价值的 23.4%，排在第三位。此外，1996 年以前上市的公司有 8 家，品牌价值合计 203.42 亿元；2011—2015 年上市的公司有 23 家，品牌价值合计 183.83 亿元；2016—2019 年上市的公司有 14 家，品牌价值合计 130.76 亿元。

3.23.2 2020 中国化工行业上市公司品牌价值榜单

排序	证券简称	品牌价值(亿元)	所在地	上市日期	证券代码
1	浙江龙盛	101.26	浙江	2003-08-01	600352.SH
2	万华化学	88.70	山东	2001-01-05	600309.SH
3	鲁西化工	80.32	山东	1998-08-07	000830.SZ
4	安道麦 A	76.93	湖北	1993-12-03	000553.SZ
5	荣盛石化	71.39	浙江	2010-11-02	002493.SZ
6	恒逸石化	67.91	广西	1997-03-28	000703.SZ
7	中化化肥	54.24	北京	1996-09-30	0297.HK
8	金正大	53.07	山东	2010-09-08	002470.SZ
9	新奥股份	45.82	河北	1994-01-03	600803.SH
10	中化国际	45.59	上海	2000-03-01	600500.SH
11	中海石油化学	43.86	海南	2006-09-29	3983.HK
12	中泰化学	42.79	新疆	2006-12-08	002092.SZ
13	恒力石化	42.23	辽宁	2001-08-20	600346.SH
14	新洋丰	40.86	湖北	1999-04-08	000902.SZ
15	华鲁恒升	38.83	山东	2002-06-20	600426.SH

续表

排序	证 券 简 称	品牌价值（亿元）	所在地	上市日期	证券代码
16	桐昆股份	35.43	浙江	2011-05-18	601233.SH
17	华谊集团	35.22	上海	1992-12-04	600623.SH
18	中国心连心化肥	34.38	河南	2009-12-08	1866.HK
19	新安股份	34.05	浙江	2001-09-06	600596.SH
20	华邦健康	34.05	重庆	2004-06-25	002004.SZ
21	宝丰能源	28.63	宁夏	2019-05-16	600989.SH
22	扬农化工	24.46	江苏	2002-04-25	600486.SH
23	新凤鸣	24.29	浙江	2017-04-18	603225.SH
24	金发科技	24.10	广东	2004-06-23	600143.SH
25	齐翔腾达	22.82	山东	2010-05-18	002408.SZ
26	东方盛虹	21.74	江苏	2000-05-29	000301.SZ
27	史丹利	19.66	山东	2011-06-10	002588.SZ
28	三友化工	19.24	河北	2003-06-18	600409.SH
29	ST 宜化	19.17	湖北	1996-08-15	000422.SZ
30	红太阳	18.90	江苏	1993-10-28	000525.SZ
31	东岳集团	16.84	山东	2007-12-10	0189.HK
32	兴发集团	16.47	湖北	1999-06-16	600141.SH
33	江山股份	15.33	江苏	2001-01-10	600389.SH
34	利尔化学	15.32	四川	2008-07-08	002258.SZ
35	巨化股份	15.21	浙江	1998-06-26	600160.SH
36	世纪阳光	14.82	香港	2004-02-17	0509.HK
37	龙蟒佰利	14.65	河南	2011-07-15	002601.SZ
38	阜丰集团	14.56	山东	2007-02-08	0546.HK
39	亿利洁能	12.74	内蒙古	2000-07-25	600277.SH
40	君正集团	12.45	内蒙古	2011-02-22	601216.SH
41	天原集团	12.00	四川	2010-04-09	002386.SZ
42	诺普信	11.95	广东	2008-02-18	002215.SZ
43	广信股份	11.28	安徽	2015-05-13	603599.SH
44	合盛硅业	11.09	浙江	2017-10-30	603260.SH
45	时代新材	11.01	湖南	2002-12-19	600458.SH
46	长青股份	10.98	江苏	2010-04-16	002391.SZ
47	闰土股份	10.74	浙江	2010-07-06	002440.SZ

续表

排序	证券简称	品牌价值(亿元)	所在地	上市日期	证券代码
48	司尔特	10.56	安徽	2011-01-18	002538.SZ
49	远兴能源	10.05	内蒙古	1997-01-31	000683.SZ
50	嘉化能源	9.67	浙江	2003-06-27	600273.SH
51	鸿达兴业	9.48	江苏	2004-06-25	002002.SZ
52	杉杉股份	9.39	浙江	1996-01-30	600884.SH
53	三美股份	9.12	浙江	2019-04-02	603379.SH
54	卫星石化	9.09	浙江	2011-12-28	002648.SZ
55	中国三江化工	9.01	浙江	2010-09-16	2198.HK
56	滨化股份	8.99	山东	2010-02-23	601678.SH
57	叶氏化工集团	8.77	香港	1991-08-22	0408.HK
58	诚志股份	8.39	江西	2000-07-06	000990.SZ
59	海利尔	8.23	山东	2017-01-12	603639.SH
60	东光化工	8.20	河北	2017-07-11	1702.HK
61	华宝国际	8.20	香港	1992-01-22	0336.HK
62	泸天化	8.11	四川	1999-06-03	000912.SZ
63	瀚叶股份	7.91	浙江	1999-11-16	600226.SH
64	沈阳化工	7.58	辽宁	1997-02-20	000698.SZ
65	苏利股份	7.46	江苏	2016-12-14	603585.SH
66	杭氧股份	7.38	浙江	2010-06-10	002430.SZ
67	四川美丰	7.37	四川	1997-06-17	000731.SZ
68	芭田股份	6.61	广东	2007-09-19	002170.SZ
69	先达股份	6.49	山东	2017-05-11	603086.SH
70	和邦生物	6.47	四川	2012-07-31	603077.SH
71	东凌国际	6.42	广东	1998-12-24	000893.SZ
72	金禾实业	6.34	安徽	2011-07-07	002597.SZ
73	氯碱化工	6.10	上海	1992-11-13	600618.SH
74	华昌化工	6.04	江苏	2008-09-25	002274.SZ
75	中旗股份	6.01	江苏	2016-12-20	300575.SZ
76	利民股份	5.84	江苏	2015-01-27	002734.SZ
77	奥克股份	5.65	辽宁	2010-05-20	300082.SZ
78	圣济堂	5.50	贵州	2000-02-21	600227.SH
79	中国绿色农业	5.46	陕西	2009-03-09	CGA.N

续表

排序	证券简称	品牌价值（亿元）	所在地	上市日期	证券代码
80	赞宇科技	5.34	浙江	2011-11-25	002637.SZ
81	宏大爆破	5.28	广东	2012-06-12	002683.SZ
82	黑猫股份	5.22	江西	2006-09-15	002068.SZ
83	雅本化学	5.21	江苏	2011-09-06	300261.SZ
84	石大胜华	5.09	山东	2015-05-29	603026.SH
85	联化科技	5.06	浙江	2008-06-19	002250.SZ
86	华峰氨纶	4.89	浙江	2006-08-23	002064.SZ
87	丰山集团	4.79	江苏	2018-09-17	603810.SH
88	山东海化	4.75	山东	1998-07-03	000822.SZ
89	吉华集团	4.74	浙江	2017-06-15	603980.SH
90	大生农业金融	4.71	上海	2005-07-13	1103.HK
91	国光股份	4.54	四川	2015-03-20	002749.SZ
92	沧州大化	4.54	河北	2000-04-06	600230.SH
93	海利得	4.51	浙江	2008-01-23	002206.SZ
94	皖维高新	4.43	安徽	1997-05-28	600063.SH
95	保利联合	4.28	贵州	2004-09-08	002037.SZ
96	三棵树	4.27	福建	2016-06-03	603737.SH
97	尚舜化工	4.18	山东	2007-07-05	CH8.SG
98	普利特	4.13	上海	2009-12-18	002324.SZ
99	航锦科技	4.11	辽宁	1997-10-17	000818.SZ
100	华西股份	3.97	江苏	1999-08-10	000936.SZ
101	容百科技	3.87	浙江	2019-07-22	688005.SH
102	湖南海利	3.77	湖南	1996-08-02	600731.SH
103	新疆天业	3.68	新疆	1997-06-17	600075.SH
104	新农股份	3.57	浙江	2018-12-05	002942.SZ
105	多氟多	3.56	河南	2010-05-18	002407.SZ
106	兰太实业	3.55	内蒙古	2000-12-22	600328.SH
107	茂化实华	3.55	广东	1996-11-14	000637.SZ
108	德联集团	3.54	广东	2012-03-27	002666.SZ
109	国新文化	3.49	上海	1993-03-16	600636.SH
110	万润股份	3.47	山东	2011-12-20	002643.SZ
111	新乡化纤	3.43	河南	1999-10-21	000949.SZ

续表

排序	证券简称	品牌价值(亿元)	所在地	上市日期	证券代码
112	ST 亚邦	3.41	江苏	2014-09-09	603188.SH
113	ST 华鼎	3.38	浙江	2011-05-09	601113.SH
114	双星新材	3.29	江苏	2011-06-02	002585.SZ
115	华峰超纤	3.19	上海	2011-02-22	300180.SZ
116	永太科技	3.19	浙江	2009-12-22	002326.SZ
117	国恩股份	3.18	山东	2015-06-30	002768.SZ
118	国瓷材料	3.14	山东	2012-01-13	300285.SZ
119	新宙邦	3.05	广东	2010-01-08	300037.SZ
120	中核钛白	3.01	甘肃	2007-08-03	002145.SZ

3.24 农业品牌价值榜

2020 中国农业上市公司品牌价值榜全面统计了品牌价值不低于 3 亿元的公司，共 57 家，品牌价值总计 1 883.56 亿元。

3.24.1 2020 中国农业上市公司品牌价值榜分析

【行业集中度】 在 2020 中国农业上市公司品牌价值榜中，排在前 3 位的公司品牌价值合计 795.39 亿元，占行业榜单总计品牌价值的 42.2%；排在前 10 位的公司品牌价值合计 1 330.59 亿元，占行业榜单总计品牌价值的 70.6%；排在前 20 位的公司品牌价值合计 1 606.29 亿元，占行业榜单总计品牌价值的 85.2%。

【所在区域】 在 2020 中国农业上市公司品牌价值榜中，57 家公司来自 21 个地区。其中，来自广东和四川的公司共计 8 家，品牌价值合计 952.07 亿元，占行业榜单总计品牌价值的 50.5%，处于主导地位。其他地区企业的构成情况见图 3-47 和图 3-48。

【上市板块】 在 2020 中国农业上市公司品牌价值榜中，在深市中小企业板上市的公司有 19 家，品牌价值合计 642.3 亿元，占行业总计品牌价值的 34.1%，排在第一位；在深市创业板上市的公司有 6 家，品牌价值合计 392.38 亿元，占行业榜单总计品牌价值的 20.8%，排在第二位；在沪市主板上市的公司有 16 家，品牌价值合计 386.09 亿元，占行业榜单总计品牌价值的 20.5%，排在第三位。此外，在深市主板上市的公司有 6 家，品牌价值合计 345.12 亿元；在港股上市的中资股公司有 9 家，品牌价值合计 106.05 亿元；国外中概股上市公司有 1 家，品牌价值 11.61 亿元。

【上市时间】 在 2020 中国农业上市公司品牌价值榜中，2011—2015 年上市的公司有 13 家，品牌价值合计 611.31 亿元，占行业榜单总计品牌价值的 32.5%，排在第一位；

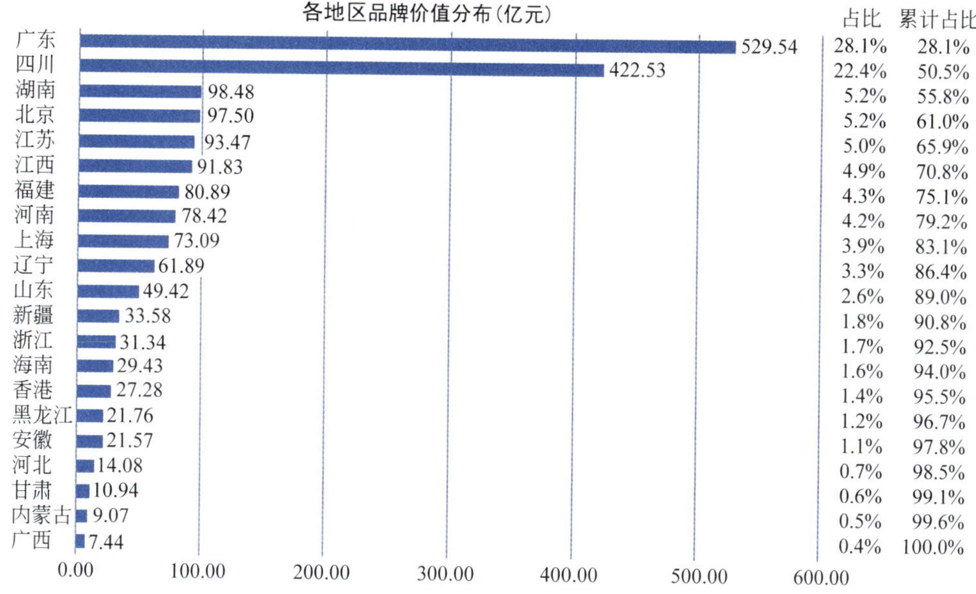

图 3-47 2020 中国农业上市公司品牌价值榜所在区域品牌价值分布

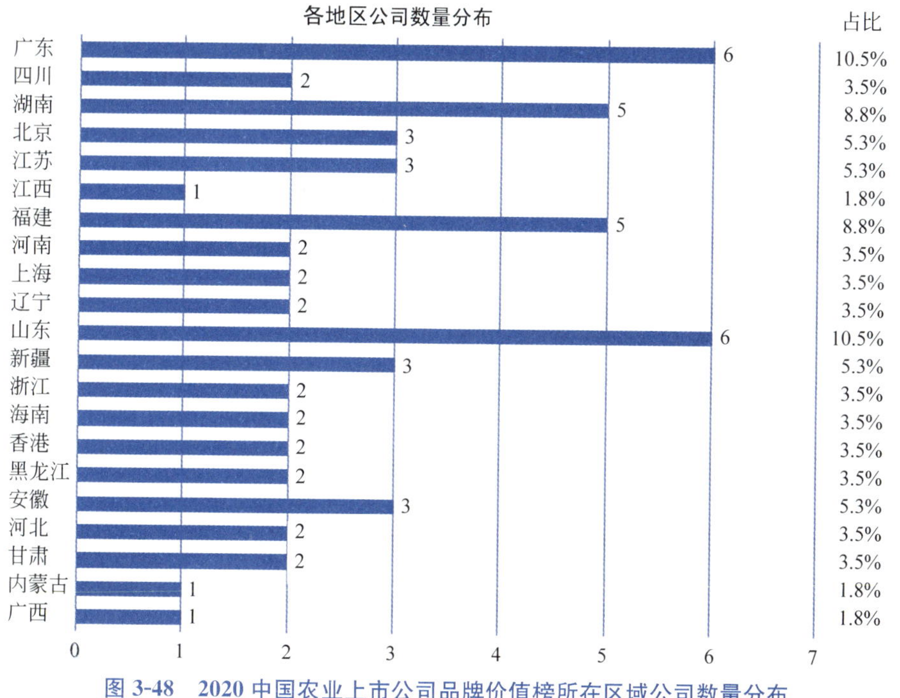

图 3-48 2020 中国农业上市公司品牌价值榜所在区域公司数量分布

2006—2010 年上市的公司有 17 家，品牌价值合计 504.07 亿元，占行业榜单总计品牌价值的 26.8%，排在第二位；1996—2000 年上市的公司有 9 家，品牌价值合计 439.26 亿元，占行业榜单总计品牌价值的 23.3%，排在第三位。此外，2001—2005 年上市的公司有 9 家，品牌价值合计 214.85 亿元；2016—2019 年上市的公司有 8 家，品牌价值合计 104.24 亿元；1996 年以前上市的公司有 1 家，品牌价值 9.82 亿元。

3.24.2 2020 中国农业上市公司品牌价值榜单

排序	证券简称	品牌价值（亿元）	所在地	上市日期	证券代码
1	温氏股份	333.27	广东	2015-11-02	300498.SZ
2	新希望	305.69	四川	1998-03-11	000876.SZ
3	海大集团	156.43	广东	2009-11-27	002311.SZ
4	通威股份	116.84	四川	2004-03-02	600438.SH
5	正邦科技	91.83	江西	2007-08-17	002157.SZ
6	大北农	72.95	北京	2010-04-09	002385.SZ
7	上海梅林	67.57	上海	1997-07-04	600073.SH
8	牧原股份	67.36	河南	2014-01-28	002714.SZ
9	唐人神	63.80	湖南	2011-03-25	002567.SZ
10	禾丰牧业	54.85	辽宁	2014-08-08	603609.SH
11	圣农发展	49.57	福建	2009-10-21	002299.SZ
12	雨润食品	41.74	江苏	2005-10-03	1068.HK
13	立华股份	33.82	江苏	2019-02-18	300761.SZ
14	海南橡胶	25.46	海南	2011-01-07	601118.SH
15	龙大肉食	24.87	山东	2014-06-26	002726.SZ
16	天康生物	24.13	新疆	2006-12-26	002100.SZ
17	中牧股份	21.45	北京	1999-01-07	600195.SH
18	傲农生物	19.44	福建	2017-09-26	603363.SH
19	苏垦农发	17.91	江苏	2017-05-15	601952.SH
20	中国淀粉	17.31	香港	2007-09-27	3838.HK
21	北大荒	17.05	黑龙江	2002-03-29	600598.SH
22	隆平高科	16.02	湖南	2000-12-11	000998.SZ
23	天邦股份	15.72	浙江	2007-04-03	002124.SZ
24	华统股份	15.62	浙江	2017-01-10	002840.SZ
25	现代牧业	12.14	安徽	2010-11-26	1117.HK
26	振鹏达	11.61	广东	2009-11-23	T4B.SG
27	华英农业	11.06	河南	2009-12-16	002321.SZ
28	金新农	10.02	广东	2011-02-18	002548.SZ
29	大成生化科技	9.98	香港	2001-03-16	0809.HK

续表

排序	证券简称	品牌价值(亿元)	所在地	上市日期	证券代码
30	京基智农	9.82	广东	1994-11-01	000048.SZ
31	中国圣牧	9.07	内蒙古	2014-07-15	1432.HK
32	国联水产	8.39	广东	2010-07-08	300094.SZ
33	晨光生物	8.16	河北	2010-11-05	300138.SZ
34	金健米业	7.66	湖南	1998-05-06	600127.SH
35	新五丰	7.59	湖南	2004-06-09	600975.SH
36	百洋股份	7.44	广西	2012-09-05	002696.SZ
37	亚盛集团	7.29	甘肃	1997-08-18	600108.SH
38	獐子岛	7.04	辽宁	2006-09-28	002069.SZ
39	冠农股份	6.30	新疆	2003-06-09	600251.SH
40	登海种业	6.29	山东	2005-04-18	002041.SZ
41	丰乐种业	6.21	安徽	1997-04-22	000713.SZ
42	福成股份	5.92	河北	2004-07-13	600965.SH
43	民和股份	5.76	山东	2008-05-16	002234.SZ
44	雪榕生物	5.52	上海	2016-05-04	300511.SZ
45	益生股份	4.76	山东	2010-08-10	002458.SZ
46	原生态牧业	4.71	黑龙江	2013-11-26	1431.HK
47	绿新亲水胶体	4.30	福建	2019-10-17	1084.HK
48	保龄宝	3.98	山东	2009-08-28	002286.SZ
49	罗牛山	3.97	海南	1997-06-11	000735.SZ
50	天马科技	3.88	福建	2017-01-17	603668.SH
51	蔚蓝生物	3.75	山东	2019-01-16	603739.SH
52	中国绿宝	3.71	福建	2015-06-18	6183.HK
53	众兴菌业	3.65	甘肃	2015-06-26	002772.SZ
54	正虹科技	3.41	湖南	1997-03-18	000702.SZ
55	荃银高科	3.22	安徽	2010-05-26	300087.SZ
56	新赛股份	3.15	新疆	2004-01-07	600540.SH
57	中地乳业	3.10	北京	2015-12-02	1492.HK

3.25 教育行业品牌价值榜

2020 中国教育行业上市公司品牌价值榜全面统计了品牌价值不低于 3 亿元的公司，共 50 家，品牌价值总计 1 764.57 亿元。

3.25.1 2020 中国教育行业上市公司品牌价值榜分析

【行业集中度】 在 2020 中国教育行业上市公司品牌价值榜中，排在前 3 位的公司品牌价值合计 828.96 亿元，占行业榜单总计品牌价值的 47%；排在前 10 位的公司品牌价值合计 1 170.11 亿元，占行业榜单总计品牌价值的 66.3%；排在前 20 位的公司品牌价值合计 1 427.17 亿元，占行业榜单总计品牌价值的 80.9%。

【所在区域】 在 2020 中国教育行业上市公司品牌价值榜中，50 家公司来自 13 个地区。其中，来自北京和安徽的公司共计 20 家，品牌价值合计 1 168.91 亿元，占行业榜单总计品牌价值的 66.2%，处于主导地位。其他地区企业的构成情况见图 3-49 和图 3-50。

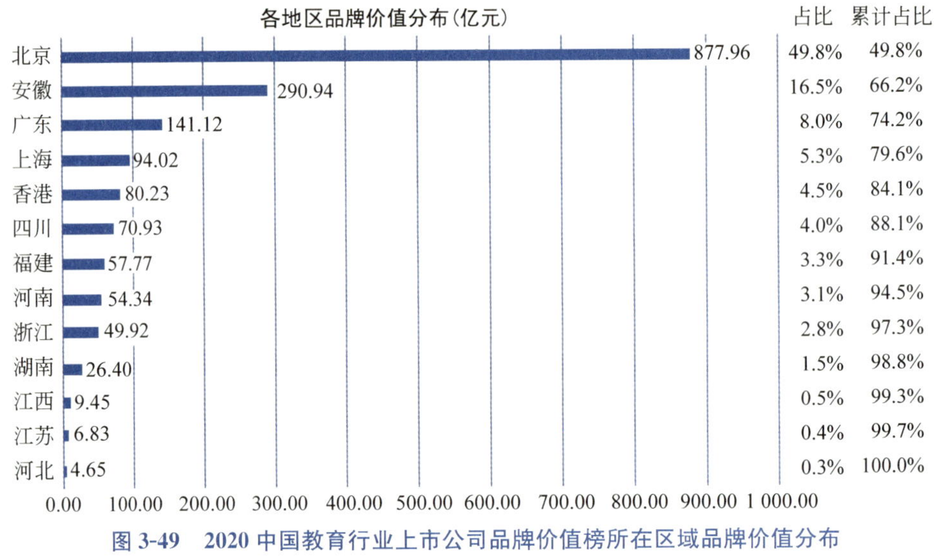

图 3-49 2020 中国教育行业上市公司品牌价值榜所在区域品牌价值分布

【上市板块】 在 2020 中国教育行业上市公司品牌价值榜中，国外中概股上市公司有 17 家，品牌价值合计 897.91 亿元，占行业榜单总计品牌价值的 50.9%，排在第一位；在港股上市的中资股公司有 20 家，品牌价值合计 463.34 亿元，占行业榜单总计品牌价值的 26.3%，排在第二位；在深市中小企业板上市的公司有 4 家，品牌价值合计 219.37 亿元，占行业总计品牌价值的 12.4%，排在第三位。此外，在沪市主板上市的公司有 3 家，品牌价值合计 73.31 亿元；在深市主板上市的公司有 1 家，品牌价值 57.77 亿元；在深市创业板上市的公司有 5 家，品牌价值合计 52.87 亿元。

【上市时间】 在 2020 中国教育行业上市公司品牌价值榜中，2006—2010 年上市

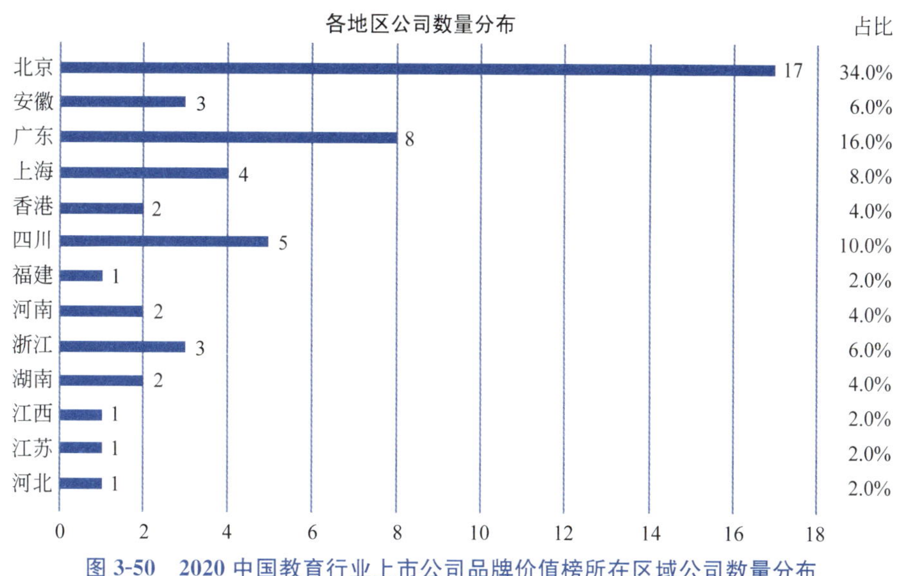

图 3-50 2020 中国教育行业上市公司品牌价值榜所在区域公司数量分布

的公司有 7 家，品牌价值合计 731.79 亿元，占行业榜单总计品牌价值的 41.5%，排在第一位；2016—2019 年上市的公司有 31 家，品牌价值合计 648.55 亿元，占行业榜单总计品牌价值的 36.8%，排在第二位；2011—2015 年上市的公司有 9 家，品牌价值合计 286.54 亿元，占行业榜单总计品牌价值的 16.2%，排在第三位。此外，1996 年以前上市的公司有 2 家，品牌价值合计 85.11 亿元；1996—2000 年上市的公司有 1 家，品牌价值 12.58 亿元。

3.25.2 2020 中国教育行业上市公司品牌价值榜单

序号	证券简称	品牌价值(亿元)	所在地	上市日期	证券代码
1	新东方	349.62	北京	2006-09-07	EDU.N
2	好未来	290.05	北京	2010-10-20	TAL.N
3	中公教育	189.29	安徽	2011-08-10	002607.SZ
4	中国东方教育	87.85	安徽	2019-06-12	0667.HK
5	紫光学大	57.77	福建	1993-11-01	000526.SZ
6	精锐教育	43.56	上海	2018-03-28	ONE.N
7	网龙	43.30	香港	2007-11-02	0777.HK
8	中教控股	36.93	香港	2017-12-15	0839.HK
9	朴新教育	36.08	北京	2018-06-15	NEW.N
10	宇华教育	35.67	河南	2017-02-28	6169.HK
11	东方时尚	33.39	北京	2016-02-05	603377.SH

续表

序号	证券简称	品牌价值(亿元)	所在地	上市日期	证券代码
12	睿见教育	31.82	广东	2017-01-26	6068.HK
13	希望教育	31.72	四川	2018-08-03	1765.HK
14	昂立教育	27.34	上海	1993-06-14	600661.SH
15	海亮教育	26.04	浙江	2015-07-07	HLG.O
16	中国科培	25.56	广东	2019-01-25	1890.HK
17	华立大学集团	22.88	广东	2019-11-25	1756.HK
18	新高教集团	19.68	北京	2017-04-19	2001.HK
19	正保远程教育	19.53	北京	2008-07-30	DL.N
20	流利说	19.11	上海	2018-09-27	LAIX.N
21	中国春来	18.68	河南	2018-09-13	1969.HK
22	天立教育	18.45	四川	2018-07-12	1773.HK
23	民生教育	18.33	北京	2017-03-22	1569.HK
24	博实乐	17.85	广东	2017-05-18	BEDU.N
25	尚德机构	16.57	北京	2018-03-23	STG.N
26	拓维信息	14.09	湖南	2008-07-23	002261.SZ
27	三盛教育	13.95	北京	2011-12-29	300282.SZ
28	中国新华教育	13.80	安徽	2018-03-26	2779.HK
29	跟谁学	13.60	北京	2019-06-06	GSX.N
30	达内科技	13.03	北京	2014-04-03	TEDU.O
31	成实外教育	13.01	四川	2016-01-15	1565.HK
32	有道	12.87	浙江	2019-10-25	DAO.N
33	思考乐教育	12.79	广东	2019-06-21	1769.HK
34	中国高科	12.58	北京	1996-07-26	600730.SH
35	开元股份	12.31	湖南	2012-07-26	300338.SZ
36	瑞思学科英语	12.22	北京	2017-10-20	REDU.O
37	嘉宏教育	11.02	浙江	2019-06-18	1935.HK
38	文化长城	10.67	广东	2010-06-25	300089.SZ
39	无忧英语(51TALK)	10.54	北京	2016-06-10	COE.N
40	勤上股份	10.44	广东	2011-11-25	002638.SZ
41	辰林教育	9.45	江西	2019-12-13	1593.HK
42	全通教育	9.11	广东	2014-01-21	300359.SZ
43	红黄蓝	8.71	北京	2017-09-27	RYB.N

续表

序号	证券简称	品牌价值(亿元)	所在地	上市日期	证券代码
44	科斯伍德	6.83	江苏	2011-03-22	300192.SZ
45	凯文教育	5.56	北京	2012-03-09	002659.SZ
46	21世纪教育	4.65	河北	2018-05-29	1598.HK
47	安博教育	4.53	北京	2010-08-05	AMBO.A
48	银杏教育	4.07	四川	2019-01-18	1851.HK
49	四季教育	4.01	上海	2017-11-08	FEDU.N
50	博骏教育	3.68	四川	2018-07-31	1758.HK

3.26 公用事业品牌价值榜

2020中国公用事业上市公司品牌价值榜全面统计了品牌价值不低于3亿元的公司，共69家，品牌价值总计1 399.31亿元。

3.26.1 2020中国公用事业上市公司品牌价值榜分析

【行业集中度】 在2020中国公用事业上市公司品牌价值榜中，排在前5位的公司品牌价值合计425.94亿元，占行业榜单总计品牌价值的30.4%；排在前10位的公司品牌价值合计692.75亿元，占行业榜单总计品牌价值的49.5%；排在前20位的公司品牌价值合计1 005.31亿元，占行业榜单总计品牌价值的71.8%。

【所在区域】 在2020中国公用事业上市公司品牌价值榜中，69家公司来自21个地区。其中，来自北京、广东和香港的公司共计32家，品牌价值合计908.77亿元，占行业榜单总计品牌价值的64.9%，处于主导地位。其他地区企业的构成情况见图3-51和图3-52。

【上市板块】 在2020中国公用事业上市公司品牌价值榜中，在沪市主板上市的公司有29家，品牌价值合计701.8亿元，占行业榜单总计品牌价值的50.2%，排在第一位；在港股上市的中资股公司有22家，品牌价值合计493.41亿元，占行业榜单总计品牌价值的35.3%，排在第二位；在深市主板上市的公司有12家，品牌价值合计105.06亿元，占行业总计品牌价值的7.5%，排在第三位。此外，在深市中小企业板上市的公司有6家，品牌价值合计99.03亿元。

【上市时间】 在2020中国公用事业上市公司品牌价值榜中，2001—2005年上市的公司有12家，品牌价值合计466.88亿元，占行业榜单总计品牌价值的33.4%，排在第一位；1996年以前上市的公司有15家，品牌价值合计292.29亿元，占行业榜单总计品牌价值的20.9%，排在第二位；1996—2000年上市的公司有19家，品牌价值合计249.76亿元，

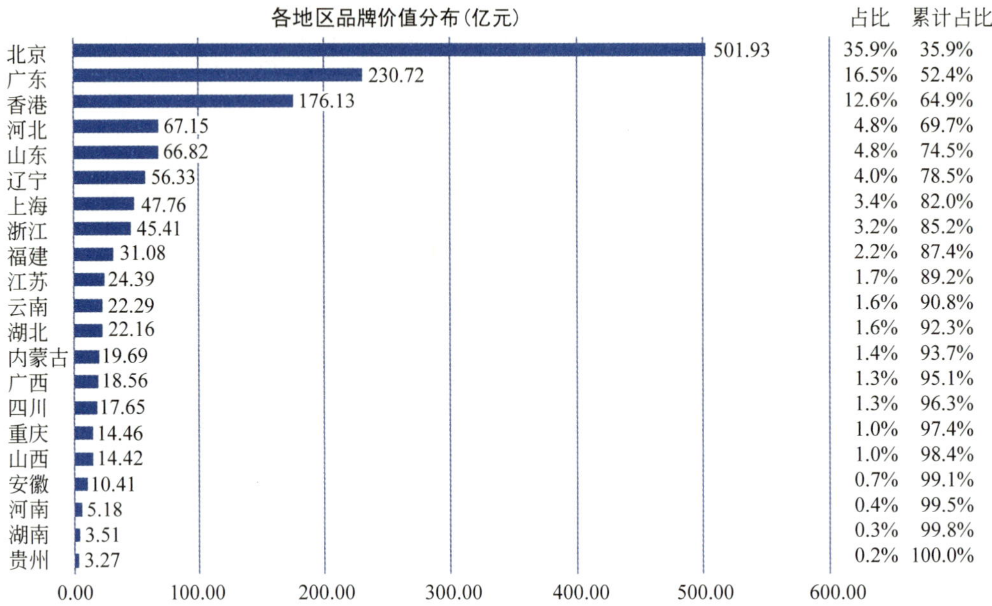

图 3-51 2020 中国公用事业上市公司品牌价值榜所在区域品牌价值分布

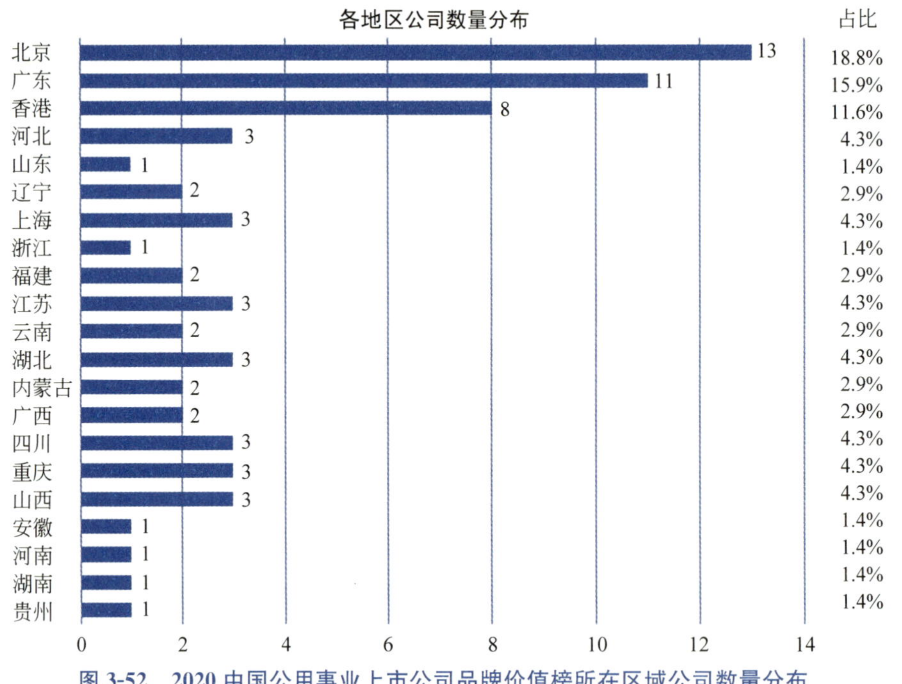

图 3-52 2020 中国公用事业上市公司品牌价值榜所在区域公司数量分布

占行业榜单总计品牌价值的 17.8%,排在第三位。此外,2011—2015 年上市的公司有 10 家,品牌价值合计 161.09 亿元;2006—2010 年上市的公司有 7 家,品牌价值合计 121.73 亿元;2016—2019 年上市的公司有 6 家,品牌价值合计 107.56 亿元。

3.26.2 2020 中国公用事业上市公司品牌价值榜单

排序	证券简称	品牌价值(亿元)	所在地	上市日期	证券代码
1	华能国际	120.43	北京	2001-12-06	600011.SH
2	长江电力	85.32	北京	2003-11-18	600900.SH
3	昆仑能源	82.12	香港	1973-03-13	0135.HK
4	华润电力	70.25	广东	2003-11-12	0836.HK
5	中国广核	67.81	广东	2019-08-26	003816.SZ
6	华电国际	66.82	山东	2005-02-03	600027.SH
7	大唐发电	50.53	北京	2006-12-20	601991.SH
8	新奥能源	50.13	河北	2001-05-10	2688.HK
9	国电电力	49.79	辽宁	1997-03-18	600795.SH
10	国投电力	49.54	北京	1996-01-18	600886.SH
11	浙能电力	45.41	浙江	2013-12-19	600023.SH
12	华润燃气	40.18	香港	1994-11-07	1193.HK
13	北京控股	39.97	北京	1997-05-29	0392.HK
14	中国核电	38.02	北京	2015-06-10	601985.SH
15	龙源电力	30.91	北京	2009-12-10	0916.HK
16	申能股份	28.31	上海	1993-04-16	600642.SH
17	中国电力	23.54	北京	2004-10-15	2380.HK
18	华电福新	22.27	福建	2012-06-28	0816.HK
19	粤电力 A	22.07	广东	1993-11-26	000539.SZ
20	北控水务集团	21.90	北京	1993-04-19	0371.HK
21	粤海投资	20.45	香港	1973-12-31	0270.HK
22	华能水电	17.76	云南	2017-12-15	600025.SH
23	广州发展	15.72	广东	1997-07-18	600098.SH
24	上海电力	14.99	上海	2003-10-29	600021.SH
25	江苏国信	14.29	江苏	2011-08-10	002608.SZ
26	深圳能源	13.77	广东	1993-09-03	000027.SZ
27	京能清洁能源	13.36	北京	2011-12-22	0579.HK
28	桂冠电力	13.27	广西	2000-03-23	600236.SH
29	东旭蓝天	12.43	广东	1994-08-08	000040.SZ
30	京能电力	11.29	北京	2002-05-10	600578.SH

排序	证券简称	品牌价值(亿元)	所在地	上市日期	证券代码
31	湖北能源	10.94	湖北	1998-05-19	000883.SZ
32	内蒙华电	10.86	内蒙古	1994-05-20	600863.SH
33	皖能电力	10.41	安徽	1993-12-20	000543.SZ
34	大唐新能源	10.33	北京	2010-12-17	1798.HK
35	深圳燃气	9.82	广东	2009-12-25	601139.SH
36	中国水务	9.13	香港	1999-10-11	0855.HK
37	川投能源	8.97	四川	1993-09-24	600674.SH
38	内蒙古能建	8.83	内蒙古	2017-07-18	1649.HK
39	福能股份	8.81	福建	2004-05-31	600483.SH
40	新天绿色能源	8.68	河北	2010-10-13	0956.HK
41	建投能源	8.34	河北	1996-06-06	000600.SZ
42	中广核新能源	8.24	香港	2014-10-03	1811.HK
43	北控清洁能源集团	7.42	广东	2013-07-05	1250.HK
44	首创股份	6.79	北京	2000-04-27	600008.SH
45	协鑫能科	6.74	江苏	2004-07-08	002015.SZ
46	联美控股	6.54	辽宁	1999-01-28	600167.SH
47	重庆水务	6.28	重庆	2010-03-29	601158.SH
48	百川能源	6.00	湖北	1993-10-18	600681.SH
49	珠海控股投资	5.54	香港	1998-05-26	0908.HK
50	中国光大绿色环保	5.51	香港	2017-05-08	1257.HK
51	漳泽电力	5.43	山西	1997-06-09	000767.SZ
52	国新能源	5.41	山西	1992-10-13	600617.SH
53	桂东电力	5.29	广西	2001-02-28	600310.SH
54	长源电力	5.22	湖北	2000-03-16	000966.SZ
55	天伦燃气	5.18	河南	2010-11-10	1600.HK
56	中油燃气	4.95	香港	1993-05-28	0603.HK
57	兴蓉环境	4.61	四川	1996-05-29	000598.SZ
58	云南水务	4.54	云南	2015-05-27	6839.HK
59	大众公用	4.46	上海	1993-03-04	600635.SH
60	重庆燃气	4.20	重庆	2014-09-30	600917.SH
61	成都燃气	4.08	四川	2019-12-17	603053.SH
62	中山公用	4.05	广东	1997-01-23	000685.SZ

续表

排序	证券简称	品牌价值(亿元)	所在地	上市日期	证券代码
63	太阳能	3.98	重庆	1996-02-08	000591.SZ
64	宝新能源	3.81	广东	1997-01-28	000690.SZ
65	通宝能源	3.58	山西	1996-12-05	600780.SH
66	佛燃能源	3.57	广东	2017-11-22	002911.SZ
67	华银电力	3.51	湖南	1996-09-05	600744.SH
68	天沃科技	3.36	江苏	2011-03-10	002564.SZ
69	黔源电力	3.27	贵州	2005-03-03	002039.SZ

3.27 日用行业品牌价值榜

2020 中国日用行业上市公司品牌价值榜全面统计了品牌价值不低于 3 亿元的公司，共 51 家，品牌价值总计 1 149.39 亿元。

3.27.1 2020 中国日用行业上市公司品牌价值榜分析

【行业集中度】 在 2020 中国日用行业上市公司品牌价值榜中，排在前 3 位的公司品牌价值合计 371.6 亿元，占行业榜单总计品牌价值的 32.3%；排在前 10 位的公司品牌价值合计 715.38 亿元，占行业榜单总计品牌价值的 62.2%；排在前 20 位的公司品牌价值合计 920.83 亿元，占行业榜单总计品牌价值的 80.1%。

【所在区域】 在 2020 中国日用行业上市公司品牌价值榜中，51 家公司来自 14 个地区。其中，来自广东、福建、上海和江苏的公司共计 34 家，品牌价值合计 926.01 亿元，占行业榜单总计品牌价值的 80.6%，处于主导地位。其他地区企业的构成情况见图 3-53 和图 3-54。

【上市板块】 在 2020 中国日用行业上市公司品牌价值榜中，在港股上市的中资股公司有 6 家，品牌价值合计 402.43 亿元，占行业榜单总计品牌价值的 35%，排在第一位；在沪市主板上市的公司有 17 家，品牌价值合计 326.76 亿元，占行业榜单总计品牌价值的 28.4%，排在第二位；在深市中小企业板上市的公司有 16 家，品牌价值合计 257.81 亿元，占行业总计品牌价值的 22.4%，排在第三位。此外，在深市主板上市的公司有 2 家，品牌价值合计 81.41 亿元；在深市创业板上市的公司有 8 家，品牌价值合计 51.39 亿元；国外中概股上市公司有 2 家，品牌价值合计 29.59 亿元。

【上市时间】 在 2020 中国日用行业上市公司品牌价值榜中，2016—2019 年上市的公司有 24 家，品牌价值合计 342.52 亿元，占行业榜单总计品牌价值的 29.8%，排在第一位；1996—2000 年上市的公司有 3 家，品牌价值合计 248.82 亿元，占行业榜单总计品牌价值的 21.6%，排在第二位；2011—2015 年上市的公司有 10 家，品牌价值合计 198.5 亿元，

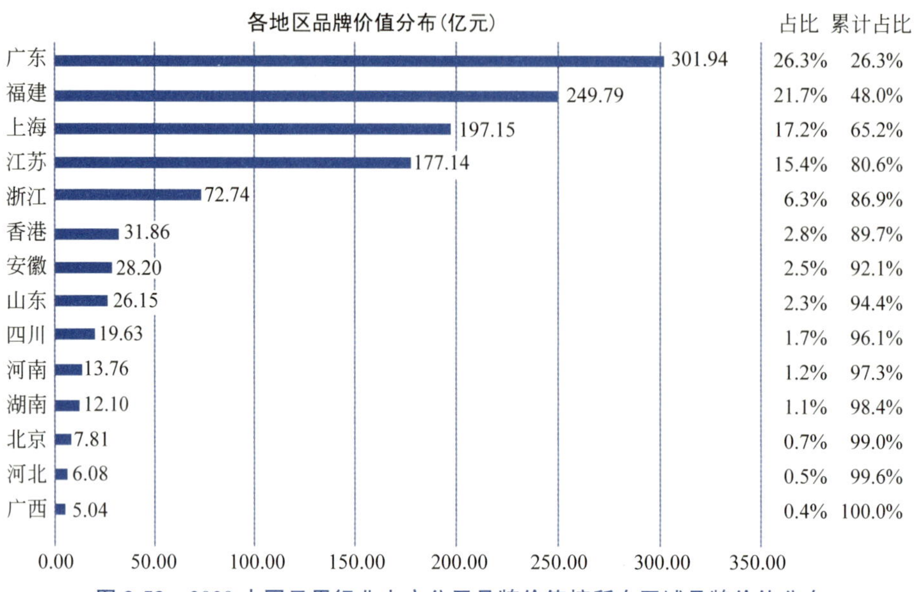

图 3-53 2020 中国日用行业上市公司品牌价值榜所在区域品牌价值分布

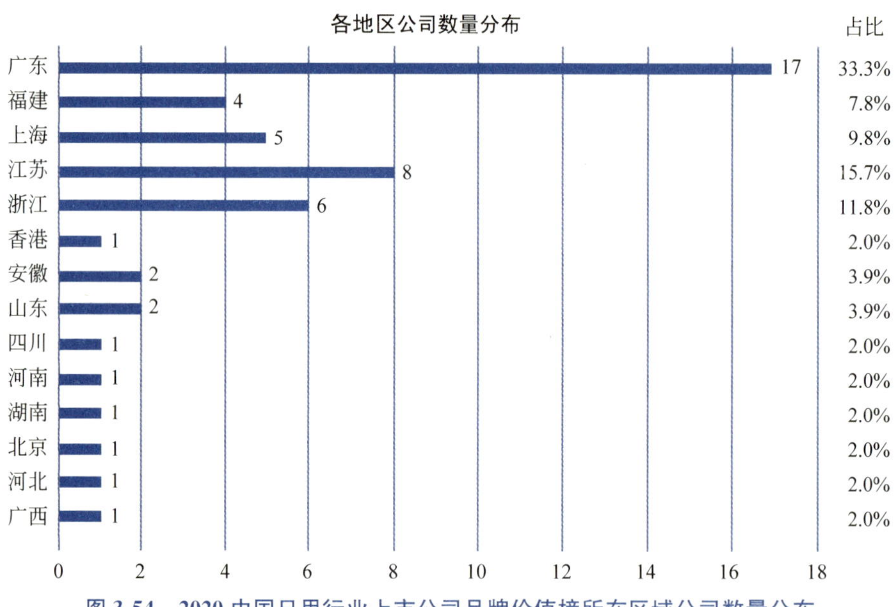

图 3-54 2020 中国日用行业上市公司品牌价值榜所在区域公司数量分布

占行业榜单总计品牌价值的 17.3%，排在第三位。此外，2006—2010 年上市的公司有 8 家，品牌价值合计 188.62 亿元；2001—2005 年上市的公司有 4 家，品牌价值合计 105.51 亿元；1996 年以前上市的公司有 2 家，品牌价值合计 65.41 亿元。

3.27.2 2020 中国日用行业上市公司品牌价值榜单

排序	证券简称	品牌价值(亿元)	所在地	上市日期	证券代码
1	恒安国际	223.11	福建	1998-12-08	1044.HK
2	晨光文具	76.85	上海	2015-01-27	603899.SH
3	兆驰股份	71.64	广东	2010-06-10	002429.SZ
4	上海家化	69.15	上海	2001-03-15	600315.SH
5	广州浪奇	61.78	广东	1993-11-08	000523.SZ
6	雅迪控股	59.34	江苏	2016-05-19	1585.HK
7	中顺洁柔	43.22	广东	2010-11-25	002511.SZ
8	丘钛科技	40.38	江苏	2014-12-02	1478.HK
9	荣威国际	38.04	上海	2017-11-16	3358.HK
10	通力电子	31.86	香港	2013-08-15	1249.HK
11	浙江永强	24.23	浙江	2010-10-21	002489.SZ
12	华米科技	24.17	安徽	2018-02-08	HMI.N
13	珀莱雅	23.90	浙江	2017-11-15	603605.SH
14	青岛金王	19.73	山东	2006-12-15	002094.SZ
15	四川九洲	19.63	四川	1998-05-06	000801.SZ
16	丸美股份	19.59	广东	2019-07-25	603983.SH
17	永安行	19.16	江苏	2017-08-17	603776.SH
18	新日股份	18.86	江苏	2017-04-27	603787.SH
19	梦百合	18.61	江苏	2016-10-13	603313.SH
20	国光电器	17.56	广东	2005-05-23	002045.SZ
21	松霖科技	17.03	福建	2019-08-26	603992.SH
22	瑞贝卡	13.76	河南	2003-07-10	600439.SH
23	珠江钢琴	13.38	广东	2012-05-30	002678.SZ
24	御家汇	12.10	湖南	2018-02-08	300740.SZ
25	好太太	11.10	广东	2017-12-01	603848.SH
26	佳禾智能	10.82	广东	2019-10-18	300793.SZ
27	哈尔斯	10.26	浙江	2011-09-09	002615.SZ
28	中国艺术金融	9.69	江苏	2016-11-08	1572.HK
29	姚记科技	9.48	上海	2011-08-05	002605.SZ
30	漫步者	9.00	广东	2010-02-05	002351.SZ

续表

排序	证 券 简 称	品牌价值(亿元)	所在地	上市日期	证券代码
31	拉芳家化	8.27	广东	2017-03-13	603630.SH
32	百邦科技	7.81	北京	2018-01-09	300736.SZ
33	威创股份	7.49	广东	2009-11-27	002308.SZ
34	高乐股份	7.33	广东	2010-02-03	002348.SZ
35	英派斯	6.41	山东	2017-09-15	002899.SZ
36	倍加洁	6.39	江苏	2018-03-02	603059.SH
37	乐凯胶片	6.08	河北	1998-01-22	600135.SH
38	信隆健康	5.96	广东	2007-01-12	002105.SZ
39	茶花股份	5.94	福建	2017-02-13	603615.SH
40	创源文化	5.46	浙江	2017-09-19	300703.SZ
41	富岭环球	5.42	浙江	2015-11-04	FORK.O
42	两面针	5.04	广西	2004-01-30	600249.SH
43	金陵体育	4.71	江苏	2017-05-09	300651.SZ
44	名臣健康	4.24	广东	2017-12-18	002919.SZ
45	德力股份	4.02	安徽	2011-04-12	002571.SZ
46	实丰文化	3.83	广东	2017-04-11	002862.SZ
47	德艺文创	3.70	福建	2017-04-17	300640.SZ
48	上海凤凰	3.62	上海	1993-10-08	600679.SH
49	海伦钢琴	3.47	浙江	2012-06-19	300329.SZ
50	邦宝益智	3.38	广东	2015-12-09	603398.SH
51	中潜股份	3.31	广东	2016-08-02	300526.SZ

3.28 酒店行业品牌价值榜

2020 中国酒店行业上市公司品牌价值榜全面统计了品牌价值不低于 3 亿元的公司，共 13 家，品牌价值总计 820.83 亿元。

3.28.1 2020 中国酒店行业上市公司品牌价值榜分析

【行业集中度】 在 2020 中国酒店行业上市公司品牌价值榜中，排在第一位的公司品牌价值 184.63 亿元，占行业榜单总计品牌价值的 22.5%；排在前三位的公司品牌价值合计 487.89 亿元，占行业榜单总计品牌价值的 59.4%；排在前五位的公司品牌价值合计

669.97亿元，占行业榜单总计品牌价值的81.6%。

【所在区域】 在2020中国酒店行业上市公司品牌价值榜中，13家公司来自8个地区。其中，来自上海的公司共计5家，品牌价值合计636.69亿元，占行业榜单总计品牌价值的77.6%，处于主导地位。其他地区企业的构成情况见图3-55和图3-56。

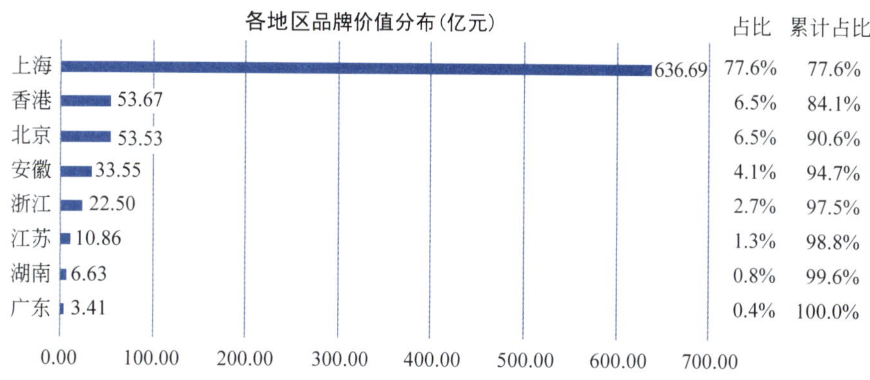

图3-55 2020中国酒店行业上市公司品牌价值榜所在区域品牌价值分布

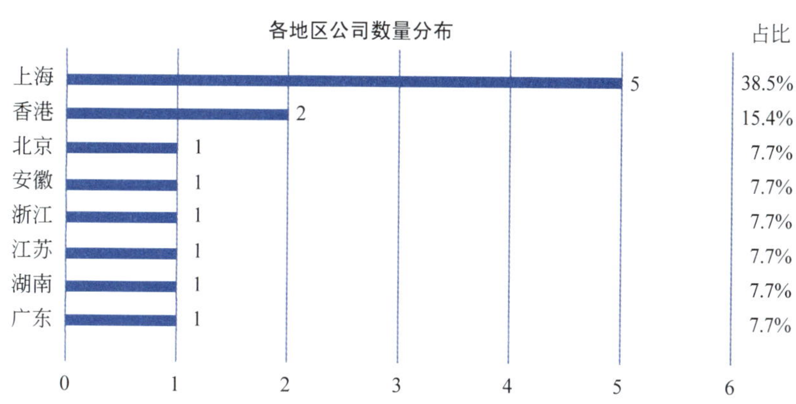

图3-56 2020中国酒店行业上市公司品牌价值榜所在区域公司数量分布

【上市板块】 在2020中国酒店行业上市公司品牌价值榜中，在港股上市的中资股公司有6家，品牌价值合计398.71亿元，占行业榜单总计品牌价值的48.6%，排在第一位；在沪市主板上市的公司有4家，品牌价值合计266.68亿元，占行业榜单总计品牌价值的32.5%，排在第二位；国外中概股上市公司有2家，品牌价值合计148.8亿元，占行业总计品牌价值的18.1%，排在第三位。此外，在深市主板上市的公司有1家，品牌价值6.63亿元。

【上市时间】 在2020中国酒店行业上市公司品牌价值榜中，2006—2010年上市的公司有3家，品牌价值合计324.04亿元，占行业榜单总计品牌价值的39.5%，排在第一位；1996—2000年上市的公司有4家，品牌价值合计262.45亿元，占行业榜单总计品牌价值的32%，排在第二位；2016—2019年上市的公司有4家，品牌价值合计180.67亿元，占行业榜单总计品牌价值的22%，排在第三位。此外，2011—2015年上市的公司有1家，品牌价值 43.67 亿元；2001—2005 年上市的公司有 1 家，品牌价值 10 亿元。

3.28.2 2020 中国酒店行业上市公司品牌价值榜单

排序	证券简称	品牌价值(亿元)	所在地	上市日期	证券代码
1	锦江资本	184.63	上海	2006-12-15	2006.HK
2	锦江酒店	168.75	上海	1996-10-11	600754.SH
3	复星旅游文化	134.51	上海	2018-12-14	1992.HK
4	华住	128.55	上海	2010-03-26	HTHT.O
5	首旅酒店	53.53	北京	2000-06-01	600258.SH
6	金茂酒店-SS	43.67	香港	2014-07-02	6139.HK
7	黄山旅游	33.55	安徽	1997-05-06	600054.SH
8	开元酒店	22.50	浙江	2019-03-11	1158.HK
9	格林酒店	20.25	上海	2018-03-27	GHG.N
10	金陵饭店	10.86	江苏	2007-04-06	601007.SH
11	万达酒店发展	10.00	香港	2002-06-04	0169.HK
12	华天酒店	6.63	湖南	1996-08-08	000428.SZ
13	古兜控股	3.41	广东	2016-12-09	8308.HK

3.29 煤炭行业品牌价值榜

2020 中国煤炭行业上市公司品牌价值榜全面统计了品牌价值不低于 3 亿元的公司，共 33 家，品牌价值总计 746.24 亿元。

3.29.1 2020 中国煤炭行业上市公司品牌价值榜分析

【行业集中度】 在 2020 中国煤炭行业上市公司品牌价值榜中，排在第一位的公司品牌价值 276.19 亿元，占行业榜单总计品牌价值的 37%；排在前五位的公司品牌价值合计 497.59 亿元，占行业榜单总计品牌价值的 66.7%；排在前十位的公司品牌价值合计 599.52 亿元，占行业榜单总计品牌价值的 80.3%。

【所在区域】 在 2020 中国煤炭行业上市公司品牌价值榜中，33 家公司来自 11 个地区。其中，来自北京、山西和山东的公司共计 17 家，品牌价值合计 578.02 亿元，占行业榜单总计品牌价值的 77.5%，处于主导地位。其他地区企业的构成情况见图 3-57 和图 3-58。

【上市板块】 在 2020 中国煤炭行业上市公司品牌价值榜中，在沪市主板上市的公司

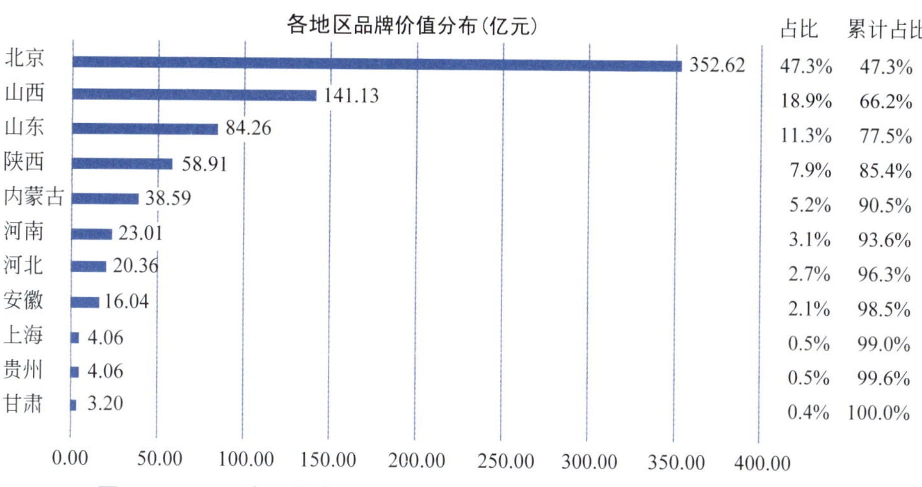

图 3-57 2020 中国煤炭行业上市公司品牌价值榜所在区域品牌价值分布

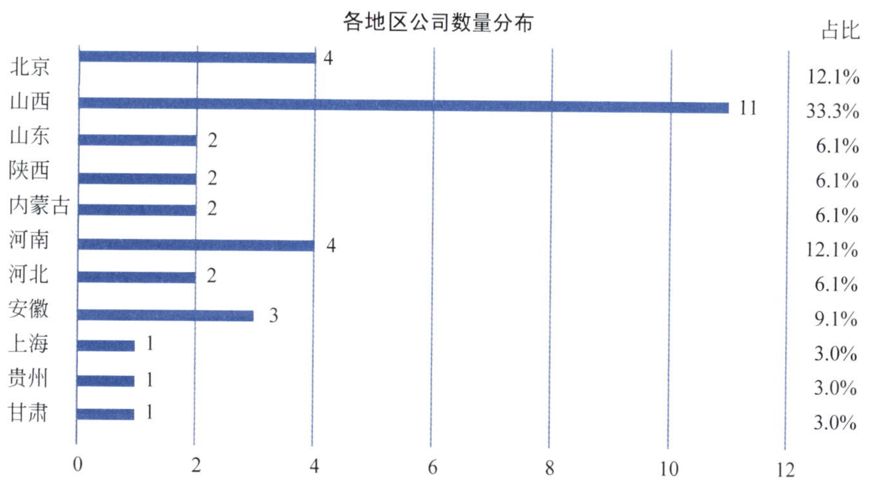

图 3-58 2020 中国煤炭行业上市公司品牌价值榜所在区域公司数量分布

有 24 家，品牌价值合计 640.37 亿元，占行业榜单总计品牌价值的 85.8%，排在第一位；在港股上市的中资股公司有 4 家，品牌价值合计 56.63 亿元，占行业榜单总计品牌价值的 7.6%，排在第二位；在深市主板上市的公司有 4 家，品牌价值合计 41.81 亿元，占行业总计品牌价值的 5.6%，排在第三位。此外，在深市中小企业板上市的有公司 1 家，品牌价值 7.44 亿元。

【上市时间】 在 2020 中国煤炭行业上市公司品牌价值榜中，2006—2010 年上市的公司有 8 家，品牌价值合计 378.71 亿元，占行业榜单总计品牌价值的 50.7%，排在第一位；1996—2000 年上市的公司有 8 家，品牌价值合计 160.23 亿元，占行业榜单总计品牌价值的 21.5%，排在第二位；2011—2015 年上市的公司有 3 家，品牌价值合计 90.06 亿元，占行业榜单总计品牌价值的 12.1%，排在第三位。此外，2001—2005 年上市的公司有 9 家，品牌价值合计 84.28 亿元；2016—2019 年上市的公司有 3 家，品牌价值合计 26.7 亿元；

1996 年以前上市的公司有 2 家，品牌价值合计 6.26 亿元。

3.29.2 2020 中国煤炭行业上市公司品牌价值榜单

排序	证券简称	品牌价值(亿元)	所在地	上市日期	证券代码
1	中国神华	276.19	北京	2007-10-09	601088.SH
2	兖州煤业	79.97	山东	1998-07-01	600188.SH
3	中煤能源	55.19	北京	2008-02-01	601898.SH
4	陕西煤业	55.09	陕西	2014-01-28	601225.SH
5	伊泰煤炭	31.15	内蒙古	2012-07-12	3948.HK
6	山煤国际	26.90	山西	2003-07-31	600546.SH
7	兰花科创	23.20	山西	1998-12-17	600123.SH
8	阳泉煤业	18.12	山西	2003-08-21	600348.SH
9	中国旭阳集团	17.03	北京	2019-03-15	1907.HK
10	西山煤电	16.68	山西	2000-07-26	000983.SZ
11	潞安环能	16.28	山西	2006-09-22	601699.SH
12	美锦能源	11.58	山西	1997-05-15	000723.SZ
13	永泰能源	10.74	山西	1998-05-13	600157.SH
14	冀中能源	10.36	河北	1999-09-09	000937.SZ
15	平煤股份	10.02	河南	2006-11-23	601666.SH
16	开滦股份	10.00	河北	2004-06-02	600997.SH
17	淮北矿业	8.98	安徽	2004-04-28	600985.SH
18	露天煤业	7.44	内蒙古	2007-04-18	002128.SZ
19	大同煤业	5.72	山西	2006-06-23	601001.SH
20	金马能源	5.38	河南	2017-10-10	6885.HK
21	ST 安泰	5.29	山西	2003-02-12	600408.SH
22	金能科技	4.29	山东	2017-05-11	603113.SH
23	昊华能源	4.21	北京	2010-03-31	601101.SH
24	郑州煤电	4.15	河南	1998-01-07	600121.SH
25	上海能源	4.06	上海	2001-08-29	600508.SH
26	盘江股份	4.06	贵州	2001-05-31	600395.SH
27	陕西黑猫	3.81	陕西	2014-11-05	601015.SH
28	新集能源	3.66	安徽	2007-12-19	601918.SH
29	山西焦化	3.57	山西	1996-08-08	600740.SH

续表

排序	证券简称	品牌价值(亿元)	所在地	上市日期	证券代码
30	大有能源	3.47	河南	2003-10-09	600403.SH
31	恒源煤电	3.40	安徽	2004-08-17	600971.SH
32	靖远煤电	3.20	甘肃	1994-01-06	000552.SZ
33	首钢资源	3.06	山西	1990-10-02	0639.HK

3.30 环保行业品牌价值榜

2020 中国环保行业上市公司品牌价值榜全面统计了品牌价值不低于 3 亿元的公司，共 44 家，品牌价值总计 646.59 亿元。

3.30.1 2020 中国环保行业上市公司品牌价值榜分析

【行业集中度】 在 2020 中国环保行业上市公司品牌价值榜中，排在前 5 位的公司品牌价值合计 241.3 亿元，占行业榜单总计品牌价值的 37.3%；排在前 10 位的公司品牌价值合计 362.22 亿元，占行业榜单总计品牌价值的 56%；排在前 15 位的公司品牌价值合计 443.3 亿元，占行业榜单总计品牌价值的 68.6%。

【所在区域】 在 2020 中国环保行业上市公司品牌价值榜中，44 家公司来自 17 个地区。其中，来自北京、香港和广东的公司共计 18 家，品牌价值合计 380.94 亿元，占行业榜单总计品牌价值的 58.9%，处于主导地位。其他地区企业的构成情况见图 3-59 和图 3-60。

【上市板块】 在 2020 中国环保行业上市公司品牌价值榜中，在港股上市的中资股公司有 10 家，品牌价值合计 245.9 亿元，占行业榜单总计品牌价值的 38%，排在第一位；在深市创业板上市的公司有 14 家，品牌价值合计 137.76 亿元，占行业总计品牌价值的 21.3%，排在第二位；在沪市主板上市的公司有 11 家，品牌价值合计 115.29 亿元，占行业榜单总计品牌价值的 17.8%，排在第三位。此外，在深市主板上市的公司有 5 家，品牌价值合计 83.64 亿元；在深市中小企业板上市的公司有 3 家，品牌价值合计 60.34 亿元；在沪市科创板上市的公司有 1 家，品牌价值 3.66 亿元。

【上市时间】 在 2020 中国环保行业上市公司品牌价值榜中，1996—2000 年上市的公司有 6 家，品牌价值合计 192.97 亿元，占行业榜单总计品牌价值的 29.8%，排在第一位；2006—2010 年上市的公司有 7 家，品牌价值合计 149.25 亿元，占行业榜单总计品牌价值的 23.1%，排在第二位；2011—2015 年上市的公司有 17 家，品牌价值合计 131.21 亿元，占行业榜单总计品牌价值的 20.3%，排在第三位。此外，2016—2019 年上市的公司有 9

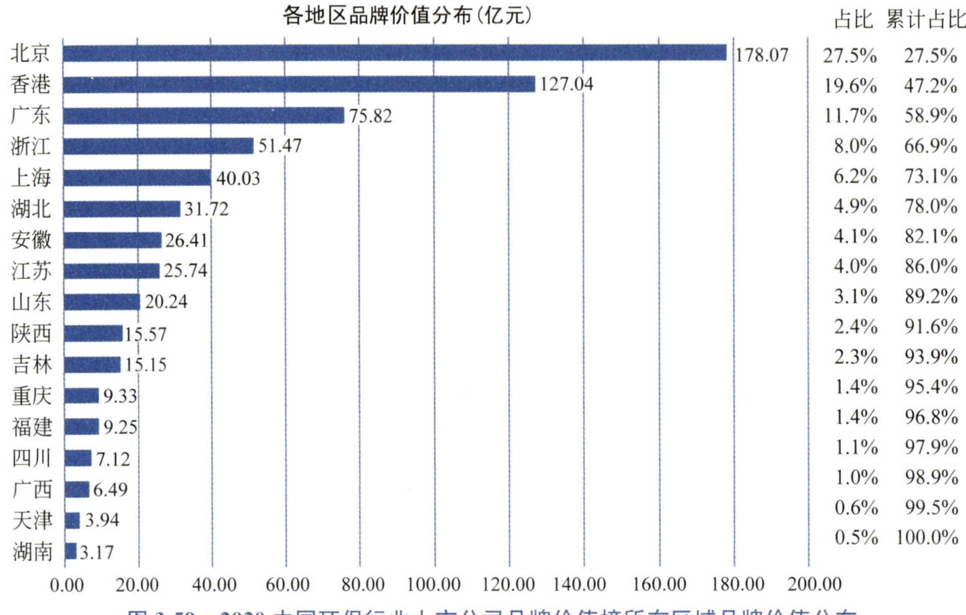

图 3-59　2020 中国环保行业上市公司品牌价值榜所在区域品牌价值分布

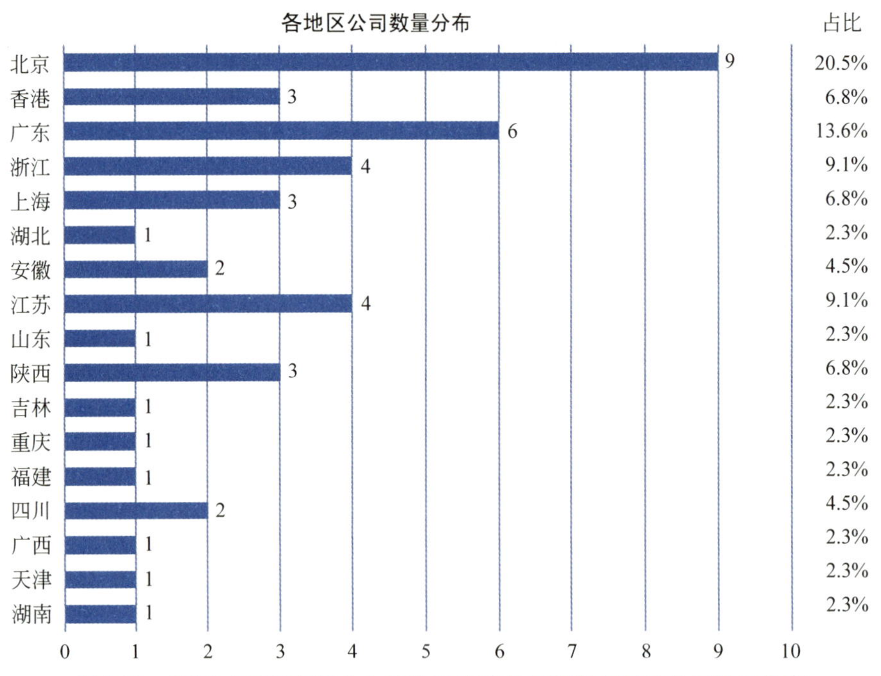

图 3-60　2020 中国环保行业上市公司品牌价值榜所在区域公司数量分布

家，品牌价值合计 127.26 亿元；1996 年以前上市的公司有 4 家，品牌价值合计 32.83 亿元；2001—2005 年上市的公司有 1 家，品牌价值 13.06 亿元。

3.30.2 2020 中国环保行业上市公司品牌价值榜单

排序	证 券 简 称	品牌价值(亿元)	所在地	上市日期	证券代码
1	中国光大国际	99.27	香港	1997-02-28	0257.HK
2	三聚环保	40.46	北京	2010-04-27	300072.SZ
3	碧水源	37.46	北京	2010-04-21	300070.SZ
4	东方园林	32.42	北京	2009-11-27	002310.SZ
5	启迪环境	31.72	湖北	1998-02-25	000826.SZ
6	大唐环境	28.97	北京	2016-11-15	1272.HK
7	上海实业环境	24.25	上海	2018-03-23	0807.HK
8	中国光大水务	23.41	广东	2019-05-08	1857.HK
9	盈峰环境	22.55	浙江	2000-03-30	000967.SZ
10	瀚蓝环境	21.69	广东	2000-12-25	600323.SH
11	景津环保	20.24	山东	2019-07-29	603279.SH
12	海螺创业	15.60	安徽	2013-12-19	0586.HK
13	齐合环保	15.22	浙江	2010-07-12	0976.HK
14	金圆股份	15.15	吉林	1993-12-15	000546.SZ
15	清新环境	14.87	北京	2011-04-22	002573.SZ
16	首创环境	14.71	香港	2006-07-13	3989.HK
17	丰盛控股	13.06	香港	2002-12-18	0607.HK
18	东江环保	13.06	广东	2012-04-26	002672.SZ
19	上海环境	11.98	上海	2017-03-31	601200.SH
20	国祯环保	10.81	安徽	2014-08-01	300388.SZ
21	伟明环保	10.13	浙江	2015-05-28	603568.SH
22	远达环保	9.33	重庆	2000-11-01	600292.SH
23	龙马环卫	9.25	福建	2015-01-26	603686.SH
24	高能环境	9.19	北京	2014-12-29	603588.SH
25	中再资环	8.41	陕西	1999-12-16	600217.SH
26	维尔利	7.93	江苏	2011-03-16	300190.SZ
27	中滔环保	7.92	广东	2013-09-25	1363.HK
28	中国天楹	7.11	江苏	1994-04-08	000035.SZ

续表

排序	证券简称	品牌价值(亿元)	所在地	上市日期	证券代码
29	创元科技	7.09	江苏	1994-01-06	000551.SZ
30	博世科	6.49	广西	2015-02-17	300422.SZ
31	博天环境	5.76	北京	2017-02-17	603603.SH
32	万邦达	5.47	北京	2010-02-26	300055.SZ
33	绿色动力	5.37	广东	2018-06-11	601330.SH
34	迪森股份	4.37	广东	2012-07-10	300335.SZ
35	中材节能	3.94	天津	2014-07-31	603126.SH
36	巴安水务	3.79	上海	2011-09-16	300262.SZ
37	依米康	3.72	四川	2011-08-03	300249.SZ
38	三达膜	3.66	陕西	2019-11-15	688101.SH
39	鹏鹞环保	3.61	江苏	2018-01-05	300664.SZ
40	兴源环境	3.57	浙江	2011-09-27	300266.SZ
41	中环装备	3.50	陕西	2010-11-12	300140.SZ
42	北京控股环境集团	3.47	北京	1980-04-29	0154.HK
43	中建环能	3.40	四川	2015-02-16	300425.SZ
44	永清环保	3.17	湖南	2011-03-08	300187.SZ

3.31 纺织行业品牌价值榜

2020 中国纺织行业上市公司品牌价值榜全面统计了品牌价值不低于 3 亿元的公司，共 33 家，品牌价值总计 564.23 亿元。

3.31.1 2020 中国纺织行业上市公司品牌价值榜分析

【行业集中度】 在 2020 中国纺织行业上市公司品牌价值榜中，排在前三位的公司品牌价值合计 149.69 亿元，占行业榜单总计品牌价值的 26.5%；排在前五位的公司品牌价值合计 226.43 亿元，占行业榜单总计品牌价值的 40.1%；排在前十位的公司品牌价值合计 359.33 亿元，占行业榜单总计品牌价值的 63.7%。

【所在区域】 在 2020 中国纺织行业上市公司品牌价值榜中，33 家公司来自 12 个地区。其中，来自山东、上海和江苏的公司共计 16 家，品牌价值合计 341.75 亿元，占行业榜单总计品牌价值的 60.6%，处于主导地位。其他地区企业的构成情况见图 3-61 和图 3-62。

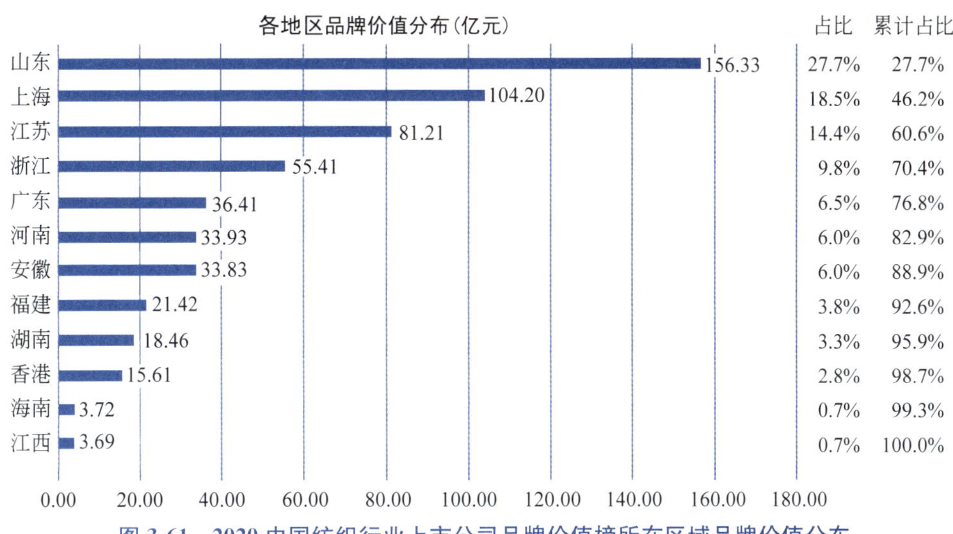

图 3-61 2020 中国纺织行业上市公司品牌价值榜所在区域品牌价值分布

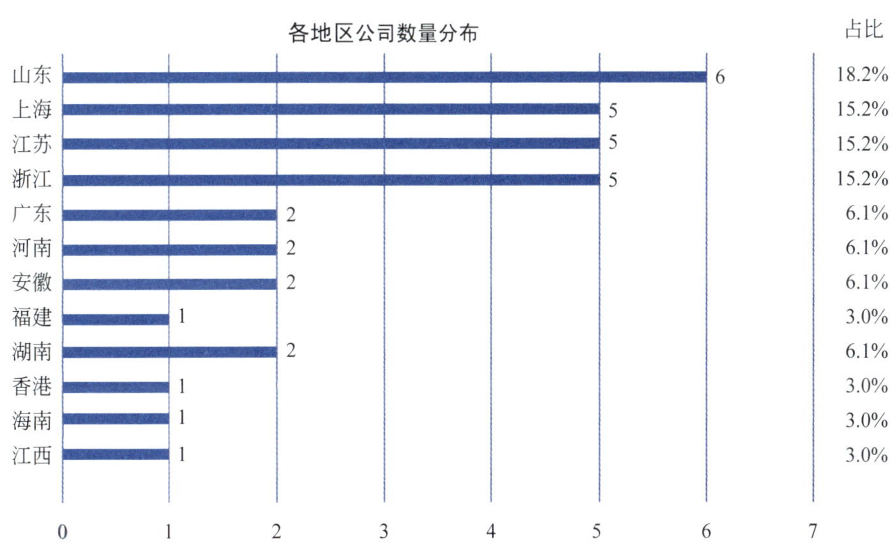

图 3-62 2020 中国纺织行业上市公司品牌价值榜所在区域公司数量分布

【上市板块】 在 2020 中国纺织行业上市公司品牌价值榜中，在深市中小企业板上市的公司有 10 家，品牌价值合计 192.18 亿元，占行业总计品牌价值的 34.1%，排在第一位；在沪市主板上市的公司有 12 家，品牌价值合计 161.45 亿元，占行业榜单总计品牌价值的 28.6%，排在第二位；在港股上市的中资股公司有 8 家，品牌价值合计 138.7 亿元，占行业榜单总计品牌价值的 24.6%，排在第三位。此外，在深市主板上市的公司有 3 家，品牌价值合计 71.91 亿元。

【上市时间】 在 2020 中国纺织行业上市公司品牌价值榜中，2006—2010 年上市的公司有 9 家，品牌价值合计 163.54 亿元，占行业榜单总计品牌价值的 29%，排在第一位；2001—2005 年上市的公司有 5 家，品牌价值合计 144.5 亿元，占行业榜单总计品牌价值的

25.6%，排在第二位；1996—2000 年上市的公司有 5 家，品牌价值合计 90.68 亿元，占行业榜单总计品牌价值的 16.1%，排在第三位。此外，1996 年以前上市的公司有 5 家，品牌价值合计 77.86 亿元；2011—2015 年上市的公司有 8 家，品牌价值合计 69.41 亿元；2016—2019 年上市的公司有 1 家，品牌价值 18.24 亿元。

3.31.2 2020 中国纺织行业上市公司品牌价值榜单

排序	证券简称	品牌价值（亿元）	所在地	上市日期	证券代码
1	鲁泰 A	61.94	山东	2000-12-25	000726.SZ
2	天虹纺织	47.35	上海	2004-12-09	2678.HK
3	罗莱生活	40.39	江苏	2009-09-10	002293.SZ
4	孚日股份	40.31	山东	2006-11-24	002083.SZ
5	魏桥纺织	36.43	山东	2003-09-24	2698.HK
6	富安娜	31.09	广东	2009-12-30	002327.SZ
7	华孚时尚	27.59	安徽	2005-04-27	002042.SZ
8	航民股份	26.84	浙江	2004-08-09	600987.SH
9	龙头股份	23.74	上海	1993-02-09	600630.SH
10	神马股份	23.64	河南	1994-01-06	600810.SH
11	百宏实业	21.42	福建	2011-05-18	2299.HK
12	水星家纺	18.24	上海	2017-11-20	603365.SH
13	百隆东方	15.83	浙江	2012-06-12	601339.SH
14	福田实业	15.61	香港	1988-04-20	0420.HK
15	江苏阳光	15.36	江苏	1999-09-27	600220.SH
16	梦洁股份	13.43	湖南	2010-04-29	002397.SZ
17	联发股份	11.57	江苏	2010-04-23	002394.SZ
18	新野纺织	10.29	河南	2006-11-30	002087.SZ
19	鹿港文化	7.88	江苏	2011-05-27	601599.SH
20	海欣股份	7.60	上海	1994-04-04	600851.SH
21	上海三毛	7.27	上海	1993-11-08	600689.SH
22	如意集团	6.47	山东	2007-12-07	002193.SZ
23	华纺股份	6.29	山东	2001-09-03	600448.SH
24	华茂股份	6.24	安徽	1998-10-07	000850.SZ

续表

排序	证 券 简 称	品牌价值(亿元)	所在地	上市日期	证券代码
25	旷达科技	6.01	江苏	2010-12-07	002516.SZ
26	新澳股份	5.35	浙江	2014-12-31	603889.SH
27	超盈国际控股	5.32	广东	2014-05-23	2111.HK
28	多喜爱	5.03	湖南	2015-06-10	002761.SZ
29	星宏传媒	4.89	山东	2012-07-12	1616.HK
30	金达控股	3.98	浙江	2006-12-12	0528.HK
31	欣龙控股	3.72	海南	1999-12-09	000955.SZ
32	中国织材控股	3.69	江西	2011-12-22	3778.HK
33	金鹰股份	3.41	浙江	2000-06-02	600232.SH

3.32 餐饮行业品牌价值榜

2020 中国餐饮行业上市公司品牌价值榜全面统计了品牌价值不低于 3 亿元的公司，共 6 家，品牌价值总计 539.96 亿元。

3.32.1 2020 中国餐饮行业上市公司品牌价值榜分析

【行业集中度】 在 2020 中国餐饮行业上市公司品牌价值榜中，排名第一位的公司品牌价值 400.76 亿元，占行业榜单总计品牌价值的 74.2%；其余 5 家公司品牌价值合计 139.2 亿元，占行业榜单总计品牌价值的 25.8%。

【所在区域】 在 2020 中国餐饮行业上市公司品牌价值榜中，6 家公司来自 4 个地区。其中，来自北京的公司有 2 家，品牌价值合计 432.29 亿元，占行业榜单总计品牌价值的 80.1%，处于绝对主导地位。其他公司所在区域的情况见榜单。

【上市板块】 在 2020 中国餐饮行业上市公司品牌价值榜中，在港股上市的中资股公司有 4 家，品牌价值合计 502.1 亿元，占行业榜单总计品牌价值的 93%，排在第一位；此外，在深市中小企业板上市的公司有 1 家，品牌价值 31.53 亿元；在深市主板上市的公司有 1 家，品牌价值 6.34 亿元。

【上市时间】 在 2020 中国餐饮行业上市公司品牌价值榜中，2016—2019 年上市的公司有 1 家，品牌价值 400.76 亿元，占行业榜单总计品牌价值的 74.2%，排在第一位；此外，2006—2010 年上市的公司有 2 家，品牌价值合计 82.92 亿元；2011—2015 年上市的公司有 2 家，品牌价值合计 49.95 亿元；1996—2000 年上市的公司有 1 家，品牌价值 6.34 亿元。

3.32.2 2020 中国餐饮行业上市公司品牌价值榜单

排序	证券简称	品牌价值(亿元)	所在地	上市日期	证券代码
1	海底捞	400.76	北京	2018-09-26	6862.HK
2	味千(中国)	51.39	上海	2007-03-30	0538.HK
3	全聚德	31.53	北京	2007-11-20	002186.SZ
4	唐宫中国	29.67	香港	2011-04-19	1181.HK
5	国际天食	20.28	上海	2012-07-04	3666.HK
6	西安饮食	6.34	陕西	1997-04-30	000721.SZ

3.33 保健行业品牌价值榜

2020 中国保健行业上市公司品牌价值榜全面统计了品牌价值不低于 3 亿元的公司，共 20 家，品牌价值总计 488.96 亿元。

3.33.1 2020 中国保健行业上市公司品牌价值榜分析

【行业集中度】 在 2020 中国保健行业上市公司品牌价值榜中，排在前三位的公司品牌价值合计 197.78 亿元，占行业榜单总计品牌价值的 40.4%；排在前五位的公司品牌价值合计 280.88 亿元，占行业榜单总计品牌价值的 57.4%；排在前十位的公司品牌价值合计 411.73 亿元，占行业榜单总计品牌价值的 84.2%。

【所在区域】 在 2020 中国保健行业上市公司品牌价值榜中，20 家公司来自 8 个地区。其中，来自北京、广东和江苏的公司共计 12 家，品牌价值合计 308.13 亿元，占行业榜单总计品牌价值的 63.0%，处于主导地位。其他地区企业的构成情况见图 3-63 和图 3-64。

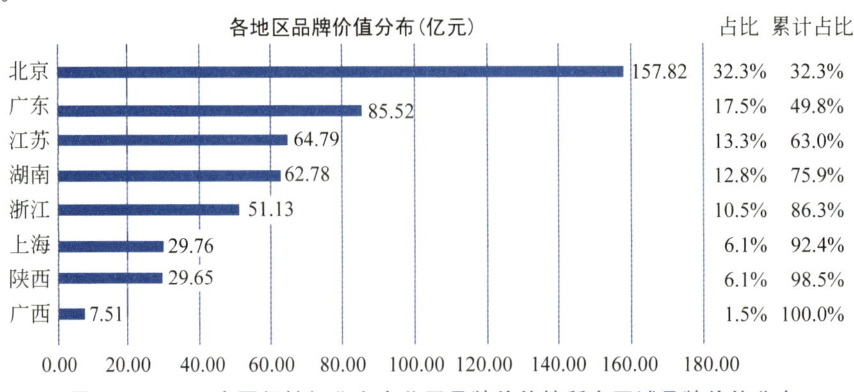

图 3-63 2020 中国保健行业上市公司品牌价值榜所在区域品牌价值分布

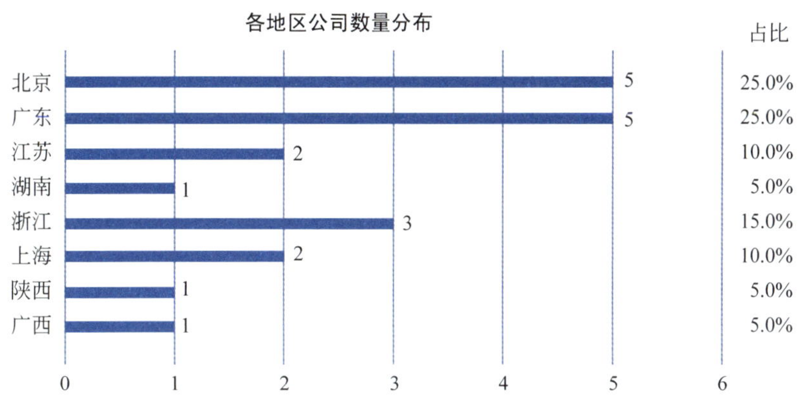

图 3-64　2020 中国保健行业上市公司品牌价值榜所在区域公司数量分布

【上市板块】 在 2020 中国保健行业上市公司品牌价值榜中，在沪市主板上市的公司有 4 家，品牌价值合计 155.19 亿元，占行业榜单总计品牌价值的 31.7%，排在第一位；在深市创业板上市的公司有 3 家，品牌价值合计 132.83 亿元，占行业总计品牌价值的 27.2%，排在第二位；在港股上市的中资股公司有 7 家，品牌价值合计 87.55 亿元，占行业榜单总计品牌价值的 17.9%，排在第三位。此外，在深市中小企业板上市的公司有 2 家，品牌价值合计 64.79 亿元；在深市主板上市的公司有 2 家，品牌价值合计 36.74 亿元；国外中概股上市公司有 2 家，品牌价值合计 11.85 亿元。

【上市时间】 在 2020 中国保健行业上市公司品牌价值榜中，2006—2010 年上市的公司有 5 家，品牌价值合计 134.17 亿元，占行业榜单总计品牌价值的 27.4%，排在第一位；2011—2015 年上市的公司有 6 家，品牌价值合计 123.28 亿元，占行业榜单总计品牌价值的 25.2%，排在第二位；1996—2000 年上市的公司有 3 家，品牌价值合计 110.51 亿元，占行业榜单总计品牌价值的 22.6%，排在第三位。此外，2001—2005 年上市的公司有 1 家，品牌价值 46.87 亿元；2016—2019 年上市的公司有 4 家，品牌价值合计 44.47 亿元；1996 年以前上市的公司有 1 家，品牌价值 29.65 亿元。

3.33.2　2020 中国保健行业上市公司品牌价值榜单

序号	证券简称	品牌价值(亿元)	所在地	上市日期	证券代码
1	安迪苏	88.13	北京	2000-04-20	600299.SH
2	爱尔眼科	62.78	湖南	2009-10-30	300015.SZ
3	美年健康	46.87	江苏	2005-05-18	002044.SZ
4	环球医疗	44.56	北京	2015-07-08	2666.HK
5	汤臣倍健	38.55	广东	2010-12-15	300146.SZ
6	迪安诊断	31.51	浙江	2011-07-19	300244.SZ

续表

序号	证券简称	品牌价值(亿元)	所在地	上市日期	证券代码
7	国际医学	29.65	陕西	1993-08-09	000516.SZ
8	金域医学	26.60	广东	2017-09-08	603882.SH
9	润达医疗	25.17	上海	2015-05-27	603108.SH
10	澳洋健康	17.92	江苏	2007-09-21	002172.SZ
11	通策医疗	15.30	浙江	1996-10-30	600763.SH
12	华润医疗	13.86	北京	2013-11-29	1515.HK
13	康华医疗	8.85	广东	2016-11-08	3689.HK
14	神冠控股	7.51	广西	2009-10-13	0829.HK
15	国际脐带血库	7.41	北京	2009-11-19	CO.N
16	宜华健康	7.09	广东	2000-08-07	000150.SZ
17	瑞慈医疗	4.59	上海	2016-10-06	1526.HK
18	医美国际	4.44	广东	2019-10-25	AIH.O
19	康宁医院	4.32	浙江	2015-11-20	2120.HK
20	和美医疗	3.86	北京	2015-07-07	1509.HK

3.34 商业服务行业品牌价值榜

2020 中国商业服务行业上市公司品牌价值榜全面统计了品牌价值不低于 3 亿元的公司,共 31 家,品牌价值总计 2 98.83 亿元。

3.34.1 2020 中国商业服务行业上市公司品牌价值榜分析

【行业集中度】 在 2020 中国商业服务行业上市公司品牌价值榜中,排在前三位的公司品牌价值合计 93.3 亿元,占行业榜单总计品牌价值的 31.2%;排在前五位的公司品牌价值合计 131.16 亿元,占行业榜单总计品牌价值的 43.9%;排在前十位的公司品牌价值合计 192.55 亿元,占行业榜单总计品牌价值的 64.4%。

【所在区域】 在 2020 中国商业服务行业上市公司品牌价值榜中,31 家公司来自 15 个地区。其中,来自广东、上海和湖北的公司共计 12 家,品牌价值合计 175.04 亿元,占行业榜单总计品牌价值的 58.6%,处于主导地位。其他地区企业的构成情况见图 3-65 和图 3-66。

【上市板块】 在 2020 中国商业服务行业上市公司品牌价值榜中,在港股上市的中资股公司有 6 家,品牌价值合计 79.78 亿元,占行业榜单总计品牌价值的 26.7%,排在第一位;在沪市主板上市的公司有 8 家,品牌价值合计 79.54 亿元,占行业榜单总计品牌价值

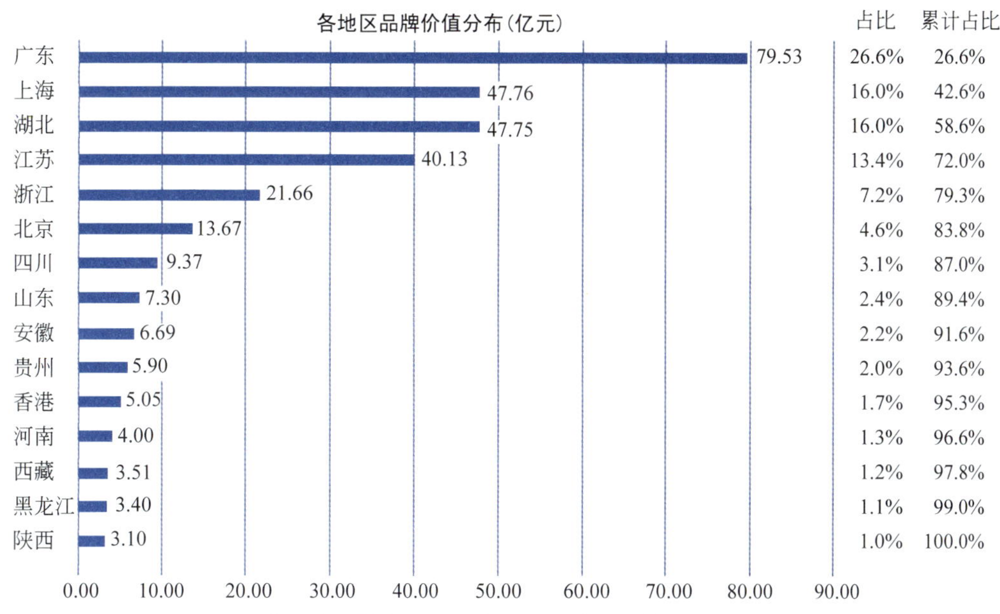

图 3-65 2020 中国商业服务行业上市公司品牌价值榜所在区域品牌价值分布

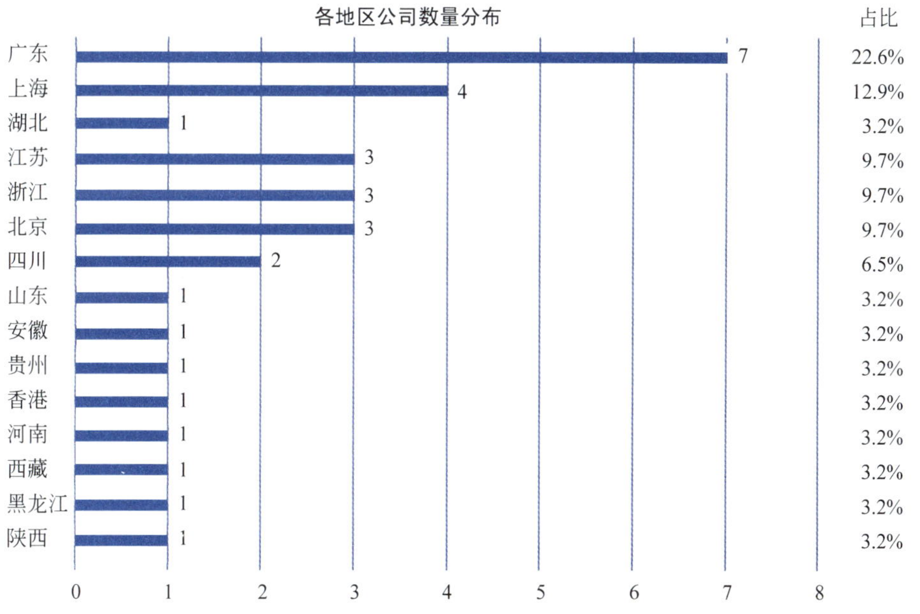

图 3-66 2020 中国商业服务行业上市公司品牌价值榜所在区域公司数量分布

的 26.6%,排在第二位;在深市中小企业板上市的公司有 8 家,品牌价值合计 62.26 亿元,占行业总计品牌价值的 20.8%,排在第三位。此外,在深市创业板上市的公司有 5 家,品牌价值合计 48.09 亿元;国外中概股上市公司有 2 家,品牌价值合计 22.64 亿元;在深市主板上市的公司有 2 家,品牌价值合计 6.5 亿元。

【上市时间】 在 2020 中国商业服务行业上市公司品牌价值榜中,2011—2015 年上市的公司有 8 家，品牌价值合计 121.79 亿元，占行业榜单总计品牌价值的 40.8%，排在第一位；2016—2019 年上市的公司有 12 家，品牌价值合计 65.57 亿元，占行业榜单总计品牌价值的 21.9%，排在第二位；2006—2010 年上市的公司有 6 家，品牌价值合计 61.17 亿元，占行业榜单总计品牌价值的 20.5%，排在第三位。此外，1996 年以前上市的公司有 2 家，品牌价值合计 25.12 亿元；2001—2005 年上市的公司有 1 家，品牌价值 18.67 亿元；1996—2000 年上市的公司有 2 家，品牌价值合计 6.5 亿元。

3.34.2 2020 中国商业服务行业上市公司品牌价值榜单

排序	证券简称	品牌价值(亿元)	所在地	上市日期	证券代码
1	卓尔智联	47.75	湖北	2011-07-13	2098.HK
2	苏交科	22.47	江苏	2012-01-10	300284.SZ
3	劲嘉股份	22.09	广东	2007-12-05	002191.SZ
4	东风股份	20.19	广东	2012-02-16	601515.SH
5	前程无忧	18.67	上海	2004-09-29	JOBS.O
6	华建集团	12.87	上海	1993-02-09	600629.SH
7	中设集团	12.27	江苏	2014-10-13	603018.SH
8	同济科技	12.25	上海	1994-03-11	600846.SH
9	兑吧	12.12	浙江	2019-05-07	1753.HK
10	华测检测	11.88	广东	2009-10-30	300012.SZ
11	齐心集团	10.64	广东	2009-10-21	002301.SZ
12	东港股份	7.30	山东	2007-03-02	002117.SZ
13	设计总院	6.69	安徽	2017-08-01	603357.SH
14	科锐国际	6.24	北京	2017-06-08	300662.SZ
15	勘设股份	5.90	贵州	2017-08-09	603458.SH
16	中衡设计	5.40	江苏	2014-12-31	603017.SH
17	明辉国际	5.29	广东	2007-11-02	3828.HK
18	人瑞人才	5.24	四川	2019-12-13	6919.HK
19	仁东控股	5.21	浙江	2011-12-28	002647.SZ
20	同方泰德	5.05	香港	2011-10-27	1206.HK
21	广电计量	5.04	广东	2019-11-08	002967.SZ
22	华阳国际	4.40	广东	2019-02-26	002949.SZ
23	飞扬集团	4.33	浙江	2019-06-28	1901.HK
24	金时科技	4.13	四川	2019-03-15	002951.SZ

续表

排序	证券简称	品牌价值(亿元)	所在地	上市日期	证券代码
25	设研院	4.00	河南	2017-12-12	300732.SZ
26	国检集团	3.97	北京	2016-11-09	603060.SH
27	多维科技	3.97	上海	2007-08-02	CZ4.SG
28	筑博设计	3.51	西藏	2019-11-08	300564.SZ
29	盛通股份	3.45	北京	2011-07-15	002599.SZ
30	京蓝科技	3.40	黑龙江	1997-04-11	000711.SZ
31	陕西金叶	3.10	陕西	1998-06-23	000812.SZ

3.35 家居行业品牌价值榜

2020 中国家居行业上市公司品牌价值榜全面统计了品牌价值不低于 3 亿元的公司，共 23 家，品牌价值总计 281.24 亿元。

3.35.1 2020 中国家居行业上市公司品牌价值榜分析

【行业集中度】 在 2020 中国家居行业上市公司品牌价值榜中，排在前三位的公司品牌价值合计 105.4 亿元，占行业榜单总计品牌价值的 37.5%；排在前五位的公司品牌价值合计 153.23 亿元，占行业榜单总计品牌价值的 54.5%；排在前十位的公司品牌价值合计 210.63 亿元，占行业榜单总计品牌价值的 74.9%。

【所在区域】 在 2020 中国家居行业上市公司品牌价值榜中，23 家公司来自 9 个地区。其中，来自广东、浙江和江苏的公司共计 17 家，品牌价值合计 230.97 亿元，占行业榜单总计品牌价值的 82.1%，处于主导地位。其他地区企业的构成情况见图 3-67 和图 3-68。

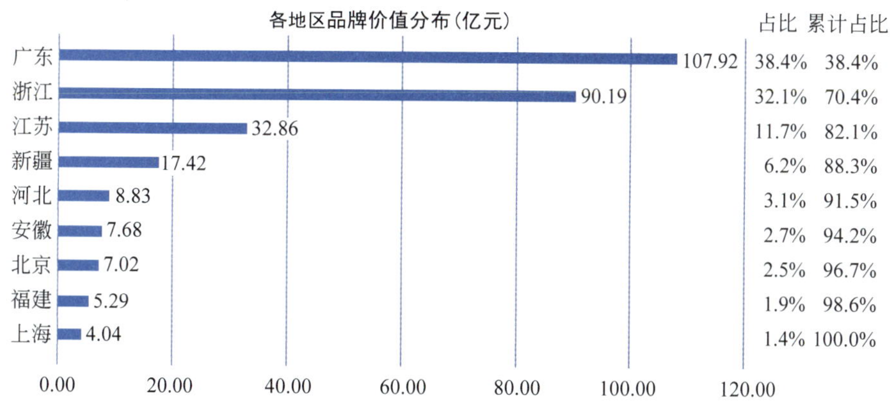

图 3-67 2020 中国家居行业上市公司品牌价值榜所在区域品牌价值分布

商业服务行业榜单

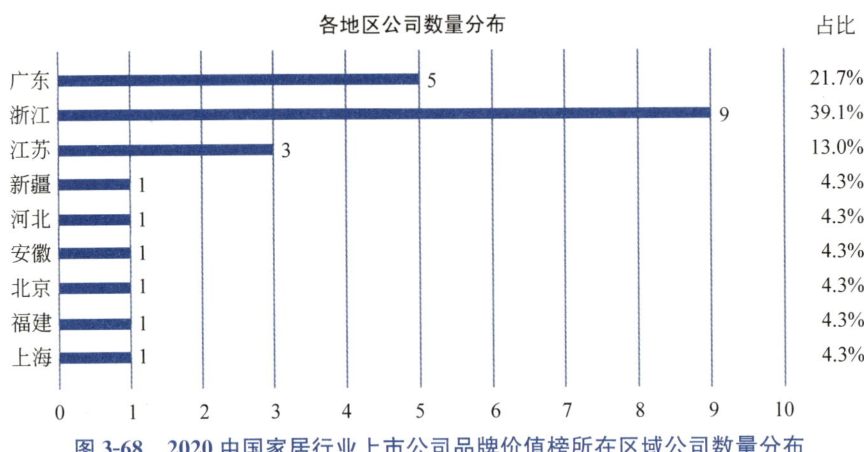

图 3-68　2020 中国家居行业上市公司品牌价值榜所在区域公司数量分布

【上市板块】 在 2020 中国家居行业上市公司品牌价值榜中，在沪市主板上市的公司有 16 家，品牌价值合计 183.8 亿元，占行业榜单总计品牌价值的 65.4%，排在第一位；在深市中小企业板上市的公司有 4 家，品牌价值合计 46.3 亿元，占行业总计品牌价值的 16.5%，排在第二位；在深市创业板上市的公司有 1 家，品牌价值 24.42 亿元，占行业榜单总计品牌价值的 8.7%，排在第三位。此外，在深市主板上市的公司有 1 家，品牌价值 23.41 亿元；在港股上市的中资股公司有 1 家，品牌价值 3.31 亿元。

【上市时间】 在 2020 中国家居行业上市公司品牌价值榜中，2016—2019 年上市的公司有 14 家，品牌价值合计 165.95 亿元，占行业榜单总计品牌价值的 59%，排在第一位；2011—2015 年上市的公司有 6 家，品牌价值合计 63.63 亿元，占行业榜单总计品牌价值的 22.6%，排在第二位；1996—2000 年上市的公司有 2 家，品牌价值合计 40.83 亿元，占行业榜单总计品牌价值的 14.5%，排在第三位。此外，2001—2005 年上市的公司有 1 家，品牌价值 10.83 亿元。

3.35.2　2020 中国家居行业上市公司品牌价值榜单

排序	证 券 简 称	品牌价值(亿元)	所在地	上市日期	证券代码
1	欧派家居	45.72	广东	2017-03-28	603833.SH
2	顾家家居	33.20	浙江	2016-10-14	603816.SH
3	索菲亚	26.48	广东	2011-04-12	002572.SZ
4	尚品宅配	24.42	广东	2017-03-07	300616.SZ
5	大亚圣象	23.41	江苏	1999-06-30	000910.SZ
6	美克家居	17.42	新疆	2000-11-27	600337.SH
7	兔宝宝	10.83	浙江	2005-05-10	002043.SZ

续表

排序	证券简称	品牌价值(亿元)	所在地	上市日期	证券代码
8	喜临门	10.19	浙江	2012-07-17	603008.SH
9	麒盛科技	10.14	浙江	2019-10-29	603610.SH
10	惠达卫浴	8.83	河北	2017-04-05	603385.SH
11	好莱客	8.16	广东	2015-02-17	603898.SH
12	恒林股份	7.97	浙江	2017-11-21	603661.SH
13	志邦家居	7.68	安徽	2017-06-30	603801.SH
14	曲美家居	7.02	北京	2015-04-22	603818.SH
15	永艺股份	5.92	浙江	2015-01-23	603600.SH
16	德尔未来	5.86	江苏	2011-11-11	002631.SZ
17	金牌厨柜	5.29	福建	2017-05-12	603180.SH
18	江山欧派	4.85	浙江	2017-02-10	603208.SH
19	菲林格尔	4.04	上海	2017-06-15	603226.SH
20	中源家居	3.79	浙江	2018-02-08	603709.SH
21	我乐家居	3.59	江苏	2017-06-16	603326.SH
22	慕容控股	3.31	浙江	2017-01-12	1575.HK
23	皮阿诺	3.13	广东	2017-03-10	002853.SZ

3.36 造纸行业品牌价值榜

2020 中国造纸行业上市公司品牌价值榜全面统计了品牌价值不低于 3 亿元的公司，共 12 家，品牌价值总计 239.24 亿元。

3.36.1 2020 中国造纸行业上市公司品牌价值榜分析

【行业集中度】 在 2020 中国造纸行业上市公司品牌价值榜中，排在第一位的公司为晨鸣纸业，品牌价值 60.74 亿元，占行业榜单总计品牌价值的 25.4%；排在前三位的公司品牌价值合计 154.47 亿元，占行业榜单总计品牌价值的 64.6%；排在前五位的公司品牌价值合计 194.99 亿元，占行业榜单总计品牌价值的 81.5%。

【所在区域】 在 2020 中国造纸行业上市公司品牌价值榜中，12 家公司来自 7 个地区。其中，来自山东和安徽的公司共计 6 家，品牌价值合计 201.37 亿元，占行业榜单总计品牌价值的 84.2%，处于主导地位。其他地区企业的构成情况见图 3-69 和图 3-70。

【上市板块】 在 2020 中国造纸行业上市公司品牌价值榜中，在沪市主板上市的公司

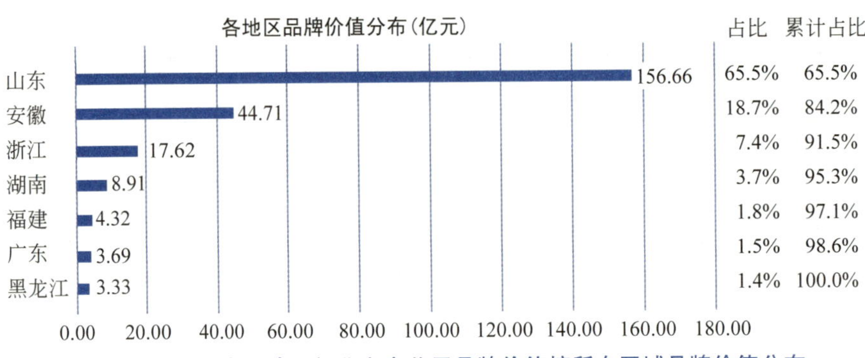

图 3-69 2020 中国造纸行业上市公司品牌价值榜所在区域品牌价值分布

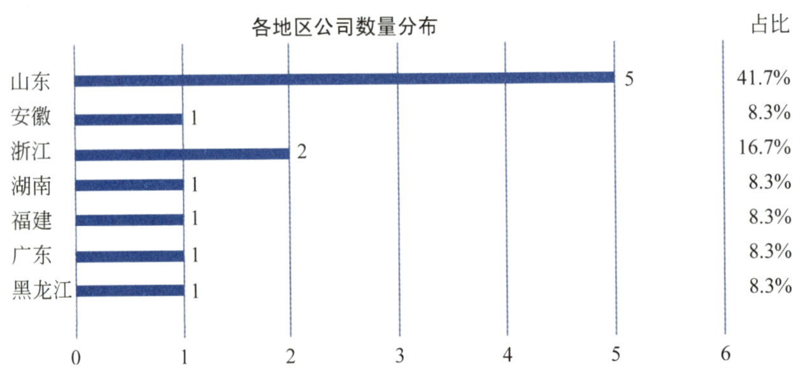

图 3-70 2020 中国造纸行业上市公司品牌价值榜所在区域公司数量分布

有 8 家，品牌价值合计 113.53 亿元，占行业榜单总计品牌价值的 47.5%，排在第一位；在深市中小企业板上市的公司有 3 家，品牌价值合计 64.96 亿元，占行业榜单总计品牌价值的 27.2%，排在第二位；在深市主板上市的公司有 1 家，品牌价值 60.74 亿元，占行业总计品牌价值的 25.4%，排在第三位。

【上市时间】 在 2020 中国造纸行业上市公司品牌价值榜中，1996—2000 年上市的公司有 3 家，品牌价值合计 89.58 亿元，占行业榜单总计品牌价值的 37.4%，排在第一位；2001—2005 年上市的公司有 5 家，品牌价值合计 76.63 亿元，占行业榜单总计品牌价值的 32%，排在第二位；2006—2010 年上市的公司有 3 家，品牌价值合计 64.96 亿元，占行业榜单总计品牌价值的 27.2%，排在第三位。此外，2016—2019 年上市的公司有 1 家，品牌价值 8.06 亿元。

3.36.2 2020 中国造纸行业上市公司品牌价值榜单

序号	证券简称	品牌价值(亿元)	所在地	上市日期	证券代码
1	晨鸣纸业	60.74	山东	2000-11-20	000488.SZ
2	太阳纸业	49.02	山东	2006-11-16	002078.SZ

续表

序号	证 券 简 称	品牌价值(亿元)	所在地	上市日期	证券代码
3	山鹰纸业	44.71	安徽	2001-12-18	600567.SH
4	华泰股份	24.53	山东	2000-09-28	600308.SH
5	博汇纸业	15.99	山东	2004-06-08	600966.SH
6	景兴纸业	9.56	浙江	2006-09-15	002067.SZ
7	岳阳林纸	8.91	湖南	2004-05-25	600963.SH
8	仙鹤股份	8.06	浙江	2018-04-20	603733.SH
9	齐峰新材	6.38	山东	2010-12-10	002521.SZ
10	青山纸业	4.32	福建	1997-07-03	600103.SH
11	冠豪高新	3.69	广东	2003-06-19	600433.SH
12	恒丰纸业	3.33	黑龙江	2001-04-19	600356.SH

3.37 包装行业品牌价值榜

2020 中国包装行业上市公司品牌价值榜全面统计了品牌价值不低于 3 亿元的公司，共 20 家，品牌价值总计 180.19 亿元。

3.37.1 2020 中国包装行业上市公司品牌价值榜分析

【行业集中度】 在 2020 中国包装行业上市公司品牌价值榜中，排在前三位的公司品牌价值合计 59.07 亿元，占行业榜单总计品牌价值的 33.1%；排在前五位的公司品牌价值合计 88.62 亿元，占行业榜单总计品牌价值的 49.2%；排在前十位的公司品牌价值合计 131.39 亿元，占行业榜单总计品牌价值的 72.9%。

【所在区域】 在 2020 中国包装行业上市公司品牌价值榜中，20 家公司来自 7 个地区。其中，来自广东、福建和上海的公司共计 13 家，品牌价值合计 114.08 亿元，占行业榜单总计品牌价值的 63.3%，处于主导地位。其他地区企业的构成情况见图 3-71 和图 3-72。

【上市板块】 在 2020 中国包装行业上市公司品牌价值榜中，在深市中小企业板上市的公司有 10 家，品牌价值合计 97.04 亿元，占行业总计品牌价值的 53.9%，排在第一位；在港股上市的中资股公司有 5 家，品牌价值合计 44.68 亿元，占行业榜单总计品牌价值的 24.8%，排在第二位；在沪市主板上市的公司有 4 家，品牌价值合计 32.47 亿元，占行业榜单总计品牌价值的 18%，排在第三位。此外，在深市创业板上市的公司有 1 家，品牌价值 5.99 亿元。

【上市时间】 在 2020 中国包装行业上市公司品牌价值榜中，2006—2010 年上市的

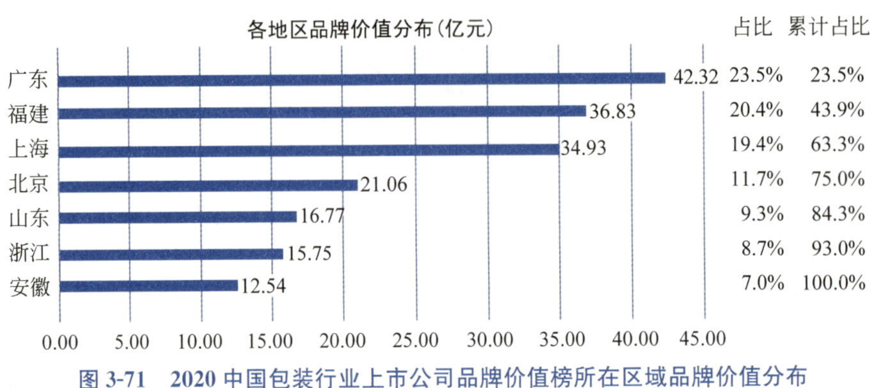

图 3-71 2020 中国包装行业上市公司品牌价值榜所在区域品牌价值分布

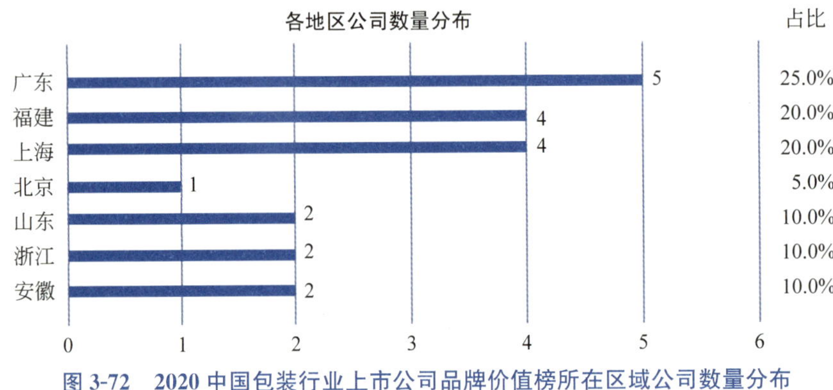

图 3-72 2020 中国包装行业上市公司品牌价值榜所在区域公司数量分布

公司有 7 家，品牌价值合计 68.66 亿元，占行业榜单总计品牌价值的 38.1%，排在第一位；2011—2015 年上市的公司有 5 家，品牌价值合计 44.12 亿元，占行业榜单总计品牌价值的 24.5%，排在第二位；2016—2019 年上市的公司有 5 家，品牌价值合计 39.53 亿元，占行业榜单总计品牌价值的 21.9%，排在第三位。此外，1996—2000 年上市的公司有 2 家，品牌价值合计 22.21 亿元；2001—2005 年上市的公司有 1 家，品牌价值 5.67 亿元。

3.37.2 2020 中国包装行业上市公司品牌价值榜单

序号	证 券 简 称	品牌价值(亿元)	所在地	上市日期	证券代码
1	奥瑞金	21.06	北京	2012-10-11	002701.SZ
2	裕同科技	19.89	广东	2016-12-16	002831.SZ
3	合兴包装	18.12	福建	2008-05-08	002228.SZ
4	紫江企业	17.17	上海	1999-08-24	600210.SH
5	中粮包装	12.38	浙江	2009-11-16	0906.HK
6	阳光纸业	11.73	山东	2007-12-12	2002.HK
7	优源控股	9.94	福建	2010-05-27	2268.HK

续表

序号	证券简称	品牌价值(亿元)	所在地	上市日期	证券代码
8	美盈森	7.35	广东	2009-11-03	002303.SZ
9	宝钢包装	6.89	上海	2015-06-11	601968.SH
10	嘉美包装	6.87	安徽	2019-12-02	002969.SZ
11	顺灏股份	6.15	上海	2011-03-18	002565.SZ
12	万顺新材	5.99	广东	2010-02-26	300057.SZ
13	正业国际	5.92	广东	2011-06-03	3363.HK
14	永新股份	5.67	安徽	2004-07-08	002014.SZ
15	康欣新材	5.04	山东	1997-05-26	600076.SH
16	济丰包装	4.72	上海	2018-12-21	1820.HK
17	吉宏股份	4.68	福建	2016-07-12	002803.SZ
18	昇兴股份	4.10	福建	2015-04-22	002752.SZ
19	大胜达	3.37	浙江	2019-07-26	603687.SH
20	通产丽星	3.16	广东	2008-05-28	002243.SZ

第4篇

2020中国上市公司品牌价值区域榜

4.1 北京品牌价值榜

2020 北京上市公司品牌价值榜全面统计了品牌价值不低于 3 亿元的公司，共 380 家，品牌价值总计 57 596.7 亿元。

4.1.1 2020 北京上市公司品牌价值榜分析

【区域集中度】 在 2020 北京上市公司品牌价值榜中，排名前 10 位的公司品牌价值合计 23 211.06 亿元，占北京榜单总计品牌价值的 40.3%。排在前 30 位的公司品牌价值合计 40 318.05 亿元，占北京榜单总计品牌价值的 70%。排在前 100 位的公司品牌价值合计 52 725.72 亿元，占北京榜单总计品牌价值的 91.5%。

【所在行业】 在 2020 北京上市公司品牌价值榜中，380 家公司来自 34 个行业。其中，金融、建筑和零售三个行业共计包括 65 家公司，品牌价值合计 29 191.62 亿元，占北京榜单总计品牌价值的 50.7%，处于主导地位。其他行业的情况见图 4-1 和图 4-2。

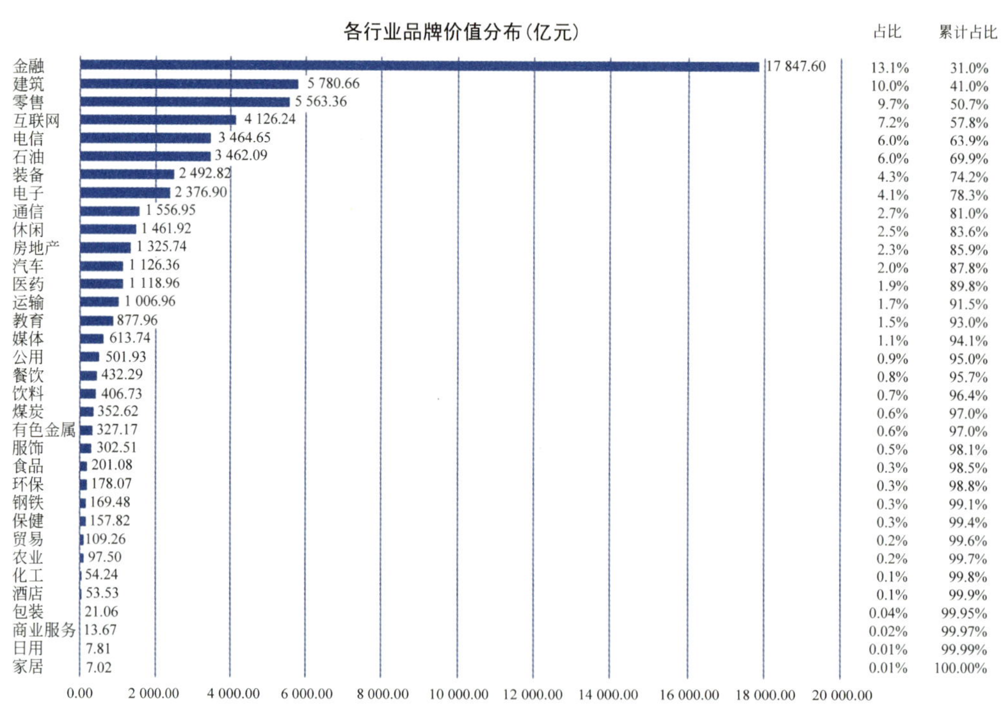

图 4-1 2020 北京上市公司品牌价值榜所在行业品牌价值分布

【上市板块】 在 2020 北京上市公司品牌价值榜中，在沪市主板上市的公司有 127 家，品牌价值合计 32 334.38 亿元，占北京榜单总计品牌价值的 56.1%，排在第一位；在港股上市的中资股公司有 80 家，品牌价值合计 14 032.88 亿元，占北京榜单总计品牌价值的 24.4%，排在第二位；国外中概股上市公司有 49 家，品牌价值合计 8 103.17 亿元，占北

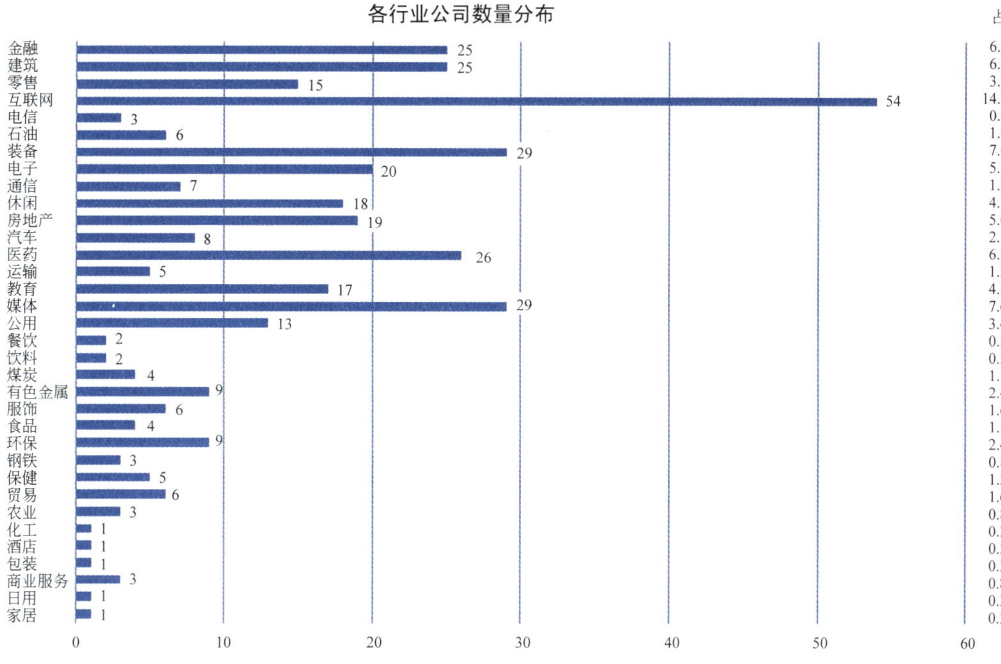

图 4-2 2020 北京上市公司品牌价值榜所在行业公司数量分布

京榜单总计品牌价值的 14.1%，排在第三位。此外，在深市主板上市的公司有 20 家，品牌价值合计 1 273.07 亿元；在深市中小板上市的公司有 39 家，品牌价值合计 905.23 亿元；在深市创业板上市的公司有 62 家，品牌价值合计 811.22 亿元；在沪市科创板上市的公司有 3 家，品牌价值合计 136.75 亿元。

【上市时间】 在 2020 北京上市公司品牌价值榜中，2006—2010 年上市的公司有 86 家，品牌价值合计 24 500.97 亿元，占北京榜单总计品牌价值的 42.5%，排在第一位；2001—2005 年上市的公司有 41 家，品牌价值合计 11 092.28 亿元，占北京榜单总计品牌价值的 19.3%，排在第二位；2011—2015 年上市的公司有 103 家，品牌价值合计 8 190.23 亿元，占北京榜单总计品牌价值的 14.2%，排在第三位。此外，2016—2019 年上市的公司有 82 家，品牌价值合计 7 866.03 亿元；1996—2000 年上市的公司有 52 家，品牌价值合计 3 004.68 亿元；1996 年以前上市的公司有 16 家，品牌价值合计 2 942.51 亿元。

4.1.2 2020 北京上市公司品牌价值榜单

序号	证券简称	品牌价值(亿元)	行业	上市日期	证券代码
1	工商银行	3 515.06	金融	2006-10-27	601398.SH
2	百度	2 664.49	互联网	2005-08-05	BIDU.O
3	建设银行	2 614.46	金融	2007-09-25	601939.SH
4	京东	2 565.62	零售	2014-05-22	JD.O

续表

序号	证 券 简 称	品牌价值(亿元)	行业	上市日期	证券代码
5	农业银行	2 430.38	金融	2010-07-15	601288.SH
6	中国银行	2 193.47	金融	2006-07-05	601988.SH
7	中国电信	2 133.46	电信	2002-11-15	0728.HK
8	美团点评-W	1 790.63	零售	2018-09-20	3690.HK
9	中国石化	1 698.77	石油	2001-08-08	600028.SH
10	中国建筑	1 604.72	建筑	2009-07-29	601668.SH
11	联想集团	1 574.22	电子	1994-02-14	0992.HK
12	中国石油	1 405.75	石油	2007-11-05	601857.SH
13	中国中车	1 341.15	装备	2008-08-18	601766.SH
14	中国联通	1 326.68	电信	2002-10-09	600050.SH
15	中国人寿	1 154.38	金融	2007-01-09	601628.SH
16	小米集团-W	948.03	通信	2018-07-09	1810.HK
17	中国人保	899.74	金融	2018-11-16	601319.SH
18	中国铁建	898.73	建筑	2008-03-10	601186.SH
19	中国中铁	871.51	建筑	2007-12-03	601390.SH
20	北京汽车	788.75	汽车	2014-12-19	1958.HK
21	邮储银行	731.42	金融	2019-12-10	601658.SH
22	中国财险	655.07	金融	2003-11-06	2328.HK
23	民生银行	607.66	金融	2000-12-19	600016.SH
24	中国交建	605.53	建筑	2012-03-09	601800.SH
25	中信银行	600.38	金融	2007-04-27	601998.SH
26	华润医药	569.24	医药	2016-10-28	3320.HK
27	中信股份	549.57	金融	1986-02-26	0267.HK
28	龙湖集团	540.47	房地产	2009-11-19	0960.HK
29	中国通信服务	528.78	通信	2006-12-08	0552.HK
30	中国国航	509.94	运输	2006-08-18	601111.SH
31	光大银行	449.66	金融	2010-08-18	601818.SH
32	中国外运	413.05	运输	2019-01-18	601598.SH
33	海底捞	400.76	餐饮	2018-09-26	6862.HK
34	汽车之家	377.61	互联网	2013-12-11	ATHM.N
35	陌陌	375.69	休闲	2014-12-11	MOMO.O
36	国美零售	372.33	零售	1992-04-15	0493.HK

续表

序号	证券简称	品牌价值（亿元）	行业	上市日期	证券代码
37	中国国旅	350.29	零售	2009-10-15	601888.SH
38	新东方	349.62	教育	2006-09-07	EDU.N
39	58 同城	345.66	互联网	2013-10-31	WUBA.N
40	中国电建	309.60	建筑	2011-10-18	601669.SH
41	中国能源建设	293.94	建筑	2015-12-10	3996.HK
42	好未来	290.05	教育	2010-10-20	TAL.N
43	中国中冶	284.37	建筑	2009-09-21	601618.SH
44	中国建材	284.13	建筑	2006-03-23	3323.HK
45	新华保险	280.04	金融	2011-12-16	601336.SH
46	中国神华	276.19	煤炭	2007-10-09	601088.SH
47	华夏银行	269.25	金融	2003-09-12	600015.SH
48	三一重工	265.46	装备	2003-07-03	600031.SH
49	中国海洋石油	249.00	石油	2001-02-28	0883.HK
50	顺鑫农业	237.38	饮料	1998-11-04	000860.SZ
51	北京银行	224.05	金融	2007-09-19	601169.SH
52	爱奇艺	222.68	休闲	2018-03-29	IQ.O
53	京东方 A	215.86	电子	2001-01-12	000725.SZ
54	中国铝业	213.78	有色金属	2007-04-30	601600.SH
55	中铁工业	209.81	装备	2001-05-28	600528.SH
56	紫光股份	200.96	电子	1999-11-04	000938.SZ
57	中国华融	193.61	金融	2015-10-30	2799.HK
58	中国再保险	191.13	金融	2015-10-26	1508.HK
59	中国铁塔	182.04	建筑	2018-08-08	0788.HK
60	福田汽车	178.55	汽车	1998-06-02	600166.SH
61	万达电影	171.17	休闲	2015-01-22	002739.SZ
62	燕京啤酒	169.34	饮料	1997-07-16	000729.SZ
63	王府井	167.85	零售	1994-05-06	600859.SH
64	中国电影	152.12	休闲	2016-08-09	600977.SH
65	首开股份	146.25	房地产	2001-03-12	600376.SH
66	搜狗	130.48	互联网	2017-11-09	SOGO.N
67	同方股份	130.39	电子	1997-06-27	600100.SH
68	航天信息	129.26	电子	2003-07-11	600271.SH

续表

序号	证券简称	品牌价值(亿元)	行业	上市日期	证券代码
69	中国飞鹤	126.70	食品	2019-11-13	6186.HK
70	中国通号	121.82	装备	2019-07-22	688009.SH
71	华能国际	120.43	公用	2001-12-06	600011.SH
72	正通汽车	109.57	汽车	2010-12-10	1728.HK
73	天地科技	99.30	装备	2002-05-15	600582.SH
74	金融街	99.15	房地产	1996-06-26	000402.SZ
75	际华集团	96.94	服饰	2010-08-16	601718.SH
76	众信旅游	96.20	休闲	2014-01-23	002707.SZ
77	中国化学	95.74	建筑	2010-01-07	601117.SH
78	蓝色光标	92.70	媒体	2010-02-26	300058.SZ
79	中国医药	92.02	医药	1997-05-15	600056.SH
80	安迪苏	88.13	保健	2000-04-20	600299.SH
81	国药股份	85.39	医药	2002-11-27	600511.SH
82	长江电力	85.32	公用	2003-11-18	600900.SH
83	金隅集团	83.12	建筑	2011-03-01	601992.SH
84	李宁	81.62	服饰	2004-06-28	2331.HK
85	中国重工	81.56	装备	2009-12-16	601989.SH
86	金一文化	79.85	服饰	2014-01-27	002721.SZ
87	中航科工	77.89	装备	2003-10-30	2357.HK
88	万达体育	76.13	休闲	2019-07-26	WSG.O
89	中青旅	74.07	休闲	1997-12-03	600138.SH
90	大北农	72.95	农业	2010-04-09	002385.SZ
91	微博	70.76	媒体	2014-04-17	WB.O
92	首钢股份	70.54	钢铁	1999-12-16	000959.SZ
93	首创置业	69.40	房地产	2003-06-19	2868.HK
94	首商股份	68.70	零售	1996-07-16	600723.SH
95	中国东方集团	67.25	钢铁	2004-03-02	0581.HK
96	同仁堂	65.68	医药	1997-06-25	600085.SH
97	华联综超	64.66	零售	2001-11-29	600361.SH
98	信达地产	63.95	房地产	1993-05-24	600657.SH
99	迪信通	63.75	零售	2014-07-08	6188.HK
100	中石化炼化工程	62.96	建筑	2013-05-23	2386.HK

续表

序号	证券简称	品牌价值(亿元)	行业	上市日期	证券代码
101	昆仑万维	62.79	休闲	2015-01-21	300418.SZ
102	石化油服	62.20	石油	1995-04-11	600871.SH
103	中国银河	61.50	金融	2017-01-23	601881.SH
104	中信建投	61.08	金融	2018-06-20	601066.SH
105	新浪	58.47	媒体	2000-04-13	SINA.O
106	光线传媒	57.32	休闲	2011-08-03	300251.SZ
107	国电科环	56.01	装备	2011-12-30	1296.HK
108	中煤能源	55.19	煤炭	2008-02-01	601898.SH
109	中金黄金	54.96	有色金属	2003-08-14	600489.SH
110	北辰实业	54.89	房地产	2006-10-16	601588.SH
111	中化化肥	54.24	化工	1996-09-30	0297.HK
112	首旅酒店	53.53	酒店	2000-06-01	600258.SH
113	五矿发展	51.33	贸易	1997-05-28	600058.SH
114	大唐发电	50.53	公用	2006-12-20	601991.SH
115	国投电力	49.54	公用	1996-01-18	600886.SH
116	鑫苑置业	48.14	房地产	2007-12-12	XIN.N
117	嘉事堂	46.60	医药	2010-08-18	002462.SZ
118	城建发展	46.23	房地产	1999-02-03	600266.SH
119	中铝国际	45.39	建筑	2018-08-31	601068.SH
120	经纬纺机	45.30	装备	1996-12-10	000666.SZ
121	中国民航信息网络	44.91	互联网	2001-02-07	0696.HK
122	环球医疗	44.56	保健	2015-07-08	2666.HK
123	猫眼娱乐	44.38	休闲	2019-02-04	1896.HK
124	海油发展	42.60	石油	2019-06-26	600968.SH
125	华扬联众	42.37	媒体	2017-08-02	603825.SH
126	中国信达	40.93	金融	2013-12-12	1359.HK
127	泛海控股	40.57	房地产	1994-09-12	000046.SZ
128	三聚环保	40.46	环保	2010-04-27	300072.SZ
129	北京控股	39.97	公用	1997-05-29	0392.HK
130	中金公司	39.87	金融	2015-11-09	3908.HK
131	当代置业	39.59	房地产	2013-07-12	1107.HK
132	新华联	38.38	房地产	1996-10-29	000620.SZ

续表

序号	证券简称	品牌价值(亿元)	行业	上市日期	证券代码
133	三元股份	38.34	食品	2003-09-15	600429.SH
134	中国核电	38.02	公用	2015-06-10	601985.SH
135	北京首都机场股份	37.61	运输	2000-02-01	0694.HK
136	碧水源	37.46	环保	2010-04-21	300070.SZ
137	保利文化	36.30	休闲	2014-03-06	3636.HK
138	朴新教育	36.08	教育	2018-06-15	NEW.N
139	中国机械工程	35.98	建筑	2012-12-21	1829.HK
140	东华软件	35.26	互联网	2006-08-23	002065.SZ
141	国瑞置业	35.16	房地产	2014-07-07	2329.HK
142	中国软件国际	35.09	互联网	2003-06-20	0354.HK
143	乐普医疗	34.55	医药	2009-10-30	300003.SZ
144	北京京客隆	33.87	贸易	2006-09-25	0814.HK
145	东方时尚	33.39	教育	2016-02-05	603377.SH
146	光环新网	32.73	通信	2014-01-29	300383.SZ
147	东方园林	32.42	环保	2009-11-27	002310.SZ
148	翠微股份	31.94	零售	2012-05-03	603123.SH
149	德龙控股	31.70	钢铁	1999-04-08	BQO.SG
150	全聚德	31.53	餐饮	2007-11-20	002186.SZ
151	颐海国际	31.33	食品	2016-07-13	1579.HK
152	华远地产	31.16	房地产	1996-09-09	600743.SH
153	搜狐	31.11	媒体	2000-07-12	SOHU.O
154	龙源电力	30.91	公用	2009-12-10	0916.HK
155	易车	29.99	媒体	2010-11-17	BITA.N
156	中国出版	29.69	媒体	2017-08-21	601949.SH
157	利亚德	29.61	电子	2012-03-15	300296.SZ
158	用友网络	29.59	互联网	2001-05-18	600588.SH
159	大唐环境	28.97	环保	2016-11-15	1272.HK
160	寺库	28.83	零售	2017-09-22	SECO.O
161	中国卫通	27.83	装备	2019-06-28	601698.SH
162	金山软件	27.76	互联网	2007-10-09	3888.HK
163	北新建材	26.98	建筑	1997-06-06	000786.SZ
164	华润双鹤	26.05	医药	1997-05-22	600062.SH

续表

序号	证券简称	品牌价值(亿元)	行业	上市日期	证券代码
165	同仁堂科技	25.63	医药	2000-10-31	1666.HK
166	嘉友国际	25.06	运输	2018-02-06	603871.SH
167	北京文化	24.99	休闲	1998-01-08	000802.SZ
168	捷成股份	24.98	媒体	2011-02-22	300182.SZ
169	映客	24.90	媒体	2018-07-12	3700.HK
170	和利时自动化	24.39	装备	2008-08-01	HOLI.O
171	玖富	23.99	金融	2019-08-15	JFU.O
172	中国电力	23.54	公用	2004-10-15	2380.HK
173	新氧	22.98	互联网	2019-05-02	SY.O
174	太极股份	22.88	互联网	2010-03-12	002368.SZ
175	奥赛康	22.65	医药	2015-05-15	002755.SZ
176	东方雨虹	22.37	建筑	2008-09-10	002271.SZ
177	拉卡拉	22.35	金融	2019-04-25	300773.SZ
178	中色股份	22.30	有色金属	1997-04-16	000758.SZ
179	北控水务集团	21.90	公用	1993-04-19	0371.HK
180	千方科技	21.89	互联网	2010-03-18	002373.SZ
181	中牧股份	21.45	农业	1999-01-07	600195.SH
182	长久物流	21.29	运输	2016-08-10	603569.SH
183	优信	21.25	零售	2018-06-27	UXIN.O
184	奥瑞金	21.06	包装	2012-10-11	002701.SZ
185	宜人金科	20.84	金融	2015-12-18	YRD.N
186	中信国安	20.72	媒体	1997-10-31	000839.SZ
187	大唐电信	20.10	通信	1998-10-21	600198.SH
188	江河集团	19.85	建筑	2011-08-18	601886.SH
189	阿里影业	19.81	休闲	1994-05-12	1060.HK
190	新高教集团	19.68	教育	2017-04-19	2001.HK
191	石基信息	19.64	互联网	2007-08-13	002153.SZ
192	歌华有线	19.54	媒体	2001-02-08	600037.SH
193	泰邦生物	19.53	医药	2009-12-02	CBPO.O
194	正保远程教育	19.53	教育	2008-07-30	DL.N
195	中国国贸	19.40	房地产	1999-03-12	600007.SH
196	民生教育	18.33	教育	2017-03-22	1569.HK

续表

序号	证券简称	品牌价值（亿元）	行业	上市日期	证券代码
197	中国软件	18.29	互联网	2002-05-17	600536.SH
198	中科软	17.94	互联网	2019-09-09	603927.SH
199	人民网	17.92	媒体	2012-04-27	603000.SH
200	东兴证券	17.70	金融	2015-02-26	601198.SH
201	探路者	17.68	服饰	2009-10-30	300005.SZ
202	中国同辐	17.42	医药	2018-07-06	1763.HK
203	中航电子	17.38	装备	2001-07-06	600372.SH
204	鸿合科技	17.14	电子	2019-05-23	002955.SZ
205	中国旭阳集团	17.03	煤炭	2019-03-15	1907.HK
206	四环医药	17.01	医药	2010-10-28	0460.HK
207	华胜天成	16.73	互联网	2004-04-27	600410.SH
208	尚德机构	16.57	教育	2018-03-23	STG.N
209	天坛生物	16.28	医药	1998-06-16	600161.SH
210	慧聪集团	16.23	互联网	2003-12-17	2280.HK
211	易华录	16.04	互联网	2011-05-05	300212.SZ
212	猎豹移动	15.54	互联网	2014-05-08	CMCM.N
213	中国卫星	15.30	装备	1997-09-08	600118.SH
214	国联股份	15.27	互联网	2019-07-30	603613.SH
215	广联达	15.24	互联网	2010-05-25	002410.SZ
216	中国科传	15.16	媒体	2017-01-18	601858.SH
217	朗姿股份	14.97	服饰	2011-08-30	002612.SZ
218	中远投资	14.88	装备	1979-08-07	F83.SG
219	清新环境	14.87	环保	2011-04-22	002573.SZ
220	SOHO 中国	14.85	房地产	2007-10-08	0410.HK
221	神州高铁	14.78	装备	1992-05-07	000008.SZ
222	中工国际	14.56	建筑	2006-06-19	002051.SZ
223	掌趣科技	14.16	休闲	2012-05-11	300315.SZ
224	三盛教育	13.95	教育	2011-12-29	300282.SZ
225	华润医疗	13.86	保健	2013-11-29	1515.HK
226	康龙化成	13.71	医药	2019-01-28	300759.SZ
227	跟谁学	13.60	教育	2019-06-06	GSX.N
228	数知科技	13.48	互联网	2010-01-08	300038.SZ

续表

序号	证券简称	品牌价值(亿元)	行业	上市日期	证券代码
229	北京城乡	13.39	零售	1994-05-20	600861.SH
230	京能清洁能源	13.36	公用	2011-12-22	0579.HK
231	北巴传媒	13.33	汽车	2001-02-16	600386.SH
232	瑞斯康达	13.20	通信	2017-04-20	603803.SH
233	京威股份	13.16	汽车	2012-03-09	002662.SZ
234	双鹭药业	13.13	医药	2004-09-09	002038.SZ
235	华宇软件	13.10	互联网	2011-10-26	300271.SZ
236	达内科技	13.03	教育	2014-04-03	TEDU.O
237	阳光 100 中国	12.90	房地产	2014-03-13	2608.HK
238	乐居	12.76	媒体	2014-04-17	LEJU.N
239	中国高科	12.58	教育	1996-07-26	600730.SH
240	房天下	12.49	媒体	2010-09-17	SFUN.N
241	启明星辰	12.39	互联网	2010-06-23	002439.SZ
242	电子城	12.33	房地产	1993-05-24	600658.SH
243	瑞思学科英语	12.22	教育	2017-10-20	REDU.O
244	京运通	11.76	装备	2011-09-08	601908.SH
245	新华网	11.75	媒体	2016-10-28	603888.SH
246	中国动向	11.45	服饰	2007-10-10	3818.HK
247	引力传媒	11.44	媒体	2015-05-27	603598.SH
248	中信出版	11.43	媒体	2019-07-05	300788.SZ
249	旋极信息	11.40	互联网	2012-06-08	300324.SZ
250	京能电力	11.29	公用	2002-05-10	600578.SH
251	世纪互联	11.29	互联网	2011-04-21	VNET.O
252	兆易创新	11.06	电子	2016-08-18	603986.SH
253	优点互动	11.05	媒体	2012-05-30	IDEX.O
254	华录百纳	11.04	休闲	2012-02-09	300291.SZ
255	中粮肉食	10.69	贸易	2016-11-01	1610.HK
256	无忧英语(51TALK)	10.54	教育	2016-06-10	COE.N
257	华联股份	10.37	零售	1998-06-16	000882.SZ
258	大唐新能源	10.33	公用	2010-12-17	1798.HK
259	东方国信	10.32	互联网	2011-01-25	300166.SZ
260	北汽蓝谷	10.21	汽车	1996-08-16	600733.SH

续表

序号	证券简称	品牌价值（亿元）	行业	上市日期	证券代码
261	航天工程	10.17	装备	2015-01-28	603698.SH
262	兰亭集势	10.15	零售	2013-06-06	LITB.N
263	华谊嘉信	10.11	媒体	2010-04-21	300071.SZ
264	暴风集团	10.08	休闲	2015-03-24	300431.SZ
265	北方国际	9.75	建筑	1998-06-05	000065.SZ
266	博彦科技	9.68	互联网	2012-01-06	002649.SZ
267	数码科技	9.29	互联网	2010-04-30	300079.SZ
268	万通地产	9.21	房地产	2000-09-22	600246.SH
269	大恒科技	9.20	电子	2000-11-29	600288.SH
270	高能环境	9.19	环保	2014-12-29	603588.SH
271	四维图新	9.15	互联网	2010-05-18	002405.SZ
272	万咖壹联	9.05	媒体	2018-12-21	1762.HK
273	神州泰岳	8.85	互联网	2009-10-30	300002.SZ
274	北方华创	8.83	电子	2010-03-16	002371.SZ
275	红黄蓝	8.71	教育	2017-09-27	RYB.N
276	佳讯飞鸿	8.70	通信	2011-05-05	300213.SZ
277	东方网力	8.69	电子	2014-01-29	300367.SZ
278	豪尔赛	8.09	装备	2019-10-28	002963.SZ
279	城建设计	8.02	建筑	2014-07-08	1599.HK
280	小牛电动	7.93	汽车	2018-10-19	NIU.O
281	百邦科技	7.81	日用	2018-01-09	300736.SZ
282	天宜上佳	7.73	装备	2019-07-22	688033.SH
283	宇信科技	7.60	互联网	2018-11-07	300674.SZ
284	恒信东方	7.53	休闲	2010-05-20	300081.SZ
285	康辰药业	7.44	医药	2018-08-27	603590.SH
286	国际脐带血库	7.41	保健	2009-11-19	CO.N
287	金山办公	7.20	互联网	2019-11-18	688111.SH
288	四方股份	7.17	装备	2010-12-31	601126.SH
289	中科三环	7.17	有色金属	2000-04-20	000970.SZ
290	凤凰新媒体	7.02	媒体	2011-05-12	FENG.N
291	曲美家居	7.02	家居	2015-04-22	603818.SH
292	盛达资源	6.89	有色金属	1996-08-23	000603.SZ

续表

序号	证券简称	品牌价值(亿元)	行业	上市日期	证券代码
293	有研新材	6.80	有色金属	1999-03-19	600206.SH
294	首创股份	6.79	公用	2000-04-27	600008.SH
295	赛升药业	6.67	医药	2015-06-26	300485.SZ
296	北大青鸟环宇	6.66	电子	2000-07-27	8095.HK
297	绿盟科技	6.52	互联网	2014-01-29	300369.SZ
298	第一视频	6.50	媒体	1991-10-25	0082.HK
299	腾信股份	6.43	媒体	2014-09-10	300392.SZ
300	九强生物	6.36	医药	2014-10-30	300406.SZ
301	华电重工	6.30	建筑	2014-12-11	601226.SH
302	舒泰神	6.26	医药	2011-04-15	300204.SZ
303	科锐国际	6.24	商业服务	2017-06-08	300662.SZ
304	安泰科技	6.22	有色金属	2000-05-29	000969.SZ
305	恒华科技	6.12	互联网	2014-01-23	300365.SZ
306	掌阅科技	5.80	媒体	2017-09-21	603533.SH
307	博天环境	5.76	环保	2017-02-17	603603.SH
308	中科创达	5.72	互联网	2015-12-10	300496.SZ
309	元隆雅图	5.63	媒体	2017-06-06	002878.SZ
310	凯文教育	5.56	教育	2012-03-09	002659.SZ
311	久其软件	5.52	互联网	2009-08-11	002279.SZ
312	瑞诚中国传媒	5.47	媒体	2019-11-12	1640.HK
313	万邦达	5.47	环保	2010-02-26	300055.SZ
314	联众	5.47	休闲	2014-06-30	6899.HK
315	东易日盛	5.43	建筑	2014-02-19	002713.SZ
316	东土科技	5.42	通信	2012-09-27	300353.SZ
317	中关村	5.41	医药	1999-07-12	000931.SZ
318	超图软件	5.36	互联网	2009-12-25	300036.SZ
319	金诚信	5.24	有色金属	2015-06-30	603979.SH
320	大豪科技	5.13	电子	2015-04-22	603025.SH
321	值得买	4.91	媒体	2019-07-15	300785.SZ
322	人人网	4.87	汽车	2011-05-04	RENN.N
323	雪迪龙	4.86	电子	2012-03-09	002658.SZ
324	飞天诚信	4.76	电子	2014-06-26	300386.SZ

续表

序号	证券简称	品牌价值(亿元)	行业	上市日期	证券代码
325	航天长峰	4.75	电子	1994-04-25	600855.SH
326	国投中鲁	4.71	食品	2004-06-22	600962.SH
327	银信科技	4.68	互联网	2011-06-15	300231.SZ
328	先进数通	4.66	互联网	2016-09-13	300541.SZ
329	立思辰	4.63	互联网	2009-10-30	300010.SZ
330	比优集团	4.54	贸易	2004-08-06	8053.HK
331	安博教育	4.53	教育	2010-08-05	AMBO.A
332	科兴生物	4.52	医药	2004-12-08	SVA.O
333	辰安科技	4.51	互联网	2016-07-26	300523.SZ
334	二六三	4.50	电信	2010-09-08	002467.SZ
335	中农立华	4.41	贸易	2017-11-16	603970.SH
336	农发种业	4.40	贸易	2001-01-19	600313.SH
337	高伟达	4.36	互联网	2015-05-28	300465.SZ
338	合纵科技	4.35	装备	2015-06-10	300477.SZ
339	拓尔思	4.32	互联网	2011-06-15	300229.SZ
340	数字政通	4.29	互联网	2010-04-27	300075.SZ
341	双杰电气	4.24	装备	2015-04-23	300444.SZ
342	赛晶电力电子	4.22	电子	2010-10-13	0580.HK
343	昊华能源	4.21	煤炭	2010-03-31	601101.SH
344	北斗星通	4.20	装备	2007-08-13	002151.SZ
345	中科金财	4.19	互联网	2012-02-28	002657.SZ
346	北京科锐	4.14	装备	2010-02-03	002350.SZ
347	国检集团	3.97	商业服务	2016-11-09	603060.SH
348	北方导航	3.91	装备	2003-07-04	600435.SH
349	爱康医疗	3.90	医药	2017-12-20	1789.HK
350	百济神州	3.88	医药	2016-02-03	BGNE.O
351	和美医疗	3.86	保健	2015-07-07	1509.HK
352	圣邦股份	3.83	电子	2017-06-06	300661.SZ
353	指南针	3.82	互联网	2019-11-18	300803.SZ
354	希尔威金属矿业	3.81	有色金属	2009-02-17	SVM.A
355	安东油田服务	3.77	石油	2007-12-14	3337.HK
356	恒泰艾普	3.76	互联网	2011-01-07	300157.SZ

续表

序号	证券简称	品牌价值(亿元)	行业	上市日期	证券代码
357	中电华大科技	3.75	电子	1997-07-25	0085.HK
358	科蓝软件	3.73	互联网	2017-06-08	300663.SZ
359	中国地利	3.71	房地产	2008-10-22	1387.HK
360	鸿远电子	3.71	电子	2019-05-15	603267.SH
361	合众思壮	3.70	装备	2010-04-02	002383.SZ
362	飞利信	3.65	互联网	2012-02-01	300287.SZ
363	36氪	3.61	媒体	2019-11-08	KRKR.O
364	团车	3.61	零售	2018-11-20	TC.O
365	中指控股	3.56	互联网	2019-06-12	CIH.O
366	诚益通	3.55	装备	2015-03-19	300430.SZ
367	隆基泰和智慧能源	3.52	装备	2012-01-12	1281.HK
368	北京控股环境集团	3.47	环保	1980-04-29	0154.HK
369	盛通股份	3.45	商业服务	2011-07-15	002599.SZ
370	ST锐电	3.42	装备	2011-01-13	601558.SH
371	数字认证	3.37	互联网	2016-12-23	300579.SZ
372	万东医疗	3.34	医药	1997-05-19	600055.SH
373	北京利尔	3.27	建筑	2010-04-23	002392.SZ
374	森特股份	3.26	建筑	2016-12-16	603098.SH
375	首都信息	3.22	互联网	2001-12-21	1075.HK
376	北陆药业	3.22	医药	2009-10-30	300016.SZ
377	利德曼	3.10	医药	2012-02-16	300289.SZ
378	中地乳业	3.10	农业	2015-12-02	1492.HK
379	中化岩土	3.10	建筑	2011-01-28	002542.SZ
380	北信源	3.02	互联网	2012-09-12	300352.SZ

4.2 广东品牌价值榜

2020 广东上市公司品牌价值榜全面统计了品牌价值不低于 3 亿元的公司，共 502 家，品牌价值总计 43 110.09 亿元。

4.2.1 2020 广东上市公司品牌价值榜分析

【区域集中度】 在 2020 广东上市公司品牌价值榜中，排名前 10 位的公司品牌价值合计 25 457.58 亿元，占广东榜单总计品牌价值的 59.1%。排在前 30 位的公司品牌价值合计 32 798.1 亿元，占广东榜单总计品牌价值的 76.1%。排在前 100 位的公司品牌价值合计 38 510.77 亿元，占广东榜单总计品牌价值的 89.3%。

【所在行业】 在 2020 广东上市公司品牌价值榜中，502 家公司来自 34 个行业。其中，互联网、房地产和金融三个行业共计包括 85 家公司，品牌价值合计 25 520.67 亿元，占广东榜单总计品牌价值的 59.2%，处于主导地位。其他行业的情况见图 4-3 和图 4-4。

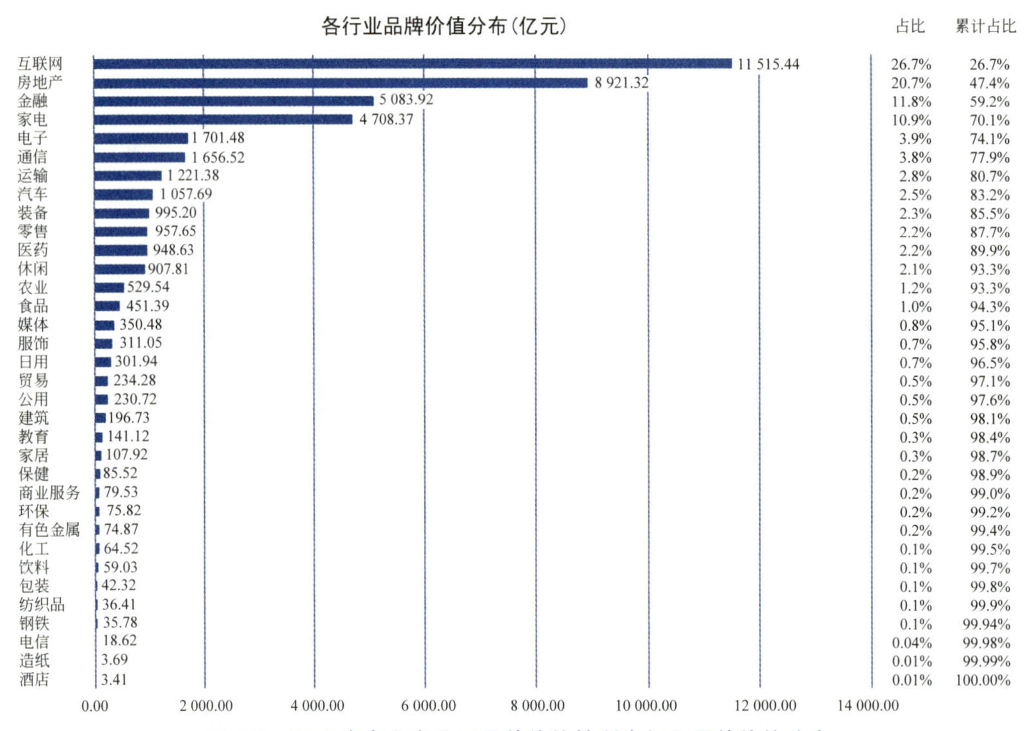

图 4-3 2020 广东上市公司品牌价值榜所在行业品牌价值分布

【上市板块】 在 2020 广东上市公司品牌价值榜中，在港股上市的中资股公司有 80 家，品牌价值合计 17 877.91 亿元，占广东榜单总计品牌价值的 41.5%，排在第一位；在深市主板上市的公司有 65 家，品牌价值合计 10 092.32 亿元，占广东榜单总计品牌价值的 23.4%，排在第二位；在沪市主板上市的公司有 66 家，品牌价值合计 7 809.95 亿元，占广东榜单总计品牌价值的 18.1%，排在第三位。此外，在深市中小板上市的公司有 170 家，品牌价值合计 4 399.02 亿元；国外中概股上市公司有 16 家，品牌价值合计 1 406.8 亿元；在深市创业板上市的公司有 100 家，品牌价值合计 1 371.16 亿元；在沪市科创板上市的公司有 5 家，品牌价值合计 152.94 亿元。

【上市时间】 在 2020 广东上市公司品牌价值榜中，2001—2005 年上市的公司有 40 家，品牌价值合计 15 581.62 亿元，占广东榜单总计品牌价值的 36.1%，排在第一位；2006—2010 年上市的公司有 125 家，品牌价值合计 10 619.26 亿元，占广东榜单总计品牌

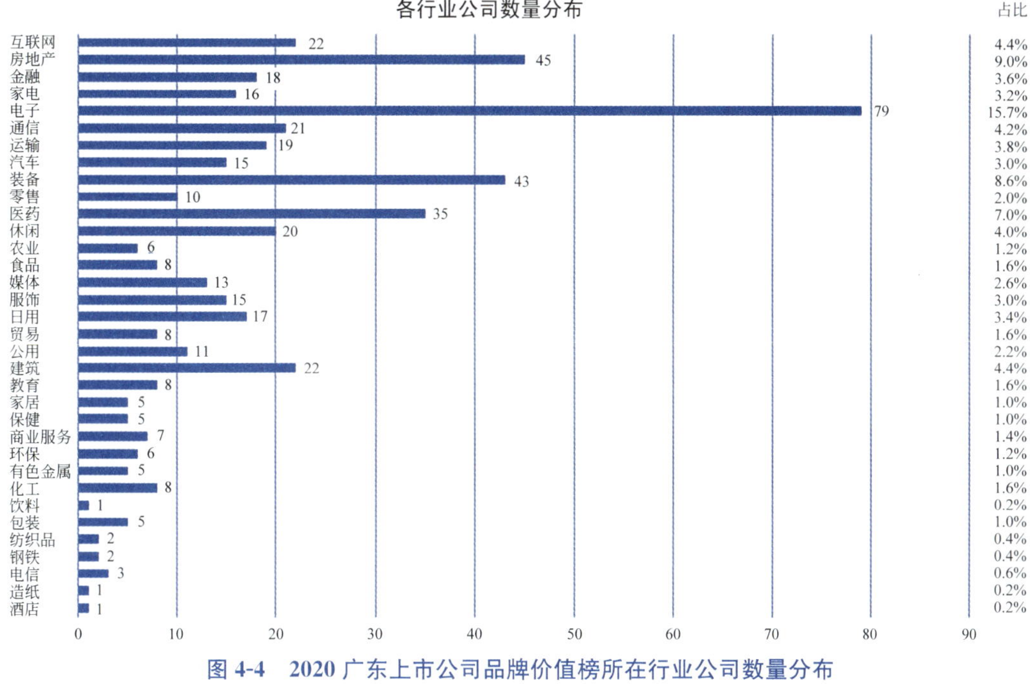

图 4-4　2020 广东上市公司品牌价值榜所在行业公司数量分布

价值的 24.6%，排在第二位；2011—2015 年上市的公司有 114 家，品牌价值合计 6 761.5 亿元，占广东榜单总计品牌价值的 15.7%，排在第三位。此外，1996—2000 年上市的公司有 39 家，品牌价值合计 3 911.68 亿元；1996 年以前上市的公司有 40 家，品牌价值合计 3 499.81 亿元；2016—2019 年上市的公司有 144 家，品牌价值合计 2 736.21 亿元。

4.2.2　2020 广东上市公司品牌价值榜单

序号	证券简称	品牌价值（亿元）	行业	上市日期	证券代码
1	腾讯控股	11 323.48	互联网	2004-06-16	0700.HK
2	中国平安	2 933.63	金融	2007-03-01	601318.SH
3	美的集团	2 179.67	家电	2013-09-18	000333.SZ
4	中国恒大	2 028.79	房地产	2009-11-05	3333.HK
5	格力电器	1 747.74	家电	1996-11-18	000651.SZ
6	万科 A	1 399.56	房地产	1991-01-29	000002.SZ
7	碧桂园	1 315.42	房地产	2007-04-20	2007.HK
8	招商银行	1 051.07	金融	2002-04-09	600036.SH
9	保利地产	848.24	房地产	2006-07-31	600048.SH
10	唯品会	629.98	零售	2012-03-23	VIPS.N
11	比亚迪	575.72	汽车	2011-06-30	002594.SZ

续表

序号	证券简称	品牌价值(亿元)	行业	上市日期	证券代码
12	TCL 科技	559.19	通信	2004-01-30	000100.SZ
13	中兴通信	510.35	通信	1997-11-18	000063.SZ
14	招商蛇口	454.52	房地产	2015-12-30	001979.SZ
15	南方航空	450.01	运输	2003-07-25	600029.SH
16	顺丰控股	444.26	运输	2010-02-05	002352.SZ
17	华侨城 A	422.69	房地产	1997-09-10	000069.SZ
18	平安银行	392.41	金融	1991-04-03	000001.SZ
19	中集集团	369.71	装备	1994-04-08	000039.SZ
20	广汽集团	363.76	汽车	2012-03-29	601238.SH
21	富力地产	357.74	房地产	2005-07-14	2777.HK
22	腾讯音乐	337.61	休闲	2018-12-12	TME.N
23	温氏股份	333.27	农业	2015-11-02	300498.SZ
24	雅居乐集团	323.79	房地产	2005-12-15	3383.HK
25	金地集团	266.61	房地产	2001-04-12	600383.SH
26	中国长城	263.00	电子	1997-06-26	000066.SZ
27	海天味业	246.36	食品	2014-02-11	603288.SH
28	欢聚	235.84	休闲	2012-11-21	YY.O
29	深康佳 A	218.95	家电	1992-03-27	000016.SZ
30	龙光地产	214.73	房地产	2013-12-20	3380.HK
31	中信证券	214.52	金融	2003-01-06	600030.SH
32	海信家电	203.87	家电	1999-07-13	000921.SZ
33	比亚迪电子	186.34	通信	2007-12-20	0285.HK
34	时代中国控股	167.00	房地产	2013-12-11	1233.HK
35	天虹股份	157.33	零售	2010-06-01	002419.SZ
36	海大集团	156.43	农业	2009-11-27	002311.SZ
37	立讯精密	152.95	电子	2010-09-15	002475.SZ
38	分众传媒	149.74	媒体	2004-08-04	002027.SZ
39	美的置业	141.86	房地产	2018-10-11	3990.HK
40	中集车辆	141.77	装备	2019-07-11	1839.HK
41	中国奥园	137.71	房地产	2007-10-09	3883.HK
42	白云山	131.86	医药	2001-02-06	600332.SH
43	国药一致	130.78	医药	1993-08-09	000028.SZ

续表

序号	证券简称	品牌价值(亿元)	行业	上市日期	证券代码
44	传音控股	128.61	通信	2019-09-30	688036.SH
45	鹏鼎控股	127.74	电子	2018-09-18	002938.SZ
46	广发证券	101.17	金融	1997-06-11	000776.SZ
47	佳兆业集团	96.46	房地产	2009-12-09	1638.HK
48	H&H 国际控股	96.24	食品	2010-12-17	1112.HK
49	深圳控股	88.50	房地产	1997-03-07	0604.HK
50	海王生物	84.02	医药	1998-12-18	000078.SZ
51	国信证券	82.55	金融	2014-12-29	002736.SZ
52	华发股份	81.96	房地产	2004-02-25	600325.SH
53	迈瑞医疗	81.90	医药	2018-10-16	300760.SZ
54	广州农商银行	79.71	金融	2017-06-20	1551.HK
55	中国海外宏洋集团	76.49	房地产	1984-04-26	0081.HK
56	怡亚通	74.06	贸易	2007-11-13	002183.SZ
57	大参林	72.27	零售	2017-07-31	603233.SH
58	兆驰股份	71.64	日用	2010-06-10	002429.SZ
59	领益智造	71.34	电子	2011-07-15	002600.SZ
60	华润电力	70.25	公用	2003-11-12	0836.HK
61	招商证券	68.71	金融	2009-11-17	600999.SH
62	欣旺达	68.56	电子	2011-04-21	300207.SZ
63	中国广核	67.81	公用	2019-08-26	003816.SZ
64	搜于特	67.18	服饰	2010-11-17	002503.SZ
65	中集安瑞科	66.69	装备	2005-10-18	3899.HK
66	ST 康美	65.41	医药	2001-03-19	600518.SH
67	爱施德	64.93	贸易	2010-05-28	002416.SZ
68	广深铁路	63.75	运输	2006-12-22	601333.SH
69	虎牙直播	62.67	休闲	2018-05-11	HUYA.N
70	大悦城	62.59	房地产	1993-10-08	000031.SZ
71	新宝股份	62.36	家电	2014-01-21	002705.SZ
72	广州浪奇	61.78	日用	1993-11-08	000523.SZ
73	国银租赁	61.66	金融	2016-07-11	1606.HK
74	欧菲光	60.89	电子	2010-08-03	002456.SZ
75	健康元	60.78	医药	2001-06-08	600380.SH

续表

序号	证 券 简 称	品牌价值(亿元)	行业	上市日期	证券代码
76	珠江啤酒	59.03	饮料	2010-08-18	002461.SZ
77	神州数码	56.43	贸易	1994-05-09	000034.SZ
78	花样年控股	56.40	房地产	2009-11-25	1777.HK
79	纳思达	55.86	电子	2007-11-13	002180.SZ
80	华润三九	54.89	医药	2000-03-09	000999.SZ
81	省广集团	49.84	媒体	2010-05-06	002400.SZ
82	中国中药	49.46	医药	1993-04-07	0570.HK
83	万和电气	48.97	家电	2011-01-28	002543.SZ
84	志高控股	48.82	家电	2009-07-13	0449.HK
85	大族激光	47.22	电子	2004-06-25	002008.SZ
86	欧派家居	45.72	家居	2017-03-28	603833.SH
87	东方嘉盛	45.65	运输	2017-07-31	002889.SZ
88	广电运通	45.52	电子	2007-08-13	002152.SZ
89	中炬高新	45.50	食品	1995-01-24	600872.SH
90	德赛电池	45.39	电子	1995-03-20	000049.SZ
91	视源股份	44.94	电子	2017-01-19	002841.SZ
92	广百股份	44.19	零售	2007-11-22	002187.SZ
93	周大生	44.13	服饰	2017-04-27	002867.SZ
94	都市丽人	44.04	服饰	2014-06-26	2298.HK
95	丽珠集团	44.02	医药	1993-10-28	000513.SZ
96	共进股份	43.65	通信	2015-02-25	603118.SH
97	华帝股份	43.41	家电	2004-09-01	002035.SZ
98	中顺洁柔	43.22	日用	2010-11-25	002511.SZ
99	中国联塑	42.07	建筑	2010-06-23	2128.HK
100	深科技	41.42	电子	1994-02-02	000021.SZ
101	生益科技	40.79	电子	1998-10-28	600183.SH
102	美东汽车	40.16	汽车	2013-12-05	1268.HK
103	汤臣倍健	38.55	保健	2010-12-15	300146.SZ
104	深天马 A	38.43	电子	1995-03-15	000050.SZ
105	星辉娱乐	37.56	休闲	2010-01-20	300043.SZ
106	木林森	37.40	电子	2015-02-17	002745.SZ
107	特发信息	36.31	通信	2000-05-11	000070.SZ

续表

序号	证券简称	品牌价值（亿元）	行业	上市日期	证券代码
108	腾邦国际	36.11	休闲	2011-02-15	300178.SZ
109	金逸影视	35.34	休闲	2017-10-16	002905.SZ
110	明阳智能	35.15	装备	2019-01-23	601615.SH
111	佛山照明	34.14	家电	1993-11-23	000541.SZ
112	海格通信	34.07	通信	2010-08-31	002465.SZ
113	奥马电器	33.86	家电	2012-04-16	002668.SZ
114	雷士国际	33.54	家电	2010-05-20	2222.HK
115	信立泰	32.74	医药	2009-09-10	002294.SZ
116	睿见教育	31.82	教育	2017-01-26	6068.HK
117	韶钢松山	31.40	钢铁	1997-05-08	000717.SZ
118	康哲药业	31.31	医药	2010-09-28	0867.HK
119	中船防务	31.30	装备	1993-10-28	600685.SH
120	富安娜	31.09	纺织品	2009-12-30	002327.SZ
121	招商积余	30.72	房地产	1994-09-28	001914.SZ
122	云米科技	30.62	零售	2018-09-25	VIOT.O
123	白云机场	29.78	运输	2003-04-28	600004.SH
124	深高速	29.71	运输	2001-12-25	600548.SH
125	中金岭南	29.67	有色金属	1997-01-23	000060.SZ
126	南方传媒	29.44	媒体	2016-02-15	601900.SH
127	广日股份	29.32	装备	1996-03-28	600894.SH
128	中洲控股	28.35	房地产	1994-09-21	000042.SZ
129	世联行	28.24	房地产	2009-08-28	002285.SZ
130	汇顶科技	28.12	电子	2016-10-17	603160.SH
131	神州信息	27.93	互联网	1994-04-08	000555.SZ
132	岭南控股	27.58	休闲	1993-11-18	000524.SZ
133	广州酒家	26.68	食品	2017-06-27	603043.SH
134	金域医学	26.60	保健	2017-09-08	603882.SH
135	索菲亚	26.48	家居	2011-04-12	002572.SZ
136	华联控股	26.36	房地产	1994-06-17	000036.SZ
137	天龙集团	26.03	媒体	2010-03-26	300063.SZ
138	顺钠股份	26.01	装备	1994-01-03	000533.SZ
139	中国科培	25.56	教育	2019-01-25	1890.HK

续表

序号	证 券 简 称	品牌价值(亿元)	行业	上市日期	证券代码
140	奥飞娱乐	25.23	休闲	2009-09-10	002292.SZ
141	海能达	24.46	通信	2011-05-27	002583.SZ
142	尚品宅配	24.42	家居	2017-03-07	300616.SZ
143	信维通信	24.41	电子	2010-11-05	300136.SZ
144	金发科技	24.10	化工	2004-06-23	600143.SH
145	中国光大水务	23.41	环保	2019-05-08	1857.HK
146	粤运交通	23.31	运输	2005-10-26	3399.HK
147	天誉置业	22.95	房地产	1993-11-16	0059.HK
148	华立大学集团	22.88	教育	2019-11-25	1756.HK
149	深南电路	22.35	电子	2017-12-13	002916.SZ
150	劲嘉股份	22.09	商业服务	2007-12-05	002191.SZ
151	粤电力 A	22.07	公用	1993-11-26	000539.SZ
152	香江控股	21.74	房地产	1998-06-09	600162.SH
153	瀚蓝环境	21.69	环保	2000-12-25	600323.SH
154	科达洁能	21.58	装备	2002-10-10	600499.SH
155	汇川技术	21.55	装备	2010-09-28	300124.SZ
156	普路通	21.49	运输	2015-06-29	002769.SZ
157	飞亚达	21.40	服饰	1993-06-03	000026.SZ
158	格林美	20.64	有色金属	2010-01-22	002340.SZ
159	东风股份	20.19	商业服务	2012-02-16	601515.SH
160	裕同科技	19.89	包装	2016-12-16	002831.SZ
161	杰赛科技	19.71	通信	2011-01-28	002544.SZ
162	雅生活服务	19.62	房地产	2018-02-09	3319.HK
163	丸美股份	19.59	日用	2019-07-25	603983.SH
164	歌力思	19.45	服饰	2015-04-22	603808.SH
165	天健集团	19.41	建筑	1999-07-21	000090.SZ
166	亿纬锂能	19.37	电子	2009-10-30	300014.SZ
167	小熊电器	19.23	家电	2019-08-23	002959.SZ
168	小赢科技	19.20	金融	2018-09-19	XYF.N
169	指尖悦动	19.08	休闲	2018-07-12	6860.HK
170	海普瑞	18.80	医药	2010-05-06	002399.SZ
171	金证股份	18.54	互联网	2003-12-24	600446.SH

续表

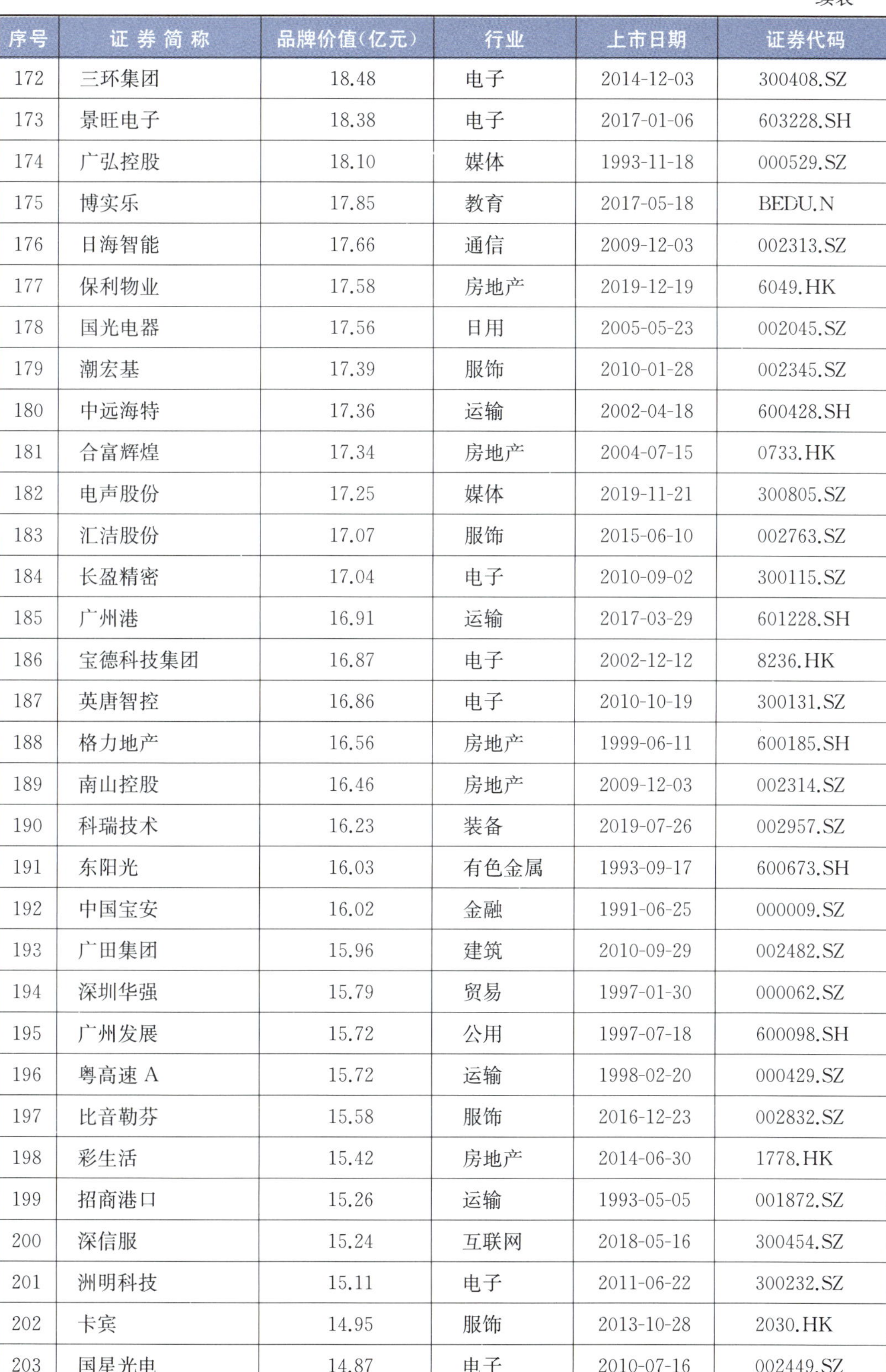

序号	证券简称	品牌价值(亿元)	行业	上市日期	证券代码
172	三环集团	18.48	电子	2014-12-03	300408.SZ
173	景旺电子	18.38	电子	2017-01-06	603228.SH
174	广弘控股	18.10	媒体	1993-11-18	000529.SZ
175	博实乐	17.85	教育	2017-05-18	BEDU.N
176	日海智能	17.66	通信	2009-12-03	002313.SZ
177	保利物业	17.58	房地产	2019-12-19	6049.HK
178	国光电器	17.56	日用	2005-05-23	002045.SZ
179	潮宏基	17.39	服饰	2010-01-28	002345.SZ
180	中远海特	17.36	运输	2002-04-18	600428.SH
181	合富辉煌	17.34	房地产	2004-07-15	0733.HK
182	电声股份	17.25	媒体	2019-11-21	300805.SZ
183	汇洁股份	17.07	服饰	2015-06-10	002763.SZ
184	长盈精密	17.04	电子	2010-09-02	300115.SZ
185	广州港	16.91	运输	2017-03-29	601228.SH
186	宝德科技集团	16.87	电子	2002-12-12	8236.HK
187	英唐智控	16.86	电子	2010-10-19	300131.SZ
188	格力地产	16.56	房地产	1999-06-11	600185.SH
189	南山控股	16.46	房地产	2009-12-03	002314.SZ
190	科瑞技术	16.23	装备	2019-07-26	002957.SZ
191	东阳光	16.03	有色金属	1993-09-17	600673.SH
192	中国宝安	16.02	金融	1991-06-25	000009.SZ
193	广田集团	15.96	建筑	2010-09-29	002482.SZ
194	深圳华强	15.79	贸易	1997-01-30	000062.SZ
195	广州发展	15.72	公用	1997-07-18	600098.SH
196	粤高速A	15.72	运输	1998-02-20	000429.SZ
197	比音勒芬	15.58	服饰	2016-12-23	002832.SZ
198	彩生活	15.42	房地产	2014-06-30	1778.HK
199	招商港口	15.26	运输	1993-05-05	001872.SZ
200	深信服	15.24	互联网	2018-05-16	300454.SZ
201	洲明科技	15.11	电子	2011-06-22	300232.SZ
202	卡宾	14.95	服饰	2013-10-28	2030.HK
203	国星光电	14.87	电子	2010-07-16	002449.SZ

续表

序号	证 券 简 称	品牌价值(亿元)	行业	上市日期	证券代码
204	三雄极光	14.82	家电	2017-03-17	300625.SZ
205	德赛西威	14.78	汽车	2017-12-26	002920.SZ
206	金信诺	14.73	通信	2011-08-18	300252.SZ
207	佳都科技	14.47	互联网	1996-07-16	600728.SH
208	佳云科技	14.23	媒体	2011-07-12	300242.SZ
209	长园集团	14.18	装备	2002-12-02	600525.SH
210	珠江实业	14.13	房地产	1993-10-28	600684.SH
211	深振业 A	13.97	房地产	1992-04-27	000006.SZ
212	理士国际	13.89	装备	2010-11-16	0842.HK
213	天创时尚	13.86	服饰	2016-02-18	603608.SH
214	雅士利国际	13.84	食品	2010-11-01	1230.HK
215	粤泰股份	13.79	房地产	2001-03-19	600393.SH
216	深圳能源	13.77	公用	1993-09-03	000027.SZ
217	珠江钢琴	13.38	日用	2012-05-30	002678.SZ
218	风华高科	13.34	电子	1996-11-29	000636.SZ
219	南玻 A	13.24	建筑	1992-02-28	000012.SZ
220	惠程科技	13.20	休闲	2007-09-19	002168.SZ
221	创美药业	13.15	医药	2015-12-14	2289.HK
222	大洋电机	13.13	装备	2008-06-19	002249.SZ
223	东江环保	13.06	环保	2012-04-26	002672.SZ
224	深圳机场	13.02	运输	1998-04-20	000089.SZ
225	易事特	12.87	装备	2014-01-27	300376.SZ
226	思考乐教育	12.79	教育	2019-06-21	1769.HK
227	凯撒文化	12.75	休闲	2010-06-08	002425.SZ
228	通宇通讯	12.63	通信	2016-03-28	002792.SZ
229	仙乐健康	12.62	医药	2019-09-25	300791.SZ
230	南洋股份	12.51	装备	2008-02-01	002212.SZ
231	东旭蓝天	12.43	公用	1994-08-08	000040.SZ
232	依顿电子	12.33	电子	2014-07-01	603328.SH
233	天威视讯	12.23	媒体	2008-05-26	002238.SZ
234	众生药业	12.14	医药	2009-12-11	002317.SZ
235	塔牌集团	12.01	建筑	2008-05-16	002233.SZ

续表

序号	证券简称	品牌价值(亿元)	行业	上市日期	证券代码
236	崇达技术	11.99	电子	2016-10-12	002815.SZ
237	天源迪科	11.98	互联网	2010-01-20	300047.SZ
238	诺普信	11.95	化工	2008-02-18	002215.SZ
239	华测检测	11.88	商业服务	2009-10-30	300012.SZ
240	赢合科技	11.83	装备	2015-05-14	300457.SZ
241	高新兴	11.77	互联网	2010-07-28	300098.SZ
242	得润电子	11.61	电子	2006-07-25	002055.SZ
243	振鹏达	11.61	农业	2009-11-23	T4B.SG
244	卓翼科技	11.17	电子	2010-03-16	002369.SZ
245	好太太	11.10	日用	2017-12-01	603848.SH
246	越秀金控	11.10	金融	2000-07-18	000987.SZ
247	迅雷	10.89	休闲	2014-06-24	XNET.O
248	超声电子	10.87	电子	1997-10-08	000823.SZ
249	硕贝德	10.85	通信	2012-06-08	300322.SZ
250	长城证券	10.82	金融	2018-10-26	002939.SZ
251	佳禾智能	10.82	日用	2019-10-18	300793.SZ
252	太安堂	10.76	医药	2010-06-18	002433.SZ
253	康臣药业	10.69	医药	2013-12-19	1681.HK
254	文化长城	10.67	教育	2010-06-25	300089.SZ
255	齐心集团	10.64	商业服务	2009-10-21	002301.SZ
256	昂纳科技集团	10.60	通信	2010-04-29	0877.HK
257	汇量科技	10.47	互联网	2018-12-12	1860.HK
258	勤上股份	10.44	教育	2011-11-25	002638.SZ
259	世荣兆业	10.43	房地产	2004-07-08	002016.SZ
260	乐信	10.36	金融	2017-12-21	LX.O
261	深物业 A	10.33	房地产	1992-03-30	000011.SZ
262	毅德国际	10.18	房地产	2013-10-31	1396.HK
263	联建光电	10.17	媒体	2011-10-12	300269.SZ
264	兴森科技	10.11	电子	2010-06-18	002436.SZ
265	金新农	10.02	农业	2011-02-18	002548.SZ
266	东莞控股	10.01	运输	1997-06-17	000828.SZ
267	岭南股份	9.95	建筑	2014-02-19	002717.SZ

续表

序号	证券简称	品牌价值(亿元)	行业	上市日期	证券代码
268	博雅互动	9.94	休闲	2013-11-12	0434.HK
269	柏堡龙	9.89	服饰	2015-06-26	002776.SZ
270	中国电研	9.83	装备	2019-11-05	688128.SH
271	京基智农	9.82	农业	1994-11-01	000048.SZ
272	深圳燃气	9.82	公用	2009-12-25	601139.SH
273	宝鹰股份	9.81	建筑	2005-05-31	002047.SZ
274	泛华金融	9.77	金融	2018-11-07	CNF.N
275	嘉士利集团	9.61	食品	2014-09-25	1285.HK
276	聚飞光电	9.57	电子	2012-03-19	300303.SZ
277	众业达	9.55	贸易	2010-07-06	002441.SZ
278	东方精工	9.49	汽车	2011-08-30	002611.SZ
279	广东鸿图	9.48	汽车	2006-12-29	002101.SZ
280	万润科技	9.45	媒体	2012-02-17	002654.SZ
281	安奈儿	9.37	服饰	2017-06-01	002875.SZ
282	粤水电	9.36	建筑	2006-08-10	002060.SZ
283	伊之密	9.35	装备	2015-01-23	300415.SZ
284	达实智能	9.32	互联网	2010-06-03	002421.SZ
285	海印股份	9.22	房地产	1998-10-28	000861.SZ
286	全通教育	9.11	教育	2014-01-21	300359.SZ
287	研祥智能	9.07	电子	2003-10-10	2308.HK
288	金蝶国际	9.05	互联网	2001-02-15	0268.HK
289	华夏文化科技	9.01	休闲	2015-03-12	1566.HK
290	漫步者	9.00	日用	2010-02-05	002351.SZ
291	顺络电子	9.00	电子	2007-06-13	002138.SZ
292	雄韬股份	8.95	装备	2014-12-03	002733.SZ
293	康泰生物	8.86	医药	2017-02-07	300601.SZ
294	康华医疗	8.85	保健	2016-11-08	3689.HK
295	健帆生物	8.79	医药	2016-08-02	300529.SZ
296	捷佳伟创	8.77	电子	2018-08-10	300724.SZ
297	星期六	8.77	服饰	2009-09-03	002291.SZ
298	酷派集团	8.73	通信	2004-12-09	2369.HK
299	蓝盾股份	8.69	互联网	2012-03-15	300297.SZ

续表

序号	证券简称	品牌价值(亿元)	行业	上市日期	证券代码
300	盛路通信	8.67	通信	2010-07-13	002446.SZ
301	方大集团	8.67	建筑	1996-04-15	000055.SZ
302	英飞拓	8.64	电子	2010-12-24	002528.SZ
303	燕塘乳业	8.64	食品	2014-12-05	002732.SZ
304	新国都	8.62	电子	2010-10-19	300130.SZ
305	泛华金控	8.61	金融	2007-10-31	FANH.O
306	胜宏科技	8.48	电子	2015-06-11	300476.SZ
307	宜通世纪	8.41	电信	2012-04-25	300310.SZ
308	岁宝百货	8.41	零售	2010-11-17	0312.HK
309	国联水产	8.39	农业	2010-07-08	300094.SZ
310	弘亚数控	8.30	装备	2016-12-28	002833.SZ
311	拉芳家化	8.27	日用	2017-03-13	603630.SH
312	中山金马	8.20	休闲	2018-12-28	300756.SZ
313	光弘科技	8.19	电子	2017-12-29	300735.SZ
314	好莱客	8.16	家居	2015-02-17	603898.SH
315	亚联发展	8.11	互联网	2009-12-09	002316.SZ
316	华大基因	8.09	医药	2017-07-14	300676.SZ
317	劲胜智能	8.00	电子	2010-05-20	300083.SZ
318	香雪制药	7.96	医药	2010-12-15	300147.SZ
319	中滔环保	7.92	环保	2013-09-25	1363.HK
320	凌霄泵业	7.87	装备	2017-07-11	002884.SZ
321	万孚生物	7.86	医药	2015-06-30	300482.SZ
322	沃尔核材	7.77	装备	2007-04-20	002130.SZ
323	莱宝高科	7.76	电子	2007-01-12	002106.SZ
324	华阳集团	7.74	汽车	2017-10-13	002906.SZ
325	光峰科技	7.63	电子	2019-07-22	688007.SH
326	鹏辉能源	7.60	电子	2015-04-24	300438.SZ
327	香山股份	7.53	家电	2017-05-15	002870.SZ
328	鸿利智汇	7.52	电子	2011-05-18	300219.SZ
329	威创股份	7.49	日用	2009-11-27	002308.SZ
330	艾比森	7.48	电子	2014-08-01	300389.SZ
331	北控清洁能源集团	7.42	公用	2013-07-05	1250.HK

续表

序号	证券简称	品牌价值(亿元)	行业	上市日期	证券代码
332	美盈森	7.35	包装	2009-11-03	002303.SZ
333	高乐股份	7.33	日用	2010-02-03	002348.SZ
334	铁汉生态	7.30	建筑	2011-03-29	300197.SZ
335	金融壹账通	7.27	互联网	2019-12-13	OCFT.N
336	美格智能	7.27	通信	2017-06-22	002881.SZ
337	金龙羽	7.27	装备	2017-07-17	002882.SZ
338	景业名邦集团	7.25	房地产	2019-12-05	2231.HK
339	长青集团	7.22	家电	2011-09-20	002616.SZ
340	拓邦股份	7.22	电子	2007-06-29	002139.SZ
341	科士达	7.17	装备	2010-12-07	002518.SZ
342	广和通	7.14	通信	2017-04-13	300638.SZ
343	宜华健康	7.09	保健	2000-08-07	000150.SZ
344	第一创业	7.08	金融	2016-05-11	002797.SZ
345	冰川网络	7.08	休闲	2016-08-18	300533.SZ
346	电连技术	7.06	电子	2017-07-31	300679.SZ
347	和而泰	7.01	电子	2010-05-11	002402.SZ
348	尚荣医疗	6.97	医药	2011-02-25	002551.SZ
349	同兴达	6.97	电子	2017-01-25	002845.SZ
350	房多多	6.91	房地产	2019-11-01	DUO.O
351	百奥家庭互动	6.66	休闲	2014-04-10	2100.HK
352	芭田股份	6.61	化工	2007-09-19	002170.SZ
353	银宝山新	6.54	装备	2015-12-23	002786.SZ
354	东凌国际	6.42	化工	1998-12-24	000893.SZ
355	深赛格	6.41	房地产	1996-12-26	000058.SZ
356	世运电路	6.35	电子	2017-04-26	603920.SH
357	新媒股份	6.29	媒体	2019-04-19	300770.SZ
358	一品红	6.29	医药	2017-11-16	300723.SZ
359	拓斯达	6.25	装备	2017-02-09	300607.SZ
360	伟业控股	6.21	房地产	2016-04-06	1570.HK
361	佳士科技	6.19	装备	2011-03-22	300193.SZ
362	远光软件	6.14	互联网	2006-08-23	002063.SZ
363	太辰光	6.11	通信	2016-12-06	300570.SZ

续表

序号	证 券 简 称	品牌价值(亿元)	行业	上市日期	证券代码
364	东信和平	6.02	电子	2004-07-13	002017.SZ
365	万顺新材	5.99	包装	2010-02-26	300057.SZ
366	信隆健康	5.96	日用	2007-01-12	002105.SZ
367	正业国际	5.92	包装	2011-06-03	3363.HK
368	派生科技	5.89	汽车	2011-02-15	300176.SZ
369	嘉诚国际	5.86	运输	2017-08-08	603535.SH
370	银之杰	5.83	互联网	2010-05-26	300085.SZ
371	太平洋网络	5.74	汽车	2007-12-18	0543.HK
372	麦格米特	5.66	装备	2017-03-06	002851.SZ
373	锐明技术	5.65	电子	2019-12-17	002970.SZ
374	中新赛克	5.61	通信	2017-11-21	002912.SZ
375	智光电气	5.59	装备	2007-09-19	002169.SZ
376	达安基因	5.55	医药	2004-08-09	002030.SZ
377	证通电子	5.55	电子	2007-12-18	002197.SZ
378	智莱科技	5.55	电子	2019-04-22	300771.SZ
379	锦龙股份	5.51	金融	1997-04-15	000712.SZ
380	中国白银集团	5.49	有色金属	2012-12-28	0815.HK
381	开立医疗	5.48	医药	2017-04-06	300633.SZ
382	瑞丰光电	5.46	电子	2011-07-12	300241.SZ
383	英维克	5.44	装备	2016-12-29	002837.SZ
384	深桑达 A	5.41	贸易	1993-10-28	000032.SZ
385	绿色动力	5.37	环保	2018-06-11	601330.SH
386	中信海直	5.33	运输	2000-07-31	000099.SZ
387	超盈国际控股	5.32	纺织品	2014-05-23	2111.HK
388	南兴股份	5.31	装备	2015-05-27	002757.SZ
389	明辉国际	5.29	商业服务	2007-11-02	3828.HK
390	宏大爆破	5.28	化工	2012-06-12	002683.SZ
391	奇信股份	5.28	建筑	2015-12-22	002781.SZ
392	翰宇药业	5.20	医药	2011-04-07	300199.SZ
393	超讯通信	5.19	电信	2016-07-28	603322.SH
394	拓日新能	5.10	装备	2008-02-28	002218.SZ
395	盐田港	5.10	运输	1997-07-28	000088.SZ

续表

序号	证券简称	品牌价值（亿元）	行业	上市日期	证券代码
396	广电计量	5.04	商业服务	2019-11-08	002967.SZ
397	世纪鼎利	5.02	电信	2010-01-20	300050.SZ
398	珠海港	5.01	运输	1993-03-26	000507.SZ
399	快意电梯	5.00	装备	2017-03-24	002774.SZ
400	信邦控股	5.00	汽车	2017-06-28	1571.HK
401	盛讯达	4.98	休闲	2016-06-24	300518.SZ
402	亿胜生物科技	4.97	医药	2001-06-27	1061.HK
403	坚朗五金	4.97	建筑	2016-03-29	002791.SZ
404	英威腾	4.94	装备	2010-01-13	002334.SZ
405	精艺股份	4.92	贸易	2009-09-29	002295.SZ
406	飞荣达	4.87	电子	2017-01-26	300602.SZ
407	蒙娜丽莎	4.81	建筑	2017-12-19	002918.SZ
408	火岩控股	4.78	休闲	2016-02-18	1909.HK
409	朗科科技	4.71	电子	2010-01-08	300042.SZ
410	祥鑫科技	4.65	汽车	2019-10-25	002965.SZ
411	全志科技	4.63	电子	2015-05-15	300458.SZ
412	中海达	4.62	电子	2011-02-15	300177.SZ
413	博敏电子	4.61	电子	2015-12-09	603936.SH
414	中装建设	4.55	建筑	2016-11-29	002822.SZ
415	科达利	4.54	装备	2017-03-02	002850.SZ
416	星湖科技	4.52	食品	1994-08-18	600866.SH
417	捷荣技术	4.52	电子	2017-03-21	002855.SZ
418	世纪联合控股	4.50	汽车	2019-10-18	1959.HK
419	铭普光磁	4.50	电子	2017-09-29	002902.SZ
420	中航三鑫	4.49	建筑	2007-08-23	002163.SZ
421	日丰股份	4.48	装备	2019-05-09	002953.SZ
422	粤传媒	4.48	媒体	2007-11-16	002181.SZ
423	赛为智能	4.45	互联网	2010-01-20	300044.SZ
424	医美国际	4.44	保健	2019-10-25	AIH.O
425	普邦股份	4.43	建筑	2012-03-16	002663.SZ
426	捷顺科技	4.42	电子	2011-08-15	002609.SZ
427	华阳国际	4.40	商业服务	2019-02-26	002949.SZ

续表

序号	证券简称	品牌价值(亿元)	行业	上市日期	证券代码
428	科顺股份	4.39	建筑	2018-01-25	300737.SZ
429	ST摩登	4.39	服饰	2012-02-28	002656.SZ
430	海洋王	4.38	电子	2014-11-04	002724.SZ
431	华津国际控股	4.37	钢铁	2016-04-15	2738.HK
432	迪森股份	4.37	环保	2012-07-10	300335.SZ
433	博士眼镜	4.33	零售	2017-03-15	300622.SZ
434	禾望电气	4.33	装备	2017-07-28	603063.SH
435	和佳医疗	4.28	医药	2011-10-26	300273.SZ
436	润都股份	4.28	医药	2018-01-05	002923.SZ
437	长方集团	4.25	电子	2012-03-21	300301.SZ
438	名臣健康	4.24	日用	2017-12-18	002919.SZ
439	金莱特	4.22	家电	2014-01-29	002723.SZ
440	长亮科技	4.22	互联网	2012-08-17	300348.SZ
441	瑞凌股份	4.21	装备	2010-12-29	300154.SZ
442	奥拓电子	4.18	电子	2011-06-10	002587.SZ
443	金溢科技	4.07	电子	2017-05-15	002869.SZ
444	中山公用	4.05	公用	1997-01-23	000685.SZ
445	浩云科技	3.93	互联网	2015-04-24	300448.SZ
446	卫光生物	3.92	医药	2017-06-16	002880.SZ
447	溢多利	3.92	医药	2014-01-28	300381.SZ
448	中智药业	3.91	医药	2015-07-13	3737.HK
449	白云电器	3.86	装备	2016-03-22	603861.SH
450	科信技术	3.86	通信	2016-11-22	300565.SZ
451	赛意信息	3.86	互联网	2017-08-03	300687.SZ
452	杰普特	3.84	电子	2019-10-31	688025.SH
453	实丰文化	3.83	日用	2017-04-11	002862.SZ
454	中奥到家	3.83	房地产	2015-11-25	1538.HK
455	华鹏飞	3.83	运输	2012-08-21	300350.SZ
456	御银股份	3.82	电子	2007-11-01	002177.SZ
457	宝新能源	3.81	公用	1997-01-28	000690.SZ
458	通达电气	3.76	汽车	2019-11-25	603390.SH
459	文灿股份	3.76	汽车	2018-04-26	603348.SH

续表

序号	证券简称	品牌价值(亿元)	行业	上市日期	证券代码
460	益华控股	3.71	零售	2013-12-11	2213.HK
461	冠豪高新	3.69	造纸	2003-06-19	600433.SH
462	任子行	3.66	互联网	2012-04-25	300311.SZ
463	赢时胜	3.66	互联网	2014-01-27	300377.SZ
464	祈福生活服务	3.65	零售	2016-11-08	3686.HK
465	金活医药集团	3.64	医药	2010-11-25	1110.HK
466	隆利科技	3.61	电子	2018-11-30	300752.SZ
467	劲拓股份	3.60	装备	2014-10-10	300400.SZ
468	明阳电路	3.60	电子	2018-02-01	300739.SZ
469	佛燃能源	3.57	公用	2017-11-22	002911.SZ
470	万里马	3.56	服饰	2017-01-10	300591.SZ
471	茂化实华	3.55	化工	1996-11-14	000637.SZ
472	德联集团	3.54	化工	2012-03-27	002666.SZ
473	洪涛股份	3.53	建筑	2009-12-22	002325.SZ
474	南风股份	3.51	装备	2009-10-30	300004.SZ
475	中京电子	3.50	电子	2011-05-06	002579.SZ
476	古兜控股	3.41	酒店	2016-12-09	8308.HK
477	邦宝益智	3.38	日用	2015-12-09	603398.SH
478	中昌数据	3.37	互联网	2000-12-07	600242.SH
479	特一药业	3.33	医药	2014-07-31	002728.SZ
480	中潜股份	3.31	日用	2016-08-02	300526.SZ
481	中青宝	3.29	休闲	2010-02-11	300052.SZ
482	达意隆	3.29	装备	2008-01-30	002209.SZ
483	文科园林	3.28	建筑	2015-06-29	002775.SZ
484	巨轮智能	3.26	汽车	2004-08-16	002031.SZ
485	因赛集团	3.23	媒体	2019-06-06	300781.SZ
486	广东明珠	3.19	贸易	2001-01-18	600382.SH
487	麦捷科技	3.19	电子	2012-05-23	300319.SZ
488	通产丽星	3.16	包装	2008-05-28	002243.SZ
489	中国顺客隆	3.16	零售	2015-09-10	0974.HK
490	元邦地产	3.16	房地产	2007-05-09	BCD.SG
491	欧比特	3.14	电子	2010-02-11	300053.SZ

续表

序号	证 券 简 称	品牌价值(亿元)	行业	上市日期	证券代码
492	皮阿诺	3.13	家居	2017-03-10	002853.SZ
493	爱得威建设集团	3.13	建筑	2016-11-25	6189.HK
494	凯中精密	3.11	装备	2016-11-24	002823.SZ
495	时代邻里	3.10	房地产	2019-12-19	9928.HK
496	京泉华	3.08	电子	2017-06-27	002885.SZ
497	宇瞳光学	3.06	电子	2019-09-20	300790.SZ
498	新宙邦	3.05	化工	2010-01-08	300037.SZ
499	建艺集团	3.04	建筑	2016-03-11	002789.SZ
500	瑞和股份	3.04	建筑	2011-09-29	002620.SZ
501	嘉元科技	3.03	有色金属	2019-07-22	688388.SH
502	安车检测	3.03	电子	2016-12-06	300572.SZ

4.3 上海品牌价值榜

2020 上海上市公司品牌价值榜全面统计了品牌价值不低于 3 亿元的公司，共 283 家，品牌价值总计 21 981.86 亿元。

4.3.1 2020 上海上市公司品牌价值榜分析

【区域集中度】 在 2020 上海上市公司品牌价值榜中，排名前 10 位的公司品牌价值合计 11 018.23 亿元，占上海榜单总计品牌价值的 50.1%。排在前 30 位的公司品牌价值合计 15 484.37 亿元，占上海榜单总计品牌价值的 70.4%。排在前 100 位的公司品牌价值合计 20 069.81 亿元，占上海榜单总计品牌价值的 91.3%。

【所在行业】 在 2020 上海上市公司品牌价值榜中，283 家公司来自 35 个行业。其中，汽车、金融和房地产三个行业共计包括 76 家公司，品牌价值合计 11 532.25 亿元，占上海榜单总计品牌价值的 52.5%，处于主导地位。其他行业的情况见图 4-5 和图 4-6。

【上市板块】 在 2020 上海上市公司品牌价值榜中，在沪市主板上市的公司有 153 家，品牌价值合计 15 356.84 亿元，占上海榜单总计品牌价值的 69.9%，排在第一位；在港股上市的中资股公司有 53 家，品牌价值合计 4 283.61 亿元，占上海榜单总计品牌价值的 19.5%，排在第二位；国外中概股上市公司有 28 家，品牌价值合计 1 671.53 亿元，占上海榜单总计品牌价值的 7.6%，排在第三位。此外，在深市创业板上市的公司有 23 家，品牌价值合计 360.86 亿元；在深市中小公司板上市的公司有 20 家，品牌价值合计 266.63 亿元；在沪市科创板上市的公司有 5 家，品牌价值合计 38.15 亿元；在深市主板上市的公司

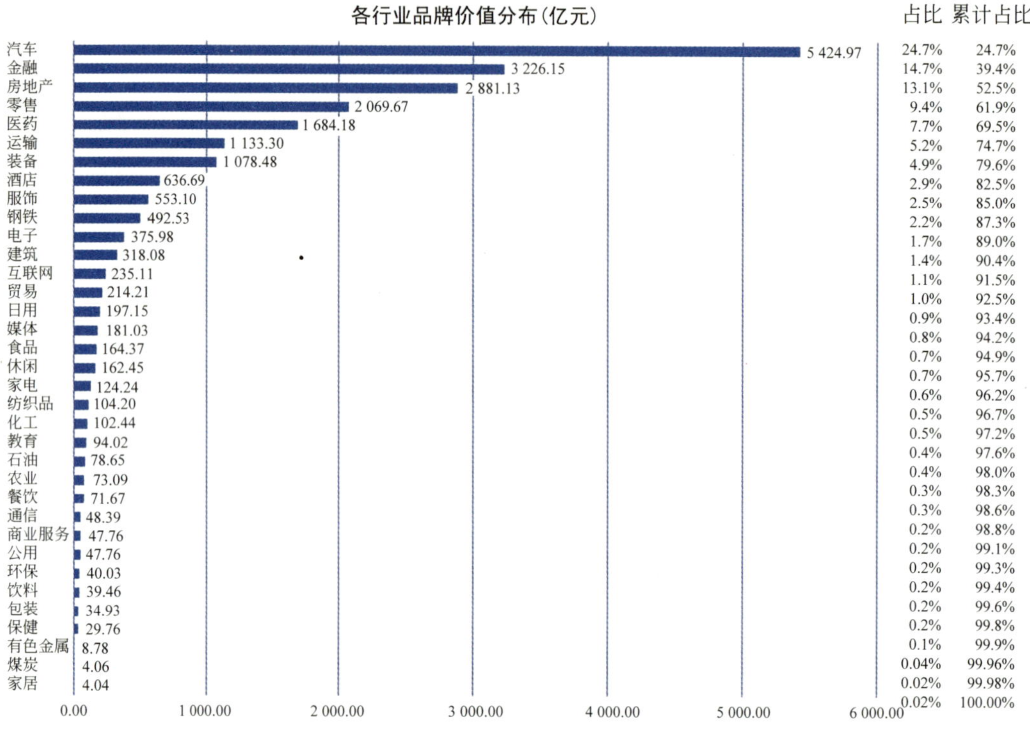

图 4-5 2020 上海上市公司品牌价值榜所在行业品牌价值分布

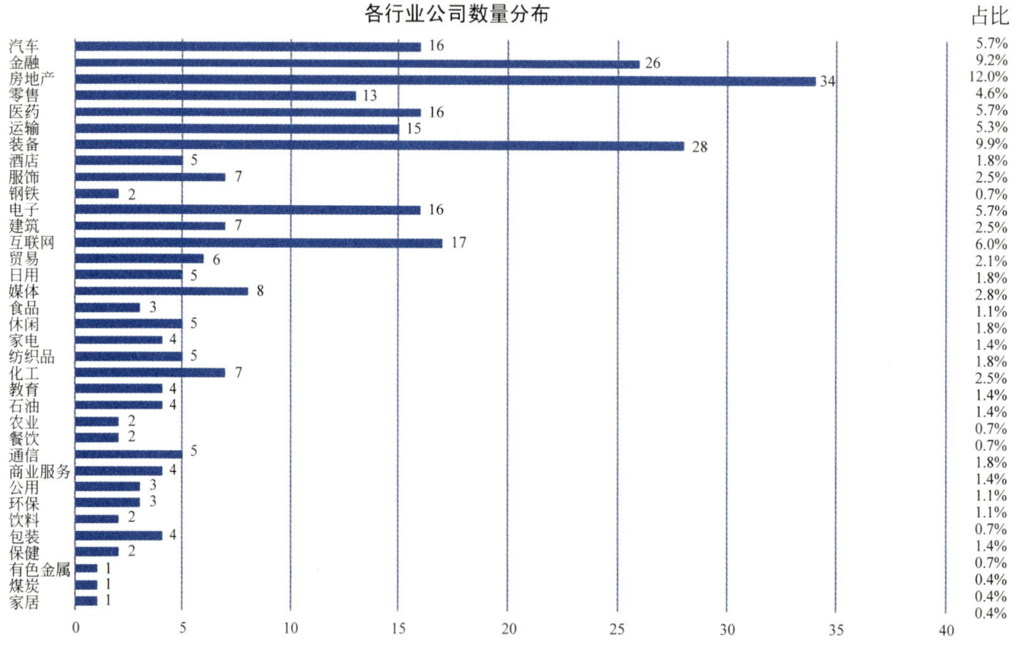

图 4-6 2020 上海上市公司品牌价值榜所在行业公司数量分布

有 1 家，品牌价值 4.24 亿元。

【上市时间】 在 2020 上海上市公司品牌价值榜中，1996—2000 年上市的公司有 28 家，品牌价值合计 8 007.96 亿元，占上海榜单总计品牌价值的 36.4%，排在第一位；2006—2010 年上市的公司有 41 家，品牌价值合计 4 323.67 亿元，占上海榜单总计品牌价值的 19.3%，排在第二位；1996 年以前上市的公司有 61 家，品牌价值合计 3 477.96 亿元，占上海榜单总计品牌价值的 15.8%，排在第三位。此外，2016—2019 年上市的公司有 86 家，品牌价值合计 2 980.95 亿元；2011—2015 年上市的公司有 49 家，品牌价值合计 2 434.05 亿元；2001—2005 年上市的公司有 18 家，品牌价值合计 757.27 亿元。

4.3.2 2020 上海上市公司品牌价值榜单

序号	证券简称	品牌价值(亿元)	行业	上市日期	证券代码
1	上汽集团	4 753.35	汽车	1997-11-25	600104.SH
2	国药控股	1 000.17	医药	2009-09-23	1099.HK
3	交通银行	843.52	金融	2007-05-15	601328.SH
4	绿地控股	784.71	房地产	1992-03-27	600606.SH
5	浦发银行	734.27	金融	1999-11-10	600000.SH
6	高鑫零售	708.04	零售	2011-07-27	6808.HK
7	中国太保	644.07	金融	2007-12-25	601601.SH
8	拼多多	604.88	零售	2018-07-26	PDD.O
9	宝钢股份	489.30	钢铁	2000-12-12	600019.SH
10	上海医药	455.91	医药	1994-03-24	601607.SH
11	上海电气	441.37	装备	2008-12-05	601727.SH
12	华域汽车	398.56	汽车	1996-08-26	600741.SH
13	东方航空	359.65	运输	1997-11-05	600115.SH
14	老凤祥	313.70	服饰	1992-08-14	600612.SH
15	新城发展	265.68	房地产	2012-11-29	1030.HK
16	百联股份	257.52	零售	1994-02-04	600827.SH
17	中梁控股	218.05	房地产	2019-07-16	2772.HK
18	上海建工	204.75	建筑	1998-06-23	600170.SH
19	美凯龙	195.04	零售	2018-01-17	601828.SH
20	携程网	191.78	零售	2003-12-09	TCOM.O
21	锦江资本	184.63	酒店	2006-12-15	2006.HK
22	上海银行	180.40	金融	2016-11-16	601229.SH

续表

序号	证券简称	品牌价值(亿元)	行业	上市日期	证券代码
23	旭辉控股集团	175.42	房地产	2012-11-23	0884.HK
24	锦江酒店	168.75	酒店	1996-10-11	600754.SH
25	上海钢联	159.28	贸易	2011-06-08	300226.SZ
26	融信中国	156.42	房地产	2016-01-13	3301.HK
27	上港集团	156.14	运输	2006-10-26	600018.SH
28	正荣地产	147.45	房地产	2018-01-16	6158.HK
29	国泰君安	146.88	金融	2015-06-26	601211.SH
30	光明乳业	144.69	食品	2002-08-28	600597.SH
31	中通快递	140.32	运输	2016-10-27	ZTO.N
32	海通证券	137.08	金融	1994-02-24	600837.SH
33	仁恒置地	135.40	房地产	2006-06-22	Z25.SG
34	复星国际	134.59	金融	2007-07-16	0656.HK
35	复星旅游文化	134.51	酒店	2018-12-14	1992.HK
36	上海机电	130.14	装备	1994-02-24	600835.SH
37	华住	128.55	酒店	2010-03-26	HTHT.O
38	环旭电子	114.29	电子	2012-02-20	601231.SH
39	上海实业控股	114.15	房地产	1996-05-30	0363.HK
40	豫园股份	110.59	服饰	1992-09-02	600655.SH
41	世茂股份	109.94	房地产	1994-02-04	600823.SH
42	振华重工	106.81	装备	2000-12-21	600320.SH
43	东方明珠	100.64	媒体	1993-03-16	600637.SH
44	复星医药	98.56	医药	1998-08-07	600196.SH
45	保利置业集团	97.14	房地产	1973-08-30	0119.HK
46	360 金融	92.52	金融	2018-12-14	QFIN.O
47	中国船舶	91.31	装备	1998-05-20	600150.SH
48	广汇宝信	87.89	汽车	2011-12-14	1293.HK
49	德邦股份	85.68	运输	2018-01-16	603056.SH
50	中骏集团控股	84.72	房地产	2010-02-05	1966.HK
51	光明地产	78.41	房地产	1996-06-06	600708.SH
52	晨光文具	76.85	日用	2015-01-27	603899.SH
53	陆家嘴	76.05	房地产	1993-06-28	600663.SH
54	中芯国际	69.52	电子	2004-03-18	0981.HK

续表

序号	证券简称	品牌价值（亿元）	行业	上市日期	证券代码
55	上海家化	69.15	日用	2001-03-15	600315.SH
56	上海梅林	67.57	农业	1997-07-04	600073.SH
57	远东宏信	65.52	金融	2011-03-30	3360.HK
58	协鑫集成	63.11	电子	2010-11-18	002506.SZ
59	哔哩哔哩	61.95	休闲	2018-03-28	BILI.O
60	欧普照明	61.53	家电	2016-08-19	603515.SH
61	上海机场	61.24	运输	1998-02-18	600009.SH
62	上海石化	60.93	石油	1993-11-08	600688.SH
63	绿地香港	59.55	房地产	2006-10-10	0337.HK
64	中远海发	55.25	运输	2007-12-12	601866.SH
65	吉祥航空	53.96	运输	2015-05-27	603885.SH
66	春秋航空	51.88	运输	2015-01-21	601021.SH
67	味千（中国）	51.39	餐饮	2007-03-30	0538.HK
68	中远海能	50.76	运输	2002-05-23	600026.SH
69	中国龙工	49.81	装备	2005-11-17	3339.HK
70	海立股份	48.18	装备	1992-11-16	600619.SH
71	中国核建	47.90	建筑	2016-06-06	601611.SH
72	天虹纺织	47.35	纺织品	2004-12-09	2678.HK
73	中化国际	45.59	化工	2000-03-01	600500.SH
74	华贸物流	44.34	运输	2012-05-29	603128.SH
75	精锐教育	43.56	教育	2018-03-28	ONE.N
76	城投控股	43.52	房地产	1993-05-18	600649.SH
77	大名城	43.52	房地产	1997-07-03	600094.SH
78	隧道股份	42.54	建筑	1994-01-28	600820.SH
79	拉夏贝尔	41.54	服饰	2017-09-25	603157.SH
80	飞科电器	41.50	家电	2016-04-18	603868.SH
81	景瑞控股	40.98	房地产	2013-10-31	1862.HK
82	上实发展	40.98	房地产	1996-09-25	600748.SH
83	现代制药	38.60	医药	2004-06-16	600420.SH
84	荣威国际	38.04	日用	2017-11-16	3358.HK
85	东方证券	37.58	金融	2015-03-23	600958.SH
86	外高桥	36.23	房地产	1993-05-04	600648.SH

续表

序号	证券简称	品牌价值(亿元)	行业	上市日期	证券代码
87	中华企业	35.83	房地产	1993-09-24	600675.SH
88	光大证券	35.74	金融	2009-08-18	601788.SH
89	华谊集团	35.22	化工	1992-12-04	600623.SH
90	号百控股	34.28	休闲	1993-04-07	600640.SH
91	招商轮船	33.90	运输	2006-12-01	601872.SH
92	美邦服饰	32.80	服饰	2008-08-28	002269.SZ
93	网宿科技	32.61	互联网	2009-10-30	300017.SZ
94	嘉银金科	31.32	金融	2019-05-10	JFIN.O
95	华虹半导体	30.40	电子	2014-10-15	1347.HK
96	海昌海洋公园	29.31	休闲	2014-03-13	2255.HK
97	百润股份	28.87	饮料	2011-03-25	002568.SZ
98	申能股份	28.31	公用	1993-04-16	600642.SH
99	宝尊电商	27.96	互联网	2015-05-21	BZUN.O
100	趣头条	27.67	媒体	2018-09-14	QTT.O
101	摩贝	27.66	互联网	2019-12-30	MKD.O
102	华东电脑	27.55	互联网	1994-03-24	600850.SH
103	昂立教育	27.34	教育	1993-06-14	600661.SH
104	宝信软件	25.57	互联网	1994-03-11	600845.SH
105	地素时尚	25.54	服饰	2018-06-22	603587.SH
106	润达医疗	25.17	保健	2015-05-27	603108.SH
107	润东汽车	24.62	汽车	2014-08-12	1365.HK
108	爱旭股份	24.61	装备	1996-08-16	600732.SH
109	上海实业环境	24.25	环保	2018-03-23	0807.HK
110	龙头股份	23.74	纺织品	1993-02-09	600630.SH
111	申达股份	23.17	汽车	1993-01-07	600626.SH
112	万业企业	21.07	房地产	1993-04-07	600641.SH
113	国投资本	21.05	金融	1997-05-19	600061.SH
114	达芙妮国际	20.91	服饰	1995-11-03	0210.HK
115	东方创业	20.88	贸易	2000-07-12	600278.SH
116	新世界	20.47	零售	1993-01-19	600628.SH
117	国际天食	20.28	餐饮	2012-07-04	3666.HK
118	格林酒店	20.25	酒店	2018-03-27	GHG.N

续表

序号	证券简称	品牌价值(亿元)	行业	上市日期	证券代码
119	移远通信	20.01	通信	2019-07-16	603236.SH
120	风语筑	19.76	休闲	2017-10-20	603466.SH
121	交运股份	19.71	汽车	1993-09-28	600676.SH
122	上海物贸	19.71	贸易	1994-02-04	600822.SH
123	来伊份	19.61	零售	2016-10-12	603777.SH
124	流利说	19.11	教育	2018-09-27	LAIX.N
125	上海集优	19.04	装备	2006-04-27	2345.HK
126	信也科技	19.04	金融	2017-11-10	FINV.N
127	方正科技	18.90	电子	1990-12-19	600601.SH
128	前程无忧	18.67	商业服务	2004-09-29	JOBS.O
129	阅文集团	18.33	媒体	2017-11-08	0772.HK
130	水星家纺	18.24	纺织品	2017-11-20	603365.SH
131	申华控股	17.79	汽车	1990-12-19	600653.SH
132	紫江企业	17.17	包装	1999-08-24	600210.SH
133	上海电影	17.16	休闲	2016-08-17	601595.SH
134	东风科技	17.16	汽车	1997-07-03	600081.SH
135	国网英大	17.14	装备	2003-10-10	600517.SH
136	浦东金桥	17.07	房地产	1993-03-26	600639.SH
137	云赛智联	16.91	互联网	1990-12-19	600602.SH
138	大众交通	16.85	房地产	1992-08-07	600611.SH
139	剑桥科技	16.69	通信	2017-11-10	603083.SH
140	徐家汇	16.01	零售	2011-03-03	002561.SZ
141	海通恒信	15.87	金融	2019-06-03	1905.HK
142	科大智能	15.87	装备	2011-05-25	300222.SZ
143	兴达国际	15.65	汽车	2006-12-21	1899.HK
144	光大嘉宝	15.64	房地产	1992-12-03	600622.SH
145	上海电力	14.99	公用	2003-10-29	600021.SH
146	韦尔股份	14.68	电子	2017-05-04	603501.SH
147	强生控股	14.64	运输	1993-06-14	600662.SH
148	益民集团	14.19	零售	1994-02-04	600824.SH
149	元祖股份	14.08	食品	2016-12-28	603886.SH
150	上柴股份	13.93	装备	1994-03-11	600841.SH

续表

序号	证券简称	品牌价值(亿元)	行业	上市日期	证券代码
151	二三四五	13.69	金融	2007-12-12	002195.SZ
152	东富龙	13.49	装备	2011-02-01	300171.SZ
153	东方财富	13.42	金融	2010-03-19	300059.SZ
154	上海临港	13.15	房地产	1994-03-24	600848.SH
155	上工申贝	12.96	装备	1994-03-11	600843.SH
156	大全新能源	12.93	电子	2010-10-07	DQ.N
157	华建集团	12.87	商业服务	1993-02-09	600629.SH
158	张江高科	12.86	房地产	1996-04-22	600895.SH
159	浩泽净水	12.79	家电	2014-06-17	2014.HK
160	爱婴室	12.68	零售	2018-03-30	603214.SH
161	澜起科技	12.65	电子	2019-07-22	688008.SH
162	思源电气	12.57	装备	2004-08-05	002028.SZ
163	同济科技	12.25	商业服务	1994-03-11	600846.SH
164	上海环境	11.98	环保	2017-03-31	601200.SH
165	平安好医生	11.86	医药	2018-05-04	1833.HK
166	航天机电	11.80	汽车	1998-06-05	600151.SH
167	旗天科技	11.74	零售	2010-03-19	300061.SZ
168	汉得信息	11.56	互联网	2011-02-01	300170.SZ
169	中国船舶租赁	11.51	金融	2019-06-17	3877.HK
170	昊海生科	11.40	医药	2019-10-30	688366.SH
171	中船科技	11.31	装备	1997-06-03	600072.SH
172	新朋股份	11.25	汽车	2009-12-30	002328.SZ
173	上海莱士	11.11	医药	2008-06-23	002252.SZ
174	岱美股份	10.92	汽车	2017-07-28	603730.SH
175	金枫酒业	10.59	饮料	1992-09-29	600616.SH
176	密尔克卫	10.45	运输	2018-07-13	603713.SH
177	科博达	10.43	汽车	2019-10-15	603786.SH
178	万达信息	10.41	互联网	2011-01-25	300168.SZ
179	创力集团	10.20	装备	2015-03-20	603012.SH
180	1 药网	9.96	零售	2018-09-12	YI.O
181	新文化	9.73	媒体	2012-07-10	300336.SZ
182	汇付天下	9.58	互联网	2018-06-15	1806.HK

续表

序号	证 券 简 称	品牌价值(亿元)	行业	上市日期	证券代码
183	姚记科技	9.48	日用	2011-08-05	002605.SZ
184	松芝股份	9.45	汽车	2010-07-20	002454.SZ
185	卫宁健康	9.29	互联网	2011-08-18	300253.SZ
186	诺亚财富	9.26	金融	2010-11-10	NOAH.N
187	爱建集团	9.18	金融	1993-04-26	600643.SH
188	汉钟精机	9.02	装备	2007-08-17	002158.SZ
189	灿谷	8.97	互联网	2018-07-26	CANG.N
190	恒盛地产	8.88	房地产	2009-10-02	0845.HK
191	锦江投资	8.88	运输	1993-06-07	600650.SH
192	泰胜风能	8.84	装备	2010-10-19	300129.SZ
193	璞泰来	8.78	有色金属	2017-11-03	603659.SH
194	万国数据	8.46	互联网	2016-11-02	GDS.O
195	中视金桥	8.44	媒体	2008-07-08	0623.HK
196	开能健康	8.41	家电	2011-11-02	300272.SZ
197	科华生物	8.08	医药	2004-07-21	002022.SZ
198	日播时尚	8.02	服饰	2017-05-31	603196.SH
199	上海凯宝	7.91	医药	2010-01-08	300039.SZ
200	第一医药	7.76	零售	1994-02-24	600833.SH
201	海欣股份	7.60	纺织品	1994-04-04	600851.SH
202	浦东建设	7.50	建筑	2004-03-16	600284.SH
203	荣泰健康	7.45	医药	2017-01-11	603579.SH
204	新华传媒	7.42	媒体	1994-02-04	600825.SH
205	龙宇燃油	7.38	石油	2012-08-17	603003.SH
206	易恒健康	7.31	医药	2019-11-08	MOHO.O
207	金安国纪	7.30	电子	2011-11-25	002636.SZ
208	上海三毛	7.27	纺织品	1993-11-08	600689.SH
209	永利股份	7.26	汽车	2011-06-15	300230.SZ
210	晶晨股份	7.15	电子	2019-08-08	688099.SH
211	新黄浦	7.08	房地产	1993-03-26	600638.SH
212	神奇制药	6.90	医药	1992-08-20	600613.SH
213	宝钢包装	6.89	包装	2015-06-11	601968.SH
214	凯利泰	6.87	医药	2012-06-13	300326.SZ

续表

序号	证券简称	品牌价值(亿元)	行业	上市日期	证券代码
215	兰生股份	6.65	贸易	1994-02-04	600826.SH
216	易鑫集团	6.58	金融	2017-11-16	2858.HK
217	众安在线	6.35	金融	2017-09-28	6060.HK
218	畅联股份	6.20	运输	2017-09-13	603648.SH
219	顺灏股份	6.15	包装	2011-03-18	002565.SZ
220	全筑股份	6.13	建筑	2015-03-20	603030.SH
221	氯碱化工	6.10	化工	1992-11-13	600618.SH
222	上海复旦	6.04	电子	2000-08-04	1385.HK
223	中国海诚	6.02	建筑	2007-02-15	002116.SZ
224	保隆科技	5.96	汽车	2017-05-19	603197.SH
225	惠生工程	5.71	石油	2012-12-28	2236.HK
226	润欣科技	5.62	电子	2015-12-10	300493.SZ
227	妙可蓝多	5.60	食品	1995-12-06	600882.SH
228	威派格	5.52	装备	2019-02-22	603956.SH
229	雪榕生物	5.52	农业	2016-05-04	300511.SZ
230	新时达	5.47	装备	2010-12-24	002527.SZ
231	CAPITALAND RETAIL CHINA TRUST	5.45	金融	2006-12-08	AU8U.SG
232	新城悦服务	5.43	房地产	2018-11-06	1755.HK
233	良信电器	4.89	装备	2014-01-21	002706.SZ
234	移为通信	4.85	通信	2017-01-11	300590.SZ
235	康德莱	4.83	医药	2016-11-21	603987.SH
236	龙韵股份	4.74	媒体	2015-03-24	603729.SH
237	济丰包装	4.72	包装	2018-12-21	1820.HK
238	大生农业金融	4.71	化工	2005-07-13	1103.HK
239	海隆控股	4.64	石油	2011-04-21	1623.HK
240	鹏欣资源	4.64	贸易	2003-06-26	600490.SH
241	瑞慈医疗	4.59	保健	2016-10-06	1526.HK
242	鼎捷软件	4.58	互联网	2014-01-27	300378.SZ
243	东正金融	4.57	金融	2019-04-03	2718.HK
244	鸣志电器	4.49	装备	2017-05-09	603728.SH
245	大众公用	4.46	公用	1993-03-04	600635.SH

续表

序号	证券简称	品牌价值(亿元)	行业	上市日期	证券代码
246	永升生活服务	4.44	房地产	2018-12-17	1995.HK
247	上海沪工	4.43	装备	2016-06-07	603131.SH
248	三湘印象	4.24	房地产	1997-09-25	000863.SZ
249	普利特	4.13	化工	2009-12-18	002324.SZ
250	中视传媒	4.07	媒体	1997-06-16	600088.SH
251	上海能源	4.06	煤炭	2001-08-29	600508.SH
252	菲林格尔	4.04	家居	2017-06-15	603226.SH
253	四季教育	4.01	教育	2017-11-08	FEDU.N
254	复旦复华	3.99	医药	1993-01-05	600624.SH
255	多维科技	3.97	商业服务	2007-08-02	CZ4.SG
256	华荣股份	3.84	装备	2017-05-24	603855.SH
257	海得控制	3.81	装备	2007-11-16	002184.SZ
258	泛微网络	3.80	互联网	2017-01-13	603039.SH
259	巴安水务	3.79	环保	2011-09-16	300262.SZ
260	中微公司	3.70	电子	2019-07-22	688012.SH
261	恒为科技	3.63	通信	2017-06-07	603496.SH
262	上海凤凰	3.62	日用	1993-10-08	600679.SH
263	青客	3.61	房地产	2019-11-05	QK.O
264	触宝	3.52	互联网	2018-09-28	CTK.N
265	国新文化	3.49	化工	1993-03-16	600636.SH
266	银科控股	3.43	金融	2016-04-27	YIN.O
267	中颖电子	3.42	电子	2012-06-13	300327.SZ
268	中远海科	3.40	互联网	2010-05-06	002401.SZ
269	中国物流资产	3.37	房地产	2016-07-15	1589.HK
270	克来机电	3.35	装备	2017-03-14	603960.SH
271	市北高新	3.29	房地产	1992-03-27	600604.SH
272	数据港	3.28	互联网	2017-02-08	603881.SH
273	中新控股	3.27	金融	2010-11-19	8207.HK
274	晶丰明源	3.25	电子	2019-10-14	688368.SH
275	耀皮玻璃	3.24	建筑	1994-01-28	600819.SH
276	复旦张江	3.24	医药	2002-08-13	1349.HK
277	浦江国际	3.23	钢铁	2019-05-28	2060.HK

续表

序号	证 券 简 称	品牌价值(亿元)	行业	上市日期	证券代码
278	上海瀚讯	3.21	通信	2019-03-14	300762.SZ
279	华峰超纤	3.19	化工	2011-02-22	300180.SZ
280	爱普股份	3.06	贸易	2015-03-25	603020.SH
281	至纯科技	3.05	装备	2017-01-13	603690.SH
282	博通集成	3.02	电子	2019-04-15	603068.SH
283	天永智能	3.01	装备	2018-01-22	603895.SH

4.4 浙江品牌价值榜

2020 浙江上市公司品牌价值榜全面统计了品牌价值不低于 3 亿元的公司，共 347 家，品牌价值总计 21 420.56 亿元。

4.4.1 2020 浙江上市公司品牌价值榜分析

【区域集中度】 在 2020 浙江上市公司品牌价值榜中，排名前 10 位的公司品牌价值合计 15 403.85 亿元，占浙江榜单总计品牌价值的 71.9%。排在前 30 位的公司品牌价值合计 17 113.03 亿元，占浙江榜单总计品牌价值的 79.9%。排在前 100 位的公司品牌价值合计 19 353.86 亿元，占浙江榜单总计品牌价值的 90.4%。

【所在行业】 在 2020 浙江上市公司品牌价值榜中，347 家公司来自 35 个行业。其中，零售行业的 7 家公司主要是互联网零售公司，品牌价值合计 12 018.61 亿元，占浙江榜单总计品牌价值的 57.1%，处于主导地位。其他行业的情况见图 4-7 和图 4-8。

【上市板块】 在 2020 浙江上市公司品牌价值榜中，国外中概股上市公司有 12 家，品牌价值合计 14 191.62 亿元，占浙江榜单总计品牌价值的 66.3%，排在第一位；在沪市主板上市的公司有 142 家，品牌价值合计 2 791.06 亿元，占浙江榜单总计品牌价值的 13%，排在第二位；在深市中小板上市的公司有 97 家，品牌价值合计 2 561.63 亿元，占浙江榜单总计品牌价值的 12%，排在第三位。此外，在港股上市的中资股公司有 30 家，品牌价值合计 814.23 亿元；在深市创业板上市的公司有 47 家，品牌价值合计 682.86 亿元；在深市主板上市的公司有 16 家，品牌价值合计 360.16 亿元；在沪市科创板上市的公司有 3 家，品牌价值合计 18.98 亿元。

【上市时间】 在 2020 浙江上市公司品牌价值榜中，2011—2015 年上市的公司有 82 家，品牌价值合计 12 988.47 亿元，占浙江榜单总计品牌价值的 60.6%，排在第一位；1996—2000 年上市的公司有 42 家，品牌价值合计 3 253.44 亿元，占浙江榜单总计品牌价值的 15.2%，排在第二位；2006—2010 年上市的公司有 85 家，品牌价值合计 2 399.03 亿

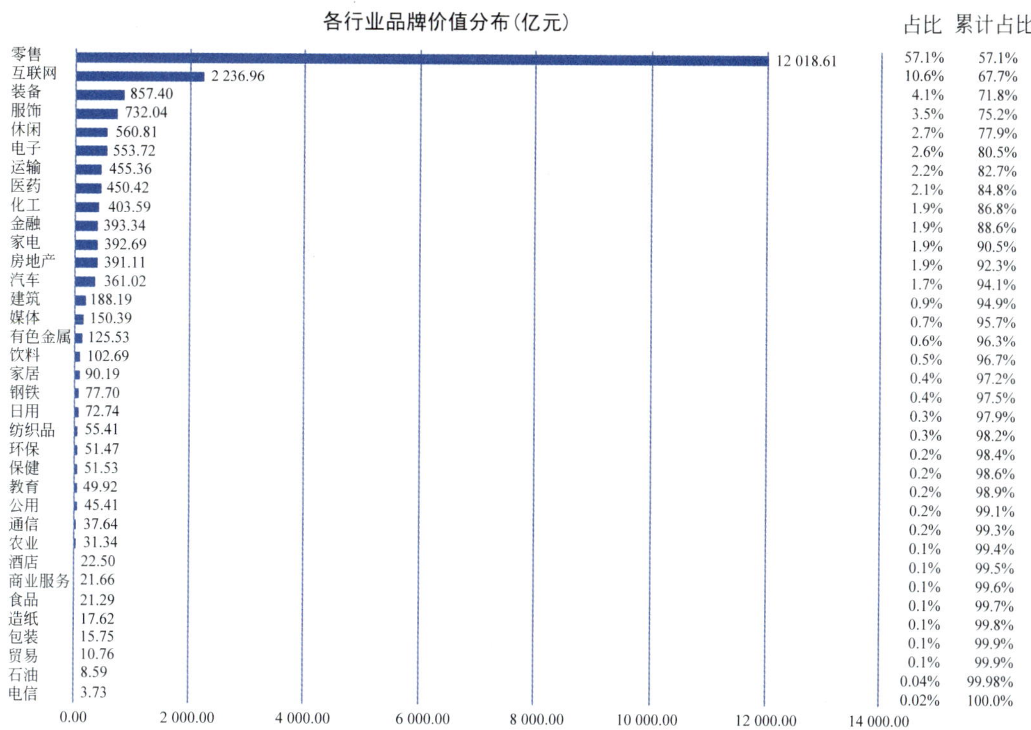

图 4-7　2020 浙江上市公司品牌价值榜所在行业品牌价值分布

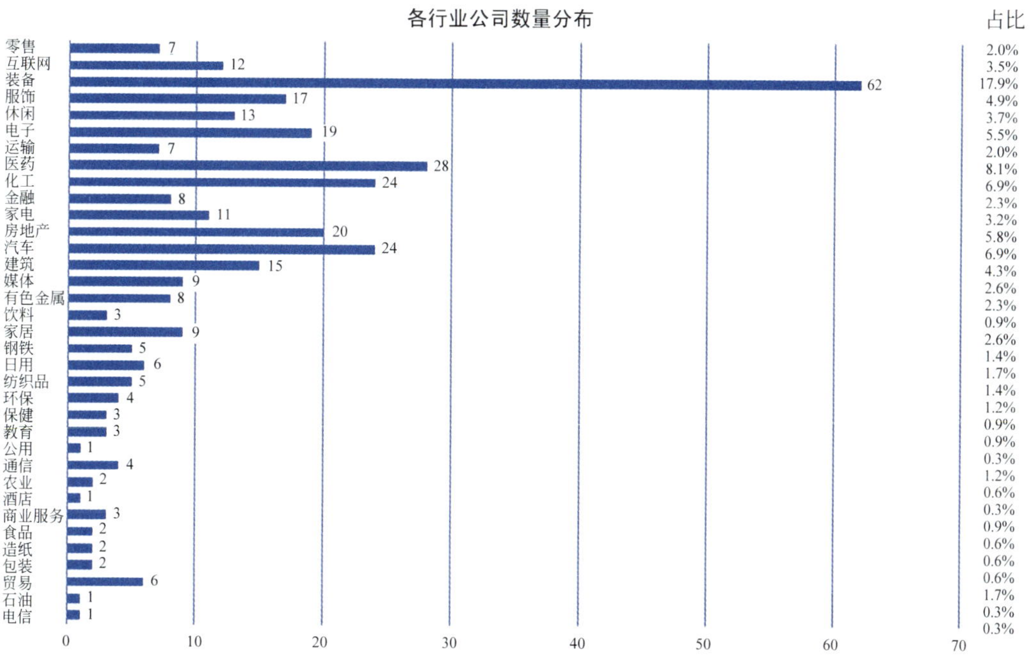

图 4-8　2020 浙江上市公司品牌价值榜所在行业公司数量分布

元，占浙江榜单总计品牌价值的 11.2%，排在第三位。此外，2016—2019 年上市的公司有 95 家，品牌价值合计 1 452.39 亿元；2001—2005 年上市的公司有 33 家，品牌价值合计 1 096.54 亿元；1996 年以前上市的公司有 10 家，品牌价值合计 230.7 亿元。

4.4.2 2020 浙江上市公司品牌价值榜单

序号	证 券 简 称	品牌价值(亿元)	行业	上市日期	证券代码
1	阿里巴巴	11 782.28	零售	2014-09-19	BABA.N
2	网易	2 082.47	互联网	2000-06-30	NTES.O
3	海康威视	280.91	电子	2010-05-28	002415.SZ
4	物产中大	279.39	贸易	1996-06-06	600704.SH
5	申洲国际	234.77	服饰	2005-11-24	2313.HK
6	苏泊尔	165.44	家电	2004-08-17	002032.SZ
7	云集	165.08	零售	2019-05-03	YJ.O
8	森马服饰	143.18	服饰	2011-03-11	002563.SZ
9	浙商银行	142.82	金融	2019-11-26	601916.SH
10	宁波银行	127.51	金融	2007-07-19	002142.SZ
11	完美世界	116.79	休闲	2011-10-28	002624.SZ
12	雅戈尔	111.35	服饰	1998-11-19	600177.SH
13	华东医药	109.03	医药	2000-01-27	000963.SZ
14	申通快递	108.04	运输	2010-09-08	002468.SZ
15	韵达股份	105.39	运输	2007-03-06	002120.SZ
16	浙江龙盛	101.26	化工	2003-08-01	600352.SH
17	宋城演艺	98.01	休闲	2010-12-09	300144.SZ
18	均胜电子	85.19	汽车	1993-12-06	600699.SH
19	大华股份	84.27	电子	2008-05-20	002236.SZ
20	世纪华通	82.19	休闲	2011-07-28	002602.SZ
21	老板电器	75.55	家电	2010-11-23	002508.SZ
22	华策影视	74.55	休闲	2010-10-26	300133.SZ
23	正泰电器	74.49	装备	2010-01-21	601877.SH
24	百世集团	72.54	运输	2017-09-20	BEST.N
25	海天国际	72.34	装备	2006-12-22	1882.HK
26	荣盛石化	71.39	化工	2010-11-02	002493.SZ
27	滨江集团	70.46	房地产	2008-05-29	002244.SZ

续表

序号	证券简称	品牌价值(亿元)	行业	上市日期	证券代码
28	新湖中宝	67.55	房地产	1999-06-23	600208.SH
29	舜宇光学科技	67.37	电子	2007-06-15	2382.HK
30	华谊兄弟	61.43	休闲	2009-10-30	300027.SZ
31	宁波港	59.28	运输	2010-09-28	601018.SH
32	太平鸟	55.83	服饰	2017-01-09	603877.SH
33	杭州银行	54.85	金融	2016-10-27	600926.SH
34	浙商中拓	54.19	贸易	1999-07-07	000906.SZ
35	海亮股份	53.48	有色金属	2008-01-16	002203.SZ
36	东方日升	53.32	装备	2010-09-02	300118.SZ
37	超威动力	53.05	装备	2010-07-07	0951.HK
38	传化智联	52.17	运输	2004-06-29	002010.SZ
39	浙江沪杭甬	52.06	运输	1997-05-15	0576.HK
40	香飘飘	51.28	饮料	2017-11-30	603711.SH
41	新和成	47.59	医药	2004-06-25	002001.SZ
42	浙能电力	45.41	公用	2013-12-19	600023.SH
43	福斯特	42.44	装备	2014-09-05	603806.SH
44	德信中国	42.25	房地产	2019-02-26	2019.HK
45	横店影视	39.64	休闲	2017-10-12	603103.SH
46	利欧股份	39.31	媒体	2007-04-27	002131.SZ
47	联络互动	39.15	互联网	2009-08-21	002280.SZ
48	阳光照明	36.71	家电	2000-07-20	600261.SH
49	敏实集团	36.08	汽车	2005-12-01	0425.HK
50	桐昆股份	35.43	化工	2011-05-18	601233.SH
51	京投发展	35.02	房地产	1993-10-25	600683.SH
52	宁波华翔	34.05	汽车	2005-06-03	002048.SZ
53	新安股份	34.05	化工	2001-09-06	600596.SH
54	巨星科技	33.33	装备	2010-07-13	002444.SZ
55	顾家家居	33.20	家居	2016-10-14	603816.SH
56	卧龙电驱	31.85	装备	2002-06-06	600580.SH
57	迪安诊断	31.51	保健	2011-07-19	300244.SZ
58	杭州解百	31.27	零售	1994-01-14	600814.SH
59	三花智控	30.78	家电	2005-06-07	002050.SZ

续表

序号	证 券 简 称	品牌价值（亿元）	行业	上市日期	证券代码
60	康恩贝	30.54	医药	2004-04-12	600572.SH
61	海正药业	29.82	医药	2000-07-25	600267.SH
62	杭钢股份	29.49	钢铁	1998-03-11	600126.SH
63	古越龙山	28.87	饮料	1997-05-16	600059.SH
64	杭叉集团	28.73	装备	2016-12-27	603298.SH
65	甬金股份	28.21	钢铁	2019-12-24	603995.SH
66	小商品城	27.30	房地产	2002-05-09	600415.SH
67	宝业集团	27.21	建筑	2003-06-30	2355.HK
68	航民股份	26.84	纺织品	2004-08-09	600987.SH
69	得邦照明	26.34	家电	2017-03-30	603303.SH
70	万丰奥威	26.34	汽车	2006-11-28	002085.SZ
71	同花顺	26.28	互联网	2009-12-25	300033.SZ
72	江南布衣	26.14	服饰	2016-10-31	3306.HK
73	海亮教育	26.04	教育	2015-07-07	HLG.O
74	绿城服务	25.72	房地产	2016-07-12	2869.HK
75	万向钱潮	25.57	汽车	1994-01-10	000559.SZ
76	普洛药业	25.36	医药	1997-05-09	000739.SZ
77	华数传媒	24.81	媒体	2000-09-06	000156.SZ
78	新凤鸣	24.29	化工	2017-04-18	603225.SH
79	浙江永强	24.23	日用	2010-10-21	002489.SZ
80	珀莱雅	23.90	日用	2017-11-15	603605.SH
81	亿帆医药	23.38	医药	2004-07-13	002019.SZ
82	中金环境	23.26	装备	2010-12-09	300145.SZ
83	广博股份	23.11	互联网	2007-01-10	002103.SZ
84	龙元建设	22.87	建筑	2004-05-24	600491.SH
85	浙江医药	22.75	医药	1999-10-21	600216.SH
86	明牌珠宝	22.75	服饰	2011-04-22	002574.SZ
87	奥康国际	22.66	服饰	2012-04-26	603001.SH
88	盈峰环境	22.55	环保	2000-03-30	000967.SZ
89	杰克股份	22.54	装备	2017-01-19	603337.SH
90	会稽山	22.54	饮料	2014-08-25	601579.SH
91	开元酒店	22.50	酒店	2019-03-11	1158.HK

续表

序号	证券简称	品牌价值(亿元)	行业	上市日期	证券代码
92	中国巨石	22.50	建筑	1999-04-22	600176.SH
93	红蜻蜓	21.99	服饰	2015-06-29	603116.SH
94	英特集团	21.84	贸易	1996-07-16	000411.SZ
95	浙数文化	21.76	媒体	1993-03-04	600633.SH
96	华海药业	20.59	医药	2003-03-04	600521.SH
97	思美传媒	20.44	媒体	2014-01-23	002712.SZ
98	财通证券	20.17	金融	2017-10-24	601108.SH
99	众泰汽车	20.05	汽车	2000-06-16	000980.SZ
100	华友钴业	19.97	有色金属	2015-01-29	603799.SH
101	晶盛机电	19.57	装备	2012-05-11	300316.SZ
102	爱仕达	19.36	家电	2010-05-11	002403.SZ
103	嘉欣丝绸	19.14	服饰	2010-05-11	002404.SZ
104	三江购物	18.96	零售	2011-03-02	601116.SH
105	浙江交科	18.83	建筑	2006-08-16	002061.SZ
106	恒生电子	18.68	互联网	2003-12-16	600570.SH
107	嘉楠科技	18.55	电子	2019-11-21	CAN.O
108	东方通信	18.43	通信	1996-11-26	600776.SH
109	海翔药业	18.02	医药	2006-12-26	002099.SZ
110	宁波建工	17.91	建筑	2011-08-16	601789.SH
111	亿晶光电	17.84	装备	2003-01-23	600537.SH
112	南都电源	17.14	装备	2010-04-21	300068.SZ
113	运达股份	16.85	装备	2019-04-26	300772.SZ
114	天鸽互动	16.47	休闲	2014-07-09	1980.HK
115	万邦德	16.32	有色金属	2006-11-20	002082.SZ
116	泰格医药	16.30	医药	2012-08-17	300347.SZ
117	平治信息	16.01	休闲	2016-12-13	300571.SZ
118	报喜鸟	15.88	服饰	2007-08-16	002154.SZ
119	三星医疗	15.86	装备	2011-06-15	601567.SH
120	百隆东方	15.83	纺织品	2012-06-12	601339.SH
121	天邦股份	15.72	农业	2007-04-03	002124.SZ
122	宁波东力	15.65	装备	2007-08-23	002164.SZ
123	华统股份	15.62	农业	2017-01-10	002840.SZ

续表

序号	证券简称	品牌价值（亿元）	行业	上市日期	证券代码
124	浙江美大	15.32	家电	2012-05-25	002677.SZ
125	通策医疗	15.30	保健	1996-10-30	600763.SH
126	艾格拉斯	15.23	休闲	2011-09-29	002619.SZ
127	齐合环保	15.22	环保	2010-07-12	0976.HK
128	巨化股份	15.21	化工	1998-06-26	600160.SH
129	浙江鼎力	14.91	装备	2015-03-25	603338.SH
130	宋都股份	14.60	房地产	1997-05-20	600077.SH
131	聚光科技	14.54	电子	2011-04-15	300203.SZ
132	贝因美	14.43	食品	2011-04-12	002570.SZ
133	拓普集团	14.36	汽车	2015-03-19	601689.SH
134	浙商证券	14.32	金融	2017-06-26	601878.SH
135	万马股份	14.27	装备	2009-07-10	002276.SZ
136	安正时尚	14.02	服饰	2017-02-14	603839.SH
137	慈文传媒	13.93	休闲	2010-01-26	002343.SZ
138	浙江东方	13.89	金融	1997-12-01	600120.SH
139	顺网科技	13.33	互联网	2010-08-27	300113.SZ
140	杭锅股份	13.29	装备	2011-01-10	002534.SZ
141	仙琚制药	13.13	医药	2010-01-12	002332.SZ
142	有道	12.87	教育	2019-10-25	DAO.N
143	中粮包装	12.38	包装	2009-11-16	0906.HK
144	亚厦股份	12.35	建筑	2010-03-23	002375.SZ
145	广宇集团	12.30	房地产	2007-04-27	002133.SZ
146	浙大网新	12.28	互联网	1997-04-18	600797.SH
147	兑吧	12.12	商业服务	2019-05-07	1753.HK
148	银轮股份	11.99	汽车	2007-04-18	002126.SZ
149	南华期货	11.94	金融	2019-08-30	603093.SH
150	开山股份	11.94	装备	2011-08-19	300257.SZ
151	众安集团	11.80	房地产	2007-11-13	0672.HK
152	杭可科技	11.79	装备	2019-07-22	688006.SH
153	春风动力	11.74	汽车	2017-08-18	603129.SH
154	横店东磁	11.56	有色金属	2006-08-02	002056.SZ
155	美盛文化	11.49	休闲	2012-09-11	002699.SZ

续表

序号	证券简称	品牌价值(亿元)	行业	上市日期	证券代码
156	诺力股份	11.29	装备	2015-01-28	603611.SH
157	荣安地产	11.25	房地产	1993-08-06	000517.SZ
158	盾安环境	11.20	装备	2004-07-05	002011.SZ
159	宏润建设	11.18	建筑	2006-08-16	002062.SZ
160	卡森国际	11.12	房地产	2005-10-20	0496.HK
161	合盛硅业	11.09	化工	2017-10-30	603260.SH
162	嘉宏教育	11.02	教育	2019-06-18	1935.HK
163	京新药业	11.00	医药	2004-07-15	002020.SZ
164	大丰实业	10.95	装备	2017-04-20	603081.SH
165	伟星新材	10.85	建筑	2010-03-18	002372.SZ
166	起步股份	10.85	服饰	2017-08-18	603557.SH
167	兔宝宝	10.83	家居	2005-05-10	002043.SZ
168	闰土股份	10.74	化工	2010-07-06	002440.SZ
169	卧龙地产	10.29	房地产	1999-04-15	600173.SH
170	钱江摩托	10.28	汽车	1999-05-14	000913.SZ
171	哈尔斯	10.26	日用	2011-09-09	002615.SZ
172	喜临门	10.19	家居	2012-07-17	603008.SH
173	双林股份	10.15	汽车	2010-08-06	300100.SZ
174	士兰微	10.14	电子	2003-03-11	600460.SH
175	麒盛科技	10.14	家居	2019-10-29	603610.SH
176	伟明环保	10.13	环保	2015-05-28	603568.SH
177	万里扬	10.13	汽车	2010-06-18	002434.SZ
178	美康生物	10.05	医药	2015-04-22	300439.SZ
179	电魂网络	10.02	休闲	2016-10-26	603258.SH
180	海宁皮城	9.91	房地产	2010-01-26	002344.SZ
181	三维通信	9.86	媒体	2007-02-15	002115.SZ
182	华媒控股	9.78	媒体	1996-08-30	000607.SZ
183	海兴电力	9.71	电子	2016-11-10	603556.SH
184	嘉化能源	9.67	化工	2003-06-27	600273.SH
185	长城科技	9.66	装备	2018-04-10	603897.SH
186	景兴纸业	9.56	造纸	2006-09-15	002067.SZ
187	杉杉股份	9.39	化工	1996-01-30	600884.SH

续表

序号	证券简称	品牌价值(亿元)	行业	上市日期	证券代码
188	新界泵业	9.12	装备	2010-12-31	002532.SZ
189	三美股份	9.12	化工	2019-04-02	603379.SH
190	卫星石化	9.09	化工	2011-12-28	002648.SZ
191	如涵	9.01	零售	2019-04-03	RUHN.O
192	中国三江化工	9.01	化工	2010-09-16	2198.HK
193	金卡智能	8.92	电子	2012-08-17	300349.SZ
194	朗迪集团	8.84	家电	2016-04-21	603726.SH
195	轻纺城	8.76	房地产	1997-02-28	600790.SH
196	伟星股份	8.72	服饰	2004-06-25	002003.SZ
197	日发精机	8.72	装备	2010-12-10	002520.SZ
198	海越能源	8.59	石油	2004-02-18	600387.SH
199	壹网壹创	8.49	媒体	2019-09-27	300792.SZ
200	银都股份	8.37	装备	2017-09-11	603277.SH
201	天通股份	8.32	装备	2001-01-18	600330.SH
202	杭电股份	8.30	装备	2015-02-17	603618.SH
203	东南网架	8.30	建筑	2007-05-30	002135.SZ
204	金科文化	8.22	媒体	2015-05-15	300459.SZ
205	博威合金	8.22	有色金属	2011-01-27	601137.SH
206	爱柯迪	8.18	汽车	2017-11-17	600933.SH
207	水晶光电	8.18	电子	2008-09-19	002273.SZ
208	仙鹤股份	8.06	造纸	2018-04-20	603733.SH
209	恒林股份	7.97	家居	2017-11-21	603661.SH
210	星星科技	7.92	电子	2011-08-19	300256.SZ
211	九洲药业	7.92	医药	2014-10-10	603456.SH
212	瀚叶股份	7.91	化工	1999-11-16	600226.SH
213	浙富控股	7.88	装备	2008-08-06	002266.SZ
214	微贷网	7.85	金融	2018-11-15	WEI.N
215	乔治白	7.83	服饰	2012-07-13	002687.SZ
216	每日互动	7.73	媒体	2019-03-25	300766.SZ
217	浙江广厦	7.73	房地产	1997-04-15	600052.SH
218	杭齿前进	7.72	装备	2010-10-11	601177.SH
219	健盛集团	7.67	服饰	2015-01-27	603558.SH

续表

序号	证券简称	品牌价值（亿元）	行业	上市日期	证券代码
220	永兴材料	7.61	钢铁	2015-05-15	002756.SZ
221	贝达药业	7.54	医药	2016-11-07	300558.SZ
222	永创智能	7.45	装备	2015-05-29	603901.SH
223	浙江震元	7.42	医药	1997-04-10	000705.SZ
224	华星创业	7.38	通信	2009-10-30	300025.SZ
225	杭氧股份	7.38	化工	2010-06-10	002430.SZ
226	嘉凯城	7.27	房地产	1999-07-20	000918.SZ
227	欢悦互娱	7.27	有色金属	2007-12-27	0505.HK
228	杭萧钢构	6.99	建筑	2003-11-10	600477.SH
229	东方电缆	6.98	装备	2014-10-15	603606.SH
230	佩蒂股份	6.85	食品	2017-07-11	300673.SZ
231	福莱特	6.85	建筑	2019-02-15	601865.SH
232	双环传动	6.81	装备	2010-09-10	002472.SZ
233	永高股份	6.78	建筑	2011-12-08	002641.SZ
234	晋亿实业	6.63	装备	2007-01-26	601002.SH
235	亿利达	6.60	装备	2012-07-03	002686.SZ
236	久立特材	6.57	钢铁	2009-12-11	002318.SZ
237	晨丰科技	6.53	家电	2017-11-27	603685.SH
238	银江股份	6.52	互联网	2009-10-30	300020.SZ
239	中恒电气	6.50	装备	2010-03-05	002364.SZ
240	巨匠建设	6.47	建筑	2016-01-12	1459.HK
241	宁波联合	6.41	贸易	1997-04-10	600051.SH
242	长鹰信质	6.39	汽车	2012-03-16	002664.SZ
243	天宇股份	6.33	医药	2017-09-19	300702.SZ
244	百大集团	6.20	零售	1994-08-09	600865.SH
245	金固股份	6.18	汽车	2010-10-21	002488.SZ
246	新明中国	6.13	房地产	2015-07-06	2699.HK
247	中亚股份	6.02	装备	2016-05-26	300512.SZ
248	亚太股份	5.98	汽车	2009-08-28	002284.SZ
249	波导股份	5.94	通信	2000-07-06	600130.SH
250	东音股份	5.93	装备	2016-04-15	002793.SZ
251	永艺股份	5.92	家居	2015-01-23	603600.SH

续表

序号	证券简称	品牌价值（亿元）	行业	上市日期	证券代码
252	今飞凯达	5.90	汽车	2017-04-18	002863.SZ
253	迪普科技	5.89	通信	2019-04-12	300768.SZ
254	华众车载	5.87	汽车	2012-01-12	6830.HK
255	宁波海运	5.87	运输	1997-04-23	600798.SH
256	继峰股份	5.83	汽车	2015-03-02	603997.SH
257	金洲管道	5.82	钢铁	2010-07-06	002443.SZ
258	宁波中百	5.81	零售	1994-04-25	600857.SH
259	大元泵业	5.80	装备	2017-07-11	603757.SH
260	日月股份	5.80	装备	2016-12-28	603218.SH
261	思创医惠	5.76	电子	2010-04-30	300078.SZ
262	金龙机电	5.71	电子	2009-12-25	300032.SZ
263	炬华科技	5.68	电子	2014-01-21	300360.SZ
264	浙江富润	5.60	贸易	1997-06-04	600070.SH
265	创源文化	5.46	日用	2017-09-19	300703.SZ
266	杉杉品牌	5.45	服饰	2018-06-27	1749.HK
267	富岭环球	5.42	日用	2015-11-04	FORK.O
268	柯力传感	5.36	装备	2019-08-06	603662.SH
269	新澳股份	5.35	纺织品	2014-12-31	603889.SH
270	赞宇科技	5.34	化工	2011-11-25	002637.SZ
271	瑞立集团	5.31	汽车	2006-04-18	SORL.O
272	苍南仪表	5.29	电子	2019-01-04	1743.HK
273	鲍斯股份	5.22	装备	2015-04-23	300441.SZ
274	仁东控股	5.21	商业服务	2011-12-28	002647.SZ
275	宁波富达	5.16	贸易	1996-07-16	600724.SH
276	我武生物	5.09	医药	2014-01-21	300357.SZ
277	唐德影视	5.06	休闲	2015-02-17	300426.SZ
278	海天精工	5.06	装备	2016-11-07	601882.SH
279	联化科技	5.06	化工	2008-06-19	002250.SZ
280	露笑科技	5.02	装备	2011-09-20	002617.SZ
281	永贵电器	4.89	装备	2012-09-20	300351.SZ
282	华峰氨纶	4.89	化工	2006-08-23	002064.SZ
283	宁水集团	4.87	电子	2019-01-22	603700.SH

续表

序号	证券简称	品牌价值(亿元)	行业	上市日期	证券代码
284	江山欧派	4.85	家居	2017-02-10	603208.SH
285	尖峰集团	4.85	建筑	1993-07-28	600668.SH
286	乐惠国际	4.82	装备	2017-11-13	603076.SH
287	创业慧康	4.82	互联网	2015-05-14	300451.SZ
288	航天彩虹	4.76	装备	2010-04-13	002389.SZ
289	宁波韵升	4.75	有色金属	2000-10-30	600366.SH
290	振德医疗	4.74	医药	2018-04-12	603301.SH
291	吉华集团	4.74	化工	2017-06-15	603980.SH
292	华通医药	4.72	医药	2015-05-27	002758.SZ
293	春光科技	4.64	家电	2018-07-30	603657.SH
294	向日葵	4.61	装备	2010-08-27	300111.SZ
295	亚太药业	4.61	医药	2010-03-16	002370.SZ
296	精功科技	4.56	装备	2004-06-25	002006.SZ
297	海利得	4.51	化工	2008-01-23	002206.SZ
298	捷昌驱动	4.48	装备	2018-09-21	603583.SH
299	慈星股份	4.45	装备	2012-03-29	300307.SZ
300	泰瑞机器	4.44	装备	2017-10-31	603289.SH
301	梅轮电梯	4.37	装备	2017-09-15	603321.SH
302	飞扬集团	4.33	商业服务	2019-06-28	1901.HK
303	康宁医院	4.32	保健	2015-11-20	2120.HK
304	腾达建设	4.26	建筑	2002-12-26	600512.SH
305	康迪车业	4.21	汽车	2008-03-18	KNDI.O
306	洁美科技	4.19	电子	2017-04-07	002859.SZ
307	司太立	4.16	医药	2016-03-09	603520.SH
308	金达控股	3.98	纺织品	2006-12-12	0528.HK
309	南都物业	3.97	房地产	2018-02-01	603506.SH
310	东睦股份	3.97	有色金属	2004-05-11	600114.SH
311	华正新材	3.97	电子	2017-01-03	603186.SH
312	中泰股份	3.94	装备	2015-03-26	300435.SZ
313	康强电子	3.93	电子	2007-03-02	002119.SZ
314	万安科技	3.91	汽车	2011-06-10	002590.SZ
315	数源科技	3.89	房地产	1999-05-07	000909.SZ

续表

序号	证券简称	品牌价值(亿元)	行业	上市日期	证券代码
316	容百科技	3.87	化工	2019-07-22	688005.SH
317	旭升股份	3.87	汽车	2017-07-10	603305.SH
318	信雅达	3.87	互联网	2002-11-01	600571.SH
319	昂利康	3.86	医药	2018-10-23	002940.SZ
320	牧高笛	3.81	服饰	2017-03-07	603908.SH
321	意华股份	3.80	电子	2017-09-07	002897.SZ
322	莱茵体育	3.79	房地产	1994-05-09	000558.SZ
323	中源家居	3.79	家居	2018-02-08	603709.SH
324	锦浪科技	3.75	装备	2019-03-19	300763.SZ
325	君禾股份	3.75	装备	2017-07-03	603617.SH
326	美诺华	3.74	医药	2017-04-07	603538.SH
327	纵横通信	3.73	电信	2017-08-10	603602.SH
328	威星智能	3.62	装备	2017-02-17	002849.SZ
329	兴源环境	3.57	环保	2011-09-27	300266.SZ
330	新农股份	3.57	化工	2018-12-05	002942.SZ
331	星光农机	3.51	装备	2015-04-27	603789.SH
332	海伦钢琴	3.47	日用	2012-06-19	300329.SZ
333	宁波高发	3.46	汽车	2015-01-20	603788.SH
334	金鹰股份	3.41	纺织品	2000-06-02	600232.SH
335	ST 华鼎	3.38	化工	2011-05-09	601113.SH
336	大胜达	3.37	包装	2019-07-26	603687.SH
337	虹软科技	3.32	互联网	2019-07-22	688088.SH
338	慕容控股	3.31	家居	2017-01-12	1575.HK
339	莎普爱思	3.31	医药	2014-07-02	603168.SH
340	济民制药	3.21	医药	2015-02-17	603222.SH
341	奇精机械	3.19	家电	2017-02-06	603677.SH
342	永太科技	3.19	化工	2009-12-22	002326.SZ
343	华章科技	3.18	装备	2013-05-16	1673.HK
344	佐力药业	3.16	医药	2011-02-22	300181.SZ
345	汉鼎宇佑	3.12	互联网	2012-03-19	300300.SZ
346	众合科技	3.10	装备	1999-06-11	000925.SZ
347	花园生物	3.04	医药	2014-10-09	300401.SZ

4.5 香港品牌价值榜

2020香港上市公司品牌价值榜全面统计了品牌价值不低于3亿元的公司，共145家，品牌价值总计13 572.77亿元。

4.5.1 2020香港上市公司品牌价值榜分析

【区域集中度】 在2020香港上市公司品牌价值榜中，排名前10位的公司品牌价值合计9 585.45亿元，占香港榜单总计品牌价值的70.6%。排在前20位的公司品牌价值合计10 797.36亿元，占香港榜单总计品牌价值的79.6%。排在前50位的公司品牌价值合计12 353.41亿元，占香港榜单总计品牌价值的91%。

【所在行业】 在2020香港上市公司品牌价值榜中，145家公司来自32个行业。其中，电信和房地产两个行业共计包括24家公司，品牌价值合计8 526.33亿元，占香港榜单总计品牌价值的62.8%，处于主导地位。其他行业的情况见图4-9和图4-10。

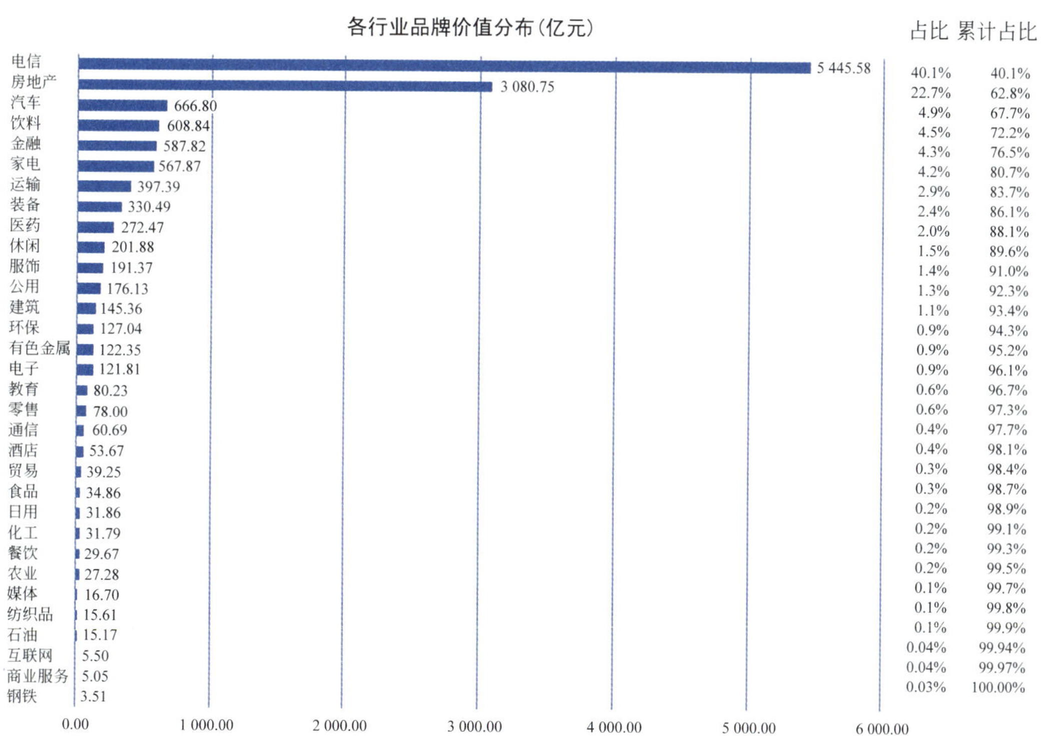

图4-9 2020香港上市公司品牌价值榜所在行业品牌价值分布

【上市板块】 在2020香港上市公司品牌价值榜中，在港股上市的中资股公司有141家，品牌价值合计13 498.53亿元，占香港榜单总计品牌价值的99.5%。其余4家是国外中概股上市公司，品牌价值合计74.24亿元。

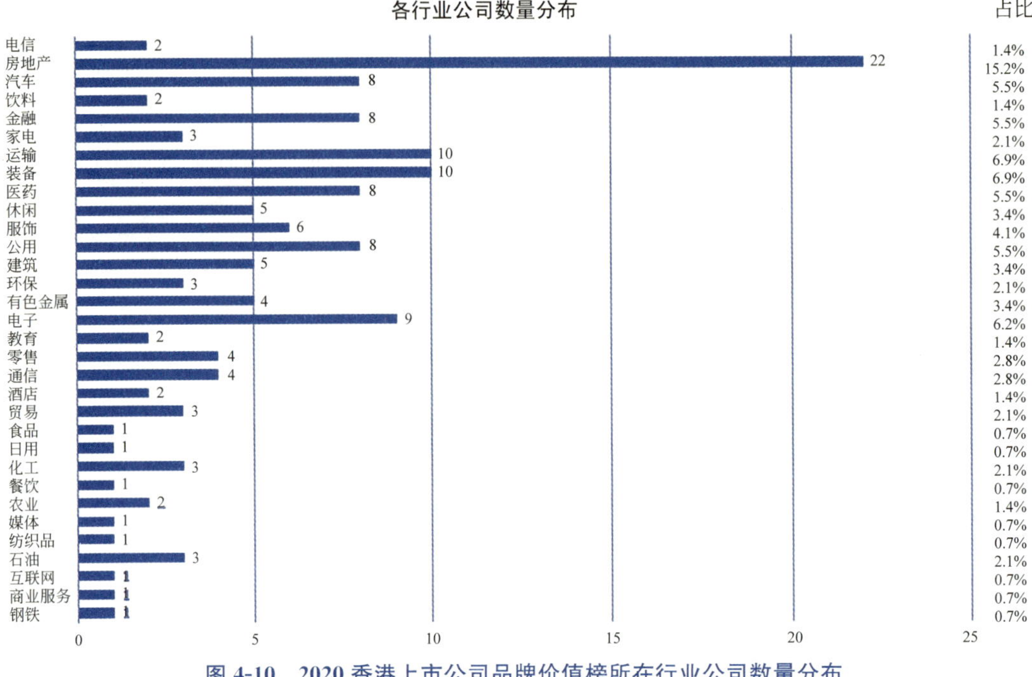

图 4-10 2020 香港上市公司品牌价值榜所在行业公司数量分布

【上市时间】 在 2020 香港上市公司品牌价值榜中，1996—2000 年上市的公司有 28 家，品牌价值合计 7 381.73 亿元，占香港榜单总计品牌价值的 54.4%，排在第一位；1996 年以前上市的公司有 42 家，品牌价值合计 3 289.33 亿元，占香港榜单总计品牌价值的 24.2%，排在第二位；2006—2010 年上市的公司有 27 家，品牌价值合计 1 496.91 亿元，占香港榜单总计品牌价值的 11%，排在第三位。此外，2001—2005 年上市的公司有 23 家，品牌价值合计 685.66 亿元；2016—2019 年上市的公司有 11 家，品牌价值合计 383.05 亿元；2011—2015 年上市的公司有 14 家，品牌价值合计 336.09 亿元。

4.5.2 2020 香港上市公司品牌价值榜单

序号	证券简称	品牌价值(亿元)	行业	上市日期	证券代码
1	中国移动	5 379.56	电信	1997-10-23	0941.HK
2	中国海外发展	949.43	房地产	1992-08-20	0688.HK
3	华润置地	750.53	房地产	1996-11-08	1109.HK
4	华润啤酒	597.14	饮料	1973-11-15	0291.HK
5	吉利汽车	483.20	汽车	1973-02-23	0175.HK
6	世茂房地产	447.12	房地产	2006-07-05	0813.HK
7	中国太平	310.14	金融	2000-06-29	0966.HK
8	中银香港	242.68	金融	2002-07-25	2388.HK

续表

序号	证券简称	品牌价值(亿元)	行业	上市日期	证券代码
9	TCL 电子	216.45	家电	1999-11-26	1070.HK
10	中国金茂	209.20	房地产	2007-08-17	0817.HK
11	创维集团	196.69	家电	2000-04-07	0751.HK
12	JS 环球生活	154.74	家电	2019-12-18	1691.HK
13	东方海外国际	142.37	运输	1992-07-31	0316.HK
14	越秀地产	139.78	房地产	1992-12-15	0123.HK
15	保利协鑫能源	131.71	装备	2007-11-13	3800.HK
16	中国生物制药	99.76	医药	2000-09-29	1177.HK
17	中国光大国际	99.27	环保	1997-02-28	0257.HK
18	波司登	88.03	服饰	2007-10-11	3998.HK
19	昆仑能源	82.12	公用	1973-03-13	0135.HK
20	石药集团	77.45	医药	1994-06-21	1093.HK
21	耐世特	70.14	汽车	2013-10-07	1316.HK
22	天能动力	67.68	装备	2007-06-11	0819.HK
23	中国建筑国际	67.18	建筑	2005-07-08	3311.HK
24	中信国际电讯	66.02	电信	2007-04-03	1883.HK
25	华润水泥控股	65.64	建筑	2009-10-06	1313.HK
26	朗诗地产	65.57	房地产	1986-03-24	0106.HK
27	招商局置地	65.56	房地产	1997-10-16	0978.HK
28	香港中旅	62.36	休闲	1992-11-11	0308.HK
29	合生创展集团	62.12	房地产	1998-05-27	0754.HK
30	新濠影汇	60.23	休闲	2018-10-18	MSC.N
31	中银航空租赁	57.65	运输	2016-06-01	2588.HK
32	中国高速传动	57.58	装备	2007-07-04	0658.HK
33	大悦城地产	56.67	房地产	1973-03-06	0207.HK
34	北大资源	51.17	房地产	1991-10-07	0618.HK
35	博华太平洋	50.24	休闲	2002-02-11	1076.HK
36	合景泰富集团	49.87	房地产	2007-07-03	1813.HK
37	信义玻璃	49.60	汽车	2005-02-03	0868.HK
38	五矿地产	49.38	房地产	1991-12-20	0230.HK
39	五矿资源	46.36	有色金属	1994-12-15	1208.HK
40	建发国际集团	45.31	房地产	2012-12-14	1908.HK

续表

序号	证 券 简 称	品牌价值(亿元)	行业	上市日期	证券代码
41	金茂酒店-SS	43.67	酒店	2014-07-02	6139.HK
42	海丰国际	43.63	运输	2010-10-06	1308.HK
43	网龙	43.30	教育	2007-11-02	0777.HK
44	华润燃气	40.18	公用	1994-11-07	1193.HK
45	亨得利	39.60	零售	2005-09-26	3389.HK
46	深圳国际	37.85	运输	1972-09-25	0152.HK
47	中教控股	36.93	教育	2017-12-15	0839.HK
48	中国大冶有色金属	35.87	有色金属	1990-11-21	0661.HK
49	中烟香港	34.86	食品	2019-06-12	6055.HK
50	天津港发展	33.83	运输	2006-05-24	3382.HK
51	联泰控股	33.62	服饰	2004-07-15	0311.HK
52	通力电子	31.86	日用	2013-08-15	1249.HK
53	华南城	30.95	房地产	2009-09-30	1668.HK
54	唐宫中国	29.67	餐饮	2011-04-19	1181.HK
55	信利国际	29.65	电子	1991-07-29	0732.HK
56	京信通信	29.29	通信	2003-07-15	2342.HK
57	联邦制药	29.02	医药	2007-06-15	3933.HK
58	上实城市开发	28.88	房地产	1993-09-10	0563.HK
59	招商局港口	27.25	运输	1992-07-15	0144.HK
60	中国有色矿业	25.94	有色金属	2012-06-29	1258.HK
61	星美控股	25.28	休闲	1973-02-07	0198.HK
62	时计宝	24.31	服饰	2013-02-05	2033.HK
63	中国食品	24.26	贸易	1988-10-07	0506.HK
64	五菱汽车	23.42	汽车	1992-11-23	0305.HK
65	珠光控股	23.32	房地产	1996-12-09	1176.HK
66	远大医药	20.55	医药	1995-12-19	0512.HK
67	粤海投资	20.45	公用	1993-01-08	0270.HK
68	华显光电	20.20	电子	1997-06-18	0334.HK
69	华侨城(亚洲)	19.81	房地产	2005-11-02	3366.HK
70	中国汽车新零售	19.13	零售	1995-10-11	0526.HK
71	冠城钟表珠宝	18.50	服饰	1991-12-10	0256.HK
72	越秀交通基建	17.62	运输	1997-01-30	1052.HK

续表

序号	证券简称	品牌价值(亿元)	行业	上市日期	证券代码
73	石四药集团	17.56	医药	2005-12-20	2005.HK
74	华晨中国	17.55	汽车	1999-10-22	1114.HK
75	中国淀粉	17.31	农业	2007-09-27	3838.HK
76	中远海运港口	17.10	运输	1994-12-19	1199.HK
77	凤凰卫视	16.70	媒体	2000-06-30	2008.HK
78	百富环球	15.82	电子	2010-12-20	0327.HK
79	中海物业	15.70	房地产	2015-10-23	2669.HK
80	福田实业	15.61	纺织品	1988-04-20	0420.HK
81	力劲科技	15.47	装备	2006-10-16	0558.HK
82	安莉芳控股	15.43	服饰	2006-12-18	1388.HK
83	亿和控股	15.20	装备	2005-05-11	0838.HK
84	浦林成山	14.86	汽车	2018-10-09	1809.HK
85	世纪阳光	14.82	化工	2004-02-17	0509.HK
86	首创环境	14.71	环保	2006-07-13	3989.HK
87	威胜控股	13.64	电子	2005-12-19	3393.HK
88	丰盛控股	13.06	环保	2002-12-18	0607.HK
89	天津发展	12.89	医药	1997-12-10	0882.HK
90	通达集团	12.06	电子	2000-12-22	0698.HK
91	中远海运国际	12.03	运输	1992-02-11	0517.HK
92	阳光能源	11.94	装备	2008-03-31	0757.HK
93	创兴银行	11.75	金融	1994-07-11	1111.HK
94	西藏水资源	11.70	饮料	2011-06-30	1115.HK
95	华鼎控股	11.47	服饰	2005-12-15	3398.HK
96	优库资源	11.21	贸易	2013-07-03	2112.HK
97	晨讯科技	11.03	通信	2005-06-30	2000.HK
98	中国恒天立信国际	10.52	装备	1990-10-12	0641.HK
99	CEC INTL HOLD	10.48	零售	1999-11-15	0759.HK
100	中国新电信	10.24	通信	2002-08-06	8167.HK
101	同仁堂国药	10.22	医药	2013-05-07	3613.HK
102	航天控股	10.22	电子	1981-08-25	0031.HK
103	中国全通	10.13	通信	2009-09-16	0633.HK
104	万达酒店发展	10.00	酒店	2002-06-04	0169.HK

续表

序号	证券简称	品牌价值（亿元）	行业	上市日期	证券代码
105	大成生化科技	9.98	农业	2001-03-16	0809.HK
106	大同机械	9.42	装备	1988-12-12	0118.HK
107	国泰君安国际	9.16	金融	2010-07-08	1788.HK
108	中渝置地	9.13	房地产	1999-04-30	1224.HK
109	中国水务	9.13	公用	1999-10-11	0855.HK
110	建滔集团	8.81	电子	1997-05-01	0638.HK
111	世纪金花	8.79	零售	2000-10-23	0162.HK
112	叶氏化工集团	8.77	化工	1991-08-22	0408.HK
113	中广核新能源	8.24	公用	2014-10-03	1811.HK
114	华宝国际	8.20	化工	1992-01-22	0336.HK
115	珠江船务	8.06	运输	1997-05-23	0560.HK
116	金川国际	8.01	有色金属	2001-07-09	2362.HK
117	中国黄金国际	6.18	有色金属	2010-12-01	2099.HK
118	京东方精电	5.97	电子	1991-07-01	0710.HK
119	珠海控股投资	5.54	公用	1998-05-26	0908.HK
120	中国光大绿色环保	5.51	公用	2017-05-08	1257.HK
121	光宇国际集团科技	5.51	装备	1999-11-17	1043.HK
122	浪潮国际	5.50	互联网	2004-04-29	0596.HK
123	亚太卫星	5.46	装备	1996-12-18	1045.HK
124	依利安达	5.44	电子	1994-11-03	E16.SG
125	海峡石油化工	5.41	石油	2009-01-12	0852.HK
126	华营建筑	5.37	建筑	2019-10-16	1582.HK
127	延长石油国际	5.11	石油	2001-04-19	0346.HK
128	同方泰德	5.05	商业服务	2011-10-27	1206.HK
129	和黄中国医药科技	5.02	医药	2016-03-17	HCM.O
130	中油燃气	4.95	公用	1993-05-28	0603.HK
131	京西国际	4.92	汽车	2003-10-10	2339.HK
132	元亨燃气	4.64	石油	1992-09-25	0332.HK
133	宝新金融	4.61	房地产	2010-12-15	1282.HK
134	交银国际	4.35	金融	2017-05-19	3329.HK
135	SHOUGANG INTL	3.78	贸易	1991-04-30	0697.HK
136	非凡中国	3.76	休闲	2000-04-06	8032.HK

续表

序号	证券简称	品牌价值(亿元)	行业	上市日期	证券代码
137	中国建筑兴业	3.60	建筑	2010-03-30	0830.HK
138	水发兴业能源	3.58	建筑	2009-01-13	0750.HK
139	上置集团	3.57	房地产	1999-12-10	1207.HK
140	尚乘国际	3.54	金融	2019-08-05	HKIB.N
141	广南(集团)	3.51	钢铁	1994-12-09	1203.HK
142	中国金融投资管理	3.13	金融	1993-04-07	0605.HK
143	G.A.控股	3.13	汽车	2002-06-17	8126.HK
144	粤海置地	3.08	房地产	1997-08-08	0124.HK
145	华融投资股份	3.07	金融	2014-12-29	2277.HK

4.6 江苏品牌价值榜

2020 江苏上市公司品牌价值榜全面统计了品牌价值不低于 3 亿元的上市公司，共 274 家，品牌价值总计 8 229.79 亿元。

4.6.1 2020 江苏上市公司品牌价值榜分析

【区域集中度】 在 2020 江苏上市公司品牌价值榜中，排名前 10 位的公司品牌价值合计 3 503.75 亿元，占江苏榜单总计品牌价值的 42.6%。排在前 30 位的公司品牌价值合计 5 121.32 亿元，占江苏榜单总计品牌价值的 62.2%。排在前 100 位的公司品牌价值合计 6 996.44 亿元，占江苏榜单总计品牌价值的 85%。

【所在行业】 在 2020 江苏上市公司品牌价值榜中，274 家公司来自 32 个行业。其中，零售、装备、饮料和房地产四个行业共计包括 87 家公司，品牌价值合计 4 376.06 亿元，占江苏榜单总计品牌价值的 53.2%，处于主导地位。其他行业的情况见图 4-11 和图 4-12。

【上市板块】 在 2020 江苏上市公司品牌价值榜中，在沪市主板上市的公司有 118 家，品牌价值合计 3 376.51 亿元，占江苏榜单总计品牌价值的 41%，排在第一位；在深市中小板上市的公司有 67 家，品牌价值合计 3 132.82 亿元，占江苏榜单总计品牌价值的 38.1%，排在第二位；在港股上市的中资股公司有 23 家，品牌价值合计 532.85 亿元，占江苏榜单总计品牌价值的 6.5%，排在第三位。此外，在深市主板上市的公司有 17 家，品牌价值合计 508.03 亿元；国外中概股上市公司有 5 家，品牌价值合计 344.69 亿元；在深市创业板上市的公司有 40 家，品牌价值合计 314.08 亿元；在沪市科创板上市的公司 4 家，品牌价值合计 20.8 亿元。

香港榜单

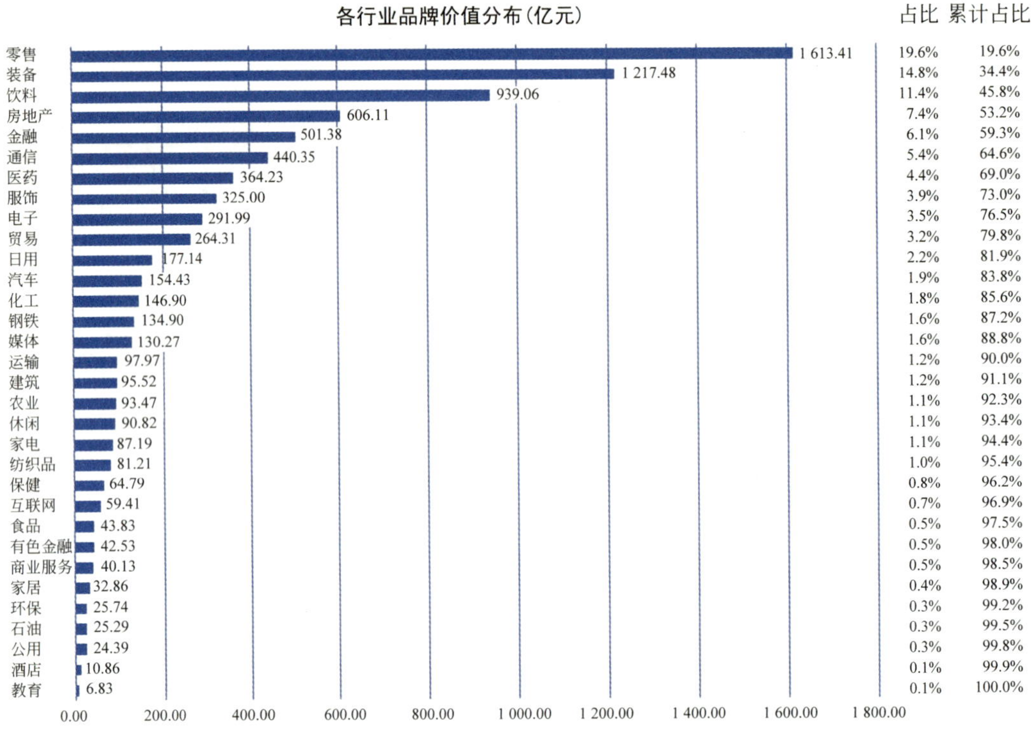

图 4-11 2020 江苏上市公司品牌价值榜所在行业品牌价值分布

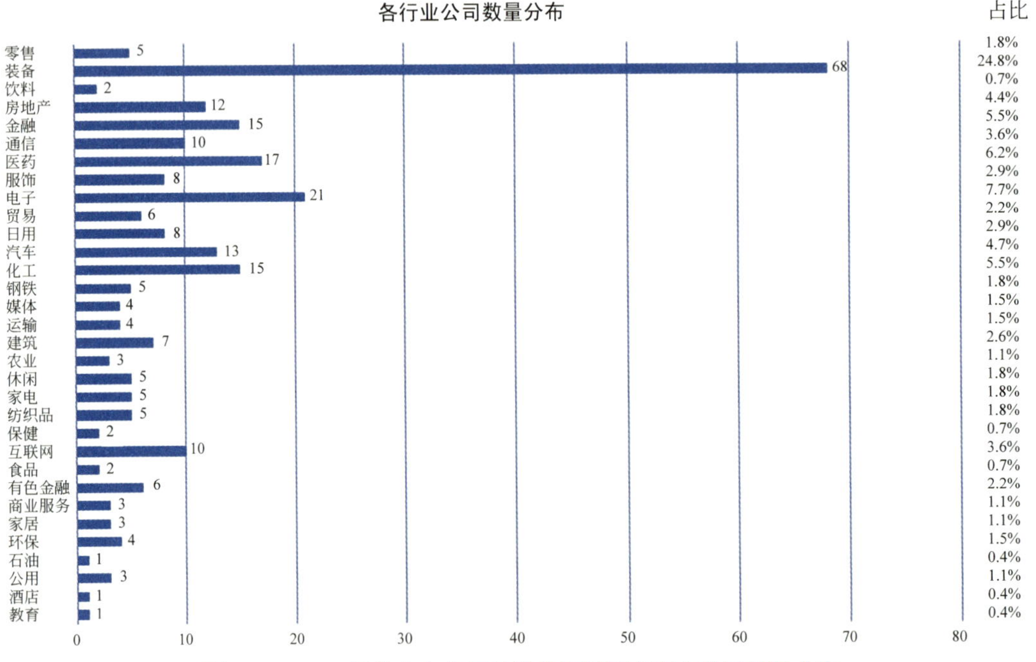

图 4-12 2020 江苏上市公司品牌价值榜所在行业公司数量分布

【上市时间】 在 2020 江苏上市公司品牌价值榜中，2001—2005 年上市的公司有 30 家，品牌价值合计 2 364.24 亿元，占江苏榜单总计品牌价值的 28.7%，排在第一位；2006—2010 年上市的公司有 58 家，品牌价值合计 2 154.8 亿元，占江苏榜单总计品牌价值的 26.2%，排在第二位；2011—2015 年上市的公司有 71 家，品牌价值合计 1 274.25 亿元，占江苏榜单总计品牌价值的 15.5%，排在第三位。此外，1996—2000 年上市的公司有 29 家，品牌价值合计 1 217.31 亿元；2016—2019 年上市的公司有 77 家，品牌价值合计 997.73 亿元；1996 年以前上市的公司有 9 家，品牌价值合计 221.47 亿元。

4.6.2 2020 江苏上市公司品牌价值榜单

序号	证券简称	品牌价值（亿元）	行业	上市日期	证券代码
1	苏宁易购	1 351.50	零售	2004-07-21	002024.SZ
2	洋河股份	814.05	饮料	2009-11-06	002304.SZ
3	新城控股	237.64	房地产	2015-12-04	601155.SH
4	海澜之家	221.74	服饰	2000-12-28	600398.SH
5	亨通光电	163.29	通信	2003-08-22	600487.SH
6	阿特斯太阳能	155.66	装备	2006-11-09	CSIQ.O
7	徐工机械	146.36	装备	1996-08-28	000425.SZ
8	中天科技	145.94	通信	2002-10-24	600522.SH
9	扬子江	137.40	装备	2007-04-18	BS6.SG
10	江苏银行	130.15	金融	2016-08-02	600919.SH
11	今世缘	125.01	饮料	2014-07-03	603369.SH
12	南京新百	124.93	零售	1993-10-18	600682.SH
13	南京银行	119.90	金融	2007-07-19	601009.SH
14	华泰证券	112.05	金融	2010-02-26	601688.SH
15	中南建设	108.39	房地产	2000-03-01	000961.SZ
16	恒瑞医药	108.20	医药	2000-10-18	600276.SH
17	苏美达	105.60	贸易	1996-07-01	600710.SH
18	长电科技	84.67	电子	2003-06-03	600584.SH
19	南京医药	78.16	医药	1996-07-01	600713.SH
20	凤凰传媒	75.23	媒体	2011-11-30	601928.SH
21	国电南瑞	71.08	装备	2003-10-16	600406.SH
22	远大控股	64.16	贸易	1996-11-28	000626.SZ
23	南钢股份	61.43	钢铁	2000-09-19	600282.SH

续表

序号	证券简称	品牌价值(亿元)	行业	上市日期	证券代码
24	南极电商	60.14	零售	2007-04-18	002127.SZ
25	雅迪控股	59.34	日用	2016-05-19	1585.HK
26	药明康德	55.11	医药	2018-05-08	603259.SH
27	宁沪高速	54.19	运输	2001-01-16	600377.SH
28	弘阳地产	53.69	房地产	2018-07-12	1996.HK
29	文峰股份	49.36	零售	2011-06-03	601010.SH
30	顺风清洁能源	46.95	装备	2011-07-13	1165.HK
31	美年健康	46.87	保健	2005-05-18	002044.SZ
32	宝胜股份	46.43	装备	2004-08-02	600973.SH
33	江苏国泰	45.08	贸易	2006-12-08	002091.SZ
34	东山精密	42.59	电子	2010-04-09	002384.SZ
35	雨润食品	41.74	农业	2005-10-03	1068.HK
36	罗莱生活	40.39	纺织品	2009-09-10	002293.SZ
37	丘钛科技	40.38	日用	2014-12-02	1478.HK
38	绿景中国地产	40.20	房地产	2005-12-02	0095.HK
39	中利集团	39.56	装备	2009-11-27	002309.SZ
40	江苏有线	38.42	媒体	2015-04-28	600959.SH
41	汇鸿集团	38.23	贸易	2004-06-30	600981.SH
42	太极实业	37.89	电子	1993-07-28	600667.SH
43	金螳螂	37.65	建筑	2006-11-20	002081.SZ
44	威孚高科	35.72	汽车	1998-09-24	000581.SZ
45	华东重机	34.48	装备	2012-06-12	002685.SZ
46	立华股份	33.82	农业	2019-02-18	300761.SZ
47	莱克电气	33.77	家电	2015-05-13	603355.SH
48	大明国际	31.99	钢铁	2010-12-01	1090.HK
49	先导智能	30.61	装备	2015-05-18	300450.SZ
50	科沃斯	29.82	家电	2018-05-28	603486.SH
51	佳源国际控股	28.42	房地产	2016-03-08	2768.HK
52	FRIENDTIMES	28.34	休闲	2019-10-08	6820.HK
53	苏州高新	28.01	房地产	1996-08-15	600736.SH
54	中材国际	27.83	建筑	2005-04-12	600970.SH
55	苏州银行	27.76	金融	2019-08-02	002966.SZ

续表

序号	证券简称	品牌价值(亿元)	行业	上市日期	证券代码
56	途牛	27.48	零售	2014-05-09	TOUR.O
57	银城国际控股	27.42	房地产	2019-03-06	1902.HK
58	通鼎互联	26.88	通信	2010-10-21	002491.SZ
59	大东方	26.67	汽车	2002-06-25	600327.SH
60	恒立液压	25.36	装备	2011-10-28	601100.SH
61	东华能源	25.29	石油	2008-03-06	002221.SZ
62	南京高科	25.07	房地产	1997-05-06	600064.SH
63	天顺风能	25.05	装备	2010-12-31	002531.SZ
64	南京熊猫	24.96	通信	1996-11-18	600775.SH
65	扬农化工	24.46	化工	2002-04-25	600486.SH
66	康力电梯	24.38	装备	2010-03-12	002367.SZ
67	黑牡丹	24.34	房地产	2002-06-18	600510.SH
68	俊知集团	24.23	通信	2012-03-19	1300.HK
69	维维股份	24.21	食品	2000-06-30	600300.SH
70	视觉中国	23.91	休闲	1997-01-21	000681.SZ
71	沙钢股份	23.76	钢铁	2006-10-25	002075.SZ
72	大亚圣象	23.41	家居	1999-06-30	000910.SZ
73	今创集团	23.38	装备	2018-02-27	603680.SH
74	红豆股份	22.92	服饰	2001-01-08	600400.SH
75	通富微电	22.74	电子	2007-08-16	002156.SZ
76	苏交科	22.47	商业服务	2012-01-10	300284.SZ
77	东方盛虹	21.74	化工	2000-05-29	000301.SZ
78	东吴证券	21.11	金融	2011-12-12	601555.SH
79	江南集团	20.74	装备	2012-04-20	1366.HK
80	华光股份	20.67	装备	2003-07-21	600475.SH
81	爱康科技	20.56	装备	2011-08-15	002610.SZ
82	华瑞服装	20.43	服饰	2008-07-16	EVK.O
83	中新集团	19.90	房地产	2019-12-20	601512.SH
84	永鼎股份	19.88	通信	1997-09-29	600105.SH
85	鱼跃医疗	19.84	医药	2008-04-18	002223.SZ
86	恒顺醋业	19.61	食品	2001-02-06	600305.SH
87	永安行	19.16	日用	2017-08-17	603776.SH

续表

序号	证券简称	品牌价值（亿元）	行业	上市日期	证券代码
88	红太阳	18.90	化工	1993-10-28	000525.SZ
89	新日股份	18.86	日用	2017-04-27	603787.SH
90	千百度	18.76	服饰	2011-09-23	1028.HK
91	梦百合	18.61	日用	2016-10-13	603313.SH
92	澳洋健康	17.92	保健	2007-09-21	002172.SZ
93	苏垦农发	17.91	农业	2017-05-15	601952.SH
94	纽威股份	17.30	装备	2014-01-17	603699.SH
95	常熟银行	17.13	金融	2016-09-30	601128.SH
96	星宇股份	16.94	汽车	2011-02-01	601799.SH
97	中材科技	16.58	建筑	2006-11-20	002080.SZ
98	澳洋顺昌	16.13	运输	2008-06-05	002245.SZ
99	亚普股份	16.08	汽车	2018-05-09	603013.SH
100	锦泓集团	15.98	服饰	2014-12-03	603518.SH
101	康缘药业	15.89	医药	2002-09-18	600557.SH
102	宝通科技	15.80	休闲	2009-12-25	300031.SZ
103	沪电股份	15.58	电子	2010-08-18	002463.SZ
104	安洁科技	15.57	通信	2011-11-25	002635.SZ
105	日出东方	15.57	家电	2012-05-21	603366.SH
106	紫金银行	15.40	金融	2019-01-03	601860.SH
107	江苏阳光	15.36	纺织品	1999-09-27	600220.SH
108	江山股份	15.33	化工	2001-01-10	600389.SH
109	恩华药业	15.27	医药	2008-07-23	002262.SZ
110	国轩高科	14.35	装备	2006-10-18	002074.SZ
111	莱绅通灵	14.32	服饰	2016-11-23	603900.SH
112	江苏国信	14.29	公用	2011-08-10	002608.SZ
113	招商南油	13.89	运输	2019-01-08	601975.SH
114	鼎胜新材	13.88	有色金属	2018-04-18	603876.SH
115	中超控股	13.84	装备	2010-09-10	002471.SZ
116	幸福蓝海	13.80	休闲	2016-08-08	300528.SZ
117	飞力达	13.75	运输	2011-07-06	300240.SZ
118	双良节能	13.59	装备	2003-04-22	600481.SH
119	天奇股份	13.57	装备	2004-06-29	002009.SZ

续表

序号	证券简称	品牌价值(亿元)	行业	上市日期	证券代码
120	长城影视	12.47	媒体	2006-10-12	002071.SZ
121	中设集团	12.27	商业服务	2014-10-13	603018.SH
122	金陵药业	12.18	医药	1999-11-18	000919.SZ
123	亚星客车	11.88	汽车	1999-08-31	600213.SH
124	国茂股份	11.85	装备	2019-06-14	603915.SH
125	国电南自	11.82	装备	1999-11-18	600268.SH
126	长江健康	11.62	医药	2010-06-18	002435.SZ
127	中来股份	11.57	装备	2014-09-12	300393.SZ
128	联发股份	11.57	纺织品	2010-04-23	002394.SZ
129	林洋能源	11.39	装备	2011-08-08	601222.SH
130	江苏租赁	11.19	金融	2018-03-01	600901.SH
131	长青股份	10.98	化工	2010-04-16	002391.SZ
132	金陵饭店	10.86	酒店	2007-04-06	601007.SH
133	春兴精工	10.51	电子	2011-02-18	002547.SZ
134	天工国际	10.49	钢铁	2007-07-26	0826.HK
135	航天晨光	10.34	装备	2001-06-15	600501.SH
136	亨鑫科技	9.88	通信	2010-12-23	1085.HK
137	中国艺术金融	9.69	日用	2016-11-08	1572.HK
138	鸿达兴业	9.48	化工	2004-06-25	002002.SZ
139	苏常柴 A	9.44	装备	1994-07-01	000570.SZ
140	华宏科技	9.06	装备	2011-12-20	002645.SZ
141	润和软件	8.99	互联网	2012-07-18	300339.SZ
142	天目湖	8.97	休闲	2017-09-27	603136.SH
143	模塑科技	8.68	汽车	1997-02-28	000700.SZ
144	无锡银行	8.67	金融	2016-09-23	600908.SH
145	健友股份	8.66	医药	2017-07-19	603707.SH
146	众应互联	8.61	互联网	2010-08-31	002464.SZ
147	吴通控股	8.48	互联网	2012-02-29	300292.SZ
148	三宝科技	8.34	互联网	2004-06-09	1708.HK
149	栖霞建设	8.23	房地产	2002-03-28	600533.SH
150	华兴源创	8.14	电子	2019-07-22	688001.SH
151	亚威股份	7.98	装备	2011-03-03	002559.SZ

续表

序号	证 券 简 称	品牌价值(亿元)	行业	上市日期	证券代码
152	苏农银行	7.97	金融	2016-11-29	603323.SH
153	维尔利	7.93	环保	2011-03-16	300190.SZ
154	鹿港文化	7.88	纺织品	2011-05-27	601599.SH
155	风范股份	7.82	装备	2011-01-18	601700.SH
156	金通灵	7.76	装备	2010-06-25	300091.SZ
157	华达科技	7.60	汽车	2017-01-25	603358.SH
158	苏州科达	7.47	电子	2016-12-01	603660.SH
159	苏利股份	7.46	化工	2016-12-14	603585.SH
160	海伦哲	7.38	装备	2011-04-07	300201.SZ
161	润邦股份	7.36	装备	2010-09-29	002483.SZ
162	迈为股份	7.26	装备	2018-11-09	300751.SZ
163	国联证券	7.24	金融	2015-07-06	1456.HK
164	常宝股份	7.23	钢铁	2010-09-21	002478.SZ
165	中航高科	7.21	装备	1994-05-20	600862.SH
166	恒宝股份	7.19	电子	2007-01-10	002104.SZ
167	中国天楹	7.11	环保	1994-04-08	000035.SZ
168	创元科技	7.09	环保	1994-01-06	000551.SZ
169	扬杰科技	7.07	电子	2014-01-23	300373.SZ
170	赛腾股份	6.88	装备	2017-12-25	603283.SH
171	科斯伍德	6.83	教育	2011-03-22	300192.SZ
172	张家港行	6.75	金融	2017-01-24	002839.SZ
173	协鑫能科	6.74	公用	2004-07-08	002015.SZ
174	江苏舜天	6.67	贸易	2000-09-01	600287.SH
175	云海金属	6.67	有色金属	2007-11-13	002182.SZ
176	奥特佳	6.66	汽车	2008-05-22	002239.SZ
177	苏州固锝	6.51	电子	2006-11-16	002079.SZ
178	倍加洁	6.39	日用	2018-03-02	603059.SH
179	亚太科技	6.39	有色金属	2011-01-18	002540.SZ
180	江阴银行	6.36	金融	2016-09-02	002807.SZ
181	千红制药	6.34	医药	2011-02-18	002550.SZ
182	四方科技	6.18	装备	2016-05-19	603339.SH
183	通用股份	6.12	汽车	2016-09-19	601500.SH

续表

序号	证券简称	品牌价值(亿元)	行业	上市日期	证券代码
184	华昌化工	6.04	化工	2008-09-25	002274.SZ
185	中旗股份	6.01	化工	2016-12-20	300575.SZ
186	旷达科技	6.01	纺织品	2010-12-07	002516.SZ
187	金斯瑞生物科技	6.01	医药	2015-12-30	1548.HK
188	上机数控	5.99	装备	2018-12-28	603185.SH
189	南京证券	5.97	金融	2018-06-13	601990.SH
190	ST 慧业	5.94	装备	1997-08-18	000816.SZ
191	亚玛顿	5.90	装备	2011-10-13	002623.SZ
192	航发控制	5.86	装备	1997-06-26	000738.SZ
193	德尔未来	5.86	家居	2011-11-11	002631.SZ
194	新泉股份	5.86	汽车	2017-03-17	603179.SH
195	利民股份	5.84	化工	2015-01-27	002734.SZ
196	ST 远程	5.82	装备	2012-08-08	002692.SZ
197	东瑞制药	5.82	医药	2003-07-11	2348.HK
198	哈森股份	5.79	服饰	2016-06-29	603958.SH
199	怡球资源	5.75	有色金属	2012-04-23	601388.SH
200	银河电子	5.70	通信	2010-12-07	002519.SZ
201	富瑞特装	5.52	装备	2011-06-08	300228.SZ
202	罗博特科	5.51	装备	2019-01-08	300757.SZ
203	寒锐钴业	5.41	有色金属	2017-03-06	300618.SZ
204	中衡设计	5.40	商业服务	2014-12-31	603017.SH
205	锦富技术	5.25	电子	2010-10-13	300128.SZ
206	雅本化学	5.21	化工	2011-09-06	300261.SZ
207	哈工智能	5.16	装备	1995-11-28	000584.SZ
208	斯莱克	5.11	装备	2014-01-29	300382.SZ
209	江苏雷利	5.11	装备	2017-06-02	300660.SZ
210	科森科技	5.08	电子	2017-02-09	603626.SH
211	谭木匠	5.04	服饰	2009-12-29	0837.HK
212	南微医学	5.00	医药	2019-07-22	688029.SH
213	东方电热	4.86	家电	2011-05-18	300217.SZ
214	江海股份	4.85	电子	2010-09-29	002484.SZ
215	中国擎天软件	4.84	互联网	2013-07-09	1297.HK

续表

序号	证 券 简 称	品牌价值(亿元)	行业	上市日期	证券代码
216	凤凰股份	4.80	房地产	1996-07-02	600716.SH
217	丰山集团	4.79	化工	2018-09-17	603810.SH
218	金陵体育	4.71	日用	2017-05-09	300651.SZ
219	金智科技	4.69	装备	2006-12-08	002090.SZ
220	江苏吴中	4.64	医药	1999-04-01	600200.SH
221	弘业股份	4.57	贸易	1997-09-01	600128.SH
222	五洋停车	4.50	装备	2015-02-17	300420.SZ
223	常铝股份	4.44	有色金属	2007-08-21	002160.SZ
224	常熟汽饰	4.42	汽车	2017-01-05	603035.SH
225	亿嘉和	4.38	装备	2018-06-12	603666.SH
226	康尼机电	4.37	装备	2014-08-01	603111.SH
227	精锻科技	4.31	汽车	2011-08-26	300258.SZ
228	金财互联	4.30	互联网	2010-12-31	002530.SZ
229	天准科技	4.25	装备	2019-07-22	688003.SH
230	精研科技	4.21	电子	2017-10-19	300709.SZ
231	基蛋生物	4.18	医药	2017-07-17	603387.SH
232	春秋电子	4.17	电子	2017-12-12	603890.SH
233	华软科技	4.17	互联网	2010-07-20	002453.SZ
234	三六五网	4.15	媒体	2012-03-15	300295.SZ
235	精华制药	4.12	医药	2010-02-03	002349.SZ
236	华辰装备	4.09	装备	2019-12-04	300809.SZ
237	卓胜微	4.09	电子	2019-06-18	300782.SZ
238	多伦科技	4.09	互联网	2016-05-03	603528.SH
239	八方股份	4.06	装备	2019-11-11	603489.SH
240	朗新科技	4.03	互联网	2017-08-01	300682.SZ
241	华脉科技	4.02	通信	2017-06-02	603042.SH
242	华西股份	3.97	化工	1999-08-10	000936.SZ
243	利通电子	3.96	电子	2018-12-24	603629.SH
244	快克股份	3.82	装备	2016-11-08	603203.SH
245	瑞特股份	3.76	装备	2017-01-25	300600.SZ
246	苏试试验	3.74	装备	2015-01-22	300416.SZ
247	通光线缆	3.73	装备	2011-09-16	300265.SZ

续表

序号	证券简称	品牌价值(亿元)	行业	上市日期	证券代码
248	悦达投资	3.73	金融	1994-01-03	600805.SH
249	光明沃得	3.72	装备	2006-04-27	B49.SG
250	鹏鹞环保	3.61	环保	2018-01-05	300664.SZ
251	我乐家居	3.59	家居	2017-06-16	603326.SH
252	雷科防务	3.59	装备	2010-05-28	002413.SZ
253	焦点科技	3.57	互联网	2009-12-09	002315.SZ
254	长海股份	3.54	建筑	2011-03-29	300196.SZ
255	美尚生态	3.53	建筑	2015-12-22	300495.SZ
256	易德龙	3.52	电子	2017-06-22	603380.SH
257	法兰泰克	3.50	装备	2017-01-25	603966.SH
258	佳力图	3.49	装备	2017-11-01	603912.SH
259	泉峰汽车	3.48	汽车	2019-05-22	603982.SH
260	ST 亚邦	3.41	化工	2014-09-09	603188.SH
261	瀚川智能	3.40	装备	2019-07-22	688022.SH
262	捷捷微电	3.36	电子	2017-03-14	300623.SZ
263	天沃科技	3.36	公用	2011-03-10	002564.SZ
264	中国赛特	3.31	建筑	2013-11-01	0153.HK
265	双星新材	3.29	化工	2011-06-02	002585.SZ
266	吉鑫科技	3.23	装备	2011-05-06	601218.SH
267	新美星	3.21	装备	2016-04-25	300509.SZ
268	联环药业	3.20	医药	2003-03-19	600513.SH
269	音飞储存	3.19	装备	2015-06-11	603066.SH
270	立霸股份	3.18	家电	2015-03-19	603519.SH
271	晶方科技	3.14	电子	2014-02-10	603005.SH
272	通润装备	3.14	装备	2007-08-10	002150.SZ
273	柯利达	3.09	建筑	2015-02-26	603828.SH
274	国睿科技	3.06	装备	2003-01-28	600562.SH

4.7 山东品牌价值榜

2020 山东上市公司品牌价值榜全面统计了品牌价值不低于 3 亿元的上市公司，共 169 家，品牌价值总计 7 176.72 亿元。

4.7.1 2020 山东上市公司品牌价值榜分析

【区域集中度】 在 2020 山东上市公司品牌价值榜中，排名前 10 位的公司品牌价值合计 3 917.68 亿元，占山东榜单总计品牌价值的 54.6%。排在前 20 位的公司品牌价值合计 4789.61 亿元，占山东榜单总计品牌价值的 66.7%。排在前 50 位的公司品牌价值合计 6 069.64 亿元，占山东榜单总计品牌价值的 84.6%。

【所在行业】 在 2020 山东上市公司品牌价值榜中，169 家公司来自 31 个行业。其中，家电、汽车和饮料三个行业共计包括 22 家公司，品牌价值合计 3 768.92 亿元，占山东榜单总计品牌价值的 52.5%，处于主导地位。其他行业的情况见图 4-13 和图 4-14。

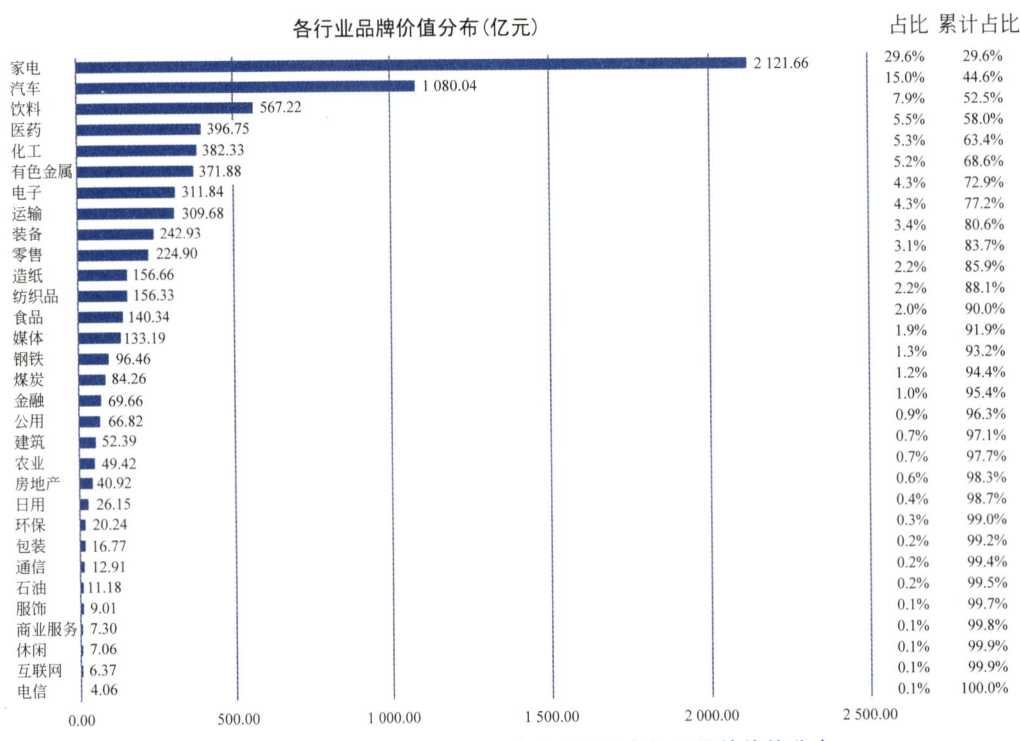

图 4-13 2020 山东上市公司品牌价值榜所在行业品牌价值分布

【上市板块】 在 2020 山东上市公司品牌价值榜中，在沪市主板上市的公司有 61 家，品牌价值合计 3 523.45 亿元，占山东榜单总计品牌价值的 49.1%，排在第一位；在深市主板上市的公司有 20 家，品牌价值合计 1 374.95 亿元，占山东榜单总计品牌价值的 19.2%，排在第二位；在港股上市的中资股公司有 19 家，品牌价值合计 1 309.18 亿元，占山东榜单总计品牌价值的 18.2%，排在第三位。此外，在深市中小板上市的公司有 49 家，品牌价值合计 843.12 亿元；在深市创业板上市的公司有 15 家，品牌价值合计 100.18 亿元；在沪市科创板上市的公司有 3 家，品牌价值合计 17.6 亿元；国外中概股上市公司有 2 家，品牌价值合计 8.24 亿元。

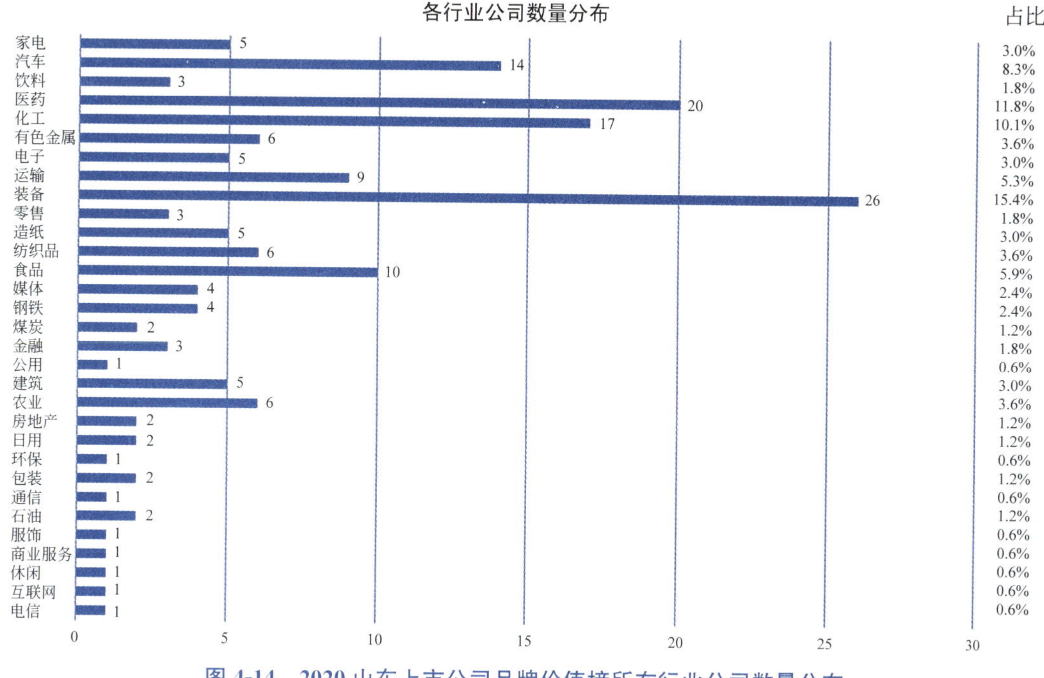

图 4-14 2020 山东上市公司品牌价值榜所在行业公司数量分布

【上市时间】 在2020山东上市公司品牌价值榜中，1996—2000年上市的公司有34家，品牌价值合计2 078.04亿元，占山东榜单总计品牌价值的29%，排在第一位；1996年以前上市的公司有3家，品牌价值合计1 772.35亿元，占山东榜单总计品牌价值的24.7%，排在第二位；2006—2010年上市的公司有43家，品牌价值合计1 460.64亿元，占山东榜单总计品牌价值的20.4%，排在第三位。此外，2001—2005年上市的公司有20家，品牌价值合计660.88亿元；2016—2019年上市的公司有38家，品牌价值合计652.39亿元；2011—2015年上市的公司有31家，品牌价值合计552.42亿元。

4.7.2 2020山东上市公司品牌价值榜单

序号	证券简称	品牌价值(亿元)	行业	上市日期	证券代码
1	海尔智家	1 271.45	家电	1993-11-19	600690.SH
2	海尔电器	551.57	家电	1997-12-23	1169.HK
3	潍柴动力	446.69	汽车	2007-04-30	000338.SZ
4	青岛啤酒	435.17	饮料	1993-08-27	600600.SH
5	中国重汽	301.15	汽车	2007-11-28	3808.HK
6	浪潮信息	196.72	电子	2000-06-08	000977.SZ
7	海信视像	195.56	家电	1997-04-22	600060.SH

续表

序号	证 券 简 称	品牌价值（亿元）	行业	上市日期	证券代码
8	中国宏桥	186.86	有色金属	2011-03-24	1378.HK
9	中国重汽	183.27	汽车	1999-11-25	000951.SZ
10	瑞茂通	149.24	运输	1998-07-03	600180.SH
11	张裕 A	123.53	饮料	2000-10-26	000869.SZ
12	家家悦	96.14	零售	2016-12-13	603708.SH
13	山东黄金	94.03	有色金属	2003-08-28	600547.SH
14	歌尔股份	89.02	电子	2008-05-22	002241.SZ
15	万华化学	88.70	化工	2001-01-05	600309.SH
16	鲁西化工	80.32	化工	1998-08-07	000830.SZ
17	兖州煤业	79.97	煤炭	1998-07-01	600188.SH
18	九阳股份	77.75	家电	2008-05-28	002242.SZ
19	瑞康医药	73.76	医药	2011-06-10	002589.SZ
20	山东钢铁	68.70	钢铁	2004-06-29	600022.SH
21	华电国际	66.82	公用	2005-02-03	600027.SH
22	银座股份	65.73	零售	1994-05-06	600858.SH
23	利群股份	63.03	零售	2017-04-12	601366.SH
24	鲁泰 A	61.94	纺织品	2000-12-25	000726.SZ
25	晨鸣纸业	60.74	造纸	2000-11-20	000488.SZ
26	步长制药	59.85	医药	2016-11-18	603858.SH
27	科达股份	55.25	媒体	2004-04-26	600986.SH
28	山东出版	54.87	媒体	2017-11-22	601019.SH
29	金正大	53.07	化工	2010-09-08	002470.SZ
30	青岛港	50.35	运输	2019-01-21	601298.SH
31	太阳纸业	49.02	造纸	2006-11-16	002078.SZ
32	威高股份	44.39	医药	2004-02-27	1066.HK
33	东阿阿胶	43.01	医药	1996-07-29	000423.SZ
34	山东高速	41.71	运输	2002-03-18	600350.SH
35	孚日股份	40.31	纺织品	2006-11-24	002083.SZ
36	华鲁恒升	38.83	化工	2002-06-20	600426.SH
37	恒邦股份	37.24	有色金属	2008-05-20	002237.SZ
38	魏桥纺织	36.43	纺织品	2003-09-24	2698.HK
39	玲珑轮胎	35.18	汽车	2016-07-06	601966.SH

续表

序号	证券简称	品牌价值(亿元)	行业	上市日期	证券代码
40	青岛银行	32.72	金融	2019-01-16	002948.SZ
41	南山铝业	32.12	有色金属	1999-12-23	600219.SH
42	新华医疗	30.74	医药	2002-09-27	600587.SH
43	赛轮轮胎	30.11	汽车	2011-06-30	601058.SH
44	中通客车	29.95	汽车	2000-01-13	000957.SZ
45	鲁商发展	29.93	房地产	2000-01-13	600223.SH
46	青农商行	29.68	金融	2019-03-26	002958.SZ
47	西王食品	29.20	食品	1996-11-26	000639.SZ
48	绿叶制药	26.06	医药	2014-07-09	2186.HK
49	中创物流	26.03	运输	2019-04-29	603967.SH
50	长寿花食品	25.71	食品	2009-12-18	1006.HK
51	澳柯玛	25.33	家电	2000-12-29	600336.SH
52	龙大肉食	24.87	农业	2014-06-26	002726.SZ
53	华泰股份	24.53	造纸	2000-09-28	600308.SH
54	克劳斯	24.00	装备	2002-08-09	600579.SH
55	齐翔腾达	22.82	化工	2010-05-18	002408.SZ
56	仙坛股份	21.49	食品	2015-02-16	002746.SZ
57	西王特钢	21.12	钢铁	2012-02-23	1266.HK
58	山水水泥	21.08	建筑	2008-07-04	0691.HK
59	山推股份	20.61	装备	1997-01-22	000680.SZ
60	景津环保	20.24	环保	2019-07-29	603279.SH
61	双塔食品	19.81	食品	2010-09-21	002481.SZ
62	青岛金王	19.73	日用	2006-12-15	002094.SZ
63	史丹利	19.66	化工	2011-06-10	002588.SZ
64	冰轮环境	19.63	装备	1998-05-28	000811.SZ
65	招金矿业	17.68	有色金属	2006-12-08	1818.HK
66	东岳集团	16.84	化工	2007-12-10	0189.HK
67	新北洋	16.71	电子	2010-03-23	002376.SZ
68	山东路桥	16.51	建筑	1997-06-09	000498.SZ
69	博汇纸业	15.99	造纸	2004-06-08	600966.SH
70	特锐德	15.90	装备	2009-10-30	300001.SZ
71	豪迈科技	15.52	装备	2011-06-28	002595.SZ

续表

序号	证 券 简 称	品牌价值(亿元)	行业	上市日期	证券代码
72	三角轮胎	15.35	汽车	2016-09-09	601163.SH
73	阜丰集团	14.56	化工	2007-02-08	0546.HK
74	新华制药	14.47	医药	1997-08-06	000756.SZ
75	中航沈飞	14.39	装备	1996-10-11	600760.SH
76	城市传媒	14.20	媒体	2000-03-09	600229.SH
77	山东药玻	13.87	医药	2002-06-03	600529.SH
78	汉缆股份	13.02	装备	2010-11-09	002498.SZ
79	鼎信通讯	12.91	通信	2016-10-11	603421.SH
80	辰欣药业	12.69	医药	2017-09-29	603367.SH
81	软控股份	12.03	装备	2006-10-18	002073.SZ
82	恒通股份	11.89	运输	2015-06-30	603223.SH
83	威海广泰	11.84	装备	2007-01-26	002111.SZ
84	日照港	11.83	运输	2006-10-17	600017.SH
85	阳光纸业	11.73	包装	2007-12-12	2002.HK
86	新能泰山	10.99	房地产	1997-05-09	000720.SZ
87	金城医药	9.89	医药	2011-06-22	300233.SZ
88	华熙生物	9.62	医药	2019-11-06	688363.SH
89	得利斯	9.27	食品	2010-01-06	002330.SZ
90	中宠股份	9.19	食品	2017-08-21	002891.SZ
91	东诚药业	9.15	医药	2012-05-25	002675.SZ
92	新华锦	9.01	服饰	1996-07-26	600735.SH
93	滨化股份	8.99	化工	2010-02-23	601678.SH
94	鲁抗医药	8.97	医药	1997-02-26	600789.SH
95	联创股份	8.87	媒体	2012-08-01	300343.SZ
96	安德利果汁	8.71	食品	2003-04-22	2218.HK
97	海联金汇	8.65	汽车	2011-01-10	002537.SZ
98	潍柴重机	8.62	装备	1998-04-02	000880.SZ
99	蓝帆医疗	8.61	医药	2010-04-02	002382.SZ
100	渤海轮渡	8.58	运输	2012-09-06	603167.SH
101	ST 威龙	8.52	饮料	2016-05-16	603779.SH
102	山大华特	8.50	医药	1999-06-09	000915.SZ
103	通裕重工	8.28	装备	2011-03-08	300185.SZ

续表

序号	证券简称	品牌价值(亿元)	行业	上市日期	证券代码
104	海利尔	8.23	化工	2017-01-12	603639.SH
105	东方电子	8.09	装备	1997-01-21	000682.SZ
106	杰瑞股份	7.92	石油	2010-02-05	002353.SZ
107	海容冷链	7.71	装备	2018-11-29	603187.SH
108	艾迪精密	7.53	装备	2017-01-20	603638.SH
109	青岛双星	7.40	汽车	1996-04-30	000599.SZ
110	中际旭创	7.39	装备	2012-04-10	300308.SZ
111	天能重工	7.36	装备	2016-11-25	300569.SZ
112	东港股份	7.30	商业服务	2007-03-02	002117.SZ
113	山东国信	7.26	金融	2017-12-08	1697.HK
114	希努尔	7.06	休闲	2010-10-15	002485.SZ
115	惠发食品	7.02	食品	2017-06-13	603536.SH
116	天润工业	6.73	汽车	2009-08-21	002283.SZ
117	好当家	6.67	食品	2004-04-05	600467.SH
118	先达股份	6.49	化工	2017-05-11	603086.SH
119	如意集团	6.47	纺织品	2007-12-07	002193.SZ
120	英派斯	6.41	日用	2017-09-15	002899.SZ
121	齐峰新材	6.38	造纸	2010-12-10	002521.SZ
122	浪潮软件	6.37	互联网	1996-09-23	600756.SH
123	登海种业	6.29	农业	2005-04-18	002041.SZ
124	华纺股份	6.29	纺织品	2001-09-03	600448.SH
125	齐鲁高速	6.29	运输	2018-07-19	1576.HK
126	东软载波	5.89	电子	2011-02-22	300183.SZ
127	青岛中程	5.76	装备	2011-04-26	300208.SZ
128	美晨生态	5.76	建筑	2011-06-29	300237.SZ
129	民和股份	5.76	农业	2008-05-16	002234.SZ
130	英科医疗	5.65	医药	2017-07-21	300677.SZ
131	山东矿机	5.42	装备	2010-12-17	002526.SZ
132	渤海汽车	5.37	汽车	2004-04-07	600960.SH
133	石大胜华	5.09	化工	2015-05-29	603026.SH
134	康欣新材	5.04	包装	1997-05-26	600076.SH
135	星宏传媒	4.89	纺织品	2012-07-12	1616.HK

续表

序号	证 券 简 称	品牌价值(亿元)	行业	上市日期	证券代码
136	赛托生物	4.88	医药	2017-01-06	300583.SZ
137	益生股份	4.76	农业	2010-08-10	002458.SZ
138	山东海化	4.75	化工	1998-07-03	000822.SZ
139	金晶科技	4.67	建筑	2002-08-15	600586.SH
140	华明装备	4.48	装备	2008-09-05	002270.SZ
141	海尔生物	4.48	医药	2019-10-25	688139.SH
142	东方铁塔	4.36	建筑	2011-02-11	002545.SZ
143	金能科技	4.29	煤炭	2017-05-11	603113.SH
144	华仁药业	4.28	医药	2010-08-25	300110.SZ
145	尚舜化工	4.18	化工	2007-07-05	CH8.SG
146	泰盈科技	4.06	电信	2015-12-21	CCRC.O
147	保龄宝	3.98	农业	2009-08-28	002286.SZ
148	索通发展	3.94	有色金属	2017-07-18	603612.SH
149	山东章鼓	3.89	装备	2011-07-07	002598.SZ
150	未名医药	3.88	医药	2011-05-20	002581.SZ
151	积成电子	3.86	装备	2010-01-22	002339.SZ
152	金麒麟	3.82	汽车	2017-04-06	603586.SH
153	日照港裕廊	3.76	运输	2019-06-19	6117.HK
154	朗进科技	3.75	装备	2019-06-21	300594.SZ
155	蔚蓝生物	3.75	农业	2019-01-16	603739.SH
156	鲁信创投	3.55	装备	1996-12-25	600783.SH
157	大业股份	3.55	钢铁	2017-11-13	603278.SH
158	圣阳股份	3.52	装备	2011-05-06	002580.SZ
159	睿创微纳	3.50	电子	2019-07-22	688002.SH
160	万润股份	3.47	化工	2011-12-20	002643.SZ
161	山东威达	3.39	装备	2004-07-27	002026.SZ
162	鲁亿通	3.39	装备	2015-02-17	300423.SZ
163	日辰股份	3.27	食品	2019-08-28	603755.SH
164	山东墨龙	3.26	石油	2010-10-21	002490.SZ
165	隆基机械	3.21	汽车	2010-03-05	002363.SZ

续表

序号	证 券 简 称	品牌价值(亿元)	行业	上市日期	证券代码
166	国恩股份	3.18	化工	2015-06-30	002768.SZ
167	兴民智通	3.16	汽车	2010-02-09	002355.SZ
168	国瓷材料	3.14	化工	2012-01-13	300285.SZ
169	迈科管业	3.09	钢铁	2019-12-18	1553.HK

4.8 福建品牌价值榜

2020 福建上市公司品牌价值榜全面统计了品牌价值不低于 3 亿元的上市公司，共 109 家，品牌价值总计 4 915.11 亿元。

4.8.1 2020 福建上市公司品牌价值榜分析

【区域集中度】 在 2020 福建上市公司品牌价值榜中，排名前 10 位的公司品牌价值合计 2 881.02 亿元，占福建榜单总计品牌价值的 58.6%。排在前 20 位的公司品牌价值合计 3 592.23 亿元，占福建榜单总计品牌价值的 73.1%。排在前 30 位的公司品牌价值合计 4 009.18 亿元，占福建榜单总计品牌价值的 81.6%。

【所在行业】 在 2020 福建上市公司品牌价值榜中，109 家公司来自 30 个行业。其中，贸易、金融、零售和服饰四个行业共计包括 24 家公司，品牌价值合计 2 652.73 亿元，占福建榜单总计品牌价值的 54%，处于主导地位。其他行业的情况见图 4-15 和图 4-16。

【上市板块】 在 2020 福建上市公司品牌价值榜中，在沪市主板上市的公司有 37 家，品牌价值合计 2 787.53 亿元，占福建榜单总计品牌价值的 56.7%，排在第一位；在港股上市的中资股公司有 18 家，品牌价值合计 888.37 亿元，占福建榜单总计品牌价值的 18.1%，排在第二位；在深市中小板上市的公司有 30 家，品牌价值合计 554.37 亿元，占福建榜单总计品牌价值的 11.3%，排在第三位。此外，在深市主板上市的公司有 10 家，品牌价值合计 449.38 亿元；在深市创业板上市的公司有 10 家，品牌价值合计 172.62 亿元；国外中概股上市公司有 4 家，品牌价值合计 62.83 亿元。

【上市时间】 在 2020 福建上市公司品牌价值榜中，2006—2010 年上市的公司有 28 家，品牌价值合计 2 350.2 亿元，占福建榜单总计品牌价值的 47.8%，排在第一位；1996—2000 年上市的公司有 19 家，品牌价值合计 1 527.89 亿元，占福建榜单总计品牌价值的 31.1%，排在第二位；2016—2019 年上市的公司有 24 家，品牌价值合计 434.63 亿元，占福建榜单总计品牌价值的 8.8%，排在第三位。此外，1996 年以前上市的公司有 5 家，品牌价值合计 238.85 亿元；2011—2015 年上市的公司有 24 家，品牌价值合计 219.31 亿元；2001—2005 年上市的公司有 9 家，品牌价值合计 144.22 亿元。

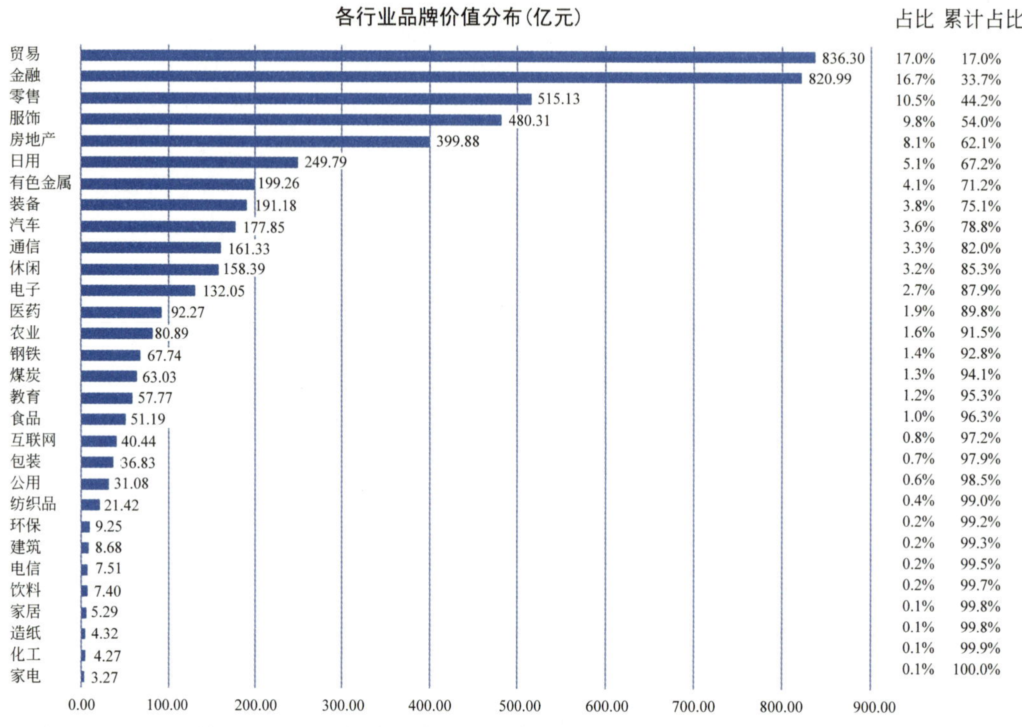

图 4-15　2020 福建上市公司品牌价值榜所在行业品牌价值分布

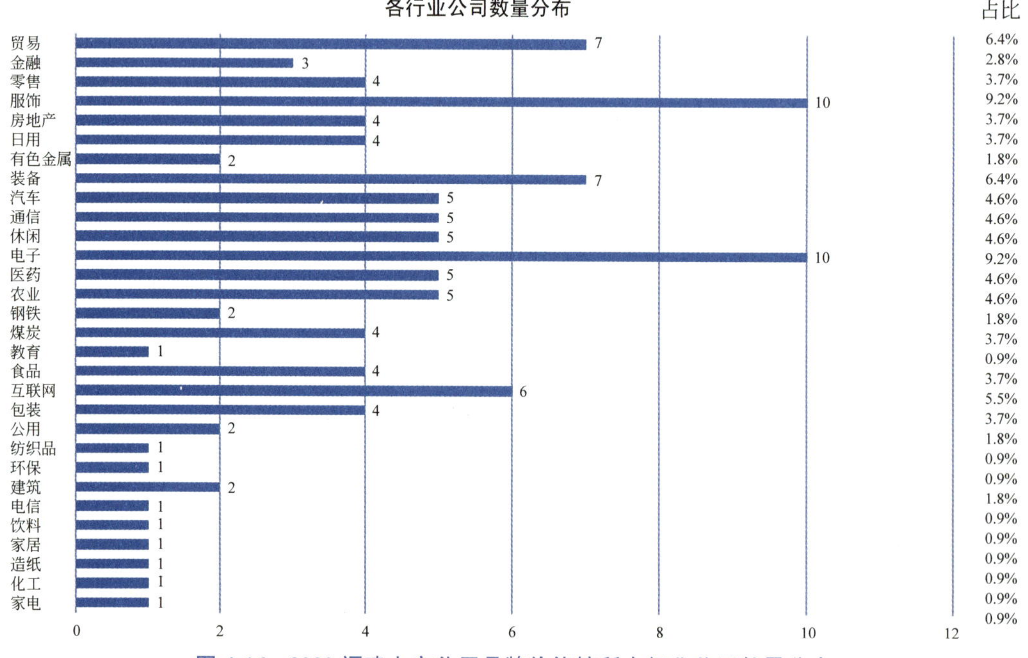

图 4-16　2020 福建上市公司品牌价值榜所在行业公司数量分布

4.8.2 2020 福建上市公司品牌价值榜单

序号	证券简称	品牌价值(亿元)	行业	上市日期	证券代码
1	兴业银行	742.83	金融	2007-02-05	601166.SH
2	永辉超市	451.45	零售	2010-12-15	601933.SH
3	建发股份	350.71	贸易	1998-06-16	600153.SH
4	安踏体育	262.29	服饰	2007-07-10	2020.HK
5	恒安国际	223.11	日用	1998-12-08	1044.HK
6	厦门象屿	200.36	贸易	1997-06-04	600057.SH
7	厦门国贸	191.51	贸易	1996-10-03	600755.SH
8	紫金矿业	176.55	有色金属	2008-04-25	601899.SH
9	阳光城	165.92	房地产	1996-12-18	000671.SZ
10	禹洲地产	116.31	房地产	2009-11-02	1628.HK
11	宁德时代	109.25	装备	2018-06-11	300750.SZ
12	泰禾集团	97.87	房地产	1997-07-04	000732.SZ
13	金龙汽车	77.00	汽车	1993-11-08	600686.SH
14	福耀玻璃	75.42	汽车	1993-06-10	600660.SH
15	三钢闽光	64.18	钢铁	2007-01-26	002110.SZ
16	特步国际	63.61	服饰	2008-06-03	1368.HK
17	游族网络	60.46	休闲	2007-09-25	002174.SZ
18	紫光学大	57.77	教育	1993-11-01	000526.SZ
19	吉比特	55.21	休闲	2017-01-04	603444.SH
20	龙净环保	50.44	装备	2000-12-29	600388.SH
21	星网锐捷	50.09	通信	2010-06-23	002396.SZ
22	圣农发展	49.57	农业	2009-10-21	002299.SZ
23	厦门信达	48.07	贸易	1997-02-26	000701.SZ
24	趣店	43.45	金融	2017-10-18	QD.N
25	合力泰	41.66	电子	2008-02-20	002217.SZ
26	361 度	38.27	服饰	2009-06-30	1361.HK
27	福日电子	37.77	通信	1999-05-14	600203.SH
28	中国利郎	36.39	服饰	2009-09-25	1234.HK
29	新华都	36.15	零售	2008-07-31	002264.SZ
30	安井食品	35.52	食品	2017-02-22	603345.SH

续表

序号	证 券 简 称	品牌价值（亿元）	行业	上市日期	证券代码
31	兴业证券	34.71	金融	2010-10-13	601377.SH
32	盛屯矿业	33.09	贸易	1996-05-31	600711.SH
33	新大陆	32.01	电子	2000-08-07	000997.SZ
34	恺英网络	31.45	休闲	2010-12-07	002517.SZ
35	片仔癀	27.57	医药	2003-06-16	600436.SH
36	九牧王	27.27	服饰	2011-05-30	601566.SH
37	实达集团	25.82	通信	1996-08-08	600734.SH
38	鹭燕医药	25.52	医药	2016-02-18	002788.SZ
39	七匹狼	24.81	服饰	2004-08-06	002029.SZ
40	亿联网络	24.64	通信	2017-03-17	300628.SZ
41	厦门港务	24.23	运输	2005-12-19	3378.HK
42	美图公司	23.01	通信	2016-12-15	1357.HK
43	厦门钨业	22.71	有色金属	2002-11-07	600549.SH
44	华电福新	22.27	公用	2012-06-28	0816.HK
45	百宏实业	21.42	纺织品	2011-05-18	2299.HK
46	东百集团	20.17	零售	1993-11-22	600693.SH
47	冠城大通	19.79	房地产	1997-05-08	600067.SH
48	傲农生物	19.44	农业	2017-09-26	603363.SH
49	厦门港务	18.28	运输	1999-04-29	000905.SZ
50	合兴包装	18.12	包装	2008-05-08	002228.SZ
51	奥佳华	17.77	医药	2011-09-09	002614.SZ
52	松霖科技	17.03	日用	2019-08-26	603992.SH
53	飞毛腿	14.32	电子	2006-12-21	1399.HK
54	金达威	14.26	医药	2011-10-28	002626.SZ
55	盈趣科技	13.48	电子	2018-01-15	002925.SZ
56	福建高速	12.67	运输	2001-02-09	600033.SH
57	龙洲股份	12.57	汽车	2012-06-12	002682.SZ
58	爱迪尔	10.27	服饰	2015-01-22	002740.SZ
59	优源控股	9.94	包装	2010-05-27	2268.HK
60	龙马环卫	9.25	环保	2015-01-26	603686.SH
61	漳州发展	8.98	汽车	1997-06-26	000753.SZ
62	福能股份	8.81	公用	2004-05-31	600483.SH

续表

序号	证 券 简 称	品牌价值（亿元）	行业	上市日期	证券代码
63	安妮股份	8.77	互联网	2008-05-16	002235.SZ
64	美亚柏科	8.56	互联网	2011-03-16	300188.SZ
65	航天发展	8.50	装备	1993-11-30	000547.SZ
66	中国鸿星	8.35	服饰	2005-11-14	BR9.SG
67	厦门空港	7.86	运输	1996-05-31	600897.SH
68	乐游科技控股	7.82	互联网	2011-01-11	1089.HK
69	太阳电缆	7.69	装备	2009-10-21	002300.SZ
70	法拉电子	7.67	电子	2002-12-10	600563.SH
71	元力股份	7.61	休闲	2011-02-01	300174.SZ
72	国脉科技	7.51	电信	2006-12-15	002093.SZ
73	家乡互动	7.44	互联网	2019-07-04	3798.HK
74	惠泉啤酒	7.40	饮料	2003-02-26	600573.SH
75	中闽百汇	7.37	零售	2011-01-20	5SR.SG
76	大博医疗	7.14	医药	2017-09-22	002901.SZ
77	科华恒盛	6.93	装备	2010-01-13	002335.SZ
78	三木集团	6.90	贸易	1996-11-21	000632.SZ
79	茶花股份	5.94	日用	2017-02-13	603615.SH
80	火炬电子	5.94	电子	2015-01-26	603678.SH
81	亲亲食品	5.90	食品	2016-07-08	1583.HK
82	海欣食品	5.72	食品	2012-10-11	002702.SZ
83	兴业科技	5.69	服饰	2012-05-07	002674.SZ
84	ST 冠福	5.66	贸易	2006-12-29	002102.SZ
85	金牌厨柜	5.29	家居	2017-05-12	603180.SH
86	中国武夷	5.09	建筑	1997-07-15	000797.SZ
87	雪人股份	4.85	装备	2011-12-05	002639.SZ
88	达华智能	4.75	电子	2010-12-03	002512.SZ
89	吉宏股份	4.68	包装	2016-07-12	002803.SZ
90	弘信电子	4.43	电子	2017-05-23	300657.SZ
91	青山纸业	4.32	造纸	1997-07-03	600103.SH
92	绿新亲水胶体	4.30	农业	2019-10-17	1084.HK
93	三棵树	4.27	化工	2016-06-03	603737.SH
94	睿能科技	4.16	电子	2017-07-06	603933.SH

续表

序号	证券简称	品牌价值(亿元)	行业	上市日期	证券代码
95	昇兴股份	4.10	包装	2015-04-22	002752.SZ
96	蜡笔小新食品	4.04	食品	2011-12-09	1262.HK
97	富春股份	4.03	互联网	2012-03-19	300299.SZ
98	华懋科技	3.88	汽车	2014-09-26	603306.SH
99	天马科技	3.88	农业	2017-01-17	603668.SH
100	南威软件	3.82	互联网	2014-12-30	603636.SH
101	中国绿宝	3.71	农业	2015-06-18	6183.HK
102	德艺文创	3.70	日用	2017-04-17	300640.SZ
103	蓝帽子	3.66	休闲	2019-07-26	BHAT.O
104	乾照光电	3.61	电子	2010-08-12	300102.SZ
105	天广中茂	3.59	建筑	2010-11-23	002509.SZ
106	日上集团	3.57	钢铁	2011-06-28	002593.SZ
107	麦克奥迪	3.52	装备	2012-07-26	300341.SZ
108	浔兴股份	3.37	服饰	2006-12-22	002098.SZ
109	太龙照明	3.27	家电	2017-05-03	300650.SZ

4.9 四川品牌价值榜

2020 四川上市公司品牌价值榜全面统计了品牌价值不低于 3 亿元的上市公司，共 76 家，品牌价值总计 4 079.58 亿元。

4.9.1 2020 四川上市公司品牌价值榜分析

【区域集中度】 在 2020 四川上市公司品牌价值榜中，排在前 10 位的公司品牌价值合计 3 124.79 亿元，占四川榜单总计品牌价值的 76.6%；排在前 20 位的公司品牌价值合计 3 533.05 亿元，占四川榜单总计品牌价值的 86.6%；排在前 30 位的公司品牌价值合计 3 729.34 亿元，占四川榜单总计品牌价值的 91.4%。

【所在行业】 在 2020 四川上市公司品牌价值榜中，76 家公司来自 25 个行业。其中，饮料和家电两个行业共计包括 7 家公司，品牌价值合计 2 439.47 亿元，占四川榜单总计品牌价值的 59.8%，处于主导地位。其他行业的情况见图 4-17 和图 4-18。

【上市板块】 在 2020 四川上市公司品牌价值榜中，在深市主板上市的公司有 12 家，品牌价值合计 2 212.56 亿元，占四川榜单总计品牌价值的 54.2%，排在第一位；在沪市主板上市的公司有 24 家，品牌价值合计 1 316.65 亿元，占四川榜单总计品牌价值的 32.3%，

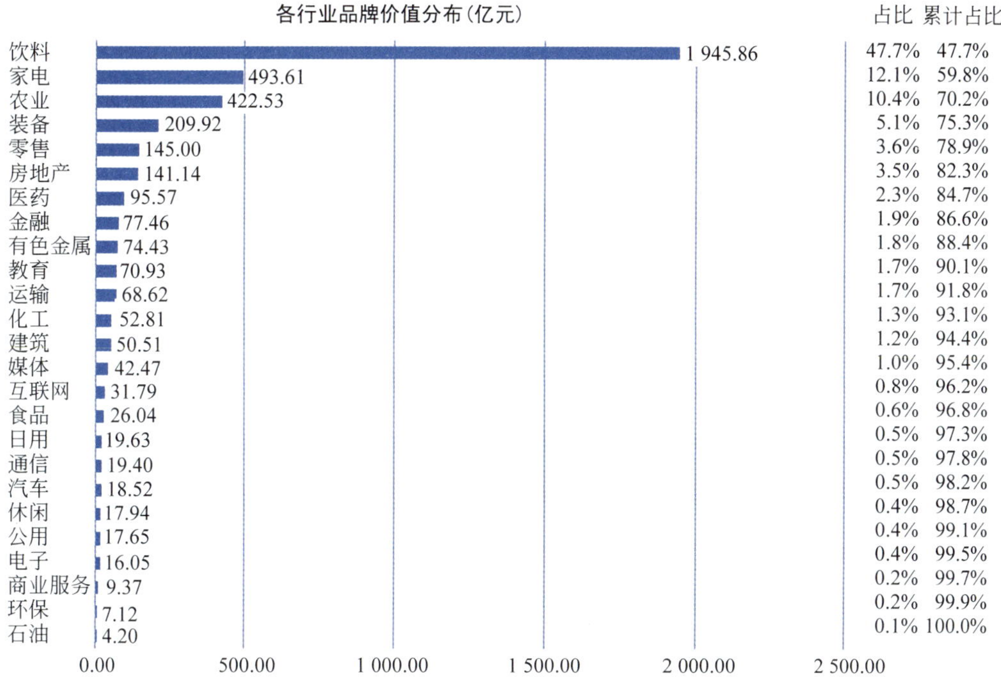

图 4-17 2020 四川上市公司品牌价值榜所在行业品牌价值分布

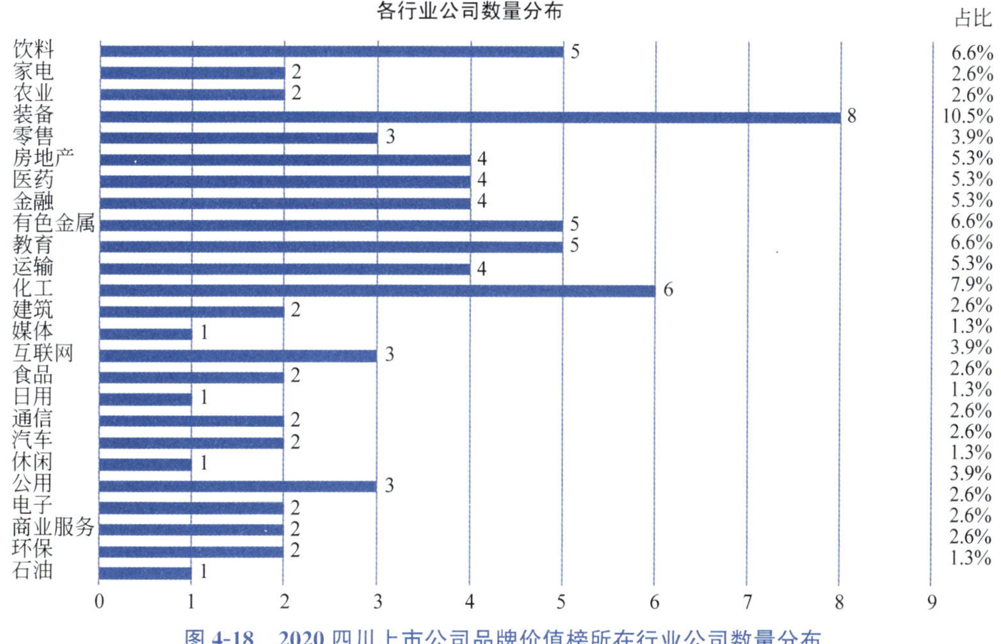

图 4-18 2020 四川上市公司品牌价值榜所在行业公司数量分布

排在第二位;在深市中小板上市的公司有 19 家,品牌价值合计 352.05 亿元,占四川榜单总计品牌价值的 8.6%,排在第三位。此外,在港股上市的中资股公司有 13 家,品牌价值合计 135.7 亿元;在深市创业板上市的公司有 8 家,品牌价值合计 62.61 亿元。

【上市时间】 在 2020 四川上市公司品牌价值榜中，1996—2000 年上市的公司有 15 家，品牌价值合计 1 975.23 亿元，占四川榜单总计品牌价值的 48.4%，排在第一位；1996 年以前上市的公司有 7 家，品牌价值合计 1 119.77 亿元，占四川榜单总计品牌价值的 27.5%，排在第二位；2016—2019 年上市的公司有 21 家，品牌价值合计 333.97 亿元，占四川榜单总计品牌价值的 8.2%，排在第三位。此外，2001—2005 年上市的公司有 7 家，品牌价值合计 292.84 亿元；2006—2010 年上市的公司有 11 家，品牌价值合计 190.28 亿元；2011—2015 年上市的公司有 15 家，品牌价值合计 167.49 亿元。

4.9.2 2020 四川上市公司品牌价值榜单

序号	证券简称	品牌价值（亿元）	行业	上市日期	证券代码
1	五粮液	1 369.84	饮料	1998-04-27	000858.SZ
2	四川长虹	441.62	家电	1994-03-11	600839.SH
3	泸州老窖	395.78	饮料	1994-05-09	000568.SZ
4	新希望	305.69	农业	1998-03-11	000876.SZ
5	东方电气	155.11	装备	1995-10-10	600875.SH
6	通威股份	116.84	农业	2004-03-02	600438.SH
7	蓝光发展	110.17	房地产	2001-02-12	600466.SH
8	茂业商业	82.03	零售	1994-02-24	600828.SH
9	水井坊	77.43	饮料	1996-12-06	600779.SH
10	新乳业	70.27	饮料	2019-01-25	002946.SZ
11	科伦药业	57.99	医药	2010-06-03	002422.SZ
12	创维数字	51.98	家电	1998-06-02	000810.SZ
13	红旗连锁	47.61	零售	2012-09-05	002697.SZ
14	四川路桥	46.82	建筑	2003-03-25	600039.SH
15	新华文轩	42.47	媒体	2016-08-08	601811.SH
16	成都银行	40.78	金融	2018-01-31	601838.SH
17	舍得酒业	32.54	饮料	1996-05-24	600702.SH
18	易见股份	32.27	运输	1997-06-26	600093.SH
19	希望教育	31.72	教育	2018-08-03	1765.HK
20	鹏博士	24.08	互联网	1994-01-03	600804.SH
21	四川成渝	23.54	运输	2009-07-27	601107.SH
22	天齐锂业	22.79	有色金属	2010-08-31	002466.SZ
23	中国金属利用	22.06	有色金属	2014-02-21	1636.HK

续表

序号	证券简称	品牌价值（亿元）	行业	上市日期	证券代码
24	攀钢钒钛	20.06	有色金属	1996-11-15	000629.SZ
25	四川九洲	19.63	日用	1998-05-06	000801.SZ
26	台海核电	18.54	装备	2010-03-12	002366.SZ
27	天立教育	18.45	教育	2018-07-12	1773.HK
28	峨眉山 A	17.94	休闲	1997-10-21	000888.SZ
29	华西能源	16.75	装备	2011-11-11	002630.SZ
30	康弘药业	16.54	医药	2015-06-26	002773.SZ
31	国金证券	16.21	金融	1997-08-07	600109.SH
32	吉峰科技	15.37	零售	2009-10-30	300022.SZ
33	利尔化学	15.32	化工	2008-07-08	002258.SZ
34	天味食品	15.06	食品	2019-04-16	603317.SH
35	云图控股	14.51	汽车	2011-01-18	002539.SZ
36	天邑股份	13.32	通信	2018-03-30	300504.SZ
37	迈克生物	13.18	医药	2015-05-28	300463.SZ
38	华西证券	13.02	金融	2018-02-05	002926.SZ
39	成实外教育	13.01	教育	2016-01-15	1565.HK
40	卫士通	12.55	电子	2008-08-11	002268.SZ
41	广汇物流	12.18	房地产	1992-01-13	600603.SH
42	天原集团	12.00	化工	2010-04-09	002386.SZ
43	千禾味业	10.98	食品	2016-03-07	603027.SH
44	富森美	10.37	房地产	2016-11-09	002818.SZ
45	川投能源	8.97	公用	1993-09-24	600674.SH
46	蓝光嘉宝服务	8.43	房地产	2019-10-18	2606.HK
47	泸天化	8.11	化工	1999-06-03	000912.SZ
48	成都高速	7.88	运输	2019-01-15	1785.HK
49	贝瑞基因	7.87	医药	1997-04-22	000710.SZ
50	泸州银行	7.45	金融	2018-12-17	1983.HK
51	四川美丰	7.37	化工	1997-06-17	000731.SZ
52	和邦生物	6.47	化工	2012-07-31	603077.SH
53	新易盛	6.08	通信	2016-03-03	300502.SZ
54	盛和资源	5.59	有色金属	2003-05-29	600392.SH
55	中集天达	5.49	装备	2002-09-30	0445.HK

续表

序号	证券简称	品牌价值(亿元)	行业	上市日期	证券代码
56	人瑞人才	5.24	商业服务	2019-12-13	6919.HK
57	富临运业	4.93	运输	2010-02-10	002357.SZ
58	兴蓉环境	4.61	公用	1996-05-29	000598.SZ
59	国光股份	4.54	化工	2015-03-20	002749.SZ
60	宏华集团	4.20	石油	2008-03-07	0196.HK
61	金时科技	4.13	商业服务	2019-03-15	002951.SZ
62	成都燃气	4.08	公用	2019-12-17	603053.SH
63	银杏教育	4.07	教育	2019-01-18	1851.HK
64	久远银海	4.03	互联网	2015-12-31	002777.SZ
65	新晨动力	4.02	汽车	2013-03-13	1148.HK
66	航发科技	3.98	装备	2001-12-12	600391.SH
67	宏达股份	3.94	有色金属	2001-12-20	600331.SH
68	厚普股份	3.86	装备	2015-06-11	300471.SZ
69	依米康	3.72	环保	2011-08-03	300249.SZ
70	四川双马	3.68	建筑	1999-08-24	000935.SZ
71	博骏教育	3.68	教育	2018-07-31	1758.HK
72	创意信息	3.68	互联网	2014-01-27	300366.SZ
73	福蓉科技	3.49	电子	2019-05-23	603327.SH
74	中建环能	3.40	环保	2015-02-16	300425.SZ
75	利君股份	3.13	装备	2012-01-06	002651.SZ
76	新筑股份	3.04	装备	2010-09-21	002480.SZ

4.10 贵州品牌价值榜

2020 贵州上市公司品牌价值榜全面统计了品牌价值不低于 3 亿元的上市公司，共 20 家，品牌价值总计 3 784.4 亿元。

4.10.1 2020 贵州上市公司品牌价值榜分析

【区域集中度】 在 2020 贵州上市公司品牌价值榜中，排在第 1 位的公司品牌价值 3 449.11 亿元，占贵州榜单总计品牌价值的 91.1%；排在前 3 位的公司品牌价值合计 3 563.67 亿元，占贵州榜单总计品牌价值的 94.2%；排在前 5 位的公司品牌价值合计 3 622.38 亿元，占贵州榜单总计品牌价值的 95.7%。

【所在行业】 在 2020 贵州上市公司品牌价值榜中，20 家公司来自 14 个行业。其中，饮料行业有 1 家公司，品牌价值 3 449.11 亿元，占贵州榜单总计品牌价值的 91.1%，处于主导地位。其他行业的情况见图 4-19 和图 4-20。

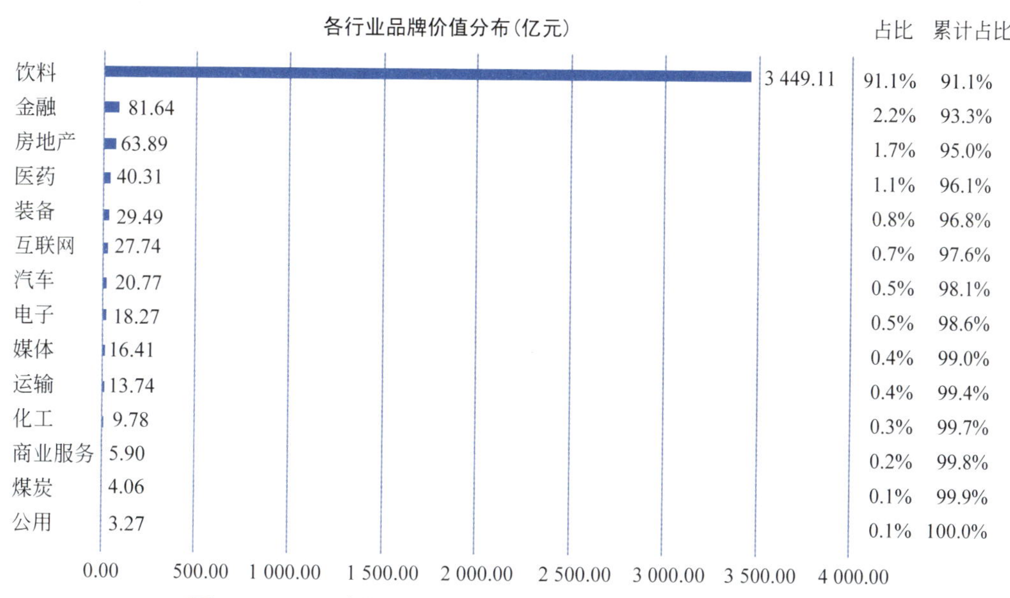

图 4-19 2020 贵州上市公司品牌价值榜所在行业品牌价值分布

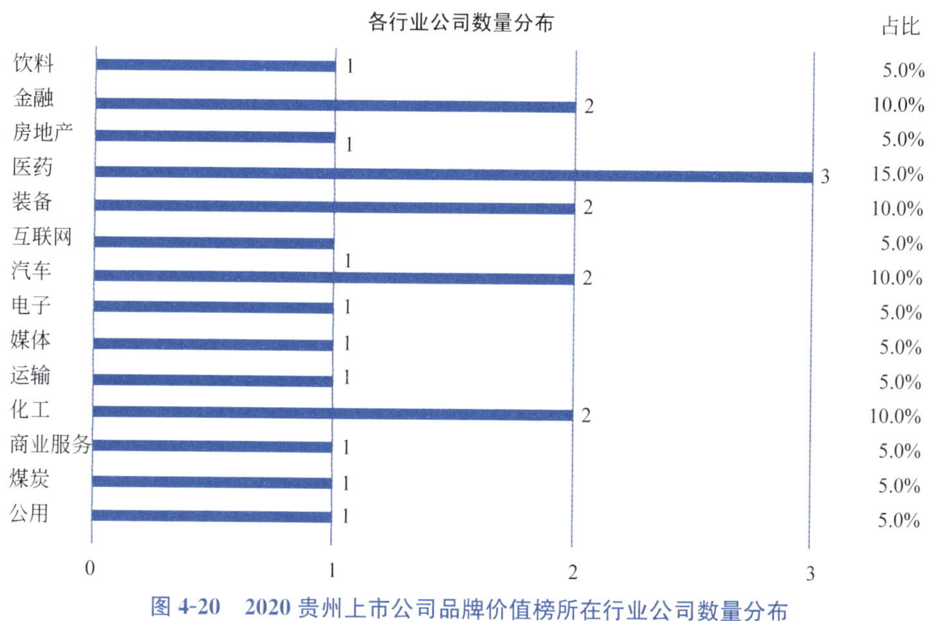

图 4-20 2020 贵州上市公司品牌价值榜所在行业公司数量分布

【上市板块】 在 2020 贵州上市公司品牌价值榜中，在沪市主板上市的公司有 9 家，品牌价值合计 3 558.49 亿元，占贵州榜单总计品牌价值的 94%，排在第一位；此外，在深市主板上市的公司有 4 家，品牌价值合计 122.37 亿元；在深市中小板上市的公司有 6 家，品牌价值合计 72.57 亿元；在港股上市的中资股公司有 1 家，品牌价值 30.97 亿元。

【上市时间】 在 2020 贵州上市公司品牌价值榜中，2001—2005 年上市的公司有 7 家，品牌价值合计 3 499.56 亿元，占贵州榜单总计品牌价值的 92.5%，排在第一位；此外，2016—2019 年上市的公司有 5 家，品牌价值合计 117.68 亿元；1996—2000 年上市的公司有 5 家，品牌价值合计 72.73 亿元；1996 年以前上市的公司有 1 家，品牌价值 63.89 亿元；2006—2010 年上市的公司有 2 家，品牌价值合计 30.53 亿元。

4.10.2 2020 贵州上市公司品牌价值榜单

序号	证券简称	品牌价值(亿元)	行业	上市日期	证券代码
1	贵州茅台	3 449.11	饮料	2001-08-27	600519.SH
2	中天金融	63.89	房地产	1994-02-02	000540.SZ
3	贵阳银行	50.67	金融	2016-08-16	601997.SH
4	贵州银行	30.97	金融	2019-12-30	6199.HK
5	高鸿股份	27.74	互联网	1998-06-09	000851.SZ
6	航天电器	20.75	装备	2004-07-26	002025.SZ
7	振华科技	18.27	电子	1997-07-03	000733.SZ
8	信邦制药	16.89	医药	2010-04-16	002390.SZ
9	贵广网络	16.41	媒体	2016-12-26	600996.SH
10	华夏航空	13.74	运输	2018-03-02	002928.SZ
11	贵州百灵	13.64	医药	2010-06-03	002424.SZ
12	贵州轮胎	12.46	汽车	1996-03-08	000589.SZ
13	益佰制药	9.78	医药	2004-03-23	600594.SH
14	中航重机	8.75	装备	1996-11-06	600765.SH
15	贵航股份	8.31	汽车	2001-12-27	600523.SH
16	勘设股份	5.90	商业服务	2017-08-09	603458.SH
17	圣济堂	5.50	化工	2000-02-21	600227.SH
18	保利联合	4.28	化工	2004-09-08	002037.SZ
19	盘江股份	4.06	煤炭	2001-05-31	600395.SH
20	黔源电力	3.27	公用	2005-03-03	002039.SZ

4.11 湖北品牌价值榜

2020 湖北上市公司品牌价值榜全面统计了品牌价值不低于 3 亿元的上市公司，共 79 家，品牌价值总计 3 052.92 亿元。

4.11.1 2020 湖北上市公司品牌价值榜分析

【区域集中度】 在 2020 湖北上市公司品牌价值榜中，排在前 10 位的公司品牌价值合计 1 690.8 亿元，占湖北榜单总计品牌价值的 55.4%；排在前 20 位的公司品牌价值合计 2 254.24 亿元，占湖北榜单总计品牌价值的 73.8%；排在前 30 位的公司品牌价值合计 2 558.89 亿元，占湖北榜单总计品牌价值的 83.8%。

【所在行业】 在 2020 湖北上市公司品牌价值榜中，79 家公司来自 21 个行业。其中，汽车、通信和医药三个行业共计包括 22 家公司，品牌价值合计 1 528.93 亿元，占湖北榜单总计品牌价值的 50.1%，处于主导地位。其他行业的情况见图 4-21 和图 4-22。

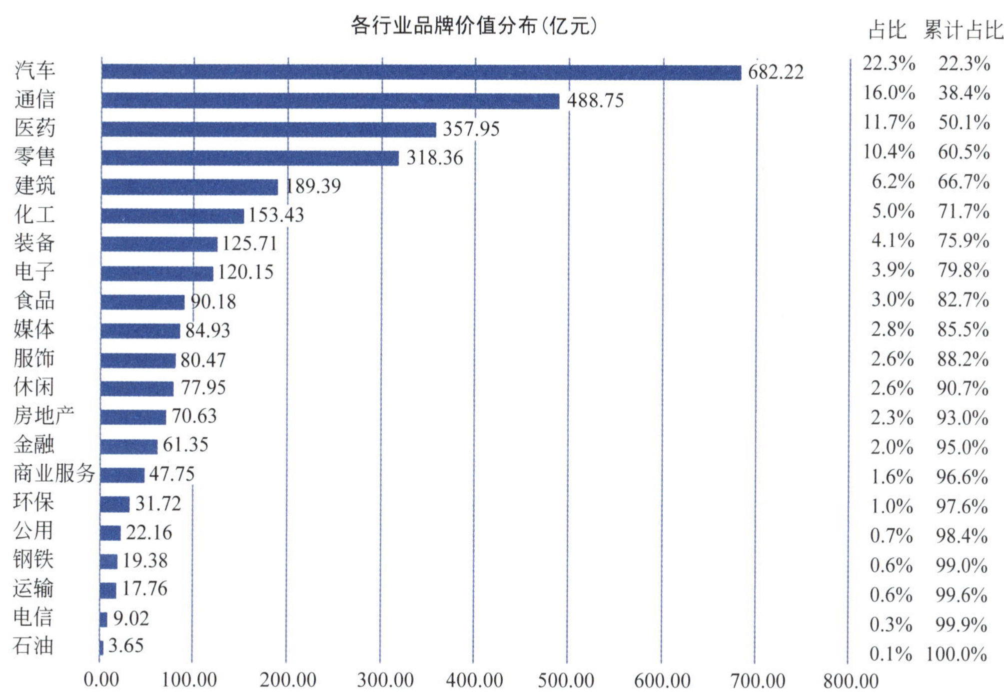

图 4-21 2020 湖北上市公司品牌价值榜所在行业品牌价值分布

【上市板块】 在 2020 湖北上市公司品牌价值榜中，在沪市主板上市的公司有 31 家，品牌价值合计 1 374.82 亿元，占湖北榜单总计品牌价值的 45%，排在第一位；在港股上市的中资股公司有 5 家，品牌价值合计 693.19 亿元，占湖北榜单总计品牌价值的 22.7%，排在第二位；在深市主板上市的公司有 18 家，品牌价值合计 658.28 亿元，占湖北榜单总计品牌价值的 21.6%，排在第三位。此外，国外中概股上市公司有 3 家，品牌价值合计 115.94 亿元；在深市中小板上市的公司有 10 家，品牌价值合计 111.52 亿元；在深市创业板上市的公司有 12 家，品牌价值合计 99.16 亿元。

【上市时间】 在 2020 湖北上市公司品牌价值榜中，1996—2000 年上市的公司有 32 家，品牌价值合计 1 247.63 亿元，占湖北榜单总计品牌价值的 40.9%，排在第一位；2001—

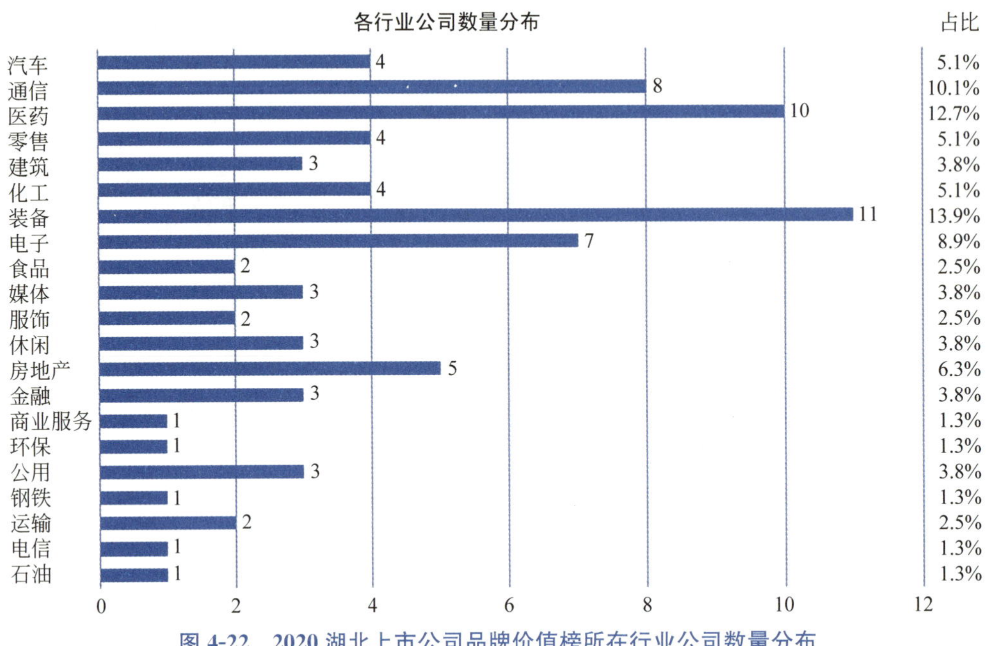

图 4-22 2020 湖北上市公司品牌价值榜所在行业公司数量分布

2005 年上市的公司有 9 家，品牌价值合计 794.12 亿元，占湖北榜单总计品牌价值的 26%，排在第二位；2006—2010 年上市的公司有 9 家，品牌价值合计 352.93 亿元，占湖北榜单总计品牌价值的 11.6%，排在第三位。1996 年以前上市的公司有 5 家，品牌价值合计 276.98 亿元；2016—2019 年上市的公司有 12 家，品牌价值合计 213.46 亿元；2011—2015 年上市的公司有 12 家，品牌价值合计 167.79 亿元。

4.11.2 2020 湖北上市公司品牌价值榜单

序号	证 券 简 称	品牌价值（亿元）	行业	上市日期	证券代码
1	东风集团股份	584.12	汽车	2005-12-07	0489.HK
2	九州通	219.03	医药	2010-11-02	600998.SH
3	闻泰科技	182.10	通信	1996-08-28	600745.SH
4	葛洲坝	129.36	建筑	1997-05-26	600068.SH
5	鄂武商 A	122.41	零售	1992-11-20	000501.SZ
6	烽火通信	115.37	通信	2001-08-23	600498.SH
7	居然之家	98.56	零售	1997-07-11	000785.SZ
8	中百集团	91.82	零售	1997-05-19	000759.SZ
9	安道麦 A	76.93	化工	1993-12-03	000553.SZ
10	东风汽车	71.09	汽车	1999-07-27	600006.SH

续表

序号	证券简称	品牌价值(亿元)	行业	上市日期	证券代码
11	长江传媒	66.26	媒体	1996-10-03	600757.SH
12	凯乐科技	65.33	通信	2000-07-06	600260.SH
13	长飞光纤	65.26	通信	2018-07-20	601869.SH
14	金凰珠宝	62.56	服饰	2010-08-18	KGJI.O
15	安琪酵母	56.85	食品	2000-08-18	600298.SH
16	人福医药	51.43	医药	1997-06-06	600079.SH
17	华新水泥	50.21	建筑	1994-01-03	600801.SH
18	三安光电	50.08	电子	1996-05-28	600703.SH
19	卓尔智联	47.75	商业服务	2011-07-13	2098.HK
20	斗鱼	47.72	休闲	2019-07-17	DOYU.O
21	新洋丰	40.86	化工	1999-04-08	000902.SZ
22	福星股份	35.36	房地产	1999-06-18	000926.SZ
23	济川药业	34.47	医药	2001-08-22	600566.SH
24	周黑鸭	33.34	食品	2016-11-11	1458.HK
25	启迪环境	31.72	环保	1998-02-25	000826.SZ
26	光迅科技	29.09	通信	2009-08-21	002281.SZ
27	天茂集团	26.28	金融	1996-11-12	000627.SZ
28	长江证券	26.05	金融	1997-07-31	000783.SZ
29	中航机电	23.88	装备	2004-07-05	002013.SZ
30	力源信息	23.61	电子	2011-02-22	300184.SZ
31	宏发股份	22.12	装备	1996-02-05	600885.SH
32	当代明诚	22.01	休闲	1998-03-03	600136.SH
33	航天电子	21.43	装备	1995-11-15	600879.SH
34	骆驼股份	21.36	汽车	2011-06-02	601311.SH
35	中信特钢	19.38	钢铁	1997-03-26	000708.SZ
36	ST 宜化	19.17	化工	1996-08-15	000422.SZ
37	三峡新材	19.16	通信	2000-09-19	600293.SH
38	华工科技	18.00	电子	2000-06-08	000988.SZ
39	东方金钰	17.92	服饰	1997-06-06	600086.SH
40	东阳光药	16.82	医药	2015-12-29	1558.HK
41	兴发集团	16.47	化工	1999-06-16	600141.SH
42	湖北广电	15.43	媒体	1996-12-10	000665.SZ

续表

序号	证 券 简 称	品牌价值(亿元)	行业	上市日期	证券代码
43	华昌达	13.40	装备	2011-12-16	300278.SZ
44	锐科激光	11.81	装备	2018-06-25	300747.SZ
45	楚天高速	11.35	运输	2004-03-10	600035.SH
46	中电光谷	11.18	房地产	2014-03-28	0798.HK
47	湖北能源	10.94	公用	1998-05-19	000883.SZ
48	南国置业	10.72	房地产	2009-11-06	002305.SZ
49	奥美医疗	9.90	医药	2019-03-11	002950.SZ
50	东湖高新	9.82	建筑	1998-02-12	600133.SH
51	武汉凡谷	9.31	通信	2007-12-07	002194.SZ
52	华灿光电	9.14	电子	2012-06-01	300323.SZ
53	中贝通信	9.02	电信	2018-11-15	603220.SH
54	天风证券	9.01	金融	2018-10-19	601162.SH
55	京山轻机	8.97	装备	1998-06-26	000821.SZ
56	马应龙	8.80	医药	2004-05-17	600993.SH
57	三特索道	8.22	休闲	2007-08-17	002159.SZ
58	京汉股份	7.54	房地产	1996-10-16	000615.SZ
59	天喻信息	7.31	电子	2011-04-21	300205.SZ
60	精测电子	7.13	电子	2016-11-22	300567.SZ
61	中国应急	6.84	装备	2016-08-05	300527.SZ
62	健民集团	6.74	医药	2004-04-19	600976.SH
63	宜昌交运	6.41	运输	2011-11-03	002627.SZ
64	百川能源	6.00	公用	1993-10-18	600681.SH
65	帝尔激光	5.94	装备	2019-05-17	300776.SZ
66	国创高新	5.84	房地产	2010-03-23	002377.SZ
67	中汽系统	5.66	汽车	2004-08-24	CAAS.O
68	汉商集团	5.57	零售	1996-11-08	600774.SH
69	长源电力	5.22	公用	2000-03-16	000966.SZ
70	高德红外	4.88	电子	2010-07-16	002414.SZ
71	三丰智能	4.50	装备	2011-11-15	300276.SZ
72	塞力斯	4.34	医药	2016-10-31	603716.SH
73	光电股份	3.74	装备	2003-11-06	600184.SH
74	石化机械	3.65	石油	1998-11-26	000852.SZ

续表

序号	证券简称	品牌价值(亿元)	行业	上市日期	证券代码
75	永安药业	3.27	医药	2010-03-05	002365.SZ
76	盛天网络	3.24	媒体	2015-12-31	300494.SZ
77	海特生物	3.16	医药	2017-08-08	300683.SZ
78	长江通信	3.14	通信	2000-12-22	600345.SH
79	华中数控	3.08	装备	2011-01-13	300161.SZ

4.12 安徽品牌价值榜

2020安徽上市公司品牌价值榜全面统计了品牌价值不低于3亿元的上市公司，共84家，品牌价值总计2 989.11亿元。

4.12.1 2020安徽上市公司品牌价值榜分析

【区域集中度】 在2020安徽上市公司品牌价值榜中，排在前10位的公司品牌价值合计1 674.69亿元，占安徽榜单总计品牌价值的56%；排在前20位的公司品牌价值合计2 252.7亿元，占安徽榜单总计品牌价值的75.4%；排在前30位的公司品牌价值合计2 528.49亿元，占安徽榜单总计品牌价值的84.6%。

【所在行业】 在2020安徽上市公司品牌价值榜中，84家公司来自33个行业。其中，饮料、建筑、教育、休闲和装备五个行业共计包括27家公司，品牌价值合计1 593.76亿元，占安徽榜单总计品牌价值的53.3%，处于主导地位。其他行业的情况见图4-23和图4-24。

【上市板块】 在2020安徽上市公司品牌价值榜中，在沪市主板上市的公司有39家，品牌价值合计1 238.95亿元，占安徽榜单总计品牌价值的41.5%，排在第一位；在深市中小板上市的公司有18家，品牌价值合计661.38亿元，占安徽榜单总计品牌价值的22.1%，排在第二位；在深市主板上市的公司有10家，品牌价值合计561.64亿元，占安徽榜单总计品牌价值的18.8%，排在第三位。此外，在港股上市的中资股公司有6家，品牌价值合计342.09亿元；在深市创业板上市的公司有10家，品牌价值合计160.88亿元；国外中概股上市公司有1家，品牌价值24.17亿元。

【上市时间】 在2020安徽上市公司品牌价值榜中，2011—2015年上市的公司有21家，品牌价值合计1 079.94亿元，占安徽榜单总计品牌价值的36.1%，排在第一位；2001—2005年上市的公司有18家，品牌价值合计686.48亿元，占安徽榜单总计品牌价值的23%，排在第二位；1996—2000年上市的公司有13家，品牌价值合计595.43亿元，占安徽榜单总计品牌价值的19.9%，排在第三位。此外，2016—2019年上市的公司有16家，品

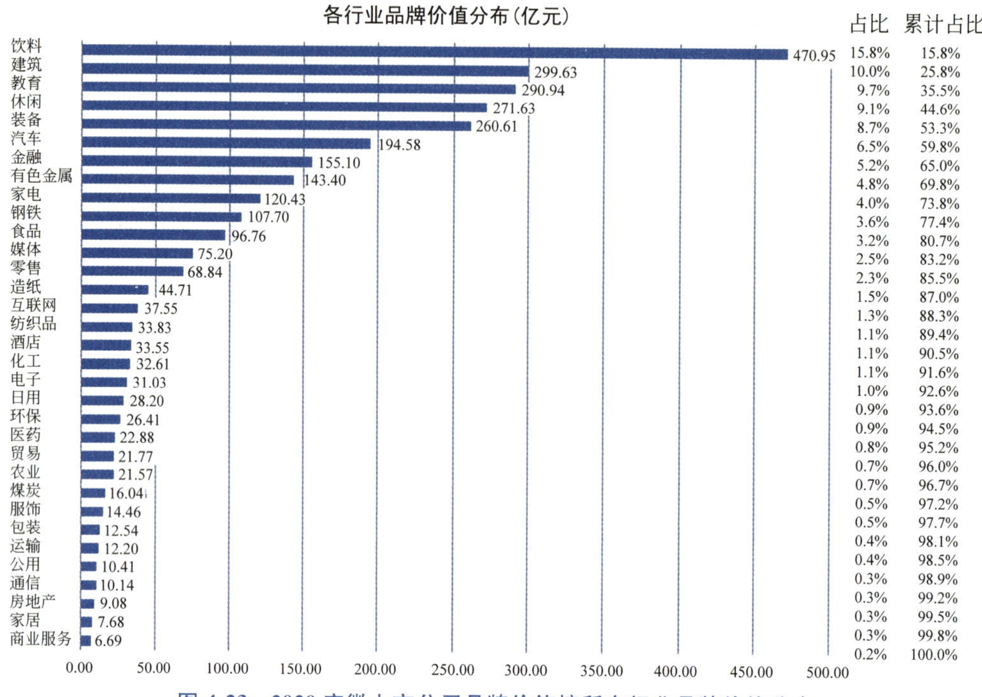

图 4-23 2020 安徽上市公司品牌价值榜所在行业品牌价值分布

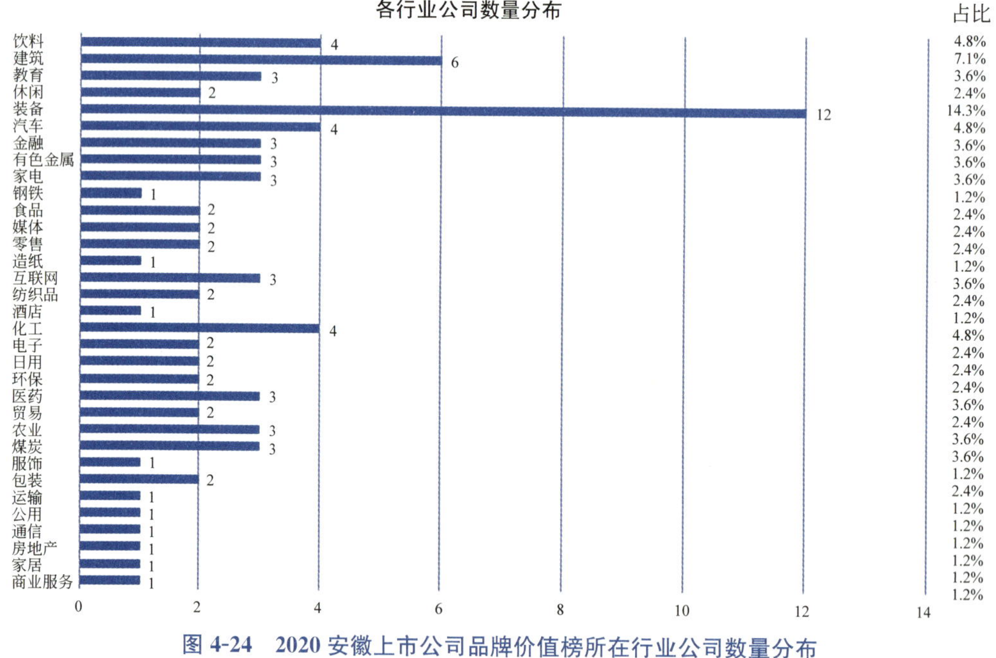

图 4-24 2020 安徽上市公司品牌价值榜所在行业公司数量分布

牌价值合计 259.59 亿元；1996 年以前上市的公司有 3 家，品牌价值合计 196.71 亿元；2006—2010 年上市的公司有 13 家，品牌价值合计 170.96 亿元。

4.12.2 2020 安徽上市公司品牌价值榜单

序号	证券简称	品牌价值(亿元)	行业	上市日期	证券代码
1	三七互娱	263.68	休闲	2011-03-02	002555.SZ
2	海螺水泥	248.77	建筑	2002-02-07	600585.SH
3	古井贡酒	224.40	饮料	1996-09-27	000596.SZ
4	中公教育	189.29	教育	2011-08-10	002607.SZ
5	江淮汽车	157.91	汽车	2001-08-24	600418.SH
6	口子窖	142.13	饮料	2015-06-29	603589.SH
7	徽商银行	129.97	金融	2013-11-12	3698.HK
8	铜陵有色	122.73	有色金属	1996-11-20	000630.SZ
9	马钢股份	107.70	钢铁	1994-01-06	600808.SH
10	迎驾贡酒	88.11	饮料	2015-05-28	603198.SH
11	中国东方教育	87.85	教育	2019-06-12	0667.HK
12	信义光能	82.72	装备	2013-12-12	0968.HK
13	长虹美菱	78.60	家电	1993-10-18	000521.SZ
14	合肥百货	59.59	零售	1996-08-12	000417.SZ
15	三只松鼠	54.01	食品	2019-07-12	300783.SZ
16	安徽合力	48.69	装备	1996-10-09	600761.SH
17	山鹰纸业	44.71	造纸	2001-12-18	600567.SH
18	洽洽食品	42.75	食品	2011-03-02	002557.SZ
19	皖新传媒	41.95	媒体	2010-01-18	601801.SH
20	惠而浦	37.15	家电	2004-07-27	600983.SH
21	黄山旅游	33.55	酒店	1997-05-06	600054.SH
22	时代出版	33.25	媒体	2002-09-05	600551.SH
23	安徽建工	28.53	建筑	2003-04-15	600502.SH
24	华孚时尚	27.59	纺织品	2005-04-27	002042.SZ
25	科大讯飞	27.15	互联网	2008-05-12	002230.SZ
26	阳光电源	26.81	装备	2011-11-02	300274.SZ
27	中鼎股份	26.55	汽车	1998-12-03	000887.SZ
28	长信科技	24.62	电子	2010-05-26	300088.SZ
29	华米科技	24.17	日用	2018-02-08	HMI.N
30	华菱星马	23.56	装备	2003-04-01	600375.SH

续表

序号	证券简称	品牌价值（亿元）	行业	上市日期	证券代码
31	精达股份	21.15	装备	2002-09-11	600577.SH
32	全柴动力	19.82	装备	1998-12-03	600218.SH
33	楚江新材	16.98	有色金属	2007-09-21	002171.SZ
34	金种子酒	16.30	饮料	1998-08-12	600199.SH
35	国元证券	16.15	金融	1997-06-16	000728.SZ
36	海螺创业	15.60	环保	2013-12-19	0586.HK
37	美亚光电	15.58	装备	2012-07-31	002690.SZ
38	开润股份	14.46	服饰	2016-12-21	300577.SZ
39	辉隆股份	14.26	贸易	2011-03-02	002556.SZ
40	中国新华教育	13.80	教育	2018-03-26	2779.HK
41	皖通高速	12.20	运输	2003-01-07	600012.SH
42	现代牧业	12.14	农业	2010-11-26	1117.HK
43	广信股份	11.28	化工	2015-05-13	603599.SH
44	国祯环保	10.81	环保	2014-08-01	300388.SZ
45	丰原药业	10.75	医药	2000-09-20	000153.SZ
46	司尔特	10.56	化工	2011-01-18	002538.SZ
47	皖能电力	10.41	公用	1993-12-20	000543.SZ
48	大富科技	10.14	通信	2010-10-26	300134.SZ
49	安德利	9.25	零售	2016-08-22	603031.SH
50	四创电子	9.19	装备	2004-05-10	600990.SH
51	合肥城建	9.08	房地产	2008-01-28	002208.SZ
52	淮北矿业	8.98	煤炭	2004-04-28	600985.SH
53	华安证券	8.97	金融	2016-12-06	600909.SH
54	九华旅游	7.94	休闲	2015-03-26	603199.SH
55	志邦家居	7.68	家居	2017-06-30	603801.SH
56	淮河能源	7.51	贸易	2003-03-28	600575.SH
57	安科生物	7.45	医药	2009-10-30	300009.SZ
58	精工钢构	7.13	建筑	2002-06-05	600496.SH
59	鸿路钢构	7.00	建筑	2011-01-18	002541.SZ
60	伯特利	7.00	汽车	2018-04-27	603596.SH
61	嘉美包装	6.87	包装	2019-12-02	002969.SZ
62	设计总院	6.69	商业服务	2017-08-01	603357.SH

续表

序号	证券简称	品牌价值(亿元)	行业	上市日期	证券代码
63	中电兴发	6.44	互联网	2009-09-29	002298.SZ
64	凯盛科技	6.41	电子	2002-11-08	600552.SH
65	金禾实业	6.34	化工	2011-07-07	002597.SZ
66	华茂股份	6.24	纺织品	1998-10-07	000850.SZ
67	丰乐种业	6.21	农业	1997-04-22	000713.SZ
68	永新股份	5.67	包装	2004-07-08	002014.SZ
69	融捷健康	4.68	家电	2011-07-29	300247.SZ
70	欧普康视	4.68	医药	2017-01-17	300595.SZ
71	皖维高新	4.43	化工	1997-05-28	600063.SH
72	东华科技	4.17	建筑	2007-07-12	002140.SZ
73	交建股份	4.04	建筑	2019-10-21	603815.SH
74	德力股份	4.02	日用	2011-04-12	002571.SZ
75	皖通科技	3.96	互联网	2010-01-06	002331.SZ
76	众源新材	3.69	有色金属	2017-09-07	603527.SH
77	新集能源	3.66	煤炭	2007-12-19	601918.SH
78	恒源煤电	3.40	煤炭	2004-08-17	600971.SH
79	应流股份	3.37	装备	2014-01-22	603308.SH
80	国机通用	3.37	装备	2004-02-19	600444.SH
81	长城军工	3.30	装备	2018-08-06	601606.SH
82	荃银高科	3.22	农业	2010-05-26	300087.SZ
83	常青股份	3.12	汽车	2017-03-24	603768.SH
84	合锻智能	3.05	装备	2014-11-07	603011.SH

4.13 内蒙古品牌价值榜

2020 内蒙古上市公司品牌价值榜全面统计了品牌价值不低于 3 亿元的上市公司，共 25 家，品牌价值总计 2 672.25 亿元。

4.13.1 2020 内蒙古上市公司品牌价值榜分析

【区域集中度】 在 2020 内蒙古上市公司品牌价值榜中，排在第 1 位的公司品牌价值 1 307.59 亿元，占内蒙古榜单总计品牌价值的 48.9%；排在前 3 位的公司品牌价值合计 2 368.52 亿元，占内蒙古榜单总计品牌价值的 88.6%；排在前 10 位的公司品牌价值合计

2 567.66 亿元，占内蒙古榜单总计品牌价值的 96.1%。

【所在行业】 在 2020 内蒙古上市公司品牌价值榜中，25 家公司来自 11 个行业。其中，饮料行业包括 2 家公司，品牌价值合计 2 294.56 亿元，占内蒙古榜单总计品牌价值的 85.9%，处于主导地位。其他行业的情况见图 4-25 和图 4-26。

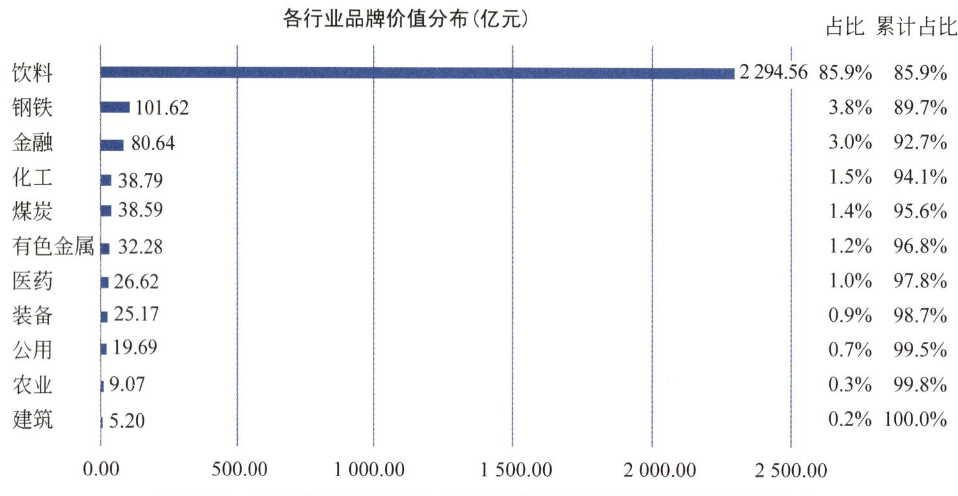

图 4-25 2020 内蒙古上市公司品牌价值榜所在行业品牌价值分布

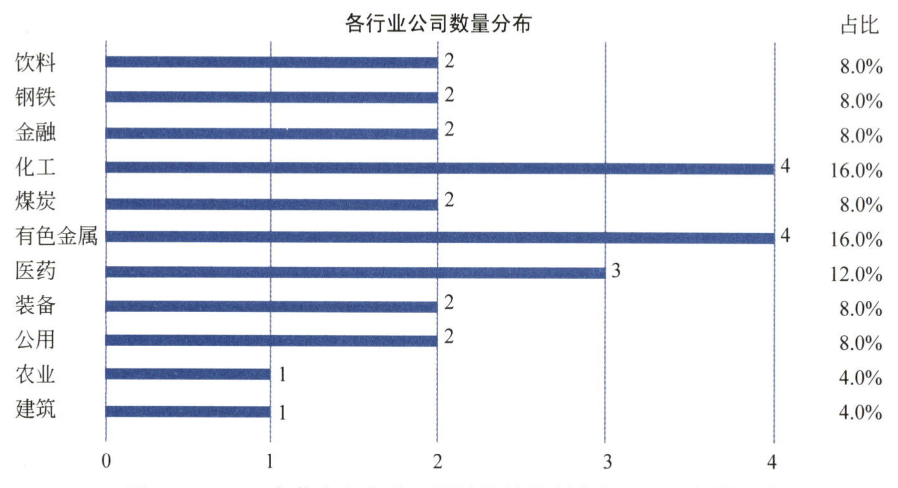

图 4-26 2020 内蒙古上市公司品牌价值榜所在行业公司数量分布

【上市板块】 在 2020 内蒙古上市公司品牌价值榜中，在沪市主板上市的公司有 13 家，品牌价值合计 1 585.04 亿元，占内蒙古榜单总计品牌价值的 59.3%，排在第一位；在港股上市的中资股公司有 5 家，品牌价值合计 1 042.73 亿元，占内蒙古榜单总计品牌价值的 39%，排在第二位；此外，在深市主板上市的公司有 3 家，品牌价值合计 22.03 亿元；在深市中小板和创业板上市的公司各有 2 家，品牌价值合计分别为 13.43 和 9.03 亿元。

【上市时间】 在 2020 内蒙古上市公司品牌价值榜中，1996—2000 年上市的公司有

10 家,品牌价值合计 1 455.74 亿元,占内蒙古榜单总计品牌价值的 54.5%,排在第一位;2001—2005 年上市的公司有 5 家,品牌价值合计 1 115 亿元,占内蒙古榜单总计品牌价值的 41.7%,排在第二位;此外,2011—2015 年上市的公司有 6 家,品牌价值合计 70.56 亿元;2006—2010 年上市的公司有 2 家,品牌价值合计 11.26 亿元。1996 年以前和 2016—2019 年上市的公司各有 1 家,品牌价值分别为 10.86 亿元和 8.83 亿元。

4.13.2　2020 内蒙古上市公司品牌价值榜单

序号	证券简称	品牌价值(亿元)	行业	上市日期	证券代码
1	伊利股份	1 307.59	饮料	1996-03-12	600887.SH
2	蒙牛乳业	986.98	饮料	2004-06-10	2319.HK
3	西水股份	73.95	金融	2000-07-31	600291.SH
4	包钢股份	69.54	钢铁	2001-03-09	600010.SH
5	鄂尔多斯	32.08	钢铁	2001-04-26	600295.SH
6	伊泰煤炭	31.15	煤炭	2012-07-12	3948.HK
7	内蒙一机	21.46	装备	2004-05-18	600967.SH
8	生物股份	16.81	医药	1999-01-15	600201.SH
9	北方稀土	15.36	有色金属	1997-09-24	600111.SH
10	亿利洁能	12.74	化工	2000-07-25	600277.SH
11	君正集团	12.45	化工	2011-02-22	601216.SH
12	内蒙华电	10.86	公用	1994-05-20	600863.SH
13	远兴能源	10.05	化工	1997-01-31	000683.SZ
14	中国圣牧	9.07	农业	2014-07-15	1432.HK
15	内蒙古能建	8.83	公用	2017-07-18	1649.HK
16	银泰黄金	8.68	有色金属	2000-06-08	000975.SZ
17	露天煤业	7.44	煤炭	2007-04-18	002128.SZ
18	恒投证券	6.69	金融	2015-10-15	1476.HK
19	金河生物	5.99	医药	2012-07-13	002688.SZ
20	蒙草生态	5.20	建筑	2012-09-27	300355.SZ
21	赤峰黄金	4.94	有色金属	2004-04-14	600988.SH
22	福瑞股份	3.82	医药	2010-01-20	300049.SZ
23	北方股份	3.71	装备	2000-06-30	600262.SH
24	兰太实业	3.55	化工	2000-12-22	600328.SH
25	兴业矿业	3.31	有色金属	1996-08-28	000426.SZ

4.14 河北品牌价值榜

2020 河北上市公司品牌价值榜全面统计了品牌价值不低于 3 亿元的上市公司，共 47 家，品牌价值总计 2 355.21 亿元。

4.14.1 2020 河北上市公司品牌价值榜分析

【区域集中度】 在 2020 河北上市公司品牌价值榜中，排在前 5 位的公司品牌价值合计 1 426.72 亿元，占河北榜单总计品牌价值的 60.6%；排在前 10 位的公司品牌价值合计 1781.28 亿元，占河北榜单总计品牌价值的 75.6%；排在前 20 位的公司品牌价值合计 2 122.65 亿元，占河北榜单总计品牌价值的 90.1%。

【所在行业】 在 2020 河北上市公司品牌价值榜中，47 家公司来自 20 个行业。其中，房地产、汽车和饮料三个行业共计包括 9 家公司，品牌价值合计 1 429.16 亿元，占河北榜单总计品牌价值的 60.7%，处于主导地位。其他行业的情况见图 4-27 和图 4-28。

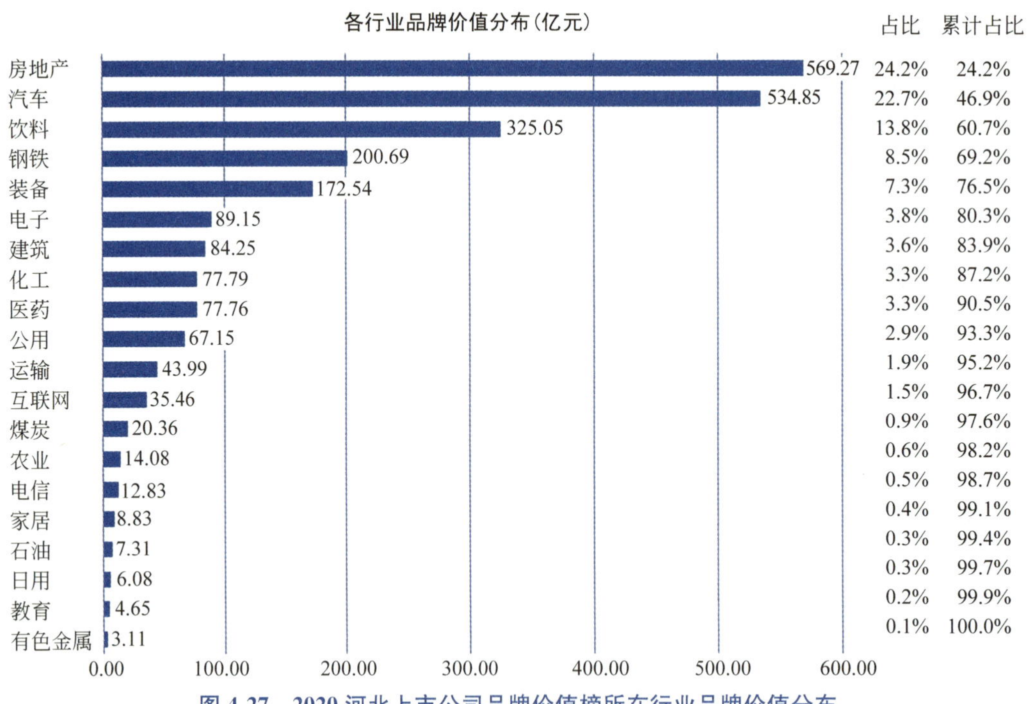

图 4-27 2020 河北上市公司品牌价值榜所在行业品牌价值分布

【上市板块】 在 2020 河北上市公司品牌价值榜中，在沪市主板上市的公司有 17 家，品牌价值合计 1 356.14 亿元，占河北榜单总计品牌价值的 57.6%，排在第一位；在深市主板上市的公司有 11 家，品牌价值合计 418.22 亿元，占河北榜单总计品牌价值的 17.8%，排在第二位；在深市中小板上市的公司有 5 家，品牌价值合计 375.01 亿元，占河北榜单总

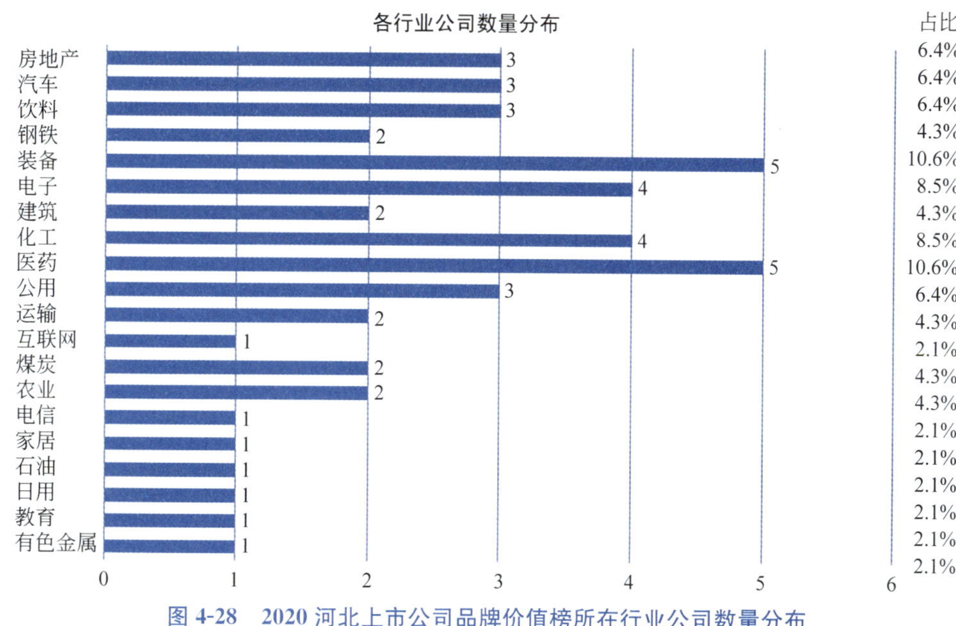

图 4-28　2020 河北上市公司品牌价值榜所在行业公司数量分布

计品牌价值的 15.9%，排在第三位。此外，在港股上市的中资股公司有 9 家，品牌价值合计 172.43 亿元；在深市创业板上市的公司有 5 家，品牌价值合计 33.41 亿元。

【上市时间】 在 2020 河北上市公司品牌价值榜中，2001—2005 年上市的公司 11 家，品牌价值合计 553.48 亿元，占河北榜单总计品牌价值的 23.5%，排在第一位；2011—2015 年上市的公司有 4 家，品牌价值合计 542.83 亿元，占河北榜单总计品牌价值的 23.1%，排在第二位；1996—2000 年上市的公司有 13 家，品牌价值合计 428.84 亿元，占河北榜单总计品牌价值的 18.2%，排在第三位。此外，2006—2010 年上市的公司有 7 家，品牌价值合计 396.66 亿元；2016—2019 年上市的公司有 10 家，品牌价值合计 356.29 亿元；1996 年以前上市的公司有 2 家，品牌价值合计 77.12 亿元。

4.14.2　2020 河北上市公司品牌价值榜单

序号	证券简称	品牌价值(亿元)	行业	上市日期	证券代码
1	长城汽车	509.58	汽车	2011-09-28	601633.SH
2	华夏幸福	331.50	房地产	2003-12-30	600340.SH
3	养元饮品	226.78	饮料	2018-02-12	603156.SH
4	荣盛发展	222.62	房地产	2007-08-08	002146.SZ
5	河钢股份	136.24	钢铁	1997-04-16	000709.SZ
6	晶澳科技	111.05	装备	2010-08-10	002459.SZ
7	新兴铸管	64.45	钢铁	1997-06-06	000778.SZ

续表

序号	证券简称	品牌价值(亿元)	行业	上市日期	证券代码
8	东旭光电	63.16	电子	1996-09-25	000413.SZ
9	河北建设	60.68	建筑	2017-12-15	1727.HK
10	承德露露	55.21	饮料	1997-11-13	000848.SZ
11	新奥能源	50.13	公用	2001-05-10	2688.HK
12	中国动力	46.46	装备	2004-07-14	600482.SH
13	新奥股份	45.82	化工	1994-01-03	600803.SH
14	老白干酒	43.06	饮料	2002-10-29	600559.SH
15	常山北明	35.46	互联网	2000-07-24	000158.SZ
16	华北制药	31.30	医药	1994-01-14	600812.SH
17	唐山港	26.53	运输	2010-07-05	601000.SH
18	冀东水泥	23.58	建筑	1996-06-14	000401.SZ
19	以岭药业	19.80	医药	2011-07-28	002603.SZ
20	三友化工	19.24	化工	2003-06-18	600409.SH
21	凌云股份	18.11	汽车	2003-08-15	600480.SH
22	秦港股份	17.46	运输	2017-08-16	601326.SH
23	天山发展控股	15.14	房地产	2010-07-15	2118.HK
24	神威药业	13.03	医药	2004-12-02	2877.HK
25	中嘉博创	12.83	电信	1997-12-18	000889.SZ
26	紫光国微	11.10	电子	2005-06-06	002049.SZ
27	青鸟消防	10.44	电子	2019-08-09	002960.SZ
28	冀中能源	10.36	煤炭	1999-09-09	000937.SZ
29	开滦股份	10.00	煤炭	2004-06-02	600997.SH
30	惠达卫浴	8.83	家居	2017-04-05	603385.SH
31	新天绿色能源	8.68	公用	2010-10-13	0956.HK
32	建投能源	8.34	公用	1996-06-06	000600.SZ
33	东光化工	8.20	化工	2017-07-11	1702.HK
34	晨光生物	8.16	农业	2010-11-05	300138.SZ
35	新诺威	7.34	医药	2019-03-22	300765.SZ
36	达力普控股	7.31	石油	2019-11-08	1921.HK
37	四通新材	7.16	汽车	2015-03-19	300428.SZ
38	常山药业	6.28	医药	2011-08-19	300255.SZ
39	乐凯胶片	6.08	日用	1998-01-22	600135.SH

续表

序号	证券简称	品牌价值(亿元)	行业	上市日期	证券代码
40	福成股份	5.92	农业	2004-07-13	600965.SH
41	冀东装备	5.47	装备	1998-08-13	000856.SZ
42	保变电气	4.94	装备	2001-02-28	600550.SH
43	21 世纪教育	4.65	教育	2018-05-29	1598.HK
44	翼辰实业	4.61	装备	2016-12-21	1596.HK
45	沧州大化	4.54	化工	2000-04-06	600230.SH
46	先河环保	4.46	电子	2010-11-05	300137.SZ
47	河钢资源	3.11	有色金属	1999-07-14	000923.SZ

4.15 辽宁品牌价值榜

2020 辽宁上市公司品牌价值榜全面统计了品牌价值不低于 3 亿元的上市公司，共 50 家，品牌价值总计 1 794.26 亿元。

4.15.1 2020 辽宁上市公司品牌价值榜分析

【区域集中度】 在 2020 辽宁上市公司品牌价值榜中，排在前 5 位的公司品牌价值合计 965.87 元，占辽宁榜单总计品牌价值的 53.8%；排在前 10 位的公司品牌价值合计 1 236.02 亿元，占辽宁榜单总计品牌价值的 68.9%；排在前 20 位的公司品牌价值合计 1 533.65 亿元，占辽宁榜单总计品牌价值的 85.5%。

【所在行业】 在 2020 辽宁上市公司品牌价值榜中，50 家公司来自 20 个行业。其中，汽车、运输和钢铁三个行业共计包括 13 家公司，品牌价值合计 926.28 亿元，占辽宁榜单总计品牌价值的 51.6%，处于主导地位。其他行业的情况见图 4-29 和图 4-30。

【上市板块】 在 2020 辽宁上市公司品牌价值榜中，在沪市主板上市的公司有 23 家，品牌价值合计 1 199.18 亿元，占辽宁榜单总计品牌价值的 66.8%，排在第一位；在深市主板上市的公司有 9 家，品牌价值合计 274.73 亿元，占辽宁榜单总计品牌价值的 15.3%，排在第二位；在港股上市的中资股公司有 5 家，品牌价值合计 200.68 亿元，占辽宁榜单总计品牌价值的 11.2%，排在第三位。此外，在深市中小板上市的公司有 7 家，品牌价值合计 76.73 亿元；在深市创业板上市的公司有 6 家，品牌价值合计 42.94 亿元。

【上市时间】 在 2020 辽宁上市公司品牌价值榜中，1996—2000 年上市的公司有 20 家，品牌价值合计 1057.91 亿元，占辽宁榜单总计品牌价值的 59%，排在第一位；2011—2015 年上市的公司有 12 家，品牌价值合计 280.4 亿元，占辽宁榜单总计品牌价值的 15.6%，排在第二位；1996 年以前上市的公司有 3 家，品牌价值合计 205.92 亿元，占辽宁榜单总计

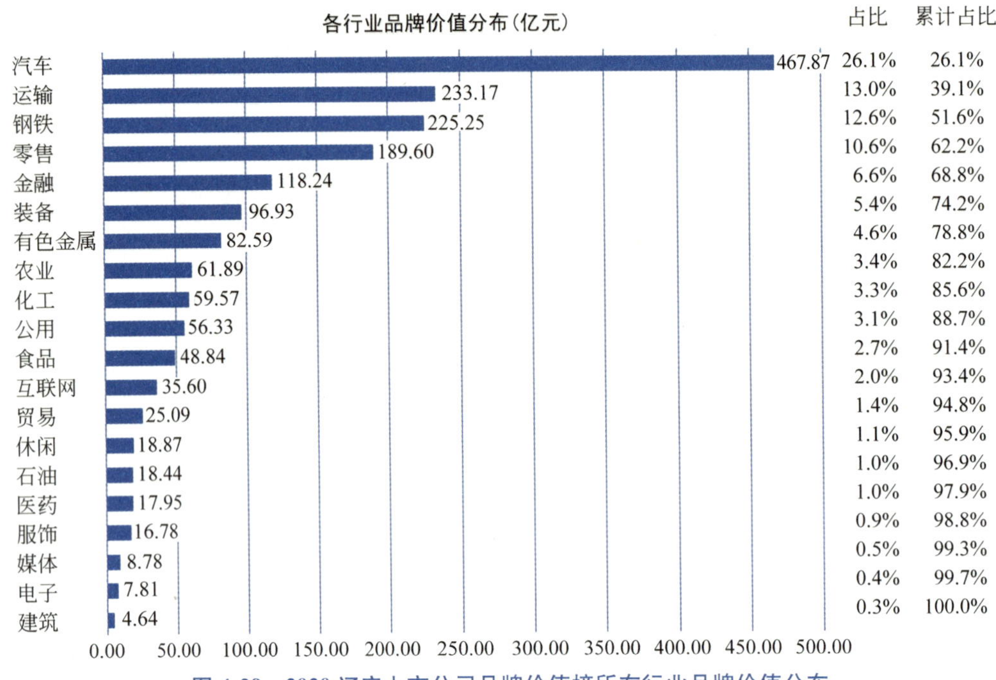

图 4-29 2020 辽宁上市公司品牌价值榜所在行业品牌价值分布

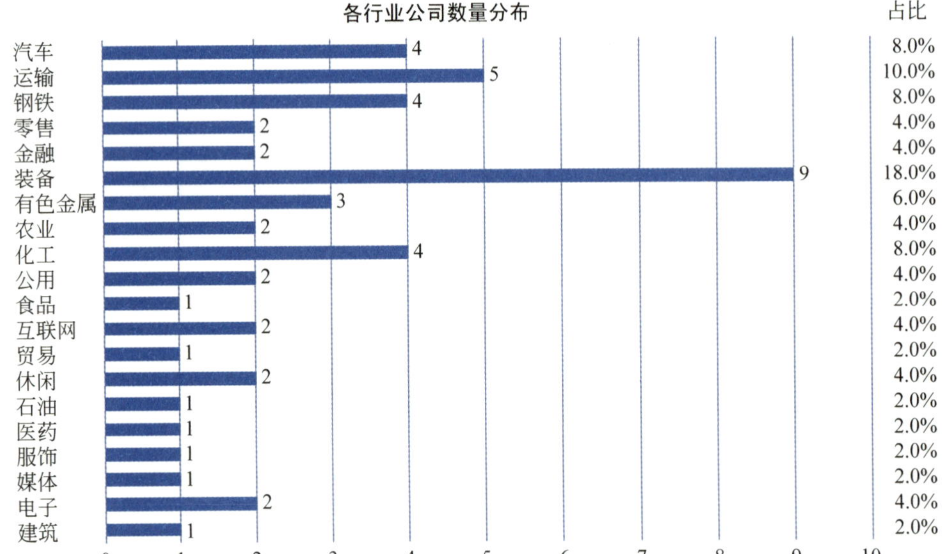

图 4-30 2020 辽宁上市公司品牌价值榜所在行业公司数量分布

品牌价值的 11.5%,排在第三位。此外，2006—2010 年上市的公司有 10 家,品牌价值合计 178.22 亿元;2001—2005 年上市的公司有 3 家,品牌价值合计 63.29 亿元;2016—2019 年上市的公司有 2 家,品牌价值合计 8.51 亿元。

4.15.2 2020 辽宁上市公司品牌价值榜单

序号	证 券 简 称	品牌价值(亿元)	行业	上市日期	证券代码
1	广汇汽车	428.44	汽车	2000-11-16	600297.SH
2	大商股份	173.90	零售	1993-11-22	600694.SH
3	圆通速递	156.06	运输	2000-06-08	600233.SH
4	鞍钢股份	139.34	钢铁	1997-12-25	000898.SZ
5	盛京银行	68.13	金融	2014-12-29	2066.HK
6	中国忠旺	61.88	有色金属	2009-05-08	1333.HK
7	禾丰牧业	54.85	农业	2014-08-08	603609.SH
8	本钢板材	53.52	钢铁	1998-01-15	000761.SZ
9	锦州银行	50.11	金融	2015-12-07	0416.HK
10	国电电力	49.79	公用	1997-03-18	600795.SH
11	桃李面包	48.84	食品	2015-12-22	603866.SH
12	恒力石化	42.23	化工	2001-08-20	600346.SH
13	铁龙物流	38.03	运输	1998-05-11	600125.SH
14	大连重工	28.54	装备	2008-01-16	002204.SZ
15	凌钢股份	27.77	钢铁	2000-05-11	600231.SH
16	东软集团	26.73	互联网	1996-06-18	600718.SH
17	辽宁成大	25.09	贸易	1996-08-19	600739.SH
18	金杯汽车	22.42	汽车	1992-07-24	600609.SH
19	机器人	19.53	装备	2009-10-30	300024.SZ
20	华锦股份	18.44	石油	1997-01-30	000059.SZ
21	东北制药	17.95	医药	1996-05-23	000597.SZ
22	大连港	17.91	运输	2010-12-06	601880.SH
23	萃华珠宝	16.78	服饰	2014-11-04	002731.SZ
24	三一国际	15.92	装备	2009-11-25	0631.HK
25	中兴商业	15.71	零售	1997-05-08	000715.SZ
26	营口港	12.70	运输	2002-01-31	600317.SH
27	吉翔股份	12.23	有色金属	2012-08-24	603399.SH
28	曙光股份	10.73	汽车	2000-12-26	600303.SH
29	文投控股	10.51	休闲	1996-07-01	600715.SH
30	冰山冷热	9.60	装备	1993-12-08	000530.SZ

续表

序号	证券简称	品牌价值(亿元)	行业	上市日期	证券代码
31	梦网集团	8.87	互联网	2007-03-28	002123.SZ
32	出版传媒	8.78	媒体	2007-12-21	601999.SH
33	锦州港	8.48	运输	1999-06-09	600190.SH
34	锌业股份	8.48	有色金属	1997-06-26	000751.SZ
35	大连圣亚	8.36	休闲	2002-07-11	600593.SH
36	沈阳化工	7.58	化工	1997-02-20	000698.SZ
37	獐子岛	7.04	农业	2006-09-28	002069.SZ
38	远大智能	7.03	装备	2012-07-17	002689.SZ
39	联美控股	6.54	公用	1999-01-28	600167.SH
40	德尔股份	6.27	汽车	2015-06-12	300473.SZ
41	奥克股份	5.65	化工	2010-05-20	300082.SZ
42	远大中国	4.64	建筑	2011-05-17	2789.HK
43	ST 抚钢	4.62	钢铁	2000-12-29	600399.SH
44	亚世光电	4.34	电子	2019-03-28	002952.SZ
45	金辰股份	4.17	装备	2017-10-18	603396.SH
46	美吉姆	4.12	装备	2011-09-29	002621.SZ
47	航锦科技	4.11	化工	1997-10-17	000818.SZ
48	智云股份	4.10	装备	2010-07-28	300097.SZ
49	蓝英装备	3.93	装备	2012-03-08	300293.SZ
50	聚龙股份	3.46	电子	2011-04-15	300202.SZ

4.16 天津品牌价值榜

2020 天津上市公司品牌价值榜全面统计了品牌价值不低于 3 亿元的上市公司，共 36 家，品牌价值总计 1 787.08 亿元。

4.16.1 2020 天津上市公司品牌价值榜分析

【区域集中度】 在 2020 天津上市公司品牌价值榜中，排在前 3 位的公司品牌价值合计 990.31 元，占天津榜单总计品牌价值的 55.4%；排在前 5 位的公司品牌价值合计 1 193.66 亿元，占天津榜单总计品牌价值的 66.8%；排在前 10 位的公司品牌价值合计 1 467.8 亿元，占天津榜单总计品牌价值的 82.1%。

【所在行业】 在 2020 天津上市公司品牌价值榜中，36 家公司来自 14 个行业。其中,互联网和运输两个行业共计包括 6 家公司,品牌价值合计 936.97 亿元,占天津榜单总计品牌价值的 52.4%,处于主导地位。其他行业的情况见图 4-31 和图 4-32。

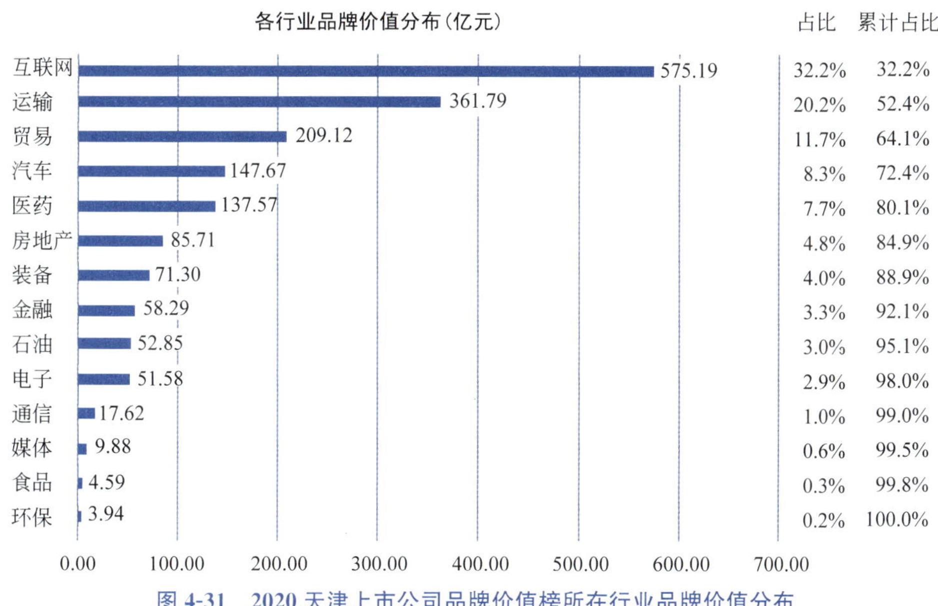

图 4-31　2020 天津上市公司品牌价值榜所在行业品牌价值分布

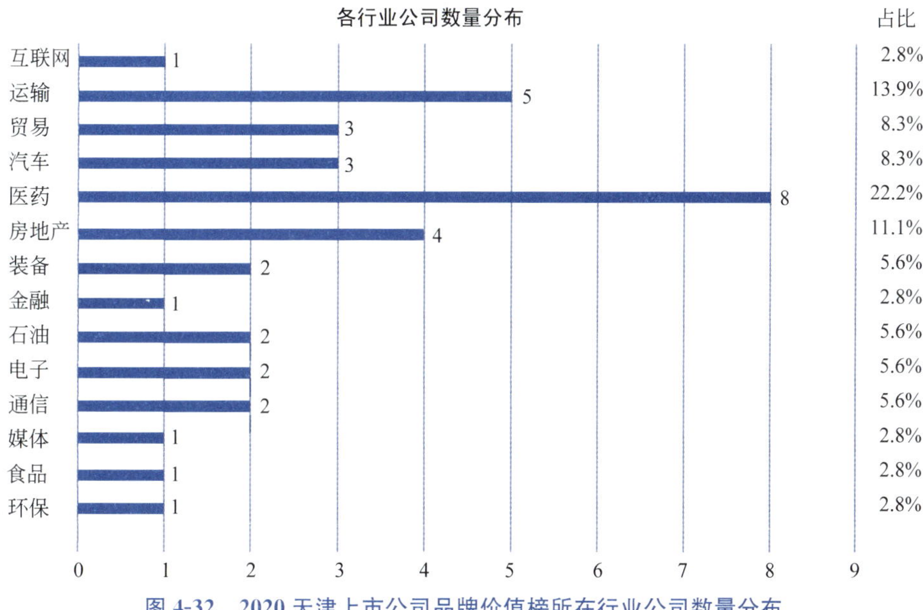

图 4-32　2020 天津上市公司品牌价值榜所在行业公司数量分布

【上市板块】 在 2020 天津上市公司品牌价值榜中,在沪市主板上市的公司有 19 家,品牌价值合计 1 436.36 亿元,占天津榜单总计品牌价值的 80.4%,排在第一位;在深市主板上市的公司有 5 家,品牌价值合计 141.05 亿元,占天津榜单总计品牌价值的 7.9%,排在第二位;此外,在深市中小板上市的公司有 5 家,品牌价值合计 89.05 亿元;在港股上市的中资股公司有 3 家，品牌价值合计 85.89 亿元；在深市创业板上市的公司有 4 家，品牌价值合计 34.72 亿元。

【上市时间】 在 2020 天津上市公司品牌价值榜中，2011—2015 年上市的公司有 6 家，品牌价值合计 655.73 亿元，占天津榜单总计品牌价值的 36.7%，排在第一位；2006—2010 年上市的公司有 8 家，品牌价值合计 391.19 亿元，占天津榜单总计品牌价值的 21.9%，排在第二位；2001—2005 年上市的公司有 6 家，品牌价值合计 267.92 亿元，占天津榜单总计品牌价值的 15%，排在第三位。此外，1996—2000 年上市的公司有 7 家，品牌价值合计 263.34 亿元；2016—2019 年上市的公司有 7 家，品牌价值合计 143.97 亿元；1996 年以前上市的公司有 2 家，品牌价值合计 64.93 亿元。

4.16.2 2020 天津上市公司品牌价值榜单

序号	证券简称	品牌价值（亿元）	行业	上市日期	证券代码
1	三六零	575.19	互联网	2012-01-16	601360.SH
2	中远海控	256.35	运输	2007-06-26	601919.SH
3	海航科技	158.78	贸易	1996-09-09	600751.SH
4	国机汽车	138.77	汽车	2001-03-05	600335.SH
5	天士力	64.59	医药	2002-08-23	600535.SH
6	中环股份	63.72	装备	2007-04-20	002129.SZ
7	广宇发展	60.58	房地产	1993-12-10	000537.SZ
8	天津银行	58.29	金融	2016-03-30	1578.HK
9	中科曙光	45.91	电子	2014-11-06	603019.SH
10	招商公路	45.64	运输	2017-12-25	001965.SZ
11	天津港	32.19	运输	1996-06-14	600717.SH
12	中储股份	31.61	贸易	1997-01-21	600787.SH
13	中海油服	29.90	石油	2007-09-28	601808.SH
14	中新药业	23.50	医药	2001-06-06	600329.SH
15	海油工程	22.95	石油	2002-02-05	600583.SH
16	中国飞机租赁	19.26	运输	2014-07-11	1848.HK
17	泰达股份	18.73	贸易	1996-11-28	000652.SZ
18	红日药业	18.01	医药	2009-10-30	300026.SZ
19	天房发展	11.96	房地产	2001-09-10	600322.SH
20	凯莱英	11.14	医药	2016-11-18	002821.SZ
21	新经典	9.88	媒体	2017-04-25	603096.SH

续表

序号	证 券 简 称	品牌价值(亿元)	行业	上市日期	证券代码
22	富通鑫茂	8.86	通信	1997-09-29	000836.SZ
23	七一二	8.76	通信	2018-02-26	603712.SH
24	滨海泰达物流	8.35	运输	2008-04-30	8348.HK
25	长荣股份	7.57	装备	2011-03-29	300195.SZ
26	天保基建	7.24	房地产	2000-04-06	000965.SZ
27	天药股份	6.16	医药	2001-06-18	600488.SH
28	中体产业	5.93	房地产	1998-03-27	600158.SH
29	恒银金融	5.67	电子	2017-09-20	603106.SH
30	瑞普生物	5.26	医药	2010-09-17	300119.SZ
31	天汽模	5.03	汽车	2010-11-25	002510.SZ
32	桂发祥	4.59	食品	2016-11-18	002820.SZ
33	力生制药	4.57	医药	2010-04-23	002393.SZ
34	中源协和	4.35	医药	1993-05-04	600645.SH
35	中材节能	3.94	环保	2014-07-31	603126.SH
36	鹏翎股份	3.88	汽车	2014-01-27	300375.SZ

4.17 河南品牌价值榜

2020 河南上市公司品牌价值榜全面统计了品牌价值不低于 3 亿元的上市公司，共 70 家，品牌价值总计 1 754.13 亿元。

4.17.1 2020 河南上市公司品牌价值榜分析

【区域集中度】 在 2020 河南上市公司品牌价值榜中，排在前 10 位的公司品牌价值合计 1 055.82 亿元，占河南榜单总计品牌价值的 60.2%；排在前 20 位的公司品牌价值合计 1 313.44 亿元，占河南榜单总计品牌价值的 74.9%；排在前 30 位的公司品牌价值合计 1 508.81 亿元，占河南榜单总计品牌价值的 86%。

【所在行业】 在 2020 河南上市公司品牌价值榜中，70 家公司来自 21 个行业。其中，食品、汽车和装备三个行业共计包括 20 家公司，品牌价值合计 924.98 亿元，占河南榜单总计品牌价值的 52.7%，处于主导地位。其他行业的情况见图 4-33 和图 4-34。

【上市板块】 在 2020 河南上市公司品牌价值榜中，在深市主板上市的公司有 8 家，品牌价值合计 610.6 亿元，占河南榜单总计品牌价值的 34.8%，排在第一位；在沪市主板

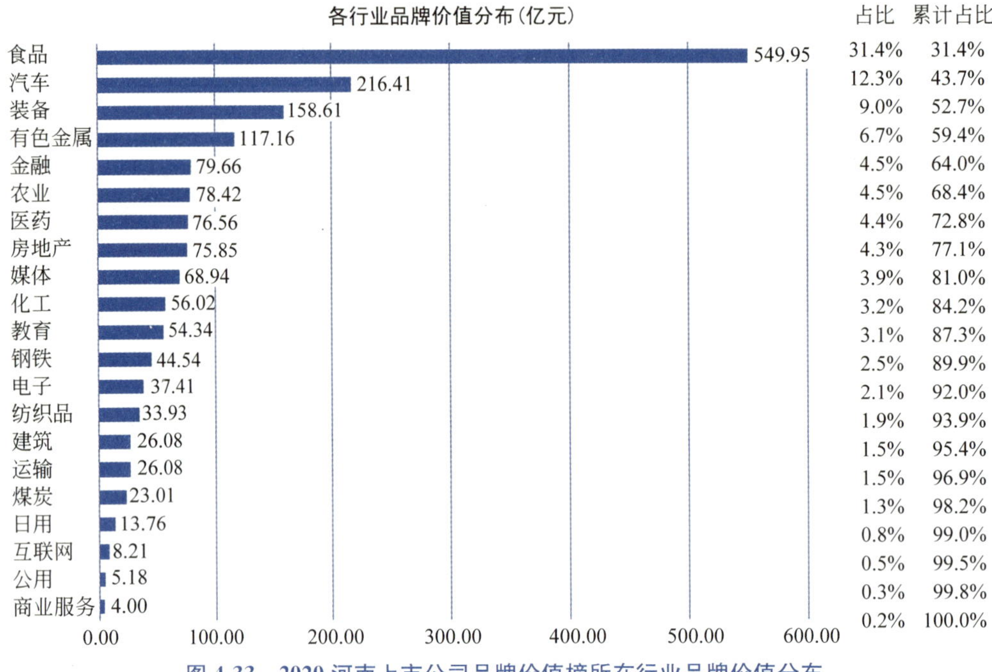

图 4-33　2020 河南上市公司品牌价值榜所在行业品牌价值分布

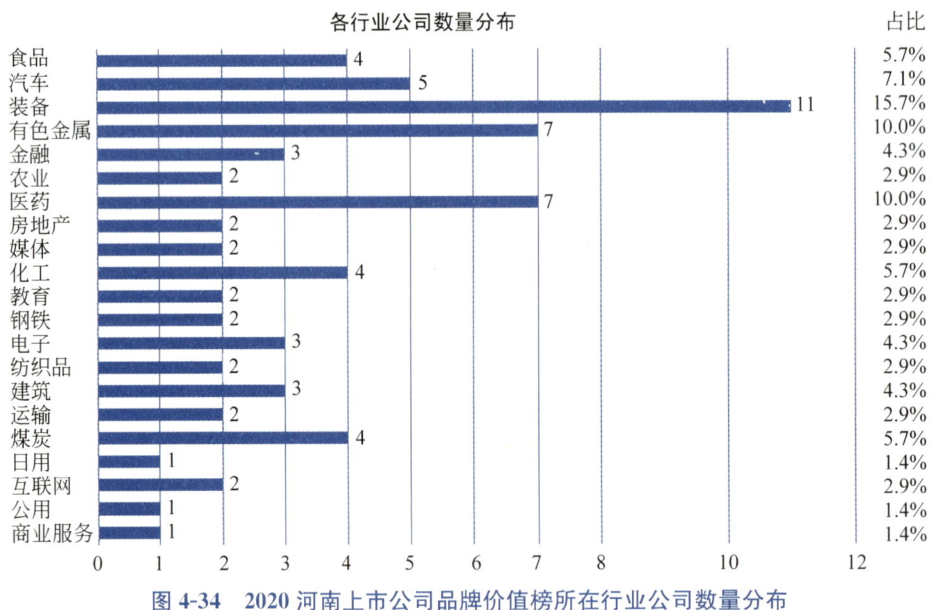

图 4-34　2020 河南上市公司品牌价值榜所在行业公司数量分布

上市的公司有 24 家，品牌价值合计 562.51 亿元，占河南榜单总计品牌价值的 32.1%，排在第二位；在深市中小板上市的公司有 21 家，品牌价值合计 315.29 亿元，占河南榜单总计品牌价值的 18%，排在第三位。此外，在港股上市的中资股公司有 11 家，品牌价值合计 229.16 亿元；在深市创业板上市的公司有 6 家，品牌价值合计 36.57 亿元。

【上市时间】 在 2020 河南上市公司品牌价值榜中，1996—2000 年上市的公司有 14

家，品牌价值合计 840.32 亿元，占河南榜单总计品牌价值的 47.9%，排在第一位；2006—2010 年上市的公司有 20 家，品牌价值合计 284.36 亿元，占河南榜单总计品牌价值的 16.2%，排在第二位；2011—2015 年上市的公司有 17 家，品牌价值合计 276.48 亿元，占河南榜单总计品牌价值的 15.8%，排在第三位。此外，2016—2019 年上市的公司有 10 家，品牌价值合计 168.48 亿元；2001—2005 年上市的公司有 8 家，品牌价值合计 160.85 亿元；1996 年以前上市的公司有 1 家，品牌价值 23.64 亿元。

4.17.2 2020 河南上市公司品牌价值榜单

序号	证券简称	品牌价值（亿元）	行业	上市日期	证券代码
1	双汇发展	485.60	食品	1998-12-10	000895.SZ
2	宇通客车	189.44	汽车	1997-05-08	600066.SH
3	建业地产	67.40	房地产	2008-06-06	0832.HK
4	牧原股份	67.36	农业	2014-01-28	002714.SZ
5	郑州银行	46.93	金融	2018-09-19	002936.SZ
6	中原传媒	44.13	媒体	1997-03-31	000719.SZ
7	洛阳钼业	43.15	有色金属	2012-10-09	603993.SH
8	安阳钢铁	41.13	钢铁	2001-08-20	600569.SH
9	宇华教育	35.67	教育	2017-02-28	6169.HK
10	三全食品	35.02	食品	2008-02-20	002216.SZ
11	中国心连心化肥	34.38	化工	2009-12-08	1866.HK
12	中航光电	27.50	电子	2007-11-01	002179.SZ
13	郑煤机	25.66	装备	2010-08-03	601717.SH
14	中原银行	25.61	金融	2017-07-19	1216.HK
15	智度股份	24.81	媒体	1996-12-24	000676.SZ
16	一拖股份	24.60	装备	2012-08-08	601038.SH
17	华兰生物	24.52	医药	2004-06-25	002007.SZ
18	平高电气	23.77	装备	2001-02-21	600312.SH
19	神马股份	23.64	纺织品	1994-01-06	600810.SH
20	中信重工	23.12	装备	2012-07-06	601608.SH
21	许继电气	22.24	装备	1997-04-18	000400.SZ
22	中原高速	21.59	运输	2003-08-08	600020.SH
23	神火股份	21.22	有色金属	1999-08-31	000933.SZ
24	好想你	21.17	食品	2011-05-20	002582.SZ

续表

序号	证 券 简 称	品牌价值(亿元)	行业	上市日期	证券代码
25	ST 辅仁	20.33	医药	1996-12-18	600781.SH
26	豫光金铅	19.85	有色金属	2002-07-30	600531.SH
27	中国春来	18.68	教育	2018-09-13	1969.HK
28	中国天瑞水泥	18.33	建筑	2011-12-23	1252.HK
29	明泰铝业	17.31	有色金属	2011-09-19	601677.SH
30	龙蟒佰利	14.65	化工	2011-07-15	002601.SZ
31	瑞贝卡	13.76	日用	2003-07-10	600439.SH
32	安图生物	13.54	医药	2016-09-01	603658.SH
33	风神股份	12.75	汽车	2003-10-21	600469.SH
34	华英农业	11.06	农业	2009-12-16	002321.SZ
35	易成新能	10.34	装备	2010-06-25	300080.SZ
36	新野纺织	10.29	纺织品	2006-11-30	002087.SZ
37	平煤股份	10.02	煤炭	2006-11-23	601666.SH
38	羚锐制药	8.57	医药	2000-10-18	600285.SH
39	恒达集团控股	8.45	房地产	2018-11-12	3616.HK
40	科迪乳业	8.16	食品	2015-06-30	002770.SZ
41	森源电气	7.68	装备	2010-02-10	002358.SZ
42	隆华科技	7.68	装备	2011-09-16	300263.SZ
43	中原证券	7.12	金融	2017-01-03	601375.SH
44	灵宝黄金	6.99	有色金属	2006-01-12	3330.HK
45	飞龙股份	5.99	汽车	2011-01-11	002536.SZ
46	新天科技	5.82	装备	2011-08-31	300259.SZ
47	汉威科技	5.61	电子	2009-10-30	300007.SZ
48	金马能源	5.38	煤炭	2017-10-10	6885.HK
49	天伦燃气	5.18	公用	2010-11-10	1600.HK
50	思维列控	5.10	互联网	2015-12-24	603508.SH
51	焦作万方	4.68	有色金属	1996-09-26	000612.SZ
52	城发环境	4.49	运输	1999-03-19	000885.SZ
53	中光学	4.30	电子	2007-12-03	002189.SZ
54	中原内配	4.21	汽车	2010-07-16	002448.SZ
55	郑州煤电	4.15	煤炭	1998-01-07	600121.SH
56	远东传动	4.02	汽车	2010-05-18	002406.SZ

续表

序号	证券简称	品牌价值(亿元)	行业	上市日期	证券代码
57	濮耐股份	4.01	建筑	2008-04-25	002225.SZ
58	设研院	4.00	商业服务	2017-12-12	300732.SZ
59	黄河旋风	3.97	有色金属	1998-11-26	600172.SH
60	北玻股份	3.91	装备	2011-08-30	002613.SZ
61	通达股份	3.80	装备	2011-03-03	002560.SZ
62	棕榈股份	3.74	建筑	2010-06-10	002431.SZ
63	多氟多	3.56	化工	2010-05-18	002407.SZ
64	大有能源	3.47	煤炭	2003-10-09	600403.SH
65	新乡化纤	3.43	化工	1999-10-21	000949.SZ
66	恒星科技	3.41	钢铁	2007-04-27	002132.SZ
67	太龙药业	3.26	医药	1999-11-05	600222.SH
68	普莱柯	3.22	医药	2015-05-18	603566.SH
69	新开普	3.12	互联网	2011-07-29	300248.SZ
70	福森药业	3.11	医药	2018-07-11	1652.HK

4.18 重庆品牌价值榜

2020 重庆上市公司品牌价值榜全面统计了品牌价值不低于 3 亿元的上市公司，共 43 家，品牌价值总计 1 720.59 亿元。

4.18.1 2020 重庆上市公司品牌价值榜分析

【区域集中度】 在 2020 重庆上市公司品牌价值榜中，排在前 3 位的公司品牌价值合计 758.05 亿元，占重庆榜单总计品牌价值的 44.1%；排在前 5 位的公司品牌价值合计 961.17 亿元，占重庆榜单总计品牌价值的 55.9%；排在前 10 位的公司品牌价值合计 1 219.3 亿元，占重庆榜单总计品牌价值的 70.9%。

【所在行业】 在 2020 重庆上市公司品牌价值榜中，43 家公司来自 16 个行业。其中，汽车和零售两个行业共计包括 9 家公司，品牌价值合计 879.93 亿元，占重庆榜单总计品牌价值的 51.1%，处于主导地位。其他行业的情况见图 4-35 和图 4-36。

【上市板块】 在 2020 重庆上市公司品牌价值榜中，在沪市主板上市的公司有 19 家，品牌价值合计 800.62 亿元，占重庆榜单总计品牌价值的 46.5%，排在第一位；在深市主板上市的公司有 10 家，品牌价值合计 654.74 亿元，占重庆榜单总计品牌价值的 38.1%，排在第二位；在深市中小板上市的公司有 4 家，品牌价值合计 118.5 亿元，占重庆榜单总计

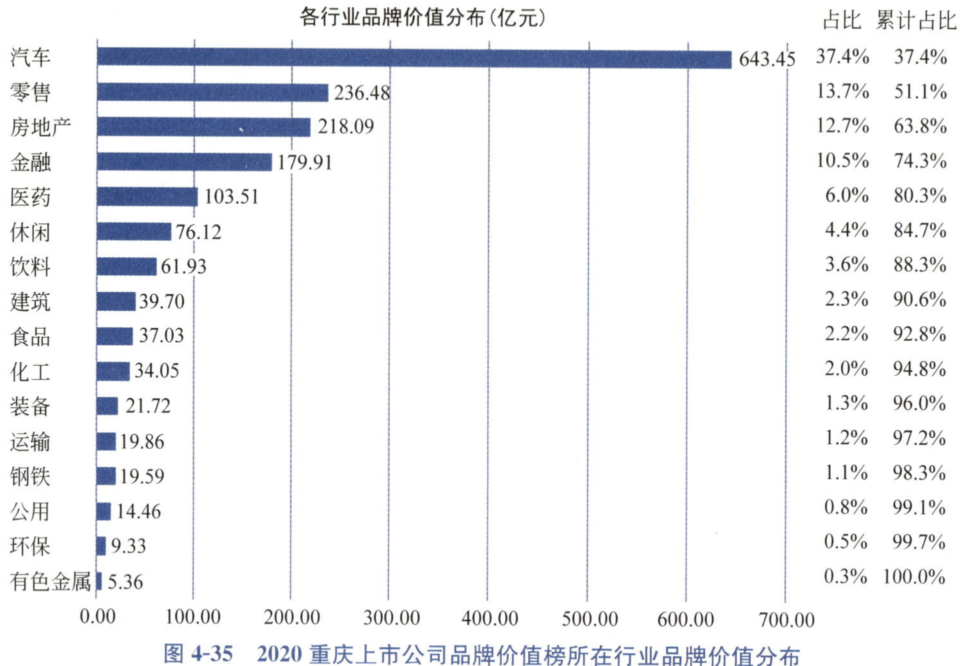

图 4-35 2020 重庆上市公司品牌价值榜所在行业品牌价值分布

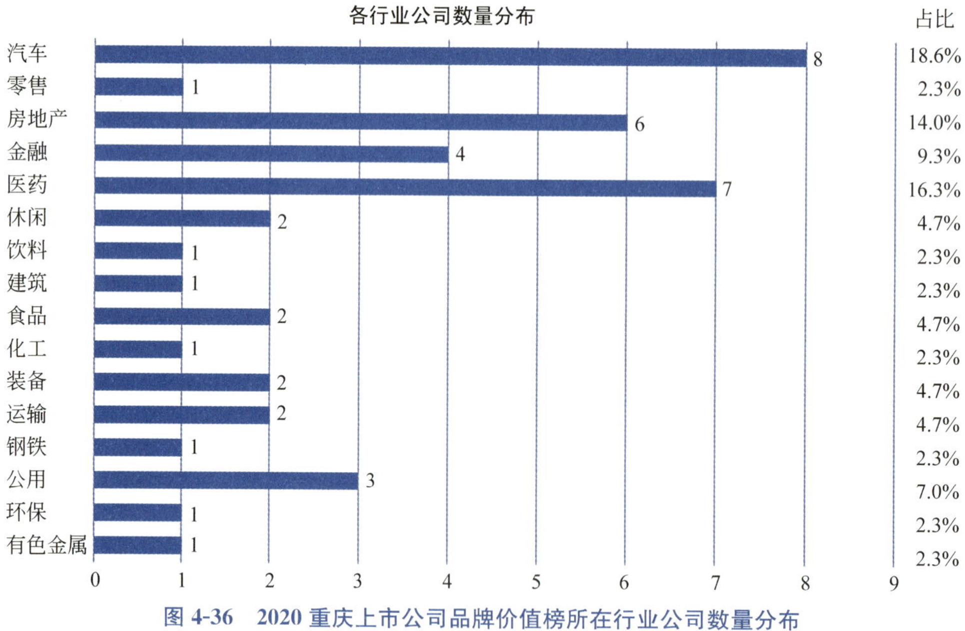

图 4-36 2020 重庆上市公司品牌价值榜所在行业公司数量分布

品牌价值的 6.9%，排在第三位。此外，在港股上市的中资股公司有 5 家，品牌价值合计 105.17 亿元；在深市创业板上市的公司有 4 家，品牌价值合计 37.86 亿元；国外中概股上市的公司有 1 家，品牌价值 3.71 亿元。

【上市时间】 在 2020 重庆上市公司品牌价值榜中，1996—2000 年上市的公司有 15 家，品牌价值合计 999.43 亿元，占重庆榜单总计品牌价值的 58.1%，排在第一位；2016—

2019 年上市的公司有 6 家，品牌价值合计 262.68 亿元，占重庆榜单总计品牌价值的 15.3%，排在第二位；2011—2015 年上市的公司有 9 家，品牌价值合计 192.52 亿元，占重庆榜单总计品牌价值的 11.2%，排在第三位。此外，2006—2010 年上市的公司有 8 家，品牌价值合计 139.99 亿元；2001—2005 年上市的公司有 4 家，品牌价值合计 93.38 亿元；1996 年以前上市的公司有 1 家，品牌价值 32.58 亿元。

4.18.2 2020 重庆上市公司品牌价值榜单

序号	证券简称	品牌价值(亿元)	行业	上市日期	证券代码
1	长安汽车	383.13	汽车	1997-06-10	000625.SZ
2	重庆百货	236.48	零售	1996-07-02	600729.SH
3	金科股份	138.43	房地产	1996-11-28	000656.SZ
4	渝农商行	115.16	金融	2019-10-29	601077.SH
5	小康股份	87.97	汽车	2016-06-15	601127.SH
6	重庆啤酒	61.93	饮料	1997-10-30	600132.SH
7	巨人网络	55.52	休闲	2011-03-02	002558.SZ
8	隆鑫通用	54.29	汽车	2012-08-10	603766.SH
9	重庆银行	44.92	金融	2013-11-06	1963.HK
10	力帆股份	41.46	汽车	2010-11-25	601777.SH
11	迪马股份	40.29	房地产	2002-07-23	600565.SH
12	重庆建工	39.70	建筑	2017-02-21	600939.SH
13	华邦健康	34.05	化工	2004-06-25	002004.SZ
14	重药控股	33.03	医药	1999-09-16	000950.SZ
15	庆铃汽车股份	32.58	汽车	1994-08-17	1122.HK
16	宗申动力	32.27	汽车	1997-03-06	001696.SZ
17	太极集团	26.54	医药	1997-11-18	600129.SH
18	涪陵榨菜	25.13	食品	2010-11-23	002507.SZ
19	中交地产	24.77	房地产	1997-04-25	000736.SZ
20	欢瑞世纪	20.60	休闲	1999-01-15	000892.SZ
21	智飞生物	19.79	医药	2010-09-28	300122.SZ
22	重庆钢铁	19.59	钢铁	2007-02-28	601005.SH
23	西南证券	15.34	金融	2001-01-09	600369.SH
24	重庆机电	13.71	装备	2008-06-13	2722.HK
25	有友食品	11.90	食品	2019-05-08	603697.SH

续表

序号	证券简称	品牌价值(亿元)	行业	上市日期	证券代码
26	重庆港九	10.40	运输	2000-07-31	600279.SH
27	长安民生物流	9.47	运输	2006-02-23	1292.HK
28	远达环保	9.33	环保	2000-11-01	600292.SH
29	川仪股份	8.00	装备	2014-08-05	603100.SH
30	福安药业	7.66	医药	2011-03-22	300194.SZ
31	中国汽研	7.59	汽车	2012-06-11	601965.SH
32	财信发展	7.10	房地产	1997-06-26	000838.SZ
33	重庆水务	6.28	公用	2010-03-29	601158.SH
34	北大医药	6.08	医药	1997-06-16	000788.SZ
35	博腾股份	5.84	医药	2014-01-29	300363.SZ
36	国城矿业	5.36	有色金属	1997-01-20	000688.SZ
37	莱美药业	4.56	医药	2009-10-30	300006.SZ
38	瀚华金控	4.49	金融	2014-06-19	3903.HK
39	重庆燃气	4.20	公用	2014-09-30	600917.SH
40	神驰机电	4.16	汽车	2019-12-31	603109.SH
41	太阳能	3.98	公用	1996-02-08	000591.SZ
42	新大正	3.79	房地产	2019-12-03	002968.SZ
43	英利国际置业	3.71	房地产	2003-07-28	5DM.SG

4.19 湖南品牌价值榜

2020 湖南上市公司品牌价值榜全面统计了品牌价值不低于 3 亿元的上市公司，共 66 家，品牌价值总计 1 570.98 亿元。

4.19.1 2020 湖南上市公司品牌价值榜分析

【区域集中度】 在 2020 湖南上市公司品牌价值榜中，排在前 5 位的公司品牌价值合计 477.14 亿元，占湖南榜单总计品牌价值的 30.4%；排在前 10 位的公司品牌价值合计 766.82 亿元，占湖南榜单总计品牌价值的 48.8%；排在前 20 位的公司品牌价值合计 1 121.95 亿元，占湖南榜单总计品牌价值的 71.4%。

【所在行业】 在 2020 湖南上市公司品牌价值榜中，66 家公司来自 25 个行业。其中，零售、装备、媒体和食品四个行业共计包括 23 家公司，品牌价值合计 794.17 亿元，占湖南榜单总计品牌价值的 50.6%，处于主导地位。其他行业的情况见图 4-37 和图 4-38。

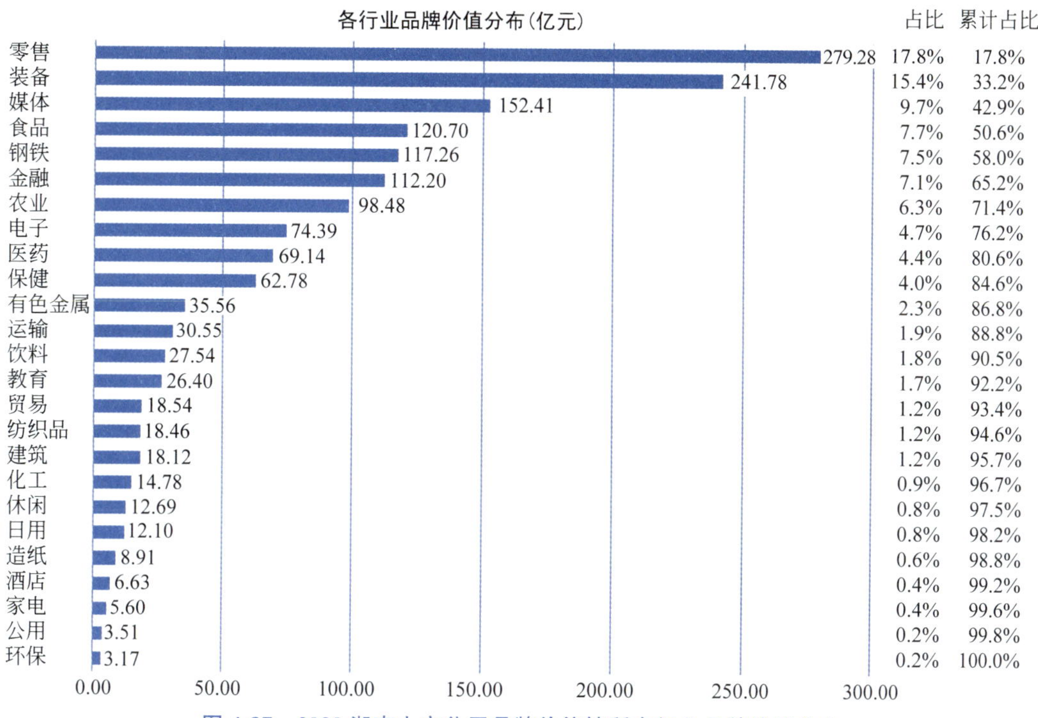

图 4-37 2020 湖南上市公司品牌价值榜所在行业品牌价值分布

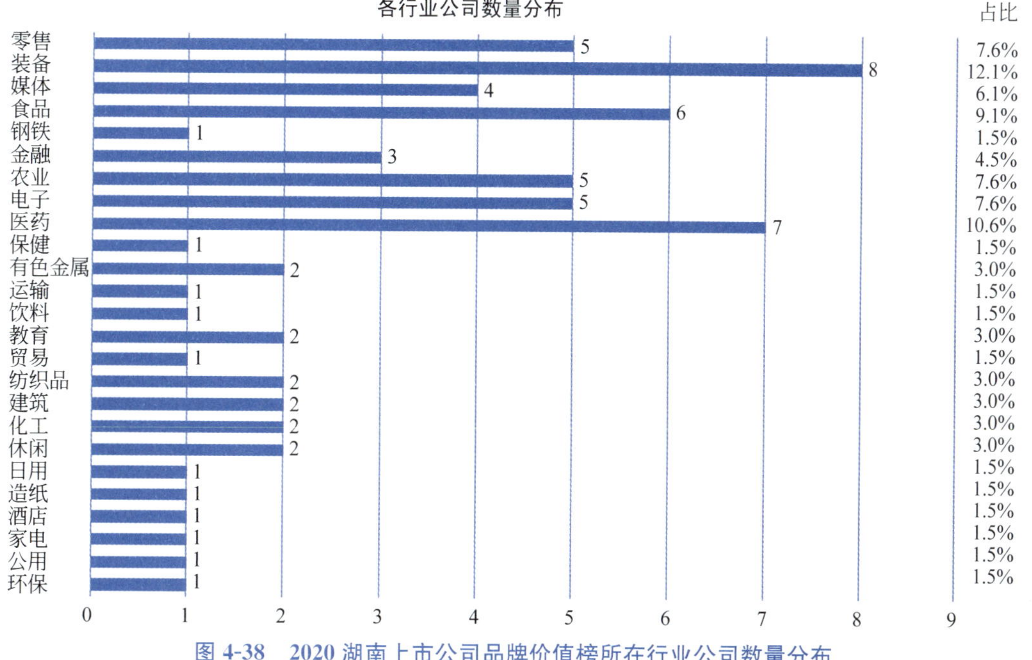

图 4-38 2020 湖南上市公司品牌价值榜所在行业公司数量分布

【上市板块】 在 2020 湖南上市公司品牌价值榜中，在沪市主板上市的公司有 20 家，品牌价值合计 463.46 亿元，占湖南榜单总计品牌价值的 29.5%，排在第一位；在深市主板上市的公司有 13 家，品牌价值合计 436.68 亿元，占湖南榜单总计品牌价值的 27.8%，排在第二位；在深市中小板上市的公司有 18 家，品牌价值合计 383.63 亿元，占湖南榜单总计品牌价值的 24.4%，排在第三位。此外，在深市创业板上市的公司有 12 家，品牌价值合计 213.86 亿元；在港股上市的中资股公司有 2 家，品牌价值合计 60.97 亿元；国外中概股上市公司有 1 家，品牌价值 12.39 亿元。

【上市时间】 在 2020 湖南上市公司品牌价值榜中，1996—2000 年上市的公司有 15 家，品牌价值合计 443.53 亿元，占湖南榜单总计品牌价值的 28.2%，排在第一位；2006—2010 年上市的公司有 14 家，品牌价值合计 436.6 亿元，占湖南榜单总计品牌价值的 27.8%，排在第二位；2011—2015 年上市的公司有 17 家，品牌价值合计 399.23 亿元，占湖南榜单总计品牌价值的 25.4%，排在第三位。此外，2016—2019 年上市的公司有 12 家，品牌价值合计 180.03 亿元；2001—2005 年上市的公司有 7 家，品牌价值合计 103.5 亿元；1996 年以前上市的公司有 1 家，品牌价值 8.09 亿元。

4.19.2 2020 湖南上市公司品牌价值榜单

序号	证 券 简 称	品牌价值（亿元）	行业	上市日期	证券代码
1	中联重科	123.44	装备	2000-10-12	000157.SZ
2	华菱钢铁	117.26	钢铁	1999-08-03	000932.SZ
3	步步高	96.43	零售	2008-06-19	002251.SZ
4	中南传媒	74.23	媒体	2010-10-28	601098.SH
5	老百姓	65.79	零售	2015-04-23	603883.SH
6	唐人神	63.80	农业	2011-03-25	002567.SZ
7	爱尔眼科	62.78	保健	2009-10-30	300015.SZ
8	中车时代电气	56.69	装备	2006-12-20	3898.HK
9	蓝思科技	54.25	电子	2015-03-18	300433.SZ
10	益丰药房	52.16	零售	2015-02-17	603939.SH
11	长沙银行	51.56	金融	2018-09-26	601577.SH
12	电广传媒	45.47	媒体	1999-03-25	000917.SZ
13	绝味食品	45.20	食品	2017-03-17	603517.SH
14	友阿股份	41.65	零售	2009-07-17	002277.SZ
15	五矿资本	33.35	金融	2001-01-15	600390.SH
16	现代投资	30.55	运输	1999-01-28	000900.SZ
17	芒果超媒	29.26	媒体	2015-01-21	300413.SZ

续表

序号	证券简称	品牌价值(亿元)	行业	上市日期	证券代码
18	酒鬼酒	27.54	饮料	1997-07-18	000799.SZ
19	方正证券	27.28	金融	2011-08-10	601901.SH
20	通程控股	23.25	零售	1996-08-16	000419.SZ
21	道道全	22.22	食品	2017-03-10	002852.SZ
22	克明面业	19.89	食品	2012-03-16	002661.SZ
23	株冶集团	18.58	有色金属	2004-08-30	600961.SH
24	大康农业	18.54	贸易	2010-11-18	002505.SZ
25	九芝堂	17.44	医药	2000-06-28	000989.SZ
26	山河智能	17.20	装备	2006-12-22	002097.SZ
27	湖南黄金	16.99	有色金属	2007-08-16	002155.SZ
28	隆平高科	16.02	农业	2000-12-11	000998.SZ
29	尔康制药	15.31	医药	2011-09-27	300267.SZ
30	拓维信息	14.09	教育	2008-07-23	002261.SZ
31	旗滨集团	13.84	建筑	2011-08-12	601636.SH
32	加加食品	13.45	食品	2012-01-06	002650.SZ
33	梦洁股份	13.43	纺织品	2010-04-29	002397.SZ
34	湖南盐业	12.70	食品	2018-03-26	600929.SH
35	中圣集团	12.39	装备	2005-03-16	5GD.SG
36	开元股份	12.31	教育	2012-07-26	300338.SZ
37	御家汇	12.10	日用	2018-02-08	300740.SZ
38	千金药业	11.68	医药	2004-03-12	600479.SH
39	时代新材	11.01	化工	2002-12-19	600458.SH
40	景峰医药	10.09	医药	1999-02-03	000908.SZ
41	岳阳林纸	8.91	造纸	2004-05-25	600963.SH
42	金杯电工	8.67	装备	2010-12-31	002533.SZ
43	中兵红箭	8.09	装备	1993-10-08	000519.SZ
44	楚天科技	7.77	装备	2014-01-21	300358.SZ
45	金健米业	7.66	农业	1998-05-06	600127.SH
46	新五丰	7.59	农业	2004-06-09	600975.SH
47	天桥起重	7.53	装备	2010-12-10	002523.SZ
48	张家界	7.49	休闲	1996-08-29	000430.SZ
49	盐津铺子	7.24	食品	2017-02-08	002847.SZ

续表

序号	证券简称	品牌价值(亿元)	行业	上市日期	证券代码
50	奥士康	6.94	电子	2017-12-01	002913.SZ
51	华天酒店	6.63	酒店	1996-08-08	000428.SZ
52	三诺生物	6.47	医药	2012-03-19	300298.SZ
53	艾华集团	6.22	电子	2015-05-15	603989.SH
54	高斯贝尔	5.60	家电	2017-02-13	002848.SZ
55	中广天择	5.20	休闲	2017-08-11	603721.SH
56	多喜爱	5.03	纺织品	2015-06-10	002761.SZ
57	汉森制药	4.93	医药	2010-05-25	002412.SZ
58	远大住工	4.28	建筑	2019-11-06	2163.HK
59	力合科技	3.94	电子	2019-11-06	300800.SZ
60	湖南海利	3.77	化工	1996-08-02	600731.SH
61	华银电力	3.51	公用	1996-09-05	600744.SH
62	天舟文化	3.45	媒体	2010-12-15	300148.SZ
63	正虹科技	3.41	农业	1997-03-18	000702.SZ
64	方盛制药	3.23	医药	2014-12-05	603998.SH
65	永清环保	3.17	环保	2011-03-08	300187.SZ
66	宏达电子	3.03	电子	2017-11-21	300726.SZ

4.20 山西品牌价值榜

2020 山西上市公司品牌价值榜全面统计了品牌价值不低于 3 亿元的上市公司，共 26 家，总计品牌价值 1 177.81 亿元。

4.20.1 2020 年山西上市公司品牌价值榜分析

【区域集中度】 在 2020 山西上市公司品牌价值榜中，排在前 3 位的公司品牌价值合计 817.56 亿元，占山西榜单总计品牌价值的 69.4%；排在前 5 位的公司品牌价值合计 957.1 亿元，占山西榜单总计品牌价值的 81.3%；排在前 10 位的公司品牌价值合计 1 058.65 亿元，占山西榜单总计品牌价值的 89.9%。

【所在行业】 在 2020 山西上市公司品牌价值榜中，26 家公司来自 10 个行业。其中，运输和饮料两个行业共计包括 3 家公司，品牌价值合计 633.98 亿元，占山西榜单总计品牌价值的 53.8%，处于主导地位。其他行业的情况见图 4-39 和图 4-40。

【上市板块】 在 2020 山西上市公司品牌价值榜中，在沪市主板上市的公司有 14 家，

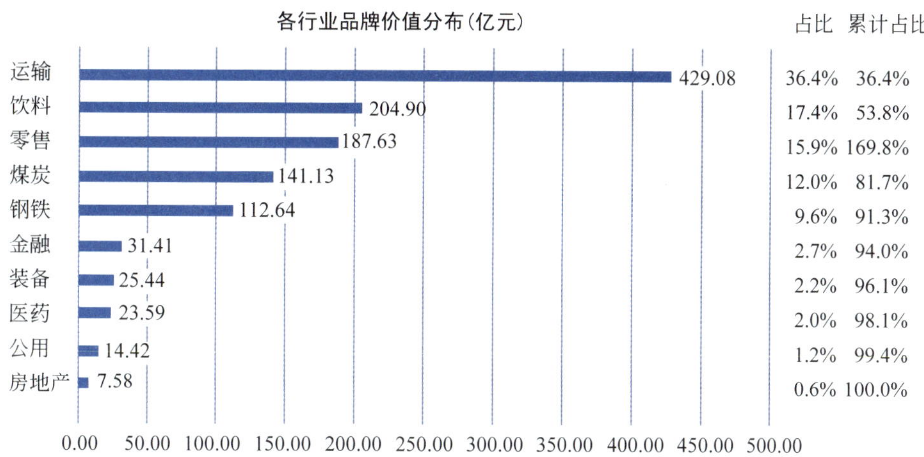

图 4-39 2020 山西上市公司品牌价值榜所在行业品牌价值分布

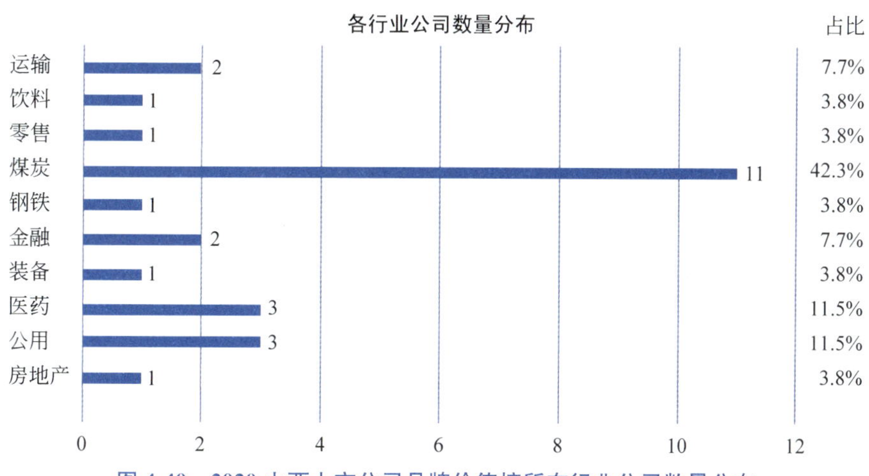

图 4-40 2020 山西上市公司品牌价值榜所在行业公司数量分布

品牌价值合计 784.21 亿元，占山西榜单总计品牌价值的 66.6%，排在第一位；在深市中小板上市的公司有 2 家，品牌价值合计 205.74 亿元，占山西榜单总计品牌价值的 17.5%，排在第二位；在深市主板上市的公司有 6 家，品牌价值合计 153.6 亿元，占山西榜单总计品牌价值的 13%，排在第三位。此外，在港股上市的中资股公司有 3 家，品牌价值合计 23.93 亿元；在深市创业板上市的公司有 1 家，品牌价值 10.33 亿元。

【上市时间】 在 2020 山西上市公司品牌价值榜中，2006—2010 年上市的公司有 4 家，品牌价值合计 465.16 亿元，占山西榜单总计品牌价值的 39.5%，排在第一位；1996—2000 年上市的公司有 11 家，品牌价值合计 220.12 亿元，占山西榜单总计品牌价值的 18.7%，排在第二位；1996 年以前上市的公司有 3 家，品牌价值合计 213.38 亿元，占山西榜单总计品牌价值的 18.1%，排在第三位。此外，2011—2015 年上市的公司有 3 家，品牌价值合计 205.53 亿元；2001—2005 年上市的公司有 4 家，品牌价值合计 60.34 亿元；

2016—2019 年上市的公司有 1 家，品牌价值 13.29 亿元。

4.20.2 2020 山西上市公司品牌价值榜单

序号	证券简称	品牌价值(亿元)	行业	上市日期	证券代码
1	大秦铁路	425.04	运输	2006-08-01	601006.SH
2	山西汾酒	204.90	饮料	1994-01-06	600809.SH
3	跨境通	187.63	零售	2011-12-08	002640.SZ
4	太钢不锈	112.64	钢铁	1998-10-21	000825.SZ
5	山煤国际	26.90	煤炭	2003-07-31	600546.SH
6	太原重工	25.44	装备	1998-09-04	600169.SH
7	兰花科创	23.20	煤炭	1998-12-17	600123.SH
8	阳泉煤业	18.12	煤炭	2003-08-21	600348.SH
9	山西证券	18.12	金融	2010-11-15	002500.SZ
10	西山煤电	16.68	煤炭	2000-07-26	000983.SZ
11	潞安环能	16.28	煤炭	2006-09-22	601699.SH
12	晋商银行	13.29	金融	2019-07-18	2558.HK
13	美锦能源	11.58	煤炭	1997-05-15	000723.SZ
14	永泰能源	10.74	煤炭	1998-05-13	600157.SH
15	振东制药	10.33	医药	2011-01-07	300158.SZ
16	亚宝药业	10.03	医药	2002-09-26	600351.SH
17	辰兴发展	7.58	房地产	2015-07-03	2286.HK
18	大同煤业	5.72	煤炭	2006-06-23	601001.SH
19	漳泽电力	5.43	公用	1997-06-09	000767.SZ
20	国新能源	5.41	公用	1992-10-13	600617.SH
21	ST 安泰	5.29	煤炭	2003-02-12	600408.SH
22	山西路桥	4.05	运输	1997-06-27	000755.SZ
23	通宝能源	3.58	公用	1996-12-05	600780.SH
24	山西焦化	3.57	煤炭	1996-08-08	600740.SH
25	双林生物	3.23	医药	1996-06-28	000403.SZ
26	首钢资源	3.06	煤炭	1990-10-02	0639.HK

4.21 江西品牌价值榜

2020 江西上市公司品牌价值榜全面统计了品牌价值不低于 3 亿元的上市公司，共 33 家，品牌价值总计 1 156.01 亿元。

4.21.1 2020 江西上市公司品牌价值榜分析

【区域集中度】 在 2020 江西上市公司品牌价值榜中，排在前 3 位的公司品牌价值合计 562.44 亿元，占江西榜单总计品牌价值的 48.7%；排在前 5 位的公司品牌价值合计 705.85 亿元，占江西榜单总计品牌价值的 61.1%；排在前 10 位的公司品牌价值合计 921.6 亿元，占江西榜单总计品牌价值的 79.7%。

【所在行业】 在 2020 江西上市公司品牌价值榜中，33 家公司来自 17 个行业。其中，有色金属、汽车和装备三个行业共计包括 9 家公司，品牌价值合计 599.97 亿元，占江西榜单总计品牌价值的 51.9%，处于主导地位。其他行业的情况见图 4-41 和图 4-42。

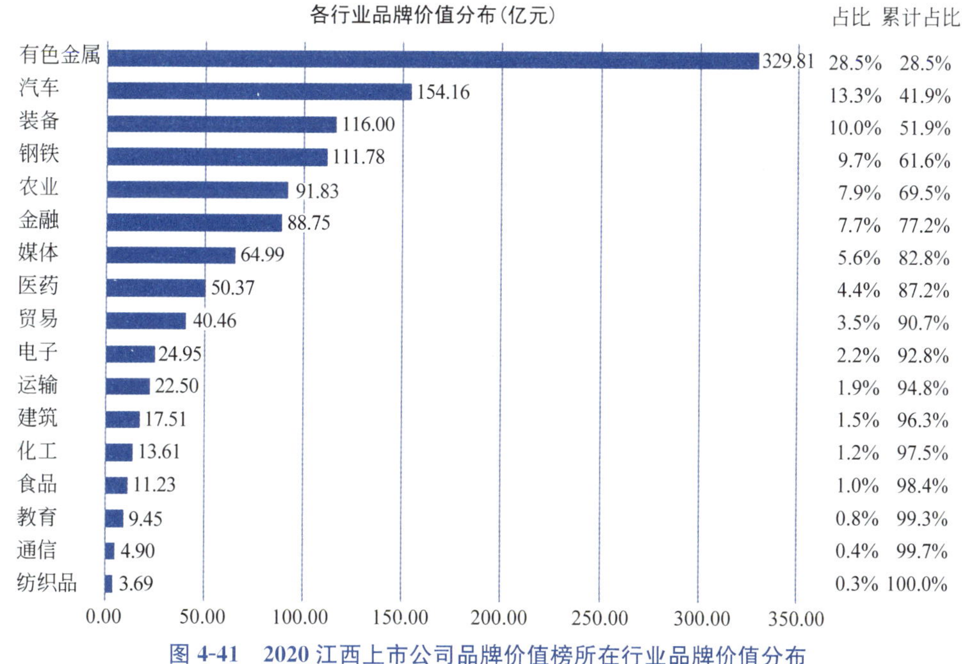

图 4-41 2020 江西上市公司品牌价值榜所在行业品牌价值分布

【上市板块】 在 2020 江西上市公司品牌价值榜中，在沪市主板上市的公司有 11 家，品牌价值合计 554.1 亿元，占江西榜单总计品牌价值的 47.9%，排在第一位；在深市主板上市的公司有 6 家，品牌价值合计 276.58 亿元，占江西榜单总计品牌价值的 23.9%，排在第二位；在深市中小板上市的公司有 5 家，品牌价值合计 135.18 亿元，占江西榜单总计品牌价值的 11.7%，排在第三位。此外，在港股上市的中资股公司有 5 家，品牌价值合计

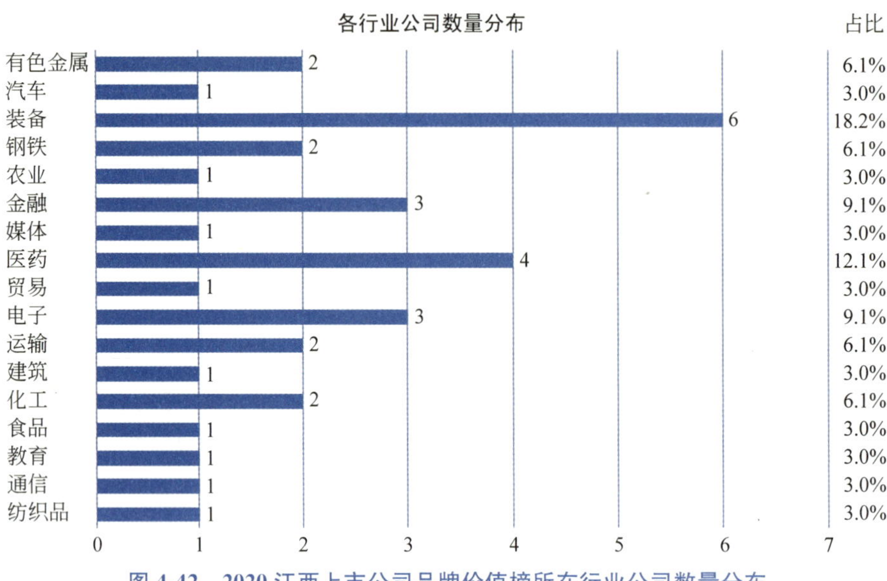

图 4-42　2020 江西上市公司品牌价值榜所在行业公司数量分布

102.95 亿元；国外中概股上市公司有 1 家，品牌价值 57.02 亿元；在深市创业板上市的公司有 5 家，品牌价值合计 30.18 亿元。

【上市时间】 在 2020 江西上市公司品牌价值榜中，2001—2005 年上市的公司有 7 家，品牌价值合计 454.08 亿元，占江西榜单总计品牌价值的 39.3%，排在第一位；1996—2000 上市的公司有 10 家，品牌价值合计 235.97 亿元，占江西榜单总计品牌价值的 20.4%，排在第二位；2006—2010 年上市的公司有 6 家，品牌价值合计 176.41 亿元，占江西榜单总计品牌价值的 15.3%，排在第三位。此外，1996 年以前上市的公司有 1 家，品牌价值 154.16 亿元；2016—2019 年上市的公司有 5 家，品牌价值合计 102.93 亿元；2011—2015 年上市的公司有 4 家，品牌价值合计 32.46 亿元。

4.21.2　2020 江西上市公司品牌价值榜单

序号	证券简称	品牌价值（亿元）	行业	上市日期	证券代码
1	江西铜业	316.45	有色金属	2002-01-11	600362.SH
2	江铃汽车	154.16	汽车	1993-12-01	000550.SZ
3	正邦科技	91.83	农业	2007-08-17	002157.SZ
4	新钢股份	78.42	钢铁	1996-12-25	600782.SH
5	中文传媒	64.99	媒体	2002-03-04	600373.SH
6	晶科能源	57.02	装备	2010-05-14	JKS.N
7	江西银行	46.65	金融	2018-06-26	1916.HK
8	天音控股	40.46	贸易	1997-12-02	000829.SZ

续表

序号	证券简称	品牌价值(亿元)	行业	上市日期	证券代码
9	九江银行	38.26	金融	2018-07-10	6190.HK
10	方大特钢	33.36	钢铁	2003-09-30	600507.SH
11	长虹华意	33.20	装备	1996-06-19	000404.SZ
12	仁和药业	22.86	医药	1996-12-10	000650.SZ
13	万年青	17.51	建筑	1997-09-23	000789.SZ
14	赣粤高速	16.00	运输	2000-05-18	600269.SH
15	联创电子	13.53	电子	2004-09-03	002036.SZ
16	赣锋锂业	13.36	有色金属	2010-08-10	002460.SZ
17	博雅生物	12.40	医药	2012-03-08	300294.SZ
18	泰豪科技	11.50	装备	2002-07-03	600590.SH
19	煌上煌	11.23	食品	2012-09-05	002695.SZ
20	江中药业	9.98	医药	1996-09-23	600750.SH
21	辰林教育	9.45	教育	2019-12-13	1593.HK
22	诚志股份	8.39	化工	2000-07-06	000990.SZ
23	联创光电	7.75	电子	2001-03-29	600363.SH
24	江西长运	6.50	运输	2002-07-16	600561.SH
25	三川智慧	5.31	装备	2010-03-26	300066.SZ
26	洪都航空	5.31	装备	2000-12-15	600316.SH
27	黑猫股份	5.22	化工	2006-09-15	002068.SZ
28	富祥药业	5.13	医药	2015-12-22	300497.SZ
29	普天通信集团	4.90	通信	2017-11-09	1720.HK
30	九鼎投资	3.85	金融	1997-04-18	600053.SH
31	中国织材控股	3.69	纺织品	2011-12-22	3778.HK
32	海能实业	3.67	电子	2019-08-15	300787.SZ
33	华伍股份	3.66	装备	2010-07-28	300095.SZ

4.22 新疆品牌价值榜

2020 新疆上市公司品牌价值榜全面统计了品牌价值不低于 3 亿元的上市公司,共 34 家,品牌价值总计 1 059.56 亿元。

4.22.1 2020 新疆上市公司品牌价值榜分析

【区域集中度】 在 2020 新疆上市公司品牌价值榜中，排在前 3 位的公司品牌价值合计 377.68 亿元，占新疆榜单总计品牌价值的 35.6%；排在前 5 位的公司品牌价值合计 524.44 亿元，占新疆榜单总计品牌价值的 49.5%；排在前 10 位的公司品牌价值合计 764.2 亿元，占新疆榜单总计品牌价值的 72.1%。

【所在行业】 在 2020 新疆上市公司品牌价值榜中，34 家公司来自 16 个行业。其中，装备和金融两个行业共计包括 8 家公司，品牌价值合计 601.66 亿元，占新疆榜单总计品牌价值的 56.8%，处于主导地位。其他行业的情况见图 4-43 和图 4-44。

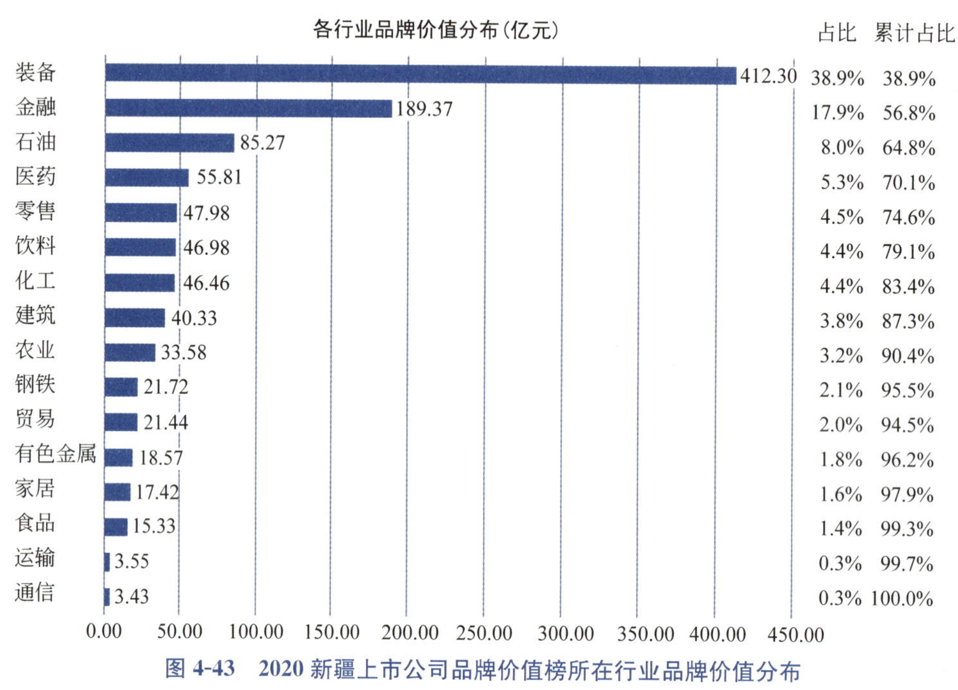

图 4-43 2020 新疆上市公司品牌价值榜所在行业品牌价值分布

【上市板块】 在 2020 新疆上市公司品牌价值榜中，在沪市主板上市的公司有 16 家，品牌价值合计 451.06 亿元，占新疆榜单总计品牌价值的 42.6%，排在第一位；在深市中小板上市的公司有 7 家，品牌价值合计 297.12 亿元，占新疆榜单总计品牌价值的 28%，排在第二位；在深市主板上市的公司有 5 家，品牌价值合计 220.29 亿元，占新疆榜单总计品牌价值的 20.8%，排在第三位。此外，在港股上市的中资股公司和深市创业板上市的公司各有 3 家，品牌价值合计分别为 80.2 亿元和 10.89 亿元。

【上市时间】 在 2020 新疆上市公司品牌价值榜中，1996—2000 年上市的公司有 14 家，品牌价值合计 477.59 亿元，占新疆榜单总计品牌价值的 45.1%，排在第一位；2006—2010 年上市的公司有 7 家，品牌价值合计 293.98 亿元，占新疆榜单总计品牌价值的 27.8%，排在第二位；2011—2015 年上市的公司有 4 家，品牌价值合计 166.4 亿元，占新疆

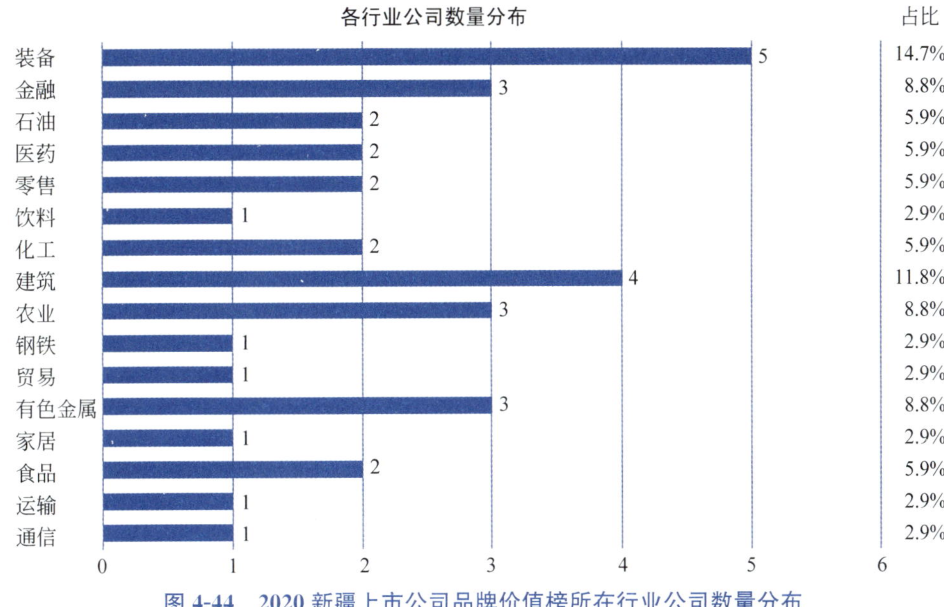

图 4-44 2020 新疆上市公司品牌价值榜所在行业公司数量分布

榜单总计品牌价值的 15.7%，排在第三位。此外，2001—2005 年上市的公司有 5 家，品牌价值合计 89.25 亿元；2016—2019 年上市的公司有 4 家，品牌价值合计 32.34 亿元。

新疆榜单

4.22.2 2020 新疆上市公司品牌价值榜单

序号	证券简称	品牌价值（亿元）	行业	上市日期	证券代码
1	金风科技	193.47	装备	2007-12-26	002202.SZ
2	特变电工	98.62	装备	1997-06-18	600089.SH
3	申万宏源	85.59	金融	2015-01-26	000166.SZ
4	中油工程	76.77	石油	2000-12-25	600339.SH
5	新特能源	70.00	装备	2015-12-30	1799.HK
6	渤海租赁	56.37	金融	1996-07-16	000415.SZ
7	中油资本	47.41	金融	1996-10-22	000617.SZ
8	伊力特	46.98	饮料	1999-09-16	600197.SH
9	卓郎智能	46.22	装备	2003-12-03	600545.SH
10	中泰化学	42.79	化工	2006-12-08	002092.SZ
11	同济堂	32.04	医药	1997-06-16	600090.SH
12	友好集团	29.07	零售	1996-12-03	600778.SH
13	天康生物	24.13	农业	2006-12-26	002100.SZ
14	德展健康	23.77	医药	1998-05-19	000813.SZ

续表

序号	证券简称	品牌价值(亿元)	行业	上市日期	证券代码
15	八一钢铁	21.72	钢铁	2002-08-16	600581.SH
16	中粮糖业	21.44	贸易	1996-07-31	600737.SH
17	汇嘉时代	18.92	零售	2016-05-06	603101.SH
18	西部建设	17.55	建筑	2009-11-03	002302.SZ
19	美克家居	17.42	家居	2000-11-27	600337.SH
20	天润乳业	11.86	食品	2001-06-28	600419.SH
21	北新路桥	9.19	建筑	2009-11-11	002307.SZ
22	广汇能源	8.51	石油	2000-05-26	600256.SH
23	新疆众和	8.37	有色金属	1996-02-15	600888.SH
24	天山股份	7.15	建筑	1999-01-07	000877.SZ
25	恒兴黄金	6.82	有色金属	2014-05-29	2303.HK
26	新疆交建	6.44	建筑	2018-11-28	002941.SZ
27	冠农股份	6.30	农业	2003-06-09	600251.SH
28	新研股份	3.99	装备	2011-01-07	300159.SZ
29	新疆天业	3.68	化工	1997-06-17	600075.SH
30	天顺股份	3.55	运输	2016-05-30	002800.SZ
31	西部牧业	3.47	食品	2010-08-20	300106.SZ
32	立昂技术	3.43	通信	2017-01-26	300603.SZ
33	新疆新鑫矿业	3.38	有色金属	2007-10-12	3833.HK
34	新赛股份	3.15	农业	2004-01-07	600540.SH

4.23 陕西品牌价值榜

2020陕西上市公司品牌价值榜全面统计了品牌价值不低于3亿元的公司,共36家,品牌价值总计884.23亿元。

4.23.1 2020陕西上市公司品牌价值榜分析

【区域集中度】 在2020陕西上市公司品牌价值榜中,排在前3位的公司品牌价值合计326.63亿元,占陕西榜单总计品牌价值的36.9%;排在前5位的公司品牌价值合计450.77亿元,占陕西榜单总计品牌价值的51%;排在前10位的公司品牌价值合计644.51亿元,占陕西榜单总计品牌价值的72.9%。

【所在行业】 在2020陕西上市公司品牌价值榜中，36家公司来自19个行业。其中，装备、休闲和零售三个行业共计包括12家公司，品牌价值合计515.37亿元，占陕西榜单总计品牌价值的58.3%，处于主导地位。其他行业的情况见图4-45和图4-46。

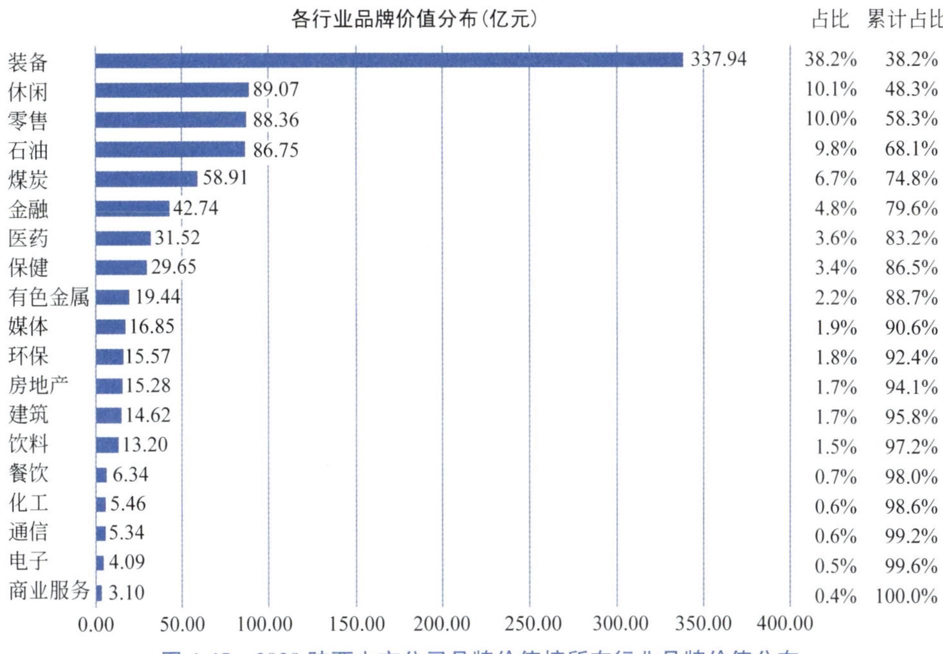

图4-45 2020陕西上市公司品牌价值榜所在行业品牌价值分布

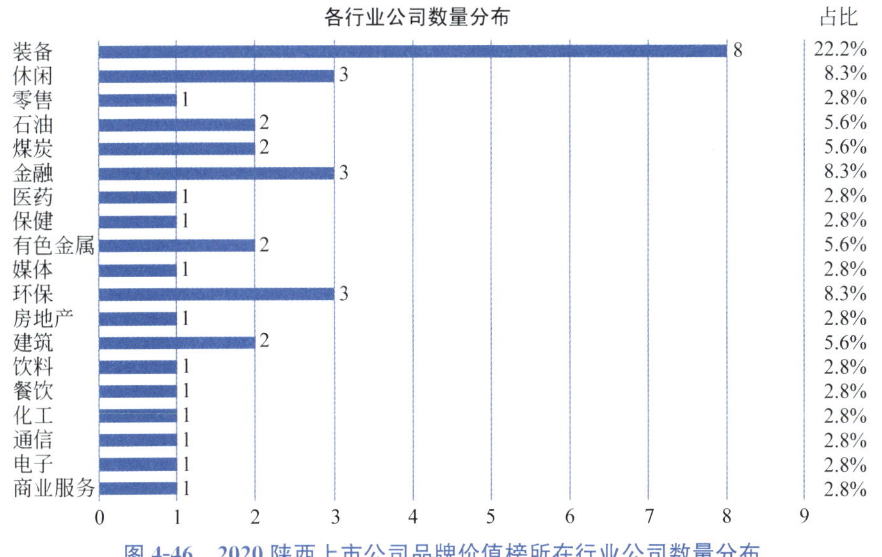

图4-46 2020陕西上市公司品牌价值榜所在行业公司数量分布

【上市板块】 在2020陕西上市公司品牌价值榜中，在沪市主板上市的公司有15家，品牌价值合计432.28亿元，占陕西榜单总计品牌价值的48.9%，排在第一位；在深市主板上市的公司有8家，品牌价值合计271.63亿元，占陕西榜单总计品牌价值的30.7%，排在第二位；国外中概股上市公司有 2 家，品牌价值合计 85.4 亿元，占陕西榜单总计品牌价值的 9.7%，排在第三位。此外，在深市中小企业板上市的公司有 3 家，品牌价值合计 48.65 亿元；在港股上市的中资股公司有 3 家，品牌价值合计 30.87 亿元；在深市创业板上市的公司有 3 家，品牌价值合计 11.75 亿元；在沪市科创板上市的公司有 1 家，品牌价值 3.66 亿元。

【上市时间】 在 2020 陕西上市公司品牌价值榜中，2011—2015 年上市的公司有 4 家，品牌价值合计 277.56 亿元，占陕西榜单总计品牌价值的 25.7%，排在第一位；1996—2000 年上市的公司有 9 家，品牌价值合计 214.57 亿元，占陕西榜单总计品牌价值的 24.3%，排在第二位；1996 年以前上市的公司有 6 家，品牌价值合计 160.11 亿元，占陕西榜单总计品牌价值的 18.1%，排在第三位。此外，2006—2010 年上市的公司有 10 家，品牌价值合计 137.37 亿元；2001—2005 年上市的公司有 5 家，品牌价值合计 113.17 亿元；2016—2019 年上市的公司有 2 家，品牌价值合计 31.45 亿元。

4.23.2 2020 陕西上市公司品牌价值榜单

序号	证券简称	品牌价值(亿元)	行业	上市日期	证券代码
1	隆基股份	158.33	装备	2012-04-11	601012.SH
2	供销大集	88.36	零售	1994-01-10	000564.SZ
3	中国航油	79.94	石油	2001-12-06	G92.SG
4	凯撒旅业	67.37	休闲	1997-07-03	000796.SZ
5	中航飞机	56.76	装备	1997-06-26	000768.SZ
6	陕西煤业	55.09	煤炭	2014-01-28	601225.SH
7	航发动力	45.49	装备	1996-04-08	600893.SH
8	中国西电	31.99	装备	2010-01-28	601179.SH
9	延安必康	31.52	医药	2010-05-25	002411.SZ
10	国际医学	29.65	保健	1993-08-09	000516.SZ
11	西安银行	27.79	金融	2019-03-01	600928.SH
12	陕鼓动力	25.82	装备	2010-04-28	601369.SH
13	广电网络	16.85	媒体	1994-02-24	600831.SH
14	天地源	15.28	房地产	1993-07-09	600665.SH
15	金钼股份	14.81	有色金属	2008-04-17	601958.SH
16	海升果汁	13.20	饮料	2005-11-04	0359.HK
17	曲江文旅	11.63	休闲	1996-05-16	600706.SH
18	西部证券	10.32	金融	2012-05-03	002673.SZ

续表

序号	证券简称	品牌价值(亿元)	行业	上市日期	证券代码
19	西安旅游	10.07	休闲	1996-09-26	000610.SZ
20	西部水泥	9.20	建筑	2010-08-23	2233.HK
21	彩虹新能源	8.46	装备	2004-12-20	0438.HK
22	中再资环	8.41	环保	1999-12-16	600217.SH
23	航天动力	6.94	装备	2003-04-08	600343.SH
24	陕天然气	6.81	石油	2008-08-13	002267.SZ
25	西安饮食	6.34	餐饮	1997-04-30	000721.SZ
26	中国绿色农业	5.46	化工	2009-03-09	CGA.N
27	延长化建	5.41	建筑	2000-06-22	600248.SH
28	烽火电子	5.34	通信	1994-05-09	000561.SZ
29	宝钛股份	4.63	有色金属	2002-04-12	600456.SH
30	陕国投 A	4.63	金融	1994-01-10	000563.SZ
31	坚瑞沃能	4.15	装备	2010-09-02	300116.SZ
32	中航电测	4.09	电子	2010-08-27	300114.SZ
33	陕西黑猫	3.81	煤炭	2014-11-05	601015.SH
34	三达膜	3.66	环保	2019-11-15	688101.SH
35	中环装备	3.50	环保	2010-11-12	300140.SZ
36	陕西金叶	3.10	商业服务	1998-06-23	000812.SZ

4.24 云南品牌价值榜

2020 云南上市公司品牌价值榜全面统计了品牌价值不低于 3 亿元的公司，共 25 家，品牌价值总计 719.85 亿元。

4.24.1 2020 云南上市公司品牌价值榜分析

【区域集中度】 在 2020 云南上市公司品牌价值榜中，排在前 3 位的公司品牌价值合计 268.22 亿元，占云南榜单总计品牌价值的 37.3%；排在前 5 位的公司品牌价值合计 381.92 亿元，占云南榜单总计品牌价值的 53.1%；排在前 10 位的公司品牌价值合计 532.77 亿元，占云南榜单总计品牌价值的 74%。

【所在行业】 在 2020 云南上市公司品牌价值榜中，25 家公司来自 12 个行业。其中，有色金属、医药和房地产三个行业共计包括 11 家公司，品牌价值合计 424.04 亿元，占云南榜单总计品牌价值的 58.9%，处于主导地位。其他行业的情况见图 4-47 和图 4-48。

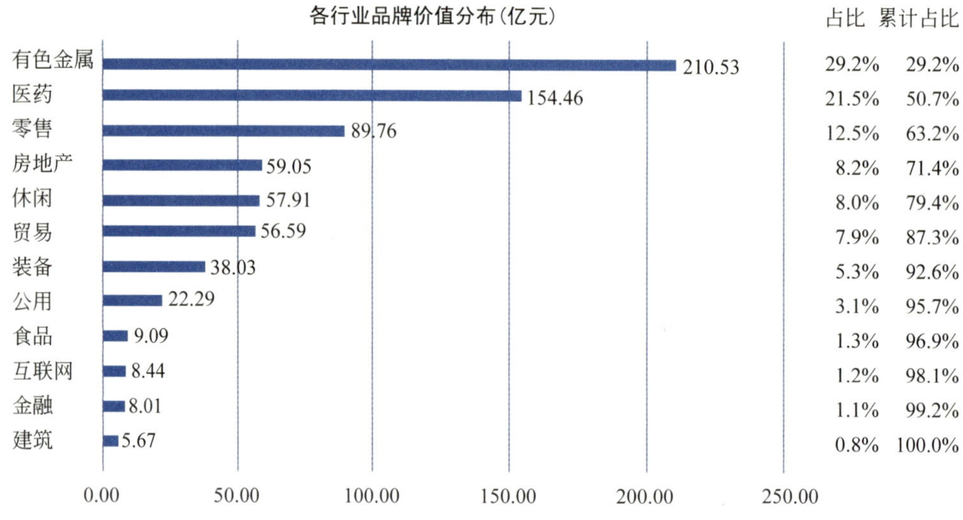

图 4-47 2020 云南上市公司品牌价值榜所在行业品牌价值分布

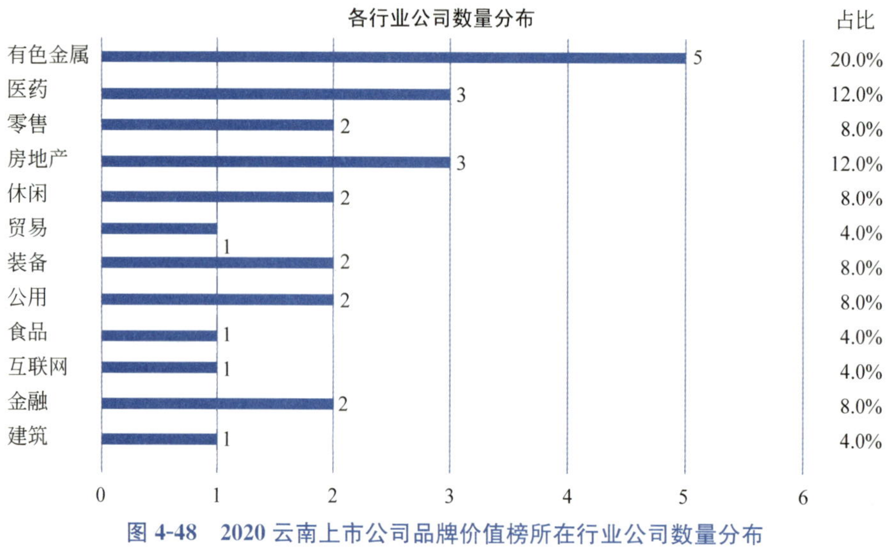

图 4-48 2020 云南上市公司品牌价值榜所在行业公司数量分布

【上市板块】 在 2020 云南上市公司品牌价值榜中，在深市主板上市的公司有 8 家，品牌价值合计 344.17 亿元，占云南榜单总计品牌价值的 47.8%，排在第一位；在沪市主板上市的公司有 8 家，品牌价值合计 189.61 亿元，占云南榜单总计品牌价值的 26.3%，排在第二位；在深市中小板上市的公司有 4 家，品牌价值合计 134.47 亿元，占云南榜单总计品牌价值的 18.7%，排在第三位。此外，在深市创业板上市的公司有 2 家，品牌价值合计 26.58 亿元；在香港上市的中资公司有 3 家，品牌价值合计 25.03 亿元。

【上市时间】 在 2020 云南上市公司品牌价值榜中，1996—2000 年上市的公司有 9 家，品牌价值合计 321.81 亿元，占云南榜单总计品牌价值的 44.7%，排在第一位；1996 年以前上市的公司有 2 家，品牌价值合计 136.5 亿元，占云南榜单总计品牌价值的 19%，排在第二位；2011—2015 年上市的公司有 3 家，品牌价值合计 86.82 亿元，占云南榜单总计品牌价值的 12.1%，排在第三位。此外，2016—2019 年上市的公司有 4 家，品牌价值合计 50.7 亿元；2006—2010 年上市的公司有 4 家，品牌价值合计 57.48 亿元；2001—2005 年上市的公司有 3 家，品牌价值合计 66.54 亿元。

4.24.2 2020 云南上市公司品牌价值榜单

序号	证券简称	品牌价值(亿元)	行业	上市日期	证券代码
1	云南白药	123.78	医药	1993-12-15	000538.SZ
2	云南铜业	76.98	有色金属	1998-06-02	000878.SZ
3	一心堂	67.46	零售	2014-07-02	002727.SZ
4	锡业股份	57.10	有色金属	2000-02-21	000960.SZ
5	云天化	56.59	贸易	1997-07-09	600096.SH
6	云南旅游	41.07	休闲	2006-08-10	002059.SZ
7	云南城投	31.13	房地产	1999-12-02	600239.SH
8	云铝股份	26.74	有色金属	1998-04-08	000807.SZ
9	昆药集团	26.41	医药	2000-12-06	600422.SH
10	驰宏锌锗	25.49	有色金属	2004-04-20	600497.SH
11	贵研铂业	24.21	有色金属	2003-05-16	600459.SH
12	云内动力	23.21	装备	1999-04-15	000903.SZ
13	华致酒行	22.30	零售	2019-01-29	300755.SZ
14	华能水电	17.76	公用	2017-12-15	600025.SH
15	丽江股份	16.84	休闲	2004-08-25	002033.SZ
16	美好置业	15.19	房地产	1996-12-05	000667.SZ
17	铁建装备	14.83	装备	2015-12-16	1786.HK
18	我爱我家	12.72	房地产	1994-02-02	000560.SZ
19	云南能投	9.09	食品	2006-06-27	002053.SZ
20	南天信息	8.44	互联网	1999-10-14	000948.SZ
21	云南建投混凝土	5.67	建筑	2019-10-31	1847.HK
22	红塔证券	4.97	金融	2019-07-05	601236.SH
23	云南水务	4.54	公用	2015-05-27	6839.HK
24	沃森生物	4.27	医药	2010-11-12	300142.SZ
25	太平洋	3.04	金融	2007-12-28	601099.SH

4.25 吉林品牌价值榜

2020 吉林上市公司品牌价值榜全面统计了品牌价值不低于 3 亿元的公司，共 28 家，品牌价值总计 556.25 亿元。

4.25.1 2020 吉林上市公司品牌价值榜分析

【区域集中度】 在 2020 吉林上市公司品牌价值榜中，排在前 3 位的公司品牌价值合计 244.86 亿元，占吉林榜单总计品牌价值的 44%；排在前 5 位的公司品牌价值合计 305.16 亿元，占吉林榜单总计品牌价值的 54.9%；排在前 10 位的公司品牌价值合计 412.14 亿元，占吉林榜单总计品牌价值的 74.1%。

【所在行业】 在 2020 吉林上市公司品牌价值榜中，28 家公司来自 14 个行业。其中，汽车、医药和零售三个行业共计包括 12 家公司，品牌价值合计 367.31 亿元，占吉林榜单总计品牌价值的 66%，处于主导地位。其他行业的情况见图 4-49 和图 4-50。

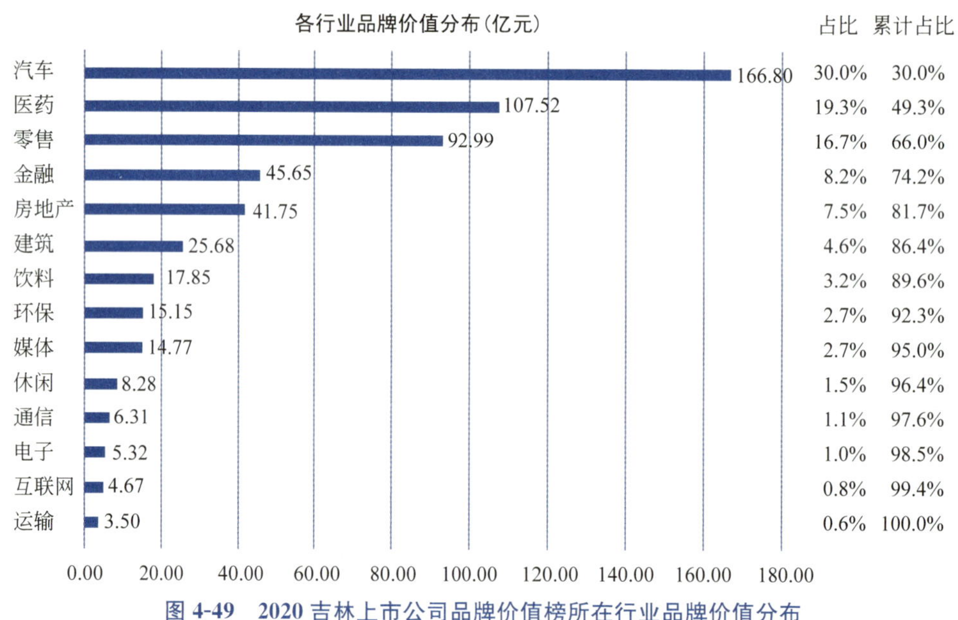

图 4-49 2020 吉林上市公司品牌价值榜所在行业品牌价值分布

【上市板块】 在 2020 吉林上市公司品牌价值榜中，在深市主板上市的公司有 10 家，品牌价值合计 297.4 亿元，占吉林榜单总计品牌价值 53.5%，排在第一位；在沪市主板上市的公司有 11 家，品牌价值合计 208.11 亿元，占吉林榜单总计品牌价值的 37.4%，排在第二位；在香港上市的中资公司有 1 家，品牌价值 23.86 亿元，占吉林榜单总计品牌价值的 4.3%，排在第三位。此外，在深市中小板上市的公司有 3 家，品牌价值合计 14.89 亿元；在深市创业板上市的公司有 3 家，品牌价值合计 12 亿元。

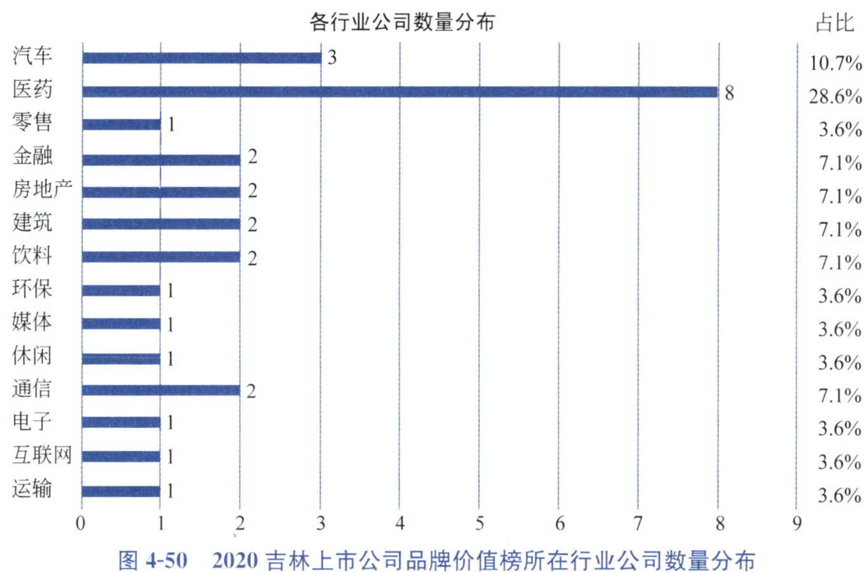

图 4-50 2020 吉林上市公司品牌价值榜所在行业公司数量分布

【上市时间】 在 2020 吉林上市公司品牌价值榜中，1996—2000 年上市的公司有 10 家，品牌价值合计 299.58 亿元，占吉林榜单总计品牌价值的 53.9%，排在第一位；1996 年以前上市的公司有 5 家，品牌价值合计 159.24 亿元，占吉林榜单总计品牌价值的 28.6%，排在第二位；2011—2015 年上市的公司有 4 家，品牌价值合计 31.27 亿元，占吉林榜单总计品牌价值的 5.6%，排在第三位。此外，2016—2019 年上市的公司有 3 家，品牌价值合计 30.18 亿元；2006—2010 年上市的公司有 4 家，品牌价值合计 19.09 亿元；2001—2005 年上市的公司有 2 家，品牌价值合计 16.9 亿元。

4.25.2 2020 吉林上市公司品牌价值榜单

序号	证 券 简 称	品牌价值(亿元)	行业	上市日期	证券代码
1	一汽轿车	116.58	汽车	1997-06-18	000800.SZ
2	欧亚集团	92.99	零售	1993-12-06	600697.SH
3	长春高新	35.29	医药	1996-12-18	000661.SZ
4	一汽富维	30.64	汽车	1996-08-26	600742.SH
5	吉林敖东	29.66	医药	1996-10-28	000623.SZ
6	九台农商银行	23.86	金融	2017-01-12	6122.HK
7	苏宁环球	22.07	房地产	1997-04-08	000718.SZ
8	东北证券	21.79	金融	1997-02-27	000686.SZ
9	顺发恒业	19.68	房地产	1996-11-22	000631.SZ

续表

序号	证 券 简 称	品牌价值(亿元)	行业	上市日期	证券代码
10	富奥股份	19.58	汽车	1993-09-29	000030.SZ
11	通化东宝	16.91	医药	1994-08-24	600867.SH
12	金圆股份	15.15	环保	1993-12-15	000546.SZ
13	吉视传媒	14.77	媒体	2012-02-23	601929.SH
14	亚泰集团	14.60	建筑	1995-11-15	600881.SH
15	通葡股份	11.58	饮料	2001-01-15	600365.SH
16	中钢国际	11.08	建筑	1999-03-12	000928.SZ
17	长白山	8.28	休闲	2014-08-22	603099.SH
18	紫鑫药业	6.84	医药	2007-03-02	002118.SZ
19	通化金马	6.52	医药	1997-04-30	000766.SZ
20	吉林森工	6.28	饮料	1998-10-07	600189.SH
21	华微电子	5.32	电子	2001-03-16	600360.SH
22	迪瑞医疗	4.84	医药	2014-09-10	300396.SZ
23	启明信息	4.67	互联网	2008-05-09	002232.SZ
24	吉药控股	4.09	医药	2010-08-25	300108.SZ
25	吉林高速	3.50	运输	2010-03-19	601518.SH
26	益盛药业	3.38	医药	2011-03-18	002566.SZ
27	中通国脉	3.24	通信	2016-12-02	603559.SH
28	吉大通信	3.07	通信	2017-01-23	300597.SZ

4.26 广西品牌价值榜

2020 广西上市公司品牌价值榜全面统计了品牌价值不低于 3 亿元的公司，共 28 家，品牌价值总计 529.24 亿元。

4.26.1 2020 广西上市公司品牌价值榜分析

【区域集中度】 在 2020 广西上市公司品牌价值榜中，排在前 3 位的公司品牌价值合计 220.95 亿元，占广西榜单总计品牌价值的 41.8%；排在前 5 位的公司品牌价值合计 317.52 亿元，占广西榜单总计品牌价值的 60%；排在前 10 位的公司品牌价值合计 398.81 亿元，占广西榜单总计品牌价值的 75.4%。

【所在行业】 在2020广西上市公司品牌价值榜中，28家公司来自19个行业。其中，装备、钢铁和化工三个行业共计包括4家公司，品牌价值合计281.62亿元，占广西榜单总计品牌价值的53.21%，处于主导地位。其他行业的情况见图4-51和图4-52。

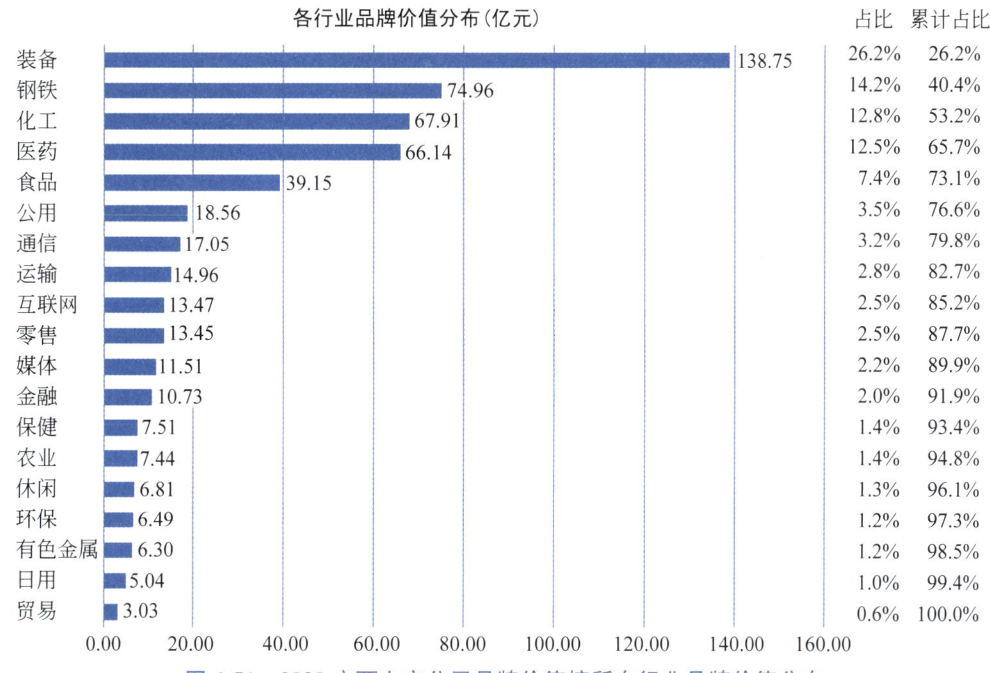

图4-51 2020广西上市公司品牌价值榜所在行业品牌价值分布

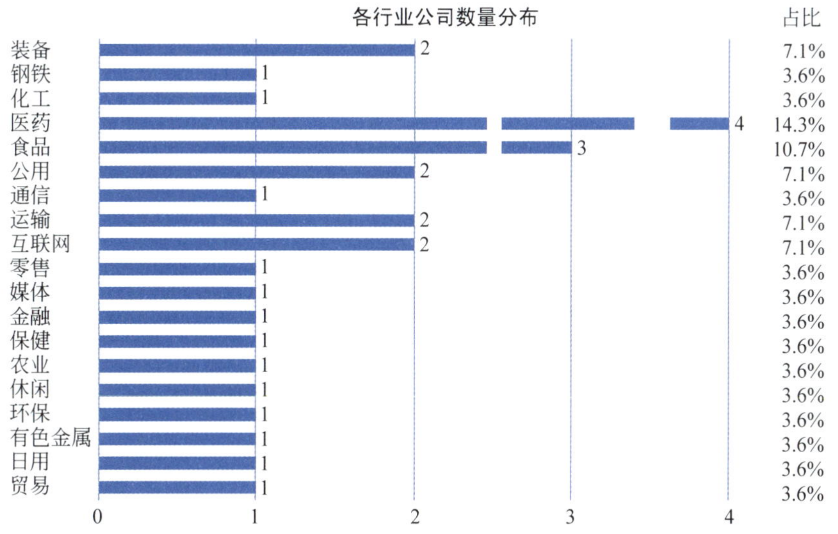

图4-52 2020广西上市公司品牌价值榜所在行业公司数量分布

【上市板块】 在2020广西上市公司品牌价值榜中，在沪市主板上市的公司有10家，品牌价值合计188.78亿元，占广西榜单总计品牌价值的35.7%，排在第一位；在深市主板上市的公司有 8 家，品牌价值合计 185.72 亿元，占广西榜单总计品牌价值的 35.1%，排在第二位；国外中概股上市公司有 1 家，品牌价值 78.08 亿元，占广西榜单总计品牌价值的 14.8%，排在第三位。此外，在深市中小板上市的公司有 6 家，品牌价值合计 56.36 亿元；在港股上市的中资股公司有 2 家，品牌价值合计 13.81 亿元；在深市创业板上市的公司有 1 家，品牌价值 6.49 亿元。

【上市时间】 在 2020 广西上市公司品牌价值榜中，1996—2000 年上市的公司有 10 家，品牌价值合计 162.08 亿元，占广西榜单总计品牌价值的 30.6%，排在第一位；1996 年以前上市的公司有 3 家，品牌价值合计 149.22 亿元，占广西榜单总计品牌价值的 28.2%，排在第二位；2006—2010 年上市的公司有 6 家，品牌价值合计 112.07 亿元，占广西榜单总计品牌价值的 21.2%，排在第三位。此外，2011—2015 年上市的公司有 4 家，品牌价值合计 58.41 亿元；2016—2019 年上市的公司有 3 家，品牌价值合计 37.13 亿元；2001—2005 年上市的公司有 2 家，品牌价值合计 10.33 亿元。

4.26.2　2020 广西上市公司品牌价值榜单

序号	证券简称	品牌价值(亿元)	行业	上市日期	证券代码
1	玉柴国际	78.08	装备	1994-12-16	CYD.N
2	柳钢股份	74.96	钢铁	2007-02-27	601003.SH
3	恒逸石化	67.91	化工	1997-03-28	000703.SZ
4	柳工	60.67	装备	1993-11-18	000528.SZ
5	柳药股份	35.90	医药	2014-12-04	603368.SH
6	黑芝麻	21.23	食品	1997-04-18	000716.SZ
7	润建股份	17.05	通信	2018-03-01	002929.SZ
8	中恒集团	16.29	医药	2000-11-30	600252.SH
9	南宁百货	13.45	零售	1996-06-26	600712.SH
10	桂冠电力	13.27	公用	2000-03-23	600236.SH
11	广西广电	11.51	媒体	2016-08-15	600936.SH
12	国海证券	10.73	金融	1997-07-09	000750.SZ
13	桂林三金	10.47	医药	2009-07-10	002275.SZ
14	北部湾港	10.47	运输	1995-11-02	000582.SZ
15	皇氏集团	9.35	食品	2010-01-06	002329.SZ
16	新智认知	8.59	互联网	2015-03-26	603869.SH
17	西麦食品	8.58	食品	2019-06-19	002956.SZ

续表

序号	证券简称	品牌价值(亿元)	行业	上市日期	证券代码
18	神冠控股	7.51	保健	2009-10-13	0829.HK
19	百洋股份	7.44	农业	2012-09-05	002696.SZ
20	桂林旅游	6.81	休闲	2000-05-18	000978.SZ
21	博世科	6.49	环保	2015-02-17	300422.SZ
22	中信大锰	6.30	有色金属	2010-11-18	1091.HK
23	桂东电力	5.29	公用	2001-02-28	600310.SH
24	两面针	5.04	日用	2004-01-30	600249.SH
25	天夏智慧	4.88	互联网	1996-12-16	000662.SZ
26	五洲交通	4.49	运输	2000-12-21	600368.SH
27	莱茵生物	3.48	医药	2007-09-13	002166.SZ
28	粤桂股份	3.03	贸易	1998-11-11	000833.SZ

4.27 黑龙江品牌价值榜

2020 黑龙江上市公司品牌价值榜全面统计了品牌价值不低于 3 亿元的公司，共 23 家，品牌价值总计 520.37 亿元。

4.27.1 2020 黑龙江上市公司品牌价值榜分析

【区域集中度】 在 2020 黑龙江上市公司品牌价值榜中，排在前 3 位的公司品牌价值合计 234.79 亿元，占黑龙江榜单总计品牌价值的 45.1%；排在前 5 位的公司品牌价值合计 306.04 亿元，占黑龙江榜单总计品牌价值的 58.8%；排在前 10 位的公司品牌价值合计 409.32 亿元，占黑龙江榜单总计品牌价值的 78.7%。

【所在行业】 在 2020 黑龙江上市公司品牌价值榜中，23 家公司来自 11 个行业。其中，装备、医药和金融三个行业共计包括 13 家公司，品牌价值合计 423.22 亿元，占黑龙江榜单总计品牌价值的 81.3%，处于主导地位。其他行业的情况见图 4-53 和图 4-54。

【上市板块】 在 2020 黑龙江上市公司品牌价值榜中，在沪市主板上市的公司有 12 家，品牌价值合计 236.92 亿元，占黑龙江榜单总计品牌价值的 45.5%，排在第一位；在港股上市的中资股公司有 3 家，品牌价值合计 194.68 亿元，占黑龙江榜单总计品牌价值的 37.4%，排在第二位；在深市中小板上市的公司有 4 家，品牌价值合计 50.79 亿元，占黑龙江榜单总计品牌价值的 9.8%，排在第三位。此外，在深市主板上市的公司有 3 家，品牌价值合计 20.41 亿元；国外中概股上市公司有 1 家，品牌价值 17.58 亿元。

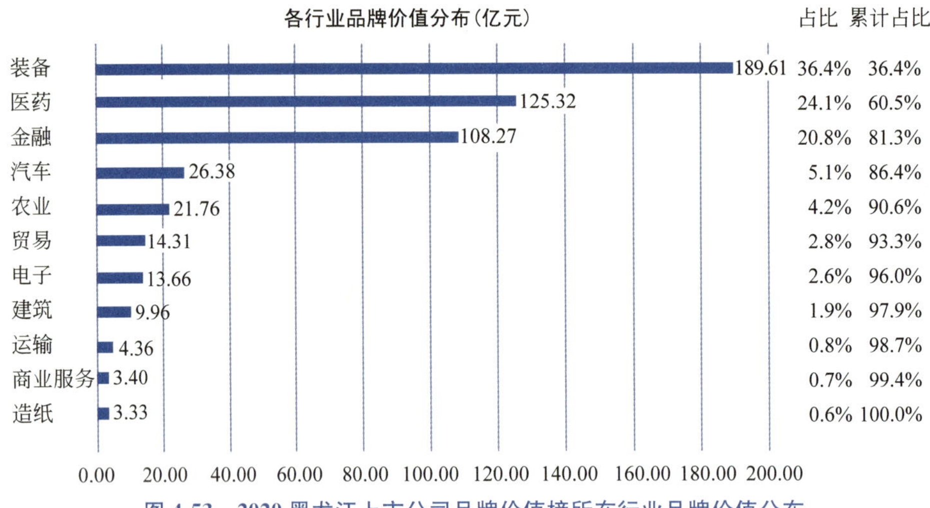

图 4-53　2020 黑龙江上市公司品牌价值榜所在行业品牌价值分布

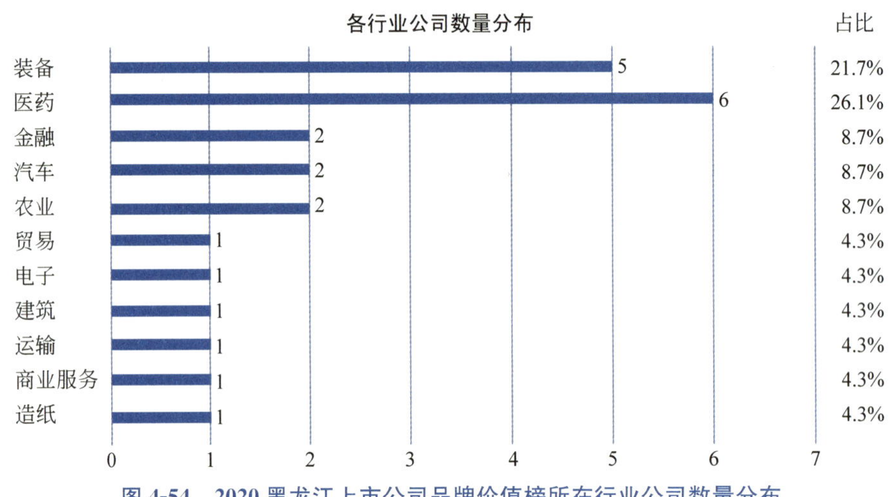

图 4-54　2020 黑龙江上市公司品牌价值榜所在行业公司数量分布

【上市时间】 在 2020 黑龙江上市公司品牌价值榜中，1996 年以前上市的公司有 5 家，品牌价值合计 217.84 亿元，占黑龙江榜单总计品牌价值的 41.9%，排在第一位；2011—2015 年上市的公司有 5 家，品牌价值合计 108.96 亿元，占黑龙江榜单总计品牌价值的 20.9%，排在第二位；1996—2000 年上市的公司有 6 家，品牌价值合计 101.85 亿元，占黑龙江榜单总计品牌价值的 19.6%，排在第三位。此外，2016—2019 年上市的公司有 1 家，品牌价值 6.51 亿元；2006—2010 年上市的公司有 4 家，品牌价值合计 64.83 亿元；2001—2005 年上市的公司有 2 家，品牌价值合计 20.38 亿元。

4.27.2 2020 黑龙江上市公司品牌价值榜单

序号	证券简称	品牌价值(亿元)	行业	上市日期	证券代码
1	哈尔滨电气	126.52	装备	1994-12-16	1133.HK
2	哈尔滨银行	63.46	金融	2014-03-31	6138.HK
3	中航资本	44.81	金融	1996-05-16	600705.SH
4	哈药股份	43.43	医药	1993-06-29	600664.SH
5	中直股份	27.83	装备	2000-12-18	600038.SH
6	中国一重	24.86	装备	2010-02-09	601106.SH
7	人民同泰	23.62	医药	1994-02-24	600829.SH
8	葵花药业	19.18	医药	2014-12-30	002737.SZ
9	誉衡药业	18.04	医药	2010-06-23	002437.SZ
10	鑫达集团	17.58	汽车	2009-11-27	CXDC.O
11	北大荒	17.05	农业	2002-03-29	600598.SH
12	珍宝岛	14.55	医药	2015-04-24	603567.SH
13	东方集团	14.31	贸易	1994-01-06	600811.SH
14	航天科技	13.66	电子	1999-04-01	000901.SZ
15	龙建股份	9.96	建筑	1994-04-04	600853.SH
16	S 佳通	8.81	汽车	1999-05-07	600182.SH
17	博实股份	7.07	装备	2012-09-11	002698.SZ
18	哈三联	6.51	医药	2017-09-22	002900.SZ
19	原生态牧业	4.71	农业	2013-11-26	1431.HK
20	龙江交通	4.36	运输	2010-03-19	601188.SH
21	京蓝科技	3.40	商业服务	1997-04-11	000711.SZ
22	佳电股份	3.34	装备	1999-06-18	000922.SZ
23	恒丰纸业	3.33	造纸	2001-04-19	600356.SH

4.28 海南品牌价值榜

2020 海南上市公司品牌价值榜全面统计了品牌价值不低于 3 亿元的公司，共 18 家，品牌价值总计 380.22 亿元。

4.28.1 2020 海南上市公司品牌价值榜分析

【区域集中度】 在 2020 海南上市公司品牌价值榜中，排在前 3 位的公司品牌价值合计 240.67 亿元，占海南榜单总计品牌价值的 63.3%；排在前 5 位的公司品牌价值合计 293.87 亿元，占海南榜单总计品牌价值的 77.3%；排在前 10 位的公司品牌价值合计 343.27 亿元，占海南榜单总计品牌价值的 90.3%。

【所在行业】 在 2020 年海南上市公司品牌价值榜中，18 家公司来自 11 个行业。其中，运输、房地产和化工三个行业共计包括 7 家公司，品牌价值合计 270.65 亿元，占海南榜单总计品牌价值的 71.2%，处于主导地位。其他行业的情况见图 4-55 和图 4-56。

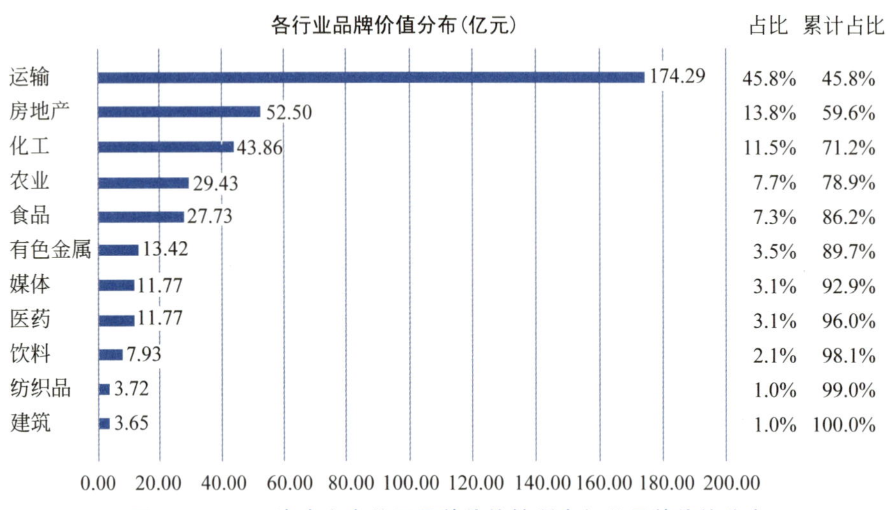

图 4-55 2020 海南上市公司品牌价值榜所在行业品牌价值分布

图 4-56 2020 海南上市公司品牌价值榜所在行业公司数量分布

【上市板块】 在 2020 海南上市公司品牌价值榜中，在沪市主板上市的公司有 6 家，品牌价值合计 238.52 亿元，占海南榜单总计品牌价值的 62.7%，排在第一位；在港股上市的中资股公司有 3 家，品牌价值合计 64.49 亿元，占海南榜单总计品牌价值的 17%，排在第二位；在深市主板上市的公司有 6 家，品牌价值合计 64.12 亿元，占海南榜单总计品牌价值的 16.9%，排在第三位。此外，在深市中小板上市的公司有 2 家，品牌价值合计 9.25 亿元；在深市创业板上市的公司有 1 家，品牌价值 3.85 亿元。

【上市时间】 在 2020 海南上市公司品牌价值榜中，1996—2000 年上市的公司有 7 家，品牌价值合计 198.05 亿元，占海南榜单总计品牌价值的 52.1%，排在第一位；2006—2010 年上市的公司有 2 家，品牌价值合计 49.45 亿元，占海南榜单总计品牌价值的 13%，排在第二位；2001—2005 年上市的公司有 2 家，品牌价值合计 47.58 亿元，占海南榜单总计品牌价值的 12.5%，排在第三位。此外，1996 年以前上市的公司有 2 家，品牌价值合计 35.65 亿元；2011—2015 年上市的公司有 2 家，品牌价值合计 29.12 亿元；2016—2019 年上市的公司有 3 家，品牌价值合计 20.38 亿元。

4.28.2 2020 海南上市公司品牌价值榜单

序号	证券简称	品牌价值(亿元)	行业	上市日期	证券代码
1	海航控股	157.09	运输	1999-11-25	600221.SH
2	中海石油化学	43.86	化工	2006-09-29	3983.HK
3	海航基础	39.72	房地产	2002-08-06	600515.SH
4	京粮控股	27.73	食品	1992-12-21	000505.SZ
5	海南橡胶	25.46	农业	2011-01-07	601118.SH
6	海蓝控股	12.78	房地产	2016-07-15	2278.HK
7	华闻集团	11.91	媒体	1997-07-29	000793.SZ
8	中钨高新	8.86	有色金属	1996-12-05	000657.SZ
9	ST 椰岛	7.93	饮料	2000-01-20	600238.SH
10	海南海药	7.92	医药	1994-05-25	000566.SZ
11	美兰空港	7.86	运输	2002-11-18	0357.HK
12	海峡股份	5.59	运输	2009-12-16	002320.SZ
13	广晟有色	4.56	有色金属	2000-05-25	600259.SH
14	罗牛山	3.97	农业	1997-06-11	000735.SZ
15	普利制药	3.85	医药	2017-03-28	300630.SZ
16	海汽集团	3.75	运输	2016-07-12	603069.SH
17	欣龙控股	3.72	纺织品	1999-12-09	000955.SZ
18	海南瑞泽	3.65	建筑	2011-07-07	002596.SZ

4.29 甘肃品牌价值榜

2020 甘肃上市公司品牌价值榜全面统计了品牌价值不低于 3 亿元的公司，共 20 家，品牌价值总计 371.76 亿元。

4.29.1 2020 甘肃上市公司品牌价值榜分析

【区域集中度】 在 2020 甘肃上市公司品牌价值榜中，排在前 3 位的公司品牌价值合计 166.16 亿元，占甘肃榜单总计品牌价值的 44.7%；排在前 5 位的公司品牌价值合计 226.85 亿元，占甘肃榜单总计品牌价值的 61%；排在前 10 位的公司品牌价值合计 317.46 亿元，占甘肃榜单总计品牌价值的 85.4%。

【所在行业】 在 2020 甘肃上市公司品牌价值榜中，20 家公司来自 14 个行业。其中，有色金属、钢铁和金融三个行业共计包括 4 家公司，品牌价值合计 196.54 亿元，占甘肃榜单总计品牌价值的 52.9%，处于主导地位。其他行业的情况见图 4-57 和图 4-58。

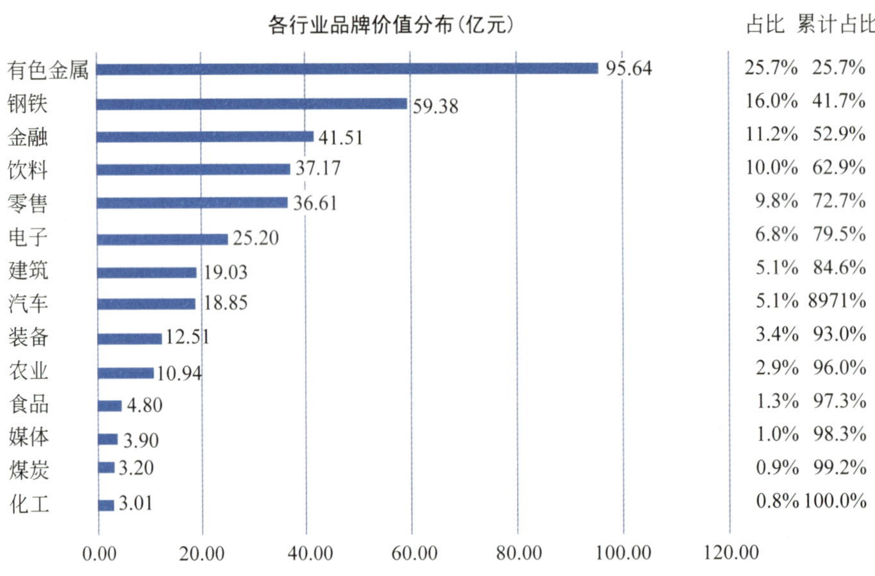

图 4-57 2020 甘肃上市公司品牌价值榜所在行业品牌价值分布

【上市板块】 在 2020 甘肃上市公司品牌价值榜中，在沪市主板上市的公司有 11 家，品牌价值合计 254.71 亿元，占甘肃榜单总计品牌价值的 68.5%，排在第一位；在港股上市的中资股公司有 1 家，品牌价值 41.51 亿元，占甘肃榜单总计品牌价值的 11.2%，排在第二位；在深市主板上市的公司有 4 家，品牌价值合计 38.87 亿元，占甘肃榜单总计品牌价值的 10.5%，排在第三位。此外，在深市中小板上市的公司有 4 家，品牌价值合计 36.67 亿元。

【上市时间】 在 2020 甘肃上市公司品牌价值榜中，2016—2020 年上市的公司有 5 家，品牌价值合计 158.55 亿元，占甘肃榜单总计品牌价值的 42.7%，排在第一位；1996—

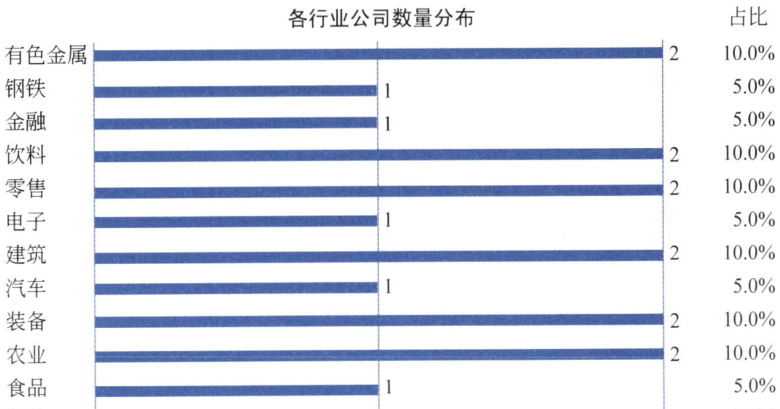

图 4-58 2020 甘肃上市公司品牌价值榜所在行业公司数量分布

2000 年上市的公司有 8 家，品牌价值合计 135.09 亿元，占甘肃榜单总计品牌价值的 36.3%，排在第二位；2001—2005 年上市的公司有 1 家，品牌价值 30.38 亿元，占甘肃榜单总计品牌价值的 8.2%，排在第三位。此外，2011—2015 年上市的公司有 3 家，品牌价值合计 16.33 亿元；2006—2010 年上市的公司有 2 家，品牌价值合计 28.21 亿元；1996 年以前上市的公司有 1 家，品牌价值 3.2 亿元。

4.29.2 2020 甘肃上市公司品牌价值榜单

序号	证 券 简 称	品牌价值(亿元)	行业	上市日期	证券代码
1	白银有色	65.27	有色金属	2017-02-15	601212.SH
2	酒钢宏兴	59.38	钢铁	2000-12-20	600307.SH
3	甘肃银行	41.51	金融	2018-01-18	2139.HK
4	方大炭素	30.38	有色金属	2002-08-30	600516.SH
5	金徽酒	30.31	饮料	2016-03-10	603919.SH
6	华天科技	25.20	电子	2007-11-20	002185.SZ
7	兰州民百	19.94	零售	1996-08-02	600738.SH
8	ST 银亿	18.85	汽车	2000-06-22	000981.SZ
9	国芳集团	16.66	零售	2017-09-29	601086.SH
10	上峰水泥	9.95	建筑	1996-12-18	000672.SZ
11	祁连山	9.08	建筑	1996-07-16	600720.SH
12	兰石重装	8.77	装备	2014-10-09	603169.SH
13	亚盛集团	7.29	农业	1997-08-18	600108.SH

续表

序号	证券简称	品牌价值(亿元)	行业	上市日期	证券代码
14	兰州黄河	6.87	饮料	1999-06-23	000929.SZ
15	庄园牧场	4.80	食品	2017-10-31	002910.SZ
16	读者传媒	3.90	媒体	2015-12-10	603999.SH
17	长城电工	3.73	装备	1998-12-24	600192.SH
18	众兴菌业	3.65	农业	2015-06-26	002772.SZ
19	靖远煤电	3.20	煤炭	1994-01-06	000552.SZ
20	中核钛白	3.01	化工	2007-08-03	002145.SZ

4.30 西藏品牌价值榜

2020 西藏上市公司品牌价值榜全面统计了品牌价值不低于 3 亿元的公司，共 11 家，品牌价值总计 189.72 亿元。

4.30.1 2020 西藏上市公司品牌价值榜分析

【区域集中度】 在 2020 西藏上市公司品牌价值榜中，排在第一位的公司品牌价值 93.02 亿元，占西藏榜单总计品牌价值 49%；排在前两位公司的品牌价值合计 134.61 亿元，占西藏榜单总计品牌价值的 71%；排在前三位公司的品牌价值合计 149.93 亿元，占西藏榜单总计品牌价值的 79%。

【所在行业】 在 2020 西藏上市公司品牌价值榜中，11 家公司来自 7 个行业。其中，食品和医药两个行业共计包括 6 家公司，品牌价值合计 165.45 亿元，占西藏榜单总计品牌价值的 87.2%，处于主导地位。其他行业的情况见图 4-59 和图 4-60。

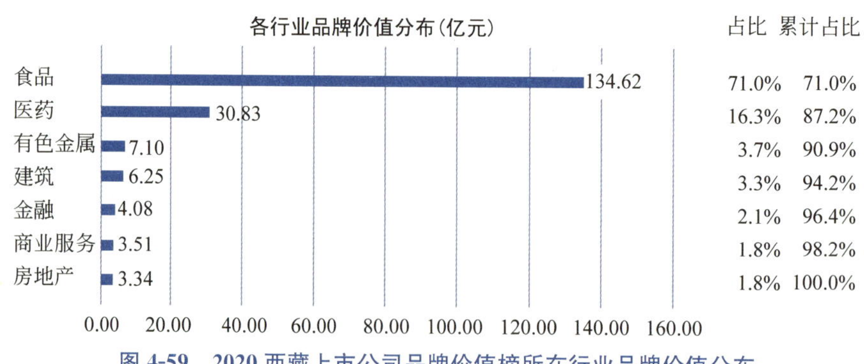

图 4-59 2020 西藏上市公司品牌价值榜所在行业品牌价值分布

【上市板块】 在 2020 西藏上市公司品牌价值榜中，在沪市主板上市的公司有 6 家，品牌价值合计 119.57 亿元，占西藏榜单总计品牌价值的 63%，排在第一位；在深市创业板

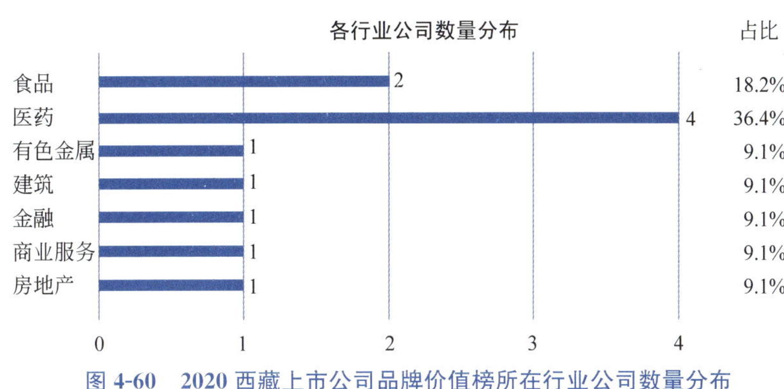

图 4-60 2020 西藏上市公司品牌价值榜所在行业公司数量分布

上市的公司有 2 家，品牌价值合计 45.1 亿元，占西藏榜单总计品牌价值的 23.8%，排在第二位；在深市中小板上市的公司有 3 家，品牌价值合计 25.05 亿元，占西藏榜单总计品牌价值的 13.2%，排在第三位。

【上市时间】 在 2020 西藏上市公司品牌价值榜中，1996 年以前上市的公司有 1 家，品牌价值 93.02 亿元，占西藏榜单总计品牌价值的 49%，排在第一位；2016—2019 年上市的公司有 3 家，品牌价值合计 49.18 亿元，占西藏榜单总计品牌价值的 25.9%，排在第二位；2011—2015 年上市的公司有 2 家，品牌价值合计 20.58 亿元，占西藏榜单总计品牌价值的 10.9%，排在第三位。此外，2006—2010 年上市的公司有 1 家，品牌价值 5.66 亿元；2001—2005 年上市的公司有 1 家，品牌价值 6.25 亿元；1996—2000 年上市的公司有 3 家，品牌价值合计 15.03 亿元。

4.30.2 2020 西藏上市公司品牌价值榜单

序号	证券简称	品牌价值(亿元)	行业	上市日期	证券代码
1	梅花生物	93.02	食品	1995-02-17	600873.SH
2	华宝股份	41.59	食品	2018-03-01	300741.SZ
3	海思科	15.32	医药	2012-01-17	002653.SZ
4	西藏珠峰	7.10	有色金属	2000-12-27	600338.SH
5	西藏天路	6.25	建筑	2001-01-16	600326.SH
6	奇正藏药	5.66	医药	2009-08-28	002287.SZ
7	灵康药业	5.27	医药	2015-05-28	603669.SH
8	西藏药业	4.59	医药	1999-07-21	600211.SH
9	华林证券	4.08	金融	2019-01-17	002945.SZ
10	筑博设计	3.51	商业服务	2019-11-08	300564.SZ
11	西藏城投	3.34	房地产	1996-11-08	600773.SH

4.31 青海品牌价值榜

2020 青海上市公司品牌价值榜全面统计了品牌价值不低于 3 亿元的公司，共 6 家，品牌价值总计 109.76 亿元。

4.31.1 2020 青海上市公司品牌价值榜分析

【区域集中度】 在 2020 青海上市公司品牌价值榜中，排在第一位的公司品牌价值 37.96 亿元，占青海榜单总计品牌价值的 34.6%；排在前两位的公司品牌价值合计 68.74 亿元，占青海榜单总计品牌价值的 62.6%。

【所在行业】 在 2020 青海上市公司品牌价值榜中，6 家公司来自 6 个行业。其中，来自有色金属、装备和饮料三个行业的公司，品牌价值合计 91.04 亿元，占青海榜单总计品牌价值的 82.9%，处于主导地位。

【上市板块】 在 2020 青海上市公司品牌价值榜中，在沪市主板上市的公司有 5 家，品牌价值合计 87.45 亿元，占青海榜单总计品牌价值的 79.7%。在深市中小板上市的公司有 1 家，品牌价值 22.31 亿元，占青海榜单总计品牌价值的 20.3%。

【上市时间】 在 2020 青海上市公司品牌价值榜中，2006—2010 年上市的公司有 1 家，品牌价值 37.96 亿元，占青海榜单总计品牌价值的 34.6%，排在第一位；1996 年以前上市的公司有 1 家，品牌价值 30.78 亿元，占青海榜单总计品牌价值的 28%，排在第二位；2011—2015 年上市的公司有 1 家，品牌价值 22.31 亿元，占青海榜单总计品牌价值的 20.3%，排在第三位。此外，2001—2005 年上市的公司有 1 家，品牌价值 4.75 亿元；1996—2000 年上市的公司有 2 家，品牌价值合计 13.97 亿元。

4.31.2 2020 青海上市公司品牌价值榜单

序号	证券简称	品牌价值(亿元)	行业	上市日期	证券代码
1	西部矿业	37.96	有色金属	2007-07-12	601168.SH
2	智慧能源	30.78	装备	1995-02-06	600869.SH
3	青青稞酒	22.31	饮料	2011-12-22	002646.SZ
4	西宁特钢	8.27	钢铁	1997-10-15	600117.SH
5	广誉远	5.70	医药	1996-11-05	600771.SH
6	青海春天	4.75	媒体	2001-05-08	600381.SH

4.32 宁夏品牌价值榜

2020宁夏上市公司品牌价值榜全面统计了品牌价值不低于3亿元的公司，共5家，品牌价值总计87.54亿元。

4.32.1 2020宁夏上市公司品牌价值榜分析

【区域集中度】 在2020宁夏上市公司品牌价值榜中，排在前两位的公司品牌价值合计72.49亿元，占宁夏榜单总计品牌价值的82.8%。

【所在行业】 在2020宁夏上市公司品牌价值榜中，5家公司来自5个行业。其中，来自零售行业的1家公司，品牌价值就达到了43.86亿元，占宁夏榜单总计品牌价值的50.1%，处于主导地位。

【上市板块】 在2020宁夏上市公司品牌价值榜中，在沪市主板上市的公司有4家，品牌价值合计84.54亿元，占宁夏榜单总计品牌价值的96.6%；在深市主板上市的公司仅有1家，品牌价值合计3亿元。

【上市时间】 在2020宁夏上市公司品牌价值榜中，1996—2000年上市的公司有2家，品牌价值合计50.79亿元，占宁夏榜单总计品牌价值的57.8%；2016—2019年上市的公司有1家，品牌价值28.63亿元，占宁夏榜单总计品牌价值的32.7%；2001—2005年上市的公司有1家，品牌价值6.73亿元，占宁夏榜单总计品牌价值的7.7%；此外，1996年以前上市的公司有1家，品牌价值3亿元。

4.32.2 2020宁夏上市公司品牌价值榜单

序号	证券简称	品牌价值(亿元)	行业	上市日期	证券代码
1	新华百货	43.86	零售	1997-01-08	600785.SH
2	宝丰能源	28.63	化工	2019-05-16	600989.SH
3	商赢环球	6.73	服饰	1999-07-07	600146.SH
4	宁夏建材	5.32	建筑	2003-08-29	600449.SH
5	西部创业	3.00	运输	1994-06-17	000557.SZ